西南エリアマップ

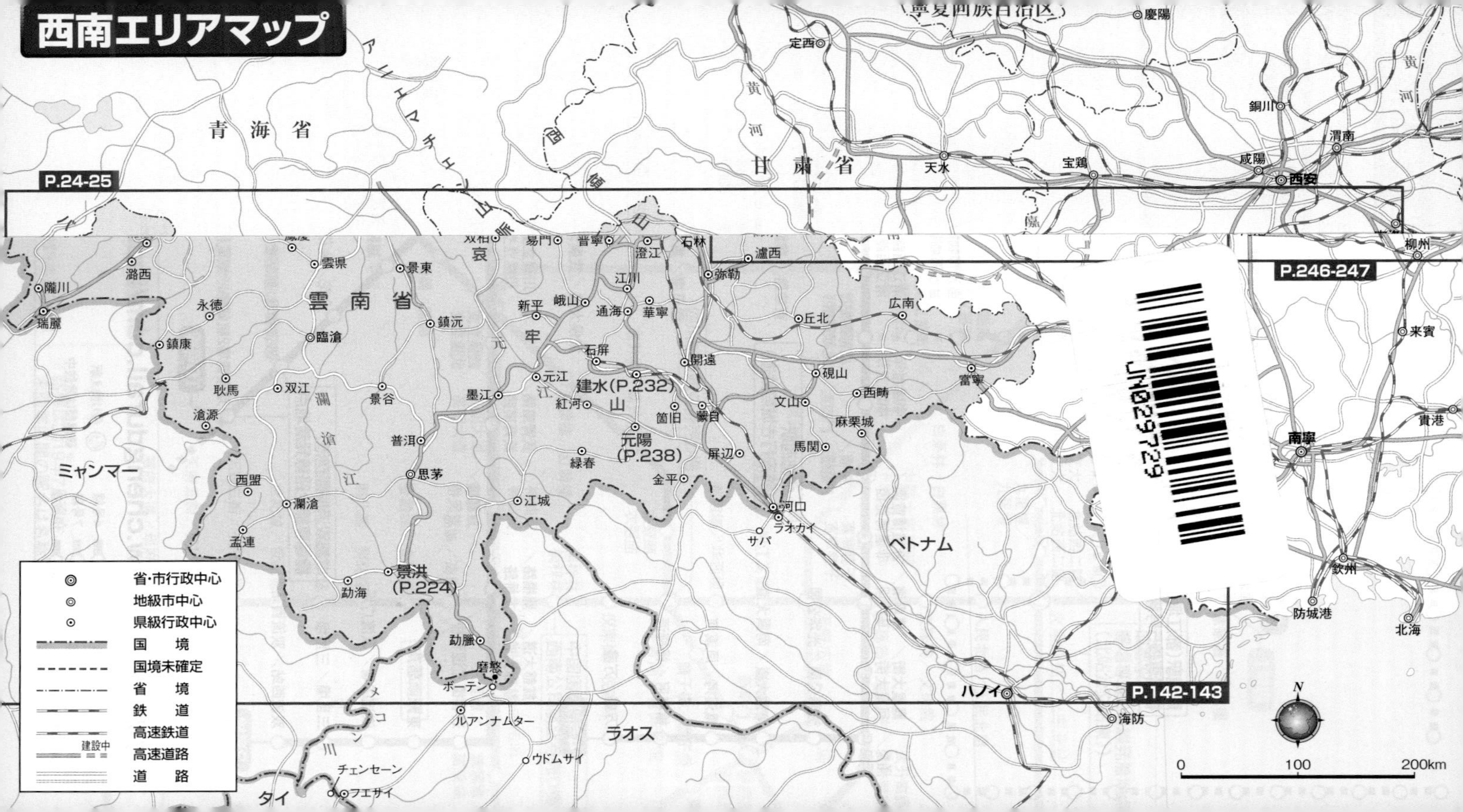

青海省
甘粛省
雲南省
寧夏回族自治区
ミャンマー
ベトナム
ラオス
タイ
黄河
瀾滄江
哀牢山
元江
メコン川
アニマチン山脈
西傾山
慶陽
定西
銅川
滑南
天水
宝鶏
咸陽
西安
柳州
来賓
貴港
南寧
欽州
防城港
北海
隴川
瑞麗
潞西
永徳
鎮康
耿馬
滄源
西盟
孟連
瀾滄
勐海
景洪(P.224)
勐臘
磨憨
ボーテン
ルアンナムター
ウドムサイ
チェンセーン
フエサイ
雲県
臨滄
双江
景谷
普洱
思茅
鎮沅
景東
双柏
易門
晋寧
澄江
石林
瀘西
弥勒
江川
峨山
通海
華寧
新平
石屏
元江
墨江
建水(P.232)
紅河
元陽(P.238)
緑春
江城
箇旧
蒙自
開遠
屏辺
金平
河口
ラオカイ
サパ
丘北
広南
硯山
文山
西疇
麻栗城
馬関
富寧
ハノイ
海防
P.24-25
P.246-247
P.142-143
省・市行政中心
地級市中心
県級行政中心
国　境
国境未確定
省　境
鉄　道
高速鉄道
建設中
高速道路
道　路
N
0
100
200km

成都地下鉄路線図

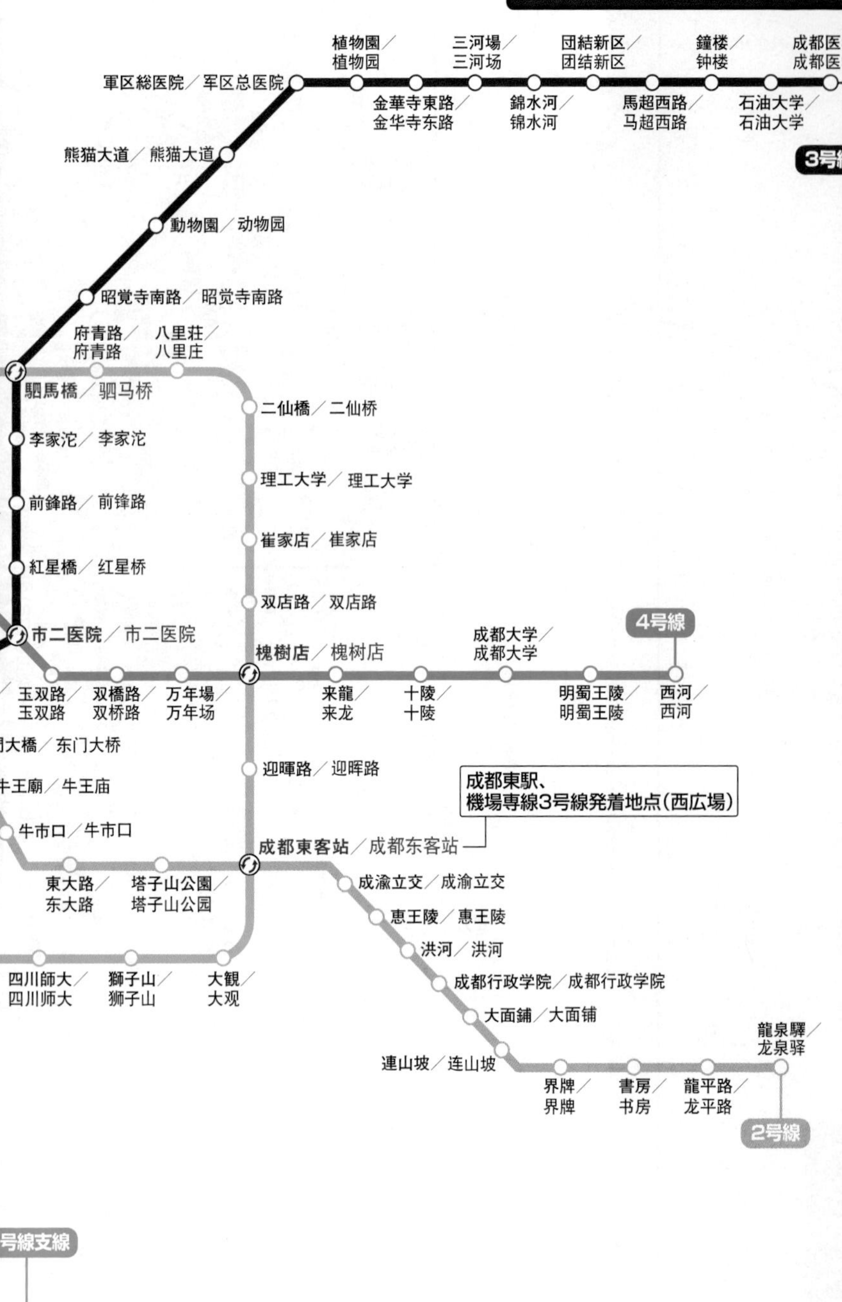

3号線
軍区総医院／军区总医院
植物園／植物园
金華寺東路／金华寺东路
三河場／三河场
錦水河／锦水河
団結新区／团结新区
馬超西路／马超西路
鐘楼／钟楼
石油大学／石油大学
成都医学／成都医学
熊猫大道／熊猫大道
動物園／动物园
昭覚寺南路／昭觉寺南路
府青路／府青路
八里荘／八里庄
駟馬橋／驷马桥
李家沱／李家沱
前鋒路／前锋路
紅星橋／红星桥
市二医院／市二医院
二仙橋／二仙桥
理工大学／理工大学
崔家店／崔家店
双店路／双店路
4号線
槐樹店／槐树店
成都大学／成都大学
玉双路／玉双路
双橋路／双桥路
万年場／万年场
来龍／来龙
十陵／十陵
明蜀王陵／明蜀王陵
西河／西河
門大橋／东门大桥
牛王廟／牛王庙
牛市口／牛市口
迎暉路／迎晖路
成都東駅、
機場専線3号線発着地点(西広場)
成都東客站／成都东客站
東大路／东大路
塔子山公園／塔子山公园
成渝立交／成渝立交
恵王陵／惠王陵
洪河／洪河
成都行政学院／成都行政学院
大面鋪／大面铺
四川師大／四川师大
獅子山／狮子山
大観／大观
連山坡／连山坡
界牌／界牌
書房／书房
龍平路／龙平路
龍泉驛／龙泉驿
2号線
1号線支線
紅石公園／红石公园
武漢路／武汉路
天府公園／天府公园
興隆湖／兴隆湖
1号線
広福／广福
麗湖／丽湖
西博城／西博城
広州路／广州路
科学城／科学城

地球の歩き方 D06 ● 2020～2021 年版

成都 重慶 九寨溝 麗江

四川 雲南 貴州の自然と民族

早朝は比較的活発に動くパンダたち（四川省成都市都江堰パンダ研究センター）／オフィス カラムス

地球の歩き方 編集室

目　次

144 小特集 西南エリアに暮らす少数民族

出発前に必ずお読みください！ パスポートとビザ…298
体調管理……………324
安全対策……………326

23 四川省

113 重慶市

141 雲南省

245 貴州省

291 旅の準備と技術

コラム & 読者投稿

インフォメーション

ヘッダ部分には、該当都市の市外局番、日本漢字と読み、中国語とその発音などを記載

折込「西南エリアマップ」で見つけやすいよう、都市のおよその位置を●で図示

人口、面積と管轄を記載。データは『中华人民共和国行政区划简册2018』に準拠

M 地図上の位置
住 住所（所在地）
☎ 電話番号
FAX ファクス番号
※ヘッダ部分と異なる場合のみ市外局番を明記
オ 開館時間、営業時間
休 定休（休館）日
料 料金
交 行き方、アクセス
U ウェブサイトのURL
※“http://”と末尾の“/”は原則省略

都市のアクセスは、飛行機、鉄道、バスに分けて記載。路線や時刻は頻繁に変わるので現地で必ず最新情報の確認を！
※国慶節や春節の前後は鉄道切符の入手が困難。この時期の移動は極力避けたい（祝祭日→P.9）

★の数は観光ポイントのオススメ度。オススメ度★★★には観光所要時間の目安を合わせて記載

★★★＝見逃せない
★★＝訪れる価値あり
★＝時間が許せば行きたい

見どころタイトル色分けの意味
上（赤色）＝目的地までのアクセスがかなり楽な見どころ
下（青色、右に🚗マーク）＝目的地までの移動に中国語力や個人旅行のスキルなどが必要になるので、車のチャーターをおすすめする見どころ
世界遺産 見どころが世界遺産であることを示す

掲載物件は、ホテル、グルメ、ショップ、アミューズメント、旅行会社をそれぞれ色分けして表示

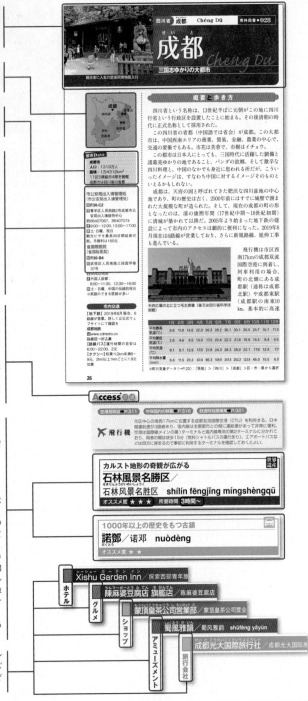

四川省　成都（チェンドゥー）　Chéng Dū　市外局番●028

成都（せいと）

Cheng Du

三国志ゆかりの大都市

観光客に人気の武侯祠博物館入口

成都　四川省　重慶　貴陽　貴州省　昆明　雲南省

都市Data
成都市
人口：1319万人
面積：1万4312km²
11区5県級市4県を管轄
成都市は四川省の省都

市公安局出入境管理処
（市公安局出入境管理处）
M P.30-C2
住 青羊区人民西路2号成都市公安局出入境接待中心
☎ 86407067、86407074
オ 9:00〜12:00、13:00〜17:00
休 土・日曜、祝日
観光ビザを最長30日間延長可能。手数料は160元

省国際医院
（省国际医院）
M P.30-B4
住 武侯区人民南路三段国学巷37号
☎ 85422408
オ 外国人診察：8:00〜11:30、12:30〜16:00
休 土・日曜、中国の伝統的祝日
※英語のできる医師が多い

市内交通
【地下鉄】2019年8月現在、6路線が営業。詳しくは公式ウェブサイトにて確認を
成都地鉄
U www.cdmetro.cn
路線図→折込裏
【路線バス】運行時間の目安は6:00〜22:00、2元
【タクシー】初乗り2km未満8〜9元、2km以上1kmごとに1.9元加算

概要と歩き方

四川省という名称は、13世紀半ばに元朝がこの地に四川行省という行政区を設置したことに始まる。その後清朝の時代に正式名称として採用された。

この四川省の省都（中国語では省会）が成都。この大都市は、中国西南エリアの商業、貿易、金融、農業の中心で、交通の要衝でもある。市花は芙蓉で、市樹はイチョウ。

この都市は日本人にとっても、三国時代に活躍した劉備と諸葛亮ゆかりの地であること、パンダの故郷、そして激辛な四川料理と、中国のなかでも身近に思われる所だが、こういったイメージは、すなわち中国に対するイメージそのものといえるかもしれない。

成都は、天府の国と呼ばれてきた肥沃な四川盆地の中心地であり、町の歴史は古く、2500年前にはすでに城壁で囲まれた大規模な町が造られた。そして、現在の成都の町の形となったのは、清の康熙年間（17世紀中期〜18世紀初期）に清城が築かれて以降だ。2005年より始まった地下鉄の建設によって市内のアクセスは劇的に便利になった。2019年8月現在は6路線が営業しており、さらに新規路線、延伸工事も進んでいる。

天府広場の北に立つ毛主席像（後ろは四川省科学技術館）

飛行機は市区西南17kmの成都双流国際空港に到着し、列車利用の場合、町の北側にある成都駅（通称は成都北駅）や成都東駅（成都駅の南東10km。基本的に高速

	1月	2月	3月	4月	5月	6月	7月	8月	9月	10月	11月	12月
平均最高気温(℃)	9.6	11.6	16.6	22.0	26.3	28.2	30.1	30.1	25.5	20.7	15.7	11.0
平均最低気温(℃)	2.6	4.6	8.5	13.0	17.3	20.4	22.3	21.8	18.6	14.4	9.4	4.5
平均気温(℃)	6.1	8.1	12.6	17.5	21.8	24.3	26.3	26.0	22.1	17.6	12.6	7.7
平均降水量(mm)	6.6	11.5	20.3	47.4	86.3	109.9	241.5	253.3	123.9	45.0	15.5	6.0

※町の気象データ（→P.22）：「預報」＞「四川」＞「成都」＞区・市・県から選択

26

Access 交通

空港見取図➡P.311　中国国内の移動➡P.318　鉄道時刻表検索➡P.321

飛行機 市区中心の南西17kmに位置する成都双流国際空港（CTU）を利用する。日中間運航便が3路線あり、国内線は主要都市との間に運航便があって非常に便利。空港は国際線メインの第1ターミナルと国内線専用の第2ターミナルに分かれており、両者の間は徒歩15分（無料シャトルバスの運行あり）。エアポートバスなどは両方に停まるので事前に利用するターミナルを確認しておくとよい。

カルスト地形の奇観が広がる　世界遺産
石林風景名勝区（せきりんふうけいめいしょうく）／石林风景名胜区　shílín fēngjǐng míngshèngqū
オススメ度 ★★★　所要時間 3時間〜

1000年以上の歴史をもつ古鎮
諾鄧（だくとう）／诺邓　nuòdèng
オススメ度 ★★

ホテル　Xishu Garden Inn（シーシュー ガーデン イン）／探索西部青年旅
グルメ　陳麻婆豆腐店 旗艦店（ちんまーぼーどうふてん きかんてん）／陈麻婆豆腐店
ショップ　蒙頂皇茶公司営業部（もうちょうこうちゃこうしえいぎょうぶ）／蒙顶皇茶公司营业
アミューズメント　蜀風雅韻（しょくふうがいん）／蜀风雅韵　shǔfēng yǎyùn
旅行会社　成都光大国際旅行社（せいとこうだいこくさいりょこうしゃ）／成都光大国际旅

上から、省または直轄市名、都市名、見出し。エリアやタイトルによって5色に色分けして表示

重慶市

重慶

Chong Qing

概要と歩き方／重慶市全体マップ／重慶市区中心マップ

コラム

旅のヒントになるトピックです

インフォメーション

旅に関する役立つ情報です

読者投稿

投稿記事は多少主観的でも原文にできるだけ忠実に掲載しています。（東京都 ○○ '19）は寄稿者と旅行年を表しています

両替 ホテル内で両替可
ビジネスセンター ビジネスセンターあり
インターネット インターネット使用可
※グレーは不可またはなし

Ⓢシングルルーム
Ⓣツインルーム
③3人部屋
Ⓓドミトリールーム
ササービスチャージや各種税金
カ使用可能なクレジットカード
A アメリカン・エキスプレス
D ダイナース
J JCB
M MasterCard
V VISA
✉メールアドレス

ホテルの料金表示

付記のないかぎり、ひと部屋当たりの料金（ただし「Ⓓ＝ドミトリールーム」は1ベッド当たりの料金）を表示しています。

サに記載のある場合、部屋代にその金額が加算されます。

掲載料金は調査員がホテルに確認した日の個人宿泊客向けの料金です。インターネットによる予約が大勢を占める中国では、情報を掲載しているウェブサイトによって同じ日の料金が異なることは珍しくありません。本書掲載のホテルに関しては、その町で「どのレベルにあるのか」程度の目安として利用し、具体的な料金はホテル予約サイトなどで確認してください。

■データの取り扱い

2019年6月～8月の調査をもとに編集しています。掲載料金は外国人割増料金や季節的変動の影響も受けるため目安としてご利用ください。

急速な経済発展により、交通機関の料金、発着時間や経路、あらゆる物件の開場時間、連絡先などが予告なく変更されることが多々あります。できるかぎり現地でご確認ください。

■地図

地図の凡例は、各図の下部に示してあります。

軍事上の理由により中国の正確な地図は公表されていません。掲載地図はできるかぎり補正していますが正確性に欠ける点をご了承ください。特に郊外図は概要を把握する程度でご利用ください。

■中国語の表記

中国では「簡体字」と呼ばれる、漢字の正字を簡略化した文字が採用されています。中国語学習歴のない人にとって理解しにくい文字であるため、下記の対処を取っています。

①日本漢字を使用し、必要に応じてカッコで併記
例：天壇公園（天坛公园）
②そのまま日本漢字にするとわかりにくい単語は意訳しているものもあり
例：「国际机场」＝国際空港
③日本の習慣に従いカナ表記
例：「厦门」＝アモイ
④漢字のルビは、日本語発音はひらがな、外国語発音（中国語含む）はカタカナで区別

■掲載情報のご利用に当たって

編集部では、できるだけ最新で正確な情報を掲載するよう努めていますが、現地の規則や手続きなどがしばしば変更されたり、またその解釈に見解の相違が生じることもあります。このような理由に基づく場合、または弊社に重大な過失がない場合は、本書を利用して生じた損失や不都合について、弊社は責任を負いかねますのでご了承ください。本書掲載の情報やアドバイスがご自身の状況や立場に適しているかは、すべてご自身の責任でご判断のうえでご利用ください。

■発行後の更新情報と訂正

発行後に変更された掲載情報や、訂正箇所は、『地球の歩き方』ホームページ「更新・訂正・サポート情報」で可能なかぎり案内しています（ホテル、レストラン料金の変更などは除く）。ご旅行の前には「サポート情報」もお役立てください。

U support.arukikata.co.jp/support

ジェネラルインフォメーション

中国の基本情報

▶中国語を使おう！→P.335

西南エリアには多くの少数民族が暮らしている

正式国名
中華人民共和国
People's Republic of China
中华人民共和国
(Zhōnghuá rénmín gònghéguó)

国旗
五星紅旗と呼ばれている。赤は革命と成功、黄色は光明を象徴する。また、大きい星は共産党を、残りの4つの星は労働者、農民、中産階級者、民族資本家を表す。

国歌
義勇軍進行曲
义勇军进行曲
(Yìyǒngjūn jìnxíngqū)

面積
約960万㎢（日本の約25倍）

人口
約14億1142万人（日本の11倍）
※世界保健機関（WHO）世界保健統計（2018.5.25発表）

首都
北京（ペキン）　北京（Běijīng）

元首
習近平 国家主席
（しゅうきんぺい　こっかしゅせき）
习近平　国家主席
(Xí Jìnpíng Guójiā zhǔxí)

政治体制
人民民主共和制（社会主義）

民族構成
全人口の92%を占める漢族と、残り8%の55の少数民族で構成。

宗教
イスラム教、仏教（チベット仏教を含む）、キリスト教など。

言語
公用語は、国民の大多数を占める漢族の言葉である「漢語」の中の北方方言を主体にして作られた「普通話」。このほか民族ごとにそれぞれの言語をもつ。
さらに、国土がこれだけ広いため、中国における多数民族の言語である「漢語」も北方方言、呉語（上海周辺）、福建語、広東語、客家語などの方言に分かれており、それぞれの方言は、会話が成り立たないほど大きく異なる。なお、町なかでは、英語はあまり通用しない。

通貨と為替レート

▶通貨・両替・カード →P.302

両替可能な銀行の入口には、このようなマークや文字がある

通貨単位は人民元（人民元／Rénmínyuán）で、中国語では単に元（元／Yuán）と呼び、口語では块（块／Kuài）とも言う。略号の「RMB」は人民元と同意の人民幣（人民币／Rénmínbì）から。補助通貨単位は角（角／Jiǎo。口語では毛／Máo）と分（分／Fēn）。ただし、「分」が使われることは少なくなっている。
1元＝10角＝100分≒16.3円（2019年7月25日現在）。新旧合わせて紙幣23種類、硬貨10種類が流通している。

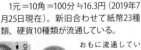

おもに流通している硬貨は1元、5角、1角

おもに流通している紙幣は毛沢東をデザインしたもの。偽造防止技術を刷新した100元札（上段右）が2015年に、50元札と20元札が2019年9月に発行された

電話のかけ方

▶中国の通信事情→P.330

日本から中国へ

国際電話会社の番号
001 KDDI ※1
0033 NTTコミュニケーションズ ※1
0061 ソフトバンク ※1
005345 au（携帯）※2
009130 NTTドコモ（携帯）※3
0046 ソフトバンク（携帯）※4

＋ 国際電話識別番号 010 ＋ 中国の国番号 86 ＋ 市外局番の最初の「0」を除いた電話番号

※1マイライン・マイラインプラスの国際通信区分に登録している場合は不要。詳細はⓊwww.myline.org
※2 auは005345をダイヤルしなくてもかけられる
※3 NTTドコモはWORLD WINGへの事前登録が必要。009130をダイヤルしなくてもかけられる
※4 ソフトバンクは0046をダイヤルしなくてもかけられる

祝祭日

中国の祝日は、西暦と陰暦（農暦）を合わせたもので、毎年日付の異なる移動祝祭日（※）もあるので注意。また特定の国民に対する祝日や記念日もある。このほか、公的な休日ではないが、多民族国家である中国では民族ごとに独自の祭りがあり、一見の価値があるものも多い。

月	日付		日本語	中国語
1月	1/1		新年	新年
	1/25（2020）	※	春節	春节
2月	2/12（2021）	※	春節	春节
4月	4/4（2020、2021）	※	清明節	清明节
5月	5/1		労働節	劳动节
6月	6/25（2020）、6/14（2021）	※	端午節	端午节
9月	9/21（2021）	※	中秋節	中秋节
10月	10/1		国慶節	国庆节
	10/1（2020）	※	中秋節	中秋节

春節の飾り付け

■特定の国民の祝日および記念日

月	日付	日本語	中国語
3月	3/8	国際勤労婦人デー	三八国际妇女节
5月	5/4	中国青年デー	五四中国青年节
6月	6/1	国際児童デー	六一国际儿童节
8月	8/1	中国人民解放軍建軍記念日	中国人民解放军建军纪念日

★政府が許可する休日の取り方は毎年調整され、年末に発表される

ビジネスアワー

ショップやレストランなどは店によって異なるが、公共機関でも休日、業務時間の統制は取れていない。以下の時間はあくまで目安に過ぎないので、各都市のデータ欄などで確認すること。

デパートやショップ
10:00～20:00（休日なし）

銀　行（両替業務）
9:00～12:00、13:30～17:00
（土・日曜、祝日休み）

レストラン
11:00～15:00、17:00～22:00
（春節に休業する店が多い）

電圧とプラグ

中国の電圧は220V、周波数は50Hz。このため、日本の電化製品を使う場合は変圧器が必要となることが多い。なお、現地で使用されているプラグの種類は7種類ほどあるが、B型やC型、O型が多い。変圧器や変換プラグは日本の旅行用品店や大きい電気店、旅行用品を扱うインターネットショップなどで購入できる。

マルチ変換プラグが便利

ホテルのコンセント

放送&映像方式

DVD、BD、VCDを買うときは、放送形式とリージョンコードの両方に注意。放送方式は日本がNTSCで中国はPAL。日本で再生するにはPAL対応のデッキ、プレーヤーとテレビ、またはPALをNTSCに変換できるデッキ、プレーヤーが必要（BDは両対応）。DVDのリージョンコードは中国が6で日本が2、BDのコードは中国がCで日本がA（VHS、VCDは無関係）。ソフトとプレーヤーのコードが一致しなければ再生できないが、いずれかがオールリージョン対応なら再生できる。

中国から日本へ　例 (03) 1234-5678 または090-1234-5678へかける場合

国際電話識別番号		日本の国番号		市外局番と携帯電話の最初の0を除いた番号		相手先の電話番号
00 ※5	+	**81**	+	**3**または**90**	+	**1234-5678**

※5 日本から持参した携帯電話でそのままかける場合、携帯電話の3キャリアは「0」を長押しして「+」を表示し、続けて国番号からダイヤルしてもかけられる

▶**中国国内通話**　市内へかける場合は市外局番が不要。市外へかける場合は市外局番（頭の「**0**」を取る）からプッシュする

▶**公衆電話のかけ方**　①受話器を取り、カードを矢印の方向に差し込む。カードはシールの貼ってあるほうが上なので注意　②「00」を押して相手先の電話番号を押す　③通話が終わったら、受話器を置き、カードを受け取る

飲料水

▶体調管理→P.324

中国の水道水は硬水のため、日本人はそのまま飲むことを避けたほうがよい。できるだけミネラルウオーターを飲むようにしよう。ただ、偽物も多いようなので、スーパーなどで購入することをおすすめする。600mℓで2元～。

気　候

▶気候と旅の服装・道具→P.296
▶中国の気象データを調べる→P.22
▶掲載都市の天気予報→各都市の第1ページ本文下

日本の約25倍の国土をもつ中国は、気候も寒帯から熱帯まで存在している。中国西南エリアは亜熱帯に属するが、高原や高地エリアも多く、その気候は複雑。目的地によって服装の準備が異なってくるので注意。

成都・昆明・貴陽と東京の気温と降水量

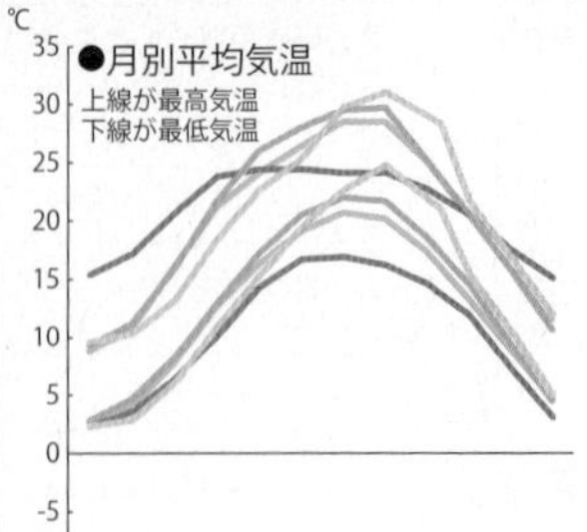

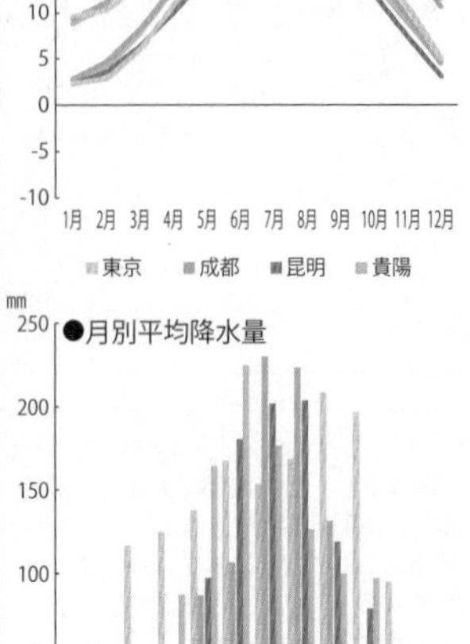

日本からのフライト時間

成都双流国際空港では国際線発着は第1ターミナル

日本の主要都市から西南エリア各都市までの主要なフライトは下記のとおり。
※青文字はすべて経由便

東京(成田)→成都=4～6時間
東京(成田)→重慶=5時間15分～7時間30分
※スプリングジャパン便以外は経由便
大阪(関西)→成都=4時間25分～5時間5分
大阪(関西)→昆明=8時間20～40分
大阪(関西)→貴陽=4時間15分
名古屋(中部)→成都=7時間0～20分

時差とサマータイム

日本との時差は－1時間(日本の12:00が北京の11:00)。北京を標準として、国内に時差を設けていない。しかし、成都で－2時間ほどの感覚。

サマータイムは導入されていない。

郵　便

▶中国の通信事情→P.330

中国の郵便のカラーは深緑で、ポストも赤ではなく、濃いグリーンだ。日本へのエアメールは、はがきが5元、封書が5元(20g以下)から。なお、中国では、郵政事業と通信事業が分割されたため、ほとんどの都市では、郵政局(郵便と電報)と各通信会社に分割された。

出入国

▶パスポートとビザ→P.298
▶中国に入国する→P.309
▶入出国書類の記入例→P.312
▶中国を出国する→P.315

ビザ

日本人は15日以内の滞在について、基本的にビザは不要。ただし、16日以上の滞在および特殊な旅行をする者はビザが必要。なお、渡航目的によってビザの種類が異なるので注意。観光の場合は30日間の観光ビザ(Lビザ)を取得する。

パスポート

パスポートの残存有効期間は6ヵ月以上が無難。また、査証欄余白も2ページ以上あったほうがよい。

入国／出国カード

入出国一体型のものだが、切り分けて置かれているケースも多い。

中国の入国／出国カード。左が出国用、右が入国用

※本項目のデータは中国大使館、中国観光代表処、外務省などの資料を基にしています

チップ

中国にはチップの習慣はないので基本的には不要。また、中級・高級ホテルでは宿泊代にサービス料が加算される所が多く、そういった場合は不要。

▶ホテルの手配と利用→P.328

税金

中国では、ホテルに宿泊する際に税金（サービス税、都市建設税など）がかけられることはある（一律ではない）。付加価値税（VAT）還付制度については、指定店で500元以上購入し、所定の手続きをした場合に、出国時に還付される。

▶ホテルの手配と利用→P.328
▶VATの一部還付が可能→P.330

安全とトラブル

中国では、急激な経済発展のため、貧富の格差が拡大し、それにつれて治安は悪化している。事実がどうであるかにかかわらず、日本人旅行者は金持ちと見られるため、狙われていることを覚えておこう。また、見知らぬ者から日本語で話しかけられたときには警戒するようにしよう。

中国のパトカー

警察（公安局）	110
消防	119
救急医療センター	120

▶安全対策→P.326

※テロ事件をきっかけに、空港や駅など人の多い場所や繁華街を制服を着た武装警察が巡回するようになった。軍に準ずる組織のため、トラブル防止のためにも不用意にカメラを向けないよう注意

年齢制限

中国では、車の運転免許証は18歳から。飲酒や喫煙については法律による年齢制限はない。なお、現在のところ、旅行者が気軽に利用できるようなレンタカー制度は存在しない。

度量衡

基本的に日本の度量衡と同じだが、それぞれに漢字を当てている（例：m＝米／mǐ、km＝公里／gōnglǐ、g＝克／kè、kg＝公斤／gōngjīn）。ただし、日常生活では中国独自の度量衡も残っており、特に食べ物関連では斤と両（1斤／jīn=10两／liǎng=500g）がよく使われる。

その他

トイレ

トイレを中国語で厕所（cèsuǒ）または卫生间（wèishēngjiān）という（建物内では洗手间／xǐshǒujiàn）。都市部では水洗トイレも増えており、街頭にも有料の公衆トイレ（公共厕所／gōnggòng cèsuǒ）の設置が進んでいる。

たばこ

2017年3月に喫煙に関する条例が改正施行され、屋内や公共交通機関の車内は全面禁煙、屋外でも学校や病院、競技場、公園、文化遺産などの公共施設付近では禁煙となった。喫煙室も撤去。違反者には罰金が科せられる。

高地対策

四川省西部や雲南省北部の町は3000mを超える高地に位置する。持病がある人は、かかりつけの医者に相談することをおすすめする。

道路事情

中国では車は右側通行。道路には自転車専用レーンが設置された所も多い。このため、車道を横断する際には、自動車のほかに自転車にも注意が必要。また、急増する電動バイクは走行音がしないうえ、交通法規を守らず、歩道でも運転している人が多いので十分な注意を。

携帯電話やICカード

SIMフリーの端末なら中国で購入したSIMカードに差し替えて使える。中国では、ICカードやプリペイド式携帯電話にチャージしたお金について、一定期間使用しないと失効してしまう。

※注意事項→P.334

公衆トイレを示す標識

無人の表示。使用中は「有人」

小特集 1

モバイル決済にチャレンジ

中国では、観光地の入場料や飲食・買い物などの支払いにモバイル決済を利用するのが当たり前になってきている。外国人でも決済アプリのアカウントを取得してお金をチャージできれば、現地の人たちと同じように利用が可能。中国を快適に旅行するためには、今後モバイル決済対策がますます重要になるのは必至だ。ただし、中国のモバイル決済に関してはたびたび運用条件が変更になっている（厳しいほうへ）ため、利用前に必ず現状を確認すること。なお、中国アプリのダウンロードおよび利用は自己責任で。

おもな決済サービス

中国の二大決済サービス、AlipayとWeChat Pay

オンライン決済サービスは、Alipay（アリペイ／支付宝）とWeChat Pay（ウィーチャットペイ／微信支付）の2社が中国シェアのほとんどを占める。Alipayはアリババグループが、WeChat Payはテンセント社が運営しており、WeChat PayのほうはSNSのWeChat（ウィーチャット／微信）に連動している。どちらもQRコードを利用して決済するシステムで、キャッシュレスで快適な生活を中国に広めた。ただし、アカウント取得や入金に関する状況が流動的で、外国人が利用するには今のところどちらも少々ハードルが高い。

鉄道駅の切符売り場に掲示された決済サービスのマーク

利用のための準備

ここではAlipayを例にとり、アカウント取得の手順を解説する。

1 インストールしてアカウントを取得

①アリペイ／Alipay／支付宝のいずれかのキーワードで検索し、アプリをインストールする

②「Sign up」を選んで電話番号（日本の番号でOK）を入力し、利用規約に同意する。4桁の簡易パスワードがショートメッセージで送られてきたらそれを入力する

③ホーム画面が表示されるので、右下にある「Me」をタップ

④「No Nickname」をタップし、次の画面で「Identity Verification」へ。個人情報（国名、氏名、パスポート番号）を入力。パスポートの顔写真ページの写真と、自分の顔写真を撮影・送信するよう求められる場合もある

⑤次に「Add a bank card」の画面に切り替わるが、ここで国際クレジットカード番号を入力してもエラーメッセージが表示されるので、「Back」→「Quit」をタップして実名認証をいったん中止する

⑥再度「Me」から「Bank Cards」に進み、「添加银行卡」をタップ。「Add Bank Card」の画面にクレジットカード番号（VISAとMaster Cardでの成功例が多い）を入力。次の画面にカード名義人、有効期限、セキュリティコード、メールアドレスを入れ、Billing Addressに住所を入力して「Save」→間違いがなければ「Next」をタップ。最後に「添加成功」と出ればOK

⑦⑥のクレジットカードの登録の際にPayment Password登録の画面が出てきたら、任意の6桁のパスワードを2回入力する。もし出てこなければ、「Me」→右上の「Settings」→「Payment Settings」から同じ画面に行ける。このパスワードは支払い時に使用することになる。忘れた場合は再発行が可能

WeChat Payは、以前はWeChatのアプリをインストールしてあれば、ホーム画面右上の「+」から「マネー」を選択してアカウントを取得できたが、2019年8月現在、新規アカウントの取得には中国発行のクレジットカードが必要となっている。

2電子マネーを入金する

決済アプリを中国で実際に使うためには、スマートフォンに人民元の電子マネーを入金する必要がある。2019年8月現在、AlipayとWeChat Payともに、日本で発行されたクレジットカードからのチャージは不可。Alipayは中国の銀行口座をもつ知人などに依頼して送金してもらえばチャージできる。なお、WeChat Payのおもなチャージ方法だったポケットチェンジは、2019年7月から実質使用できなくなってしまった。同時に、WeChat Payは知人などからの送金も受けられなくなっている状態だ。状況はころころ変わるのでそのつど確認を。なお、チャージを代行してくれる業者もあるが、手数料が高額となる。

Alipayの場合、「Me」をタップすると表示される「Balance」の項目を見れば、残高がいくらあるかわかる

Alipayでの送金方法

人に頼んでAlipayに送金してもらう場合、QRコードによる送金と、チャットによる送金の2種類の方法がある。

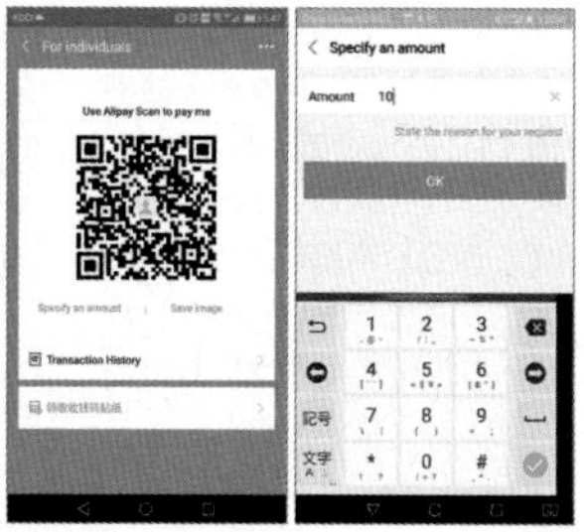

ホーム画面上部の「Collect」をタップするとQRコードが表示されるので、これを相手にスキャンしてもらう。金額を自分で決める場合は、QRコードの下にある「Specify an amount」をタップして金額を入力

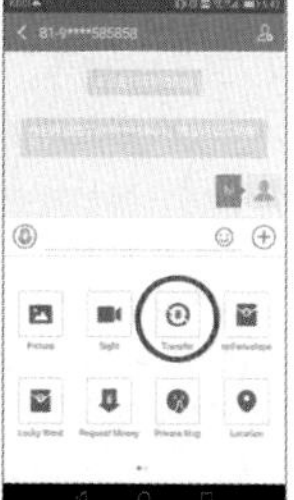

Alipay上で友達になっている場合は、ホーム画面下の「Friends」からチャット画面へ行き、右下の「+」をタップすると現れる「Transfer」から、送金額を入力して送ることができる

ポケットチェンジとは

訪日外国人が帰国時に余った日本円を電子マネーなどに交換できる端末サービスで、日本の主要空港や駅などに置かれている。以前はこれで日本円を人民元の電子マネーに交換し、WeChat Payにチャージすることができた。2019年7月に使用不可となった後再開されたが、現在は中国の住民身分証や中国本土発行の銀行口座をもつ人のみが対象で、それを持たない日本人は利用できない状況が続く見込みだ。

成田空港第1ターミナルにあるポケットチェンジの機械

使ってみよう

店のQRコードを読み込む

店のレジなどにあるQRコードを自分の携帯でスキャンして支払う方法。市場や屋台で多く使われる。

①ホーム画面左上の「Scan」をタップし、(右上の「+」から「Scan QR Code」を選択しても同じ)、店のQRコードを自分でスキャンする

②支払い金額を入力する

③決済完了後に表示される画面。「支付成功」と出ればOK

自分の携帯をスキャンしてもらう

自分の携帯にQRコードを表示させ、店の人にバーコードリーダーなどでスキャンしてもらう。コンビニやスーパーのレジ、本屋などで一般的な方法。

①店の人にAlipayで払う旨を伝え、ホーム画面左上の「Pay」を開くとQRコードが表示される

②QRコードを店の人にスキャンしてもらう

③「支付成功」と出れば決済完了

Wi-Fiルーターとモバイルバッテリー

日本のスマートフォンでモバイル決済するのに必要なのが、インターネット接続環境。Wi-Fiルーターなら空港などで簡単にレンタルできるので、出発前に手配しておくとよい。中国ではGoogleやLINE、Facebookなどにはつながらない。それらを使いたければVPN（→P.334）を介するサービスを追加することになるので、料金が割高になる。

スマートフォン、Wi-Fiルーターともに電力の消費が激しいので、常時携帯して使うためにはモバイルバッテリーも携帯するようにしたい(託送手荷物に関する注意事項→P.316)。

多くの会社がWi-Fiルーターのレンタルを行っている。サービス内容や料金を比較検討するといい

アカウント取得のために必要なもの

- ☐ スマートフォン（動作確認されているOSバージョンであること）
- ☐ 認証に使用する携帯電話番号
- ☐ 国際クレジットカード（認証されないものもあるので複数用意しておくといい）
- ☐ パスポートの顔写真ページの写真

実際に使うために必要なこと（もの）

- ☐ 個人情報、カード情報の入力
- ☐ パスワードの設定（登録事項などの変更時に使用）
- ☐ 電子マネーの入金→P.13
- ☐ 決済方法の選択→P.13～14
- ☐ Wi-Fiルーターとモバイルバッテリー→上記

小特集 2

シェアサイクルの使い方

シェアサイクルとは、人々が共同で利用できる自転車を、複数の拠点を設けて提供するサービス。日本でも都市部を中心に導入が進んでいるが、中国ではより早くから普及している。現在の中国でよく見かけるのが、Mobike（モバイク／摩拜单车）とHellobike（ハローバイク／哈罗单车。Alipayで決済）。Mobikeはスマートフォンとクレジットカードがあれば外国人でも簡単に登録・利用ができ、料金も格安。これを使わない手はない。

1 専用アプリをインストール

ここではMobikeを例にして、開設の手順を説明する。まずはスマートフォンで日本版公式サイト（Ⓤmobike.com/jp）にアクセスし、アプリをインストール。登録する電話番号は日本のものでかまわない。このとき、簡易パスワードがショートメッセージで送られてくるので認証する。これで登録は終了。続けて規約に同意し、パスワードを作成、メールアドレスを入力する。次にお金をチャージする。画面左上の人の形のアイコンをタップし、「Myウォレット」→「アカウントリチャージ」→チャージ金額を選択。チャージは最低500円からだが、中国での利用は通常30分1元なので、数日間の旅行なら500円で十分だ。金額を選び、「リチャージ」をタップすると、クレジットカードの登録画面に進むのでカード番号等を入力。なお、チャージは中国入国後でもOK。

1 スマートフォンとクレジットカードを用意してインストール＆登録を始めよう。チャージ額は500円、1000円、2000円、5000円から選ぶ

2 町でMobikeを探して乗車

現地に到着してアプリを立ち上げると、自分のいる場所周辺の地図が表示され、オレンジ色の自転車マークが現れる。これが空車だ。その場所へ移動して乗る自転車を決める。壊れているものも交じっているので、チェックは念入りに。料金はサドルに表示されている。乗る自転車を決めたら、スマートフォンの画面下の「ロック解除」をタップし、自転車に付いているQRコードをスキャンすると、ピピッと音がして自動でロックが解除される。

2 空車のある場所を示す画面

乗車前にブレーキやサドルをチェック

カゴの後ろのQRコードをスキャン

3 日本とは異なるルールに注意

Mobikeの自転車はエアレスタイヤで、重心が高めなど若干のクセがあるが、慣れれば快適だ。自転車は原則右側通行。自転車専用レーンは日本より整備されているが、逆走するバイクやほかの自転車に気をつけること。なお、交通ルールは基本的に日本と同じだが、道路信号で赤が点灯していても、車両は右折が可能な点が日本とは異なる。

3 自転車専用レーンを走る際にも車や自転車などに注意

4 停めるときはロックを忘れずに

目的地に着いたら、自転車を白線で囲まれた駐輪スペースに停め、手動でロックする。ピピッと音がしてロックされ、スマートフォンに利用料金が表示される。ロックし忘れると料金がかかり続けるうえ、他人に使われてしまう可能性があるので気をつけよう。

4 カチッというまでつまみをスライドしてロック

支払い済み 15円

料金はなんと1乗車（30分以内）15円！

小特集 3

中国版「地図アプリ」の使い方

中国ではインターネット規制の影響で「Google マップ」を利用できない。レンタルWi-Fiルーターで VPNを経由したり、国際ローミングを利用したりすれば使用可能となるが、中国においては地図アプリとしての精度がいまひとつ。

ところが、中国で開発された地図アプリ「百度地図（百度地图／bǎidù dìtú）」ならネット環境を気にせず使えるうえ、ナビの精度も高く、町歩きの強い味方となる。同種のアプリに「高徳地図（高德地图／gāodé dìtú）」があり、使い方はほぼ同じ（後者は日本では地図が表示されない）。

出発前かホテルでアプリをインストールする

まずはアプリをインストール。通信量が多いのでWi-Fi環境下で行ったほうがよい。出発前か、到着後にホテルでインストールしよう。

インストールに成功したら、今度はオフライン用のデータを入れておくと、通信しなくとも地図を表示させておおよそのナビを使うことができる。「百度地図」を立ち上げて、いちばん上にある人型のアイコンをタップすると次の画面に切り替わるので、左下にある「離線地図（离线地图／líxiàn dìtú）」をタップする。

次の画面には「離線地図」と「離線導航包（离线导航包／líxiàn dǎohángbāo）」が表示される。「離線地図」はオフラインマップで、希望の都市をタップするとその都市と必須の「全国基礎包（全国基础包／quánguó jīchǔbāo）」のダウンロードが始まる。「離線導航包」はオフラインナビで、こちらは市・省・自治区単位となっているので、希望するものをタップすると必須の「全国基礎包」と合わせてダウンロードが始まる。

上左：App Storeなどで「百度地図」を検索　上右：「個人中心」の画面
下3点：「離線地図」と「離線導航」のダウンロード画面

以上のサービスは「百度」に登録しなくても利用できる（登録には中国の携帯番号が必須）。

アプリを立ち上げてルートを検索する

アプリを立ち上げると現在位置の地図が表示される。右は四川省成都市の天府広場付近でアプリを立ち上げたところで、青い丸印が自分の位置。このままでも地図としては使えるが、せっかくなのでナビ機能を使ってみよう。

ナビ機能を使う流れは下記のとおり。

❶現在地から目的地

アプリを立ち上げる→上部の入力窓に行きたい場所を入力（日本漢字にもほぼ対応）→候補から目的地を選択してタップ→場所の詳細が表示されるので右下の「到这去」をタップしてルートを出す

❷指定地から目的地

地図の下部にある青い「路线」ボタンをタップ→検索画面の「我的位置」を任意の場所に変える→その下の「输入地点」に目的地を入力して検索→候補が表示されたら、あとは❶と同じ操作

目的地を検索する

左：武侯祠博物館に行きたい場合、「武」と入力した時点で候補に出てくる。また、例えば「麦当」と入れるとマクドナルド（麦当劳）の各店舗が、「美食」と入力すると評判のいいレストランの候補が表示される
中：成都動物園の場合は日本語漢字の「動物園」でも簡体字の候補が出る
右：候補をクリックすると詳細が表示される

ルートを調べる（地下鉄／バス）

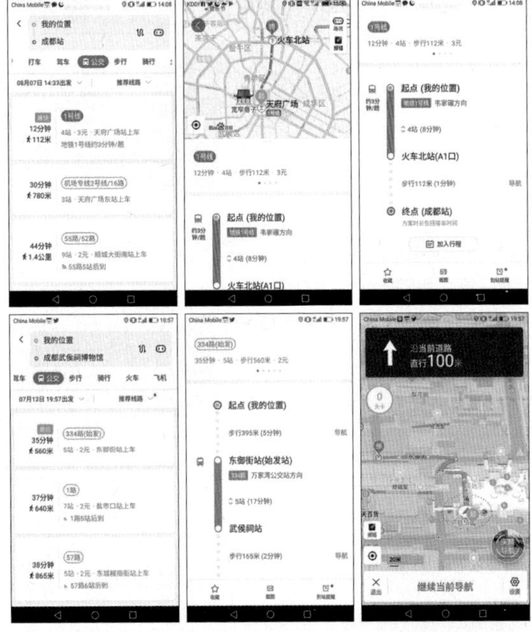

左：天府広場から成都駅へのルート候補。おすすめ順にいくつか表示。この場合は最も早く着くのが地下鉄と出た。歩行距離も短く最適なルートだ
中：候補を選ぶとルート地図を表示
右：地下鉄は出口番号も表示される

左：天府広場から武侯祠博物館へは334路バスが最良の候補
中：334路バスを選択すると、乗車するバス停への歩行距離（時間）、上下車するバス停名、目的地までいくつ停留所があるか（乗車時間）、下車後の歩行距離（時間）が表示される
右：現在地からバス停までは「導航」をクリックすると歩行ナビが立ち上がる。方向を変える場所では中国語音声で案内がある

ルートを調べる（歩行／自転車）

左：天府広場から紅旗連鎖総府店へ徒歩で向かう検索結果。ルートと所要時間が表示される
中：上の「骑行」をタップすれば、左と同じ区間の自転車での所要時間が表示される
右：「开始导航」をタップすると、歩行ナビと同様の音声付き自転車専用ナビが始まる

小特集 4

タクシーとバスの乗り方

タクシー／出租车（chūzūchē）

中国の移動手段ではそれなりに高いが、日本の物価で考えるとかなり安く、行きたい場所に直接行けるので便利な乗り物！

1 車を停める

空車表示は日本語と同じ「空车（kōngchē）」なのでわかりやすい。停め方も同じ。行き先を告げたらメーターを使っているか確認。

※反対車線を走っていたり、運転手の交代時間だったりすると空車でも停まってくれない。また、地方や郊外ではメーターなしのタクシーもある。乗車前に必ず料金を交渉すること

2 メーターを確認して降車

支払いはメーターどおりでよいが、町によっては燃油代が加算される所も。チップは不要。ドアは手動。いなかでは相乗りが普通という所もある。

料金体系

日本とほぼ同じ。初乗り区間（料金）があり、それを超えると加算される。また、片道利用の場合、一定距離を超えると割増料金になる。そのほか、低速料金（交通渋滞時は走っていなくてもメーターが上がる）や夜間料金（町により異なるが、目安は23:00頃～翌6:00頃）などもある。

1 タクシーは中型セダン車が多い

空車表示

2 支払い金額はメーターで確認できる

バス／公共汽车（gōnggòng qìchē）

かなり小さな町にもある公共の交通手段。市内なら1～2元程度と安い料金が魅力だ！

1 行き先を確認

バス停にはおもな停留所（すべてではないことが多い）と進行方向が表示されている。バスの正面には番号と起終点を表示。

2 乗車する

一律運賃のバスは乗車時に運賃箱にお金を投入。ワンマンバスはつり銭をもらえないので、乗車前に小銭の用意を忘れずに！　区間制は車掌が同乗していることが多く、乗車後に行き先を告げて支払う。

※交通カードを利用する場合、料金投入箱あたりにセンサーがあるのでそこにタッチする（車掌乗車時は、センサーを携帯していることも）

3 降車する

基本的に後ろのドアから降りる。混んでいるので、事前に車中を移動しておこう。区間制の場合、降車時にもセンサーにタッチする。

1 上：路線の表示（貴陽）

下：バス停の停留所表示（成都市都江堰）

便利なひとこと会話

（地図などを指して）ここに行きたいのですが
▶我要去这个地方
wǒ yào qù zhè ge dìfāng

ここで（前で）停めてください
▶停在这儿（前边）
tíng zài zhèr（qián biān）

前を右折して！
▶前边右拐
qián biān yòu guǎi

前を左折して！
▶前边左拐
qián biān zuǒ guǎi

真っすぐに！
▶一直走
yī zhí zǒu

反対方向に行って！
▶去到反方向
qù dào fǎn fāng xiàng

もっと先
▶更前头
gèng qián tóu

急いで
▶快走
kuài zǒu

ちょっと待って
▶等一下
děng yī xià

停まって！
▶停车
tíng chē

領収書をください
▶要发票（收据）
yào fā piào（shōu jù）

地下鉄の乗り方

地下鉄／地铁（dìtiě）

中国では、地下鉄関連の会社が運営する乗り物は、地上地下を問わず「地铁」と称することが多い。「軌道交通（guǐdào jiāotōng）」とも呼ばれる。

2019年8月現在、中国西南エリアでは、成都、重慶、昆明、貴陽の4都市で営業しており、各都市ともさらに建設が進められている。

地下鉄のメリットは、タクシーやバスと違って予定どおりに移動できること。ただし、路線は限定されるので、タクシーやバスとの組み合わせが必要。また、乗り換え通路が長く、移動が面倒な駅もある。

1 入口を見つける

入口には地下鉄のマークと駅名が大きく表示されている。地元で売られている地図には路線が明記されている。

地下鉄の入口（貴陽）

2 切符を買う

1回券は自動券売機で買う。切符は回収式ICカード。自動券売機は小額紙幣にも対応しているが、つり銭がないときや紙幣がボロボロだと受け付けないことも。できれば硬貨がよい。小銭がないときは有人窓口へ。交通カード利用の場合は、そのまま改札に向かう。

切符販売は自動化（貴陽）。券売機の利用停止時は窓口へ！

西南エリアはICカード式（貴陽）

3 安全検査後、改札へ

切符購入前か改札手前にX線による安全検査がある。改札機のセンサーに切符や交通カードをタッチして通過。電車は日本と異なり右側通行。ホームでは進む方向を勘違いしやすいので注意。

安全検査を行う駅も多い

4 降車する

目的地に近い出口を探して改札を出る。切符は出口で回収されるので、紛失しないこと！　駅員は基本的に中国語しかできないので、事情を説明するのに苦労し、時間も取られてしまう。

切符は自動回収

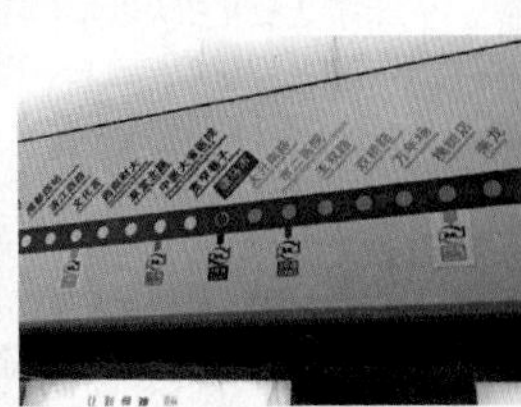
車内ドア上に路線図がある（成都）

card 便利な交通カード

中国各地でバスと地下鉄共通のIC式交通カードが採用されている。運賃が割引になるうえ小銭の用意が不要なので便利。ただし、一部地域を除き各地のカードには互換性がないので、その町でしか使えない。

購入は一部地下鉄駅の窓口やバス起終点近くなどにある専用キオスクなどで。購入時にはデポジット（保証金）が必要で、チャージ金額と合わせて支払う。払い戻しは指定された駅の窓口か専用キオスクで可能（解約手数料あり）。

なお、スマートフォンのアプリを利用した支払い方法も増えており、交通カードより早く、全国的に利用できるフォーマットが登場するかもしれない。

小特集6 高速鉄道(CRH)の乗り方

「中国版新幹線」ともいわれる中国高速鉄道（中国語では「高铁」、英語ではCRH）。中国西南エリアでも、郊外の見どころに行く際や都市間の移動にも使える、早くて便利な交通手段だ。とはいえ、日本と桁違いに大勢の乗客をさばく中国の鉄道には日本と異なる習慣もある。

1 切符を購入する

外国人は種々の制約からインターネットでの事前購入や駅の自動券売機での購入は不可。

窓口で購入する場合は「人工窗口」を探し、そこに並ぶ。自動券売機が幅をきかすようになって窓口は減っているので、早めに並ぶようにしよう。窓口ではパスポートを出して希望の日時と区間を伝える。P.322のような用紙をあらかじめ作って記入して渡すと便利。可能なかぎり前日までの購入が望ましい。

事前に日本で切符を購入したい場合は、民間旅行手配サイトTrip.com（Ⓤjp.trip.com）で予約購入して、駅窓口で切符を受け取ることができる。予約が完了したら、確認書が届くのでプリントアウトし、窓口でパスポートと一緒に差し出せばよい。スマートフォンにアプリをインストールしておけば、スマートフォンに通知が届くので便利。

市内鉄道切符売り場。アクセスのよい場所にあることが多く便利。ただし、1枚5元の発券手数料が必要

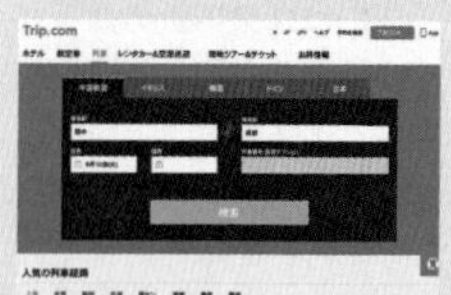

Trip.comの鉄道切符予約画面。スマートフォンアプリもある

2 乗車時の流れ

①改札口に向かう

発車時刻の10分前に改札を通れば列車に乗れるが、余裕をみて発車時刻の30分前には駅に着くようにしたい。

駅の入口で、切符と身分証明書（旅行者であればパスポート）を提示し、荷物のX線検査を受ける。検査が終わったら改札口に向かう。電光掲示板に列車番号が表示されるので、切符にある列車番号を確かめて該当改札口に進もう。なお、改札口は車両番号によっても異なる。切符と改札口の案内を照会しよう。

改札口付近に座れる場所はあるが、商務座席利用者には専用待合室が用意されている。また、有料の待合室を設置している駅も多い。

②改札を通ってプラットホームへ

発車時刻の10～20分前に改札が始まる。中国語と英語のアナウンスがあるが、該当する改札に人が集まり始めたら移動するとよい。

高速鉄道はほとんどの駅が自動改札となっているが、そこを通れるのは磁気処理された青い切符（裏は黒）。一部の市内鉄道切符売り場では紙製の赤い切符（通称「红票」）を販売しているが、それを持っている場合は、係員に見せて専用の改札口を通ることになるので注意。

改札が終わったら、プラットホームに向かい乗車すればよい。

車両番号を確認して乗車する

改札口

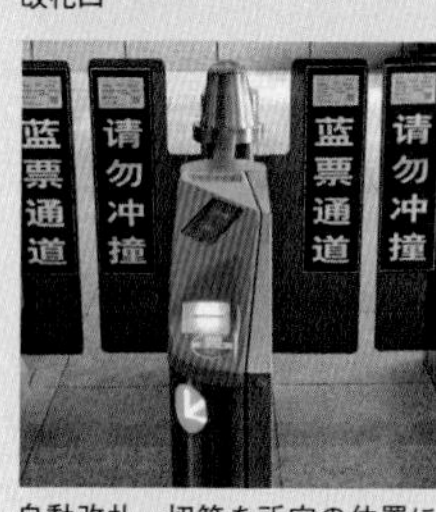

自動改札。切符を所定の位置に差し込むと上から出てくるので、忘れず受け取ること

駅によっては「红票」の専用口案内も出ている

ATMの使い方

中国国内に口座をもたない旅行者が市中の銀行で現金両替をすることが難しくなっている。そのほかの手段では、24時間稼働のATMを使い、クレジットカードの海外キャッシング機能で人民元の現金を引き出すのがいちばん手っ取り早い。帰国後に繰り上げ返済をすれば金利も安く、現金両替よりお得になる場合もある。
※写真はすべて中国銀行の例

ATMを見つけ、カードを挿入

ATMはショッピングセンター内や銀行内などどこででも見つかる。安全や利便性を考えると中国銀行や中国工商銀行など大手銀行にあるATMを使うのがおすすめ。
最初にカードを挿入すると機械が反応して初期画面が出る。大手銀行のATMは英語にも対応しているので、中国語がわからない場合は、日本語か英語画面を選択する。

暗証番号を入力し、口座の種類を選択

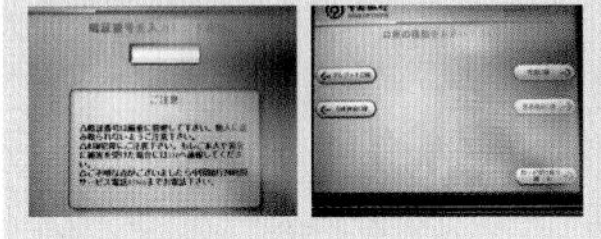

暗証番号入力の画面が出るので、画面下部にあるテンキーで入力する。暗証番号は中国語で「密码」、英語では「PIN CODE」。次に口座種類の選択だが、クレジットカードの場合は「信用账户」または「Credit Account」を選択する。

引き出しボタンを押して、金額を入力

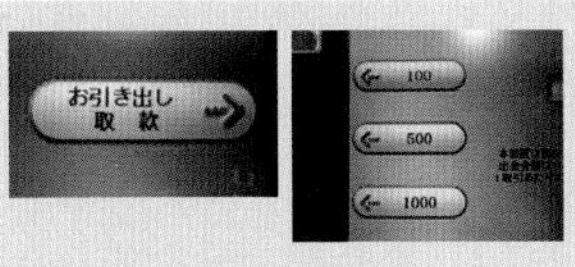

現金引き出しは「お引き出し」「取款」または「Withdrawal」を選ぶ。引き出し金額を指定する画面に切り替わるが、通常は100元札のみの取り扱いで、金額も自由に指定できない。1回の引き出し額制限もある。制限額以上の引き出しは再度操作すればよい。金額選択後は、「確認」「确认」または「Confirmation」を選択する。

現金を受け取り、レシートを出す

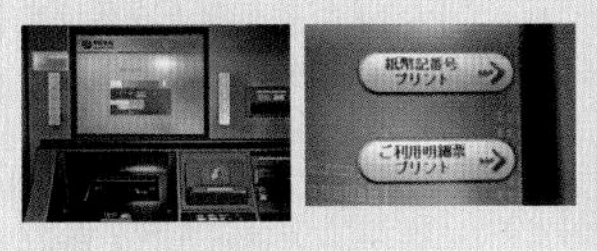

引き出し操作が完了すると「お待ちください」の画面が現れ、その後現金が出てくる。続いて「ご利用明細票プリント」「打印凭条」または「Print receipt」を選ぶとレシートが出てくる。

レシートを受け取り、カードを取り出す

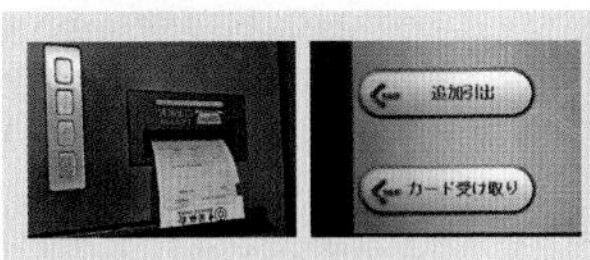

レシートが印字されても自動ではカードが戻らない。引き続き引き出す場合は「追加引出」「继续取款」「Another Withdrawal」、カードを取り出す場合は「カード受取」「退卡」「Return Card」を選択する。

中国の気象データを調べる

インターネットを利用すれば、中国各地における1週間の天気予報もチェック可能となった！　ただし、中国の天気予報はよく外れるので参考資料として利用する程度にしておいたほうが無難。

（情報は2019年7月現在）

中国天気網（中国語・英語）

U www.weather.com.cn

中国気象局が提供する気象情報をチェックできるウェブサイト。運営は中国気象局所属の中国気象局公共気象服務中心が行っている。ここではその利用法を簡単に説明する。

図1 中国天気網トップ画面（中国語）

❶中国語を使える方

中国天気網トップ画面最上部に「输入城市，乡镇，街道，景点名称 查天气」（図1のⒶ部）に知りたい町の名称を入力またはコピー＆ペーストし、右端の検索マークをクリックすると該当のトップページが開く。また、入力、コピー＆ペーストせずにクリックすると、「正在热搜」「本地周边」などの候補一覧が表示される。

中国語ができなくても、インターネットの翻訳サービス（→P.293）などを使い、都市名を中国漢字にすることができれば簡単に利用できる。

❷中国語を使えない方

中国天気網トップ画面左上にあるロゴの下にある「预报」（図1のⒷ部）をクリックすると、「国内天气预报」という中国全図が表示される（図2）ので、該当する町の所属する行政区分の上にポイント（虫眼鏡で表示される）を移動させクリックする。クリックのたびに拡大図が表示されるが、順序は「直轄市・省・自治区」→「地級市・地区・自治州」→「区（中心部を示す城区も含む）・県級市・県」。すると、ポップアップ画面が出るので範囲内をクリックする。

図2「预报」をクリックすると表示される画面

見どころの気象情報は、まず所在地画面（図3）を開き、右（Ⓒ部）にある「本地周边」のタブにある「景点」から選択すれば確認できる。

気象データ

町のページである所在地画面は上部に天気予報、下部（画面が小さい場合はスクロールが必要）に時間ごとの気象データがあるので必要なデータを選択すればよい。

天気予報には「今日」「7天」「8-15天」「40天」があり、気象データグラフには24時間以内の「温度」「风力」がある。

図3 表示された成都市武侯区の「今日」の気象データ。Ⓒから見どころも選択できる

以上説明してきた方法とは別にもいろいろな手順がある。慣れてきたら、自分なりの利用法を考えてみるのも楽しいかも。

（「地球の歩き方」編集室）

本書掲載の町については、それぞれの町の「概要と歩き方」の下、または気温データ表の下にクリック順を記載してあるので、それに従って手順を進めるとよい。

四川省成都市武侯区の場合

町の気象データ（→P.22）：「预报」>「四川」>「成都」

①U www.weather.com.cnにアクセス

②トップページのメニューバーから「预报」を選択

③地図で「四川」を選択

④地図で「成都」を選択

⑤地図で「武侯区」を選択

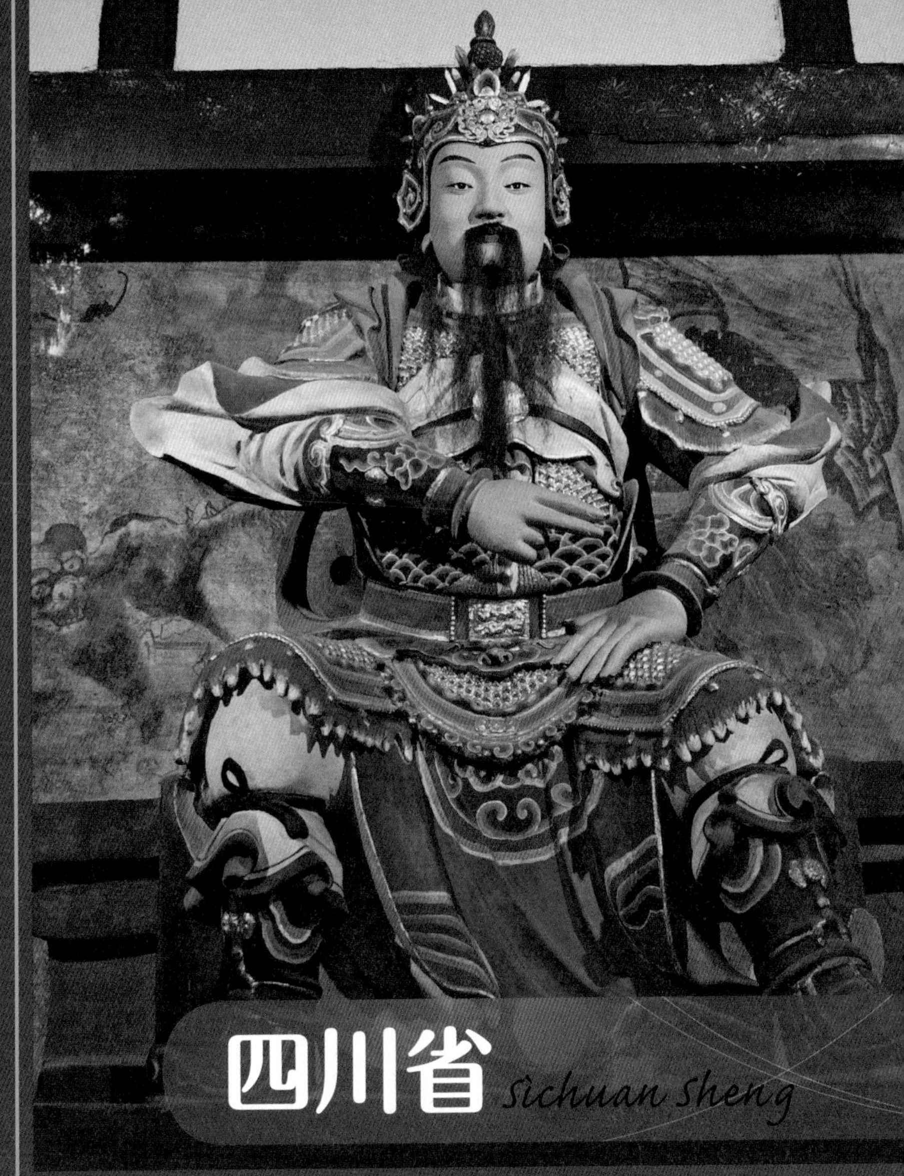

四川省 Sichuan Sheng

諸葛亮亡きあと、蜀を支えた姜維の座像（成都市武侯祠博物館）／オフィス カラムス

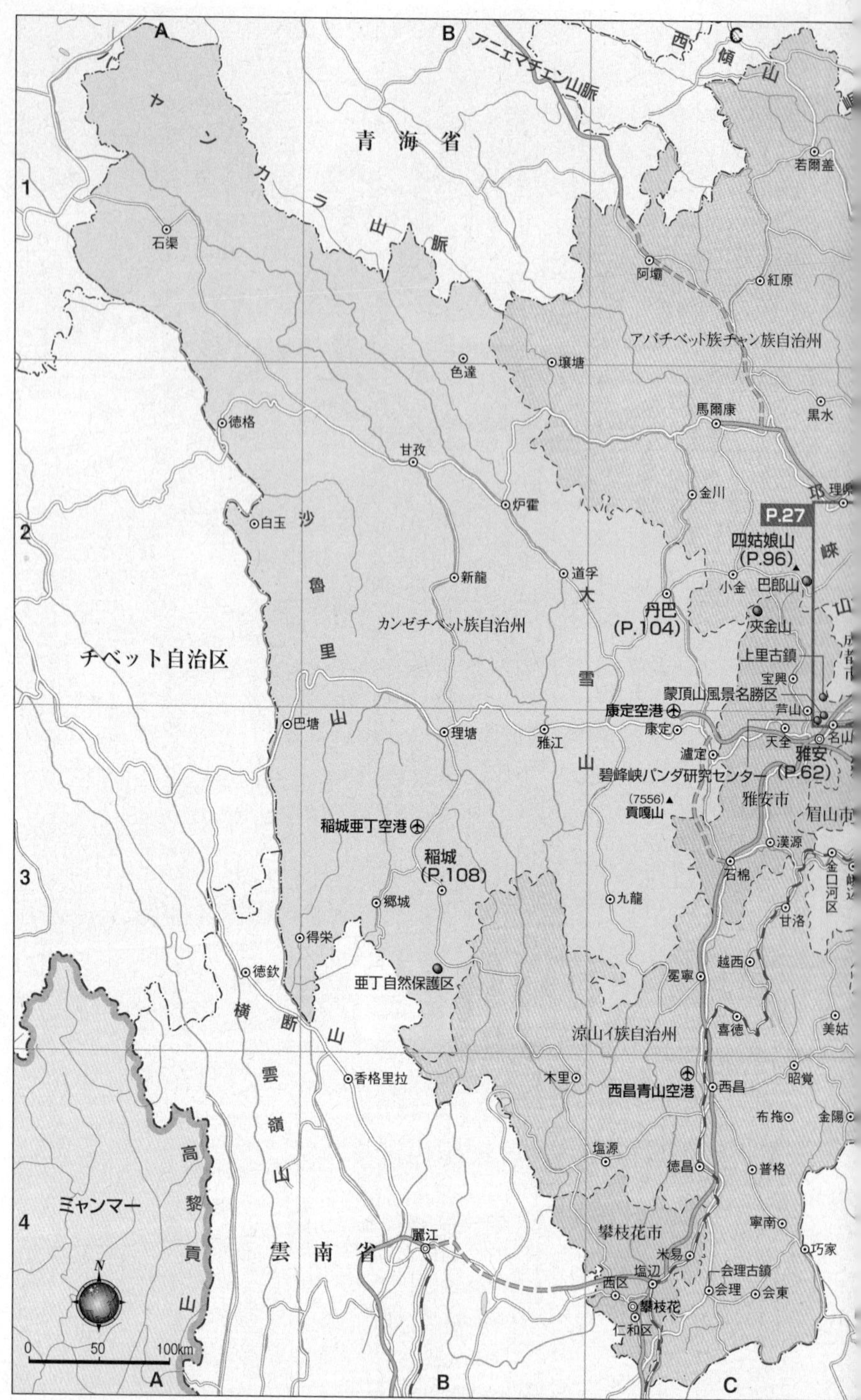

青海省
バヤンカラ山脈
アニェマチェン山脈
西傾山
チベット自治区
カンゼチベット族自治州
アバチベット族チャン族自治州
涼山イ族自治州
沙魯里山
大雪山
横断山
雲嶺山
高黎貢山
ミャンマー
雲南省
石渠
色達
壌塘
阿壩
紅原
若爾蓋
馬爾康
黒水
徳格
甘孜
炉霍
金川
白玉
新龍
道孚
丹巴
(P.104)
四姑娘山
(P.96)
小金
巴郎山
夾金山
上里古鎮
宝興
蒙頂山風景名勝区
芦山
康定空港
康定
瀘定
天全
名山
雅安
(P.62)
雅安市
眉山市
碧峰峡パンダ研究センター
(7556)
貢嘎山
巴塘
理塘
雅江
稲城亜丁空港
稲城
(P.108)
郷城
得栄
亜丁自然保護区
九龍
石棉
漢源
甘洛
越西
冕寧
喜徳
美姑
徳欽
香格里拉
木里
西昌青山空港
西昌
昭覚
布拖
金陽
塩源
徳昌
普格
攀枝花市
寧南
巧家
麗江
米易
塩辺
会理古鎮
会理
会東
西区
攀枝花
仁和区
P.27
邛崍山
金口河区
0
50
100km
N
A
B
C
1
2
3
4

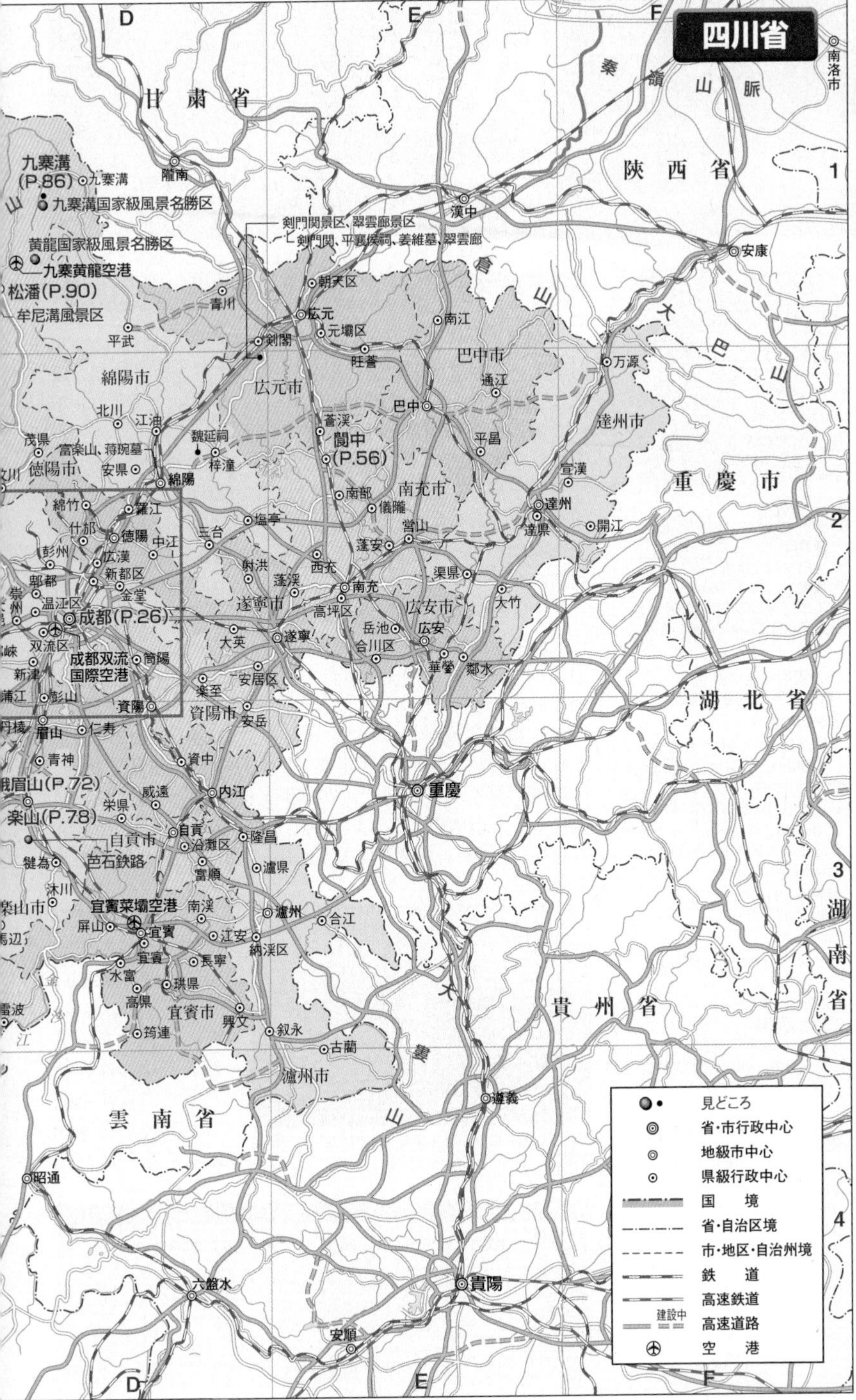
四川省
甘粛省
陝西省
重慶市
湖北省
湖南省
貴州省
雲南省
秦嶺山脈
大巴山
九寨溝(P.86)
九寨溝国家級風景名勝区
黄龍国家級風景名勝区
九寨黄龍空港
松潘(P.90)
牟尼溝風景区
剣門関景区、翠雲廊景区
剣門関、平襄侯祠、姜維墓、翠雲廊
成都(P.26)
成都双流国際空港
閬中(P.56)
峨眉山(P.72)
楽山(P.78)
芭石鉄路
宜賓菜壩空港
重慶
貴陽
漢中
安康
万源
達州
広元
巴中
綿陽
德陽
南充
遂寧
広安
資陽
内江
自貢
宜賓
瀘州
遵義
六盤水
安順
昭通
綿陽市
広元市
巴中市
達州市
南充市
遂寧市
広安市
資陽市
自貢市
宜賓市
瀘州市
楽山市
見どころ
省・市行政中心
地級市中心
県級行政中心
国境
省・自治区境
市・地区・自治州境
鉄道
高速鉄道
建設中
高速道路
空港

四川省 成都（チェンドゥー） Chéng Dū　市外局番●028

成都（せいと）

Cheng Du

三国志ゆかりの大都市

観光客に人気の武侯祠博物館入口

都市Data

成都市
人口：1319万人
面積：1万4312km²
11区5県級市4県を管轄
成都市は四川省の省都

市公安局出入境管理処
（市公安局出入境管理处）
Ⓜ **P.30-C2**
住 青羊区人民西路2号成都市公安局出入境接待中心
☎ 86407067、86407074
オ 9:00〜12:00、13:00〜17:00
休 土・日曜、祝日
観光ビザを最長30日間延長可能。手数料は160元

省国際医院
（省国际医院）
Ⓜ **P.30-B4**
住 武侯区人民南路三段国学巷37号
☎ 85422408
オ 外国人診察：8:00〜11:30、12:30〜16:00
休 土・日曜、中国の伝統的祝日
※英語のできる医師が多い

市内交通

【地下鉄】 2019年8月現在、6路線が営業。詳しくは公式ウェブサイトにて確認を
成都地鉄
U www.cdmetro.cn
路線図→折込裏
【路線バス】 運行時間の目安は6:00〜22:00、2元
【タクシー】 初乗り2km未満8〜9元、2km以上1kmごとに1.9元加算

概要と歩き方

四川省という名称は、13世紀半ばに元朝がこの地に四川行省という行政区を設置したことに始まる。その後清朝の時代に正式名称として採用された。

この四川省の省都（中国語では省会）が成都。この大都市は、中国西南エリアの商業、貿易、金融、農業の中心で、交通の要衝でもある。市花は芙蓉で、市樹はイチョウ。

この都市は日本人にとっても、三国時代に活躍した劉備と諸葛亮ゆかりの地であること、パンダの故郷、そして激辛な四川料理と、中国のなかでも身近に思われる所だが、こういったイメージは、すなわち中国に対するイメージそのものといえるかもしれない。

成都は、天府の国と呼ばれてきた肥沃な四川盆地の中心地であり、町の歴史は古く、2500年前にはすでに城壁で囲まれた大規模な町が造られた。そして、現在の成都の町の形となったのは、清の康熙年間（17世紀中期〜18世紀初期）に清城が築かれて以降だ。2005年より始まった地下鉄の建設によって市内のアクセスは劇的に便利になった。2019年8月現在は6路線が営業しており、さらに新規路線、延伸工事も進んでいる。

天府広場の北に立つ毛主席像（後ろは四川省科学技術館）

飛行機は市区西南17kmの成都双流国際空港に到着し、列車利用の場合、町の北側にある成都駅（通称は成都北駅）や成都東駅（成都駅の南東10km。基本的に高速

	1月	2月	3月	4月	5月	6月	7月	8月	9月	10月	11月	12月
平均最高気温(℃)	9.6	11.6	16.6	22.0	26.3	28.2	30.1	30.1	25.5	20.7	15.7	11.0
平均最低気温(℃)	2.6	4.6	8.5	13.0	17.3	20.4	22.3	21.8	18.6	14.4	9.4	4.5
平均気温(℃)	6.1	8.1	12.6	17.5	21.8	24.3	26.3	26.0	22.1	17.6	12.6	7.7
平均降水量(mm)	6.6	11.5	20.3	47.4	86.3	109.9	241.5	253.3	123.9	45.0	15.5	6.0

※町の気象データ（→P.22）：「预报」＞「四川」＞「成都」＞区・市・県から選択

鉄道専用）に到着する。

バスを利用した場合、成都郊外の大きなバスターミナルに着くことが多い。成都の町は成都駅と成都南駅を南北に結ぶ人民路が背骨のような存在で、この道沿いにホテルが並び、中間あたりがいちばんの繁華街となっている。多くのアクセスポイントは地下鉄で結ばれているので、まずは地下鉄で中心部に向かおう。地下鉄路線図は折り込み裏にあるので、事前に目を通しておくとよい。

成都の中心部には、武侯祠博物館をはじめとする名所旧跡が多数あり、歴史好きにはこたえられない。そして、郊外には世界遺産の都江堰や青城山などの見どころも満載だ。

成都のもうひとつの楽しみは食事だ。麻婆豆腐や担担麺といった四川料理はどこででも食べられるが、本場の味は辛過ぎて日本人にはとっつきにくいかもしれない。辛い料理が苦手な人は茶館に行ってのんびりと過ごしてはどうだろう。

四川省は中国茶文化発祥地のひとつ。「喫茶」は成都市民が愛する大切な文化（人民公園内鶴鳴茶社）

三星堆博物館（写真上）や金沙遺址博物館（写真下）といった古代四川文明の遺物も必見

唐辛子と山椒をふんだんに使った四川料理は真っ赤（陳麻婆豆腐店）

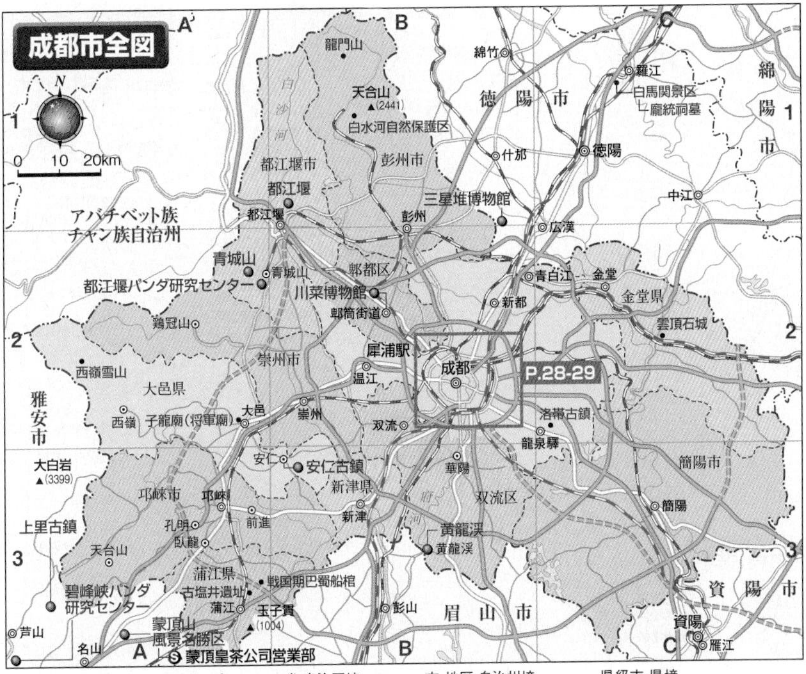

成都市全図

P.28-29

●・見どころ　Ⓗホテル　Ⓢショップ　省・自治区境　市・地区・自治州境　県級市・県境　鉄道　高速鉄道　高速道路　高速道路（建設中）　空港

成都市中心部
百草路／百草路
金周路／金周路
金科北路／金科北路
迎賓大道／迎宾大道
茶店子バスターミナル
茶店子客運站
茶店子客运站
羊犀立交／羊犀立交
一品天下／一品天下
成都西站／成都西站
成都西駅
金沙遺址博物館
蜀漢路東／蜀汉路东
金沙博物館／金沙博物馆
清江西路／清江西路
中壩／中坝
蔡橋／蔡桥
文化宮／文化宫
西南財大／西南财大
白果林／白果林
草堂北路／草堂北路
杜甫草堂
東坡路／东坡路
陳麻婆豆腐店 旗艦店
龍爪堰／龙爪堰
杜甫花園商務楼3階
成都光大国際旅行社
武侯大道／武侯大道
高升橋／高升桥
紅牌楼／红牌楼
衣冠廟／衣冠庙
太平園／太平园
悠遊
大世界商業広場
高朋大道／高朋大道
簇錦／簇锦
華興／华兴
地下鉄10号線
金花／金花
双流機場1航站楼／双流机场1航站楼
成都双流国際空港
双流機場2航站楼／双流机场2航站楼
双流機場駅
石羊バスターミナル
花照壁／花照壁
茶店子／茶店子
西南交大／西南交大
九里堤／九里堤
北站西二路／北站西二路
成都駅
火車北站／火车北站
人民北路／人民北路
成都西蔵飯店
文殊院／文殊院
中医大省医院／中医大省医院
騾馬市／骡马市
寛窄巷子／宽窄巷子
通恵門／通惠门
天府広場／天府广场
人民公園／人民公园
錦江賓館／锦江宾馆
新南門／新南门
華西壩／华西坝
磨子橋／磨子桥
省体育館／省体育馆
大陸国際商務楼
四川航空航空券売り場
皇城老媽
倪家橋／倪家桥
ケンピンスキーホテル成都
桐梓林／桐梓林
国航世紀中心A座
中国国際航空西南公司
航空券売り場
九品風山珍宝酒楼
神仙樹／神仙树
成都南駅
巴国布衣
火車南站／火车南站
高新／高新
金融城／金融城
孵化園／孵化园
錦城広場／锦城广场
順興老茶館へ
北三環路
北二環路一段
西二環路五段
西二環路四段
二環路北一段
二環路北二段
人民北路一段
二環路西二段
二環路西一段
二環路南四段
二環路南三段
西三環路
武侯大道
四環路西段
四環路南段
南三環路
人民中路
人民南路
人民南路四段
天府大道北段
青羊大道
蜀漢路
沙湾路
青華路
龍騰東路
紫竹北街
科華北路
科華中路
航空路
天仁北二街
神仙樹南路
金瑞路
黄忠公園
站東路
見どころ　ホテル　グルメ　アミューズメント　旅行会社　高速道路　地下鉄1号線　地下鉄2号線

軍区総医院／军区总医院
成都パンダ繁育研究基地
熊猫大道／熊猫大道
韋家碾／韦家碾
動物園／动物园
成都動物園
升仙湖／升仙湖
昭覚寺バスターミナル
昭覚寺
昭覚寺南路／昭觉寺南路
駟馬橋／驷马桥
府青路／府青路
李家沱／李家沱
八里荘／八里庄
成都北門バスターミナル
二仙橋／二仙桥
前鋒路／前锋路
P.30-31
理工大学／理工大学
紅星橋／红星桥
地下鉄6号線(建設中)
太升南路／太升南路
崔家店／崔家店
市二医院／市二医院
双店路／双店路
玉双路／玉双路
春熙路／春熙路
来龍／来龙
成都大学／成都大学
東門大橋／东门大桥
双橋路／双桥路
槐樹店／槐树店
明蜀王陵／明蜀王陵
牛王廟／牛王庙
十陵／十陵
万年場／万年场
成都総合バスターミナル
牛市口／牛市口
迎暉路／迎晖路
東大路／东大路
成都東駅
望江楼公園
塔子山公園／塔子山公园
成都東客站／成都东客站
成渝立交／成渝立交
大観／大观
二環路南二段
獅子山／狮子山
恵王陵／惠王陵
琉璃場／琉璃场
四川師大／四川师大
洪河／洪河
三瓦窯／三瓦窑
成都行政学院／成都行政学院
大面鋪／大面铺
連山坡／连山坡
将軍碑路
熊猫大道
北三環路
昭覚寺南路
城北出口高速
蜀龍大道南段
昭青路
東三環路
四環路東段
二環路東段
迎暉路
万科路
四環路南段
南三環路
望江路
D
E
F
1
2
3
4
N
0
1
2km
地下鉄3号線
地下鉄4号線
地下鉄7号線
地下鉄10号線
地下鉄建設中
乗り換え

成都市中心部拡大図
A
B
C
1
2
3
4
万福橋
古い町並みを再現したエリア
文殊院
文殊坊
地下鉄1号線
金牛区
青羊区
錦江区
武侯区
永陵博物館
文殊院／文殊院
棗子樹
鉑金城2号楼
錦江之星
成都文殊院酒店
人気のフードストリート
中医大省医院／中医大省医院
地下鉄4号線
寛窄巷子／宽窄巷子
寛窄巷子
騾馬市／骡马市
シェラトン成都
麗都ホテル
富力広場
陳麻婆豆腐店
騾馬市店
成都
体育中心
地下鉄2号線
通恵門
通惠门
蜀風雅韻
(梨園)
文化公園
青羊宮
蜀風雅韻
紅旗連鎖
総府店
銀河王朝
大酒店
人民公園／人民公园
市公安局出入境管理処
成都市公安局
出入境接待中心
市内鉄道切符売り場
人民公園
北大門
鶴鳴茶社
Xishu Garden Inn
天府広場／天府公园
天府広場
百花潭公園
銀杏金閣酒楼
錦江賓館／锦江宾馆
機場専線1号線
発着地点
錦江賓館
岷山飯店
南河橋
南門大橋
(万里橋、老南門大橋)
錦江橋
ソフィテル
成都 泰合
恵陵(劉備墓)
錦里客桟
武侯祠博物館
錦里
如家·neo·
成都新南門酒店
夢之旅国際青年旅館
四川大学華西医院
省国際医院
四川大学
(華西校区西区)
華西壩／华西坝
洗面橋文化広場
四川大学(華西校区)
高升橋／高升桥
西南民族大学
チベット族が多く住むエリア
地下鉄5号線(建設中)
衣冠廟／衣冠庙
地下鉄1号線
地下鉄3号線
省体育館／省体育馆

●見どころ　Ⓗホテル　Ⓖグルメ　Ⓢショップ　Ⓐアミューズメント　Ⓣ旅行会社　図学校　病院　地下鉄1号線

成都市中心部拡大図

地下鉄2号線　地下鉄3号線　地下鉄4号線　地下鉄建設中　乗り換え

空港見取図➡P.311　中国国内の移動➡P.318　鉄道時刻表検索➡P.321

飛行機

市区中心の南西17kmに位置する成都双流国際空港（CTU）を利用する。日中間運航便が3路線あり、国内線は主要都市との間に運航便があって非常に便利。空港は国際線メインの第1ターミナルと国内線専用の第2ターミナルに分かれており、両者の間は徒歩15分（無料シャトルバスの運行あり）。エアポートバスなどは両方に停まるので事前に利用するターミナルを確認しておくとよい。

国際線▶成田（15便）、関西（11便）、中部（7便）。

国内線▶北京、上海、昆明、貴陽など主要都市との間に運航便があるが、日本との乗り継ぎを考えると上海の利用がおすすめ。

所要時間（目安）九寨溝（JZH）／1時間　稲城（DCY）／1時間5分　昆明（KMG）／1時間30分　大理（DAL）／1時間30分　麗江（LJG）／1時間30分　香格里拉（DIG）／1時間20分　貴陽（KWE）／1時間20分　上海（PVG／SHA）／2時間50分

鉄道

成都駅には都江堰、青城山方面への城際鉄道のほか、成昆線や宝成線の在来線列車が発着する。成都東駅は楽山、峨眉山方面への城際鉄道や重慶北経由武漢方面行き高速鉄道が発着、成都南駅は峨嵋山方面行き城際鉄道のほか、成昆線の在来線が発着する。成都西駅は雅安への城際鉄道が発着する。

所要時間（目安）【成都（cd）】閬中（lz）／快速：3時間21分　【成都東（cdd）】閬中（lz）／動車：2時間17分　峨眉山（ems）／城際：1時間3分　楽山（ls）／城際：46分　重慶西（cqx）／高鉄：1時間17分　昆明南（kmn）／高鉄：5時間39分　貴陽北（gyb）／高鉄：3時間21分　【成都西（cdx）】雅安（ya）／城際：54分　【成都南（cdn）】峨眉山（ems）／城際：1時間16分　楽山（ls）／城際：53分　【犀浦（xp）】都江堰（djy）／城際：19分　青城山（qcs）／城際：23分

バス

市内には多数のバスターミナルがあるが、観光客がよく利用するのは成都旅游バスセンター（通称は新南門バスセンター）と茶店子バスターミナル。

所要時間（目安）雅安／2時間　峨眉山／2時間30分　楽山／2時間　青城山前山／1時間10分

Data

飛行機

成都双流国際空港（成都双流国际机场）
Ⓜ P.28-A4　住 双流区　☎ 85205555
オ 始発便～最終便　休 なし　カ 不可
Ⓤ www.cdairport.com
［移動手段］エアポートバス／4路線あり。詳細→Ⓤ www.cdairport.com>「机场交通」　タクシー（空港～春熙路）／80元、所要40分が目安　地下鉄／10号線「双流机场1航站楼」「双流机场2航站楼」
3ヵ月以内の航空券を販売。

中国国際航空西南公司航空券売り場（中国国际航空公司西南公司售票处）
Ⓜ P.28-C3
住 武侯区航空路1号国航世紀中心A座1階大庁
☎ 95583　オ 8:30～17:00　休 なし　カ 不可
［移動手段］タクシー（航空券売り場～春熙路）／20元、所要20分が目安　地下鉄／1号線「桐梓林」
3ヵ月以内の航空券を販売。

四川航空航空券売り場（四川航空公司售票处）
Ⓜ P.28-C3
住 武侯区人民南路四段11号大陸国際商務楼19階
☎ 88888888　オ 8:30～18:00
休 なし　カ 不可
［移動手段］タクシー（航空券売り場～春熙路）／17元、所要15分が目安　地下鉄／1、3号線「省体育馆」
3ヵ月以内の航空券を販売。

鉄道

成都駅（成都火车站）
Ⓜ P.28-C2　住 金牛区二環路北二段站東路1号
☎ 共通電話＝12306　オ 24時間　休 なし　カ 不可
［移動手段］タクシー（成都駅～春熙路）／23元、所要25分が目安　地下鉄／1、7号線「火车北站」
28日以内の切符を販売。

成都東駅（成都火车东站）
Ⓜ P.29-E3　住 成華区万科路4号
☎ 共通電話＝12306
オ 5:00～23:55　休 なし　カ 不可
［移動手段］タクシー（成都東駅～春熙路）／25元、所要25分が目安　地下鉄／2、7号線「成都东客站」
28日以内の切符を販売。

成都西駅（成都火车西站）
Ⓜ P.28-A2　住 青羊区西三環路外武青路
☎ 共通電話＝12306　オ 6:50～22:35
休 なし　カ 不可
［移動手段］タクシー（成都西駅～春熙路）／35元、所要35分が目安　地下鉄／4号線「成都西站」
28日以内の切符を販売。雅安方面行き列車出発駅。

成都南駅（成都火车南站）
Ⓜ P.28-C4　住 武侯区天府大道北段天仁北二街
☎ 共通電話＝12306　オ 6:40～22:15
休 なし　カ 不可
［移動手段］タクシー（成都南駅～春熙路）／28元、所要30分が目安　地下鉄／1、7号線「火车南站」
28日以内の切符を販売。

犀浦駅（犀浦火车站）
Ⓜ P.27-B2　住 郫都区犀浦鎮学園路148号
☎ 共通電話＝12306　オ 5:35～23:30
休 なし　カ 不可
[移動手段] タクシー（犀浦駅～春熙路）／60元、所要50分が目安　地下鉄／2号線「犀浦」
28日以内の切符を販売。都江堰、青城山方面行き列車の出発駅。

バス

成都旅游バスセンター（成都旅游客运中心）
Ⓜ P.31-D3　住 武侯区臨江路57号
☎ 85433609
オ 6:20～19:30　休 なし　カ 不可
[移動手段] タクシー（成都旅游バスセンター～春熙路）／12元、所要10分が目安　地下鉄／3号線「新南门」
9日以内の切符を販売。通称は「新南门汽车站」。黄龍渓（7:50～17:00の間30～40分に1便）、青城山（前山：8:10、8:50、9:50発）、雅安（7:30～19:30の間16便）、峨眉山（城北バスセンター：7:40～18:40の間1時間に1便）、楽山（旅游バスターミナル：8:00～19:30の間13便）、稲城（6:20発）など。

茶店子バスターミナル（茶店子客运站）
Ⓜ P.28-B1　住 金牛区西三環路五段289号
☎ 87506610
オ 6:30～19:30　休 なし　カ 不可
[移動手段] タクシー（茶店子バスターミナル～春熙路）／30元、所要35分が目安　地下鉄／2号線「茶店子客运站」
7日以内の切符を販売。都江堰（7:00～19:30の間30分に1便）、安仁（7:30～18:00の間30分に1便）、黄龍渓（7:30～17:30の間30分に1便）、大邑（7:00～19:00の間30分に1便）、松潘（4便）など。

茶店子バスターミナルは地下鉄2号線に接続しており、非常に便利

成都総合バスターミナル（成都汽车总站）
Ⓜ P.29-E3　住 成華区迎暉路194号　☎ 84711692
オ 6:30～19:30　休 なし　カ 不可
[移動手段] タクシー（成都総合バスターミナル～春熙路）／17元、所要20分が目安　路線バス／2、4、58、71路「五桂桥公交站」
7日以内の切符を販売。重慶（陳家坪：3便、菜園壩：1便）など。

見どころ

諸葛亮と劉備の祠堂

武侯祠博物館／武侯祠博物馆　wǔhóucí bówùguǎn

ぶこうしはくぶつかん

オススメ度 ★★★　所要時間 1時間

劉備（161～223年、字は玄徳）や諸葛亮（181～234年、字は孔明）など、三国時代の蜀（中国では蜀漢）にゆかりのある武将を祀った祠堂。2019年8月現在、文物区、西区、錦里の3つの景区で構成されているが、三国志に関連するものは文物区に集中している。

221（蜀の章武元）年、劉備の陵墓である恵陵を改修した際、その傍らに建てられた漢昭烈廟が起源。紀元500年頃（南朝の斉から梁にかけて）には、別の場所にあった諸葛亮を祀った武侯祠が移築された。1390（明の洪武23）年に蜀献王朱椿が武侯祠に参拝して以降、君臣を合同して祀る祠堂として考えられるようになり、人々は武侯祠と呼ぶようになった。明末の戦乱で焼け落ちたが、1671（清の康熙11）年に再建され、現在の形となった。

武侯祠大街に面した、「漢昭烈廟」の扁額がかかる大門をくぐると正面に劉備殿、左右に6つの石碑がある。劉備殿には3mの劉備座像が納められ、その東には文臣像を祀った文臣廊、西には武将を祀った武将廊がある。石碑で有名なのは、剣南川西節度使であった武元衡が809（唐の元和4）年に建てた「蜀丞相諸葛武侯祠堂碑」。

さらに進むと諸葛亮殿、その先に三義廟（1842年再建）がある。これらの建物の西側にある恵陵は昭烈帝（劉備）と甘夫人、穆皇后の夫婦3人が眠る合葬墓。その高さは12m、

武侯祠博物館

Ⓜ P.30-A3

住 武侯区武侯祠大街231号

☎ 85535951

オ 5～10月8:00～20:00
※入場券販売は19:30まで
11～4月8:00～18:30
※入場券販売は17:30まで

休 なし

料 50元

交 ①1、57、82、334、335路バス「武侯祠」
②地下鉄3号線「高升桥」。徒歩15分

U www.wuhouci.net.cn

インフォメーション

日本語音声ガイド

大門入口で日本語の自動音声ガイド機を貸し出している。1台40元（1時間30分以内）、デポジット（保証金）200元。

日本語ガイド

日本語ガイドの手配が可能だが要予約。1回150元。
☎ 85546718

三義廟

2019年8月現在、改修工事のため閉鎖中。工事は2019年11月完了予定。

錦里の町並みは人気の撮影ポイントでもある

劉備像（漢昭烈廟）

文臣廊に配置された龐統（左）と簡雍（右）の座像

劉備が眠る恵陵（劉備墓）入口

柔和な表情をした諸葛亮像（武侯祠）

周囲は180m。

時間があるようなら、武侯祠博物館の周囲を巡るように造られた、明清時代を模した町並み「錦里（きんり）」を歩き、四川省のシャオチーなどを食したり、かわいいグッズを手に取ったりして散策するとよい。

読者投稿 コラム インフォメーション

成都の見どころを結ぶシャトルバス

見どころの多い成都だが、道は北京のように碁盤目状ではなく、路線バスや地下鉄を乗り継ぐことなく簡単に移動できるわけではない。

もちろんタクシーを利用すればスムーズだが、より安く移動できるのが、見どころを結ぶシャトルバス「成都景区直通車」。市内の主要な見どころやショッピングスポットを結ぶ路線がある。このほか、都江堰など郊外の見どころもカバーされている。

申し込みブースは武侯祠博物館や空港をはじめ多数あり、パンフレットなども用意されているので、チェックしてみるとよい。主要路線は次のとおり。

▼武侯祠博物館・錦里発

- 成都パンダ繁育研究基地行き／7:30～15:00の間30分に1便。10元、所要45分
- 寛窄巷子行き／8:20～19:10の間5～50分に1便。3元、所要10分
- 杜甫草堂行き／9:00～17:00の間15～30分に1便。3元、所要15分

▼成都パンダ繁育研究基地発

- 武侯祠博物館・錦里行き／10:00～17:30の間20～30分に1便。10元、所要45分
- 寛窄巷子行き／10:00～18:00の間30～45分に1便。10元、所要45分

▼金沙遺址博物館発

- 杜甫草堂行き／9:30～17:30の間15～30分に1便。3元、所要15分

▼寛窄巷子発

- 武侯祠博物館・錦里行き／7:40～19:40の間10分～1時間に1便。3元、所要15分
- 杜甫草堂行き／9:45～17:45の間8便。3元、所要30分
- 成都パンダ繁育研究基地行き／8:00～15:00の間30～45分に1便。15元、所要45分

▼杜甫草堂発

- 武侯祠博物館・錦里行き／9:45～17:45の間15～45分に1便。3元、所要15分
- 寛窄巷子行き／10:05～18:20の間8便。3元、所要10分
- 金沙遺址博物館行き／9:15～17:15の間15～30分に1便。3元、所要15分

利用時の注意点

基本的に中国人観光客に対するサービスのため、決済方法がAlipay（アリペイ）やWeChat Pay（ウィーチャットペイ）などの電子決済（→P.12）になる点には注意が必要。

AlipayやWeChat Payを利用できない人は、現場で係員に現金を渡して係員のAlipayやWeChat Payでの支払いをお願いするしかない。

成都景区直通車

☎4000-82-1717 Ⓤwww.cd917.com

※記事は2019年8月現在。利用時には最新情報を確認すること

景区直通車の公式ウェブサイトトップ画面

武侯祠博物館の西側にあるブース

市内でパンダに合える

成都パンダ繁育研究基地(せいと はんいくけんきゅうきち)／成都大熊猫繁育研究基地 chéngdū dàxióngmāo fányù yánjiūjīdì

オススメ度 ★★★ 所要時間 3時間

希少動物であるジャイアントパンダの生態を科学的に研究し、保護・繁殖に役立てるために設立された施設。広大な敷地を本来の生息地に似せて造り、自然に近い環境での飼育を行っている。パンダは幼少期、青年期、成体に分けて飼育されているが活動的なのはやはり幼少期。数頭でじゃれ合う姿は観光客の注目の的。見学は早朝がおすすめ。

ちょっとしたしぐさもかわいい

成都パンダ繁育研究基地

Ⓜ P.29-E1

㊟成華区熊猫大道1375号

☎83516748、83510033

㋔7:30～18:00

※入場は閉門1時間前まで

㊡なし ㊕55元

㊋①地下鉄3号線「熊猫大道」。198路バスに乗り換えて「熊猫基地」
②87、198路バス「熊猫基地」
③成都景区直通車を利用する（→P.35インフォメーション）

Ⓤwww.panda.org.cn

インフォメーション

遊覧観光車

園内を一周する車で時間がないときなどに有用。

㋔8:00～17:00

㊡なし ㊕往復10元

入口はパンダをイメージしたデザイン

三星堆との関係が深い古代遺跡

金沙遺址博物館(きんさいしはくぶつかん)／金沙遗址博物馆 jīnshā yízhǐ bówùguǎn

オススメ度 ★★★ 所要時間 2時間

2001年、住宅の工事現場から古代四川文明（古蜀文明）の遺跡が発掘された。遺跡からは現在成都市のシンボルになっている金の太陽神鳥のほか、金のマスク、大量の玉製品、青銅や石製の人物像、土器、マンモスの牙などが出土し、郊外の三星堆（→P.48）に勝るとも劣らない発見となった。遺跡は発掘時のままに保存されることとなり、出土品を展示する陳列館を中心に2007年に総合博物館としてオープンした。出土品は三星堆の文化との強い関連性が指摘されており、古代史へのロマンをかき立てられる。

発掘現場を保存した遺跡館

出土品を展示する陳列館

金沙遺址博物館

Ⓜ P.28-B2

㊟青羊区金沙遺址路2号

☎87303522

㋔5～10月8:00～20:00
※入場は閉館1時間前まで
11～4月8:00～18:30
※入場は閉館30分前まで

㊡月曜（1、2、7、8月および法定祝日は開館）

㊕70元

㊋①地下鉄7号線「金沙博物馆」
②82、83、111、163路バス「金沙遗址东门」
③成都景区直通車を利用する（→P.35インフォメーション）

Ⓤwww.jinshasitemuseum.com

インフォメーション

日本語の音声ガイド

入口で日本語の自動音声ガイド機を貸し出している。1台20元、デポジット（保証金）200元。

☎87303572

レトロな町並みが人気のエリア

寛窄巷子／宽窄巷子　kuānzhǎi xiàngzi

かんさくこうし

オススメ度 ★★

東を長順上街、西を下同仁路に挟まれたエリアには、寛巷子、窄巷子、井巷子の3本の平行する小さな通りがある。

1718（清の康熙57）年、ジュンガル戦争から戻った清軍は、少城を基礎に築城し、満洲八旗と蒙古八旗を駐屯させ、一般人の立ち入りを禁止した。時代が進み、八旗が没落するとその禁も解かれ、豪商が土地を買い占め、多くの店が軒を連ねる興仁胡道、太平胡道、如意胡道が生まれた。

清朝が倒れ城壁は取り払われ、通りはそれぞれ寛巷子、窄巷子、井巷子と改称され、高官が暮らすエリアとなり、おおいに栄えた。

2008年になって再開発が始まり、明清時代の四合院や洋風建築物の残るレトロな町並みが整備され、バーなどが並ぶおしゃれなエリアとして知られるようになった。

れんが造りの建物もレトロな雰囲気を醸し出している

寛窄巷子
Ⓜ P.30-B2
住 青羊区長順街付近
オ 24時間
休 なし
※店舗により異なる
料 無料
交 ①地下鉄2号線「人民公园」「通惠门」。地下鉄4号線「宽窄巷子」
②成都景区直通車を利用する（→P.35インフォメーション）
Ⓤ www.kzxz.com.cn

シャオチーの店も多い。気になったらチャレンジしてみよう

四川道教の中心地

青羊宮／青羊宫　qīngyánggōng

せいようきゅう

オススメ度 ★★

全国的にも著名な道観（道教寺院）。この地に初めて建築物が誕生したのは周代に遡るが、盛んに建設が進められたのは、唐代になってから。当時は青羊肆と呼ばれていた。現存する宮観は清代に再建されたもの。

主要建築物は南北一線上に並んでおり、なかでも八卦亭と三清殿（無極殿）が特徴的。

さらに三清殿の前にある一対の黄銅製の羊がユニーク。青羊といわれる一角の羊は、1723（清の雍正元）年に大学士張鵬が北京で購入して奉納したもので、双角の羊は1829（清の道光9）年に雲南の工匠陳文炳と顧体によって鋳造されたもの。ともに災厄を祓う神羊とされ、多くの人に触れたため、表面は光り輝いている。一角の羊は独角獣とも呼ばれる12種の動物の化身で、耳はネズミ、鼻は牛、爪はトラ、口はウサギ、角は龍、尾は蛇、顔は馬、ひげは羊、首はサル、目は鶏、腹は犬、尻は猪といった具合だ。

易の八卦を表した八卦亭

青羊宮
Ⓜ P.30-A2
住 青羊区一環路西二段9号
☎ 87766584
オ 8:30～17:00
休 なし
料 10元
交 ①地下鉄2、4号線「中医大省医院」。徒歩10分
②11、34、42、58、59、129路バス「青羊宮」

十二支の動物の一部を探してみよう

杜甫草堂
Ⓜ P.28-B2
住 青羊区青華路37号
☎ 87319258
オ 5～10月8:00～19:00
11～4月8:00～18:00
※入場は閉門1時間前まで
休 なし
料 50元
交 ①地下鉄4号線「草堂北路」。徒歩12分
②19、35、58、82路バス「杜甫草堂」
③成都景区直通車を利用する（→P.35インフォメーション）
U www.cddfct.com

詩史堂。中には杜甫胸像がある

大詩人が詩作にいそしんだ場所

杜甫草堂（とほそうどう）／杜甫草堂　dùfǔ cǎotáng

オススメ度 ★★

詩聖として名高い唐の大詩人杜甫（712～770年）は、安禄山の乱によって759年、成都に避難することになった。翌年からは友人の助けを得て、成都の西郊外、浣花渓（かんかけい）のほとりに庵を建てた。その後杜甫は4年余り成都に住み、240編以上の詩を作り、その生涯で最も充実した時期をここで過ごしたともいわれている。その住居が杜甫草堂。

当時の建物はすぐになくなり、北宋時代に草堂があった場所に祠堂が建てられ、徐々に規模が大きくなっていった。現在の建築群は1811（清の嘉慶16）年に修築された建物がもとになっている。

草堂の中心は詩史堂で、両側は陳列室となっている。2部構成になっており、テーマは杜甫の生涯と草堂での暮らしに分かれている。このほか敷地内には、杜甫草堂のシンボル的存在の少陵草堂や、かつて草堂寺の大雄宝殿だった大雅堂がある。

杜甫の庵を再現した茅屋故居

杜甫草堂の東隣には、四川省から出土した各種文化財や美術品を展示する四川博物院新館がある。

文殊院
Ⓜ P.30-C1
住 青羊区文殊院街66号
☎ 86932375
オ 8:00～17:00
休 なし
料 無料
交 ①地下鉄1号線「文殊院」
②16、55路バス「文殊院」
U www.cdfjxh.com

和平千佛塔は1980年代に立てられた仏塔

今も信仰を集める古刹

文殊院（もんじゅいん）／文殊院　wénshūyuàn

オススメ度 ★★

南北朝時代（5世紀初め～6世紀末）に創建された仏教寺院。唐代に信相院と改称された後、一時妙園塔院となり、宋代には信相寺と呼ばれるようになった。明末に戦乱で焼失したが、1681（清の康熙20）年に再建され、文殊院と改称された。山門を入ると、まず左右に鐘楼と鼓楼の塔が向かい合って立っている。正面に三大士殿（観音殿）があり、その奥に大雄宝殿（本堂）、説法堂、蔵経殿と続く。周囲は緑豊かな園林で、市民の憩いの場となっている。

文殊院大雄宝殿

寺院の周囲の文殊坊は古い町並みを再現しており、ショッピングやシャオチー屋台巡りをする多くの観光客でにぎわいを見せている。

皇帝の眠る陵墓

永陵博物館（えいりょうはくぶつかん）／永陵博物馆　yǒnglíng bówùguǎn

オススメ度 ★★

王建（847〜918年）は五代十国時代に、成都を中心とした地方を治めた前蜀（907〜925年）を建国した皇帝で、彼の墓である永陵は1942年に発掘され、その後全国重要文化財に指定された。陵墓は町の中心部にあるが、博物館の中は非常に静か。

直径80m、高さ15mの陵墓の中は、全長約23mの墓室があり、その中央に置かれた石棺の側面には楽隊や踊り子が彫り込まれている。

陵墓内部。最奥部に王建の座像がある

永陵博物館
M P.30-A1
住 青羊区永陵路10号
☎ 87789003
オ 8:30〜18:00
※入場は閉門30分前まで
休 なし
料 20元
※陵墓の北側にある永陵博物館（総合館）を含む
交 ①地下鉄4号線「宽窄巷子」。徒歩15分
②30、48、54路バス「永陵路东」
U www.cdylbwg.org

陵墓の入口となる神道

竹林が生い茂る公園

望江楼公園（ぼうこうろうこうえん）／望江楼公园　wàngjiānglóu gōngyuán

オススメ度 ★

市街地の南部、錦江の西岸にある公園で、四川大学に隣接している。12万㎡の敷地内には、国内はもとより、日本や東南アジアから取り寄せた150種類を超える竹が植えられており、竹子公園とも呼ばれている。有料の文物区にあるおもな建築物は、唐代の女流詩人薛涛（せつとう）（770〜835年）を記念して建てられた。薛涛はここの井戸水を使って紙をすき、その紙に詩文をしたためたといわれている。

文物区で最も重要な建物が、川辺に立つ崇麗閣（すうれいかく）。通称が望江楼で、公園の名前はこれに由来している。1889（清の光緒15）年に創建された、高さ30m余りの4階建ての楼閣だ。下の2層が四角で、上の2層が八角という変わった造りをしている。上ることができるのは2階まで。

望江楼公園
M P.29-D3
住 武侯区望江路30号
☎ 85223389
オ 9:00〜18:00
※入場は閉園1時間前まで
休 なし
料 20元
交 19、256路バス「望江楼公园」
U www.wangjianglou.com

望江楼公園北門から2km、錦江に架かる廊橋

1

2

3

1特徴的な外観をした崇麗閣。写真愛好家に人気のある被写体で、特に夜ライトアップされた姿を対岸から撮影するのが好まれるようだ　2北門から文物区に向かう道に造られた竹林のトンネル。公園の南側にある竹種質資源保護区には見事な竹林が広がっている　3女流詩人薛涛ゆかりの井戸「薛涛井」

昭覚寺
Ⓜ P.29-D1
㊟成華区昭青路333号
☎83527825
㋔8:00～18:00
㊡なし
㊞無料
㊯南門：
①地下鉄3号線「昭覚寺南路」。徒歩20分
②1、49、53、71、87路バス「昭觉寺公交站」
※成都動物園と合わせて観光する場合、南門から入って北門を出て、成都動物園南大門で入場券を購入するとよい。ただし、昭覚寺北門は17:00に閉門する

日本とのかかわりもある禅宗寺院

昭覚寺（しょうかくじ）／昭觉寺　zhāojuésì

オススメ度 ★

川西第一禅林と称されるほどの禅宗の名刹で、唐の貞観年間（627～649年）の創建。創建当初は建元寺という名だったが、唐の宣宗に昭覚寺の名を賜った。明末（17世紀初頭）に兵火に遭い全焼したが、1663（清の康熙2）年に破山和尚などの努力で再建された。現在見るのは、文化大革命期に破壊されたものを1985年に再建した建物。昭覚寺は唐代より多くの高僧を輩出し、日本や東南アジアとの関係も深い。高僧として名高い円悟和尚（1063～1135年）が著した『碧巌録』や『円悟禅師心要』は日本の僧侶によく読まれ、『茶禅一味』は日本の茶道に影響を及ぼした。成都動物園とつながっており、同時に見学できる。

第一禅林の扁額がかかる山門

きらびやかな大雄宝殿（本殿）

成都動物園
Ⓜ P.29-D1
㊟成華区昭覚寺南路234号
☎83516953
㋔4～11月8:00～18:00
12～3月8:30～18:00
※入場は閉園1時間前まで
㊡なし
㊞20元
㊯北大門（正門）：
①地下鉄3号線「动物园」
②9、18、64、87路バス「动物园」
※昭覚寺と合わせて観光する場合、北大門から入って南大門を出て、昭覚寺北門から入場するとよい
③成都景区直通車を利用する（→P.35インフォメーション）
Ⓤ www.cdzoo.com.cn

パンダやキンシコウに合える

成都動物園（せいとどうぶつえん）／成都动物园　chéngdū dòngwùyuán

オススメ度 ★

約18万㎡の敷地を誇る西南エリア最大級の動物園。300種を超える動物を飼育しているが、目玉は何といっても四川省や周辺地域に生息する珍しい動物たち。ジャイアントパンダやレッサーパンダ、孫悟空のモデルともいわれるキンシコウが愛らしい姿を見せてくれる。

パンダについてはパンダ館という専門の展示施設があるが始終混雑している。ガラス張りの飼育室を見学することになるうえ、パンダはじっと動かずに寝ている時間が長い。生きいきとしたパンダを見たければ成都パンダ繁育研究基地に行ったほうがよいだろう。

毛づくろいするキンシコウ

暑いときはパンダもぐったり

郊外の見どころ

古代水利施設で有名 世界遺産

都江堰（とこうえん）／都江堰　dūjiāngyàn

オススメ度 ★★★　所要時間 3時間

成都の北西48km、岷江上流にある古代水利施設で、2000年に世界文化遺産に登録された。初めは湔堋（せんほう）、三国時代には都安堰と呼ばれていたが、10世紀以降、都江堰というようになった。

この工事は、紀元前256（秦の襄王51）年、岷江の氾濫を防ぐために蜀郡太守の李冰（りひょう）が指揮を執って始まった。大規模な工事は息子の李二郎（りじろう）が受け継いだが、完成したのは彼の死後、数世紀経ってからのことだった。

都江堰は基本的に魚嘴（ぎょし）、飛沙堰（ひさえん）、宝瓶口（ほうへいこう）の3部分からなる。岷江の流れは、まず人工の中州によって外江（上流に向かって左）と内江（上流に向かって右）に分かれる。外江はそのまま岷江として下流へ流れていくが、内江は潅漑用水として宝瓶口へ流れ込み、さらにいくつかの用水路に振り分けられて成都平原へと流れていく。

この堤防を兼ねる中州は竹製の籠に石を詰めたものを積んで造られた。この中州の最上流部を魚嘴という。鋭角になっていて魚の口のような形なのでこの名がある。

そして、中州がある内江の最下流部を飛沙堰という。飛沙堰は洪水対策のためのもの。岷江が増水したとき内江へ多量に流れると、平原に水が流れ過ぎて氾濫を起こす。そのため、岷江の水量が多いときは、内江の水が飛沙堰を経由して外江に戻るようになっている。

ここから引かれた岷江の水は成都平原5300km²を潤し、成都を天府と呼ばれる豊かな大地に変えた。

都江堰の東岸にある二王廟は、李親子の徳をたたえる

都江堰
Ⓜ P.27-B1、P.42
㊟ 都江堰市公園路
☎ 4001151222
入場券売り場＝87283890
㋔ 4～10月8:30～18:00
11～3月8:30～17:30
㊡ なし
㊎ 80元
㊇ ①犀浦駅から城際鉄道で「都江堰」。都江堰4、9路バスに乗り換えて終点（离堆公园）
※成都駅発や離堆公園行きの便もあるが、ともに本数が少ないので事前に公式ウェブサイトなどで時刻を調べ、前日までに切符を買っておくとよい
②茶店子バスターミナルから「都江堰」行きで終点（7:00～19:30の間30分に1便。18元、所要1時間10分）。都江堰7、10路バスに乗り換え「离堆公园」（1元、所要20分）
※「都江堰」からの最終は18:00頃発
③成都景区直通車を利用する。「武侯祠/锦里」から9:00、10:30、12:30発（29元、所要2時間）
※「都江堰」からの戻りは15:30、16:00発
Ⓤ www.djy517.com

インフォメーション

電動カート
碑亭と魚嘴とを結んでいる。
㊎ 片道＝10元、往復＝15元

李冰、李二郎を祀る二王廟は玉塁山山腹に立つ

Ⓗホテル　Ⓧ学校　〒郵便局　バス停　繁華街　鉄道

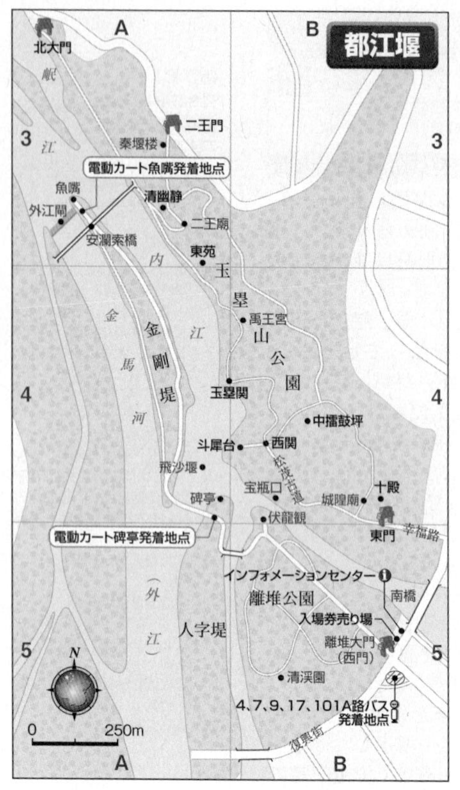

ために、南北朝時代に建てられたものである。はるか昔に行われた工事がいまだに大きな力を及ぼしているという事実に、中国の文明の偉大さを感じる。

都江堰は広いので、効率的に歩くようにしたい。次に述べるのは代表的なルート。

都江堰に着いたらまず離堆公園（りたいこうえん）へ行こう。ここは都江堰の下流にある公園だ。まずは西門入口から真っすぐ歩いた突き当たりにある伏龍観に上り、宝瓶口を眺めよう。さらに人字堤、金剛堤と渡り、道なりに北に進めば魚嘴に着く。碑亭から魚嘴までは電動カートもあるので、疲れたら利用するのもよい。

その後はつり橋の安瀾索橋を渡って東岸に向かおう。

渡った所で右へ向かい、石段を上ると李親子を祀った二王廟だ。四川大地震で被害を受けたが修復され、以前と変わらない姿を見ることができる。

二王廟のあとは、その背後にそびえ立つ秦堰楼に上って周囲の景色を眺めよう。内江沿いの道に戻って南に進むと、やがて松茂古道という山道となり、玉塁関や西関を通る。城隍廟の近くの東門から出て人々でにぎわう南橋を渡れば、スタート地点の西門に戻ることができる。

1人字堤から見た伏龍観と宝瓶口（左奥） 2内江に架かる安瀾索橋。山腹に立つのは秦堰楼で、都江堰全体を眺めるのに絶好のポイント 3都江堰観光の出発地点であり、最終地点でもある南橋 4玉塁関付近から見た金剛堤

五斗米道発祥の地 世界遺産

青城山（せいじょうさん）／青城山　qīngchéngshān

オススメ度 ★★★　所要時間 前山＝3～5時間、后山＝7時間

青城山は成都から北西に68km、都江堰から南西に10kmの所にある周囲120kmという広大な山。数十もの峰から成り立っており、大きく前山と后山のふたつに分けられる（ただ単に青城山という場合は前山を指す）。西には岷山（みんざん）雪嶺がそびえ、東には成都平原が広がり、山全体が自然風景区となっている。緑の木々が山全体を覆っていてまるで青い城のようなので、青城山と呼ばれるようになった。

さらに、青城山は道教ゆかりの地でもある。後漢の末期、道教の前身といわれている宗教集団五斗米道（ごとべいどう）（天師道ともいう）の創始者張陵（ちょうりょう）が布教を始めたのが、ここ青城山。その後も道教の聖山として栄え、道教四大名山のひとつに数えられる。現在でも山中に道観が点在し、そこで多くの道士が修行をしている。このような文化的価値が認められ、青城山は、2000年青城山および都江堰水利施設としてユネスコの世界文化遺産に登録された。

前山景区（ぜんざんけいく）／前山景区　qiánshān jǐngqū

前山は青城山東部に位置する景勝エリアであり、青城山観光といえば、前山観光を指すことが多い。山中には道観（道教寺院）が多く、山を登りながらそれらの施設を訪れることになる。

前山観光の起点は都江堰101路バスの発着地点。一般的な観光ルートは、「青城山第一峰」（1260m）に立つ老君閣まで往復約9km（上り下り別ルート）、高低差は約500m。道はほぼ舗装されており、徒歩で5時間が目安。ロープウエイを使って老君閣までの単純往復であれば、3時間未満での観光も可能。

主要な見どころは次のとおり。

建福宮は青城山前山の山門東側に位置する、724（唐の

青城山
Ⓜ P.27-A2、P.43
住 都江堰市青城山
☎ インフォメーション＝4001151222
オ 5月1日～10月上旬 8:00～18:00
10月中旬～4月30日 8:30～17:30
休 なし　Ⓤ www.djy517.com

前山景区
Ⓜ P.43-B2、P.45上
☎ 87288617　料 80元
交 ①犀浦駅から城際鉄道「青城山」行きで終点。都江堰101路バスに乗り換え終点（8:00～19:00の間15分に1便。2元、所要10分）
②茶店子バスターミナルから「都江堰」行きで終点。都江堰7路バスに乗り換え「离堆公园」、さらに101路バスに乗り換え「青城山前山景区」
※「都江堰」からの最終は18:00発
③景区直通車を利用する。武侯祠／錦里から9:30、10:00発。29元、所要2時間
※「青城山前山景区」からの戻りは17:00発

インフォメーション

前山と后山

1日で2ヵ所を観光するのは、体力的にも時間的にもかなり難しい。それぞれ分けて訪れることをおすすめする。時間的に1ヵ所ということなら前山。

また、2ヵ所を結ぶ公共交通はなく、移動するにはタクシー利用しかない。片道50元が目安。

前山景区の乗り物

前山ロープウエイ
月城湖と薬王殿とを結ぶ。高低差約150m、所要20分。
オ 4～10月8:30～17:30
11～3月9:00～17:00
※チケット販売は往復が終了2時間前まで、片道が終了1時間30分前まで
休 なし
料 片道＝35元、往復＝60元

電動カート
前山入口と前山山門とを結ぶ。
オ 5月1日～10月上旬8:00～18:00、10月中旬～4月30日8:30～17:30
料 片道＝10元

月城湖渡し船
月城湖の南北両岸を結ぶが、徒歩で15分の距離にある。
オ 5月1日～10月上旬8:00～18:00、10月中旬～4月30日8:30～17:30
休 なし
料 片道＝5元（往復割引なし）

青城山前山の山門

前山最高峰に立つ老君閣

后山景区
Ⓜ **P.43-A1～2、P.45下**
料 20元
交 ①犀浦駅から城際鉄道「青城山」行きで終点。「后山景区」行きミニバスに乗り換える。（8:30～17:00の間満席を待って出発。15元、所要45分）
②茶店子バスターミナルから「都江堰」行きで終点。都江堰7路バスに乗り換え「离堆公园」、さらに都江堰101路バスに乗り換え「青城山快铁站」。最後に「后山景区」行きミニバスに乗り換えて終点

インフォメーション

后山の乗り物

下記の乗り物の営業時間は青城山の開門時間と同じ（→P.43欄外）。

電動カート
景区バスターミナルと泰安古鎮とを結ぶ。
料 片道＝5元

后山金驪ロープウエイ
飛泉坊と后山山腹とを結ぶ。所要30分。
休 なし
料 片道＝30元

后山白雲ロープウエイ
又一村と白雲古寨とを結ぶ。所要30分。
休 なし
料 片道＝45元、往復＝80元

翠映湖渡し船
翠映湖の南岸と北岸とを結ぶ。迂回路はないので利用は必須。
休 なし
料 片道＝2元

開元12）年創建の道観。1742（清の乾隆7）年に再建されており、明清期の宮殿建築様式を備える。

上清宮は晋代創建の道観。その後何度か再建されており、現存する建物は清の同治年間（1861～1875年）に再建されたもの。老君殿、三清殿、文武殿などで構成され、蒋介石の親筆による扁額も残っている。

老君閣は前山景区最高地点に立つ、1992年創建、八角6層の楼閣。建物内部には徐悲鴻（じょひこう）の遺作『紫気東来』を参考に造られた老子像がある。

祖師殿は轘轅峰に立つ晋代創建の道観。古くは清都観、真武宮と呼ばれ、真武大帝や東岳大帝などを祀る。現存する建物は1865（清の同治4）年の再建。

天師洞は青城山最大の道観。隋代の創建で、現存する建築物は清の康熙年間（1661～1722年）に再建された。主殿である三清殿、天師洞府などがある。

后山景区（ごさんけいく）／后山景区（hòushān jǐngqū）

后山景区は前山の西約10kmに位置する景勝エリア。山歩きをメインとするためか、前山ほど人気はない。飛泉溝（東側。泰安古鎮に近い）と五龍溝（西側）のふたつの渓流沿いのルートから白雲寺を目指すが、山中ルートで約10km（高低差650m）、ふたつの渓流の間1km、飛泉溝とバスの発着地点の間1.5kmと前山より総距離は長い。前山同様、山中の道はほぼ舗装されているが、アップダウンも多く、全行程徒歩で7時間は必要。ただ、ロープウエイ（2路線）や電動カートあるので、うまく利用して時間を短縮することは可能。

渓流沿いの道は常にぬれており、滑りにくい靴やトレッキングポールなどを用意するとよい。

宿泊施設は泰安古鎮、五龍溝、又一村、白雲古寨にあるが、設備がいちばん整っているのは泰安古鎮。

渓流沿いに造られた桟道を上る（五龍溝）

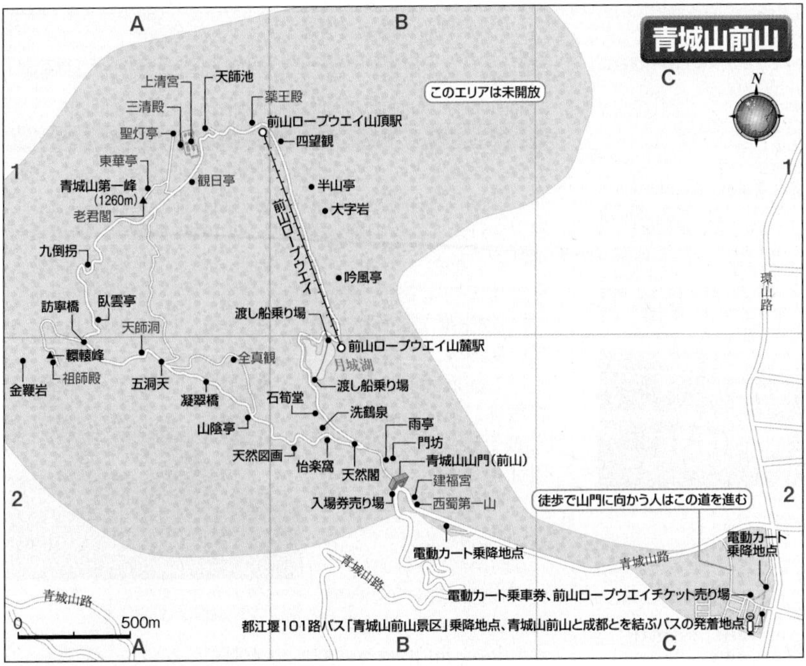

青城山前山

このエリアは未開放

天師池
上清宮
三清殿
聖灯亭
薬王殿
前山ロープウエイ山頂駅
四望観
東華亭
青城山第一峰
(1260m)
老君閣
観日亭
半山亭
大字岩
前山ロープウエイ
九倒拐
吟風亭
訪寧橋
臥雲亭
天師洞
渡し船乗り場
前山ロープウエイ山麓駅
轘轅峰
祖師殿
金鞭岩
五洞天
全真観
月城湖
渡し船乗り場
凝翠橋
石筍堂
洗鶴泉
山陰亭
雨亭
門坊
天然図画
怡楽窩
天然閣
青城山山門(前山)
建福宮
入場券売り場
西蜀第一山
徒歩で山門に向かう人はこの道を進む
環山路
電動カート乗降地点
青城山路
電動カート乗降地点
青城山路
電動カート乗車券、前山ロープウエイチケット売り場
都江堰101路バス「青城山前山景区」乗降地点、青城山前山と成都とを結ぶバスの発着地点
青城山路
0　500m

青城山后山

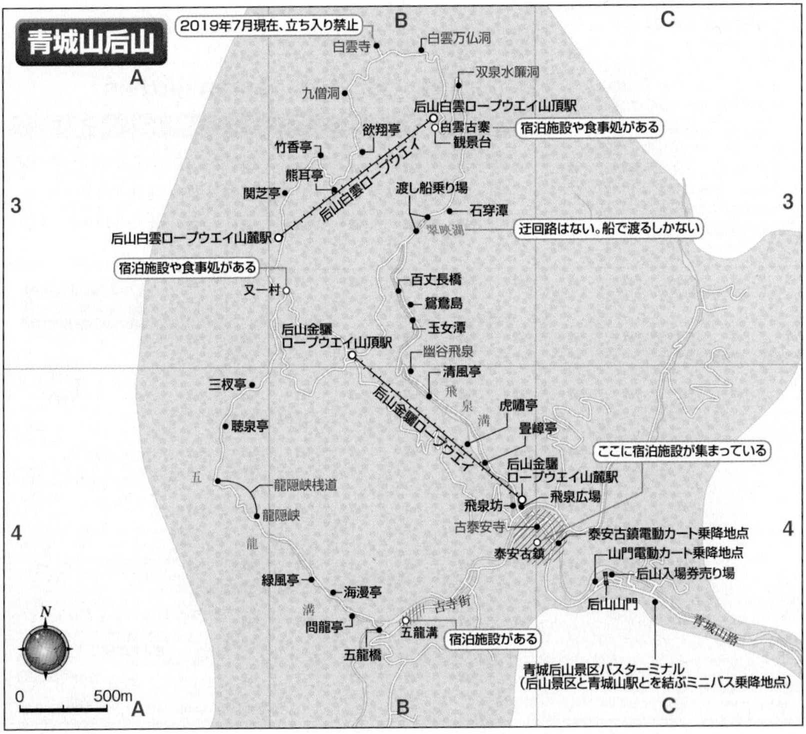

2019年7月現在、立ち入り禁止
白雲寺
白雲万仏洞
双泉水簾洞
九僧洞
后山白雲ロープウエイ山頂駅
白雲古寨
観景台
宿泊施設や食事処がある
欲翔亭
竹香亭
后山白雲ロープウエイ
熊耳亭
関芝亭
渡し船乗り場
石穿潭
翠映湖
迂回路はない。船で渡るしかない
后山白雲ロープウエイ山麓駅
宿泊施設や食事処がある
又一村
百丈長橋
鴛鴦島
玉女潭
后山金驪ロープウエイ山頂駅
幽谷飛泉
清風亭
三杈亭
飛泉溝
后山金驪ロープウエイ
虎嘯亭
聴泉亭
畳嶂亭
ここに宿泊施設が集まっている
后山金驪ロープウエイ山麓駅
五龍溝
龍隠峡桟道
龍隠峡
飛泉坊
飛泉広場
古泰安寺
泰安古鎮電動カート乗降地点
泰安古鎮
山門電動カート乗降地点
后山入場券売り場
后山山門
緑風亭
海漫亭
古寺街
青城山路
問龍亭
五龍溝
宿泊施設がある
五龍橋
青城后山景区バスターミナル
(后山景区と青城山駅とを結ぶミニバス乗降地点)
0　500m

●見どころ　バス停　―― 航路

都江堰パンダ研究センター
Ⓜ**P.27-A2**
住 都江堰市青城山鎮石橋村環中路
☎69290315
オ 8:30～17:00
休 なし
料 58元
交 ①犀浦駅から城際鉄道「青城山」行きで終点。都江堰102路バスに乗り換え「熊猫乐园」
②茶店子バスターミナルから「都江堰」行きで終点。都江堰102路バスに乗り換え「熊猫乐园」

入口。建物の右側にショップがある

安仁古鎮
Ⓜ**P.27-B3、P.46**
住 大邑県安仁鎮
☎88319116、88318878
オ 古鎮24時間
華公館、劉元琥公館、陳月生公館10:00～16:30
休 なし　料 無料
交 茶店子バスターミナルから「安仁」行きで終点（7:30～18:00の間30～40分に1便。17元、所要1時間30分）。大邑211路バスに乗り換え「安仁中学路口」（2元、所要5分）
※「安仁」からの最終は17:30～18:00の間に出発
Ⓤ www.anrentown.com

パンダ飼育の体験ができる

都江堰パンダ研究センター／中国大熊猫保护研究中心都江堰基地

zhōngguó dàxióngmāo bǎohù yánjiū zhōngxīn dūjiāngyàn jīdì

オススメ度 ★★★

パンダ研究センター（中国大熊猫保護研究中心）は、1983年に臥龍自然保護区とWWF（世界自然保護基金）によって設立されたパンダ研究保護機関。2019年8月現在、四川省内の臥龍と雅安（→P.64）、都江堰の3ヵ所にあり、飼育の様子を見学できるよう一般公開している。ここは「熊猫楽園」、「都江堰中華大熊猫苑」などとも呼ばれ、人気の観光地となっている。

パンダ研究センターの特徴は、飼育体験の受け入れを行っていること。興味のある人はP.54のコラムを読んで申し込むとよい。

パンダをすぐそばに見られるが、気温が上がるとパンダは飼育舎内で過ごす

なお、パンダは涼しいなかでしか活動しないので、夏は朝いちばんの見学がおすすめ。出口にはパンダグッズを販売するショップもある。

劉氏の一族が権勢を振るった

安仁古鎮／安仁古镇　ānrén gǔzhèn

オススメ度 ★★

成都の南西70km、四川盆地の西部に位置する大邑県にある古鎮。博物館が多く、「中国博物館小鎮」とも呼ばれる。

この地には620（唐の武徳3）年に安仁県がおかれたが、

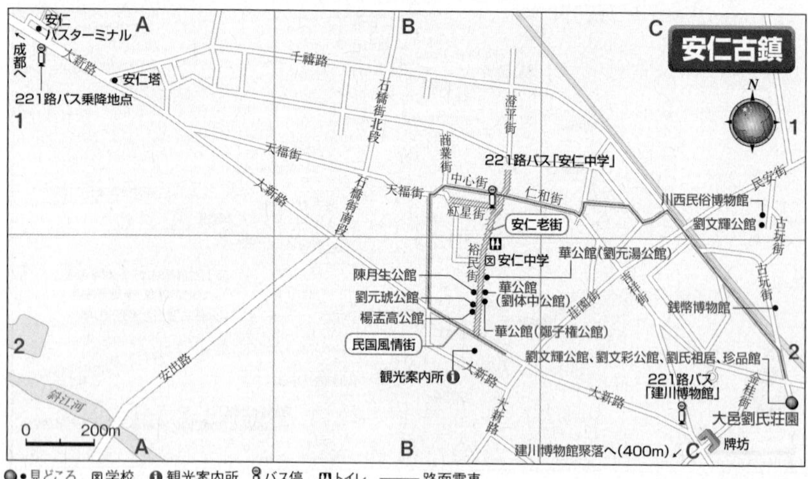

●●見どころ　文学校　ℹ観光案内所　バス停　トイレ　――路面電車

1284（元の至元21）年に大邑県に編入された。中華民国時代に勢力を誇った劉氏の建造物が多く残り、町中に公館（高官の邸宅）が点在する。その歴史的価値から、四川省に4ヵ所ある中国歴史文化名鎮のひとつ（残りは邛崍市平楽鎮、閬中市老観鎮、宜賓市李荘鎮）に指定されている。

特に有名なのは大邑劉氏荘園。大地主の劉文彩（りゅうぶんさい）（1887〜1949年）とその兄弟が建てた邸宅で、中国で最もよく保存された地主の荘園といわれる。四川省中西部の典型的な建築様式で、1932年に建設が始まり、建築面積は2万㎡以上に及ぶ。迷路のような通路を歩き、数多くの部屋や贅沢な調度品を見れば、当時の富豪の暮らしがうかがえる。

また、町の中心部のストリートは安仁老街として整備され、ショップやレストランが並び食事や休憩に便利だ。

町の南には建川博物館聚落がある。抗日戦争、毛沢東時代の芸術品、四川大地震、民俗の4つのテーマに分類される20以上の分館からなる、中国最大の私立博物館だ。

大邑劉氏荘園入口

大邑劉氏荘園
Ⓜ P.46-C2
住 大邑県安仁鎮金桂街15号
☎ 88319959
オ 9:00〜17:00
※入場は閉館1時間前まで
休 なし
料 大邑劉氏荘園（劉文彩公館、劉氏祖居、珍品館）＝40元。大邑劉氏荘園、劉文輝公館、銭幣博物館＝90元。大邑劉氏荘園と劉文輝公館または銭幣博物館＝70元
交 大邑211路バス「建川博物馆」（2元、所要8分）

建川博物館聚落
Ⓜ 地図外（P.46-C2下）
住 大邑県安仁鎮迎賓路
☎ 88318000
オ 9:00〜17:30
※入場は閉館30分前まで
休 なし
料 60元
交 大邑211路バス「建川博物馆」（2元、所要8分）
Ⓤ www.jc-museum.cn

古い蜀の町並みが残る歴史の町

黄龍渓（こうりゅうけい）／黄龙溪　huánglóngxī

オススメ度 ★ ★

黄龍渓は、成都の南42kmに位置する1700年以上の歴史をもつ古い町。中国人観光客の間でも人気のある場所で、映画の撮影地に選ばれたこともある。

町の歴史は、219（後漢の建安24）年に武陽という町が築かれたことに始まる。それ以降、成都の望江楼から船に乗って流れを下れば、ちょうど1日の旅程でここに到着したことから、商人にとっての宿場町として発展を遂げていった。

この町の魅力は、府河（錦江）の西岸に細く延びる、蜀地方独特の古い町並み。現在残る町並みは、そのほとんどが明清時代に造られたもので、狭い石畳の道に沿って立つ建築物は現在でも住居として使われている。

町並みのほかには、古龍寺、鎮江寺、潮音寺の3つの寺院や樹齢800年を超える6本の古榕樹（こようじゅ）（ガジュマル）、三県衙門（さんけんがもん）といった見どころがあり、さらに、陰暦1月15日には焼火龍（シャオフオロン）という古くから伝わる祭りも行われる。

三県衙門（右）は古龍寺の境内にある

黄龍渓
Ⓜ P.27-B3
住 双流区黄龍渓鎮
☎ 85696929
オ 古鎮24時間
古鎮内の見どころ
8:00〜17:00
休 なし
料 無料
※三県衙門、古龍寺と大仏寺も無料だが、焼香料として1〜3元を納めることが望ましい
交 成都旅游バスセンターまたは茶店子バスターミナルから「黄龙溪」行きで終点（成都旅游：7:50〜17:00の間30分に1便、16元。茶店子：7:30〜17:30の間30分に1便、15元。ともに所要1時間30分）。S86路バスに乗り換えて「黄龙溪景区」（2元、所要5分）
※「黄龙溪」からの最終は18:30発

インフォメーション

遊覧船

大仏寺への遊覧船は5〜6人乗り。満席を待って出発。遊覧時間は片道20分、距離は約4km。
料 往復＝30〜35元

三星堆博物館
ⓂP.27-B1
住広漢市南興鎮西安路133号
☎(0838)5500349
オ総合館8:30～18:00
青銅器館8:30～18:30
休なし
料72元
交①昭覚寺バスターミナル(ⓂP.29-D1)から「广汉」行きで終点(7:00～20:00の間20～30分に1便。18元、所要50分)。広漢6路バスに乗り換え「三星堆博物馆」(2元、所要30分)
※「广汉」からの最終は18:30発
②成都東駅から城際鉄道で「广汉北」。広漢13路バスに乗り換え「三星堆博物馆」
Ⓤwww.sxd.cn

インフォメーション

日本語の音声ガイドと日本語ガイド
①音声ガイド
入口で日本語の自動音声ガイド機を貸し出している。1台10元、デポジット(保証金)代わりにパスポート提出が必要。
②日本語ガイド
日本語ガイドの手配が可能だが要予約。1回160元。
☎(0838) 5651526

四川独特の文化を展示

三星堆博物館(さんせいたいはくぶつかん)／三星堆博物馆　sānxīngduī bówùguǎn

オススメ度 ★★

1986年、成都の北40kmの広漢市三星堆でふたつの祭祀跡が発見された。考古学的な調査が進められた結果、新石器時代末期から夏末商初(日本では殷末周初)にかけての遺跡で、古蜀国の都であると結論づけられた。

出土した青銅器や金製品はどれもほかに類を見ない形をしており、独自の文化をもっていたことを証明したが、その出土品を展示するため、1997年に建てられたのがこの博物館。主要な展示物は青銅館、総合館、文物保護中心の3ヵ所で展示されている。

青銅製の仮面はどれも独創的

1揺銭樹　2特徴的な外観

川菜博物館
ⓂP.27-B2
住郫都区古城鎮栄華北巷8号
☎87918008
オ9:00～18:00
休なし
料60元
交地下鉄2号線「犀浦」。P22路バスに乗り換え「古城公交站」
Ⓤwww.cdccbwg.com

インフォメーション

料理教室
ここでは四川料理教室を開催している。作るのは麻婆豆腐、宮保鶏丁、熊猫蒸餃の3品で、参加費360元、所要時間3～4時間のコース。参加希望の場合は1日前までの予約が必要。
なお、予約時には参加者の実名登録、ウィーチャットペイ(→P.12)での参加費30%(108元)支払いが必要で、外国人にはハードルが高い。どうしてもという人は、ホテルのフロントに相談したり、旅行会社を通して予約してみよう。

四川料理を学ぶこともできる博物館

川菜博物館(せんさいはくぶつかん)／川菜博物馆　chuāncài bówùguǎn

オススメ度 ★★

成都市区の北西25kmの所に位置する川菜博物館は、日本人にもおなじみの四川料理(中国語で四川菜または川菜)に関するユニークな博物館。石器時代からの四川料理の歴史資料を展示する「典蔵館」、豆板醤の壺が300ほど並ぶ「川菜原料展示区」、そしてガラス越しに料理する様子を見られる「互動演示館」などの展示スペースに分かれている。このうち、互動演示館はレストランでもあるので、熟練の料理人が作った本格四川料理も味わえる。

このほか、有料で四川料理(随時)を学ぶコースなど体験型の研修も開催している。1日前までに予約が必要だが、各体験が可能なシーズンは毎年異なるので、料金と合わせて問い合わせるとよい。

伝統的な豆板醤の製法

シャングリ・ラ ホテル 成都／成都香格里拉大酒店 chéngdū xiānggélǐlā dàjiǔdiàn ★★★★★

成都では最高級のサービスと設備を誇る5つ星ホテル。全室ベッドはキングサイズ。バスルームはシャワーとバスタブが独立しており、肩までつかれるほど深いバスタブは疲れた体にありがたい。CHI「氣」スパなどの施設も充実。

M P.31-E4
住 錦江区濱江東路9号
☎ 88889999
FAX 88886666
S 1120～1310元
T 1120～1310元
サ 10%＋6%
カ ADJMV
U www.shangri-la.com

両替 ビジネスセンター インターネット

シェラトン成都麗都ホテル／天府丽都喜来登饭店 tiānfǔ lìdū xǐláidēng fàndiàn ★★★★★

ビジネス街である人民中路に立つ5つ星ホテル。客室は落ち着いた雰囲気でゆったりとくつろげる。5階にあるクラブ麗都には、温水プール、スパ、ジムなどがあり、宿泊客も利用できる。

M P.30-C2
住 青羊区人民中路一段15号
☎ 86768999
FAX 86768888
S 727～797元
T 727元
サ なし
カ ADJMV
U www.marriott.co.jp

両替 ビジネスセンター インターネット

ケンピンスキーホテル成都／成都凯宾斯基饭店 chéngdū kǎibīnsījī fàndiàn ★★★★★

市内南部にある5つ星ホテル。インテリアは欧風に統一されている。ホテル内には、自家製ビールを楽しめるドイツ料理レストランがある。

M P.28-C3
住 武侯区人民南路四段42号
☎ 85269999
FAX 85122666
S 820～1150元
T 820～1150元
サ なし
カ ADJMV
U www.kempinski.com

両替 ビジネスセンター インターネット

錦江賓館／锦江宾馆 jǐnjiāng bīnguǎn ★★★★★

1960年に開業した成都を代表する5つ星ホテル。南河のそばに位置し、空港や駅からのアクセスもよい。NHKの衛星放送も観ることができる。客室は主楼と貴賓館に分かれている。
U www.jjhotel.com

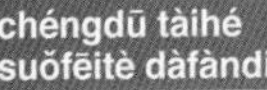

M P.30-C3
住 錦江区人民南路二段80号
☎ 85506666
FAX 85506550
貴賓楼：S 1169元
T 1169元
主楼：S 639～799元
T 639～799元
サ なし
カ ADJMV

両替 ビジネスセンター インターネット

ソフィテル 成都 泰合／成都泰合索菲特大饭店 chéngdū tàihé suǒfēitè dàfàndiàn ★★★★★

繁華街の南、南河のほとりに位置し、ヨーロッパの雰囲気に包まれた館内はまるで別世界。ホテル内のレストランでは、フランス料理や日本料理を楽しめる。

M P.30-C3
住 錦江区濱江中路15号
☎ 66669999
FAX 66663333
S 735～968元
T 735～968元
サ なし
カ ADJMV
U www.sofitel.com

両替 ビジネスセンター インターネット

成都西蔵飯店（せいとせいぞうはんてん）／成都西藏饭店 chéngdū xīzàng fàndiàn ★★★★★

英語名をチベットホテルといい、ロビーや客室はチベット風のモダンなインテリアで統一されている。館内のレストランでは、四川料理、広東料理、西洋料理などを楽しめる。

両替 ビジネスセンター インターネット

Ⓜ P.28-C2
㊟ 金牛区人民北路一段10号
☎ 83183388
FAX 83193838
Ⓢ 698～798元
Ⓣ 698～798元
サ なし
カ ADJMV
Ⓤ www.tibet-hotel.com

ニッコロー成都（せいと） バイ マルコポーロ／成都尼依格罗酒店 chéngdū nìyīgéluó jiǔdiàn ★★★★★

マルコポーロホテルのラグジュアリーブランドのホテルとして2015年4月に開業。45㎡以上の豪華な客室やゆったりしたバスルーム、2ヵ所のレストランなどのほか、8階には庭園や温室もある。

両替 ビジネスセンター インターネット

Ⓜ P.31-D3
㊟ 錦江区紅星路三段1号国際金融中心3号楼
☎ 82208888
FAX 68719898
Ⓢ 1388～1588元
Ⓣ 1388～1588元
サ 10%+6%
カ ADJMV
Ⓤ www.niccolohotels.com

シックスセンシズ 青城山（せいじょうさん）／青城山六善酒店 qīngchéngshān liùshàn jiǔdiàn ★★★★★

世界文化遺産青城山の前山景区東側に位置する高級リゾート&スパ。宿泊施設は四川地方の建築様式を取り入れたバルコニー付きの2階建てヴィラや中庭付きスイート、プール付きヴィラ。壮大な自然のなかでゆったりくつろげる。

両替 ビジネスセンター インターネット

Ⓜ P.43-B2
㊟ 都江堰市青城山鎮東軟大道2号
☎ 87126666
FAX 87289873
Ⓢ 2681～2915元
Ⓣ 2681～2915元
サ なし
カ ADJMV
Ⓤ jp.sixsenses.com

岷山飯店（みんざんはんてん）／岷山饭店 mínshān fàndiàn ★★★★★

広東料理と四川料理のレストランがある。
Ⓤ minshanguest.com

両替 ビジネスセンター インターネット

Ⓜ P.30-C3 ㊟ 錦江区人民南路二段55号 ☎ 85583333 FAX 85551384 主楼：Ⓢ 668元 Ⓣ 618元 付楼：Ⓢ 468元 Ⓣ 468元 サ なし カ ADJMV

銀河王朝大酒店（ぎんがおうちょうだいしゅてん）／银河王朝大酒店 yínhé wángcháo dàjiǔdiàn ★★★★

順城大街に面する4つ星ホテルで、春熙路のショッピングエリアに近い。

両替 ビジネスセンター インターネット

Ⓜ P.30-C2 ㊟ 錦江区順城大街88号 ☎ 86618888 FAX 86748837 Ⓢ 498～558元 Ⓣ 498～558元 サ なし カ ADJMV Ⓤ www.norincoeasun.com

錦江之星 成都文殊院酒店（きんこうしせい せいともんじゅいんしゅてん）／锦江之星 成都文殊院酒店 jǐnjiāngzhīxīng chēngdū wēnshūyuànjiǔdiàn

「経済型」チェーンホテル。正式な支店名は「成都文殊院地鉄站酒店」。

両替 ビジネスセンター インターネット

Ⓜ P.30-C1 ㊟ 青羊区銀絲街3号 ☎ 86938939 FAX 86917890 Ⓢ 208～284元 Ⓣ 237～256元 サ なし カ 不可 Ⓤ www.jinjianginns.com

錦里客桟（きんりきゃくさん）／锦里客栈 jǐnlǐ kèzhàn

「錦里」の中にある。明清時代の雰囲気をもち、回廊から眺める中庭がよい。

両替 ビジネスセンター インターネット

Ⓜ P.30-A～B3 ㊟ 武侯区武侯祠大街231号 ☎ 66311333 FAX 85552516 Ⓢ 398～518元 Ⓣ 398～518元 サ なし カ 不可 Ⓤ www.cdjinli.com

ホテル

Xishu Garden Inn／探索西部青年旅舎 tànsuǒ xībù qīngnián lǚshè

スタッフはフレンドリーで日本語のできるスタッフもいる（2019年8月現在）。ドミトリーの設備は充実。全室シャワー、トイレ付き（男女別）。加えてプライバシーにも配慮している。6階にはカフェ＆レストランがある。定期的にアクティビティも開催している。

両 替　ビジネスセンター　インターネット

Ⓜ P.30-B2
㊟ 青羊区東城根南街19号
☎ 62105818
FAX なし
Ⓢ 240元 Ⓣ 180～220元
③ 288元
Ⓓ 50～65元（6～22人部屋）
サ なし カ 不可
Ⓤ www.hiwestchina.com

MIX HOSTEL／驴友记青年旅舍 lǘyǒujì qīngnián lǚshè

こぢんまりとして雰囲気のよいホステル。
Ⓤ www.mixhostel.com

両 替　ビジネスセンター　インターネット

Ⓜ P.31-D1 ㊟ 金牛区星輝西路任家湾23号 ☎ 83222271
FAX なし Ⓢ 128元 Ⓣ 128元 ③ 188元
Ⓓ 40元（4～6人部屋） サ なし カ 不可

夢之旅国際青年旅館／梦之旅国际青年旅馆 mèngzhīlǚ guójì qīngnián lǚguǎn

武侯祠博物館近くに位置するユースホステル。
Ⓤ www.dreams-travel.com/youthhostel

両 替　ビジネスセンター　インターネット

Ⓜ P.30-A3 ㊟ 武侯区武侯祠大街242号 ☎ 85570315
FAX 85570321 Ⓢ 148～248元 Ⓣ 148～248元 ③ 368元 Ⓓ 50～70元(4～10人部屋) サ なし カ 不可

成都楽浮国際青年旅舎／成都乐浮国际青年旅舍 chéngdū lèfú guójì qīngnián lǚshè

市内中心部に位置するユースホステル。大通りから少し離れるが近くにバス停もあってアクセスは悪くない。ドミトリーは女性専用。

両 替　ビジネスセンター　インターネット

Ⓜ P.31-D1
㊟ 青羊区太升北路10号
☎ 86950016
FAX なし
Ⓢ 128～148元
Ⓣ 148元
Ⓓ 50元（4～6人部屋）
サ なし カ 不可
Ⓤ www.dragontown.com.cn/nova

グルメ

陳麻婆豆腐店 旗艦店／陈麻婆豆腐店 旗舰店 chénmápó dòufǔdiàn qíjiàndiàn

麻婆豆腐の元祖といわれる店。もともと「陳ばあさん」が作った豆腐料理であることから、陳麻婆豆腐となった。本場の味は唐辛子の辛さよりも山椒粉で舌が痺れる感じのほうが強い。大皿22元。本店以外にも市内に数店舗ある。

Ⓜ P.28-C2
㊟ 青羊区青華路10号附10-12
☎ 87317216
オ 1階11:00～21:00
2階11:00～14:00、17:00～21:00
休 なし
カ 不可

巴国布衣／巴国布衣 bāguó bùyī

昔から伝わる四川料理「川菜」を現代的にアレンジし、庶民的な価格で楽しめる有名店。中国全土に多数の支店をもつ。古民具を使った内装が好評。夜には昔の茶館を再現した客席で変臉ショーも楽しめる。ひとり当たりの予算は120～150元。

Ⓜ P.28-C4
㊟ 武侯区神仙樹南路63号
☎ 85511888
オ 10:00～14:00
17:30～21:00
休 なし
カ 不可
Ⓤ baguobuyi.aliface.net

皇城老媽（こうじょうろうも）／皇城老妈　huángchéng lǎomā

成都で火鍋といったらまず名前が挙がる有名店。1階には回転寿司のようなセルフ式火鍋コーナーがある。2階は15％のサービス料がかかるが夜には変臉などのショーを楽しめる。セルフ式火鍋は11:00～16:00が140元、17:00～21:00が160元、21:00～翌1:00が110元。

Ⓜ P.28-C3
住 武侯区二環路南三段20号
☎ 85139999
オ 11:00～翌1:00
休 なし
カ JMV
U www.hclm.net

九品風山珍宝酒楼（きゅうひんふうさんちんぽうしゅろう）／九品风山珍宝酒楼　jiǔpǐn fēngshān zhēnbǎo jiǔlóu

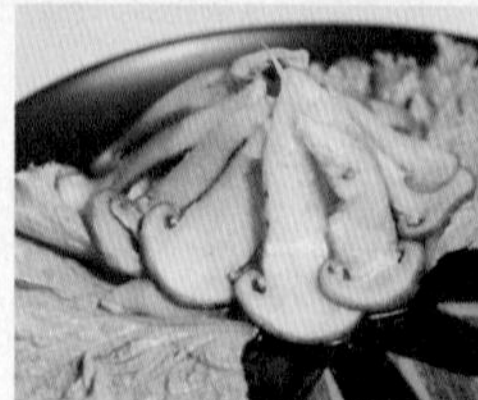

四川省の山々はマツタケをはじめキノコの産地としても知られている。ここではいろいろな効能があるという多数のキノコを取り揃え、薬膳スープの火鍋として楽しむことができる。ひとり当たりの予算は120～150元。

Ⓜ P.28-C3
住 武侯区科華中路178号
☎ 85212323
オ 11:00～21:30
休 なし
カ 不可
U www.jpfszb.cn

銀杏金閣酒楼（ぎんきょうきんかくしゅろう）／银杏金阁酒楼　yínxìng jīngé jiǔlóu

優雅な雰囲気で食事を楽しめる高級四川料理の店として有名。四川料理のほかに中国各地の料理や日本式刺身もある。海鮮を四川風に味つけし現代的にアレンジした"新川菜"を得意としている。ひとり当たりの予算は400元。

Ⓜ P.30-B3
住 青羊区錦里中路2号
☎ 86666688
オ 10:30～24:00
休 なし
カ MV
U www.yinxing.com

棗子樹（そうしじゅ）／枣子树　zǎozǐshù

上海を本拠とする棗子樹は無煙、無酒、無蛋、無肉をモットーとし肉を一切使わない中国式精進料理を楽しめる店。肉や魚そっくりに作られた料理は見た目も味も本物と変わらず、その技法はまさに驚きだ。ひとり当たりの予算は80～100元。

Ⓜ P.30-C1
住 青羊区青龍街27号鉑金城2号楼4階
☎ 86282848
オ 10:00～21:00
休 なし
カ 不可
U www.jujubetree.com

悠遊（ゆうゆう）／悠游　yōuyóu

新鮮で味がよく、成都在住の日本人の間で人気の和食店。料理は種類が豊富で、わかりやすい写真と日本語付きのメニューがある。ひとり当たりの予算は150元。

Ⓜ P.28-C3
住 武侯区紫竹北街85号大世界商業広場1楼139号
☎ 85356626
オ 11:30～翌0:30
休 なし
カ 不可

ショップ

成都伊勢丹百貨（せいといせたんひゃっか）／成都伊势丹百货　chéngdū yīshìdān bǎihuò

2007年に開業した日系デパート。内部はまるで日本のよう。地下1階は食品売り場で、日本の食材のほか四川省の特産品が手に入る。7、8階はレストラン街で、日本式の鍋料理店や焼肉店、とんかつ屋などがある。隣はイトーヨーカドー。

M P.31-D3
住 錦江区大科甲巷8号利都広場B座
☎ 80821111
オ 10:00～22:00
休 なし
カ ADJMV
U www.isetan-chengdu.com

紅旗連鎖総府店（こうきれんさそうふてん）／红旗连锁总府店　hóngqí liánsuǒ zǒngfǔdiàn

成都市内でよく見かけるコンビニエンスストアチェーンだが、ここはほかと異なり四川省の名産品のみを扱うかなり大きな店舗。豆板醤や豆豉、蒙山茶などの種類が豊富で、おみやげ探しにぴったりの場所だ。乾燥キクラゲやマツタケもおすすめ。

M P.30-C2
住 錦江区総府路87号
☎ 86622751
オ 7:45～22:30
休 なし
カ 不可

アミューズメント

蜀風雅韻（しょくふうがいん）／蜀风雅韵　shǔfēng yǎyùn

四川の伝統芸能を上演する劇場。演目は7つ、最大の出し物は顔の隈取りを次々に取り替える「変脸（biànliǎn）」。隈取りのわかるステージ近くの席を押さえたい。内外問わず観光客に人気の高いステージなので、旅行会社で早めの予約をおすすめする。

M P.30-A2
住 青羊区琴台路136号
※会場となる梨園は文化公園内にある
☎ 87764530
オ 20:00～21:30
休 なし
料 140元、180元、240元、320元
カ ADJMV
U www.cdsfyy.com

旅行会社

成都光大国際旅行社（せいとこうだいこくさいりょこうしゃ）／成都光大国际旅行社　chéngdū guāngdà guójì lǚxíngshè

日本人向けの個人旅行手配部門「RYYCHINA」をもち、30年以上の歴史を誇る旅行会社。ホテルや日本語ガイド、車、各種切符の手配はもちろん、希望に応じたオーダーメイドのツアーもアレンジできる。日本語でやりとりできるので、気軽に問い合わせてみるとよい。

M P.28-B3
住 武侯区龍騰東路2号杜甫花園商務楼3階312号室
☎ 66780122（日本語可）
携帯＝134-3823-4330（日本語可）
FAX 84548908（日本語可）
オ 9:00～12:00、13:00～18:00
休 土・日曜、祝日　カ 不可
U www.ryychina.com
✉ ryychina@hotmail.com（日本語可）

四川大地探検旅行社（しせんだいちたんけんりょこうしゃ）／四川大地探检旅行社　sìchuān dàdì tànjiǎn lǚxíngshè

車のチャーター（市内）は1日700元、日本語ガイドは1日500～600元。登山やトレッキング、高山植物鑑賞など特殊な旅行に強いのが魅力。日本語にも対応できる。日本語ガイドの手配には2ヵ月ほど必要なので注意。

M P.31-E4
住 錦江区宏済新路5号SOHO商務港401室
☎ 84540955（日本語可）
携帯＝13880055106（日本語可）
FAX 84540956（日本語可）
オ 9:00～17:30
休 土・日曜、祝日　カ 不可
✉ info@earthexpeditions.cn（日本語可）

都江堰パンダ研究センターで、かわいいパンダの飼育体験

パンダの数や保護施設が他省より圧倒的に多く、パンダ好きにとっての聖地ともいえる四川省。この地を訪れたら、あちこちパンダを見て歩くのもよいが、それよりももっとパンダに近づける飼育体験をしてみるのはどうだろう。パンダボランティアとも呼ばれるこのプログラムは、餌やりや掃除など、パンダの世話がメイン。パンダについてより深く知ることができ、四川旅行ならではの特別な体験になることうけあいだ。

飼育体験の申請方法

パンダ飼育体験を実施している3つの施設のひとつが、都江堰市にある都江堰パンダ研究センター（→P.46）だ。参加したい旨を専用のメールアドレス（✉pandaeducatecenter@163.com）に送る（日本語可）と、申請フォームと健康診断書フォーム、活動内容の説明書類が届く。希望日を伝え、①記入済みの申請書、②健康診断書（医療機関でフォームに記入、署名してもらったもの。または会社で取得したものや病院が発行したものでもOK）をPDFなどで添付し返送。受理されればすぐに連絡が来る。

NAME　GENDER　NATIONALITY
E-Mail

申請フォームには国籍や住所などの個人情報を書き込み、署名する

自分で申し込むほか、成都のホテルからの送迎付き現地ツアーもあり、割高にはなるが申請や移動の手間を省くことができる。

ボランティアの受付をする観光客サービスセンター

ガイド付きなので個人参加でも安心

都江堰パンダ研究センターは、パンダ救護や疾病予防などのために、WWFや香港政府の援助で創設されたセンター。約40頭のパンダを飼育しており、公衆教育の一環として、ボランティア参加者を1日100人ほど受け付けている。

当日は朝9:00に観光客サービスセンター（游客服务中心）の2階へ。体験の間は日本語（または英語）のガイドが案内してくれるので安心だ。まずは安全に関する規定書にサインをし、支払いを済ませると（2019年6月現在900元。クレジットカードの使用は不可）、作業着またはポロシャツを渡されるので着替える。水、カメラ、携帯電話以外はロッカーに入れる。

パンダ舎の掃除と竹割り、餌やり

電動カートに乗り込み、いよいよ飼育エリアへ出発だ。飼育舎の掃除では、たまった糞や残った竹、タケノコの皮などを集めて捨てる。糞は黄色や緑、オレンジ色とカラフルでおもしろい。パンダはもともと肉食

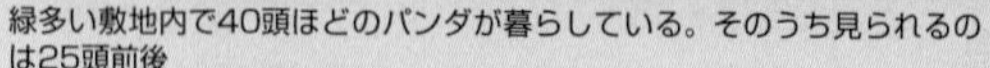
緑多い敷地内で40頭ほどのパンダが暮らしている。そのうち見られるのは25頭前後

パンダが建物内にいるときに屋外エリアを清掃

竹割りはなかなかの重労働

動物のため腸が短く、食べた竹の約20%しか消化吸収できないので糞の色は食べたものと同じ色をしている。そして1日のうち12時間もものを食べるそうだ。

掃除後はパンダが食べやすいよう、竹を地面に打ちつけて割る。力がいりなかなか難しいが、用意した竹をパンダがおいしそうに食べてくれると、思わず顔もほころぶ。

竹割りのあとは1時間の自由時間。午前中は活発に動き回っているパンダが多く、園内を巡って眺める絶好のチャンスだ。

担当の飼育舎に戻ると、お待ちかねの餌やりタイム。鉄格子の中にいるパンダに、タケノコやパンダケーキを直接あげることができる。牙の生えた口を目の前で大きく開けるパンダはかなりの迫力だ。

午後も盛りだくさん

午前のプログラムはここで終了し、食堂へ移動して昼食。園内で働く人たちもここで食事を取るので、パンダ施設の一員になったような気分を少しだけ味わえる。

食後にパンダの保護に関する1時間のドキュメンタリー映像を観賞し、飼育舎へ。掃除や竹割り、餌やりを再び行う。パンダは好みがうるさく古い竹を好まないので、朝あげたばかりの竹が残っていても新鮮なものに交換する。この施設では食べ残しの竹をティッシュに加工しているそうだ。

ボランティアが割った竹を食べる青青（チンチン）

迪迪（ディーディー）にタケノコをあげる。近い！

パンダケーキ作り体験では、米、大豆、トウモロコシの粉に卵やハチミツなどを入れた生地を、好きな形にまとめて完成。蒸してパンダにあげる場面は見ることができないが、小さい子供を中心に皆楽しそうにやっている。最後にボランティア体験証書と記念品を受け取って、15:00前後にプログラム終了。閉門までは園内を自由に見て回っていい。

パンダ好きなら絶対楽しい

この飼育体験中に、別料金を払えばパンダを抱っこできるという情報もあったが、現在は行われておらず近日再開の見込みもないという。パンダ好きには残念な話だが、丸1日パンダ漬けという、日本ではなかなかできない体験はやはり貴重。飼育体験目当てに都江堰まで足を延ばしてみよう。

終了後にもらえるボランティア体験証書とポストカード

十字路の真上に立つ中天楼

四川省 阆中 Làng Zhōng 市外局番●0817

閬中（ろうちゅう）

Lang Zhong

2300年以上の歴史を誇る古鎮

都市Data

閬中市
人口：88万人
面積：1878km^2
南充市管轄下の県級市

市公安局出入境管理処
（市公安局出入境管理处）
Ⓜ P.56-B2
㊟巴都大道83号
☎6264511
㋔5～9月
8:30～11:30、15:00～18:00
10～4月
8:30～11:30、14:00～17:00
㊡土・日曜、祝日
観光ビザの延長は不可

市人民医院（市人民医院）
Ⓜ P.59-B2
㊟張飛南路17号
☎6222750
㋔24時間
㊡なし

市内交通

【路線バス】運行時間の目安は6:00～21:00、1～2元
※嘉陵江を越えて対岸に渡ると2元、越えないと1元

【タクシー】初乗り2km未満5元、2km以上1kmごとに1.2元加算。また、市内では同一方向に向かう乗客を同乗させることも珍しくないので、気にしないように（料金はそれぞれ支払う）

概要と歩き方

閬中は四川盆地の北東部、長江の主要な支流である嘉陵江の中流域に位置する町。古来より巴蜀の軍事上の要衝として重視されてきた。紀元前330年（戦国時代）には巴国が都とし、三国時代には蜀の武将張飛が巴西太守としてこの地を統治した。明末清初には四川省の臨時省会（県庁所在地のようなもの）にもなった。

町並みの美しさも古くから有名で、唐代の詩人杜甫を筆頭に多くの文人が訪れ、詩を残している。また、四方を山に、三方を川に囲まれた地形は、中国古代風水学的には非

	1月	2月	3月	4月	5月	6月	7月	8月	9月	10月	11月	12月
平均最高気温(℃)	9.5	11.7	16.2	22.3	26.5	28.9	31.0	31.7	26.0	21.1	16.1	10.8
平均最低気温(℃)	3.5	5.3	8.9	13.5	17.8	21.0	23.1	23.0	19.1	14.6	9.6	5.2
平均気温(℃)	6.1	8.0	21.1	17.4	21.6	24.6	26.5	26.6	21.9	17.2	12.3	7.5
平均降水量(mm)	12.8	15.1	28.3	64.0	108.8	145.6	197.4	177.2	139.4	63.4	33.0	13.4

※町の気象データ（→P.22）：「预报」＞「四川」＞「南充」＞「阆中」

常にすばらしいものであることから、風水文化の中心とした観光地としての整備も計画されている。

町の伝統的な産業には絹や綿糸、醸造などがあり、特に絹織物は清代には四川省の五大産地のひとつに数えられたほど。

料理は四川料理の「小河幇」というグループに属しており、辛さひかえめで日本人の口にも合う。特産品には張飛牛肉（干牛肉）、保寧醋、白糖蒸饃、保寧圧酒などがあるが、前の3つを使用したスープ料理「閬苑三絶」はおすすめの一品。

町は嘉陵江を境にして北が古い町、南が新市街になっている。嘉陵江北岸の古い町並みは「閬中古城」として広く知られており、見どころも集中しているので、宿は閬中古城エリアで探すとよい。

ライトアップされた馬啳渓嘉陵江大橋

路線バスは町の主要な移動手段

張飛牛肉、保寧醋、白糖蒸饃を使った一品「閬苑三絶」。味はさっぱりしている

白糖蒸饃は清の乾隆年間に、回族の菓子職人哈公奎によって生み出されたシャオチー

高速鉄道も停車する閬中駅

Access 交通

中国国内の移動➡P.318　鉄道時刻表検索➡P.321

飛行機

2000年に建設工事が中断された南充閬中空港の開港が認可され、2021年の開業を目指し整備中。

鉄道

蘭渝鉄路の途中駅である閬中駅を利用する。在来線のほか高速鉄道も運行されており、閬中で最も便利なアクセス手段。

所要時間(目安)【閬中（lz）】成都東（cdd）／動車：2時間18分　重慶北（cqb）／動車：1時間49分　昆明南（kmn）／高鉄：7時間12分　貴陽北（gyb）／動車：4時間2分

バス

嘉陵江南側の新市街に位置する閬中バスセンターを利用する。成都や重慶への便がある。

所要時間(目安) 成都／3時間50分　重慶／4時間30分

Data

鉄道

閬中駅（阆中火车站）

M P.56-A2　住 火車站東路　☎ 共通電話＝12306
オ 6:00～23:00　休 なし　カ 不可
［移動手段］タクシー（閬中駅～閬中古城游客中心）／15～20元、所要15分が目安（ほとんどメーターは使用しない）　路線バス／5、10、11路「火车站」

28日以内の切符を販売。

バス

閬中バスセンター（阆中客运中心）

M P.56-B2　住 七里大道301号　☎ 6300089
オ 6:00～18:00　休 なし　カ 不可
［移動手段］タクシー（閬中バスセンター～閬中古城游客中心）／10元、所要10分が目安　路線バス／6、7、8路「七里客运中心」

7日以内の切符を販売。成都（北門：6:40～17:50の間8便）、重慶（菜園壩：3便）など。

見どころ

中国四大古鎮のひとつ
閬中古城／阆中古城　làngzhōng gǔchéng

ろうちゅうこじょう

オススメ度 ★★★

閬中古城は、閬中市内を流れる嘉陵江の北岸に築かれた古い町で、その歴史はすでに2300年を超えており、中国四大古城※1のひとつに数えられる。軍事上の要衝として、歴代の王朝はこの地に地方を統べる行政機関を設置し、町の歴史が途絶えることはなかった。町並みは、唐宋時代に風水の考えに基づき碁盤の目のように築かれた。また、現存する建物は多くが明清時代に建てられたもの。

三国時代には、この地で蜀の名将張飛が7年にわたって太守を務め、関羽の弔い合戦に出陣する前に部下の裏切りによって生涯を閉じた。人気の高い彼に関する史跡は現在でも町のいたるところに残っており、彼の名を冠した商品や店名も少なくない。

中天楼から見た古城地区の瓦屋根。道沿いに緑が茂り、木陰は夏も涼しい

漢桓侯祠／汉桓侯祠　hàn huánhóucí

かんかんこうし

221（蜀の章武元）年、部下の張達と范彊（はんきょう）によって殺害された蜀の武将張飛を祀る祠廟。張飛廟とも呼ばれ、三国時代に関連する重要な史跡として知られる。

祠廟は明清時代に再建された四合院庭園様式の古建築群である山門、敵万楼、廂房（東西）、大殿、碑廊、墓亭、張飛墓、陳列室などで構成されている。

山門の先にある敵万楼

閬中貢院／阆中贡院　làngzhōng gòngyuàn

ろうちゅうこういん

閬中貢院は、中国の官吏登用試験の試験会場であった場所で、川北道貢院、四川貢院とも呼ばれる。

官吏登用試験は科挙といい、隋代から清末まで1300年以上続けられたが、閬中貢院の明確な創設は不明。史料によ

閬中古城への渡し船乗り場として整備された南津関古鎮。渡し船の廃止（5月、10月、春節などの大型連休時のみ運行）によってすっかり寂れてしまった

閬中古城
Ⓜ P.59
住 閬中古城
☎ 4001009255
閬中古城游客中心＝6232439
オ 古城24時間
古城内の各見どころ
5～10月8:00～18:30
11～4月8:00～18:00
休 なし
料 古城入場＝無料、古城内見どころ共通券＝110元（3日間有効。漢桓侯祠、閬中貢院、風水館、閬中文廟、川北道署。さらに中天楼と華光楼のどちらか1ヵ所）、胡家院＝10元
※単独入場の場合、漢桓侯祠＝50元、閬中貢院＝50元、風水館＝40元、閬中文廟＝30元、川北道署＝20元、中天楼＝15元、華光楼＝15元
交 4、9路バス「游客接待中心」。5、8、9、10路「一桥古城入口」
U www.alangzhong.com

インフォメーション

電動カート

起点は閬中古城游客中心（古城入口）で終点は漢桓侯祠。途中、共通券に含まれる見どころに停車する。当日中であれば、何回でも乗車できる。
オ 5～10月8:00～18:30
11～4月8:00～18:00
休 なし　料 20元

※1 中国四大古城
残る3つは平遥古城（山西省平遥県）、徽州古城（安徽省歙県）、麗江古城（雲南省麗江市）。4番目に安居古城（重慶市銅梁区）を挙げる人もいる。

漢桓侯祠
Ⓜ P.59-A1
住 西街59号

閬中貢院
Ⓜ P.59-B1
住 学道街78号

り、明の嘉靖年間（1522～1566年）には立派な施設があったことがわかっている。

現在の閬中貢院は、科挙の博物館的な存在として、清代の服装、試験に関連した資料が展示されており、敷地内には試験内容である儒教の始祖、孔子の像も立つ。

至公堂

中天楼（ちゅうてんろう）／中天楼（zhōngtiānlóu）

双柵子街、北街、西街、武廟街の交差点に立つ高さ20.5m、3層の楼閣で別名は四排楼という。その創建は唐代まで遡るが中華民国に破壊されてしまい、現存するのは2006年に再建されたもの。

閬中古城における風水の基準点となるもので、閬中古城のシンボル的な建築物。市民には「閬中風水第一楼」とたたえられる。

中天楼
Ⓜ P.59-A2
㊟武廟街100号（双柵子街、北街、西街、武廟街の交差点）

日没後はライトアップされる

華光楼（かこうろう）／华光楼（huáguānglóu）

閬中古城内に立ち、嘉陵江に臨む高さ25.5mの楼閣。その雄壮さから「閬苑第一楼」と呼ばれることもある。

唐の高祖李淵の第22子である李元嬰（りげんえい）が建てた南楼が破壊された跡に建てられた。もとは違う名であったが、明代には鎮江楼と呼ばれ、さらにその後に華光楼と改称された。火災などで何度か再建されているが、現存する楼閣は、1867（清の同治6）年に再建されたもの。中天楼と同様に日没後にはライトアップされる。

華光楼は中天楼と並ぶランドマーク

華光楼
Ⓜ P.59-B2
㊟大東街

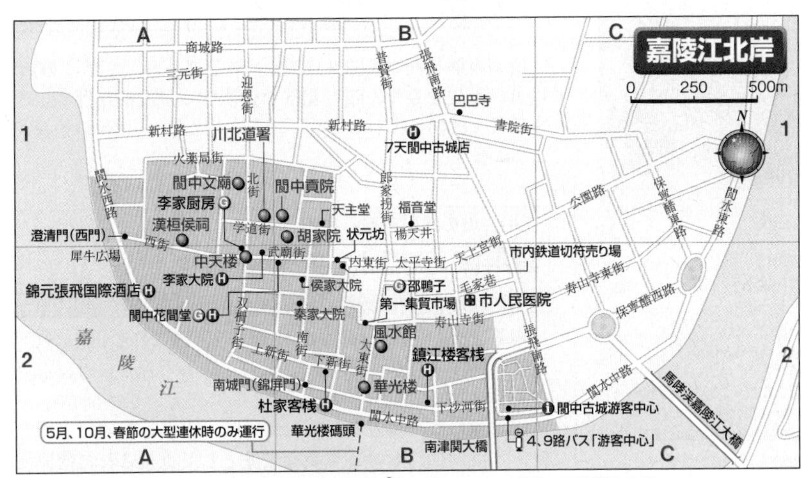

風水館／风水馆 fēngshuǐguǎn

風水館
Ⓜ **P.59-B2**
㊟大東街56号

風水館外観

2004年に開館した風水をテーマとした観光施設。博物館、祭祀、講常、驛站、吉祥物の5つの展示スペースで易や卜など中国の占術を説明している。

閬中文廟／阆中文庙 làngzhōng wénmiào

閬中文廟
Ⓜ **P.59-A1**
㊟北街81号

再建され美しい姿を取り戻した欞星門

孔子を祀る祠廟。もとは北郊外にあったが、明の崇禎年間（1628～1644年）に東門の外に、1850（清の咸豊元）年に現在の場所に移転された。その後、照壁など一部を残して破壊されたが、2013年に全面的に再建された。

川北道署／川北道署 chuānběi dàoshǔ

川北道署
Ⓜ **P.59-A1**
㊟学道街

川北堂署正門

道員（道台ともいう）は、1371（明の洪武4）年に設置された地方官職で、道署は明清代を通して「省」と「府」をつなぐ地方行政機関であった。特に清代において閬中は四川省北部に位置した保寧府の中心であったため、川北道署がおかれた。

胡家院／胡家院 hújiāyuàn

胡家院
Ⓜ **P.59-B1**
㊟学道街25号

展示されている見事な調度品（胡家院）

清の康熙年間（1662～1722年）に建てられ、すでに300年以上の歴史をもつ、四川北部を代表する伝統的な邸宅。胡家は代々医学に携わっており、現在でも第8～10代の子孫がここに暮らしている。

閬中古城の眺望を楽しめる

錦屏山／锦屏山 jǐnpíngshān

オススメ度 ★

錦屏山
Ⓜ **P.56-A2**
㊟閬南橋街
☎6331099
㋔8:00～18:00
㊡なし
㊕入山料＝20元、電動カート＝往復10元
㊂5路バス「南津关古镇」、徒歩10分

古くは閬山といい、花山、宝鞍山とも呼ばれる480mの山。道教に関する施設があるが、これといった見どころはないが、この山から閬中古城が一望できる。

山の麓には、橋のなかった昔は閬中古城と嘉陵江南岸を結ぶ水陸両面における重要な要塞として重視された南津関がある。2010年に全面的に整備し、明清時代の四川省北部

の町並みを復元させ、以来おしゃれなバーなどが多く建ち並ぶ人気スポットとなった。

もうひとつのビューポイント

白塔山（はくとうさん）／白塔山　báitǎshān

オススメ度 ★

　嘉陵江南岸、新市街の北東に位置する。山頂に立つ明末創建の高さ29mの白塔（別名は文筆塔）が名の由来。2008年に発生した汶川大地震によって半壊したが、2009年には修復を終え、もとどおり13層の塔に戻った。

　この塔以外に見どころはないが、山頂からは大きく湾曲した嘉陵江に包み込まれた古城の町並みを一望できる。

白塔山
M P.56-B1
住 白塔山
オ 24時間
休 なし
料 5元
※20:00以降は無料
交 ①3、6、7路バス「大佛寺景区入口」。徒歩1時間
②タクシーを利用する。山頂まで40元が目安

山の名の由来となった白塔

もうひとつのビューポイント

滕王閣公園（とうおうかくこうえん）／滕王阁公园　téngwánggé gōngyuán

オススメ度 ★

　唐の開祖李淵の第22子李元嬰（李世民の弟）は山東省滕州に任ぜられたことから滕王と呼ばれ、彼の建てた楼閣は「滕王閣」と名づけられたが、閬中に任ぜられた際にも、嘉陵江東岸の玉台山に滕王閣を建てた。現在は再建された楼閣を中心に公園として整備されている。

滕王閣公園
M P.56-A1
住 張飛北路
オ 24時間　休 なし　料 無料
交 2、4、5、6路バス「滕王阁公园」

ホテル

錦元張飛国際酒店（きんげんちょうひこくさいしゅてん）／锦元张飞国际酒店　jǐnyuán zhāngfēi guójì jiǔdiàn ★★★★★

嘉陵江のほとりに位置する。緑豊かで風情ある5つの中国式庭園をもつ、高級ホテル。屋内プールやジムなどの施設も完備。西洋料理と中国料理を出すレストランもある。週末は割増料金になる。

両替　ビジネスセンター　インターネット

M P.59-A2
住 閬水中路560号
☎ 6269999
FAX 5266138
S 408～568元
T 398～568元
サ なし
カ 不可

杜家客桟（とけきゃくさん）／杜家客栈　dùjiā kèzhàn ★★★

清朝中期に建てられた閬中で最大の古民家をホテルにした。伝統的な建築様式を見られる。

両替　ビジネスセンター　インターネット

M P.59-B2　住 下新街63号
☎ 6224436　FAX なし　S 168～398元
T 168～398元　サ なし　カ 不可

鎮江楼客桟（ちんこうろうきゃくさん）／镇江楼客栈　zhènjiānglóu kèzhàn

もともとは寺院があった場所にあり、建物は三進庭院という伝統様式の民家を改修したもの。

両替　ビジネスセンター　インターネット

M P.59-B2　住 下沙河街11号
☎ 6699777　FAX 6698777　S 198～228元
T 198～228元　サ なし　カ 不可

グルメ

李家厨房（りけちゅうぼう）／李家厨房　lǐjiā chúfáng

牛肉や川魚を使った地元料理を提供している。四川省とは思えないほど唐辛子や山椒は控えめで、日本人の口に非常に合う。“张飞牛肉”48元など。

M P.59-A2
住 北街6号　☎ 6223206
オ 9:00～21:00　休 なし　カ 不可

※星がグレーは申請中など正式認定ではありません

四川省 雅安 Yǎ Ān 市外局番●0835

雅安

四川を代表するお茶とパンダの里

伝統建築が残り、風情あふれる上里古鎮

都市Data

雅安市
人口：156万人
面積：1万5303㎢
2区6県を管轄

市公安局出入境服務大庁
(公安局出入境服务大厅)
Ⓜ **P.64-C1**
住 雨城区雅州大道456号政務中心3階
☎ 2308449
オ 9:00～12:00、13:00～17:00
休 土・日曜、祝日
観光ビザを最長30日間延長可能。手数料は160元

市人民医院
(市人民医院)
Ⓜ **P.64-A3**
住 雨城区城后路358号
☎ 2222222（急患）
オ 24時間
休 なし

市内交通

【路線バス】運行時間の目安は7:00～21:30、1～2元
【タクシー】初乗り1.5km未満5元、1.5km以上1kmごとに1.7元加算
【三輪タクシー・オート三輪】
1乗車3～5元

概要と歩き方

雅安は、成都の南西約120km、川蔵公路と川滇公路の交差地点に位置する町で、古くは南方シルクロードの要衝として栄えた。また、四川盆地と青蔵高原の境界にあり、周囲で雲が発生するため、雨天が年間200日以上に達し、町は「雨城」とも呼ばれる。雨（雅雨）のほかに、美女（雅女）や魚（雅魚）も有名で、中国の人々はこの3つを合わせ、「雅安三絶」と賞賛する。

東部に位置する名山県蒙頂山は、蒙頂茶というお茶の産地であり、茶栽培発祥の地と称している。また、その北にある上里古鎮は、重要な宿場町として古来より知られる町で、四川省十大古鎮に数えられる。さらに、碧峰峡には臥龍パンダ基地の分室がおかれており、四川大地震で臥龍パンダ基地が崩壊した際は、臥龍が再建されるまでの間パンダの研究・保護の中心を担った（臥龍は再建完了）。

雅安の繁華街は、青衣江南岸の新民街や東大街、中大街、勝利路など。北岸の青衣江路中段は雅安随一の飲食街で夜には非常ににぎやか。ここで特産の雅魚を食べてみるのもよいだろう。

また、町のいたるところに茶館がある。屋外の座席ならば、それなりの料金で茶を楽しめる。

左：市内を流れる青衣江
右：川沿いには茶館が並ぶ

青衣江に架かる廊橋。夜にはライトアップされる

	1月	2月	3月	4月	5月	6月	7月	8月	9月	10月	11月	12月
平均最高気温(℃)	9.4	11.1	15.6	21.5	25.5	27.7	29.6	29.6	24.9	20.1	15.5	10.8
平均最低気温(℃)	4.1	5.5	8.8	13.5	17.5	20.2	22.0	21.9	18.5	14.5	10.3	5.8
平均気温(℃)	6.3	7.7	11.6	16.8	20.8	23.3	25.1	24.9	21.0	16.7	12.4	7.8
平均降水量(mm)	20.8	31.9	50.9	93.0	129.4	181.0	369.6	433.6	206.6	98.3	56.5	20.9

※町の気象データ(→P.22)：「预报」>「四川」>「雅安」>区・県から選択

Access 交通

中国国内の移動➡P.318　鉄道時刻表検索➡P.321

鉄道

2018年12月に四川省成都とチベット自治区ラサとを結ぶ川蔵鉄路の成都・雅安区間が開業した。

所要時間(目安) 成都西（cdx）／城際：54分

バス

市内にはふたつのバスターミナルがあるほか、市内の観光地とのアクセスには雅安旅游車站広場を利用する。

所要時間(目安) 成都／2時間　重慶／6時間30分　楽山／2時間30分

Data

鉄道

雅安駅（雅安火车站）
M 地図外（P.64-C1右） 住 雨城区姚橋鎮北環東路
☎ 共通電話＝12306　オ 6:25～20:00
休 なし　カ 不可
[移動手段] タクシー（雅安駅～雅州廊橋）／20元、所要20分が目安　路線バス／1、7路「火车站」
28日以内の切符を販売。

バス

西門バスターミナル（西门汽车站）
M P.64-A2　住 雨城区西門北路89号
☎ 2612327　オ 6:00～19:00　休 なし　カ 不可
[移動手段] タクシー（西門バスターミナル～雅州廊橋）／5元、所要5分が目安　路線バス／1、2路「西门车站」
7日以内の切符を販売。成都（石羊：24便）、都江堰（5便）など。

雅安バスターミナル（雅安汽车客运站）
M 地図外（P.64-C1右） 住 雨城区姚橋鎮北環東路雅安駅東側　☎ 2625056
オ 6:00～19:00　休 なし　カ 不可
[移動手段] タクシー（雅安バスターミナル～雅州廊橋）／20元、所要20分が目安　路線バス／1、7路「火车站」
7日以内の切符を販売。成都（新南門：15便）、重慶2便、峨眉山（市区：5便）、楽山（楽山バスセンター：8便）など。

雅安旅游車站広場
M P.64-A2
住 雨城区碧峰峡路79号雅安旅游車站広場
[移動手段] タクシー（雅安旅游車站広場～雅州廊橋）／5元、所要5分が目安　路線バス／4、8、9路「旅游车站」
ここから碧峰峡（7:30～18:30。6元、所要30分）、上里古鎮（6:00～18:30。8元、所要40分）、蒙頂山（6:00～18:30。8元、所要40分）などの観光地に向かうバスが出ている。いずれの路線も満席を待っての出発となる。

見どころ

たくさんのパンダに合える

碧峰峡（へきほうきょう）パンダ研究（けんきゅう）センター／中国大熊猫保护研究中心雅安碧峰峡基地

zhōngguó dàxióngmāo bǎohù yánjiū zhōngxīn yǎān bìfēngxiá jīdì

オススメ度 ★★★　所要時間 3時間～1日

雅安市区の北10km（成都から南西に150km）、碧峰峡景区内にあるパンダの保護や繁殖を行う研究施設。総面積は約72万m^2。

四川省内に3ヵ所あるパンダの研究機関「中国保護大熊猫研究中心」のひとつで竣工は2003年。2008年に発生した四川大地震で臥龍パンダ基地が壊滅的な被害を受けた際には、機能やパンダをここに移し、復興するまで研究の中心をになった。パンダの見学のほかに、研究機関ではパンダの飼育体験活動を受け入れていることがこの特徴（申し込み方法や体験活動の内容はP.54のコラムにまとめてある）。

また、碧峰峡パンダ研究センターは、雅安を代表する景勝エリア碧峰峡景区の中にあり、合わせて観光することもで

碧峰峡パンダ研究センター
M P.24-C3、P.27-A3
住 下里郷碧峰鎮碧峰峡景区
☎ 2318091
オ 9:00～11:30、13:30～16:00
※11:30～13:30の間に到着しても門が閉じられており、入場できないので注意
※碧峰峡景区8:30～18:30
※入場券の販売は16:00まで
休 なし
料 100元（碧峰峡景区入場料、碧峰峡景区と碧峰峡パンダ研究センターとを結ぶバスの料金を含む）
※動物園＝180元
交 ①雅安旅游車站広場から碧峰峡行きで「碧峰峡游客中心」（詳細→上記Access「バス」）
②タクシーをチャーターする。雅安から片道60元が目安
※「碧峰峡游客中心」からの最終は17:30頃発
U www.bifengxia.com

インフォメーション

観光専用車
碧峰峡パンダ研究センターの敷地内は観光専用車が走っている。
料15元

きる。その際に注意したいのは、観光する順番。碧峰峡景区の駐車場から徒歩で碧峰峡パンダ研究センターに向かうと1時間30分は必要となるので、碧峰峡パンダ研究センターを見て、車で駐車場に戻ってから碧峰峡景区を訪れよう。

くつろいで食事を取るパンダ

パンダ研究センターの入口

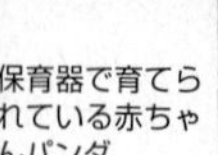

保育器で育てられている赤ちゃんパンダ

上里古鎮
M P.24-C2、P.27-A3
住 上里古镇
オ 24時間
休 なし
料 古鎮＝無料
韓家大院＝3元
交 ①雅安旅游車站広場から上里古鎮行きで終点（詳細→P.63 Access「バス」）
※「上里古镇」からの最終は18:30頃発
②タクシーをチャーターする。雅安から片道100元が目安
U www.slgz.org.cn

四川省を代表する古い町並みが残る

上里古鎮(じょうりこちん)／上里古镇　shànglǐ gǔzhèn

オススメ度 ★ ★

雅安市内の北27km、4つの県が境界を接する所に位置する村。古くは羅縄(らじょう)といい、中国西南地方における交易路の要

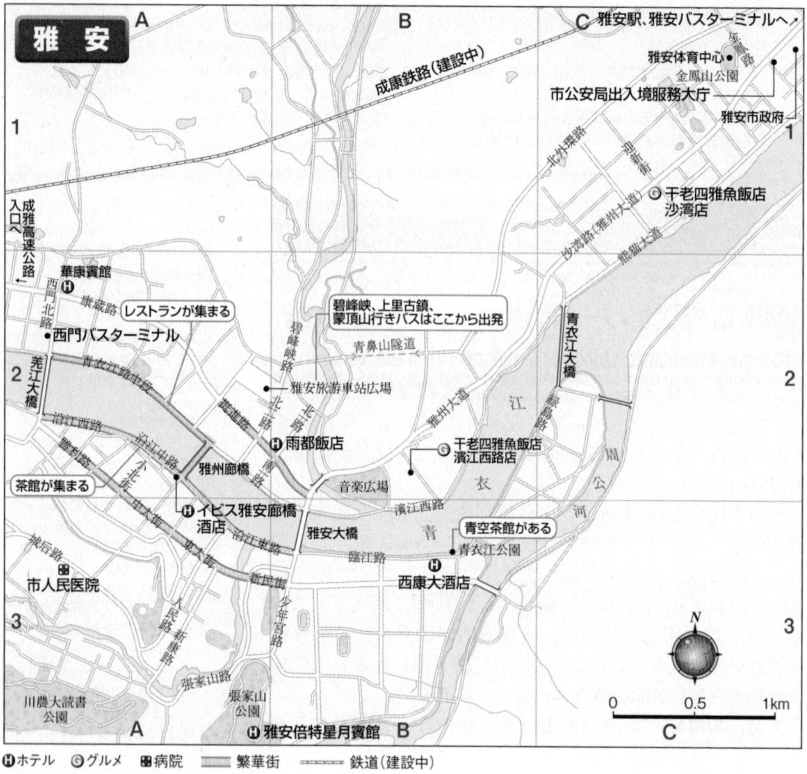

雅安

雅安駅、雅安バスターミナルへ
成康鉄路（建設中）
雅安体育中心
金鳳山公園
市公安局出入境服務大庁
雅安市政府
北外環路
迎新街
干老四雅魚飯店沙湾店
沙湾路（雅州大道）
熊猫大道
成雅高速公路入口へ
華康賓館
西門北路
康蔵路
レストランが集まる
碧峰峡、上里古鎮、蒙頂山行きバスはここから出発
西門バスターミナル
碧峰峡路
青鼻山隧道
青衣江大橋
羌江大橋
青衣江路中段
雅安旅游車站広場
雅州大道
沿江西路
姚橋路
北二路
北一路
雨都飯店
干老四雅魚飯店濱江西路店
雅州廊橋
沿江中路
東大街
青衣江
周公河
茶館が集まる
小北街
中大街
音楽広場
濱江西路
イビス雅安廊橋酒店
沿江東路
雅安大橋
青空茶館がある
青衣江公園
城后路
臨江路
西康大酒店
市人民医院
新民街
少年宮路
人民路
新康路
張家山路
張家山公園
川農大読書公園
雅安倍特星月賓館
0　0.5　1km

Ⓗホテル　Ⓖグルメ　病院　繁華街　鉄道（建設中）

衝として発展を遂げた。村人のほとんどが、韓、楊、陳、許、張の5つの姓を名乗っており、五家口とも呼ばれている。

村はふたつの川に囲まれ、石畳の道と木造の民家が自然と解け合った山水画のような風情。村には牌坊や塔、橋など、清代の建築物が多く残っており、村の上流1kmの所にある二仙橋、韓一族が暮らす韓家大院（清代）などがその代表格。

宿泊施設もあるので、ここに宿泊して村を散策し、村人の日常を見るのもよいだろう。

韓家大院の内部

川沿いに立つ民家

茶文化発祥地のひとつに数えられる景勝地

蒙頂山風景名勝区／蒙顶山风景名胜区

もうちょうさんふうけいめいしょうく

méngdǐngshān fēngjǐng míngshèngqū

オススメ度 ★ ★

市区の北15kmの所にある景勝地。蒙山と百丈湖のふたつのエリアで構成されている。

蒙山は5つの峰（最高峰の上清峰は標高1456m）をもち、山の全容はハスの花にたとえられる。山中には永興寺や千仏寺、天蓋寺など古刹も多く、山頂からは四川盆地や峨眉山を見渡すことができる。

蒙山は雅安のなかでも特に雨の多い所で、雲や霧と山の緑が織りなす景観は、古来より多くの文人に愛されてきた。

また、蒙頂山はお茶の産地としても有名。野生茶樹の品種改良は前漢時代から始まり、唐代には皇室への献上品となるほど成功を収め、現在では「蒙頂茶」という高級茶葉になっている。蒙頂茶について知識を深めたいなら、景区内にある世界茶文化博物館を訪れるとよいだろう。

蒙頂山の皇茶園

茶畑の中を散策できる

蒙頂山風景名勝区
Ⓜ P.24-C3、P.27-A3
㊟ 名山区蒙頂山
☎ 3232118
㋔ 風景名勝区：
24時間
茶文化博物館：
4～10月8:30～17:00
11～3月9:00～16:50
㊡ なし
㊕ 入場料：
4～10月＝52元
11～3月＝37元
世界茶文化博物館＝10元
㋗ ①雅安旅游車站広場から蒙頂山行きで終点（詳細→P.63 Access「バス」）
※「蒙頂山」からの最終は17:30頃発
②タクシーをチャーターする。雅安から片道100元が目安
Ⓤ www.yamds.cn

インフォメーション

ロープウエイ
☎ 3232222
㋔ 4～10月8:30～18:00
11～3月8:30～17:00
㊡ なし
㊕ 上り＝15元、下り＝15元

ホテル

雅安倍特星月賓館／雅安倍特星月宾馆 yǎān bèitè xīngyuè bīnguǎn ★★★★

があんばいとくせいげつひんかん

市内南側の張家山中に位置する。雅安で最高級クラスのホテル。中国と日本の庭園様式を取り入れたホテルで、自然豊かな環境にある。ホテルは山頂にあるため、タクシー利用時は運賃プラス20元は請求される。

両替　ビジネスセンター　インターネット

Ⓜ P.64-A3
㊟ 雨城区張家山路10号
☎ 2225888
FAX 2231238
Ⓢ 468元
Ⓣ 468元
㋚ なし
㋕ ADJMV

ホテル

雨都飯店／雨都饭店 yǔdū fàndiàn ★★★

雅安旅游車站広場から徒歩3分ほどの所に位置する。周囲にはレストラン街もあって便利。客室から無料でインターネットに接続可能。

両替　ビジネスセンター　インターネット

- Ⓜ P.64-B2
- 住 雨城区挺進路157号
- ☎ 2601999
- FAX 2601978
- Ⓢ 310～360元
- Ⓣ 290～340元
- サ なし
- カ 不可

西康大酒店／西康大酒店 xīkāng dàjiǔdiàn 

中国の茶文化をテーマとした中国初のホテルで青衣江に臨む。客室は14～16階で、17階には雅安最高の茶館がある。また、ホテルの向かいにある青衣江公園にも青空茶館が多い。

両替　ビジネスセンター　インターネット

- Ⓜ P.64-B3
- 住 雨城区臨江路東段132号
- ☎ 2239333
- FAX 2239399
- Ⓢ 298～353元
- Ⓣ 298～340元
- サ なし
- カ 不可
- Ⓤ www.yaantea.com

イビス雅安廊橋酒店／宜必思雅安廊桥酒店 yíbìsī yǎān lángqiáo jiǔdiàn

「経済型」チェーンホテル。雅州廊橋に近く、川沿いの部屋からはその眺めを楽しめる。設備は簡素で清潔だが、歯ブラシなどは置かれていない。館内のレストランでは、24時間サービスを提供している。

両替　ビジネスセンター　インターネット

- Ⓜ P.64-A2
- 住 雨城区沿江中路36号
- ☎ 2225555
- FAX 2621111
- Ⓢ 189～239元
- Ⓣ 259元
- サ なし
- カ 不可
- Ⓤ www.huazhu.com/Ibis

干老四雅魚飯店 沙湾店／干老四雅鱼饭店 沙湾店 gānlǎosì yǎyú fàndiàn shāwāndiàn

雅安の特産品である雅魚料理を提供する有名レストラン。代表的な料理は、"砂锅雅鱼（雅魚の土鍋煮込み）"500g148元。中心部からは少し離れるが、人数にかかわらず、電話を入れれば、無料送迎対応。市内には濱江西路店（Ⓜ P.64-B2）もある。

- Ⓜ P.64-C1
- 住 雨城区沙湾路236号
- ☎ 2821584
- オ 9:30～21:30
- 休 なし
- カ 不可

ショップ

蒙頂皇茶公司営業部／蒙顶皇茶公司营业部 méngdǐng huángchá gōngsī yíngyèbù

雅安の特産品である蒙頂茶を販売する店。見どころである蒙頂山風景名勝区のロープウエイ乗り場横にある。販売している蒙頂皇茶はどれも高級茶葉で、収穫された標高によって値段が変わり、100～150gで200～600元。

- Ⓜ P.27-A3
- 住 名山区蒙頂山風景名勝区
- ☎ 3232079
- オ 8:30～17:00
- 休 なし
- カ 不可

小特集

四川省北部に残る三国時代の史跡 古蜀道をたどる旅

三国時代の歴史をもとに創られた『三国志演義』は中国四大奇書のひとつに挙げられ、昔から人気が高い。それは日本も同様で、各種小説からゲーム、漫画にまで取り上げられるほど。物語のなかで、個性豊かな人物が中国全土を駆け巡るが、四川省は主人公のひとりである劉備が建国した「蜀」の中核であり、いたるところに関連する史跡が残っている。

今回は、成都と陝西省西部を結んだ古道「古蜀道」沿いの史跡にスポットを当て紹介する。「古蜀道」とは、三国時代における先進地帯であった渭河平原※と蜀を結ぶ幹線道であり、軍事的にも非常に重要な道であったことから、古くからいくつもの戦いが繰り広げられてきた場所だ。

※渭河平原：陝西省の潼関と宝鶏の間、西安を中心に東西350km、広さ3.6万㎢に及ぶ渭河沿いの構造平野。函谷関と大散関（諸説あり）の間にあることから関中平原とも呼ばれる

翠雲廊には張飛が整備したと伝わる柏が続く

黄忠公園の石碑。黄忠に関する記載はない

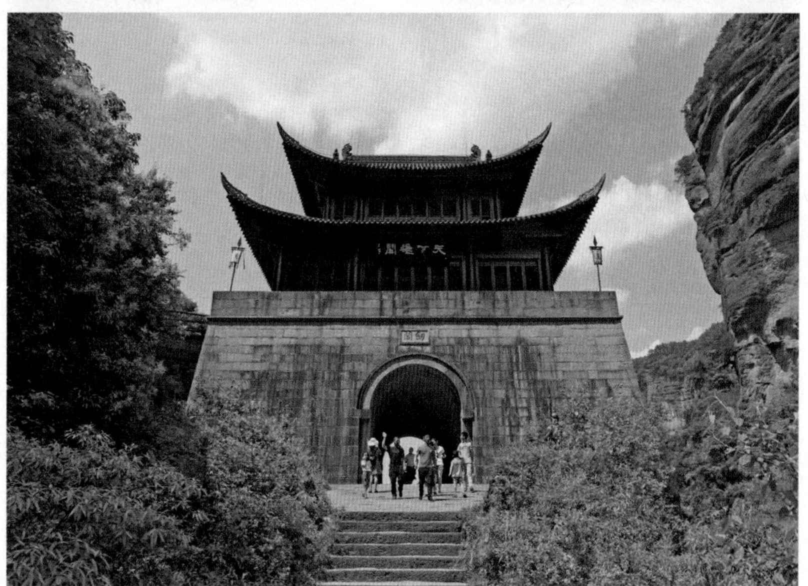

諸葛亮の整備によって有名になった剣門関。蜀軍はここを拠点に魏へ出兵していった

成都

①万里橋

万里橋は成都における重要な水陸路の起終点となった橋。都江堰の水利施設を造り上げた戦国時代の李冰（紀元前302〜235年）が建造した7つの橋のひとつとも伝わり、古くは長星橋、篤泉橋と呼ばれた。

20世紀前半までは、1711（清の康熙50）年に再建された7つのアーチを備える長さ85m、幅15mの石橋が残っていたが、中華人民共和国成立後は撤去され、コンクリート製の橋となった。1995年に交通事情の変化にともない再建、2003年には頭上に高架橋も造られた。現在の名称は南門大橋。成都の人々は親しみを込め「老南門大橋」と呼ぶことが多い。

この橋には三国時代と関連する逸話が残る。

南で起こった反乱平定の報告と再度同盟を結ぶため、費禕を使者として呉に派遣することになり、丞相の諸葛亮はこの地で送別の宴を催した。その際、任務の重責を慮った費禕が「万里之行、始于此橋」と嘆きつぶやいたことから万里橋と呼ばれるようになったというもの。この逸話は多くの歴史書に記されたり、詩に詠まれたりしている。

Ⓜ P.30-B3

交 82、126、343路バス「南门大桥」

南門大橋には当時の面持ちは残っていない

人物紹介

費禕（ひい／不詳〜253年）

諸葛亮、蔣琬、董允と合わせ「蜀漢四相」と称される名臣。諸葛亮の信も篤く、たびたび呉へ使者として赴いた。諸葛亮亡きあとの蜀を支えたが、253年魏の降将郭修により刺殺。

費禕座像

②関羽墓（衣冠塚）

劉備、張飛とともに「桃園の盟」を交わした関羽（不詳〜220年）は、呉に敗れ、臨沮（現在の湖北省襄樊市南漳県）で斬首された。その後、首は曹操に送られて洛陽に、体は当陽（現在の湖北省宜昌市）に埋葬された。成都では、万里橋の南に祭祀を執り行う墓（衣冠塚）が造られ、上述の2ヵ所に対し、「関羽の魂が眠る墓」であるとした。

清代（19世紀中期）の史料には「墓所は荒れ果てている」と記述されているが、現在は残っておらず、地下鉄3号線の駅に「衣冠廟」の名が冠せられる程度。

また、劉備は墓参りに向かう際、川で馬を下り、顔や手を洗い清めたといわれているが、それを再現した像が漿洗街の洗面橋文化広場（Ⓜ P.30-B4）にあり、近くの道路には「漿洗街」や「洗面街」と名づけられている。

洗面橋文化広場の劉備像

③黄忠公園

黄忠は劉備に従い、蜀に入った武将。70歳を超えても健勝で219（蜀の建安24）年には定軍山の戦いで曹操の宿将夏侯淵を討ち取っている。

墓の場所についてはどの史料にも記載されていなかったため、成都市内としかわからなかったが、1825（清の道光5）年、市内西郊（現在の金沙遺址博物館の北）で農民が「黄剛侯諱漢升之墓」と記された墓碑などを発掘した。専門家による考察を経てここが墓所と特定され、墓と祠を建て彼を祀り、黄忠村と改称することになった。

残念ながら文化大革命期に徹底的に破壊されてしまい、再整備はされておらず、黄忠公園や黄忠街などの地名に彼の名を冠するのみ。

写真→P.67　Ⓜ P.28-B2

交 地下鉄2号線「羊犀立交」。南に徒歩12分

④子龍廟（将軍廟）

劉備とともに活躍した蜀の武将趙雲（不詳〜229年）の廟は、成都市の南西に位置する大邑県の静景山公園内にある。

成都で病死した趙雲が成都ではなく、大邑で祀られているのは、この地に侵攻した羌族を趙雲が撃退し、彼の死後も住民が町の守護者として祀ることを皇帝に願い出たためといわれている。このほかに、静景山公園の東1kmには趙雲を祀る子龍祠があるが、2019年8月現在、残念ながら閉鎖され荒れ果てたままになっており、公開は未定。

大邑にある趙雲関連の史跡は、残念ながら整備されているとはいえないが、そのおもな原因は資金不足ということらしい。中国は世界有数の富豪がいる国となったのだから、ひとりぐらいここにお金を回してくれてもよいのではないだろうか。

Ⓜ P.27-A2

交 茶店子バスターミナルから「大邑」行きで終点。3路バス「县医院」

長坂の戦いでの活躍を現した趙子龍単騎救主像

⑤恵陵（劉備墓）

武侯祠博物館内にある劉備と甘夫人、穆皇后の夫婦3人が眠る合葬墓。照壁、山門、神道、寝殿、陵墓で構成されており、周囲180m、高さ12mと皇帝の墓としては小規模。

恵陵に本当に劉備が葬られているかについては諸説ある。それは、白帝城で4月に死んだ後、遺体が成都に運ばれたのが8月で、炎天下腐らせることなく遺体を成都に持ち帰ることは可能だったかどうかという点であり、恵陵には劉備の使った武具などが納められているだけだという人もいる。

恵陵陵墓

Ⓜ P.30-A3

交 ①1、57、82、334、335路バス「武侯祠」
②地下鉄3号線「高升桥」。徒歩15分

徳陽

龐統祠墓（白馬関・旧綿竹関）

徳陽市中心から北に15km、綿陽市中心から東に24kmに位置する。剣南蜀道五関の最後の関所。漢代や三国時代には綿竹関といい、唐代に鹿頭関と改称された。五代十国期に鹿頭関が現在の綿遠河西岸に移設された後に白馬関となった。古蜀道のなかでも最も重要な牛金古道の要衝であったことから、戦いが繰り返されてきた。

三国時代においては、益州刺史であった劉璋の招きに乗じ、蜀の地を入手しようとした劉備は213（後漢の建安18）年、この地で軍師の龐統を失った。翌年、成都を落とし、蜀を手に入れた劉備は、この地に彼の墓を築かせた。

龐統墓は龐統祠のいちばん奥にある

落鳳坡の上にある龐統血墳は1989年に建てられたもの

その後、蜀の末期には、諸葛亮の息子である諸葛瞻(せん)がここで魏軍と戦い、命を落とした。

現在では、白馬関景区として整備され、再建された白馬城のなかに龐統祠墓（祠堂と陵墓が一緒になっている）が、城外には龐統が落命した落鳳坡がある。

Ⓜ P.27-C1

交 車をチャーターする

綿陽

①富楽山

綿陽市にある山。211年冬、益州刺史の劉璋と彼の招きでこの地に赴いた劉備が会見した場所。もとは東山といったが、会見に満足した劉璋が「富哉！　今日之楽乎」と言ったことから富楽山と改称された。

山を中心に公園として整備され、「桃園三結義」など三国志がらみの人物像がいたるところに建てられている。

Ⓜ P.25-D2

交 綿陽12路バス「富乐山」

『三国志演義』で五虎将軍と賞された武将像。右から趙雲、張飛、関羽、馬超、黄忠

②蔣琬墓

涪江の西岸に位置する西山公園にある蜀の重臣を埋葬した墓。

蔣琬（不詳～246年）は「蜀漢四相」のひとりで、蜀を代表する政治家。劉備とともに蜀に入った。諸葛亮に見いだされて出世を遂げ、諸葛亮の死後は彼の遺志を継ぎ、姜維を中心に据え魏への攻撃を行ったが、成果は乏しかった。244年に病に倒れ、246年に死亡。

墓は八角形で東向きに造られている

墓は1849（清の道光29）年に再建されたもので、高さ約5m、周囲約32mの八角形。

Ⓜ P.25-D2

交 車をチャーターする

③魏延祠

蜀の武将魏延を祀る祠堂。言い伝えでは、蜀の第4次北伐で諸葛亮率いる本隊は臥龍山に、魏延の部隊はこの地に駐屯した。その際水不足に苛まれたが、白い雀の導きで泉を掘り当て、部隊は救われた。

泉から湧き出た水は川となり、その川は「魏家河」と名づけられた。以後、魏家河廟が造られ、「魏延率兵駐此」と記した石碑も立てられたが、1968年に廟は破壊され、石碑も行方不明となった。現在の祠堂は1995年の再建。

魏延は諸葛亮との相性が悪く、諸葛亮の死後には討伐されてしまうため、人気はなく、彼に関する史跡が残っているのは意外。

Ⓜ P.25-D2　**交** 綿陽または梓潼から「卧龙」行きで途中下車

魏延の塑像を納める魏延祠。そこを上った所には道教寺院の文昌行宮が立つ

広元

①剣門関

剣閣県の南15km、大剣山の切り立った峡谷に造られた関所で、剣南蜀道五関のひとつ。周囲は非常に険しい山が連続しており、その様子を唐代の詩人李白は『蜀道難』のなかで、「剣閣崢嶸而崔嵬、一夫当関、万夫莫開（剣閣は険しく、ひとりの男が関を守れば1万人でも開けられない）」と詠んでいる。

高台から見た剣門関一帯の景観。中央部の谷間に小さく見えるのが剣門閣

諸葛亮は魏国に攻め入る際、岩を削り、山沿いに桟道を築き、進軍していった。さらに、この一帯を整備し、兵糧を蓄え、練兵場を造り、駐屯地とした。

諸葛亮の死後、姜維を中心にこの地で何度も魏軍を防いだ。263年には、鐘会の率いる10万の魏軍を、姜維率いる3万の蜀軍で防いだ。結果的に別道を通った鄧艾の率いる軍が成都を攻め落とし、蜀は滅亡した。

関所に立つ楼閣は剣門閣。戦国時代にはすでに存在したようだが、以降、幾度となく戦火に見舞われ、再建を繰り返した。最終的には、明代に再建された楼閣が清末まで残っていたが、中華民国期に道路建設のため撤去され、1992年に再建。しかし、2008年の汶山地震で崩壊し、現在立つのは2009年に明代の風格を備える楼閣として再建されたもの。

剣門関は剣門閣と翠雲廊を中心に旅游景区として整備されており、②と③も合わせて観光することができる。

Ⓜ P.25-D2

交 車をチャーターする

②姜維墓

姜維は228年に諸葛亮が祁山に出兵した際に配下に加えられた武将。諸葛亮の死後、何度も魏へ出兵したが、成功することは少なかった。蜀滅亡の翌年、鐘会を引き込み魏に反乱を企てたが失敗し、成都で落命した。

墓のある平襄侯祠は姜維を祀る祠堂。平襄侯は彼に贈られた爵位。明の正徳年間（16世紀初期）創建だが、現存するのは2009年に再建されたもの。墓は祠堂を抜けた奥にある

墓は剣門閣から旅游景区南出口（剣門関古鎮）に向かう途中にある、平襄侯祠の奥に位置する。もとは旅游景区内の牛金古道沿いにあったが、道路工事のため移設された。

Ⓜ P.25-D2

③翠雲廊

剣門古鎮の北7kmに位置する柏の並木道。秦が中国を統一した頃から植樹が始まり、三国時代には、閬中を統治した張飛が、魏に出兵した兵士を日差しから守るために整備を進めた。その後、宋代にも大規模な整備が行われた。

現在は、蜀の武将にちなみ、柏の木に名をつけているが、そのほとんどは宋代以降に植えられた柏。

写真→P.67　Ⓜ P.25-D2

四川省 峨眉山 アーメイシャン É Méi Shān 市外局番●0833

峨眉山（がびさん）

E Mei Shan

中国を代表する仏教聖地のひとつ

報国寺村の広場に立つ「第一山亭」

都市Data

峨眉山市
人口：43万人
面積：1181㎢
楽山市管轄下の県級市

市公安局報国寺派出所
（市公安局报国寺派出所）
Ⓜ P.73-A2
住 報国寺景区紅珠山賓館付近
☎ 5593398
オ 24時間
休 なし
観光ビザの延長は不可

市人民医院
（市人民医院）
Ⓜ 地図外（P.73-C1右）
住 三台山街94号
☎ 5522725
オ 24時間
休 なし

市内交通

【路線バス】 運行時間の目安は6:00～19:00、1～2元。峨眉山城北バスターミナルと報国寺、伏虎寺の間に5路バスが、高速鉄道の峨眉山駅と報国寺、伏虎寺間には12路バスが運行されている。これらのほか、楽山との間を結ぶ601路バスがある。6:40～19:00の間15～20分に1便。5元、所要約2時間。峨眉山旅游バスセンターを出て、高速鉄道の峨眉山駅と楽山駅、楽山バスセンター、楽山大仏、烏尤寺を経由する

【タクシー】 市内は一律5元、少し遠い場所へは10元。峨眉山城北バスターミナルと報国寺の間は片道20元が目安

概要と歩き方

成都の南西160km、峨眉山市中心から西へ7kmに位置する峨眉山は、山西省の五台山、浙江省の普陀山、安徽省の九華山とともに仏教四大名山のひとつに数えられる聖地で、1996年には楽山大仏と合わせ世界複合遺産に登録された。

古来仙境（仙人の住む場所）とたたえられてきた。山中の寺院は、後漢時代に建て始められ、最盛期を迎えた明、清時代には大小100近い建築物があった。峨眉山の標高は3099m。人々は、3077mの金頂にある華蔵寺（けぞうじ）参拝のため山上を目指す。頂上付近で雲海が広がる神秘的な風景を目の当たりにすると、峨眉山が仙境と呼ばれるゆえんを理解できるだろう。道路が整備され、ロープウエイができてからは頂上まで誰でも簡単に行けるようになった。

峨眉山は2日で観光できる。1日目は市内から麓の報国寺村に移動し、報国寺や伏虎寺を参観し、峨眉山博物館などを見学する。2日目はまずバスで雷洞坪停車場に行き、金頂に向かう。その後、万年寺に行き、白龍洞、清音閣などを回る。

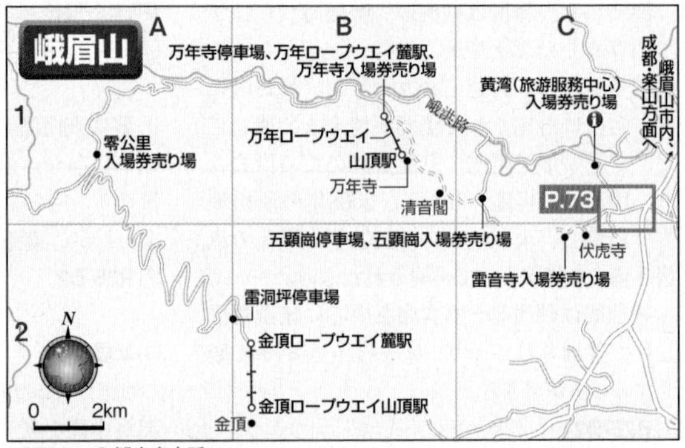

●見どころ ❶観光案内所

	1月	2月	3月	4月	5月	6月	7月	8月	9月	10月	11月	12月
平均最高気温（℃）	-0.5	0.3	4.4	7.8	10.3	12.7	15.4	14.9	11.1	7.1	3.4	1.2
平均最低気温（℃）	-9.5	-8.3	-4.4	-0.1	3.5	6.5	9.2	8.9	5.3	1.1	-3.4	-7.1
平均気温（℃）	-4.1	-3.8	-0.5	3.1	7.3	10.0	12.2	12.1	8.1	4.5	0.3	-2.6
平均降水量（mm）	詳細データなし											

※町の気象データ（→P.22）：「预报」>「四川」>「乐山」>「峨眉山」>郷・鎮から選択

中国国内の移動➡P.318　鉄道時刻表検索➡P.321

鉄道 成都東〜楽山〜峨眉山を結ぶ城際鉄道（都市間高速鉄道）が2014年に開業し、峨眉山へのアクセスが改善された。城際鉄道の峨眉山駅は市内西側にあり、在来線の峨眉駅は市内東側にある。

所要時間(目安)【峨眉山（ems）】成都東（cdd）／城際：1時間30分　楽山（ls）／城際：15分【峨眉（em）】成都（cd）／快速：2時間5分　昆明（km）／快速：15時間40分

バス 峨眉山には、報国寺村の峨眉山旅游バスセンターと市内の峨眉山城北バスターミナルがある。峨眉山の登山観光を考えると後者の利用がおすすめ。

所要時間(目安) 成都／2時間30分　雅安／3時間　楽山／1時間　重慶／7時間

Data

鉄道

峨眉山駅（峨眉山火车站）
M **地図外（P.73-C1右）** 住 秀湖大道瑜伽路160号
☎ 共通電話＝12306　オ 6:20〜22:30
休 なし　カ 不可
[移動手段] タクシー（峨眉山駅〜報国寺）／10元、所要10分が目安　路線バス／11、12、13路「高铁广场站」、601路「高铁峨眉山站」
28日以内の切符を販売。

峨眉駅（峨眉火车站）
M **地図外（P.73-C1右）** 住 南陳街
☎ 共通電話＝12306　オ 7:30〜11:10、13:30〜21:40　休 なし　カ 不可
[移動手段] タクシー（峨眉駅〜峨眉山旅游バスセンター）／20元、所要20分が目安　路線バス／1、8、9路「峨眉火车站」
28日以内の切符を販売。

バス

峨眉山旅游バスセンター（峨眉山旅游客运中心）
M **P.73-B2** 住 報国寺景区路　☎ 5592464
オ 6:00〜17:00　休 なし　カ 不可
[移動手段] タクシー（峨眉山旅游バスセンター〜峨眉山城北バスターミナル）／20元、所要20分が目安　路線バス／5、12路「旅游车站」、601路「峨眉山旅游客运中心」
当日の切符のみ販売（重慶のみ翌日分販売）。成都（新南門：5便）、楽山（肖壩：8:00〜17:00の間1時間に1便）、重慶（菜園壩：2便）など。峨眉山風景区内を走るバスの乗車券も販売している（→P.74）。

峨眉山城北バスターミナル（峨眉山城北客运站）
M **地図外（P.73-C1右）** 住 仏光東路1052号
☎ 5536498　オ 6:30〜18:00　休 なし　カ 不可
[移動手段] タクシー（峨眉山城北バスターミナル〜峨眉山旅游バスセンター）／20元、所要20分が目安　路線バス／2、5路「太泉广场」、11路「城北客运站」
5日以内の切符を販売。楽山は当日の切符のみ販売。成都（新南門：7:30〜17:30の間30分に1便）、雅安（西門：6便）、楽山（市中心：7:30〜17:00の間20分に1便）、重慶（2便）など。
ほかに楽山に向かう乗合タクシーも出ている。4人集まったら出発。ひとり20元、所要50分。

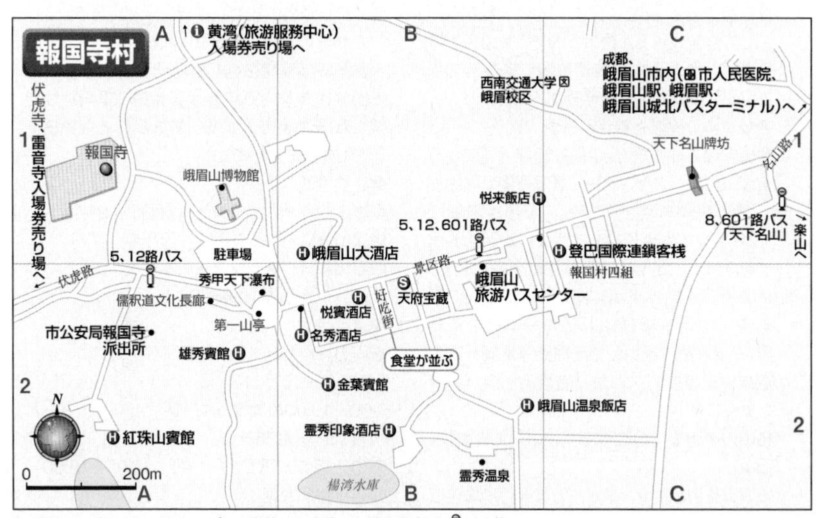

峨眉山風景区
Ⓜ P.75
㊟ 峨眉山市峨眉山風景区
☎ サービスセンター＝4008196333（中国内のみ通話）
入場券管理処＝5523646
オ 24時間（入場券販売は日の出30分前〜18:00）
休 なし
料 1月16日〜12月14日＝160元
12月15日〜1月15日＝110元
※有効期限は2日間
交 下記「インフォメーション」を参照
Ⓤ www.ems517.com

インフォメーション

入場券購入地点

峨眉山風景区内には、黄湾旅游服務中心、五顕崗、万年寺、零公里、雷音寺の5ヵ所の入場券売り場がある。

また、峨嵋山旅游バスセンターでも峨嵋山風景区の入場券を販売している。ロープウエイの切符も取り扱っている。

見どころ

世界遺産

世界遺産に登録された景勝地

峨眉山風景区（がびさんふうけいく）／峨眉山风景区　éméishān fēngjǐngqū

オススメ度 ★★★　所要時間 1〜3日

峨眉山風景区は、峨眉山を中心とした景勝地で、最高峰は3099mの万仏頂。1996年12月7日、楽山大仏（→P.81）と合わせてユネスコの世界複合遺産に登録された。

峨眉山の見どころは、豊かな自然や山中にある宗教的建築物。それらが造られるようになったのは、後漢代に入ってから。その後絶えることなく建造や修復が行われた。当初は道教関連の施設が多かったが、唐宋期（7〜13世紀）に仏教寺院の創建が増加した。明清期に最盛期を迎え、一時は大小を合わせ100近い建物があったといわれている。清朝以降は仏教が廃れたこともあり、荒れるに任せていたが、これまでに報国寺、万年寺、伏虎寺、金頂など多くの仏閣が修復されている。

峨眉山観光のベストシーズンは7月から9月

山頂に立つ華蔵寺と金頂銅殿を背景に記念撮影

読者投稿　コラム　インフォメーション

峨眉山風景区内を走るバス

峨眉山風景区内には、峨眉山旅游バスセンター、五顕崗停車場、万年寺停車場、雷洞坪停車場などを結ぶバスがある。4種類の往復乗車券が販売されているが、乗車券によって観光ルートが決まるのでよく考えて購入を。なお、山中の宿泊施設に滞在してもよいが、下記ルートで移動すること。

●乗車券の種類と観光ルート

❶山全体の往復券(全山段往返票)　料90元
峨眉山旅游バスセンター〜雷洞坪停車場往復

雷洞坪停車場で下車し、金頂へ向かう(上りだけでも金頂ロープウエイ利用をおすすめする)。観光後、雷洞坪停車場に戻り、バスで万年寺停車場に向かう。下車後、万年寺（時間短縮には万年ロープウエイ利用)、清音閣を経由して五顕崗停車場へ。五顕崗停車場でバスに乗り峨眉山旅游バスセンターに戻る。

❷山の中腹までの往復券（中山段往返票）
料40元
峨眉山旅游バスセンター〜万年寺停車場往復

万年寺停車場で下車し、万年寺（時間短縮には万年ロープウエイ利用)、清音閣を経由して五顕崗停車場へ。五顕崗停車場でバスに乗り峨眉山旅游バスセンターに戻る。

これらのほか、❸高山の往復券（零公里〜雷洞坪停車場往復）50元と、❹万年寺／五顕崗往復券（万年寺／五顕崗〜雷洞坪往復）70元もある。また、各区間ごとの片道切符も販売している。

●所要時間（目安）

峨眉山旅游バスセンター〜雷洞坪：2時間
峨眉山旅游バスセンター〜万年寺：40分
峨眉山旅游バスセンター〜五顕崗：30分
雷洞坪〜万年寺：1時間30分

●運行時間

峨眉山旅游バスセンター発
4月26日〜10月31日
6:00〜17:00の間30分に1便
11月1日〜4月25日
7:00〜12:00の間30分に1便、13:00〜16:00の間1時間に1便

にかけてだが、もともと曇りの日が多いため、この時期に峨眉山を訪れても御来光を拝める確率は半分程度なので過度の期待は禁物。また、山頂と麓では気温差が大きいので、夏でも上着が必要なときがある。雷洞坪のロープウエイ乗り場周辺にはダウンなど防寒具をレンタルする店もある。

峨眉山のサルは凶暴なことで有名。遭遇した際は持ち物に注意すること

報国寺／报国寺（ほうこくじ／bàoguósì）

峨眉山麓の標高551mの場所に立つ仏教寺院で、峨眉山観光の出発点ともいえる場所。創建当初の名は、仏教、儒教、道教の3つを奉る建物を表す「会宗堂」といい、仏教の普賢菩薩、儒教の楚狂接輿、道教の広成子が祀られていた。清代初期に現在の場所に移され、1703（清の康熙42）年に康熙帝より報国寺の名を賜った。現在は峨眉山仏教協会の所在地でもある。

赤い壁に囲まれた境内には弥勒殿、大雄宝殿、七仏宝殿、普賢殿などの建造物が建ち並ぶ。また、山門にかかる「報国寺」の扁額は、乾隆帝の親筆によるもの。

報国寺の扁額がかかる山門

報国寺
Ⓜ P.73-A1
☎ 5592822
オ 5月～10月中旬7:00～18:30
10月下旬～4月7:30～18:00
休 なし
料 8元
交 5、12路バス「报国寺」

七仏宝殿内部の7体の仏像

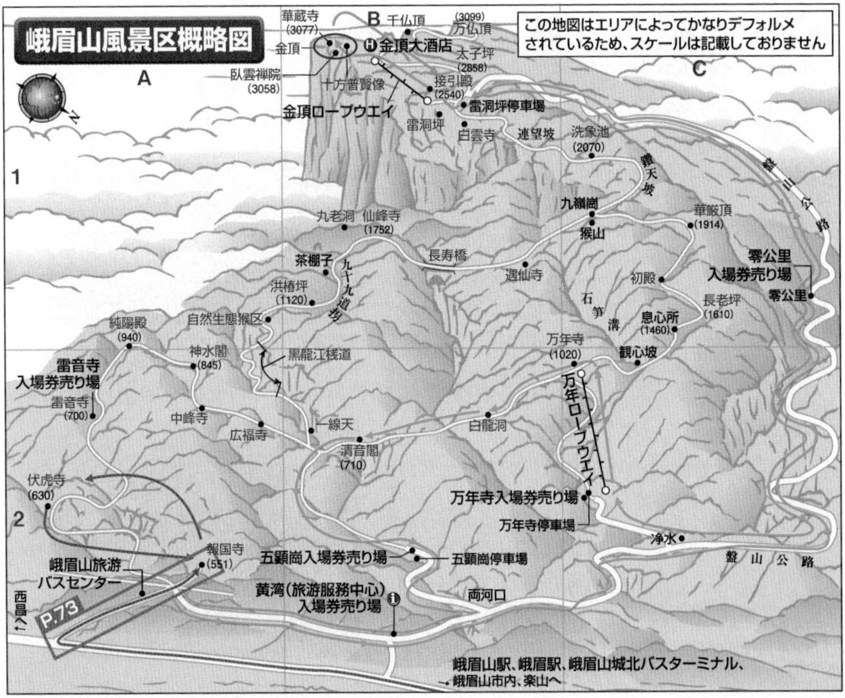

峨眉山風景区概略図

この地図はエリアによってかなりデフォルメされているため、スケールは記載しておりません

A B C 1 2

華蔵寺(3077)
千仏頂
(3099) 万仏頂
金頂
Ⓗ 金頂大酒店
太子坪(2858)
臥雲禅院(3058)
十方普賢像
接引殿(2540)
金頂ロープウエイ
雷洞坪停車場
雷洞坪
白雲寺
連望坡
洗象池(2070)
鑽天坡
盤山公路
九嶺崗
猴山
華厳頂(1914)
九老洞
仙峰寺(1752)
茶棚子
九十九道拐
長寿橋
遇仙寺
零公里入場券売り場
零公里
洪椿坪(1120)
初殿
石笋溝
長老坪(1610)
純陽殿(940)
自然生態猴区
息心所(1460)
神水閣(845)
黒龍江桟道
万年寺(1020)
観心坡
雷音寺入場券売り場
雷音寺(700)
中峰寺
広福寺
一線天
白龍洞
万年ロープウエイ
清音閣(710)
伏虎寺(630)
万年寺入場券売り場
万年寺停車場
報国寺(551)
五顕崗入場券売り場
五顕崗停車場
浄水
峨眉山旅游バスセンター
黄湾（旅游服務中心）入場券売り場
両河口
西昌へ
P.73
峨眉山駅、峨眉駅、峨眉山城北バスターミナル、峨眉山市内、楽山へ

●見どころ Ⓗホテル ❶観光案内所 ← 1日目 ← 2日目

インフォメーション

おもな見どころ間の距離

報国寺 ～ 伏虎寺＝1.6km
伏虎寺 ～ 清音閣＝10km
清音閣 ～ 一線天＝1.5km
一線天 ～ 洪椿坪＝4.5km
洪椿坪 ～ 仙峰寺＝15km
仙峰寺 ～ 洗象池＝12.5km
洗象池 ～ 雷洞坪＝7.5km
雷洞坪 ～ 接引殿＝1.5km
接引殿 ～ 金頂＝6km
清音閣 ～ 万年寺＝2km
万年寺 ～ 洗象池＝14km
五顕崗 ～ 清音閣＝1.5km

伏虎寺
Ⓜ **P.75-A2**
オ5月～10月中旬7:00～18:30
10月下旬～4月7:30～18:00
休なし
料6元
交5、12路バス「伏虎寺」。徒歩10分

清音閣
Ⓜ **P.75-B2**
オ24時間
休なし
料入場料に含まれる

インフォメーション

風景区内のロープウエイ

金頂ロープウエイ
Ⓜ **P.75-B1**
☎5098019
オ日の出の20分前～18:00
※運行開始時刻は当日の日の出に合わせて変更される
休なし
料上り＝65元、下り＝55元
※12月15日～1月15日は上り＝30元、下り＝20元

万年ロープウエイ
Ⓜ **P.75-C2**
☎5090128
オ1月16日～12月14日
7:00～18:00
12月15日～1月15日
7:30～18:00
休なし
料上り＝65元、下り＝45元
※12月15日～1月15日は上り＝30元、下り＝20元

万年寺
Ⓜ **P.75-C2**
オ7:00～19:00
休なし
料10元

洪椿坪
Ⓜ **P.75-B1**
オ24時間　休なし
料入場料に含まれる

伏虎寺／伏虎寺（ふっこじ／fúhǔsì）

報国寺から1.6km西にある。晋代に薬師殿として創建され、南宋の紹興年間（12世紀中葉）に龍神堂（りゅうじんどう）と改称。山中によく出没するトラを鎮めるために、境内にお経を彫った石柱を建てたのが由来。標高630m。

伏虎寺大雄宝殿

清音閣／清音阁（せいおんかく／qīngyīngé）

万年寺から約2kmの所にある。唐代の創建。当時は牛心寺（ぎゅうしんじ）という名前だったが、後に臥雲寺（がうんじ）と改名され、清代に改築されたときに唐詩にちなんで清音閣と名づけられた。清音閣の周りは峨眉山のなかでも有数の絶景が広がっている場所。さらに進めば、一線天や自然生態猴区に行くことができる。標高710m。

急な階段を上って行く

万年寺／万年寺（まんねんじ／wànniánsì）

観心峰（かんしんほう）の麓にある仏教寺院で、無梁磚殿には銅製の白象に乗った普賢菩薩が祀られている。寺の前の白水池で、万年寺の和尚広濬（こうよう）が琴を弾き、唐の大詩人李白（701～762年）が詩を詠んだといわれている。万年寺停車場からロープウエイを使うと便利。標高1020m。

無梁磚殿は万年寺のシンボル的建造物

洪椿坪／洪椿坪（こうちんへい／hóngchūnpíng）

寺の前にツバキの古木が3本あったため、この名がつけられた。境内には仙人から授けられたという伝説をもつ錫杖泉（しゃくじょうせん）がある。標高1120m。中華民国期に造られた千仏楼などがある。また、暑い夏の早朝に見

洪椿坪山門

られる霧に煙る「洪椿暁雨」という現象でも有名。

洗象池／洗象池（せんぞうち／xǐxiàngchí）

普賢菩薩がゾウに乗って峨眉山の頂上に向かう途中、この池で象を洗ったという伝説がその名の由来。

また、峨眉山では洗象池から眺める月が最も美しいといわれている。盛唐の詩人李白もここから見た月を詩に詠んでいる。標高2070m。

金頂／金顶（きんちょう／jīndǐng）

金頂銅殿（正式名称は普賢殿）に由来する金頂は、多くの峨眉山登山者が目指す標高3077m地点。そこは明末創建の華蔵寺（弥勒殿、大雄宝殿、普賢殿の三殿で構成）、高さ48mの十方普賢像、臥雲禅寺などの宗教施設が建ち並ぶ聖地で、敬虔な仏教徒（チベット仏教徒も）が多く訪れる。

条件がよければ、金頂では日の出や仏光（雲にできた影の周りに光の輪ができる大気光学現象）、雲海などの自然が生み出す現象も目撃できる（日の出観光は山頂での宿泊が必要）。仏光の出現は9:00〜10:00と15:00〜16:00の時間帯が多いといわれている。

金頂銅殿（普賢殿）。後ろは断崖で仏光などの観測ポイント

洗象池
Ⓜ P.75-C1
オ 24時間
休 なし
料 入場料に含まれる

洗象池大雄宝殿

華蔵寺
Ⓜ P.75-B1
オ 7:00〜18:00
休 なし
料 入場料に含まれる

多くの参拝者の焼香で煙る華蔵寺（大雄宝殿）

大雄宝殿内の金色の仏像

ホテル

紅珠山賓館（こうじゅさんひんかん）／红珠山宾馆　hóngzhūshān bīnguǎn　★★★★★

庭園式のホテルで客室は3棟に分かれている。金・土曜には週末料金が設定されており100〜300元高くなる。

両替　ビジネスセンター　インターネット

Ⓜ P.73-A2　住 峨眉山風景区報国寺　☎ 5525888　FAX 5525666　S 719〜2080元　T 619〜1880元　サ なし　カ ADJMV　U www.hzshotel.com

峨眉山大酒店（がびさんだいしゅてん）／峨眉山大酒店　éméishān dàjiǔdiàn　★★★★

設備充実の大型ホテル。敷地内に美食村や温泉施設がある。金・土曜は宿泊料が100元高くなる。

両替　ビジネスセンター　インターネット

Ⓜ P.73-B1　住 峨眉山風景区報国寺景区路322号　☎ 5526888　FAX 5595378　S 500〜620元　T 450〜580元　サ なし　カ ADJMV　U www.emshotel.com.cn

金頂大酒店（きんちょうだいしゅてん）／金顶大酒店　jīndǐng dàjiǔdiàn　★★★

金頂付近に立つ。客室が少ないこともあり、オンシーズンは満室となることが多いため、予約必須。

両替　ビジネスセンター　インターネット

Ⓜ P.75-B1　住 峨眉山風景区峨眉山金頂　☎ 5098077　FAX なし　S 600〜900元　T 600〜900元　サ なし　カ 不可

登巴国際連鎖客桟（とうはこくさいれんさきゃくさん）／登巴国际连锁客栈　dēngbā guójì liánsuǒ kèzhàn

部屋は清潔で館内はWi-Fi完備。カフェも併設している。予約はウェブサイトからも可能。

両替　ビジネスセンター　インターネット

Ⓜ P.73-C1　住 峨眉山風景区景区路報国村四組46号　☎ 5590190　FAX なし　S 88〜100元　T 100〜120元　D 40元（6人部屋）　サ なし　カ 不可

※星がグレーは申請中など正式認定ではありません

四川省 乐山（ラーシャン） Lè Shān　市外局番●0833

楽山（らくさん）

Le Shan

世界一大きな磨崖仏のある町

赤土の山肌を削って造られた楽山大仏

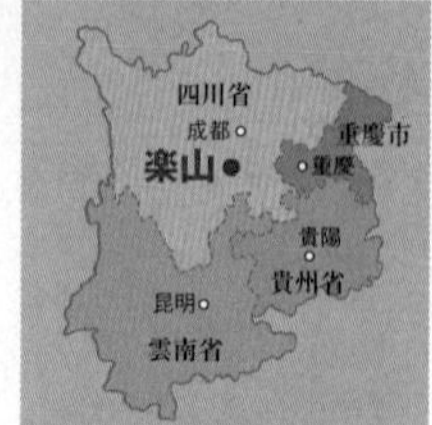

都市Data

楽山市
人口：355万人
面積：1万2759㎢
4区1県級市4県2自治県を管轄

公安局出入境管理処
（公安局出入境管理处）
Ⓜ P.80-B1
住 鳳凰路中段548号
☎ 2499048
オ 9:00～12:00、13:00～17:00
休 土・日曜、祝日
観光ビザを最長30日間延長可能。手数料は160元

市人民医院
（市人民医院）
Ⓜ P.80-B3
住 白塔街238号
☎ 2119328
オ 24時間
休 なし

市内交通

【路線バス】 運行時間の目安は6:30～21:00、1～2元
【タクシー】 初乗り2㎞未満5元、2㎞以上1㎞ごとに1.6元加算
【三輪リキシャ】 料金は交渉制で1乗車4～5元が目安

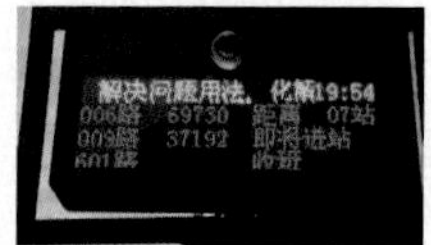

多くのバス停に電光掲示板があり、次のバスがいつ頃来るかわかるようになっている

概要と歩き方

楽山市は成都の南170㎞に位置する、四川盆地南西部における水陸交通の要衝。世界文化遺産に登録された「峨眉山と楽山大仏」のある町で、楽山大仏は世界最大の仏像ともいわれ、中国各地はもちろん世界各国から多くの観光客が訪問する。また、郊外の沙湾区は文学者・歴史学者の郭沫若（かくまつじゃく）の出身地として知られている。

町は楽山港がある旧市街と、それ以外の新市街に分かれている。成都から日帰りで訪れる人は、市内の移動は駅またはバスターミナルと大仏の間だけを考えればよい。鉄道駅と3つあるバスターミナルはいずれも新市街にあり、それらの間は1路バスが結んでいる。楽山駅とその近くの楽山バスセンターと大仏の間は601路やK1路バスが、成都旅游バスセンターからのバスが着く肖壩旅游バスターミナルと楽山港、楽山大仏、烏尤寺は13路バスが結んでいる。

楽山の旧市街。楽山大仏周辺からは町が大渡河（左）と岷江（右）に挟まれているのが見てとれる。大渡河には近くで青衣江が流れ込んでいる

	1月	2月	3月	4月	5月	6月	7月	8月	9月	10月	11月	12月
平均最高気温(℃)	10.0	13.0	17.0	23.0	25.0	27.0	30.0	29.0	25.0	23.0	18.0	11.0
平均最低気温(℃)	5.0	7.0	9.0	13.0	17.0	20.0	23.0	22.0	16.0	12.0	10.0	7.0
平均気温(℃)	7.5	9.0	13.4	18.2	21.9	23.9	26.0	25.7	21.9	17.7	13.3	8.8
平均降水量(mm)	15.1	23.8	39.1	78.9	113.7	148.7	325.5	318.7	166.9	89.5	37.1	14.9

※町の気象データ（→P.22）：「预报」＞「四川」＞「乐山」＞区・市・県から選択

楽山大仏と凌雲寺、麻浩崖墓、烏尤寺は同一エリアにあり入場券も共通。まずはバスなどで楽山大仏北門に行き、凌雲寺、凌雲桟道を経て大仏の足元へ（長蛇の列なので時間がなければ省略）。南門から出て麻浩漁村という伝統レストラン街、麻浩崖墓、烏尤寺と回れる。

楽山は峨眉山（→P.74）と合わせて訪れるのが一般的。少々時間はかかる（2時間）が、601路バスは峨眉山の報国寺村へ行く際にも使える。観光は楽山大仏周辺のみであれば半日で十分。また、時間に余裕があれば芭石鉄路（→P.82）に乗りに行くのもよい。

楽山名物、串に刺した具をたれにつけて食べる鉢鉢鶏

Access 交通

中国国内の移動➡P.318　鉄道時刻表検索➡P.321

鉄道

城際鉄道（都市間高速鉄道）の楽山駅を利用する。

所要時間(目安)【楽山（ls）】成都南（cdn）／城際：50分　成都東（cdd）／城際：50分　峨眉山（ems）／城際：15分

バス

市内には長距離バスがメインの肖壩旅游バスターミナルと楽山バスセンター、楽山市内便がメインの楽山聯運バスターミナルがある。

所要時間(目安) 成都／2時間　重慶／6時間　峨眉山（報国寺）／1時間

Data

鉄道

楽山駅（乐山火车站）

M 地図外（P.80-A1左） 住 青江新区太白路
☎ 共通電話＝12306　オ 6:30～22:20
休 なし　カ 不可
［移動手段］タクシー（楽山駅～土橋街）／25元、所要25分が目安　路線バス1、K1、3、12、21、22、601路「高铁乐山站」

28日以内の切符を販売。

楽山駅と大仏を結ぶK1路バス

バス

肖壩旅游バスターミナル（肖坝旅游汽车站）

M P.80-A3 住 肖壩路451号　☎ 2182068
オ 6:50～19:00　休 なし　カ 不可
［移動手段］タクシー（肖壩旅游バスターミナル～土橋街）／8元、所要10分が目安　路線バス／1、2、6、8、13路「肖坝旅游车站」

7日以内の切符を販売。峨眉山行きは当日の切符のみ販売。成都（新南門：14便）、峨眉山（報国寺：7:30～17:30の間1時間に1便）など。

楽山バスセンター（乐山客运中心站）

M 地図外（P.80-A1左） 住 陸游路586号
☎ 2450710　オ 6:30～19:00　休 なし　カ 不可
［移動手段］タクシー（楽山バスセンター～土橋街）／25元、所要25分が目安　路線バス／1、K1、12、22、601路「长途客运中心站」

7日以内の切符を販売。峨眉山行きは当日の切符のみ販売。成都（石羊：14便）、雅安（8便）、重慶（6便）。

峨眉山報国寺に向かう乗合タクシーも出ている。8:00～17:00の間4人集まったら出発。ひとり15元、所要50分。

楽山駅の北側にある楽山バスセンター

楽山聯運バスターミナル（乐山联运汽车站）

M P.80-B1 住 龍游路東段526号　☎ 2447114
オ 6:30～18:30　休 なし　カ 不可
［移動手段］タクシー（楽山聯運バスターミナル～土橋街）／13元、所要15分が目安　路線バス／1、2路「联运车站」

当日の切符のみ販売。夾江（6:30～18:00の間15分に1便）、犍為（6:30～18:00の間15分に1便）など楽山市内便がメイン。

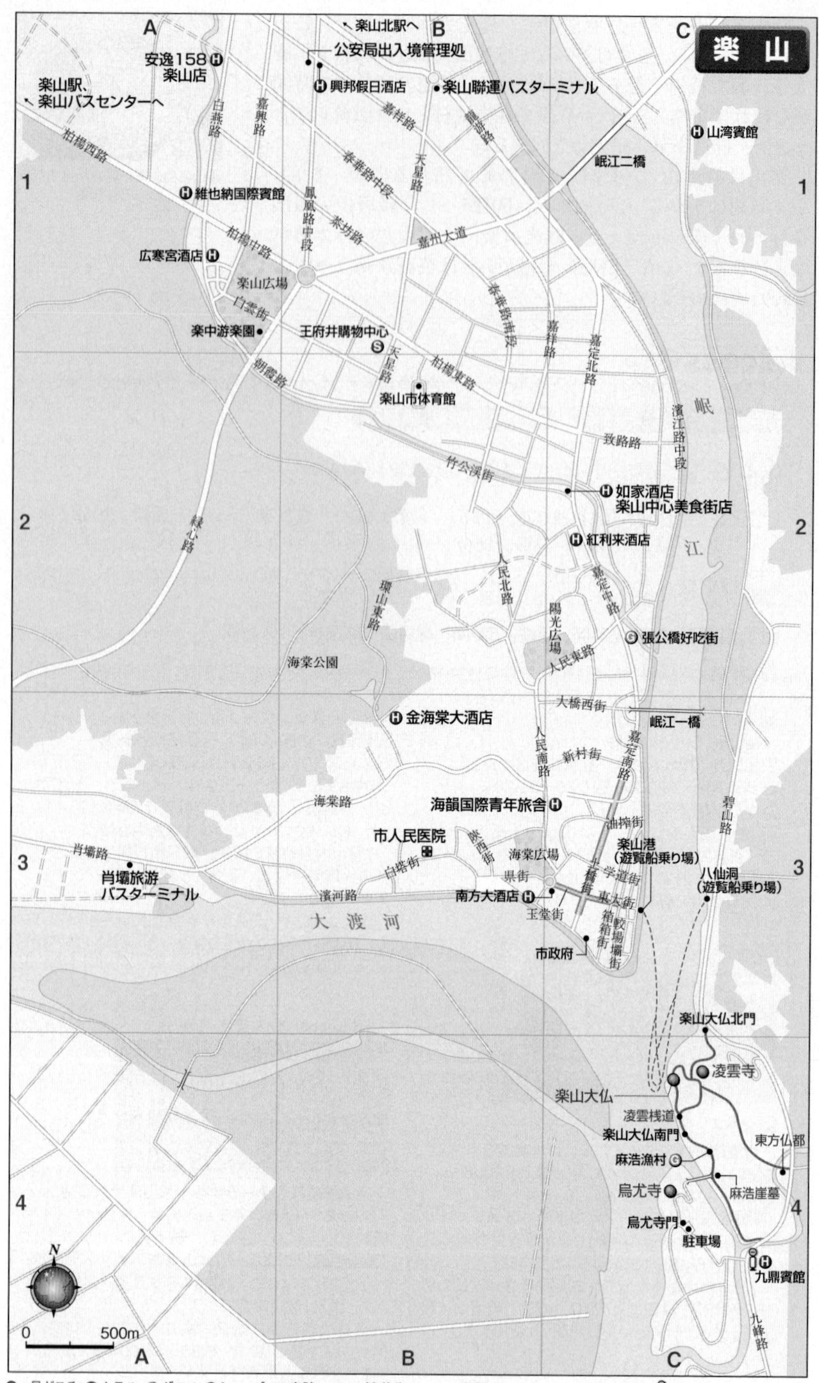

●見どころ　Ⓗホテル　Ⓖグルメ　Ⓢショップ　病院　繁華街　遊覧コース　観光専用路　バス停

見どころ

世界最大の石刻座仏で知られる　世界遺産

楽山大仏／乐山大佛　lèshān dàfó

らくさんだいぶつ

オススメ度 ★★★　所要時間 2〜4時間

楽山大仏は、岷江（みんこう）に臨む栖鸞峰（せいらんほう）の岩壁に彫られた世界最大の石刻座仏。正式名は凌雲（りょううん）大仏。高さ71m、肩幅28m、頭部の高さ14m、頭部の直径10mという巨大さだ。1996年に峨眉山（→P.74）と合わせて世界文化遺産に登録された。

人と比べればその大きさは一目瞭然

なぜこんな巨大な大仏が造られたかというと、それは岷江の氾濫を鎮めるためだった。大渡河と青衣江が凌雲山の下で交わり岷江となる地点は、古来水害が多発する地域であった。唐の玄宗皇帝の時代である713（唐の開元元）年、凌雲寺の僧海通（かいつう）は水害を鎮めるために大仏の建立を思い立ち、人を集め物資を募った。大仏が完成したのは803（唐の貞元19）年で、実に90年の歳月を要した。

それから1200年以上経った今でも、大仏は岷江の流れを静かに見守り続けている。見学に訪れた場合、最初に目にするのは頭部だ。1021もある螺髪（らほつ）や、長さ7mの耳など、そのスケールの大きさには圧倒される。大仏の向かって左脇から、岷江と大仏を見下ろしながら長い階段を下り、足元まで下りることができる。一度に100人以上が座れるという巨大な大仏の足の近くで、線香を掲げて熱心に祈る人々もいる。大仏は巨大なので、全体を見るには楽山港や八仙洞から出る船に乗るのがおすすめ。

大仏脇の階段を下ろうとする人々の長い行列ができる

楽山大仏
M P.80-C4
住 凌雲山
☎ 楽山大仏管理処＝2302416
オ 4月〜10月上旬7:30〜19:30
10月中旬〜3月8:00〜18:30
※入場は閉門1時間前まで
休 なし
料 80元（楽山大仏、霊宝塔、凌雲寺、烏尤寺、麻浩崖墓などを含む）
※保険（5元）は任意
交 K1、3、13、601路バス「乐山大佛」
U www.leshandafo.com

インフォメーション

遊覧船による観光

楽山港または対岸の八仙洞から出ている遊覧船に乗って川の上から楽山大仏を見学することもできる。遊覧時間は約30分。25〜30人が集まってからの出発となる。ひとりで乗船する場合、中国人観光客の多い10:00〜11:30または14:00〜16:00に行くと比較的待ち時間が短くて済む。このほか、ライトアップされた大仏などを眺めるナイトクルーズ「夜游三江」もあり、八仙洞でシャトルバスに乗って烏尤寺まで移動し、そこから乗船する。乗船券は18:00に販売。

楽山港（乐山港）
M P.80-C3
住 濱江路下段　☎ なし
オ 8:00〜17:30
休 なし
料 遊覧船＝70元
交 4、8、9路「乐山港」

八仙洞（八仙洞）
M P.80-C3
住 濱江路南段70号付近
☎ 夜游三江＝2355557
オ 遊覧船：
4月1日〜10月7日7:30〜18:00
10月8日〜3月31日8:00〜17:00
夜游三江：
4月1日〜10月7日20:00、21:30発
10月8日〜3月31日19:30、21:00発
休 なし
料 遊覧船＝70元
夜游三江＝220元
交 3、13、K1路バス「八仙洞」

遊覧船に乗ると初めて大仏の全体像がわかる

岷江の景色を一望できる
凌雲寺／凌云寺　língyúnsì
オススメ度 ★★

楽山大仏のある仏教禅宗寺院で、別名大仏寺とも呼ばれている。岷江東岸にある凌雲山全体に弥勒殿、大雄宝殿、蔵経楼などの仏閣が点在している。

その建立は唐代まで遡るが、現存する建築物は明、清代に再建されたもの。なかでも、畳翠堂や浮玉亭から望む岷江の美しい眺めは古くから名高く、多くの文人が訪れて詩に詠んでいる。その代表格が北宋期の詩人である蘇軾。寺院近くの丘の上に立つ霊宝塔は市内からもよく見え、大仏の位置がすぐわかる。

凌雲時大雄宝殿

凌雲寺
Ⓜ P.80-C4
㊟凌雲山
☎楽山大仏管理処＝2302416
㋔4月～10月上旬7:30～19:30
10月中旬～3月8:00～18:30
※入場は閉門1時間前まで
㊡なし
㊕なし（楽山大仏入場料に含まれる）
㊋K1、3、13、601路バス「乐山大佛」

高さ29.29m、13層の霊宝塔

烏尤山にある仏教寺院
烏尤寺／乌尤寺　wūyóusì
オススメ度 ★

大渡河と岷江が交わる烏尤山の山頂に立つ仏教寺院で、その創建は唐代に遡る。当初は正覚寺と呼ばれたが、北宋時代に現在の名称となった。建物は清代のもの。

境内には爾雅台と呼ばれる建築物があり、ここは漢代に郭舎人という人物が『爾雅』の注釈を作ったとされる場所で、蘇轍（北宋期の詩人）の詩にも登場している。

赤い壁が鮮やかな烏尤寺

烏尤寺
Ⓜ P.80-C4
㊟烏尤山
☎楽山大仏管理処＝2302416
㋔4月～10月上旬7:30～19:30
10月中旬～3月8:00～18:30
※入場は閉門1時間前まで
㊡なし
㊕なし（楽山大仏入場料に含まれる）
㊋K1、3、13、601路バス「乐山大佛」「乌尤寺」

郊外の見どころ

炭鉱で栄えた集落へ向かう蒸気機関車
芭石鉄路／芭石铁路　bāshí tiělù
オススメ度 ★★

楽山市犍為県の芭石鉄路は、小型のSLが定期運行する中国でも珍しい鉄道路線として知られる。路線の長さは19.84km、軌間は762mmで、芭蕉溝と石渓を結ぶためこの名があり、「嘉陽小火車」とも呼ばれている。

1959年、このあたりで産出する石炭を運び出すため敷設されたが、1980年代には炭鉱が閉山。廃線の危機に見舞われたが、周辺の住人にとって唯一の交通手段だったため営業を続けた。現在はタイムスリップしたかのような沿線の風景

芭石鉄路
Ⓜ P.25-D3
㊟犍為県芭溝鎮
☎4092599
㋔切符販売9:00～16:30
観光列車：
躍進駅発10:00、11:00、13:00、15:00
芭溝駅発11:30、13:30、15:30、16:30
※2月23日～4月中旬の菜の花シーズンは1日8～10便に増便
㊡なし
㊕片道＝80元、往復＝160元
㊋①楽山バスセンターから「犍為」行き（高速道路利用）で終点（8:30～18:00の間40分～1時間に1便。20元、所要1時間）。犍為バスセンター前から「三井」行きバスに乗り換え終点（6:10～19:20の間多数発。5元、所要45分）
②楽山聯運バスターミナルから「犍為」行きで終点（17元、所要1時間40分）。犍為からは上記と同じ

が注目を集め、普通列車のほかに観光列車も運行している。特に2月下旬から4月にかけては菜の花があたりを黄色に染め、それを見に多くの人が訪れる。

観光列車は石渓駅の次の躍進駅を出発し、黄村井駅のひとつ手前の芭溝駅で折り返す。乗客は、行きの便では菜子覇駅の手前でいったん下車し、半径70mの大カーブを行くSLを外から眺める。また、亮水沱では車両脇から蒸気を吹き出しながら走る「火車表演」というパフォーマンスを見ることができる。観光車は行きが所要1時間25分、戻りの便は所要1時間5分程度。なお、普通列車は基本的には地元の人向けに運行されている。

菜子覇駅近くの丘の上からの眺め

終点の芭溝駅周辺では1960～70年代の趣を残したままの開発が行われ、文革のスローガンが書かれた建物やひなびた民家が建ち並び、ノスタルジックな雰囲気だ。鉱山博物館や食事処、カフェ、宿泊施設もある。また、芭溝駅の1.6km先の黄村井では炭鉱の内部を見学できるので、芭溝駅ですぐに折り返す列車に乗らず、見学時間を確保しておくとよい。

「火車表演」で蒸気を吹き出す機関車

芭蕉溝の東方紅広場に立つ毛沢東思想大舞台

インフォメーション

普通列車

観光列車と同じ区間を運行しており、1車両につき座席数は18のみ。芭溝に着くとすぐに折り返す。切符は乗車後に購入。
オ 躍進駅発：月～金曜7:30、13:30、16:30
土・日曜7:30、16:30
料 30元

菜の花の季節に訪れるなら

菜の花が咲く季節は、始発便と最終便以外は観光列車のみ運行する。この季節は運行スケジュールが乱れることが多く、楽山や犍為から日帰りするのは非常に難しい。三井や芭蕉溝に宿泊する予定を立てよう。

四川省 楽山 Le Shan 見どころ／ホテル

ホテル

金海棠大酒店（きんかいとうだいしゅてん）／金海棠大酒店 jīnhǎitáng dàjiǔdiàn ★★★★

周囲を木々に囲まれた静かな環境に立つ楽山最高級のホテル。客室は4棟に分かれている。
両替 ビジネスセンター インターネット

M P.80-B3 住 海棠路512号 ☎ 2128888
FAX 2122666 S 458～498元 T 358～408元
サ なし カ JMV U www.lsjht-hotel.com

安逸158 楽山店（あんいつ らくさんてん）／安逸158 乐山店 ānyì yīwǔbā lèshāndiàn

「経済型」チェーンホテル。成都市内を中心に展開している。会員カードを作ると次回から割引がある。
両替 ビジネスセンター インターネット

M P.80-A1 住 白燕路428号 ☎ 2126158
FAX 2125158 S 169～189元 T 169～189元
サ なし カ 不可 U www.158hotel.com

如家酒店 楽山中心美食街店（じょかしゅてん らくさんちゅうしんびしょくがいてん）／如家酒店 乐山中心美食街店 rújiā jiǔdiàn lèshān zhōngxīn měishíjiēdiàn

「経済型」チェーンホテル。2019年5月に改装されたばかりできれい。朝食はひとり15元。
両替 ビジネスセンター インターネット

M P.80-C2 住 嘉定中路406号 ☎ 2102200
FAX なし S 149～189元 T 159～199元
サ なし カ 不可 U www.bthhotels.com

海韻国際青年旅舎（かいいんこくさいせいねんりょしゃ）／海韵国际青年旅舍 hǎiyùn guójì qīngnián lǚshè

旧市街にあり、楽山港へも徒歩で行ける便利なロケーション。客室は清潔で、洗濯機が無料で使用可能。
両替 ビジネスセンター インターネット

M P.80-C3 住 人民南路59号 ☎ 2090999 FAX なし
S 148～168元 T 148～168元 D 58～68元（4～8人部屋） サ なし カ 不可 U www.yhachina.com

もう成都では見られない伝統茶館を求めて、犍為県羅城古鎮へ

四川といえば、竹椅子に座った老人がお茶を飲みながら1日を過ごす茶館をイメージする人も多い。しかし、再開発が進み、発展を遂げた成都では、もう昔ながらの茶館を見ることはできなくなった。

楽山市犍為県東北部にある羅城古鎮は、今も昔と変わらない茶館があることで知られている。1628（明の崇禎元）年に建設が始まった羅城古鎮は、中国でも非常に珍しい船形をした町だ。船形に定まったのは、清代の同治年間（1862～1874年）頃だといわれているが、山の上になぜ、船形の町が建設されたのか。風水説などがあるものの解明されてはいない。

楽山を出発したバスが狭い山道を上りきると、羅城古鎮に到着。「船形街」と書かれた標識を目印に古鎮の中心部に足を踏み入れると、黒っぽい服を着た中高年でいっぱいの茶館の風景が広がっている。「涼庁子」と呼ばれる屋根付き商店街は、雨の多い羅城に適した建築様式だ。涼庁子の下のにぎやかな茶館の風景は、成都が失ってしまった世界がよみがえってきたかのようだった。

（旅行ライター／浜井幸子）

霊官廟の2階から見た羅城古鎮の風景。船形をしているかはわかりにくい

船に見たてた古鎮の船首の位置に立っている霊官廟。道教の神様（玉霊官）を祀った廟で、周辺では唯一の高い建物

茶館は地元の男たちの社交場。お茶を飲み、話をし、カードゲームを楽しむ

周辺の農村からやってくる野菜売り。茶館が並ぶ商店街には食堂もある。楽山や自貢一帯で人気のある「豆花飯」を食べてみよう。手作り豆腐とごはんのシンプルな定食は、安くておいしい庶民の味方！

地元の人々がよく遊ぶ「弐柒拾」と呼ばれるカードゲーム。楽山や犍為は製塩業で栄えた土地。清の乾隆年間、塩商が雇った運搬労働者は、雇われ先や埠頭を区別するために模様が書かれた竹棒を髪に刺していた。後に運搬労働者がこの竹棒で遊ぶようになった。これが弐柒拾の始まりといわれている

船形をした羅城古鎮の俯瞰図

古鎮は幅9.5m、長さ約200mの船形。中央に見えるのは舞台。春節や霊官廟の縁日には、川劇が上演される

Access 交通

成都発：石羊バスターミナル（Ⓜ**P.28-C4**）から「罗城」行きで終点。8:00～15:00の間に9便。46元、所要2時間30分
楽山発：楽山聯運バスターミナル（Ⓜ**P.80-B1**）から「罗城」行きで終点。6:40～18:00の間40分に1便。15元、所要2時間

四川省 九寨沟（ジウジャイゴウ） Jiǔ Zhài Gōu 市外局番●0837

九寨溝（きゅうさいこう）

Jiu Zhai Gou

神秘的な景観がある峡谷

最深部に位置する長海

九寨溝
成都
四川省
重慶市
重慶
貴陽
貴州省
昆明
雲南省

都市Data

九寨溝県
人口：7万人
面積：5290㎢
アバチベット族チャン族自治州管轄下の県

県公安局九寨溝分局漳扎鎮派出所
（县公安局九寨沟分局漳扎镇派出所）
Ⓜ P.88-A1
住 九寨溝県漳扎鎮
☎ 7734032
オ 24時間
休 なし
観光ビザの延長は不可

県人民医院漳扎鎮分院
（县人民医院漳扎镇分院）
Ⓜ P.88-A1
住 九寨溝県漳扎鎮
☎ 救急＝77734981
オ 24時間
休 なし
酸素吸入は1時間15元。このほかにベッド使用料や診察料などもかかる

鮮やかな彩りが魅力の五彩海（長海景区）

概要と歩き方

九寨溝は、成都の北300km、四川省最北部に位置するアバチベット族チャン族自治州の北東部にある景勝地。正式には、九寨溝国家級風景名勝区といい、行政の中心地九寨溝（永楽鎮）とは別の場所。名前は、峡谷沿いにチベット族の暮らす小さな集落（盤信、彭布、故窪、盤亜、則査窪、黒角、樹正、荷葉、扎西）が9つあったことに由来する。行政機関があるのは漳扎鎮だが、観光では立ち寄ることはない。

九寨溝は周囲を標高2000～4500mの山に囲まれており、住民以外立ち入ることもまれな地域だった。1960年代以降は、徐々に調査が進み、1975年、専門家によってその自然のすばらしさが人々に伝えられた。その結果、1978年末には自然保護区に、1984年には九寨溝国家級風景名勝区に指定された。そして、1992年に「九寨溝の渓谷の景観と歴史地域」として黄龍（→P.93）と同時にユネスコの世界自然遺産に登録され、世界の人々にも広く知られるようになった。

21世紀に入ると、ホテルや空港といった観光インフラの整備がすさまじいスピードで進められ、中国西南部における最も人気のある観光地となった。

九寨溝の魅力は、尕爾納（ガルナ）山から延びる渓谷沿いに広がる神秘的な自然景観。特に湖水の青、木々の緑（秋には黄や紅）など豊かな色彩が人を魅了してやまない。

遊歩道から見た樹正群海

九寨溝への公共交通手段は長距離バスと飛行機。そのほとんどが成都を起点とするので、個人で手配して観光をする場合は、まずは成都に移動するとよい。飛行機は、オンシーズンとなる夏には、毎日

	1月	2月	3月	4月	5月	6月	7月	8月	9月	10月	11月	12月
平均最高気温(℃)	データなし											
平均最低気温(℃)	データなし											
平均気温(℃)	1.7	4.4	9.3	14.1	17.2	19.7	22.2	21.8	17.5	13.2	7.7	3.0
平均降水量(mm)	15.0	24.0	36.0	43.1	87.3	96.0	104.4	82.0	76.0	53.6	26.0	18.0

※町の気象データ（→P.22）：「预报」＞「四川」＞「阿坝」＞「九寨沟」＞郷・鎮から選択

20便以上フライトがあるので非常に便利。早朝便や最終便などはディスカウントチケットもあるので、購入前にインターネットや旅行会社で確認するとよい。長距離バスなら成都の中心部に位置する成都旅游バスセンター（→P.33）の利用が便利。バス利用の注意点としては、移動時間が長いことと夏の雨季には土砂崩れなどで不通となることがままあること。

ツアー参加の場合は、日本の旅行会社が催行するツアーに参加するか、現地で中国の旅行会社が催行するツアーを利用することになる。前者だと料金は高くなるが、日本語ガイドが付いたりして安心だし、後者だと料金は安いものの、言葉の面などで心配がある。

オンシーズンは7～10月。特に木々が色づく10月がおすすめ。ただし、10月初旬は中国の大型連休に当たるので、早めに手配を進めておかないと行けなくなってしまうので注意。

五花海の蒼い湖水に沈む倒木が神秘的（日則景区）

主要な見どころまではしっかりとした遊歩道が設置されており、歩きやすい

常に多くの観光客が訪れるため、写真撮影にはひと苦労（五彩池）

読者投稿　コラム　インフォメーション

九寨溝観光の現状

2017年8月8日夜、アバチベット族チャン族自治州九寨溝県で発生したM7.0の地震によって、九寨溝国家級風景名勝区は甚大な被害を受けた。その後、2018年3月8日には復旧を果たし、一定の条件下で観光客の受け入れを再開した。

しかし、2018年6月には集中豪雨に見舞われ、修復した道路が寸断されてしまい、やむなく再閉鎖となってしまった。

その後の復旧工事は順調なようで、2019年8月現在、景区入口から長海まで遊歩道もほぼ整備が終わり、最も被害の激しかった諾日朗瀑布周辺もどうにか修復のめどが立った模様。インターネット上のニュースでは、2019年内の再開を目指し、最終的な工事が進められているようだ。

さらに、九寨溝景区の閉鎖にともない、運行を停止していた九寨黄龍空港が2019年8月8日に営業を再開し、成都との間に週3便の定期便が運航することになった。今後2019年中には重慶、西安、北京、上海、杭州などの路線も運航が予定されている。

九寨溝景区の再開に関しては、旅行会社や九寨溝景区公式ウェブサイトなどで確認するとよいだろう。

●九寨溝景区公式ウェブサイト
Ⓤwww.jiuzhai.com

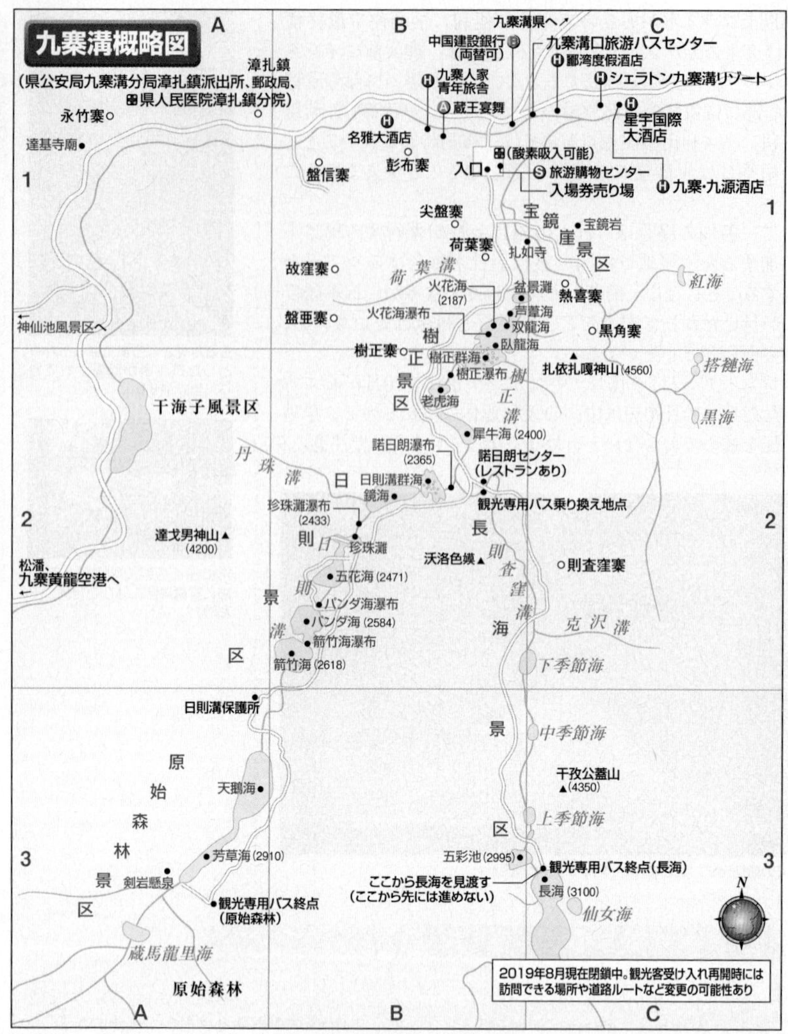

見どころ

九寨溝国家級風景名勝区
Ⓜ P.25-D1、P.88

この世のものとは思えぬ景観　世界遺産

九寨溝国家級風景名勝区(きゅうさいこうこっかきゅうふうけいめいしょうく)／九寨沟国家级风景名胜区　jiǔzhàigōu guójiājí fēngjǐng míngshèngqū

オススメ度 ★★★　所要時間 1〜2日

九寨溝国家級風景名勝区は約720k㎡の広さをもつ景勝地で、古くは翠海と呼ばれていた。Y字形に延びる3つの峡谷、樹正溝、日則溝、則査窪溝を中心に、樹正景区、日則景区、長海景区、宝鏡崖景区、原始森林景区の5つのエリアに区分されている。そこには、100を超える湖や、湿地、滝などが点在し、透明度の高い水面に周囲の緑や雪山の白、秋の色づいた木々の葉が映えるさまが、信じがたいほど美しく、多くの観光客を引きつける。

九寨溝の独特の景観は、地殻変動や氷河による浸食、火山活動などによって生み出されたもので、その完成までは長い時間を必要とした。現在も残る湖は、氷河の消失（4000年ほど前）によって生まれた「海子」という堰止め湖の一種。

箭竹海から流れ落ちる箭竹海瀑布

湖面はまるで鏡のよう

湖底に沈んだ倒木は石灰質に覆われていく（五花海）

老虎海を出た水は樹正瀑布（上）を経て、19の海子が集まる樹正群海（下）へと流れる

原始森林景区（げんししんりんけいく）／原始森林景区（yuánshǐ sēnlín jǐngqū）

風景名勝区の南西奥に位置する景勝エリアであり、観光専用バス西側路線の終点。ここを訪れる観光客はさほど多くなく、雲杉をはじめとする森林に覆われ、静謐な雰囲気に包まれている。おもな見どころは芳草海、天鵝海など。時間を節約したい場合、次の箭竹海で下車して観光を開始するとよい。

日則景区（にっそくけいく）／日则景区（rìzé jǐngqū）

原始森林景区の北に広がる開けたエリア。九寨溝観光の中心となるエリアであり、九寨溝の代表的なイメージである青い海子や滝、緑豊かな木々などが織りなす色彩豊かな景観を堪能できる。木々が色づく秋にはさらにすばらしい風景が広がる。五花海、珍珠灘瀑布などが代表的見どころ。

樹正景区（じゅせいけいく）／树正景区（shùzhèng jǐngqū）

入口と諾日朗瀑布の間に広がる景勝エリア。比較的平らな景観が続くエリアで、水の流れと滝が見どころの中心となる。観光スポットとしては、犀牛海、老虎海、樹正瀑布、樹正群海、火花海などがある。

長海景区（ちょうかいけいく）／长海景区（chánghǎi jǐngqū）

諾日朗と長海を結ぶ18㎞の則査窪溝に広がる景区。見どころは景区南東の最奥部にある長海と五彩池のふたつ。

海のように深い色の水をたたえる長海

途中、下季節海、中季節海、上季節海という、水の多い季節に出現するという海子があるが、最近はどの季節でも水をたたえることがなくなったため、立ち寄る必要性はない。

四川省 松潘（ソンパン） Sōng Pān 市外局番●0837

天候に応じて色を変える五彩池（黄龍）

松潘（しょうはん）

Song Pan

交易路の中継地として栄えた町

都市Data

松潘県
人口：8万人
面積：9339㎢
アバチベット族チャン族自治州管轄下の県

県公安局出入境管理処
（县公安局出入境管理处）
Ⓜ地図外（P.92-B1上）
住 松潘新区黄龍路政法小区
☎7233778
オ 5～9月8:30～12:00、15:00～18:00
10～4月9:00～12:00、14:30～17:30
休 土・日曜、祝日
観光ビザの延長は不可

県人民医院
（县人民医院）
Ⓜ地図外（P.92-B1上）
住 松潘新区観陽路
☎7232497
オ 24時間
休 なし

市内交通

【バス】老城区と新区との間を結ぶバスが7:30～18:00の間20分に1便、1元
【タクシー】郊外に行く場合に利用する。空港まで片道100元が目安
【三輪リキシャ】城内エリアで1乗車2元が目安

概要と歩き方

成都から240kmほど北上すると、城壁に囲まれた町に到着する。これが松潘だ。町はすでに2300年の歴史をもち、古くから中央の王朝と辺境との交易地として栄えた。唐代に行政機関である松州が設置され、文成公主を迎える吐蕃の使者もここを通ったといわれており、今でも歴史の面影を感じさせる。

城壁に囲まれた旧城内は老城区と呼ばれ、非常に小さい。南北に延びる北街、中街、南街と東西に延びる東街と西街。ここにはチベット族の民族衣装や地元の民芸品を売る店が並び、歩行者専用道となっている。中街には屋根付きの古松橋（こしょうきょう）がある。そんな町並みを見渡すには、南門に寄ればいい。西街には、客待ちのタクシーが集まっているので、黄龍や牟尼溝などの観光に出かける際は、ここでひろえばよい。

北門を出て城北街を400mほど北に進むと唯一の公共交通機関の拠点である松州バスターミナルがある。

松潘の古い町並みは狭い谷間を流れる川沿いに造られているため、スペースがかぎられている。町の整備とともに行政機関は3kmほど北の新区に移転が進んでいる。

夜になると東南北の3つの門がライトアップされ、あまりけばけばしくなく、とても美しい夜景となる。ただ、2200mの高地にあるため、冬は寒く、過ごしやすいのは5月中旬から9月上旬。また、昼夜の寒暖差が激しく、夏でも夜は肌寒いくらいだ。

高台から見た松潘の町並み（南門を中心としたエリア）

	1月	2月	3月	4月	5月	6月	7月	8月	9月	10月	11月	12月
平均最高気温（℃）	6.3	8.1	11.8	15.2	17.7	19.6	22.2	22.2	18.1	14.4	10.4	7.3
平均最低気温（℃）	-11.2	-8.4	-3.7	0.3	4.1	7.0	9.0	8.3	6.2	1.7	-4.7	-10.1
平均気温（℃）	-2.3	0.0	3.8	7.2	10.4	13.4	15.2	14.8	12.1	7.9	2.3	-1.8
平均降水量（mm）	6.2	11.1	29.9	60.9	103.9	116.0	118.4	86.7	114.6	69.6	13.6	4.9

※町の気象データ（→P.22）：「预报」>「四川」>「阿坝」>「松潘」>郷・鎮・林業区から選択

松潘の近辺には黄龍や九寨溝、牟尼溝といった有名な観光地があるため、中国人観光客の激増する毎年5月と10月の大型連休期間中、宿泊料金はかなり高騰する。

九寨溝地震と土石流によって、2019年8月現在、九寨溝は閉鎖中。九寨黄龍空港は2019年8月8日に営業を再開し、成都との間に定期便が運航することになった。2019年中には重慶、西安、北京、上海、杭州などの路線も運航が予定されている。

南門の外には、イギリス人プラント・ハンター、アーネスト・ヘンリー・ウィルソンが撮影した20世紀初頭の松潘の写真を使ったモニュメントがある

メインストリートの中街。松潘の町は非常に小さい

ホテルの客室から見た北面城壁。壁上に立つ楼閣は北門（鎮羌門）

Access 交通

中国国内の移動➡P.318

飛行機

松潘の北50kmに位置する九寨黄龍空港（JZH）を利用する。

国際線 日中間運航便はないので、便の多い成都を経由するとよい。
国内線 成都との間に運航便がある。
所要時間(目安) 成都（CTU）／1時間

バス

松州バスターミナルを利用する。雨季に当たる夏は大雨で道路が通行止めとなることもある。陸路アクセスを考えている人は天気予報に注意。

所要時間(目安) 成都／8時間

Data

飛行機

九寨黄龍空港（九寨黄龙机场）
M P.25-D1 **住** 松潘県川主寺鎮
☎ インフォメーション＝7243770
航空券売り場＝7243737
オ 6:00～最終便 **休** なし **カ** 不可
[移動手段] タクシー（空港～松潘）／100元、所要1時間が目安
3ヵ月以内の航空券を販売。

小さい空港なのでチェックインカウンターは混雑することが多い。空港への移動は早めに！

バス

松州バスターミナル（松州客运站）
M P.92-B1 **住** 進安鎮城北街 ☎ 7232543
オ 6:30～18:00 **休** なし **カ** 不可
[移動手段] 徒歩／老城区まで5～15分
3日以内の切符を販売。成都（茶店子：3便）のほか、アバチベット族チャン族自治州を中心とした四川省内便がメイン。

老城区の北側に位置する松州バスターミナル

松州古城
Ⓜ P.92-A1～B3
㊟ 進安鎮
☎ 松州古城管理局=7234699
オ 外観見学＝24時間
城壁に上る＝9:30～17:30
休 なし
料 外観見学＝無料
城壁に上る＝25元
※7月上旬～10月上旬のどこかで彩灯節が開催される。その期間、別途加算される（金額未定）
※城壁の上には古い兵器やチベット文化などに関する簡単な展示館がある。開放されているのは北門と東門の間のみ
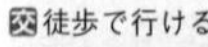
交 徒歩で行ける

場外から見た南門。手つかずの感じが歴史を感じさせる

見どころ

明代の県城を復元した

松州古城（しょうしゅうこじょう）／松州古城　sōngzhōu gǔchéng

オススメ度 ★

松潘は古くから争奪戦が繰り広げられた要衝。618（唐の武徳元）年に、この地に松州が設置され、明代には松潘衛、清代には松潘庁が設置された。少数民族との茶馬貿易の集散地として栄え、現在でも城壁に囲まれた町は当時の姿をとどめており、1992年

松州古城北門とソンツェン・ガンポと文成公主像

松潘古城

県公安局出入境管理処、
病 県人民医院、
九寨黄龍空港、
黄龍国家級風景名勝区へ
小さな宿屋が並ぶ
400m
松州バスターミナル
快楽的小路騎馬旅游
小欧洲西餐庁
城北街
太陽河国際大酒店
李徳裕立像
中国農業銀行
北門（鎮羌門）
陝西街
北街
松州古城
順城街
岷江河
阿壩松潘中庭西韻精品酒店
真武街
税務署
松潘新区行き バス乗り場
郵政局（鉄道切符を販売）
文廟皇街
鼓楼西街
タクシーが郊外の観光地に行く人を待っている
中国農業銀行
東門橋
漢唐楽府
漢唐客桟
西街
東街
県人民政府
東門（覲陽門）
点将台
下水関清真街
中街
新華書店
関帝閣
古松賓館
古松橋
西門（威遠門）へ
南街
濱江街
茶街
水橋巷
順城街
南門（延薫門）
后街
映月街
写真を使ったモニュメント
古城門
黄龍飯店
牟尼溝風景区、成都へ
0　100m

黄龍国家級風景名勝区

松潘へ
華龍山荘
黄龍ロープウエイ山麓駅行きシャトルバス乗り場
入場券売り場（3200）
黄龍ロープウエイ山麓駅、平武へ
観音堂遺址
涪江
雪山梁（4328）
財神廟遺址
流輝池
飛瀑流輝
雪宝頂（5588）
盆景池
激灘池
明鏡倒映池
金沙鋪地
争艶彩池
黄龍ロープウエイ
宿雲橋（迎仙橋）
琪樹流芳池
接仙橋
娑蘿映彩池
黄龍中寺
玉翠彩池
黄龍ロープウエイ山頂駅
石塔鎮海
映月彩池
黄龍古寺
五彩池（3700）
禹王廟
転花池
この地図はエリアによってデフォルメされているため、スケールは記載しておりません

●●見どころ　Ⓗホテル　Ⓖグルメ　Ⓢショップ　Ⓐアミューズメント　Ⓣ旅行会社　Ⓑ銀行　〒郵便局　病院　城壁

には四川省が指定する歴史文化名城となった。

城壁は甕城（月城）、馬面、烽火台を備え、東門（観陽門）、南門（延薫門）、西門（威遠門）、北門（鎮羌門）などが残る。城壁の総延長距離は6.2km、幅30m、高さは12.5mで、有料で上り、町を眺めることができる。

北門から古城に入った所にある李徳裕（787～850年）の立像。彼は唐代の政治家で、剣南西川道節度使であったとき、この地に柔遠城を築き、吐蕃に対する防御を整備した。一方、官僚の派閥争いや会昌の廃仏の中心人物でもあり、晩年は崖州（現在の海南省三亜）に左遷された

郊外の見どころ

酸化カルシウムが造り出した奇観 

黄龍国家級風景名勝区／黄龙国家级风景名胜区

こうりゅうこっかきゅうふうけいめいしょうく

huánglóng guójiājí fēngjǐng míngshèngqū

オススメ度 ★★★　所要時間 5時間～1日

ロープウエイを使えば、移動はずっと楽になる

松潘の北東60kmの所にある黄龍国家級風景名勝区は、雪宝頂の麓に延びる黄龍溝にある広さ600㎡の景勝地。

長さ7.5km、幅300mの渓谷沿いに色鮮やかな池と緑豊かな森林が広がる中国有数の高原湿原で、キンシコウをはじめとする珍しい動植物も多い。1992年には、九寨溝と合わせ世界自然遺産に登録された。

このあたりの地下水には、大量の石灰質が含まれるため、乳白色の結晶が堆積し、落ち葉などを取り込んで厚みを増し、やがて畦のようなる。春になって気温が上がると、周囲を取り囲む高峰から雪解け水が流れ込み、あたかも自然が造り出したライステラス（棚田）のような景観になる。

黄龍を代表する見どころが、水の豊かな黄龍溝の奥にある五彩池。この池の特徴は、光線の具合によって水の色が変わって見えること。例えば、曇りの日であれば白みがかった水色に、晴れた日には深い青色に見える。

黄龍国家級風景名勝区

Ⓜ **P.25-D1、P.92右**

住 瑟爾嵯寨

☎ 7249055、7249188

オ 4月1日～11月15日 8:00～18:00
11月16日～3月31日 10:00～15:30
※冬は積雪や道路凍結によって閉鎖となることもある。一般的には11月中旬から3月の期間は観光を避けたほうが無難

休 なし

料 4月1日～11月15日＝170元
11月16日～3月31日＝60元
※任意保険＝10元

交 ①タクシーをチャーターする。往復300元が目安
②松州バスターミナルから「平武」「绵阳」行きで「黄龙景区」（平武：6:00発、綿陽：7:00発。35元、所要2時間）
※「黄龙景区」からの戻りは12:00、15:30頃発

Ⓤ www.huanglong.com

高台から見た人気スポットの五彩池。空の色によって水の色も変わる

池の畔から見た五色池

ロープウエイ山頂駅から景区に向かう途中の景観

エリア内には板で造られた遊歩道が巡らされているし、見どころには展望台も設置されており、非常に歩きやすい。

雨は5月から9月に集中しており、ベストシーズンは木々の色づく9月末から10月にかけて。

インフォメーション

黄龍ロープウエイ

6人乗り。山麓駅から山頂駅まで5分ほど。
Ⓜ **P.92-D2～3**
オ8:30～17:30
※12～3月は運休
料上り＝80元、下り＝40元

提案

黄龍は3000mを超える高地にあり、奥の五彩池まで7kmもあるので、往復歩いて行くのは体力的にも時間的にもかなりつらい。片道（おすすめは上り）は黄龍ロープウエイを利用するとよいだろう。山頂駅から五彩池まではアップダウンの少ない遊歩道があり、歩きやすい。所要50分ほど。

黄龍古寺

注意点

❶黄龍は平均海抜3000mを超える高地にある。なかでも観光の目玉である五彩池は3700mの高さにあるので、高山病に注意しなければならない。
遊歩道の途中には、酸素吸入ができる休憩所があるので、上手に利用しながら観光しよう。

❷黄龍を訪れる観光客は非常に多く、駐車場の数も多い。自分が乗ってきたツアーバスやタクシーのナンバーをしっかり控え、何番の駐車場に停車しているのか、集合時間は何時なのか必ず確認してから出発しよう。
中国語ができ、携帯電話を持っている人は、ガイドや運転手の携帯番号を書き留めておこう。

棚田のような形状の争艶彩池

黄色い台地が延びる金沙鋪地

黄龍を小さくしたような景観が広がる

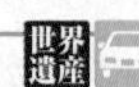

牟尼溝風景区／牟泥沟风景区　mùnígōu fēngjǐngqū

むにこうふうけいく

オススメ度 ★★

松潘の西南に位置する景勝地。黄龍や九寨溝と同じく水に含まれる酸化カルシウムの沈殿などによって形成された場所だが、観光地として整備されたのは比較的遅かったこともあり、訪れる観光客はさほど多くなく、ツアーでは冬に黄龍

牟尼溝風景区
Ⓜ **P.25-D1** 住牟尼郷
☎入場券売り場＝7247053
管理事務所＝7247012
オ8:00～18:00 休なし
料扎嘎瀑布＝70元、二道海＝70元、共通券＝100元
交タクシーをチャーターする。往復200元が目安

迫力のある扎嘎瀑布

の代替地として組み込まれることが多い。

風景区は扎嘎瀑布景区（松潘から33km）と二道海景区（松潘から50km）の2ヵ所で構成されている。

扎嘎瀑布景区は、石炭華の滝、扎嘎瀑布を中心とする5km²ほどのエリア。扎嘎瀑布の幅は35m、足し合わせた滝の長さは100mほどになる。滝のそばまで遊歩道が造られているので、水量の増える夏は大きな音と水しぶきを間近で感じられる。

二道海景区は、九寨溝と同じく海子と呼ばれる高山湖沼が並ぶエリア。前者と比べると規模は小さいが、そのぶん徒歩でゆっくりと巡れる。

二道海景区仏扇瀑

二道海景区の景観

ホテル

太陽河国際大酒店（たいようがこくさいだいしゅてん）／太阳河国际大酒店　tàiyánghé guójì dàjiǔdiàn

松州古城の北門そばに位置する星なし渉外ホテル。設備は4つ星クラスで、進安鎮では最高級ホテル。建物はふたつに分かれている。

両替　ビジネスセンター　インターネット

Ⓜ P.92-A1
住 進安鎮城北街
☎ 7239888
FAX 7233807
Ⓢ 260元
Ⓣ 220元
サ なし
カ 不可

阿壩松潘中庭西韻精品酒店（アバしょうはんちゅうていせいいんせいひんしゅてん）／阿坝松潘中庭西韵精品酒店　ābà sōngpān zhōngtíng xīyùn jīngpǐn jiǔdiàn

古城内の伝統民家を改装したホテルで、美しい中庭がある。3階のテラスからは古城が見える。

両替　ビジネスセンター　インターネット

Ⓜ P.92-B2
住 進安鎮文廟皇街北側　☎ 8808222　FAX なし
Ⓢ 258～298元　Ⓣ 258～298元　サ なし　カ 不可

グルメ

小欧洲西餐庁（しょうおうしゅうせいさんちょう）／小欧洲西餐厅　xiǎoōuzhōu xīcāntīng

松州バスターミナルの南側に位置するレストラン。中国料理と西洋料理を提供しており、西洋人の利用も多い。英語メニューもある。英語も通じる。

Ⓜ P.92-B1
住 進安鎮城北街　☎ 7231088
オ 8:00～22:30　休 なし　カ 不可

旅行会社

快楽的小路騎馬旅游（かいらくてきしょうろきばりょゆう）／快乐的小路骑马旅游　kuàilè dè xiǎolù qímǎ lǚyóu

松潘はホーストレッキングでも知られる町。ここでは日帰り（ひとり280元～）から5日間の長距離ホーストレッキングまでの手配が可能。一般的に出発は8:30（天候によって変更あり）。コースや料金は事前に確認、1～2日前までの予約が必要（中国語のみ）。

Ⓜ P.92-B1
住 進安鎮城北街
☎ 携帯=15309046777
FAX なし
オ 8:00～18:00
休 なし
カ 不可

四姑娘山 しこじょうさん

Si Gu Niang Shan

高山湖沼と山が織りなす神秘的な風景

岩と雪と色彩鮮やかな風景が広がる

都市Data

四姑娘山鎮
人口：2900人
面積：480㎢
四姑娘山鎮はアバチベット族チャン族自治州小金県管轄下の町

県公安局四姑娘山鎮派出所
(县公安局四姑娘山镇派出所)
Ⓜ P.99-C2
住 小金県四姑娘山鎮長坪街27号四姑娘山管理局事務大楼1階
☎ 2791877
オ 夏8:30～18:00
冬9:00～17:30
休 なし
観光ビザの延長は不可

四姑娘山鎮衛生院
(四姑娘山镇卫生院)
Ⓜ P.99-A1
住 四姑娘山鎮風情街
☎ 2791120
携帯＝18015773451
オ 24時間
休 なし

概要と歩き方

標高6250mの四姑娘山は、四川省北西部のアバチベット族チャン族自治州の南部、小金県に広がる山岳地帯の最高峰で、省都である成都の西230kmの所にある。

一帯は総面積1375㎢の四姑娘山風景名勝区になっており、おおまかに海子溝、長坪溝、双橋溝、巴郎山の4つのエリアで構成されている。水と緑に恵まれた美しい自然保護区で、エリア内の標高が3000～6250mと3000m以上も異なることから、高地には氷河や海子（高山湖）が、その下には森林や草原が分布している。

こうした豊かな自然に対応する多種多様な動植物が、四季折々に異なる姿を見せてくれる。4月から10月にはブルーポピー、サクラソウの仲間など多くの花が咲き誇り、9月後半からは長坪溝や双橋溝に広がる針葉樹と広葉樹の混合林では美しい紅葉や黄葉が目を楽しませてくれる。

4300m以上の岩場や草地に生息する岩羊（生息数わずか500頭前後の希少動物）やいたるところで活動するヒマラヤマーモット（雪猪(シュエジュー)）、さらに、野生ではないが、ヤク（体毛が長い高山牛）も見られる。

ブニュー山と羊満台海子

データは小金県

	1月	2月	3月	4月	5月	6月	7月	8月	9月	10月	11月	12月
平均最高気温(℃)	データなし											
平均最低気温(℃)	データなし											
平均気温(℃)	-2.0	1.0	4.0	6.5	9.8	11.0	13.0	12.6	11.2	6.3	2.0	1.8
平均降水量(mm)	5.0	8.0	18.0	60.0	140.2	170.0	160.0	170.0	115.3	80.2	19.3	8.5

※町の気象データ（→P.22）：「预报」＞「四川」＞「阿坝」＞「小金」＞郷・鎮から選択

四姑娘山では本格的なアルプス型の景観や登山を楽しめるので、体力に自信のある人はキャンプやトレッキングにチャレンジできるし、体力のない人でも自動車や馬に乗って雄大な自然を堪能できる。

このほかにも、四姑娘山の周辺には高山植物が見られる標高約4000mの峠、夾金山などがある。

拠点となる四姑娘山鎮は小さく、バスターミナルもない町で、成都と丹巴を結ぶ幹線道周辺に町ができている。四姑娘山の麓にあるため観光施設の整備が進み、多くのホテルやレストランが造られており、とても便利だ。ツアーに参加した場合は基本的にここに宿泊するし、個人で訪れる場合でも、バスの終点である小金県の中心の美興鎮ではなく、ここに宿泊することをおすすめする。四姑娘山鎮中心部と長坪村を結ぶ幹線道沿いに多くの民宿が立っている。

四姑娘山観光は、基本的に山道を歩いて自然を堪能することがメインとなるが、車道が通っている双橋溝（紅杉林まで）以外の海子溝、長坪溝でも登山道は整備されているので、トレッキング初心者でも大丈夫。ただし、3000mを超える高地を移動するので、高山病（→P.325）への対処が必要となる。したがって、個人で訪れるより、日本や成都で旅行会社にガイドを含めた旅行手配を頼んだほうが無難だ。

すべてを回る際の日程

1日目／成都から四姑娘山鎮へ移動。到着後、四姑娘山鎮近くの巴郎山峠周辺で四姑娘山の山並みの風景を楽しむ。

2日目／双橋溝へ。夏から秋にかけて、体調に問題がないようなら、大草坪や鹿耳沖塘をハイキングする。その後、夕方にはチベット寺院の裏山に登り（約1時間）、夕日を浴びた四姑娘山南壁の風景を楽しむ。

3日目／徒歩または馬で海子溝の鍋荘坪へ。四姑娘山南壁や長坪溝を俯瞰する。夏なら大海子や花海子まで足を延ばして、花畑、湖、山並みを楽しむ。

4日目／馬に乗って長坪溝の木騾子へ。迫力ある四姑娘山北西壁や周辺の風景を堪能する。

5日目／夏のみ、自動車で夾金山に向かう。風景を楽しんだ後、磽磧郷（こうせききょう）などに立ち寄り、成都に戻る。

長坪溝源流とセルデンプー南壁

雪蓮の仲間

インフォメーション

銀行

四姑娘山鎮には外貨を人民元に両替できる銀行はない。必ず成都で両替しておくこと。

所要時間

四姑娘山観光のメインとなる3つの見どころについて、それぞれのポイントまでの所要時間は次のとおり（時間は徒歩で休憩も含む）。

海子溝

四姑娘山鎮（1時間30分）→鍋荘坪（2時間30分）→老牛園子（1時間）→大海子（30分）→花海子（1時間）→大黄棚海子（1時間30分）→右溝の滝上（30分）→下犀牛海子（30分）→上犀牛海子

長坪溝

四姑娘山鎮（専用バスで5分）→チベット寺院（1時間）→枯樹灘（2時間30分）→木騾子（1時間30分）→長坪崖穴（1時間30分）→卡子溝出合い（2時間30分）→溝尾

双橋溝

四姑娘山鎮→人参果坪→盆景灘→撵魚壩→大草坪→紅杉林（ここまで周遊バスで1時間30分）→鹿耳沖塘（1時間30分）→大草坪（15分）→大草坪登り口（3時間）→大草坪海子

市内交通

【郷村バス】四姑娘山鎮の日月山荘（Ⓜ P.99-C1）と小金県江西路口停車場のルートで運行。双橋溝景区入口まで2元、所要10分。達維まで4元、所要1時間。小金まで10元、所要2時間。

▶小金発=8:30、12:30、14:30、16:30発。

▶四姑娘山発=8:30、10:30、14:30、16:30発（日月山荘前から長坪民居第一村のホテル街にかけてひと回りしながら集客し出発）。

※上記運行時間は目安。マイカー増大や利用者の激減のため、運行時間の変更や減便が頻繁に発生している。利用時はホテルのフロントなどで状況を確認してもらうこと

【専用バス】四姑娘山游人センター（Ⓜ P.99-C2）とチベット寺院とを結ぶ。片道20元

【乗合タクシー】郊外に行く場合に利用するが数は少ない。四姑娘山鎮から双橋溝入口までひとり5～10元。小金までひとり15元（チャーター100元）

Access 交通

中国国内の移動➡P.318

バス

四姑娘山鎮には直行便はなく、町なかにバスターミナルもない。このため、長距離バス路線のある近くの町で乗降車することになる。なお、四姑娘山鎮と周辺の町との移動には郷村バス（P.97欄外）やタクシーを利用する。成都に行く場合は、タクシーが多く便利。乗合でひとり150元、チャーターで1000元が目安（車種によって異なる）、所要3時間。長坪橋周辺の店や民宿などで手配可能。下記はすべて小金乗降車。

所要時間(目安) 成都（卧龍経由）／6時間（四姑娘山から4時間）　馬爾康／3時間30分　金川（丹巴経由）／5時間

Data

バス

旧バスターミナル切符売り場（售票処）

M 地図外（P.98-A3左）　住 小金県美興鎮後街

☎ 18728202191、18090233080（ともに携帯）

オ 6:00～18:00　休 なし　カ 不可

［移動手段］郷村バス／10元、所要2時間　乗合タクシー／ひとり15元、所要1時間

3日以内の切符を販売。

小金バスターミナル（小金客运站）

M 地図外（P.98-A3左）　住 小金県春広村

☎ 2797931　オ 6:00～18:00　休 なし　カ 不可

切符は旧バスターミナル切符売り場でのみ販売。成都便以外は自治州内便がメイン。成都（3便）、金川（1便）、馬爾康（2便）。

赤いポピー

チベットアツモリソウ

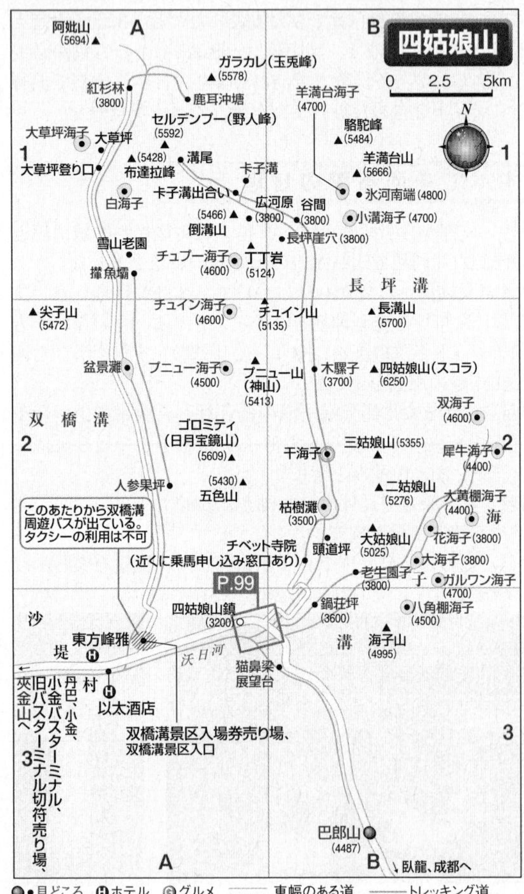

見どころ

四姑娘山自然保護区内にある四姑娘山風景名勝区は、海子溝、長坪溝、双橋溝の3つの渓谷がメインで、入場券はそれぞれの入口またはバス乗り場で販売されている。

双橋溝と長坪溝へ入る道は1ヵ所ずつだが、海子溝へはいくつかルートがある。通常は町の南側にある鍋荘坪（四姑娘山主峰南稜の末端）を越えて入ることになるので、海子溝入場券売り場あたりから入るのが無難。

四姑娘山風景区は3000mを超える高地に広がるので、体調に十分気をつけ、徒歩だけでなくバスや馬をうまく使って自然を楽しむよう心がけてほしい。

木騾子奥のサクラソウ群落

インフォメーション

登山と野営の手続きと注意

大姑娘山、二姑娘山、三姑娘山などに登る場合は、戸外活動管理センターに届け出る。ただし大姑娘山については、その場で済ませる簡単な手続きを民宿などで手配可能。また、野営をする場合は事前に戸外活動管理センターに届け出るとともに戸外活動料としてひとり150元（2泊3日。それ以上は1日30元加算）を支払う。なお、環境保全のため湖近くでの野営は厳禁。野生動物を追いかけたり、植物をむやみに踏み荒らしたり採取したりしてはいけない。四姑娘山管理局にも問い合わせできる。

戸外活動管理センター
Ⓜ P.99-C2
㊟ 四姑娘山鎮精緻街90号
オ 夏季9:00～12:00、15:00～18:00
冬季8:30～12:00、14:30～17:30
休 なし
※やりとりは中国語のみ

四姑娘山管理局
Ⓜ P.99-C2
☎ 2791063
オ 9:00～12:00、14:00～17:00
休 なし

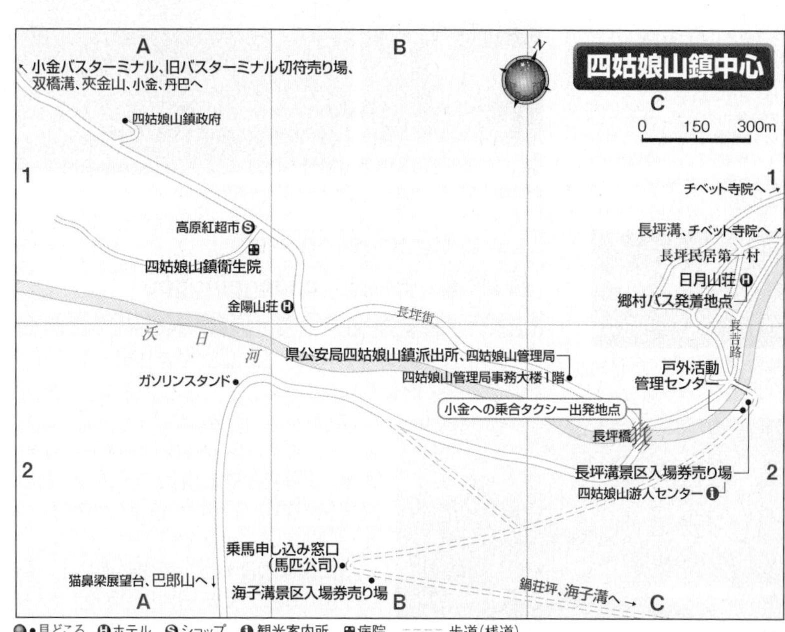

四姑娘山風景名勝区
M P.98
住 小金県四姑娘山鎮

海子溝
M P.98-B2～3
住 小金県四姑娘山鎮
☎ 2791896
オ 24時間
※入場券＝7:30～17:00
休 なし
料 4～10月＝60元
11～3月＝40元

四姑娘山（スコラ）北東壁と犀牛海子

長坪溝
M P.98-A1～B3
住 小金県四姑娘山鎮
☎ 2791847
オ 24時間
※入場券＝7:30～17:00
休 なし
料 4～10月＝70元
11～3月＝50元
交 四姑娘山游人センターでチベット寺院行き専用バスに乗って、終点（7:30～17:00の間満席を待って出発、20元、所要15分）

双橋溝大草坪から眺めた5000m級の山並み

草原や湿地の多い緑豊かな渓谷

海子溝／海子沟　hǎizǐgōu

オススメ度 ★★★　所要時間 1～2日

海子溝は四姑娘山主峰の南東に広がる草地の多い渓谷で、山上に多くの海子と呼ばれる湖があり、それらの湖面に周囲の山々が映し出される。

鍋荘坪は四姑娘山鎮から近く、海子溝への入口になっている。ここは四姑娘山主峰南面を一望できる丘で、四姑娘山鎮のホテルから気軽に日帰りハイキングできる。仏塔を中心に毎年陰暦5月4日にチベット仏教の祭りが開かれている。さらに、稜線を4100mあたりまで登ると、海子溝の西側に延びる長坪溝の中流域が一望できる。

老牛園子は大姑娘山に登ったり、大海子、花海子、八角棚海子を観光する際のベースキャンプとなる場所。大海子は四姑娘山最大の海子。花海子は沼が点在する湿地でその東岸からは四姑娘山主峰や氷河が眺望できる。四姑娘山主峰（現地の人はスコラと呼ぶ）を中心とする山々を映す八角棚海子は、老牛園子の東側斜面上部にある。犀牛海子は海子溝奥にある四姑娘山主峰を映す海子。双海子はその奥にあり、直下には大きな滝が見られる。さらに登って鞍部に出ると、谷底から高度差2500mで突き上げる四姑娘山主峰の北東壁を一望できる。

四姑娘山北西壁と木騾子

鍋荘坪上部の稜線を行く

主峰西側に広がる森林の多い渓谷

長坪溝／长坪沟　chángpínggōu

オススメ度 ★★★　所要時間 1～2日

長坪溝は主峰の西側に広がる、急峻で森林が多い渓谷で、特にアルプス的な風景がすばらしい。この渓谷には発達したU字谷が多く、隆起したフィヨルドのように見える。また、山上に多くの海子があって湖面に岩峰群を映し出している。出発点は四姑娘山鎮からバスで15分のチベット寺院。

枯樹灘は水没林で、西側斜面にはいくつもの滝がある。木騾子は広い草地と沼が点在する湿地で、主峰北西壁を間近で仰ぎ見

大姑娘山（5025m）からの展望

ることができる。また、ここが周辺を山歩きするときのベースキャンプとなる。

長坪崖穴は長坪溝が東南から南へ流れを変える所。羊満台山麓には氷河や海子があり、四姑娘山主峰の北西壁や周辺の岩峰群を見渡せる。卡子溝出合いのすぐ手前にはセルデンプー山を映す広い湿地の広河原がある。また、溝尾は長坪溝最奥に位置するカール地形の底で、直下に大きな滝もある。

インフォメーション

ビジターセンター

長坪溝景区入場券売り場と同じ建物にある四姑娘山游人センターでは、1階で自然保護区の動植物や地質の解説資料を、2階で風景写真などを展示している。

長坪溝側から見た四姑娘山北西壁の夕照

広河原とセルデンプー南壁

雪景色の長坪崖穴。背景は駱駝峰（5484m、中央）、羊満台山（5666m、右側）と氷河の一部

四姑娘山（スコラ）南壁と頭道坪の花畑

急峻な景観を堪能できる渓谷

双橋溝（そうきょうこう）／双桥沟　shuāngqiáogōu

オススメ度 ★★★　所要時間 1日

双橋溝は長坪溝の西隣に位置する氷河浸食によってできた渓谷。両側には急峻な岩峰がそびえ立っているが、渓谷奥の紅杉林まで自動車道があり、周遊バスが走るアプローチの楽なエリア。4月から10月にかけて広大な花畑が出現し、秋にはカラマツ林が黄葉する。また、特に降雪期の姿が美しく「東洋のアルプス」とも呼ばれる。

双橋溝の東岸に沿って人参果坪から撵魚壩（れんぎょは）まで桟道があるが、6月末にはこのあたり一面にサクラソウが満開となる。大草坪は双橋溝奥の西側斜面に広がる3800mから4300mの草地斜面で、上部には大草坪海子がある。この海子の北側の丘からは、双橋溝上流の5000mを超える山々を眺めることができる。また、鹿耳沖塘は双橋溝の最奥に位置するカール地形の底で、理県へ抜けるふたつのルートの分岐点である。

双橋溝
Ⓜ P.98-A1～3
住 小金県四姑娘山鎮
☎ 2796538
オ 7:30～17:00
休 なし
料 4～10月＝80元
11～3月＝50元
交 四姑娘山鎮からタクシーで片道5～10元、所要10分が目安

インフォメーション

双橋溝の周遊バス

双橋溝景区入口～紅杉林の周遊バスは、人参果坪、盆景灘、大草坪、紅杉林のポイントに停車し、何度でも乗車可能。7:30～17:00の間運行。ただし観光客が少ないときは運行時間を短縮することがある。
料 70元

双橋溝にそびえる尖子山(5472m)

成都に通じるもうひとつの峠

夾金山（きょうきんさん）／夹金山　jiājīnshān

オススメ度 ★★★　所要時間 1～4時間

四姑娘山鎮から車で1時間ほどの所にある標高約4000mの峠。四姑娘山鎮から成都にいたるルートのひとつで、古来チベット族と漢族が行き来した。乾隆帝の軍隊や紅軍もここを通ったという。

この山では5月から9月にかけてさまざまな花が咲く。見晴らしのいい草地でどこでも歩くことが可能。四姑娘山鎮から日帰りで、または成都と行き来するついでに訪れることもできる。

峠の南側に位置する雅安市宝興県はパンダの生息地として世界に初めて紹介された場所で、四川ジャイアントパンダ保護区群として世界遺産に登録されている。峠から南へ1時間30分ほど下ると、ギャロン・チベット族とチャン族の文化が混じる磽磧郷（こうさくきょう）がある。

夾金山
Ⓜ P.24-C2
住 雅安市宝興県
オ 24時間
休 なし
料 無料
交 四姑娘山鎮でタクシーをチャーターする。往復350元が目安

読者投稿　コラム　インフォメーション

美しいアルパイン・ハイキングコース羊満台

谷あい（3800m地点）にベースキャンプを設営し、馬に乗って羊満台氷河南端（4800m）まで日帰りするコースは、急峻な長坪溝の両岸にそそり立つ四姑娘山（スコラ／6250m）の北壁や5000m級の山々を仰ぎ見たり、それらの山々を映す美しい湖を巡ったりしながら氷河南端に達するハイキングコース。

途中、サクラソウやエーデルワイス、青いケシなど四姑娘山の代表的な花々を観察できる。ベースキャンプから日帰りできるアルパイン・ハイキングコースとしてその美しさは世界有数。徒歩で巡る場合は2日は必要で、駱駝峰のモレーン下にある緩斜面（約4300m）で露営すると身体的に楽だ。ここから羊満台海子まで約1時間。

（大川健三）

四姑娘山の全景を望む場所

巴郎山（はろうさん）／巴郎山　bālángshān

オススメ度 ★★★　所要時間 1～4時間

四姑娘山の南東にある4500m級の巴郎山山麓は、ヤクが放牧されている広大な草原で、4月から9月にかけて多種多様な花が咲き誇る。巴郎山峠からの眺めは絶景。さらに四姑娘山鎮に向かって下ると、町の手前の高台に猫鼻梁展望台があり、ここからは四姑娘山の南面を一望できる。

巴郎山
M P.98-B3
住 小金県四姑娘山鎮
オ 日中
休 なし
料 無料
交 四姑娘山鎮でタクシーをチャーターする。往復250元が目安

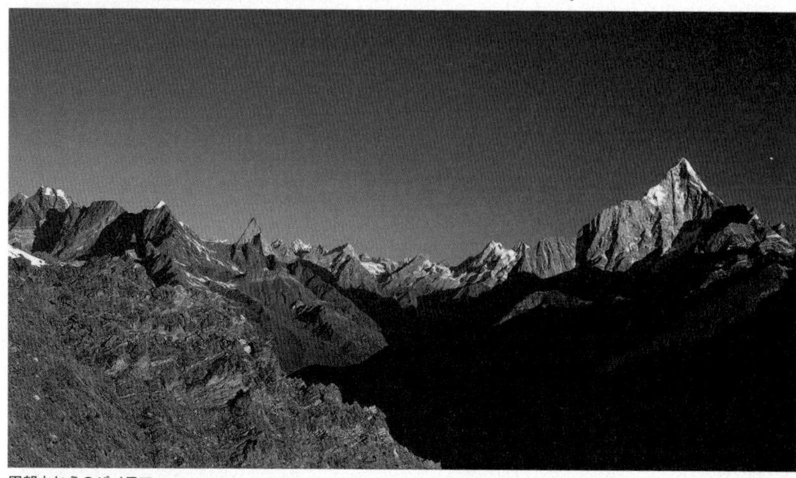

巴郎山からのパノラマ

ホテル

東方峰雅（とうほうほうが）／东方峰雅　dōngfāng fēngyǎ

星なし渉外ホテルだが、2019年7月現在、四姑娘山でいちばんよいホテル。双橋溝景区入口の西800mにある。時期によって部屋代はかなり変動する。規模は小さいが、1階に付設レストラン（オ 7:30～22:30）があり、ヤク肉などを使った中国料理を提供している。

両替　ビジネスセンター　インターネット

M P.98-A3
住 四姑娘山鎮沙堤村
☎ 8818818
FAX なし
T 280元
サ なし
カ 不可

以太酒店（いたいしゅてん）／以太酒店　yǐtài jiǔdiàn

2019年7月現在、四姑娘山で2番目によいホテル。時期によって部屋代はかなり変化する。1階にレストラン（オ 7:30～22:30）がある。

両替　ビジネスセンター　インターネット

M P.98-A3
住 四姑娘山鎮沙堤村　☎ 携帯＝13778473946
FAX なし　S 268～358元　T 198～368元
サ なし　カ 不可

日月山荘（にちげつさんそう）／日月山庄　rìyuè shānzhuāng

チベット族が経営する家庭的なホテルで山菜料理が名物。日本人にも大人気。5月と10月の中国の連休期間中は料金が上がる。

両替　ビジネスセンター　インターネット

M P.99-C1　住 四姑娘山鎮長坪村
☎ 携帯＝13980779494、18628172730（ともに日本語可）
FAX なし　T 140～178元　D 50元（6人部屋）
サ なし　カ 不可

四川省 丹巴 Dān Bā 市外局番●0836

丹巴（たんば）

Dan Ba

女王国の文化を伝承する桃源郷

山あいに広がる美しい風景

都市Data

丹巴県
人口：6万人
面積：4656㎢
カンゼチベット族自治州管轄下の県

県公安局出入境管理所
（县公安局出入境管理所）
Ⓜ**P.106-A3**
㊟五里牌新区美人谷大道666号
☎3523161
㋔8:30～11:30、14:30～17:30
㊡春節
観光ビザの延長は不可

県人民医院
（县人民医院）
Ⓜ**P.106-A3**
㊟五里牌新区
☎3522633
㋔24時間
㊡なし

ギャロンチベット族の少女

市内交通

【タクシー】町なかは一律5元、郊外は要交渉

概要と歩き方

カンゼチベット族自治州の東部にある景勝地。山腹に広がる石積みの民家と高い塔（碉楼（ちょうろう））の景色が有名で、2005年に雑誌『中国国家地理』において中国で最も美しい集落とされた。特に3月後半の梨の花と、11月下旬から12月初旬にかけての黄葉、紅葉の時期が美しい。おもな集落や町は標高2000m前後に分布していて、夏は暑く冬や春先には雪が降る日本に似た四季がある。

丹巴は5つの川が交わる要衝で、古来からさまざまな部族が移住してきた。現在ギャロン（中国語で嘉絨（ジャーロン））と呼ばれる丹巴と周辺一帯は、元来ギャルモロン（女王の谷）と呼ばれ、名前のとおり女王国が長く続いた場所で中国の歴史書である『唐書』に「東女国」として記録されている。その礎には、西チベットで吐蕃王国以前に栄え、『隋書』に「女国」の名を遺したシャンシュン王国からの移民が持ち込んだ文化がある。ギャロンの領主の館跡はいくつかあるが、『隋書』や『唐書』に記録された女王の館を彷彿とさせる遺跡は、現在丹巴の山麓にだけ残っている。チベットのなかでも特異な丹巴の文化は、緑と水が多い美しい谷あいに育まれ、桃源郷のような昔ながらの姿を残している。同時に美人が多いことでも知られ、2000年代初頭に観光用に創作された「美人谷」の地名が広まりつつある。

伝統的な民族舞踊

丹巴の旅の起点となるのは章谷鎮。ホテルやレストランの多い便利な町だ。観光地は町の周辺に点在するので、タクシーをチャーターして訪れるとよい。

蒲柯頂に残る祭礼の塔

※町の気象データ（→P.22）：「预报」＞「四川」＞「甘孜」＞「丹巴」＞郷・鎮から選択

Access 交通

中国国内の移動➡P.318

バス　丹巴における主要な長距離移動手段。成都（卧龍経由）や馬爾康、小金、金川、康定などとの間に便がある。

所要時間(目安)　成都／7時間　馬爾康／5時間　金川／2時間　小金／2時間

Data

バス

●丹巴バスターミナル（丹巴公交车站）

Ⓜ P.107-G5 住 章谷鎮三岔河南路130号

☎3522212 オ6:00～17:30 休なし カ不可

［移動手段］徒歩（丹巴バスターミナル～彩虹橋）／所要5分が目安

3日以内の切符を販売。成都（茶店子：2便）、馬爾康（1便。巴旺、巴底、金川経由）、康定（2便）など。

●乗合タクシー

3～4人集まってから出発する。乗車地点は西河橋北側など。ひとり当たりの料金目安は次のとおり。成都200元（チャーター1200元）、小金30元（チャーター150元）。四姑娘山鎮チャーター250元。

なお、料金は車種によって異なる。

見どころ

領主の館は迫力の大きさ

巴底（はてい）／巴底　bādǐ

オススメ度 ★★★　所要時間 3時間

章谷鎮の北30kmにある集落で、古代チベットのボン教で崇拝された女神の壁画を伝える擁忠達吉嶺寺がある。

巴底の町の数km南から山道を5kmほど登った邛山（きょうさん）村には、800年ほど前に建てられた領主の館（巴底土司官塞）がある。また、章谷鎮から巴底へ行く途中で通る巴旺の集落にも石塔がある。

『隋書』や『唐書』に記録された女王の館を彷彿とさせる領主の館

巴底

Ⓜ P.106-A1

オ24時間 休なし 料無料

交丹巴でタクシーをチャーターする。巴底のみなら往復150元、邛山も含む場合は往復250元が目安

多くの石塔が見渡せる

梭坡（さは）／梭坡　suōpō

オススメ度 ★★★　所要時間 1時間

章谷鎮の南東5kmにある、石塔が多いことで知られる村。道路沿いにビューポイントがあり、大渡河の対岸の山の斜面に広がる村を眺められる。車で村を訪れることも可能。石積みの塔は大渡河の両岸に合わせて100以上あるという。

また、梭坡の対岸の蒲柯頂（ぶかてい）は、上部に残る13角の石積みの塔が壮観で、今も付近で祭礼が執り行われている。章谷鎮からタクシー1時間と徒歩1時間で行くことができる。

石積みの高い塔が特徴的な集落

梭坡

Ⓜ P.106-B3

オ24時間

休なし

料無料

交丹巴でタクシーをチャーターする。往復30元が目安

盛装したギャロンチベット族の婦人

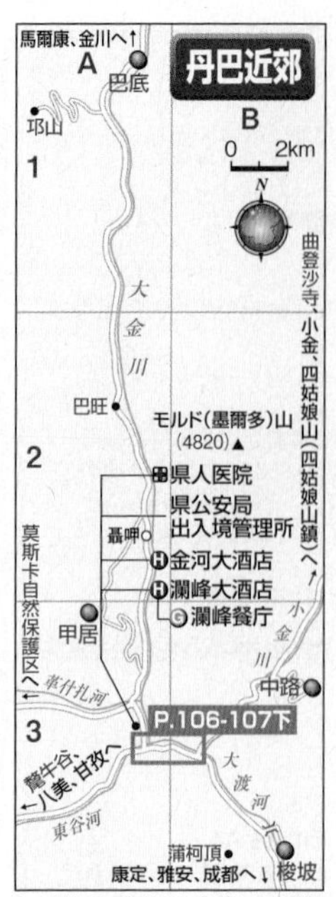

●•見どころ Ⓗホテル Ⓖグルメ 病院

谷を見下ろす高台に石塔がたたずむ

中路(ちゅうろ)／中路　zhōnglù

オススメ度 ★★★　所要時間 4時間～

章谷鎮から小金川を渡って坂道を登り、9km。信仰を集めるモルド（墨爾多）山（4820m）を望む山の中腹の緩斜面にある。梭坡と並んで数多くの石積みの塔が残ることで有名。お金を払って上れる所や、宿泊したり地元料理を味わったりできる所もある。

山の緩斜面に広がる中路の集落

中路
- Ⓜ P.106-B3
- オ 24時間
- 休 なし
- 料 20元
- 交 丹巴でタクシーをチャーターする。往復70元が目安

伝統家屋が建ち並ぶ美しい村

甲居(こうきょ)／甲居　jiǎjū

オススメ度 ★★★　所要時間 3時間～

梨の花と淡い桃色のリンゴの花が映える集落

大金川西岸の緩斜面に200戸ほどが立つ集落。すべて3～4階建ての石積みの平屋根家屋で、白茶黒色で彩色された外壁や原色で彩色されたテラスをもつ。また、平屋根の四隅には厄よけのとがった石積みがある。

家々は寄り集まって建てられていることもあり、遠くから見ると中世ヨーロッパの城のように見える。集落の上部には巴旺の領主の館跡もある。

甲居
- Ⓜ P.106-A3
- オ 24時間
- 休 なし
- 料 30元
- 交 丹巴でタクシーをチャーターする。往復70元が目安

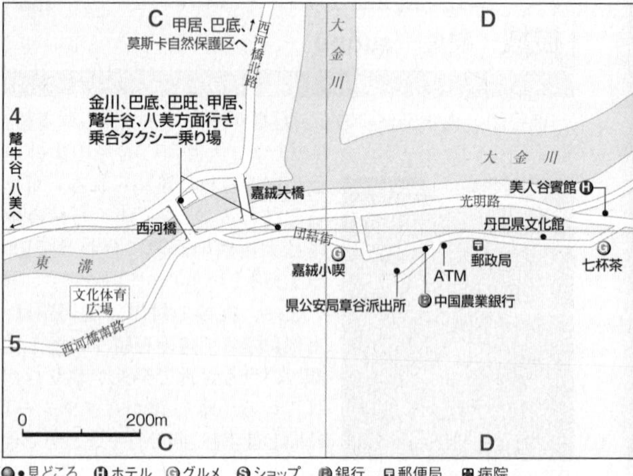

●•見どころ Ⓗホテル Ⓖグルメ Ⓢショップ Ⓑ銀行 〒郵便局 病院

ホテル

瀾峰大酒店（らんぼうだいしゅてん）／澜峰大酒店 lánfēng dàjiǔdiàn ★★★★

2019年9月現在、県政府の接待施設として利用されることが多い。季節で料金は上下する。

両替 ビジネスセンター インターネット

Ⓜ P.106-A3 住 五里牌新区
☎ 3525777、3525333 Ⓢ 468元 Ⓣ 468元
サ なし カ 不可

金河大酒店（きんがだいしゅてん）／金河大酒店 jīnhé dàjiǔdiàn ★★★

瀾峰大酒店の北裏側に位置する。レストランも併設している。

両替 ビジネスセンター インターネット

Ⓜ P.106-A3 住 五里牌新区 ☎ 3520888
FAX なし Ⓢ 228～268元 Ⓣ 268～328元
サ なし カ 不可

丹巴假日酒店（たんばかじつしゅてん）／丹巴假日酒店 dānbā jiàrì jiǔdiàn ★★

ツインの部屋は11室のみエアコン付き。バスの切符や乗合タクシーを手配可能。春節は休み。

両替 ビジネスセンター インターネット

Ⓜ P.107-F4 住 章谷鎮三岔河南路26号
☎ 3522161 FAX 3521929 Ⓢ 150元
Ⓣ 140元 サ なし カ 不可

興吉大酒店（こうきちだいしゅてん）／兴吉大酒店 xīngjí dàjiǔdiàn

章谷鎮に古くからあるホテル。丹巴バスターミナルなどにも近く便利。

両替 ビジネスセンター インターネット

Ⓜ P.107-F5 住 章谷鎮三岔河南路64号
☎ 3528366、3528368、3528858 FAX なし
Ⓣ 150元 サ なし カ 不可

扎西卓康青年旅舎（タシたくこうせいねんりょしゃ）／扎西卓康青年旅舍 zhāxī zhuókāng qīngnián lǚshè

町の東にあるユースホステル。おおむね清潔。

両替 ビジネスセンター インターネット

Ⓜ P.107-G5 住 章谷鎮三岔河南路35号
☎ 3521806 FAX 3521806 Ⓢ 80～100元
Ⓣ 100～120元 サ なし カ DJV

グルメ

瀾峰餐庁（らんぼうさんちょう）／澜峰餐厅 lánfēng cāntīng

瀾峰大酒店内にあるレストラン。"丹巴腊肉（干した豚肉を熱湯で戻した切り身）"48元、"大脚茄（きのこの炒め物）"68元などがおすすめ。

Ⓜ P.106-A3
住 五里牌新区瀾峰大酒店2階 ☎ 3525330
オ 7:00～20:00 休 なし カ 不可

そのほかの見どころ

ギャロン最古の伝承を伝える犛牛谷の頂果山寺、ゲルク派初期の様式で芸術性も高い仏教壁画が残る小金川河岸の曲登沙寺、野生のマーモット（Marmota himalayana）のすぐそばまで近寄れる莫斯卡自然保護区などがある。

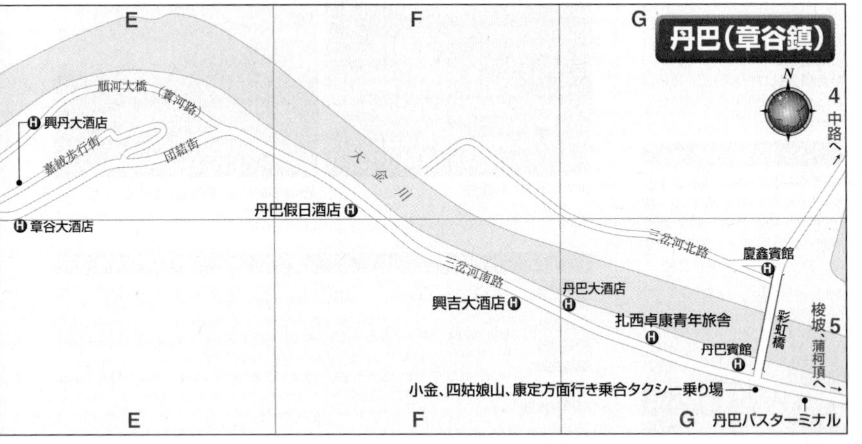

四川省 稲城（ダオチョン） Dào Chéng　市外局番●0836

稲城（とうじょう）

Dao Cheng

心を洗われる清浄な風景が広がる

文殊菩薩の化身ジャンペーヤン

都市Data

稲城県
人口：3万人
面積：7323万㎢
カンゼチベット族自治州管轄下の県

県公安局
（县公安局）
Ⓜ P.109-A3
住 金珠鎮金珠路一段
☎ 5728459
オ 8:00～11:30、14:30～17:30
休 なし
観光ビザの延長は不可

県人民医院
（县人民医院）
Ⓜ P.109-A3
住 金珠鎮金珠路一段
☎ 5728430
オ 24時間
休 なし
酸素吸入は1時間20元。このほかにベッド使用料や診察料などもかかる

市内交通

【タクシー】メーター付きのタクシーはなく、中心部では一律10元が目安。郊外に行く場合や観光のためチャーターする場合は要交渉。1km4元が目安。

金珠鎮の北側に立つ尊勝塔林

概要と歩き方

稲城は四川省西南部に位置する。県内のほとんどが青蔵高原と横断山脈に属しており、中心となる金珠鎮は3700mの高度にある。住民のほとんどがチベット族で、町はチベット語でダッパ（「山あいの開けた土地」を意味する）と呼ばれている。1990年代前半まで、稲城は山奥の小さな町に過ぎなかったが、1996年に亜丁（→P.110）の写真展が開催され、そのすばらしい自然が紹介されると、人気の観光地となった。その結果、稲城も亜丁観光の起点として、多くの観光客が訪れるようになった。観光の際はまず香格里拉鎮（Ⓜ P.110-B1）に移動し、観光専用車に乗り換え亜丁に向かう。

見どころは、亜丁自然保護区がメインだが、それ以外にも、町の周囲には、チベット仏教寺院や美しい農村が広がっている。秋になると、色づいた木々が彩りを添えて、絵画のような景色を生み出す。

町の中心は小さく、1時間もあれば歩いて1周できる。ホテルやレストランは亜丁路二・三段に集中している。

最後に高地順応について。町は3700m地点にあるうえ、亜丁自然保護区内には4000mを超える見どころもある。時間をかけて高地順応を済ませて、観光に出かけるようにしよう。

亜丁村の美しい風景

金珠鎮郊外には豊かな自然が広がる

	1月	2月	3月	4月	5月	6月	7月	8月	9月	10月	11月	12月
平均最高気温(℃)	6.2	7.4	10.7	13.7	17.6	18.9	18.2	17.6	16.7	14.3	10.3	7.5
平均最低気温(℃)	-15.2	-12.1	-8.0	-3.5	1.5	6.0	7.5	6.8	4.9	-1.2	-8.6	-13.4
平均気温(℃)	-4.4	-2.3	1.3	5.0	9.5	12.4	12.8	12.2	10.8	6.5	0.8	-2.9
平均降水量(mm)	データなし											

※町の気象データ（→P.22）：「预报」>「四川」>「甘孜」>「稲城」>郷・鎮から選択

Access 交通

中国国内の移動➡P.318

飛行機

金珠鎮の北約50kmに位置する稲城亜丁空港（DCY）を利用する。2019年9月現在、民用空港としては世界で最も高い海抜4411mの地点にある。

国際線 日中間運航便はないので、成都や重慶を経由するとよい。

国内線 成都と重慶に便がある。

所要時間(目安) 成都(CTU)／1時間　重慶江北(CKG)／1時間20分

バス

稲城バスターミナルを利用する。田舎町で路線が少ないため、観光客の多い夏季は早めの予約が望ましい。

所要時間(目安) 成都／16時間　康定／10時間　理塘／5時間　香格里拉／11時間

Data

飛行機

● **稲城亜丁空港**（稲城亚丁机场）

M **P.24-B3**　住 稲城県桑堆郷海子山

☎ インフォメーション＝5724029
　航空券売り場＝5724015

オ 6:00～13:00　休 なし　カ 不可

[移動手段] **エアポートバス**（空港～稲城機場賓館～香格里拉鎮游客中心）／稲城機場賓館＝35元、所要50分。香格里拉鎮游客中心＝85元、所要2時間30分。空港→市内＝到着便に合わせて運行　稲城機場賓館→空港＝6:30、6:40発　**タクシー**（空港～金珠鎮中心）／200元、所要40分が目安

　航空券売り場で当日の航空券のみ販売。

バス

● **稲城バスターミナル**（稲城客运站）

M **地図外(P.109-A3左)**

住 金珠鎮省道216喜波大酒店傍

☎ 5728052　オ 5:50～19:00

休 なし　カ 不可

[移動手段] **タクシー**（バスターミナル～金珠鎮中心）／10元、所要5～10分が目安

　2日以内の切符を販売。成都（6:00発）、康定（6:10発）、香格里拉（6:10発）。

※旅行シーズンには各路線とも切符購入は難しい。早めに購入したほうがよい

● 見どころ　H ホテル　G グルメ　S ショップ　A アミューズメント　文 学校　病院　繁華街

亜丁自然保護区
Ⓜ P.24-B3、P.110
㊟ 稲城県亜丁自然保護区
☎ 6966022
オ 入場券売り場
4月下旬～10月6:50～16:40
11月～4月中旬7:00～16:00
自然保護区24時間
休 なし
料 入場料：
4～11月＝146元
12～3月＝120元
観光専用車＝120元
※ともに保護区内3日間有効
※いったん保護区の外に出る場合、注意が必要（→P.111欄外インフォメーション「保護区外での宿泊」）
交 金珠鎮から車を利用する。片道1台300元、乗り合いの場合は1人50元、所要時間30分
※ホテルのフロントなどで手配を依頼するとよい
U www.yadingtour.com

見どころ

神が宿る山を中心とする景勝地

亜丁自然保護区／亚丁自然保护区

あちょうしぜんほごく

yàdīng zìrán bǎohùqū

オススメ度 ★★★　所要時間 1～2日

金珠鎮の南東100kmに位置する1000㎢の自然保護区。保護区は、チェンレースィ、チャナ・ドルジェ、ジャンペーヤンの3つの山、蒙自大峡谷、俄初山などのエリアに分かれているが、「亜丁」という場合、3峰を中心とするエリアを指すことが多い。

亜丁観光の始まりは、香格里拉鎮にある游客中心。ここで入場券を購入し、さらに山を越えて南へ約40km進んだ所（仙乃日峰観景台、亜丁村経由）で、ようやく登山口である扎灌崩に到着する。登山口からオロン・ツォ（牛奶海）までは片道17km。距離は長いが、道は整備され、途中には電動カートなども導入されており、観光は比較的楽。

早朝5:00頃に出発すれば、どうにか当日中に金珠鎮まで戻ってくることは可能だが、とても慌ただしい日程になってしまう。少なくとも1日は宿泊することをおすすめする。

宿泊地は香格里拉鎮または亜丁村。亜丁村の宿泊費は1ベッド70～100元、1室300～400元。

山の天候は変わりやすく、場所に

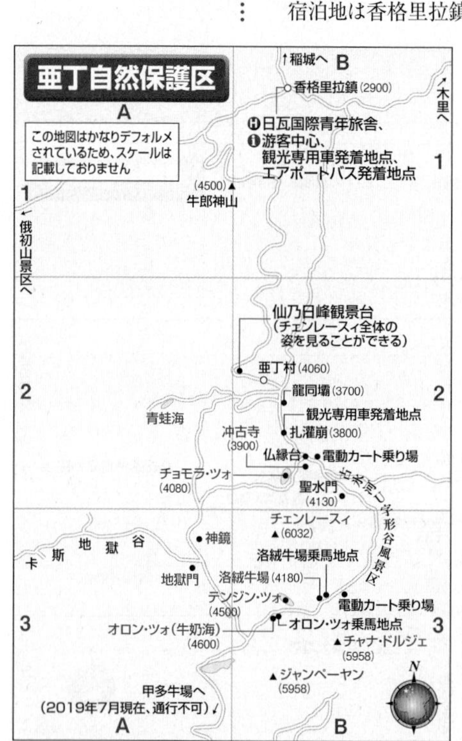

●•見どころ　Ⓗホテル　ℹ観光案内所

1洛絨牛場からオロン・ツォに向かう道。両肩にはタルチョ（チベットの五色の祈祷旗）がかけられている　2薬草採りの合間に休憩するチベット族の女性（テンジン・ツォ）　3経文を刻んだ石板を積んだマニ塚

よっては足元が滑りやすくなっているので、十分な装備を用意していこう。

チェンレースィ／仙乃日（xiānnǎirì）

見事なシルエットをもつチェンレースィ

チェンレースィは、3峰のなかで北に位置する6032m（稲城の最高峰）の山で、チベット仏教では、観音菩薩の化身とされる聖山。その姿はハスの花に座した菩薩とも翼を広げたタカとも称される。

その南麓4080mの所には、チョモラ・ツォ（卓姆拉错。中国名は珍珠海）がある。晴れた日には、水面に神峰の美しい姿を映し出す絶好の撮影ポイントとなる。また、夏にはここで遠くで鳴る雪崩の音を聞くことができる。

冲古寺／冲古寺（ちゅうこじ／chōnggǔsì）

ゲルク派寺院の冲古寺

3900mの地点に立つ冲古寺は、保護区内に唯一あるチベット仏教ゲルク派の寺院。その創建は元代まで遡る。稲城から亜丁に向かう途中にある貢嘎朗吉嶺寺の管轄下にある。僧侶がいれば、寺院の内部を見せてもらえる。

チャナ・ドルジェ／夏诺多吉（xiànuòduōjí）

冲古寺から12kmほど氷河に浸食された谷が続き、急に視界が開けると万年雪を頂く山が目に飛び込んでくる。これが標高5958mの東峰チャナ・ドルジェ。チベット仏教では、金剛手菩薩の化身とされる聖山で、青い空を切り裂くような鋭い峰が特徴。

夏は雲が多く、鋭い峰を見られないことも多い

洛絨牛場／洛绒牛场（らくじゅうぎゅうじょう／luòróng niúchǎng）

電動カートを降りて川を渡った所にあるのが洛絨牛場。夏季はチベット族の放牧地となっており、ヤクの姿も見られる。また、オロン・ツォに向かう際の馬乗り場になっている。馬の賃料は保護区で決められており、値引きはできない。

美しい洛絨牛場

インフォメーション

観光専用車

ルートは香格里拉鎮の游客中心～亜丁村～亜丁景区扎灌崩。所要上り1時間30分（途中、仙乃日峰観景台に立ち寄るため）、下り1時間15分。

オ 4月下旬～10月
游客中心発7:00～17:30
扎灌崩発9:00～19:00
11月～4月上旬
游客中心発7:10～16:30
扎灌崩発9:30～18:30

保護区外での宿泊

保護区外で宿泊し、2～3日間観光する場合は注意が必要。

入場券、観光専用車の乗車券ともに保護区外に出てしまうと失効してしまうが、前日に景区内で自分の入った写真を撮影しておき、次に入場する際、游客中心でそれを見せると、入場券の再購入は免除され、観光専用車の乗車券は60元に減額してもらえる。

自然保護区内の乗り物

馬（洛絨牛場～オロン・ツォ）
料 往復＝300元
※片道料金はない
※馬は30頭ほど。8:00～14:00の間に出発。往復12km、4時間ほど（徒歩だと6時間）
※15:00以降の立ち入りは禁止

電動カート

冲古寺電動カート乗り場と洛絨牛場とを結ぶ。片道6.7kmを25分ほど。徒歩だと約4時間
オ 3～5月8:30～18:00、6～10月8:00～18:30、11～2月9:00～17:00
料 片道＝50元、往復＝80元

自然保護区内観光の注意

①食事や飲食物の購入は亜丁村にかぎられるので、事前の準備を怠らないこと
②標高が高く、体力の消耗が著しい。自分の体調を考慮し、行程を決めること

夏になると緑豊かな景色になる

保護区内を走る電動カート。亜丁の標高は高い。無理せずに利用しよう

曇天に姿を見せたジャンペーヤン。雨季に当たる夏はこれでも恵まれたほう

ジャンペーヤン／央迈勇（yāngmàiyǒng）

南峰ジャンペーヤンは標高5958m。チベット仏教で文殊菩薩の化身とされている。亜丁を初めて世界に紹介した植物学者のジョセフィン・ロック（1884～1962年）は、その姿を日記に「私が見たなかで最も美しい山」と記している。

その麓にあるのがオロン・ツォ。湖水がミルク色に見えることがあるため、中国語では「牛奶海」と呼ばれている。また、この池から上へ行った所には、光の具合で色が変わるテンジン・ツォ（中国語で五色海）がある。

少し離れた高台から見たオロン・ツォ（牛奶海）

稲城河沿いに立つ名刹

邦普寺（ほうふじ）／邦普寺　bāngpǔsì

オススメ度 ★★

稲城河の東岸に立つチベット仏教の一派であるカルマ・カギュ派の寺院。その創建は1178（南宋の淳熙5）年まで遡る。寺院の背後の岩山には、修行のため洞窟が掘られている。

僧侶は皆フレンドリーで、頼めば鍵を開け、案内をしてくれる。ただ、宗教上の禁忌には注意すること。

邦普寺

M 地図外（P.109-B1上）
住 桑堆郷
☎ なし　オ 日中　休 なし
料 無料
交 金珠鎮でタクシーをチャーターする。往復240元が目安

邦普寺全景

ホテル

機場賓館（きじょうひんかん）／机场宾馆　jīchǎng bīnguǎn　★★★★

エアポートバスの発着地点であり、発車は6:30、6:40（35元、所要50分）。

両替　ビジネスセンター　インターネット

M P.109-B1　住 金珠鎮濱河路　☎ 5723888　FAX 5725566　S 500～688元　T 500～688元　サ なし　カ 不可

亜丁温泉大酒店（あちょうおんせんだいしゅてん）／亚丁温泉大酒店　yàdīng wēnquán dàjiǔdiàn　★★★

金珠鎮中心部に位置する3つ星ホテルで金珠鎮では機場賓館とともに高級なホテル。

両替　ビジネスセンター　インターネット

M P.109-B3　住 金珠鎮金珠路二段　☎ 5727522　FAX 5727521　S 280～380元　T 280～380元　サ なし　カ 不可

稲城媽媽精品別院（とうじょうももせいひんべついん）／稻城妈妈精品别院　dàochéng māmā jīngpǐn biéyuàn

客室は簡素ながら快適な間取りが特徴。1階ロビーにはチベット式の暖炉があって、ゆったりくつろげるようになっており、テラスからは稲城の風景を堪能できる。なお、シーズン中は部屋代が上がるので注意。11月中旬～3月の間は全面休業となる。

両替　ビジネスセンター　インターネット

M P.109-C2
住 金珠鎮徳西路三段
☎ 5727187
FAX 5727383
S 438元
T 438元
3 538元
サ なし
カ 不可

日瓦国際青年旅舎（にちがこくさいせいねんりょしゃ）／日瓦国际青年旅舍　rìwǎ guójì qīngnián lǚshè

香格里拉鎮の繁華街にあるユースホステル。近くにはレストランも多い。12～3月は全面休業。

両替　ビジネスセンター　インターネット

M P.110-B1　住 香格里拉鎮洛克小道10号　☎ 5721323　FAX なし　S 388元　T 388元　D 80元（4～10人部屋）　サ なし　カ 不可　U www.yhachina.com

　※星がグレーは申請中など正式認定ではありません

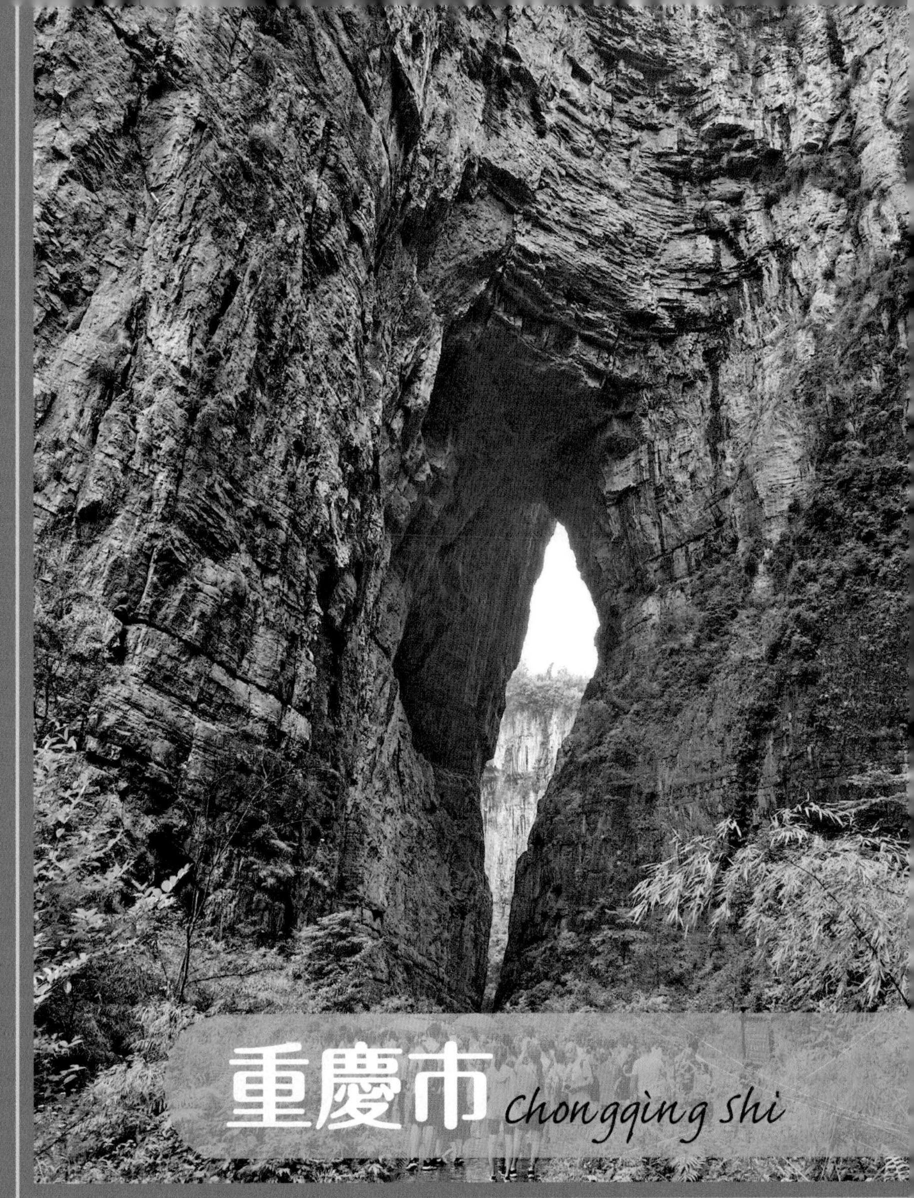

高さ281mの青龍橋（武隆区仙女山鎮天坑三橋景区）／単 侃明

重慶市 重庆 Chóng Qìng　　市外局番●023

重慶（じゅうけい）

中国4番目の直轄市

宝輪寺山門（磁器口古鎮）

都市Data

重慶市
人口：3343万人
面積：約8万2400km²
26区8県4自治県を管轄

在重慶日本国総領事館
（日本国驻重庆总领事馆）
Ⓜ **P.117-E2**
住 渝中区鄒容路68号重慶大都会商廈37階
☎ 63733585
才 8:45～12:30、13:30～17:30
休 土・日曜、祝日

市公安局出入境管理処
（市公安局出入境管理处）
Ⓜ **地図外（P.115-B4上）**
住 渝北区金石大道311号
☎ 63961944、63961916
才 9:00～12:00、14:30～17:00
休 土・日曜、祝日
観光ビザを最長30日間延長可能。手数料は160元

市救急医療センター
（市急救医疗中心）
Ⓜ **P.116-A3**
住 渝中区健康路1号
☎ 63692248
才 24時間　休 なし
市第四人民医院の中にある

市内交通

【軌道交通】2019年7月現在、8路線が営業。詳細は公式ウェブサイトで確認を。
重慶市軌道交通
Ⓤ www.cqmetro.cn
路線図→P.118
【路線バス】運行時間の目安は6:00～21:30、2元
【タクシー】初乗り3km未満10元、3km以上1kmごとに2元加算

概要と歩き方

重慶は長江（揚子江）と嘉陵江の合流点に位置する渝中区を中心とする都市で、古くから長江を利用した水上交通の要衝として栄えてきた。略称は巴または渝。町には平地が少なく、山がちなことから山城という別称ももつ。

1876年の煙台条約によってイギリス総領事館が開設されてからは、中国内陸部における外国との重要な通商口として、多くの西洋列強が進出する町となった（日本は1896年に領事館を開設）。日中戦争の勃発によって南京を失った国民党は、重慶を首都に定め抵抗の拠点とした。以降中華人民共和国が成立した1949年まで多くの歴史的事件が重慶で発生した。このような歴史的背景から、重慶には革命関連の史跡が多く残っており、中国人観光客には人気のある町だ。

政府が推し進める西部大開発によって開発が急ピッチで進んでいる。町の中心である渝中区も再開発が行われているが、狭い場所であるため、開発は嘉陵江北岸など周辺エリアへ広がっている。整備は交通機関でも進んでおり、軌道交通が8路線に増え、市内のアクセスも便利になった。これらの開発計画に興味があれば、朝天門広場下の重慶市企画展覧館を訪ねるとよいだろう。

重慶観光は上述した革命関連の史跡、外国人観光客にも人気が高い三峡下りなどが中心。そのほかに、世界遺産の大足や武隆への日帰り旅行も可能になった。料理は火鍋など激辛のものが中心だが、一度はチャレンジしてみたい。

解放碑を中心とした近代的な繁華街

	1月	2月	3月	4月	5月	6月	7月	8月	9月	10月	11月	12月
平均最高気温(℃)	10.4	12.6	17.9	23.1	26.7	29.3	33.4	33.8	28.0	21.8	16.8	12.1
平均最低気温(℃)	5.7	7.0	10.9	15.1	18.8	21.6	24.4	24.3	20.7	16.1	11.8	7.4
平均気温(℃)	8.1	9.8	14.4	19.1	22.8	25.5	28.9	29.1	24.4	19.0	14.3	9.8
平均降水量(mm)	17.9	20.8	37.9	94.1	147.9	173.7	150.9	127.6	143.8	103.4	49.0	22.5

※町の気象データ（→P.22）：「预报」＞「重庆」＞区・県・自治県から選択

重慶市全体

◎	省・市行政中心
◎	地級市中心
⊙	県級行政中心
—・—・—	省・自治区境
━━	鉄　道
━━	高速鉄道
═══（建設中）	高速道路
✈	空　港

A B C
1 2 3
四川省
陝西省
湖北省
湖南省
貴州省
城口
巴中
陰条嶺▲(2796.8)
寧廠古鎮
巫渓
達州
開県
奉節
巫山
雲陽
万州
重慶万州空港
南充
梁平
広安
遂寧
墊江
忠県
潼南
長
江
石柱
合川
嘉
陵
江
長寿
豊都
銅梁
北碚
渝北
大足
重慶江北国際空港
涪陵
沙坪壩
江北
璧山
重慶(P.114)
九龍坡
南岸
黔江
重慶西駅
栄昌
永川
江津
巴南
武隆(P.136)
彭水
大渡口
南川
石蟆古鎮
白沙鎮
綦江
万盛
瀘州
塘河古鎮
酉陽
秀山
0 50 100km

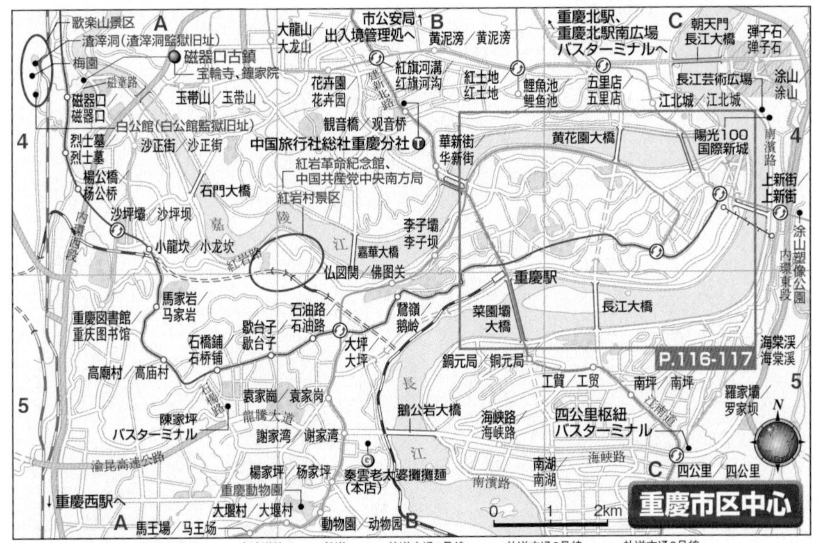

●見どころ　Ⓖグルメ　Ⓣ旅行会社　高速道路　鉄道　軌道交通1号線　軌道交通2号線　軌道交通3号線　軌道交通6号線　軌道交通10号線　環線　乗り換え駅

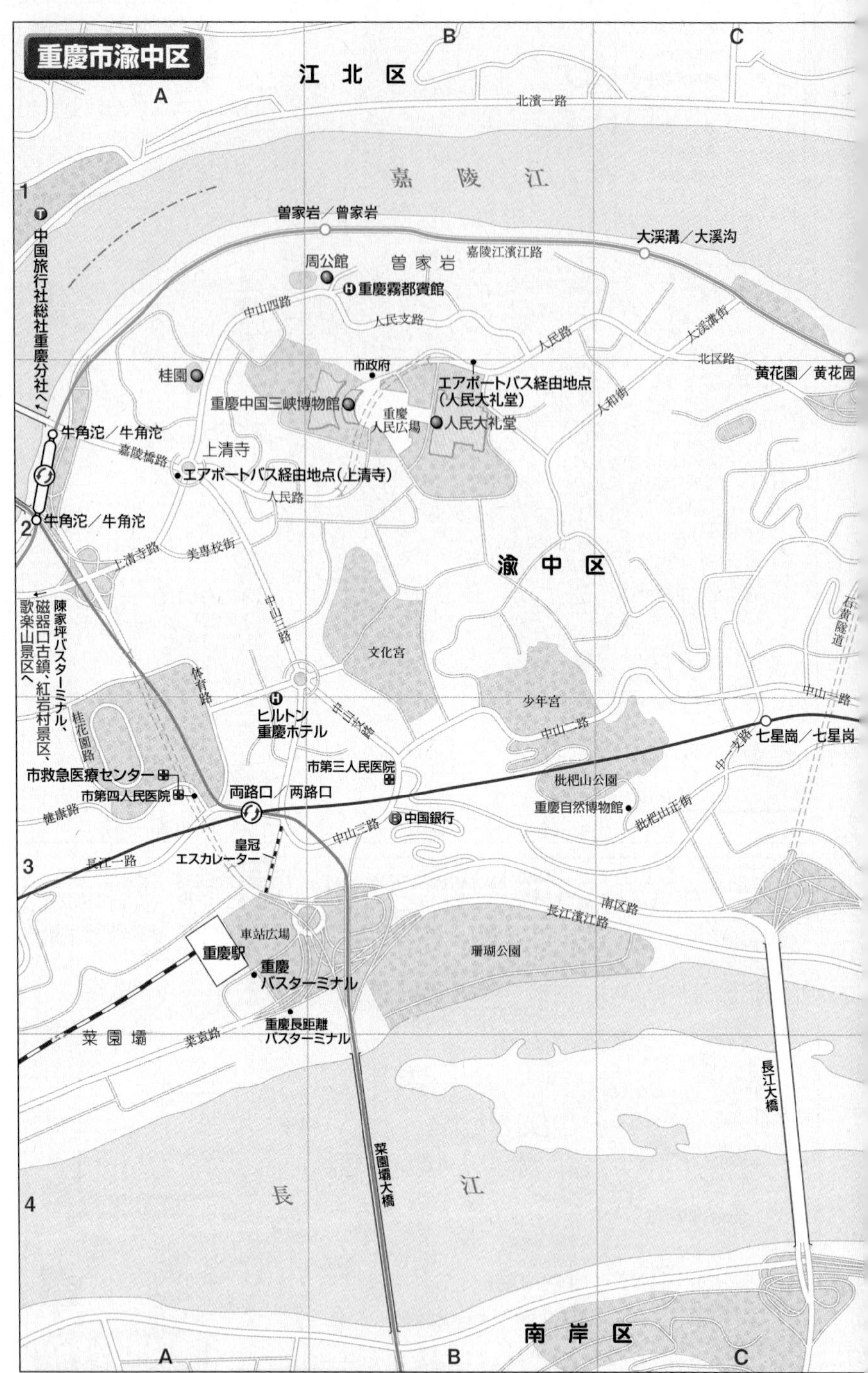

●•見どころ Ⓗホテル Ⓖグルメ Ⓢショップ Ⓑ銀行 Ⓣ旅行会社 ⊞病院 ▭繁華街

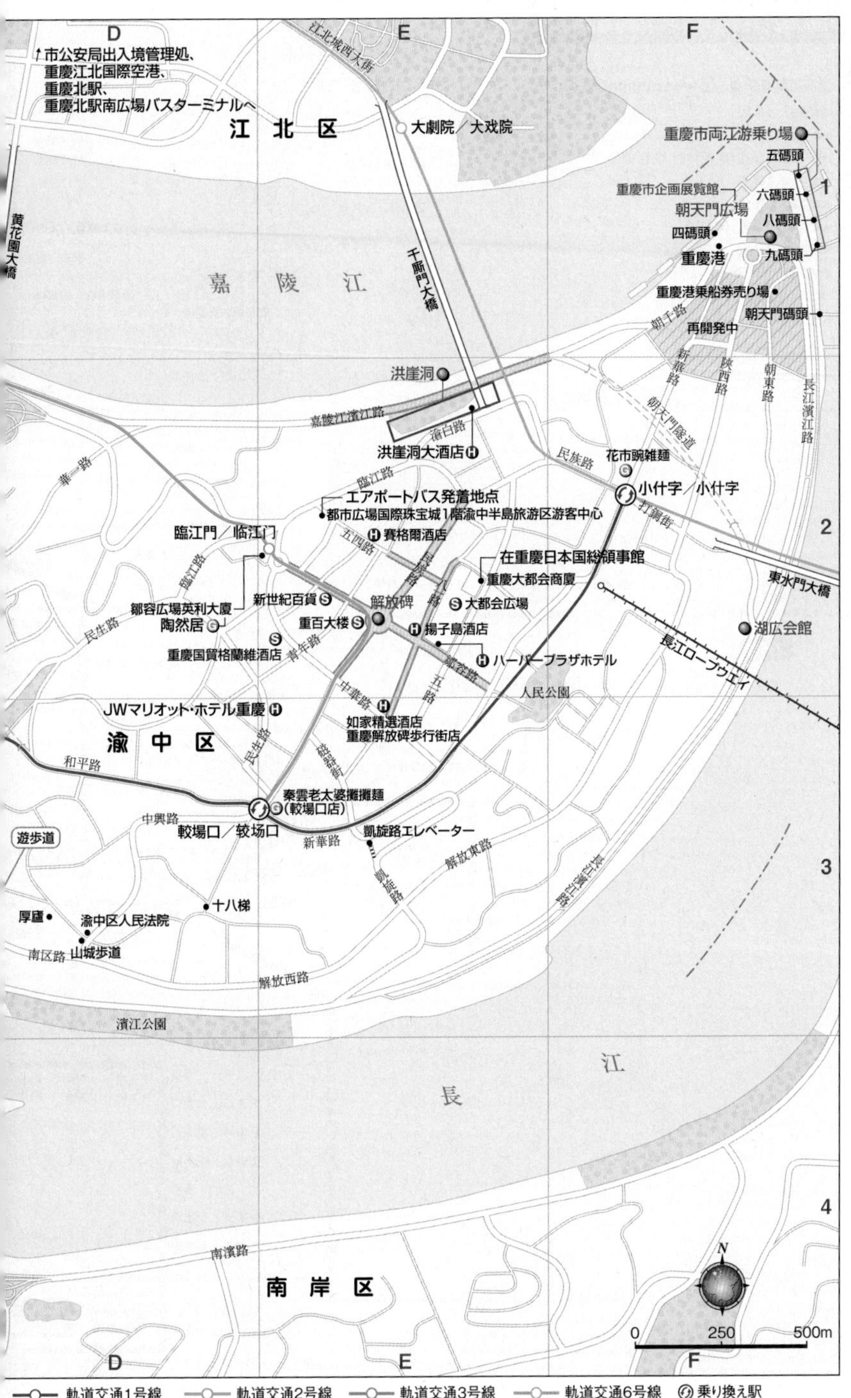
↑市公安局出入境管理処、
重慶江北国際空港、
重慶北駅、
重慶北駅南広場バスターミナルへ
江北区
大劇院／大戏院
重慶市両江游乗り場
五碼頭
重慶市企画展覧館
六碼頭
朝天門広場
八碼頭
四碼頭
重慶港
九碼頭
重慶港乗船券売り場
朝天門碼頭
再開発中
嘉陵江
千厮門大橋
洪崖洞
嘉陵江濱江路
洪崖洞大酒店
民族路
花市豌雑麺
小什字／小什字
エアポートバス発着地点
都市広場国際珠宝城1階渝中半島旅游区游客中心
臨江門／临江门
賽格爾酒店
在重慶日本国総領事館
重慶大都会商廈
東水門大橋
鄒容広場英利大廈
新世紀百貨
解放碑
大都会広場
陶然居
重百大楼
揚子島酒店
湖広会館
重慶国貿格蘭維酒店
ハーバープラザホテル
長江ロープウェイ
人民公園
JWマリオット・ホテル重慶
如家精選酒店
重慶解放碑歩行街店
渝中区
和平路
秦雲老太婆攤攤麺
(較場口店)
較場口／较场口
凱旋路エレベーター
遊歩道
十八梯
厚廬
渝中区人民法院
山城歩道
南区路
解放西路
濱江公園
長江
南濱路
南岸区
0 250 500m
軌道交通1号線
軌道交通2号線
軌道交通3号線
軌道交通6号線
乗り換え駅

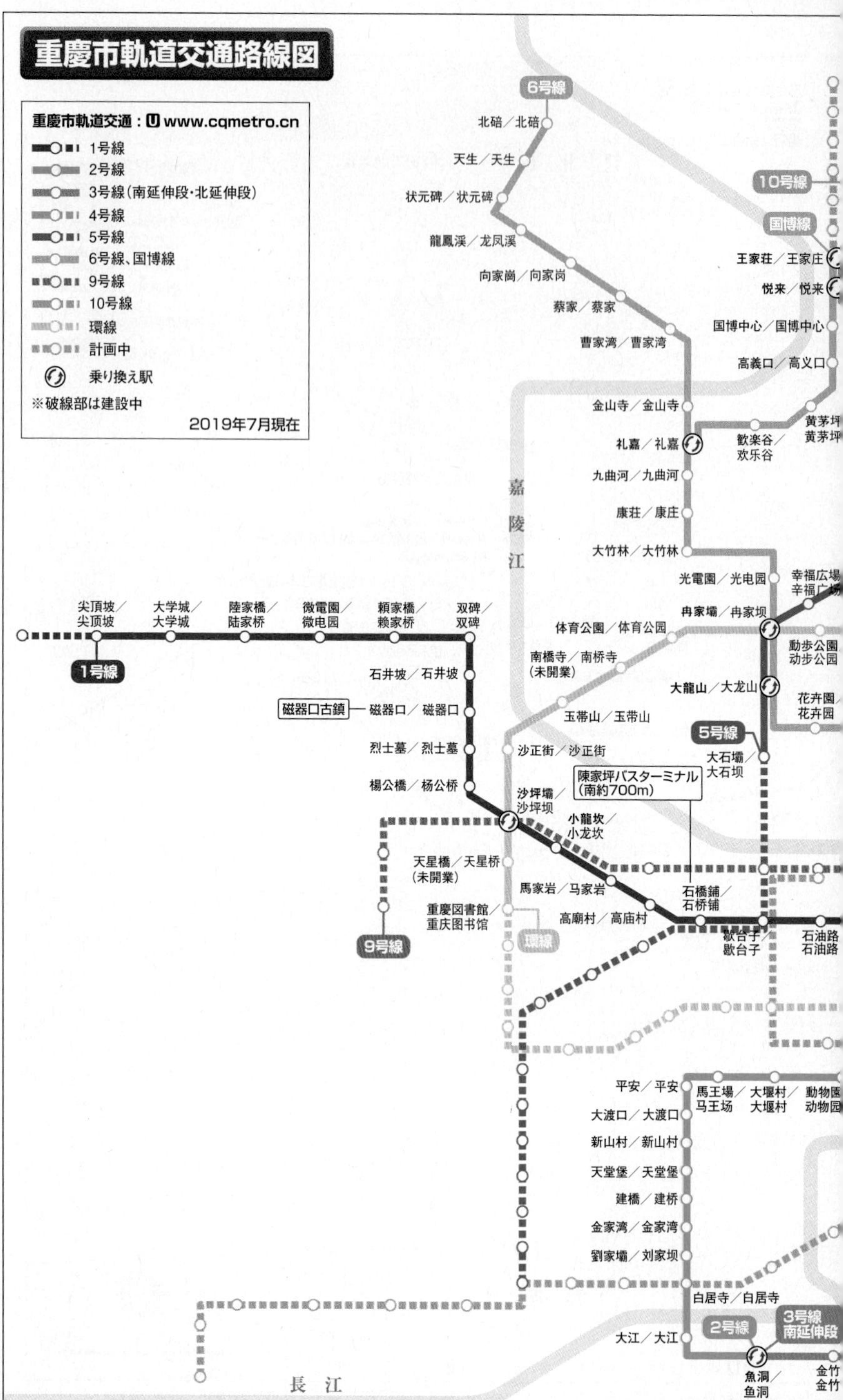

重慶市軌道交通路線図
重慶市軌道交通：U www.cqmetro.cn
1号線
2号線
3号線(南延伸段・北延伸段)
4号線
5号線
6号線、国博線
9号線
10号線
環線
計画中
乗り換え駅
※破線部は建設中
2019年7月現在
6号線
北碚／北碚
天生／天生
状元碑／状元碑
龍鳳渓／龙凤溪
向家崗／向家岗
蔡家／蔡家
曹家湾／曹家湾
金山寺／金山寺
礼嘉／礼嘉
九曲河／九曲河
康荘／康庄
大竹林／大竹林
光電園／光电园
冉家壩／冉家坝
10号線
国博線
王家荘／王家庄
悦来／悦来
国博中心／国博中心
高義口／高义口
黄茅坪
黄茅坪
歓楽谷／欢乐谷
幸福広場
幸福广场
動歩公園
动步公园
大龍山／大龙山
花卉園／花卉园
5号線
大石壩／大石坝
嘉陵江
尖頂坡／尖顶坡
大学城／大学城
陸家橋／陆家桥
微電園／微电园
頼家橋／赖家桥
双碑／双碑
1号線
石井坡／石井坡
磁器口古鎮
磁器口／磁器口
烈士墓／烈士墓
楊公橋／杨公桥
体育公園／体育公园
南橋寺／南桥寺
(未開業)
玉帯山／玉带山
沙正街／沙正街
沙坪壩／沙坪坝
陳家坪バスターミナル
(南約700m)
小龍坎／小龙坎
天星橋／天星桥
(未開業)
馬家岩／马家岩
石橋舗／石桥铺
重慶図書館／重庆图书馆
環線
高廟村／高庙村
歇台子／歇台子
石油路
石油路
9号線
平安／平安
馬王場／马王场
大堰村／大堰村
動物園
动物园
大渡口／大渡口
新山村／新山村
天堂堡／天堂堡
建橋／建桥
金家湾／金家湾
劉家壩／刘家坝
白居寺／白居寺
2号線
3号線
南延伸段
大江／大江
魚洞／鱼洞
金竹
金竹
長江

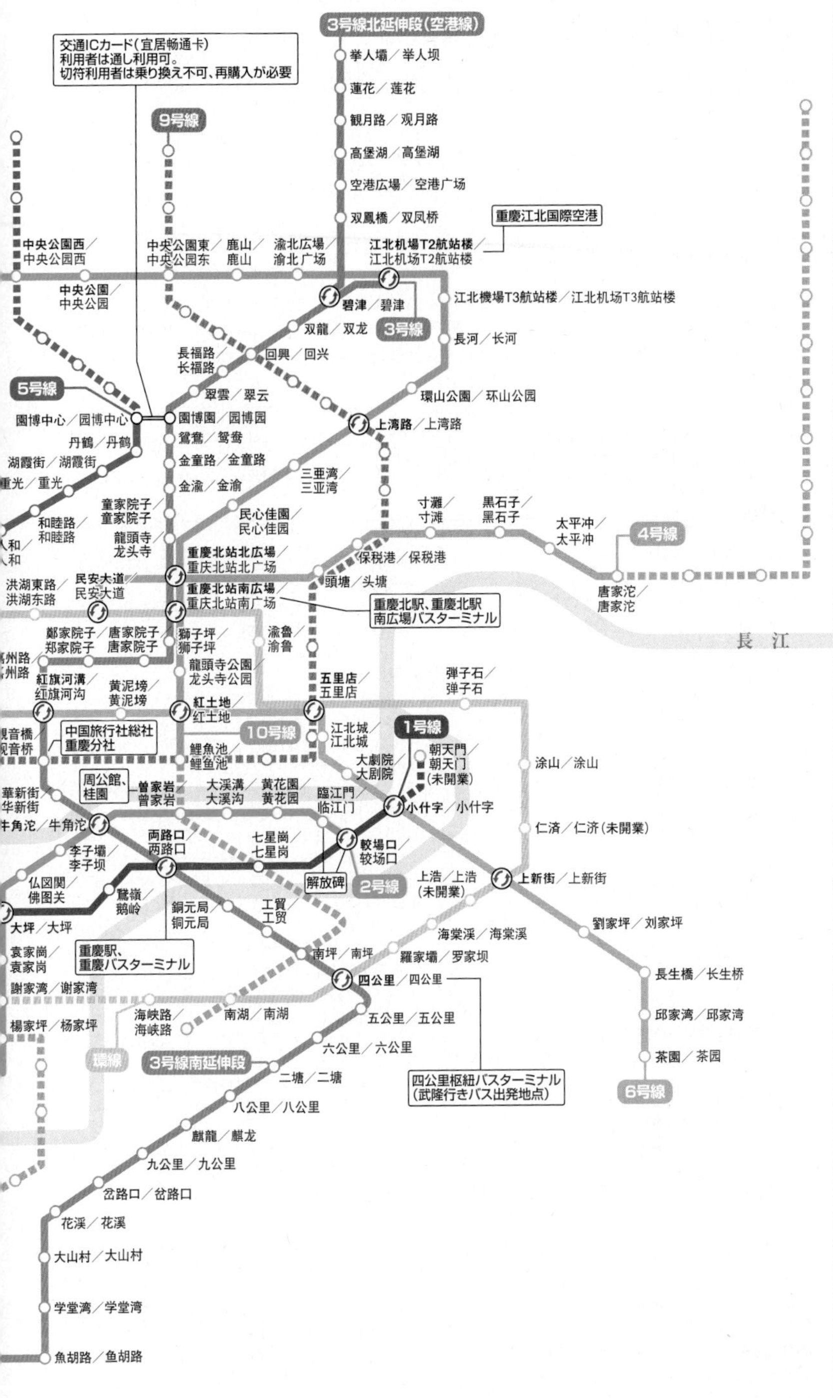
3号線北延伸段(空港線)
交通ICカード(宜居畅通卡)
利用者は通し利用可。
切符利用者は乗り換え不可、再購入が必要
挙人壩／举人坝
蓮花／莲花
観月路／观月路
高堡湖／高堡湖
空港広場／空港广场
双鳳橋／双凤桥
重慶江北国際空港
9号線
中央公園西／中央公园西
中央公園東／中央公园东
鹿山／鹿山
渝北広場／渝北广场
江北机場T2航站楼／江北机场T2航站楼
中央公園／中央公园
碧津／碧津
江北機場T3航站楼／江北机场T3航站楼
双龍／双龙
3号線
長河／长河
長福路／长福路
回興／回兴
5号線
翠雲／翠云
環山公園／环山公园
園博中心／园博中心
園博園／园博园
上湾路／上湾路
丹鶴／丹鹤
鴛鴦／鸳鸯
湖霞街／湖霞街
金童路／金童路
重光／重光
金渝／金渝
三亜湾／三亚湾
童家院子／童家院子
民心佳園／民心佳园
寸灘／寸滩
黒石子／黑石子
和睦路／和睦路
龍頭寺／龙头寺
太平冲／太平冲
4号線
和／和
重慶北站北広場／重庆北站北广场
保税港／保税港
民安大道／民安大道
洪湖東路／洪湖东路
重慶北站南広場／重庆北站南广场
頭塘／头塘
唐家沱／唐家沱
重慶北駅、重慶北駅
南広場バスターミナル
鄭家院子／郑家院子
唐家院子／唐家院子
獅子坪／狮子坪
渝魯／渝鲁
長　江
州路／州路
龍頭寺公園／龙头寺公园
五里店／五里店
弾子石／弹子石
紅旗河溝／红旗河沟
黄泥塝／黄泥塝
紅土地／红土地
江北城／江北城
1号線
10号線
観音橋／观音桥
中国旅行社総社
重慶分社
鯉魚池／鲤鱼池
大劇院／大剧院
朝天門／朝天门
(未開業)
涂山／涂山
周公館、
桂園
曽家岩／曾家岩
大渓溝／大溪沟
黄花園／黄花园
臨江門／临江门
華新街／华新街
小什字／小什字
牛角沱／牛角沱
両路口／两路口
七星崗／七星岗
較場口／较场口
仁済／仁济(未開業)
李子壩／李子坝
解放碑
2号線
上浩／上浩
(未開業)
上新街／上新街
仏図関／佛图关
鵞嶺／鹅岭
大坪／大坪
銅元局／铜元局
工貿／工贸
海棠渓／海棠溪
劉家坪／刘家坪
袁家崗／袁家岗
重慶駅、
重慶バスターミナル
南坪／南坪
羅家壩／罗家坝
四公里／四公里
長生橋／长生桥
謝家湾／谢家湾
海峡路／海峡路
南湖／南湖
五公里／五公里
邱家湾／邱家湾
楊家坪／杨家坪
六公里／六公里
環線
3号線南延伸段
二塘／二塘
四公里枢紐バスターミナル
(武隆行きバス出発地点)
茶園／茶园
6号線
八公里／八公里
麒龍／麒龙
九公里／九公里
岔路口／岔路口
花渓／花溪
大山村／大山村
学堂湾／学堂湾
魚胡路／鱼胡路

Access 交通

中国国内の移動➡P.318　鉄道時刻表検索➡P.321

飛行機

渝中区の北18kmに位置する重慶江北国際空港（CKG）を利用する。日中間運航便は2路線、国内線は主要都市との間に運航便がある。

国際線 成田（11便）、関西（3便）。

国内線 北京、上海、広州、昆明など主要都市との間に運航便がある。

所要時間(目安) 北京首都（PEK）／2時間50分　上海虹橋（SHA）／2時間40分　昆明（KMG）／1時間35分

鉄道

高速鉄道の発着駅は重慶西駅と重慶北駅。旧来の重慶駅は長距離寝台列車などの在来線発着駅となり、外国人旅行客が利用することは少なくなっている。

所要時間(目安) **【重慶西（cqx)】** 大足南（dzn）／高鉄：24分　成都東（cdd）／高鉄：1時間17分　閬中（lz）／高鉄：1時間56分　昆明南（kmn）／高鉄：4時間12分　貴陽北（gyb）／高鉄：2時間1分　**【重慶北（cqb)】** 武隆（wl）／快速：2時間11分　成都東（cdd）／高鉄：1時間27分　上海（sh）／動車：10時間22分

バス

市内には多数のバスターミナルがあるが、アクセスを考えると重慶バスターミナルや重慶北駅南広場バスターミナルなどが便利。

所要時間(目安) 大足／2時間　武隆／2時間　成都／4時間　楽山／6時間

Data

飛行機

重慶江北国際空港（重庆江北国际机场）
M P.115-A2　住 渝北区両路鎮　☎966666
オ 始発便～最終便　休 なし　カ 不可
U www.cqa.cn
[移動手段] エアポートバス（空港～上清寺～人民大礼堂～渝中半島旅游区游客中心）／15元、所要1時間が目安。空港→市内＝8:30～最終便の間30分に1便　市内→空港＝5:30～21:00の間30分に1便　タクシー（空港～解放碑）／100元、所要40分が目安　軌道交通／3、10号線「江北机场T2航站楼」

3ヵ月以内の航空券を販売。

鉄道

重慶西駅（重庆火车西站）
M P.115-A3　住 沙坪壩区新橋街道鳳中路168号
☎共通電話＝12306　オ 5:20～23:45
休 なし　カ 不可
[移動手段] タクシー（重慶西駅～解放碑）／60元、45分が目安　路線バス／G01、G02、325、441、473路「重庆西站」

8日以内の切符を販売。G01は解放碑発着、G02は重慶北駅発着。

重慶北駅（重庆火车北站）
M 地図外（P.115-B4上）
住 渝北区昆侖大道51号付8号　☎共通電話＝12306　オ 5:00～24:00　休 なし　カ 不可
[移動手段] タクシー（重慶北駅南広場～解放碑）／25元、所要25分が目安　軌道交通／3、10号線、環線「重庆北站南广场」

28日以内の切符を販売。駅には南北自由通路がないので、軌道交通やバスに乗り継ぐには出口に注意。一般的には南口（南広場）がメイン。

重慶駅（重庆火车站）
M P.116-A3　住 渝中区菜園壩南区路240号
☎共通電話＝12306　オ 24時間　休 なし　カ 不可
[移動手段] タクシー（重慶駅～解放碑）／20元、所要20分が目安　軌道交通／1、3号線「两路口」（下車後、皇冠エスカレーター利用）

28日以内の切符を販売。

バス

重慶バスターミナル（重庆汽车站）
M P.116-A3　住 渝中区菜園壩菜袁路6号
☎89033855　オ 6:00～21:00　休 なし　カ 不可
[移動手段] タクシー（重慶バスターミナル～解放碑）／20元、所要20分が目安　軌道交通／1、3号線「两路口」（下車後、皇冠エスカレーター利用）

10日以内の切符を販売。重慶駅の南隣に位置する。大足(7:40、8:40、9:20、10:30、11:40、13:00、14:20、15:40、17:00、18:20発)、成都（総合バスターミナル：9:00、12:10、16:40発)、楽山（バスセンター:7:00、8:30、10:15、11:15、13:30、16:30発）など。

重慶北駅南広場バスターミナル
（重庆北站南广场汽车站）
M 地図外（P.115-C4上）
住 渝北区中鉄二院昆侖大道46号　☎89139918
オ 5:30～21:00　休 なし　カ 不可
[移動手段] タクシー（重慶北駅南広場バスターミナル～解放碑）／25元、所要25分が目安　軌道交通／3、10号線、環線「重庆北站南广场」

10日以内の切符を販売。楽山（バスセンター：7:30、12:00、15:50発)、大足（14便）など。

四公里枢紐バスターミナル
（四公里交通换乘枢纽）
M P.115-C5　住 南岸区煙雨路
☎88361260　オ 5:40～19:30　休 なし　カ 不可
[移動手段] タクシー（四公里枢紐バスターミナル～解放碑）／25元、所要20分が目安　軌道交通／3号線、環線「四公里」

7日以内の切符を販売。武隆（7:30～18:00の間50分に1便。19:40発）など。

見どころ

中国共産党の拠点として使用された施設

周公館（しゅうこうかん）／周公馆　zhōugōngguǎn

オススメ度 ★ ★

日中戦争時代の中国共産党中央南方局と八路軍事務所の職員住居跡。周恩来がここに中国共産党中央南方局の事務所を構えたため、このように呼ばれるようになった。

周公館の前に立つ周恩来像

また、1945年8月に国民党との会談のため訪れた毛沢東が、国内外の記者に対して会見を行った場所でもある。

周公館
Ⓜ P.116-B1
住 渝中区中山四路曽家岩50号
☎ 63862323
オ 月～金曜9:00～19:00
土・日曜9:00～17:00
※入場は閉門30分前まで
休 なし　料 無料
交 ①軌道交通2号線「曽家岩」
②114、152、401、421、461、465、601、602、612路バス「上清寺」。徒歩10分

周公館の中庭

毛沢東が逗留した施設

桂園（けいえん）／桂园　guìyuán

オススメ度 ★ ★

周公館から上清寺方向に数分戻った所にある。もとは国民党代表団の団長、張治中の公館であったが、1945年8月28日から10月11日までの重慶交渉の間、毛沢東の安全のために特別に提供された。

1階で国民党との会議を行ったり、民主活動家や記者と接見をした。2階は毛沢東と周恩来が雑事を行う場所であった。現在は革命紀念館になっている。

桂園の外観

桂園
Ⓜ P.116-A2
住 渝中区中山四路65号
☎ 63862467
オ 9:00～17:00
※入場は閉門30分前まで
休 なし　料 無料
交 ①軌道交通2号線「曽家岩」
②114、152、401、421、461、465、601、602、612路バス「上清寺」

繁華街に立つモニュメント

解放碑（かいほうひ）／解放碑　jiěfàngbēi

オススメ度 ★ ★

鄒容路と民族路は重慶一の繁華街として知られているが、その交差地点に巨大な塔のような解放碑が立っている。

1939年、中華民国（国民党）政府が臨時首都を重慶においた翌年、国民の意識を結集させる精神的な象徴として築いたのが始まり。その後、抗日戦争勝利記念としての紀功碑、重慶解放を記念する解放碑として呼び名と姿を変えつつも、常に重慶の象徴として存在している。

高層ビルと解放碑

解放碑
Ⓜ P.117-E2
住 渝中区解放碑
☎ なし
オ 24時間
休 なし
料 無料
交 軌道交通1、2号線「较场口」。軌道交通2号線「临江门」

磁器口古鎮
Ⓜ P.115-A4
住 沙坪壩区磁南街1号
☎ 65010003
オ 磁器口古鎮24時間
鐘家院、宝輪寺8:00～17:30
休 なし
料 磁器口＝無料、鐘家院＝10元、宝輪寺＝10元（線香代）
交 ①軌道交通1号線「磁器口」
②202、261、467、503、808路バス「磁器口」

磁器口にある鐘家院の内部

水運の要衝として栄えた古鎮

磁器口古鎮（じきこうこちん）／磁器口古镇　cíqìkǒugǔzhèn

オススメ度 ★★

にぎやかな磁器口古鎮

磁器口古鎮は嘉陵江に面する、水運の要衝として古くから栄えた港を中心とした町。近隣都市からの物資は磁器口に集められ、水運のにぎわいとともに市も立ち、いっそうにぎわうようになった。現在では以前に比べて規模は小さくなったが、昔のままに残された町並みを散策してみるのもおもしろい。

明清様式の建物は、鐘家院のように見どころとして公開されたり、茶館やレストラン、みやげ物店として利用されたりして、多くの観光客でにぎわいを見せている。

町なかには宝輪寺という6世紀創建の古刹もある。

重慶中国三峡博物館
Ⓜ P.116-B2
住 渝中区人民路236号
☎ 63679066
オ 9:00～17:00
※入場は閉館1時間前まで
休 月曜
料 無料
交 ①軌道交通2号線「曾家岩」
②112、152、262、421、829、862、881路バス「大礼堂」
Ⓤ www.3gmuseum.cn

重慶に関する展示がメインの博物館

重慶中国三峡博物館（じゅうけいちゅうごくさんきょうはくぶつかん）／重庆中国三峡博物馆　chóngqìng zhōngguó sānxiá bówùguǎn

オススメ度 ★★

重慶人民広場の西側に位置する博物館で、収蔵する文化財はおよそ17万点にも及ぶ。

博物館は歴史展示が充実

館内は、三峡に関連する展示を行う「壮麗三峡」、重慶の歴史を展示する「遠古巴渝」、町の変遷を展示した「城市之路」、抗日運動を展示する「抗戦歳月」などに分かれている。

人民大礼堂
Ⓜ P.116-B2
住 渝中区人民路173号
☎ 63621815、86527616
オ 8:00～18:00
休 なし
料 10元
交 ①軌道交通2号線「曾家岩」
②112、152、262、421、829、862、881路バス「大礼堂」

特徴的な屋根をした建物

人民大礼堂（じんみんだいれいどう）／人民大礼堂　rénmín dàlǐtáng

オススメ度 ★★

人民大礼堂の外観

市政府の南側には重慶市民憩いの場である人民広場がある。その東側に立つのが1954年に竣工した中国式の丸屋根を備える人民大礼堂。北京にある天壇公園の祈年殿にも似た、青い瓦屋根に赤い柱の建物は、中国伝統風建築物として海外でも高い評価を受けている。5層円形の大楼には4200人を収容できる。

長江沿いにある有名な建築群

湖広会館／湖广会馆　húguǎng huìguǎn

ここうかいかん

オススメ度 ★★

長江沿いに位置する東水門に立つ建築群。清の康熙年間（17世紀中期～18世紀前期）に建設が始まり、光緒年間（19世紀後期～20世紀初）まで絶えず建設が続けられた。現存する建物のほとんどは光緒年間に建てられたものだが、その規模は中国有数。会館とは、遠く離れた同郷出身者が集まる出先事務所のような場所だった。

斉安公所の内部にある人形展示

代表的な建物は、湖広（現在の湖北省、湖南省）出身者が建てた禹王を祀る禹王宮、湖北省黄州出身者が建てた斉安公所、広東出身者が建てた広東会所（別名は南華宮）。

重慶の夜景を楽しむ

重慶市両江游／重庆市两江游

じゅうけいしりょうこうゆう

chóngqìngshì liǎngjiāngyóu

オススメ度 ★★

渝中区の繁華街は長江と嘉陵江の合流地点にあり、三峡下りの発着地点として多くの観光客を集める。その船とふたつの大河、繁華街の景観を合わせ、観光の対象としたのが重慶市両江游。

日が暮れて乗客が集まると船は埠頭を離れ、長江を遡って長江大橋に向かう。そこで向きを変え長江と嘉陵江の合流地点まで下って埠頭に戻る。遊覧時間は1時間前後、渝中区、南岸区、江北区の夜景を堪能できる。

重慶の伝統的な建築様式

洪崖洞／洪崖洞　hóngyádòng

こうがいどう

オススメ度 ★

嘉陵江沿いの斜面には、外側に迫り出した「吊脚楼」と呼ばれる蒸し暑い地方独特の通風に優れた建築群がある。

洪崖洞の夜景

それらの伝統家屋は、ショップやレストラン、バーなどが入る繁華街として利用されており、夜遅くまで観光客が訪れる観光スポットとなっている。

湖広会館

M P.117-F2

住 渝中区長江濱江路芭蕉園1号

☎ 63930287

オ 9:00～18:00

※入場は閉館1時間前まで

休 なし

料 30元

交 ①軌道交通1、6号線「小什字」。徒歩10分
②414、440路バス「湖广会馆」

U www.cqhghg.com

焼香の絶えることない禹王宮

重慶市両江游乗り場

M P.117-F1

住 渝中区長江濱江路五～九碼頭

☎ 63100866、63100659

オ 切符売り場8:00～21:00

※出発は19:30～21:30の間約30分に1便

料 90～100元

※船により異なる

交 ①軌道交通1、6号線「小什字」。徒歩15～20分
②414、440、503路バス「长滨路九码头」。徒歩5～10分

渝中区の高層ビルの夜景

洪崖洞

M P.117-E2

住 渝中区嘉陵江濱江路88号洪崖洞伝統風景区

☎ 63039999、63039995

オ 店舗により異なる

休 店舗により異なる

料 店舗により異なる

交 ①軌道交通2号線「临江门」。徒歩10分
②262、466、476路バス「洪崖洞（沧白路）」

※濱江路沿いには公共交通機関はないので、下車後、滄白路にある洪崖洞大酒店のエレベーターで濱江路に移動し、下から見上げるとよい

インフォメーション

新三峡クルーズ

ダム工事によって、日本からのツアー企画は一時衰退したが、新たな観光ポイントを加えた「新三峡クルーズ」が、数多くの船会社によって運航されている。

三峡遊覧コース

基本区間は重慶～宜昌。下り3泊4日、上り4泊5日。上りのコースは日本からのツアーではほとんど企画されない。

ツアー料金は季節や船により差があるが、3泊4日でだいたい2500～2800元前後。重慶を21:00頃に出航する。

三峡ダムの完成による変化

三峡ダムから上流は、水位が上昇し川幅は広がったが、周囲が切り立った山々であることから、以前の景色と大きく変わった印象は受けない。むしろ水深を得て大型船の運航も可能になった。さらに、従来の船に加え、インターナショナルなサービスの大型クルーズ船が導入され、より快適な船旅ができるようになったのは大きな変化だ。5つ星の船でも海のクルーズのように船内の階層やフォーマルを強いるところはなく、カジュアルな雰囲気で過ごしやすい。

上陸地点

鬼城、雪玉洞、白帝城、小三峡、神農峡、三峡ダムなどのうち、各ツアーともダムを入れて4ヵ所ほどに立ち寄る。上陸先はツアーや船会社によって異なるので、必ず事前に確認すること。

郊外の見どころ

長江沿いに点在する景勝地を巡る

三峡遊覧／三峡游　sānxiáyóu

オススメ度 ★★

揚子江とも呼ばれる長江は、チベット高原のタンラ山脈にその源流を発し、6300kmの道のりを経て東シナ海（中国語では東海）に流れ込む。その大河の中流域に、瞿塘峡、巫峡、西陵峡の3つの渓谷が連なる三峡と呼ばれる場所があり、重なり合う山々、両岸から絶壁が迫り、黄土色の激流が水しぶきを上げる、天下の絶景を造り出している。

昔は旅人の行く手を阻んだ三峡も、三峡ダムの完成によって川幅も広がり、流れも緩やかになった。水位は上昇したが、沿岸の景観は今も魅力にあふれている。

三峡を旅するには、遊覧船を利用することになるが、船のグレードや船室などで大きく料金が変わってくる。申し込み時には、条件と料金を比較検討すること。

重慶～瞿塘峡の見どころ

鬼城／鬼城（きじょう／guǐchéng）

鬼城は、重慶の東170kmの豊都にある見どころ。

豊都には平都山という山があるが、この山は、北魏の酈道元が著した地理書『水経注』のなかで「道教72福地」の45番目として紹介されており、古くから多くの道士が修行を行ったことで知られる。なかでも、修行の後、仙人になったと伝わる後漢の陰長生と王方平は有名であった。後に、ふたりの姓が

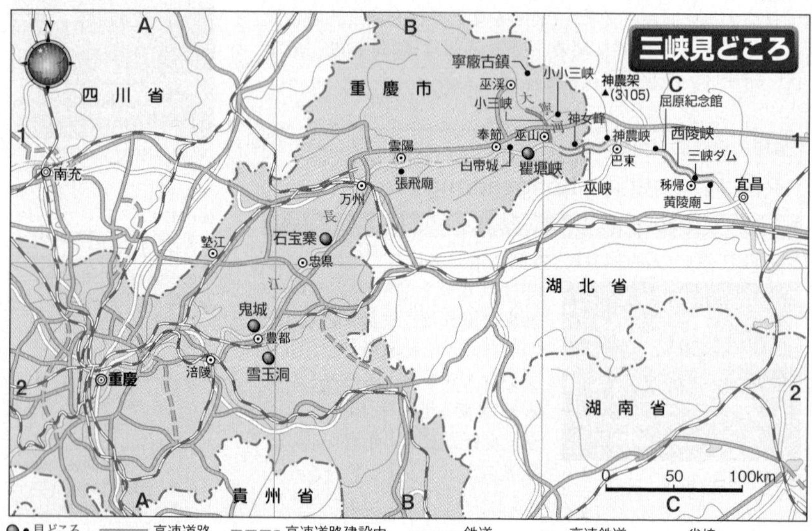

●•見どころ　高速道路　高速道路建設中　鉄道　高速鉄道　省境

合わされ、陰王（冥界の王＝閻魔大王）と誤って伝わるようになった。さらに、後漢末にはやった五斗米道がこの地で呪術を行ったこともあって、「鬼城」（冥界の町）と呼ばれるようになった。宋代以降は冥府を建て、広く知られることとなった。

見どころは、鬼門関、無常殿、奈何橋などのある鬼城名山風景区、崖に彫られた高さ138mの巴人鬼王などを中心とする鬼王石刻風景区の2ヵ所に分かれている。

鬼城の入口に立つ牌楼

雪玉洞／雪玉洞（せつぎょくどう／xuěyùdòng）

この鍾乳洞は1万～3300年前と比較的新しく、短い年月で形成された白く美しい石筍、石柱が見られる。すでに1116mの遊歩道が整備されている。鬼城の対岸にある。

チープな塑像はほほ笑ましくもある（鬼城）

石宝寨／石宝寨（せきほうさい／shíbǎozhài）

石宝寨は、壮観な景観が万州八景として知られる万州と忠県の間の長江北岸に位置する。その創建は、明の万暦年間（1572～1620年）に遡る。

高さ56mの楼閣が岸壁に造られており、12層のうち下の9層は清代に再建され、残る3層は1956年に加えられた。

多くの三峡遊覧では、船上から眺めることになる。

天子殿外観（鬼城）

白帝城／白帝城（はくていじょう／báidìchéng）

白帝城は、奉節県の瞿塘峡の西側に位置する楼閣で、三面を長江に囲まれた山上に立ち、軍事上の要衝として知られてきた。その歴史は前漢末、この地を掌握した公孫術が築城したことに始まるが、彼が白帝と自称したことから、白帝城と呼ばれるようになった。

日本人にとっては、三国時代の蜀の皇帝劉備が呉に破れ、諸葛亮に後事を託して生涯を終えた地として知られている。しかし、彼らが祀られたのは1533（明の嘉靖20）年以降のこと。

『三国志』劉備遺言の場を再現。李白の詩碑などもある

瞿塘峡（くとうきょう）／瞿塘峡（qútángxiá）

白帝城から8km下流にある三峡最西部の峡谷。全長8kmと最も短いが、ほぼ垂直にそそり立つ断崖の景観がすばらしい。古桟道と呼ばれる道の跡や崖の横穴に入れられた棺桶もある。この棺桶はふいごに見立てて作られたもの。このあたりは風箱峡（ふうしょうきょう）とも呼ばれている。

夔門に彫られた文字

巫峡／巫峡
ふきょう　wūxiá

巫峡を上る遊覧船

北岸六峰、南岸六峰を合わせて巫山十二峰と呼ばれる、景観の美しい山々に囲まれた全長44kmの峡谷。その断崖の美しさは三峡一。また、巫山十二峰のひとつ、神女峰の上に立つ5mの石には、人間の生活に憧れ、人間界に下りてきたために石にされてしまった神仙の娘だという伝説もある。

小三峡は船を乗り換えて遊覧する

小三峡／小三峡（しょうさんきょう／xiǎosānxiá）

巫峡の入口で小舟に乗り換え、三峡のなかで最も大きな支流大寧河を上り、龍門峡、巴霧峡、滴翠峡の小三峡、さらに上流の小小三峡と呼ばれる峡谷をクルージングする。しばらくの間大寧河の美しい川の流れを楽しむと、小舟は長江へ引き返す。

山岳に暮らす少数民族のガイドが案内する秘境への船旅

神農峡／神农峡（しんのうきょう／shénnóngxiá）

長江に注ぎ込む支流。錦竹峡、鸚鵡峡、龍昌峡などの美しい渓谷からなる。中型の遊覧船に乗り換えて、切り立った崖や山々、岸辺の小さな村、岩間の懸棺、鍾乳洞などを仰ぎ見る。狭い谷の奥の船着場で、さらに古式の手こぎボート（莢豆）に乗り換え、野人伝説もうわさされる深奥部の川を遊覧する。トゥチャ族の生活と奥地の自然を体感できる。

西陵峡／西陵峡
せいりょうきょう　xīlíngxiá

全長76kmと三峡のなかでも長い峡谷。峡谷の入口の香渓は中国の四大美女のひとり、王昭君の故郷。またそのすぐ下流にある秭帰は戦国時代の楚の詩人屈原の故郷。

崆峰灘は三峡のなかで最も航路が狭く、流れが急で船乗りたちにとても恐れられていた。さらにそこから17km下流の黄陵廟では治水の神様の禹を祀っている。

西陵峡に入ると川幅は広がり、流れは緩やかになる

三峡ダム／三峡大坝（さんきょうだむ／sānxiá dàbà）

西陵峡の終点（宜昌出発なら始点）ともいえる場所にあるのが世界最大級の水力発電用ダムである三峡ダム。このダムは、長江の治水、電力の供給、水運の整備を目的として1993年に着工し、2009年に完成した。その規模は、堤高185m（通常水位175m）、総貯水量393億㎥に及び、26基の発電機を備える。

観光船の多くは、ここで観光する時間を確保しているので、記念写真を撮影するのもよいだろう。

三峡ダム壇子嶺観景台から見た三峡ダム

釈迦涅槃像が壮観 世界遺産

宝頂山石刻／宝顶山石刻　bǎodǐngshān shíkè

ほうちょうざんせっこく

オススメ度 ★★

宝頂山石刻は、重慶市の西部、大足区の中心から北東約15kmの宝頂山の山腹に彫られた石刻群で、大足石刻の中核的存在。1179（南宋の淳熙6）年、大足出身の僧侶趙智鳳が、宝頂山を修験場とするために仏像を彫ったのが始まりとされる。その後70年ほどかけ、現在の規模となり、完成後は巴蜀地方（現在の四川省と重慶市）における代表的な石窟道場として知られることになった。

宝頂山石刻は13の石刻群で構成されているが、その中心は

大方便仏報恩経変図（一部）

地獄変相（一部）

宝頂山石刻
Ⓜ P.127-B1
住 大足区宝頂鎮宝頂山
☎ 43785774、43734666
才 8:30～18:00
※入場は閉門1時間30分前まで
休 なし
料 2～11月：
宝頂山石刻＝115元
※北山石刻との2日有効共通券＝140元
12～1月：
宝頂山石刻＝100元
※北山石刻との2日有効共通券＝120元
交 ①大足バスセンター前から205路バスで「宝顶山博物馆」。6:30～18:30の間30分に1便。3元、所要30分
②大足バスターミナルからタクシーで片道40～50元、所要15分が目安
Ⓤ www.dzshike.com/dazu

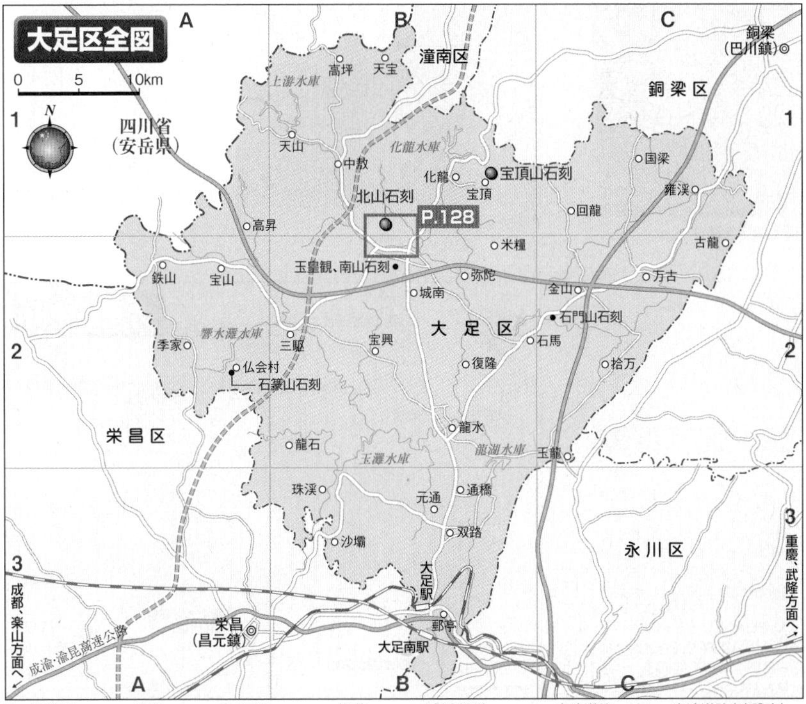

大足区全図

0　5　10km

A　B　C
1　2　3

四川省（安岳県）　潼南区　銅梁区　銅梁（巴川鎮）　栄昌区　永川区
高坪　天宝　上游水庫　天山　中敖　化龍水庫　化龍　宝頂山石刻　宝頂　北山石刻　P.128　高昇　国梁　雍渓　回龍　古龍　米糧　玉皇観、南山石刻　鉄山　宝山　弥陀　城南　金山　方古　石門山石刻　大足区　響水灘水庫　三駆　宝興　石馬　季家　仏会村　石篆山石刻　復隆　拾万　龍水　龍石　玉灘水庫　龍湖水庫　玉龍　珠渓　通橋　元通　双路　沙壩　大足駅　郵亭　栄昌（昌元鎮）　大足南駅　成渝・渝昆高速公路
成都、楽山方面へ　重慶、武隆方面へ

●● 見どころ　省境　県・区境　鉄道　高速鉄道　高速道路　高速道路（建設中）

インフォメーション

電動カート

宝頂山大足石刻博物館と景区出口の間（約500m）に電動カートが運行されている。
料片道10元

縛心猿鎖六秏図（一部）

人々に説法を行ったといわれる大仏湾。馬蹄形をした岩壁に約500mにわたって大小1万を超える石像が彫られており、代表的なものは護法神龕、六道輪廻、華厳三聖像、千手観音、釈迦涅槃聖跡図、円覚道場など。

聖寿寺は趙智鳳によって建立された禅寺。天王殿や大雄宝殿などの現存する建物は、明清代に再建されたものがオリジナル。

北山石刻

M P.127-B1、P.128-A1
住 大足区北郊外龍崗村
☎ 43785774、43734666
オ 8:30～18:00
※入場は閉門1時間30分前まで
休 なし
料 3～11月＝115元
※宝頂山石刻との2日有効共通券＝140元
12～2月＝70元
※宝頂山石刻との2日有効共通券＝120元
交 大足バスターミナルからタクシーで片道10～15元、所要5分が目安
U www.dzshike.com/dazu

摩利支天女龕

回廊に造営された見事な石刻群 世界遺産

北山石刻（ほくざんせっこく）／北山石刻　běishān shíkè

オススメ度 ★★

町の北約2kmの北山（古くは龍崗山と呼んだ）にある石刻群で、唐末から南宋（9世紀末～12世紀中期）にかけて彫られたおよそ5000体の像が残る。現在は南段（第1～100号窟）と北段（第101～290号窟）に分けられ、264龕窟を目にすることができる。代表的なものには、千手観音龕（唐末）や転輪経蔵窟（宋代）、数珠手観音窟（宋代）、孔雀明王窟（宋代）などがある。見学を終えて時間があったら、北山石刻の北側の山に行ってみよう。北段側の門を出て池沿いに急な石段を10分ほど上った所に多宝塔が立つ。もとは寺院（北塔寺）もあったが、現在は石塔が残るのみ。

孔雀明王窟

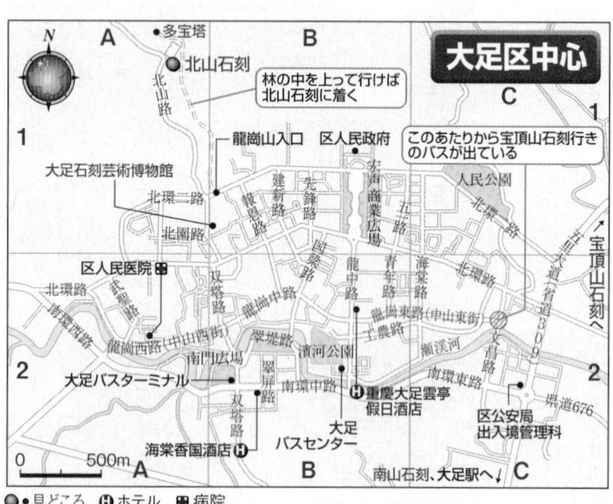

●•見どころ　Ⓗホテル　病院

インフォメーション

重慶とのアクセス

重慶バスターミナルや重慶北駅南広場バスターミナルなどから大足行きに乗車する（便数などは→P.120）。重慶からの便は大足バスターミナル（通称老站）に発着し、大足バスセンター（通称新站）の発着便はない。大足バスターミナルから重慶方面行きバスは6:30～18:00の間40分～1時間に1便あるので、重慶を朝早く出発すれば日帰りできる。

ホテル

JWマリオット・ホテル重慶／重庆JW万豪酒店 chóngqìng JW wànháo jiǔdiàn ★★★★★

解放碑の南西約300mの所に位置する5つ星ホテル。客室からは重慶の景観を堪能できる。バスルームは広く、リラックスできる。館内には、西洋料理、日本料理、中国料理のレストランがある。

両替　ビジネスセンター　インターネット

- Ⓜ P.117-E3
- 住 渝中区民生路235号
- ☎ 63799999
- FAX 63709999
- Ⓢ 768～908元
- Ⓣ 768～908元
- サ 10%＋6%
- カ ADJMV
- Ⓤ www.marriott.co.jp

ヒルトン重慶ホテル／重庆希尔顿酒店 chóngqìng xīěrdùn jiǔdiàn ★★★★★

重慶の最高級ホテル。館内には、ジムやプール、テニスコートなどの施設があり、広東、四川料理の「酔月庁」、西洋料理の「Cafe@Two restaurant」がある。

両替　ビジネスセンター　インターネット

- Ⓜ P.116-A2～3
- 住 渝中区中山三路139号
- ☎ 89039999
- FAX 89038666
- Ⓢ 598～919元
- Ⓣ 598～919元
- サ なし
- カ ADJMV
- Ⓤ www.hilton.co.jp

洪崖洞大酒店／洪崖洞大酒店 hóngyádòng dàjiǔdiàn ★★★★

嘉陵江南岸の崖に沿うように立つ洪崖洞建築群のひとつ。内装は現代中国テイストに統一されている。

両替　ビジネスセンター　インターネット

Ⓜ P.117-E2　住 渝中区滄白路56号11楼
☎ 63992888　FAX 63992999　Ⓢ 548～668元
Ⓣ 568～688元　サ なし　カ ADJMV

重慶霧都賓館／重庆雾都宾馆 chóngqìng wùdū bīnguǎn

2014年開業の周公館近くに位置するホテル。星なし渉外ホテルだが、設備は5つ星クラス。

両替　ビジネスセンター　インターネット

Ⓜ P.116-B1　住 渝中区中山四路上曽家岩24号
☎ 88118888　FAX 88592029　Ⓢ 580～680元
Ⓣ 580～680元　サ なし　カ ADJMV

グルメ

陶然居／陶然居 táoránjū

女性ひとりで1994年に始めたテーブル席わずか5つの食堂が、重慶有数の人気店となった。名物料理は"辣子田螺（タニシの辛子煮込み）"や"糯米排骨（豚のあばら肉の上にもち米をのせて蒸した料理）"、"水煮魚（白身魚のトウガラシ入りラー油煮込み）"など。

- Ⓜ P.117-E2
- 住 渝中区臨江路69号鄒容広場英利大廈6階
- ☎ 63792466
- オ 10:00～14:00、16:30～21:00
- 休 なし
- カ 不可
- Ⓤ www.cn-taoranju.com

旅行会社

中国旅行社総社重慶分社／中国旅行社总社重庆分社 zhōngguó lǚxíngshè zǒngshè chóngqìng fēnshè

日本語対応可能な旅行会社。鉄道、長距離バスの切符手配は1枚50元。三峡遊覧も手配可能。日本語ガイドは1日600元、車のチャーターは重慶市内が1日700元、大足が1日1400元。このほか、四川省の旅行手配も可能。

- Ⓜ P.115-B4
- 住 江北区建新北路一支路6号未来国際大廈29階
- ☎ 63516522（日本語可）
- FAX 67751799（日本語可）
- オ 9:00～12:00、14:00～17:30
- 休 土・日曜、祝日
- カ 不可
- ✉ ludong@ctsho-cq.com

小特集

乗って、歩いて、食べて楽しむ重慶！
重慶深度旅游

文・写真　浜井幸子

中国西南部に位置する重慶は、1997年に四川省から切り離されて直轄市に指定された。それ以降猛烈なスピードで発展を遂げ、境界を接する陝西、四川、湖北、湖南、貴州の5つの省から多くの労働者を引き寄せた。

重慶の中心は長江と嘉陵江に挟まれた渝中区。高層ビルが建ち並ぶ近代的な都市であると同時に、旅行者にノスタルジーを感じさせる「老重慶」と呼ばれる昔懐かしい町並みも存在する。この華々しい発展と失われた世界の二面性が町の魅力なのだ。そんな重慶の楽しみ方をいろいろな角度から紹介してみよう！

東水門大橋を歩く「棒棒」。「棒棒」は竹棒1本で荷物を運ぶ運送業者。平地の少ない重慶で活躍したが、近い将来消失する職業といわれている

解放碑は重慶のシンボル。ここで写真を撮る中国人は後を絶たない

乗って楽しむ！

アップダウンの激しい渝中区では、ほかの都市では考えられない乗り物が市民の交通手段になっている。まずは渝中区の地形が生んだ重慶だけの公共交通に乗ってみよう。

1 長江ロープウエイ
长江索道

超おすすめ！

Ⓜ P.117-F2～3

長江にかかる全長1166mのロープウエイ。長江沿いの夜景を見られるので夜に乗るのがおすすめ。昼間に乗ると、曇りの日が多い重慶では、くすんだ要塞のような渝中区を一望できる。2014年、東水門大橋ができ、長江ロープウェイを利用しなくても長江を渡れるようになった。このため長江ロープウェイは乗ること自体が観光になっている。料金は往復30元。

長江索道は長江上空を4分間の間、空中散歩できる

2 皇冠エスカレーター 皇冠大扶梯

おすすめ！

M P.116-A3

重慶は山城と呼ばれるほど平地の少ない所。中心部の渝中区を歩けば、いたるところに坂道と石段。そのため今はやりのシェアサイクルも役に立たず、あまり見かけない。皇冠エスカレーターは、1996年2月に開業した軌道交通1、3号線「両路口」駅（4号出口）と重慶駅を結ぶ全長112mもの大エスカレーター。速いスピードで動くうえ、傾斜30度と急勾配なので皇冠エスカレーターの上から見下ろすと、かなり怖い。乗っている時間は約2分30秒。料金は2元。

皇冠大扶梯の入口

利用時はスピードに注意！

利用者はエレベーターの入口で1元支払う

3 凱旋路エレベーター 凯旋路电梯

M P.117-E3

一見、普通のエレベーターだが、ただひとつ違うのは、乗る前に料金1元を払うこと。1986年2月に開業した凱旋路エレベーターは、今も周辺住民の足となっている。凱旋路エレベーターの隣にある急な石段は、高さ約50m。軌道交通1、2号線「較場口」駅周辺に行くために凱旋路エレベーターに乗らない場合、この石段を登らなくてはならない。

4 モノレール 单轨

おすすめ！

M P.115-B4

重慶のモノレール（単軌）といえば、高層ビルの間を縫うように走る軌道交通3号線「獅子坪～鄭家院子」間がおもしろい。そこは近未来の世界に紛れ込んだような感じがして楽しい。また、軌道交通2号線「李子壩」駅は、重慶の人気写真スポットになっている。

車両が建物に突き刺さり、吸い込まれていくような感じが人気の「李子壩」駅。先頭車両に乗るのがおすすめ！

2019年3月、「李子壩」駅には、国内ツアー客も訪れる。嘉陵江沿いでもあり、駅前は展望広場になっている

郊外の古鎮を歩く！

「古鎮の宝庫」ともたたえられる重慶は、交易ルートである長江沿いにその多くが造られた。糧食はもちろん、炭、皮革など交易品は多岐にわたったが、そのなかで最も重要なものが「塩」であった。四川省自貢産の「川塩」を載せた大型船が停泊できる大きな埠頭を備えた白沙鎮と交通の要衝である石蟆古鎮や塘河古鎮は、川塩の運搬でおおいに栄えた。これらの古鎮を訪れれば、重慶商業史の一端に触れることができるのだ。

上：石蟆古鎮の清源宮。四川、貴州の民間信仰である「川主（都江堰を建設した李冰）」を祀っている　下：大寧河沿いにある寧廠古鎮

白沙鎮と石蟆古鎮

M P.115-A3

長江沿いに広がる江津区の古鎮は、埠頭を中心に村が形成されていることが多い。なかでも白沙鎮の歴史は古く、987（北宋の雍熙4）年に遡ることができる。深瀬の良港を備えた白沙鎮は、江津区を代表する古鎮といえる。石蟆古鎮は、四川、重慶、貴州の境界に近い要衝にあり、古鎮の歴史は元代末期まで遡る。「老街」の出入口に「蛤蟆（カエル）」に似た大きな石があり、石蟆古鎮と呼ばれている。

Access

重慶から江津へ
白沙鎮、石蟆古鎮、塘河古鎮に行く場合、まず江津へ移動し、それぞれの町に移動する。重慶バスターミナルから「江津」行きで終点。6:30～18:40の間14便。22元、所要1時間30分

江津から白沙鎮へ
江津バスターミナルから「白沙」行きで終点。5:50～18:10の間10分に1便。17元、所要40分

江津から石蟆古鎮へ
江津バスターミナルから「石蟆」行きで終点。7:15～15:30の間11便。25.5元、所要1時間30分

江津から塘河古鎮へ
江津バスターミナルから「塘河」行きで終点。8:20～15:50の間3便。21.5元、所要1時間

重慶から寧廠古鎮へ
重慶北駅南広場バスターミナルから「巫溪」行きで終点。1日7便。100元、所要5時間。タクシーで巫溪短距離バスターミナルに向かい「孔梁」行きに乗り換え「宁厂古镇」。9:00～15:00の間1時間に1便。8元、所要40分　※15:00のバスだと日帰りはできないので注意

上：白沙鎮の朝天嘴埠頭。中華民国時代には交易品が集まる大きな埠頭があり、100艘もの船が停泊できたといわれている　中：白沙鎮の埠頭からそう遠くない通りに残る塩の貯蔵庫　下：石蟆古鎮の清源宮は、地元のおじさんたちの憩いの場

塘河古鎮

おすすめ!

Ⓜ P.115-A3

塘河沿いにあることから塘河古鎮と呼ばれている。明代に王翁廟が建てられた頃に集落が形成され、清の乾隆年間（1736～1795年）に最盛期を迎えた。埠頭から清源宮に向かって、徐々に高くなっていく通りは石段で結ばれており、典型的な川沿いの古鎮の形をしている。

清代に建設された老街。中華民国期の大火で町が焼けた白沙鎮に比べ、老街の規模も大きく見応えあり

柱を乗せた石の装飾に歴史を感じる

1887（清の光緒13）年に建てられた清源寺。外壁しか残っていないが、その大きさには驚かされる

寧廠古鎮

Ⓜ P.115-C1

重慶市東部巫渓県の寧廠古鎮は、最も古い塩鎮のひとつといわれている。塩分を含んだ水の出る泉があり、製塩業で栄えてきた。日中戦争が始まると、沿岸部の製塩工場が日本軍による爆撃で壊滅状態になり、重慶産や四川産の塩が中国南部に流通した。しかし、戦後は沿岸部の製塩業の工業化が進み、寧廠古鎮の伝統的な製塩業は、衰退していった。

大寧河沿いに残っている廃墟と化した製塩工場跡。大寧河を挟んだ向かい側は、住民の居住区となっている。伝統的な製塩法とは、塩井から汲み上げた水や泉から湧き出た塩水を釜で煮て、水分を蒸発させる方法。清の乾隆年間には、336もあったといわれる釜は、中華人民共和国成立前後に99、現存する釜址は68のみ

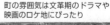

左：文革期のスローガンが書かれた建物が残っている　上：製塩業が衰退して以降、村には廃屋が目立ち、若い住人の姿はほとんど見られない

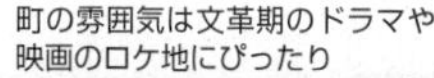

町の雰囲気は文革期のドラマや映画のロケ地にぴったり

「小麺」を食べる！

中国には多くの麺料理がある。日本人にとって知名度は高くないが、ここ重慶にも名物麺料理は存在する。重慶を訪れたら町に繰り出し、麺料理にチャレンジしよう！

重慶人が熱愛する「小麺」

日本では、四川省成都の「担担麺」のほうが圧倒的に有名だが、中国では「重慶小麺」のほうがメジャーではないだろうか？　単に「小麺」とも呼ばれるこの名物麺は、重慶人の心の麺といっても過言ではない。町なかには「重慶小麺」の看板があふれ、人気店の前では朝昼と店からあふれ出た人が、地面に置いた小さな椅子でかがみこんで食べる姿が目につく。小麺とは簡単な麺という意味。厳密にいうと具は青菜のみの素朴な麺だが、肉そぼろや牛肉入りのものも小麺と呼ぶそうだ。味のベースは、花椒、にんにく、塩、唐辛子などのスパイス類を混ぜ合わせた辣油。その味は、重慶らしく「麻」だ。「麻」とは、唇がジーンとしびれるほどの辛さ。辛いが複雑で深みのある辣油の味は、一度食べると癖になるほどおいしい。重慶を知ろうと思えば、小麺を食べることなくして、知る道はないのだ。

花市豌雑麺で人気の「豌雑麺」。肉そぼろとひよこ豆の煮込みをのっけた激辛混ぜ麺

上：花市豌雑麺の前は、店からあふれ出たお客でいっぱい　下:「花市豌雑麺」の看板に書かれた「前5」とは、毎年発表される小麺ランキングの上位5番以内の店という意味。写真は花市豌雑麺の小什字店（Ⓜ P.117-F2　住 渝中区小什字民族路と五一路の交差点の東側）

秦雲老太婆攤攤麺に行こう！

小麺ランキング1位に君臨するのは、「秦雲老太婆攤攤麺」。爆発的にはやった食のドキュメンタリー番組『舌尖上的中国』の第2シーズンでも取り上げられた超人気店だ。支店の数は多いが、やはり本店に行くのがおすすめ！

上：楊家坪のバス停で降り、国美電器の隣の路地をひたすら真っすぐ、古い低層住宅の1階（Ⓜ P.115-B5　住 九龍坡区謝家湾正街55号24幢1-17）　本店に行く時間がない人は、軌道交通1号線「較場口」10B出口近くにある支店（Ⓜ P.117-E3　住 渝中区較場口117号附4号）に行こう　左：秦雲老太婆攤攤麺の小麺。小麺は汁ありと汁なしの2種類。小麺は、もともとは定番朝ごはん。この辛さが朝ごはんとは！　さすが重慶！

重慶の夜景撮影ポイント

重慶市中心の渝中区は、長江と嘉陵江の合流地点に位置し東西に延びる半島のような形状をしている。南北の幅は広い所でも2kmほどしかなく、水際から中央部へかなり急な傾斜になっているため、古くから「山城」という別名でも呼ばれていた。アップダウンの多い町並みは格好の被写体にもなっており、特に夜景は目を引くものがある。

そんな夜景のおすすめ撮影ポイントには次のような所がある。

❶解放碑（解放碑／jiěfàngbēi）
詳細→P.121

重慶有数の繁華街中心部でアクセスも楽。時間に制限があるなら解放碑を中心とした繁華街が華やかでおすすめ。

❷洪崖洞（洪崖洞／hóngyádòng）
詳細→P.123

嘉陵江南岸の絶壁にある建築群。近代的な高層ビル群とは違った景観を撮影できる。

❸两江游（两江游／liǎngjiāngyóu）
詳細→P.123

船上からの夜景を楽しめる。船は小さな会社から国営までいろいろなものがあるが、トラブルを避けるため、客引きからの購入を避け、正式な売り場で購入すること。

朝天門広場の夜景

❹涂山塑像公園
（涂山塑像公园／túshān sùxiàng gōngyuán）
M P.115-C4

涂山塑像公園は長江南岸、南岸区南山風景区内にある約20万㎡の、彫刻を展示する公園。長江北岸と南岸の撮影に適している。公園内では、大金鷹、一棵樹、三塊石などの撮影ポイントが有名。

しかしいずれも、夜は愛好家でないとわかりづらく、旅行会社に希望を伝え、手配するのが無難。

❺南濱路（南滨路／nánbīnlù）
M P.115-C4

南岸区の長江芸術広場から陽光100国際新城のあたり。長江と嘉陵江の合流地点を一望できるポイントで、遠景では長江と嘉陵江、それぞれの水面に映る両岸を、近景では正面に朝天門を収めることができる。

華やかな洪崖洞夜景
写真提供：川田大介（中國紀行CKRM）

重慶市　武隆（ウーロン）　Wǔ Lóng　市外局番●023

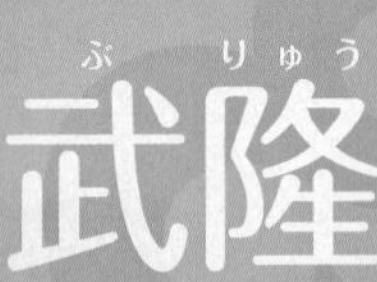

武隆（ぶりゅう）

カルスト地形で知られる町

入場口から下りてすぐの所にある天龍橋（天坑三礄）

都市Data

武隆区
人口：41万人
面積：2892㎢
重慶市管轄下の区

区公安局出入境辦証庁
(区公安局出入境办证庁)
Ⓜ P.137-B2
㊟巻口鎮建設東路2号南城中央広場武隆区行政服務中心
☎77712770
オ8:30〜12:00、14:00〜17:00
休土・日曜、祝日
観光ビザの延長は不可

区人民医院
(区人民医院)
Ⓜ P.137-B2
㊟巻口鎮建設東路3号
☎77726120
オ24時間
休なし

市内交通

【路線バス】運行時間の目安は6:00〜18:00、1.5元
【タクシー】初乗り1.5km未満5元、1.5km以上1kmごとに1.4元加算

烏江に架かる烏江大橋

概要と歩き方

武隆は、重慶の南東約170kmに位置する市轄区。貴州省と境界を接することから、「渝黔門屏（重慶と貴州を隔てる門）」と呼ばれてきた。この地に町が開かれたのは619（唐の武徳2）年。当初は武龍といったが、1380（明の洪武13）年に、広西省に同じ地名があったことから武隆と改名された。

武隆の見どころは、カルスト地形を中心とした景観。2007年には「中国南方カルスト」として、重慶で初めて世界自然遺産に登録された。

この町へのアクセスは鉄道とバス。到着後、食事を取ってから芙蓉洞と芙蓉江を観光し、2日目に天坑三礄（てんこうさんきょう）や龍水峡地縫、仙女山国家森林公園を観光するのが効率的。重慶を早朝に出発して武隆でタクシーをチャーターして観光すれば、日帰りも可能。その際は、仙女山国家森林公園は省いてほかの見どころに時間をかけるとよい。

武隆の特産品にすでに100年以上の歴史をもつ羊角豆腐干がある。ひと袋5元程度なので、買って食べてみよう。

武隆観光の拠点となる巻口鎮の町は小さく、繁華街といえるのは芙蓉路と建設路。ホテルのレストラン以外にはこれといった食事処はないが、夜になると多くの屋台が出現する。

1

2

3

1芙蓉洞ロープウエイから見た景観
2天坑三礄と龍水峡地縫の出発地点となる武隆游客中心
3抜け落ちた天井にできた空間を鯉の滝登りにたとえた「鯉魚跳龍門」（天坑三礄）

※町の気象データ（→P.22）：「预报」＞「重庆」＞「武隆」＞郷・鎮から選択

中国国内の移動➡P.318　鉄道時刻表検索➡P.321

鉄道

重慶と湖南省懐化を結ぶ渝懐線の途中駅である武隆駅を利用する。渝懐線は幹線ではないため、重慶北駅との間を走る列車を除くと本数は多くなく、寝台券の入手はかなり困難。まずは重慶に移動することをおすすめする。

所要時間(目安)【武隆（wl）】重慶北（cqb）／快速：2時間29分　成都（cd）／快速：7時間36分　銅仁（tr）／快速：4時間37分

バス

白楊路に位置する武隆バスセンターを利用する。

所要時間(目安) 重慶／2時間　仙女山鎮（武隆游客中心）／40分　仙女山／1時間20分

Data

鉄道

武隆駅（武隆火车站）

M P.137-C1～2　住 巷口鎮芙蓉東路

☎共通電話＝12306　オ 7:20～17:20、21:00～22:40　休 なし　カ 不可

［移動手段］タクシー（武隆駅～烏江大橋）／6～8元、所要5～8分が目安　路線バス／5路「火车站」

28日以内の切符を販売。

こぢんまりとした武隆駅

バス

武隆バスセンター（武隆汽车客运中心）

M P.137-B1　住 巷口鎮白楊路8号　☎77734607

オ 5:00～18:30　休 なし　カ 不可

［移動手段］タクシー（バスセンター～烏江大橋）／4～6元、所要3～5分が目安　路線バス／1路「商务楼」

2日以内の切符を販売。重慶（四公里枢紐：5:30～18:30の間満席を待って出発）、仙女山鎮（武隆游客中心：6:00～19:30の間15～20分に1便）など。このほか区内各地の町とを結ぶ路線がメイン。

ローカルの移動がメインとなる武隆バスセンター

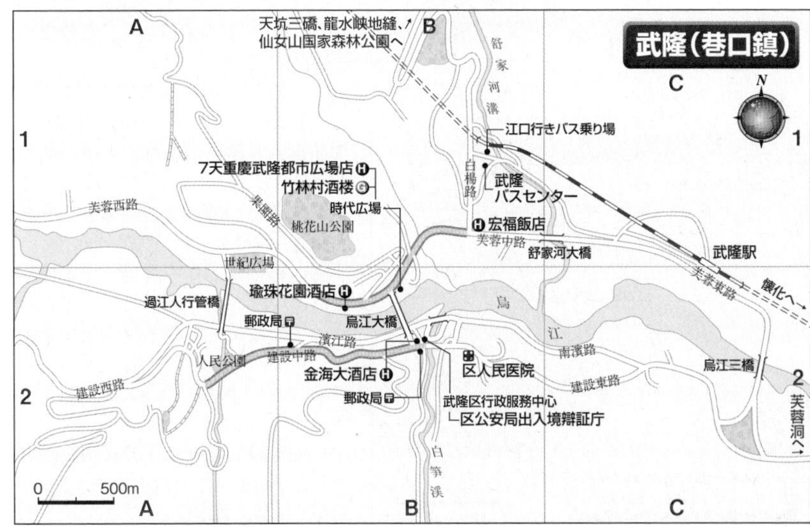

見どころ　ホテル　グルメ　郵便局　銀行　病院　繁華街

武隆旅游網
Ⓤwww.wlkst.com

芙蓉洞
Ⓜ P.138-B2
住江口鎮
☎77742278
オ8:00〜17:00
※徒歩登山者の入場は16:00まで
休なし
料3〜10月＝80元
11〜2月＝65元
交武隆バスセンター外のバス停から「江口」行きバスで終点（6:00〜18:30の間20分に1便。4元、所要40分）。乗車時運転手に芙蓉洞に行くことを伝えておくと、乗客下車後、「芙蓉洞」行き専用バス乗り場まで運んでくれる。その後「芙蓉洞」行き専用バスで終点（「芙蓉洞售票処」。往復10元）
※「江口」からの最終は18:00発

インフォメーション

ロープウエイ

遊客中心と芙蓉洞入口の間にはロープウエイ（8人乗り）が運行されている。片道所要12分。
※徒歩の場合、5kmの山道を歩く（2時間30分が目安）
オ8:30〜17:30
※上りは16:00まで
休定期点検時
料片道＝40元、往復＝70元

見どころ

世界有数の規模を誇る洞窟 世界遺産

芙蓉洞／芙蓉洞 fúróngdòng

オススメ度★★　所要時間

芙蓉洞は世界遺産「中国南方カルスト」の一部分で、120万年以上前に形成され始めたと考えられている鍾乳洞。調査の結果、周囲には300近い鍾乳洞があることがわかったが、現在、一般公開されているのは長さ2700mの洞窟で、そのうち遊歩道が設置されているのは約1900m。この鍾乳洞で最も広い所は70m近い幅がある。

芙蓉洞は3つの景区に分かれており、多彩な景観を楽しめるようになっている。なかでも幅約16m、高さ約21mの石瀑布や珊瑚瑶池などがおすすめ。

もちろん、極彩色の照明が設置されているのはいうまでもないが、洞窟内の照明は20分ごとに自動制御されているため、観光客も20分おきに入場していくことになる。

中国風にライトアップされた鍾乳石（巨幕飛瀑）

カルスト地形が生み出した奇観 世界遺産

天坑三磭／天坑三硚 tiānkēng sānqiáo

オススメ度★★　所要時間

天坑三磭は、「中国南方カルスト」の武隆エリアを構成する地形。1億年前の地殻変動で生まれた景観。

三磭とは洋水河に架かる、石灰岩層の溶食によって生まれた3つの天然アーチである天龍磭、青龍磭、黒龍磭の総称。天生三磭とも呼ばれる。

天龍磭は、別名を頭道磭という高さ235m、幅147mの天然アーチ。

青龍磭の別名は中龍磭。雨が降ったあと、滝から飛散した水しぶきが霧のようになって虹を生み出すさまが、青龍の飛ぶ姿のようだということから、こう名づけられた。高さは281mと3つのなかで最も高い。

黒龍磭はいちばん下流にある高さ223m、幅193mの天然アーチ。3つのなかでは最も幅が広い。

天坑三磭はそれぞれ500mほど離れ

巨大な崩落跡を見せる神鷹天坑

ているが、それらの間にドリーネが存在する「三礄夾両坑」という形が天坑三礄の特徴だ。ドリーネとは、地下水が石灰岩層を溶食した結果、天井が崩れ落ちてできあがった縦穴のこと。

天龍礄と青龍礄の間にあるドリーネが天龍天坑。その広さはサッカーグラウンド2個分。

青龍礄と黒龍礄の間にあるドリーネが神鷹天坑。その規模は、東西260m、南北300m、平均深度190m、最大深度284.7mと非常に巨大。

観光は天龍礄から始める。入口でエレベーターに乗り、ドリーネの底に下りる。その後、天龍天坑、青龍礄、神鷹天坑、黒龍礄と進み、出口へ。観光専用道は約3km。

中国南方カルスト地形のひとつ

龍水峡地縫／龙水峡地缝 lóngshuǐxiá dìfèng

りゅうすいきょうちほう

オススメ度 ★★　所要時間

龍水峡地縫は、仙女山南麓を流れる洋水河峡谷にあり、天坑三礄と連なる奇観を誇る景勝エリア。カルスト地形に生まれた大きな亀裂で、高低差の大きい所で400mに達する。全長2kmのコースを約2時間歩いて観光する（高低差80mのエレベーターもある）が、巨岩の下を通る桟道が多いので、頭に気をつけよう。

細い峡谷に造られた桟道

緑豊かな草原をもつ公園

仙女山国家森林公園／仙女山国家森林公园 xiānnǚshān guójiā sēnlín gōngyuán

せんにょざんこっかしんりんこうえん

オススメ度 ★

仙女山国家森林公園は巷口鎮の北東30kmの所にある、平均海抜1900m、広さ約100㎢の高山平原。公園内には原生林や草原が広がり、夏は避暑地、冬はウインタースポーツの中心地として人気がある。

緑豊かな大草原を楽しめる

天坑三礄

Ⓜ P.138-A1
住 仙女山鎮天坑三礄景区
☎ 武隆游客中心＝4008023666
オ 4～10月8:00～16:30
11～3月8:30～16:00
休 なし
料 3～10月＝110元
11～2月＝95元
※電動カート代が含まれる
交 武隆バスセンターから「仙女镇（武隆游客中心）」行きで終点（6:00～19:30の間15～20分に1便。5元、所要40分）
※「仙女镇（武隆游客中心）」からの最終は19:30頃発

インフォメーション

天坑三礄、龍水峡地縫観光

武隆游客中心で入場券購入後、電動カートや観光専用バスで各エレベーター乗り場まで移動する。そこからエレベーター（料15元）または徒歩で底に下り、順路に従って観光する。出口からは徒歩（約1km）または電動カート（料15元）で武隆行きバス乗り場に向かう。なお、天坑三礄の出口からは龍水峡地縫行きバス（無料）も出発している。

オンシーズンはエレベーターの待ち時間がかなり長くなるので、徒歩がおすすめ。

龍水峡地縫

Ⓜ P.138-A1
住 仙女山鎮龍水峡地縫景区
☎ 武隆游客中心＝4008023666
オ 4～10月8:00～16:30
11～3月8:30～16:00
休 なし
料 3～10月＝115元
11～2月＝85元
※電動カート代が含まれる
交 上記インフォメーション参照

仙女山国家森林公園

Ⓜ P.138-A1
住 仙女山鎮
☎ 87701901
オ 24時間
休 なし
料 50元
※草滑り1時間＝60元、乗馬1時間＝60元
交 武隆バスセンターから「仙女山」行きで終点（6:00～18:00の間満席を待って出発。10元、所要1時間20分）
※途中、公園入口で全員下車し、入場券を購入後バスに戻る
※「仙女山」からの最終は18:00発

ホテル

せんにょざん か ほうしゅてん
仙女山華邦酒店／仙女山华邦酒店 xiānnǚshān huábāng jiǔdiàn

仙女山国家森林公園内の草原エリアに立つ高級リゾート型ホテル。金・土曜は部屋代が1.5倍になる。武隆と仙女山とを結ぶのバス終点から1.5kmの位置にあり、ホテルに電話すると迎えに来てもらえる。

Ⓤwww.huaponthotel.com

両替　ビジネスセンター　インターネット

ⓂP.138-A1
㊟仙女山鎮仙女山国家森林公園侯家壩
☎77737777
FAX77737333
※通じないことが多い
Ⓢ696～1096元
Ⓣ696～1096元
ⓈⓋなし
Ⓒ不可

ゆ じゅ か えんしゅてん
瑜珠花園酒店／瑜珠花园酒店 yúzhū huāyuán jiǔdiàn 

烏江の北岸に位置する4つ星ホテル。部屋は広く、設備も整っている。また、館内にある「蒋八酒家」は創業20年以上で地元では有名なレストラン。

両替　ビジネスセンター　インターネット

ⓂP.137-B2
㊟巷口鎮芙蓉西路16号
☎77799888
FAX77714708
Ⓢ368～418元
Ⓣ368～418元
ⓈⓋなし
Ⓒ不可

こうふくはんてん
宏福飯店／宏福饭店 hóngfú fàndiàn 

武隆バスセンターから徒歩5分とアクセスのよい場所にある13階建てホテル。客室は広いが、バスタブが古いのが玉にきず。

両替　ビジネスセンター　インターネット

ⓂP.137-B1
㊟巷口鎮白楊路2号
☎64501666
FAX64501056
Ⓢ398～498元
Ⓣ368～458元
ⓈⓋなし
Ⓒ不可
Ⓤwww.hongfu.biz

きんかいだいしゅてん
金海大酒店／金海大酒店 jīnhǎi dàjiǔdiàn ★★★

烏江南岸に位置する3つ星ホテル。ホテルの上に立つ金海楼は武隆のランドマーク的建物。

両替　ビジネスセンター　インターネット

ⓂP.137-B2　㊟巷口鎮建設中路2号
☎77714288　FAX77714298　Ⓢ218～298元
Ⓣ238～298元　ⓈⓋなし　Ⓒ不可

しちてんじゅうけい ぶ りゅう と し こうじょうてん
7天重慶武隆都市広場店／7天重庆武隆都市广场店 qītiān chóngqìng wǔlóng dūshì guǎngchǎngdiàn

「経済型」チェーンホテル。武隆でいちばんの繁華街に立地しており便利。

両替　ビジネスセンター　インターネット

ⓂP.137-B2　㊟巷口鎮芙蓉中路20号時代広場3階
☎87706777　FAXなし　Ⓢ166～277元　Ⓣ210～299元
ⓈⓋなし　Ⓒ不可　Ⓤwww.plateno.com

グルメ

ちくりんそんしゅろう
竹林村酒楼／竹林村酒楼 zhúlíncūn jiǔlóu

武隆では数少ない本格的レストラン。烏江で取れた魚の料理が名物（価格は時価。目安は500g70～120元）。地元産キノコと鶏肉の煮物はひと皿68～98元。

ⓂP.137-B2
㊟巷口鎮芙蓉中路20号時代広場2階
☎77721249
㋔8:30～20:30
㊡なし
Ⓒ不可

※星がグレーは申請中など正式認定ではありません

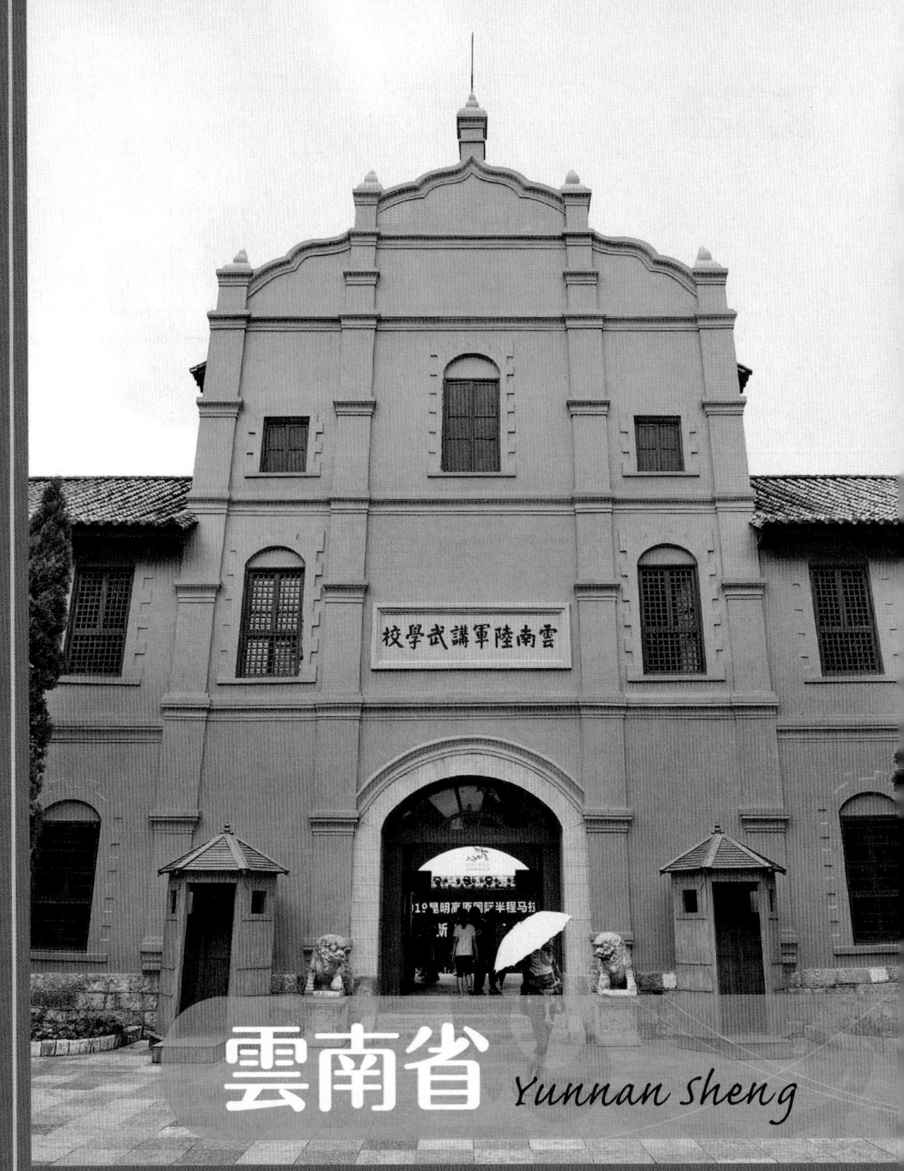

雲南省 *Yunnan Sheng*

雲南陸軍講武学校正門（昆明市）／単 侃明

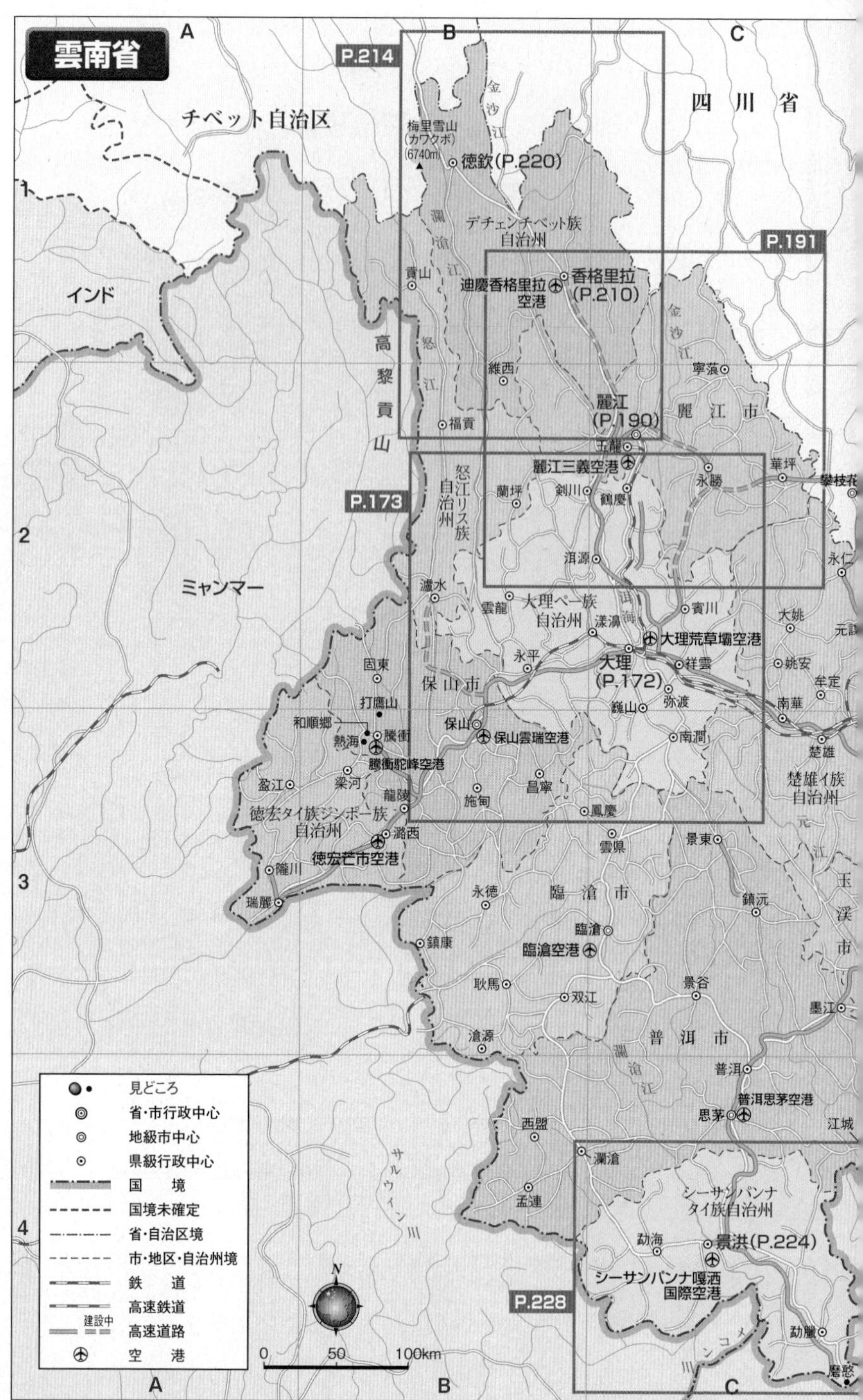
雲南省
A
B
C
1
2
3
4
P.214
P.191
P.173
P.228
チベット自治区
四　川　省
インド
ミャンマー
梅里雪山
(カワクボ)
(6740m)
徳欽(P.220)
金沙江
瀾滄江
怒江
デチェンチベット族
自治州
貢山
迪慶香格里拉空港
香格里拉
(P.210)
維西
寧蒗
麗江
(P.190)
麗　江　市
福貢
高黎貢山
玉龍
麗江三義空港
華坪
攀枝花
怒江リス族自治州
蘭坪
剣川
鶴慶
永勝
洱源
永仁
瀘水
雲龍
大理ペー族
自治州
漾濞
賓川
大姚
元謀
大理荒草壩空港
大理
(P.172)
祥雲
姚安
固東
永平
保山市
牟定
打鷹山
和順郷
騰衝
熱海
巍山
弥渡
南華
保山
保山雲瑞空港
南澗
楚雄
騰衝駝峰空港
盈江
梁河
昌寧
楚雄イ族
自治州
龍陵
施甸
徳宏タイ族ジンポー族
自治州
潞西
鳳慶
雲県
景東
徳宏芒市空港
隴川
瑞麗
臨　滄　市
永徳
鎮沅
玉渓市
臨滄
鎮康
臨滄空港
耿馬
双江
景谷
墨江
滄源
普　洱　市
普洱
普洱思茅空港
思茅
江城
西盟
サルウィン川
瀾滄
シーサンパンナ
タイ族自治州
孟連
勐海
景洪(P.224)
シーサンパンナ嘎洒
国際空港
メコン川
勐臘
磨憨
N
0
50
100km
見どころ
省・市行政中心
地級市中心
県級行政中心
国　境
国境未確定
省・自治区境
市・地区・自治州境
鉄　道
高速鉄道
建設中
高速道路
空　港

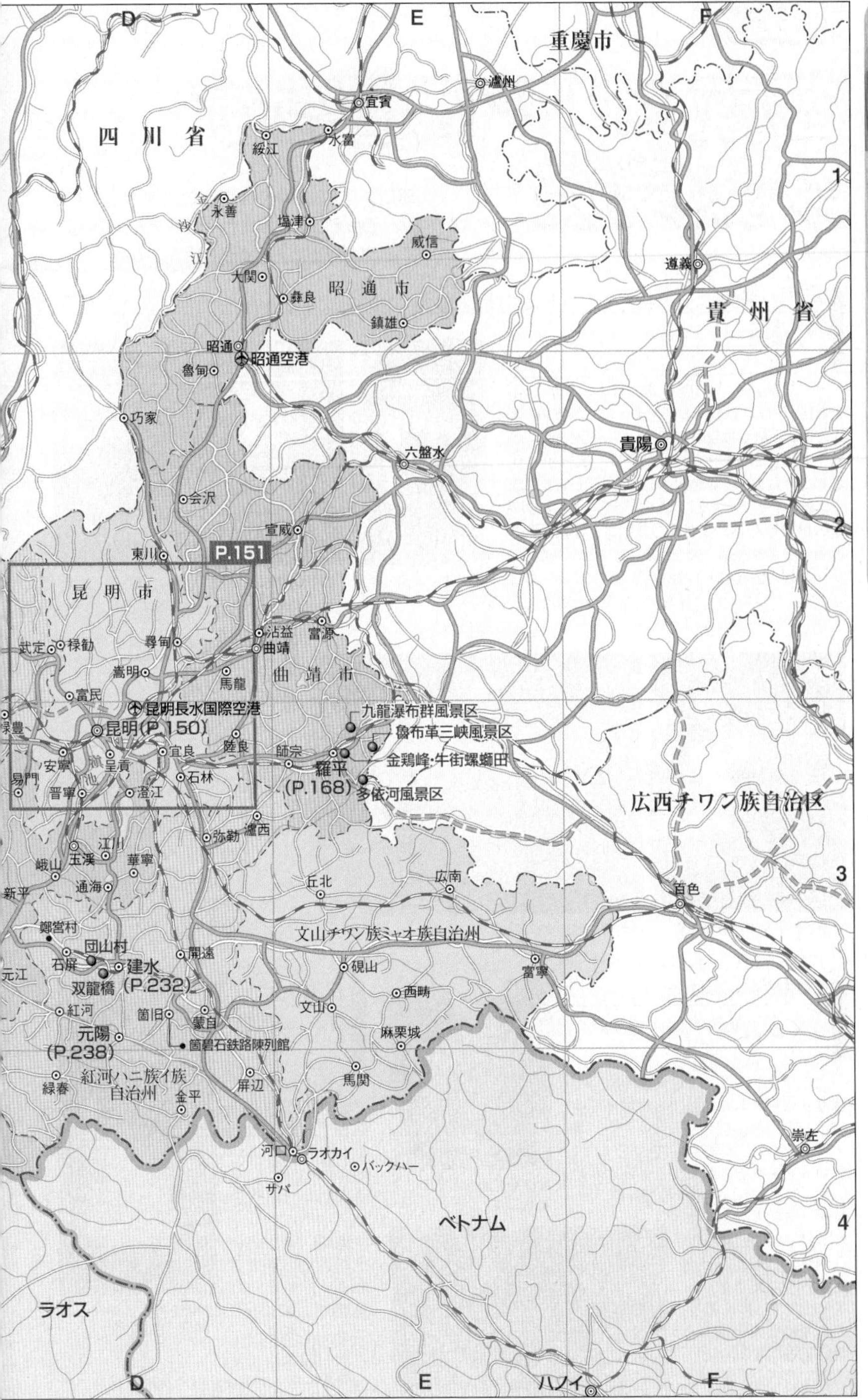
四川省
重慶市
貴州省
広西チワン族自治区
ベトナム
ラオス
昭通市
曲靖市
昆明市
文山チワン族ミャオ族自治州
紅河ハニ族イ族自治州
宜賓
瀘州
水富
綏江
永善
塩津
威信
遵義
大関
彝良
鎮雄
昭通
昭通空港
魯甸
巧家
六盤水
貴陽
会沢
宣威
東川
P.151
沾益
富源
曲靖
尋甸
武定
禄勧
嵩明
馬龍
富民
昆明長水国際空港
九龍瀑布群風景区
魯布革三峡風景区
金鶏峰・牛街螺螄田
多依河風景区
禄豊
昆明(P.150)
宜良
陸良
師宗
羅平
(P.168)
安寧
呈貢
易門
晋寧
澄江
石林
瀘西
弥勒
江川
玉渓
峨山
華寧
丘北
広南
通海
新平
百色
鄭営村
団山村
建水
(P.232)
開遠
石屏
元江
双龍橋
硯山
富寧
西疇
紅河
箇旧
蒙自
文山
元陽
(P.238)
箇碧石鉄路陳列館
麻栗城
緑春
屏辺
馬関
金平
崇左
河口
ラオカイ
バックハー
サパ
ハノイ
D
E
F
1
2
3
4

小特集

西南エリアに暮らす少数民族

西南エリアには多くの少数民族が暮らしており、それぞれ独自の文化や習慣をもっている。ここでは簡単に少数民族を紹介する。

彝族（yízú）
イ族

多くは雲南省、四川省、貴州省、広西チワン族自治区に住み、人口は約776万人。イ族支系が多く、涼山イ族は独自の文字をもつ。石林のサニ族もイ族の支系のひとつ。イ族とは、漢族が使う、これらの人々を指す総称。陰暦6月24日または25日に行われる「火把節」がイ族最大の祭り。雲南省の楚雄や石林、丘北県の普者黒、禄豊県の黒井古鎮などが有名。火を祀ることはチベット・ビルマ語族の民族によく見られる信仰で、ペー族やリス族、ナシ族、ハニ族などでも見られる。

雲南省寧蒗県のイ族

雲南省元陽県のイ族

傣族（dǎizú）
タイ族

雲南省新平県の花腰タイ族

雲南省勐混の水タイ族

人口は約115万人。シーサンパンナタイ族自治州をはじめとした雲南省南西部に居住しており、水タイ、旱タイ、花腰タイの3つに区分される。タイ族は言語学上チワン族、トン族等の少数民族と近い関係にある。最大の祭りは中国語で「潑水節」と称される「水かけ祭り」。毎年4月中旬に行われる。

哈尼族（hānízú）
ハニ族

人口は約143万人。雲南省の紅河と瀾滄江に挟まれたエリアの山間部を中心に、中国西南部からミャンマー、ラオス、タイなどの周辺国に住んでいる。ラオスやタイではアカ族とも呼ばれていたりする。ハニ族最大の祭りは、「六月節（苦扎扎とも呼ばれる）」で、陰暦6月24日から始まり、2〜5日続く。ハニ族もチベット・ビルマ語族に属し、この祭りも火の信仰と深い関係がある。

雲南省孟連の定期市に来たハニ族

雲南省元陽県のハニ族

白族(báizú)
ペー族

人口は約185万人で、そのうちの70％が大理ペー族自治州に居住している。白色を尊び、自らを白い人（ペー族）と呼ぶ。

陰暦の3月25日に大理古城で開催される「三月街」や、陰暦6月25日に行われる「火把節」が大きな祭り。

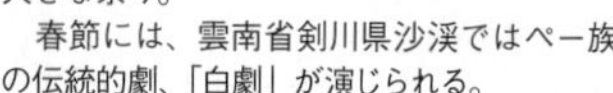
春節には、雲南省剣川県沙渓ではペー族の伝統的劇、「白劇」が演じられる。

雲南省麗江市のペー族（年配女性の衣装）

壮族（zhuàngzú）
チワン族

中国で最も人口の多い少数民族で、広西チワン族自治区を中心に約1617万人が暮らしている。チワン族は春節や中秋節等の漢族の伝統的節句も祝うが、独自のものでは、「三月三節」がある。これは陰暦3月3日に催される、男女が歌のかけ合いを行う祭り。

雲南省丘北県のチワン族

傈僳族（lìsùzú）
リス族

雲南省の怒江リス族自治州のほか、麗江、大理、四川省の西昌に、約63万人が暮らしている。陰暦2月8日に「刀杆節」と呼ばれる祭りが行われ、刀の梯子に登るなどする。

雲南省福貢県や瀘水県が有名。陰暦の6月には「火把節」がある。

雲南省福貢県のリス族

纳西族（nàxīzú）
ナシ族

人口は約30万人で雲南省麗江市周辺と四川省の塩源、塩辺などに住んでいる。瀘沽湖周辺に住むモソ人もナシ族の一支系とされている。ナシ族は独自の象形文字、トンパ文字をもつことで有名。地理的にも雲南とチベットとを結ぶ交易路にあったため、チベットの影響を少なからず受けている。

陰暦2月8日に行われる「三朶節」が最大の祭り。三朶はナシ族の守護神で玉龍雪山にすむと信じられている。このほか、陰暦6月25日から27日までの「火把節」がある。

雲南省麗江周辺に住むナシ族

拉祜族（lāhùzú）
ラフ族

人口は約45万人。雲南省西南部、なかでも瀾滄江以西に8割が住んでいる。「ラフ」とは「虎肉を火であぶって食べる」という意味で、「猟虎の民族」とも呼ばれる。

陰暦の6月には「火把節」が行われるが、最大の祭りは春節。

雲南省瀾滄県のラフ族

苗族（miáozú）
ミャオ族

四川省、雲南省、貴州省、湖南省、広西チワン族自治区、湖北省などに約894万人が暮らしている。特に貴州省の南東部にはミャオ族の伝統的文化や民族衣装がまだ保持されている。言語学的にヤオ族と近い関係。

ミャオ族は地方による文化の違いも大きく、祭りも異なる。代表的なものは、「踩花山（花山節とも呼ばれる）」で、春節の頃開かれる。若い男女の出会いの場でもあるため、着飾った女性の姿を目にすることができる。

雲南省鎮康県のミャオ族

雲南省麻栗坡県のミャオ族

佤族（wǎzú）
ワ族

雲南省孟連県のワ族

人口は約39万人で、大部分が雲南省の滄源、西盟、双江、孟連周辺に住んでいる。また、ミャンマーにも相当数が生活している。ワ族はモン・クメール語族系でプーラン族やドアン族と近い関係にある。各村には祭儀用の木の太鼓があり、それをたたいて踊るのが有名だ。祭儀のときは、水牛を生贄として捧げる習慣があり、村の入口には水牛の角が飾られていることもある。

藏族（zàngzú）
チベット族

人口約541万人。大部分はチベット自治区に居住するが、四川省西部や雲南省北西部にも住んでいる。遊牧を生活の糧とし、独自の言語と文字（チベット文字）をもち、高い文化を誇っている。

チベット族はチベット仏教を信仰しているため、祭りはそれに関係したものが多い。最もにぎやかなものは夏場に行われる「賽馬節」。

四川省松潘県のチベット族

雲南省香格里拉県のチベット族

瑶族（yáozú）
ヤオ族

広西チワン族自治区、広東省、湖南省、貴州省、雲南省に住んでおり、その人口は約263万人。雲南省では文山東部、南部に多い。ヤオ語とミャオ語は同源といわれている。

ヤオ族は祭りが特に多いが、代表的なものは「達努節」で、別名「二九節」、「盤古王節」とも呼ばれる。陰暦の5月26日から29日にかけて行われる。このほかにも「盤王節（各地方によって開催時期が異なる）」がある。

雲南省金平県の紅頭ヤオ族

雲南省丘北県のランテンヤオ族

景颇族（jǐngpōzú）
ジンポー族

目瑙縦歌で踊るジンポー族の女性

雲南省潞西市の目瑙縦歌に参加するジンポー族

人口は約13万人でそのほとんどが雲南省の徳宏タイ族ジンポー族自治州に住んでいる。彼らの最大の祭りは「目瑙縦歌」という祭りで、春節の頃3日間開かれる。普段は民族衣装を着ない人がほとんどだが、この日は美しい民族衣装を身にまとって踊りに参加する。

布朗族（bùlǎngzú）

プーラン族

人口約9万1000人で、大部分が雲南省の勐海県の丘陵地帯に住んでいる。現在では、お茶の栽培に従事している人が多い。2階建ての竹製住居に住む。仏教を信仰しており、祭りは仏教にちなんだものが多い。

雲南省勐海県のプーラン族

普米族（pǔmǐzú）

プミ族

人口は約3万3000人で、四川省西部と雲南省北西部に居住している。プミ族は人口が少ないので、ほかの民族（ナシ族、リス族等）と雑居していることが多い。また、民族衣装もその地にいるほかの少数民族の影響を強く受けている傾向が見られる。

雲南省寧蒗県のプミ族

怒族（nùzú）

ヌー族

人口は約2万8000人で、そのほとんどが雲南省の怒江沿いに居住している。ヌー族はチベット・ビルマ語族だが、住む地域による言葉の違いが大きく、お互いに通じないこともある。

雲南省貢山県のヌー族

德昂族（déángzú）

ドアン族

人口は約1万7000人。雲南省の保山地区と徳宏タイ族ジンポー族自治州に住んでいる。方言と衣装で、紅ドアン族、花ドアン族、黒ドアン族などに分かれる。仏教を信仰している。

雲南省潞西市のドアン族

スカート布を織るドアン族

布依族（bùyīzú）

プイ族

人口は約297万人と比較的多いが、そのほとんどは貴州省に住んでいる。ミャオ族とは民族的に比較的近い関係にある。雲南省では貴州省と接する羅平県周辺に暮らしている。女性は織物と刺繍が得意で、その技術が民族衣装に反映されている。

雲南省羅平県のプイ族

機織りをする女性（雲南民族村）

阿昌族（āchāngzú）
アチャン族

人口は3万3000人で、そのほとんどが雲南省の隴川県と梁河県に住んでいる。彼ら自身はアチャン語という独自の言葉をもつが、タイ族語も話せることが多い。もともとは怒江流域に住んでいたが、6世紀頃に隴川県のあたりに移ってきたと考えられる。南方上座部仏教を信仰している。

雲南省梁河県のアチャン族

蒙古族（měnggǔzú）
モンゴル族

人口は約581万人で、その大部分は内蒙古自治区に住んでいるが、雲南省通海県にはフビライ軍とともにやってきたモンゴル人の末裔が暮らしている。

独龙族（dúlóngzú）
トールン族

人口は約7000人。雲南省の貢山県に住む。女性が顔に刺青を入れることで有名だったが今ではほとんどなくなった。トールン族の祭りは陰暦12月の「卡雀哇」。豚や羊を料理してみんなで食べる。さらに、山の空き地に集まって輪になり、銅鑼の音に合わせて民族伝統の舞踊を披露する。

雲南民族村のトールン族

基诺族（jīnuòzú）
ジノー族

人口は約2万人。雲南省景洪市の基諾山一帯に住んでいる。太陽を崇拝し、衣装などには必ず太陽の図案が編み込まれている。

1979年に55番目の少数民族として認められた。

雲南省景洪市の山間部で暮らすジノー族

回族（huízú）
回族

回族はイスラム教徒で、全国に約981万人が住んでいる。西南エリアでは各地に100万人近くが住んでいる。話す言葉は基本的に中国語。

もともと中国西北地方に住んでいたが、モンゴル軍のフビライが西南地区を占領して以後、漢族や土着の民族を管理するため（元朝政府の方針）、大量に移住した。現在ではすっかり土着してしまい、他民族とはっきりと区別することができない。しかし皆、敬虔なイスラム教徒なので、毎日のお祈りは欠かさないし、豚肉も決して口にしない。

水族（shuǐzú）
スイ族

人口は約40万人。大部分が貴州省の黔南プイ族ミャオ族自治州の三都スイ族自治県を中心としたエリアに住んでいて、一部が雲南省の富源県、宜良県や、広西チワン族自治区の北部に住んでいる。

スイ族最大の祭りは、陰暦11月の最初の亥（イノシシ）の日に行われる「端節」。祭りは競馬や歌や踊りでにぎやかになる。

貴州省榕江県のスイ族

仡佬族（gēlǎozú）
コーラオ族

コーラオ族の人口は約57万人。大部分が貴州省中部から西部にかけて暮らしている。古代には中原で強勢を誇り、中国西南部に広く住んでいたと考えられている。多神教で先祖崇拝の信仰をもつ。言語のうえで、チワン族、トン族との関連性が深い。

「仡佬年」と呼ばれるコーラオ族の新年に相当する祭りが、陰暦の3月3日に行われる。

侗族（āchāngzú）
トン族

人口は約296万人。貴州省東部の黔東南ミャオ族トン族自治州、湖南省西部、広西チワン族自治区北西部に住んでおり、トン語を話す。風雨橋や鼓楼など独特の建築様式が非常に有名。黎平や従江などで行われる「春節」が最大規模の祭り。大晦日の夜から宴会が始まり、食べて飲んで歌って踊って年を越す。このとき、若者は結婚相手を探す。

貴州省黎平県のトン族

広西チワン族自治区三江県のトン族

仫佬族（dòngzú）
ムーラオ族

人口は約20万人。貴州省の黄平、凱裏、貴定、福泉などに住んでいる。彼らの話すムーラオ語はまだ系統がはっきりしないが、トン語やスイ語と近い関係にあると考えられている。

土家族（tǔjiāzú）
トゥチャ族

人口は約802万人。貴州省、四川省、湖南省の省境に住む。トゥチャ語を話す。

羌族（qiāngzú）
チャン族

人口は約30万人。四川省の汶川、茂県、松潘周辺に住んでいる。チャン語を話す。古代遊牧民族の羌が祖先といわれている。

四川省汶川県のチャン族

珍しい民族衣装

雲南省麻栗坡県のイ族支系白倮人。中国で数千人しかいないという

雲南省江城県のハニ族

雲南省金平県のイ族支系の花プー族。子安貝の帯が特徴

雲南省 昆明（クンミン） Kūn Míng　　市外局番●0871

昆明（こんめい）

Kun Ming

雲南観光の起点となる雲南の省都

金碧広場に立つ金馬坊（左）と碧鶏坊（右）

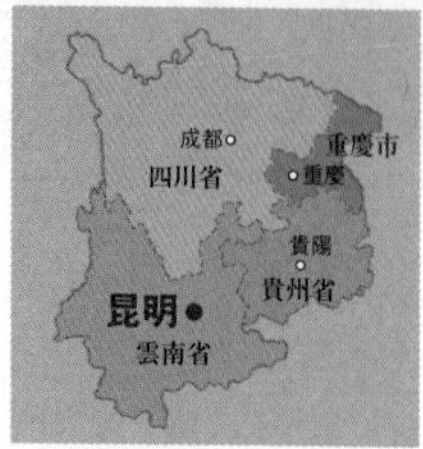

都市Data

昆明市
人口：542万人
面積：2万1473㎢
7区1市3県3自治県を管轄

市公安局出入境管理処
（市公安局出入境管理处）
Ⓜ P.155-E3
㊟ 盤龍区拓東路118号出入境管理局
☎ 63143436
㋔ 9:00～11:30、13:00～17:00
㊡ 土・日曜、祝日
観光ビザを最長30日間延長可能。手数料は160元

市第一人民医院
（市第一人民医院）
Ⓜ P.155-D3
㊟ 西山区巡津街122号
☎ 63188200
㋔ 24時間
㊡ なし

市内交通

【軌道交通】2019年7月現在、4路線が営業。詳しくは公式ウェブサイトを
昆明軌道交通
Ⓤ www.kmgdgs.com
路線図→P.156
【路線バス】運行時間の目安は6:00～22:00。市区1～2元
【タクシー】初乗り3km未満8元、3km以上1kmごとに1.8元加算。さらに燃油代1.5元加算

概要と歩き方

標高約1900mの高原にある雲南省の省都。1年を通して気候は穏やかで緑が絶えないことから、春城と呼ばれている。

昆明の歴史は古く、旧石器時代の3万年前には滇池周辺に古代人が住んでいたことを示す遺跡がある。紀元前3世紀には楚の将軍荘蹻（そうきょう）が滇国を建国した。紀元前109年、前漢の武帝は国王に滇王之印を与えて正式な国家として認めた。その後、南詔国の時代にはその東都として栄えた。1254年、フビライ・ハンが派遣したモンゴル軍に占領され、やがて元朝が成立すると、雲南行省が設置され、この地は昆明県と呼ばれるようになった。

市街地はおもに環城路によって囲まれた部分で、ここに商業施設が集まっている。交通渋滞解消のため、空港が北東約30kmに移転、長距離バスターミナルも郊外に移転し、市街地には観光客がおもに利用する昆明駅が残るくらい。2016年に開業した昆明と上海とを結ぶ滬昆客運専線の昆明南駅も南郊外に位置する。

2019年7月現在、昆明南駅と昆明南部バスターミナル（1号線）、昆明北部バスターミナル（2号線）、昆明東部バスターミナル（3、6号線）、昆明西部バスターミナル（3号線）、空港（6号線）が軌道交通で結ばれており、非常に便利。

市内バスを利用する場合は、駅やバスターミナル付

市街地中心の繁華街、南屏街

	1月	2月	3月	4月	5月	6月	7月	8月	9月	10月	11月	12月
平均最高気温(℃)	15.2	17.2	20.5	23.7	24.7	23.8	23.9	23.8	22.5	20.0	17.4	15.1
平均最低気温(℃)	2.0	3.4	6.3	10.0	14.1	16.4	16.8	16.2	14.4	11.6	7.1	2.9
平均気温(℃)	8.4	10.1	13.3	16.6	19.1	19.7	19.9	19.5	17.8	15.1	11.6	8.6
平均降水量(mm)	10.8	13.8	16.7	20.3	89.7	174.6	205.4	203.4	125.9	78.4	39.5	12.5

※町の気象データ（→P.22）：「预报」＞「云南」＞「昆明」＞区・市・県から選択

近で売られている地図を買うと便利。地図には路線バスの停留所が記載されている。

デパートなどの商業施設は東風広場西側の南屏街周辺に集まっている。正義路の西側は昆明老街という古い建物の残るエリアで、雲南のみやげ物やペット、園芸植物などが売られている景星花鳥珠宝世界もここにある。また、南屏街にある雲南古玩城では毎週土曜日に骨董品の市場が開かれ、多くの収集家でにぎわう。

翠湖公園周辺には雰囲気のあるカフェや茶館などが多く、喧騒から離れてひと息入れるのにおすすめ。また、雲南大学（MP.154-B1）周辺の文林街や文化巷にはカフェやレストランが多く、おしゃれな若者や留学生、外国人でにぎわっている。西洋料理以外にも日本料理、韓国料理、タイ料理、インド料理などのレストランが集まっているので、中国の油っこい料理や雲南の辛い料理が苦手な人は、雲南大学周辺に足を運んでみてはどうだろうか。

緑あふれる翠湖公園

市街地にある昆明駅は近代的な駅舎を備える

昆明老街の景星街にはみやげ物屋が並ぶ

市内を南北に走る軌道交通（地下鉄）

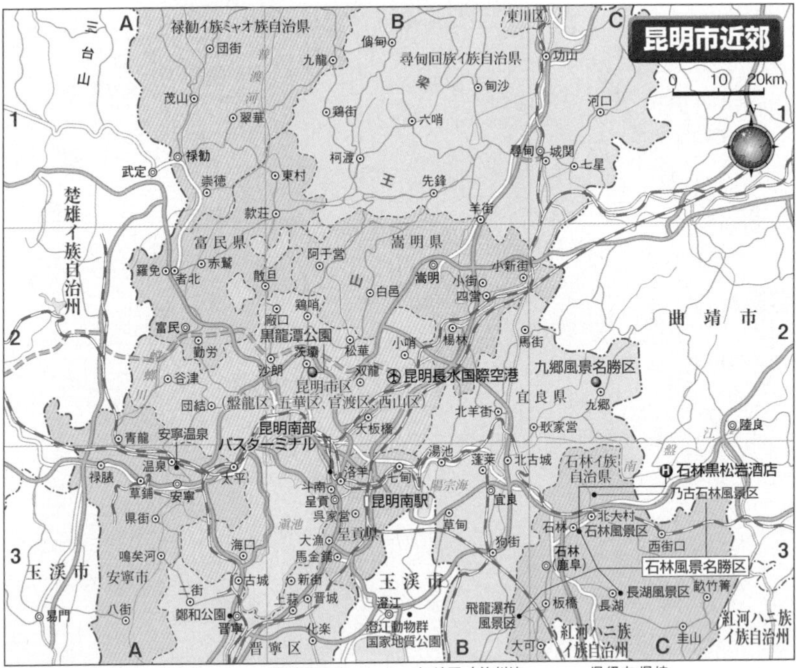

昆明市近郊

●•見どころ　Ⓗホテル　空港　省・自治区境　市・地区・自治州境　県級市・県境　鉄道　高速鉄道　高速道路

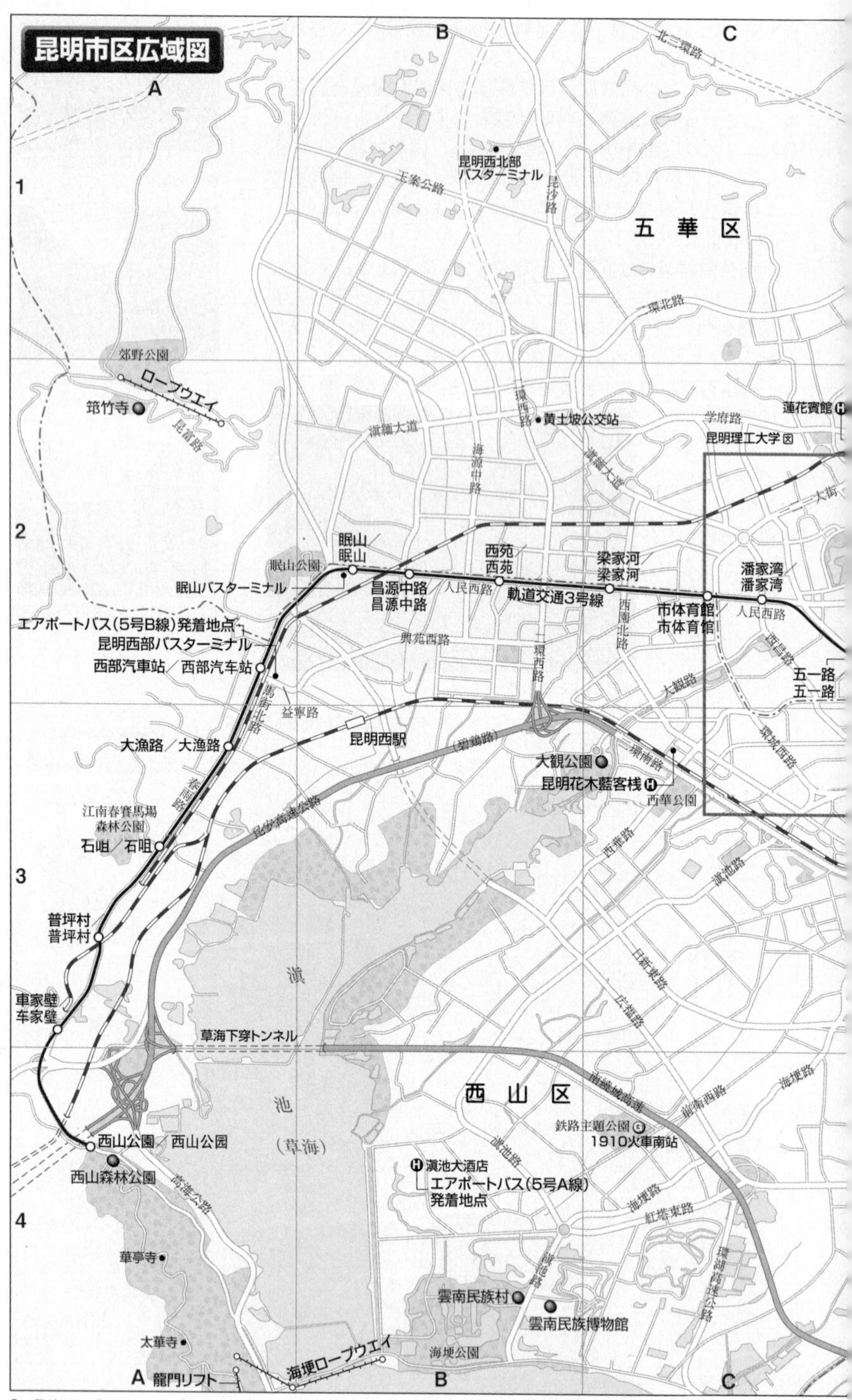

●•見どころ　Ⓗホテル　Ⓖグルメ　図学校　空港　高速道路　軌道交通1号線　軌道交通2号線

昆明北部バスターミナル
エアポートバス(3号線)発着地点
北部汽車站／北部汽车站
雲南野生動物園
羊腸村／羊肠村
北市区バスターミナル
霖雨橋／霖雨桥
月牙塘公園
金殿名勝区
ロープウエイ
北辰／北辰
金星／金星
世界園芸博覧園
盤龍区
白雲路／白云路
P.154-155
火車北站
火车北站
穿心鼓楼／穿心鼓楼
交三橋／交三桥
拓東体育館
拓东体育馆
曇華寺
東白沙河水庫
軌道交通6号線
昆明東部バスターミナル
大樹営
大树营
金馬寺
金马寺
太平村
太平村
虹橋／虹桥
軌道交通3号線
東風広場／东风广场
東部汽車站
东部汽车站
塘子巷／塘子巷
軌道交通6号線(建設中)
昆明長水国際空港へ
環城南路／环城南路
泰隆宏瑞飯店
昆明駅
宝海公園
エアポートバス(2B、6号線)発着地点
昆明火車站
昆明火车站
中国国際昆明貿易中心
昆明東駅
福徳／福德
日新路／日新路
エアポートバス(2号A線)発着地点
巫家壩／巫家坝
機場観光酒店
官渡区
暁東村
晓东村
昌宏西路／昌宏西路
軌道交通1号線
昆明世紀金源大飯店
迎賓路
ミャンマー連邦共和国駐昆明総領事館
珥季路
珥季路
ラオス人民民主共和国駐昆明総領事館
如意公園
昆明南駅、昆明南部バスターミナルへ
雲南省博物館、官渡古鎮へ
0 1 2km
D E F
1 2 3 4
軌道交通3号線
軌道交通6号線
乗り換え駅
軌道交通(建設中)

●•見どころ　Ⓗホテル　Ⓖグルメ　Ⓢショップ　Ⓐアミューズメント　Ⓑ銀行　Ⓣ旅行会社　学校　郵便局　病院　繁華街

雲南鉄路博物館
昆明北駅
火車北站／火车北站
環城北路
北京路
昆明雄業大酒店
鼓楼路
軌道交通2号線
昆明動物園
盤龍区
円通大橋
円通街
穿心鼓楼／穿心鼓楼
穿金路
7天連鎖酒店
昆明青年路店
白龍路
春城之星酒店
集豊店
青年路
白塔路
環城東路
新華書店
中国銀行
交三橋／交三桥
人民東路
昆明延安医院
ウォルマート
中国金泉大酒店
人民中路
百盛購物広場
金鷹広場酒店
威遠街
市図書館
昆明藤沢友誼会館
エアポートバス(6号線)経由地点
昆明飯店
拓東体育館／拓东体育馆
東風東路
軌道交通3号線
東風広場／东风广场
新世界百貨
雲南古玩城
天恒大酒店
東風広場
拓東体育館
宝善街
尚義街
拓東体育場
祥雲美食城
邦克酒店
緑州大酒店
市公安局出入境管理処
拓東路
昆明市博物館
東郊路鉄道切符売り場
軌道交通6号線(建設中)
塘子巷／塘子巷
后新街
春城路
東郊路
市第一人民医院
郵政局
官渡区
和平北路
環城南路
和平路
V8商旅酒店
昆湖飯店
中国銀行
和平南路
昆明中国国際旅行社
民航路
環城南路／环城南路
金龍飯店
軌道交通1号線
永康路
永善路
昆明佳華広場酒店
永安路
エアポートバス(2号線)発着地点
昆明錦江大酒店
紅塔大廈
ベトナム社会主義共和国駐昆明総領事館
永勝路
南壩路
昆明駅へ↓
0 500m
N
軌道交通1号線
軌道交通2号線
軌道交通3号線
軌道交通(建設中)
乗り換え駅

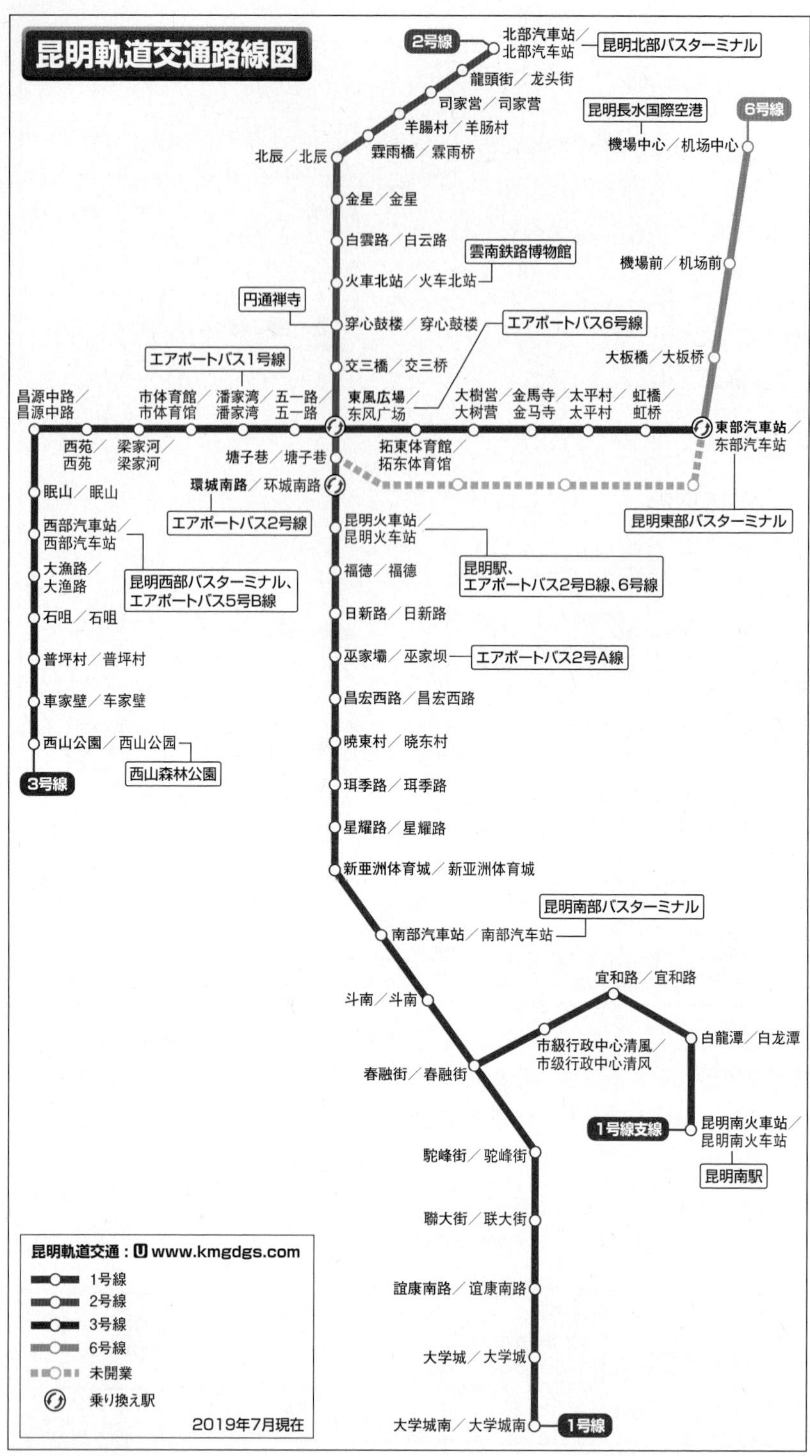

昆明軌道交通路線図
2号線
北部汽車站／北部汽车站
昆明北部バスターミナル
龍頭街／龙头街
司家営／司家营
羊腸村／羊肠村
霖雨橋／霖雨桥
北辰／北辰
金星／金星
白雲路／白云路
雲南鉄路博物館
火車北站／火车北站
円通禅寺
穿心鼓楼／穿心鼓楼
エアポートバス6号線
交三橋／交三桥
エアポートバス1号線
昌源中路／昌源中路
市体育館／市体育馆
潘家湾／潘家湾
五一路／五一路
東風広場／东风广场
大樹営／大树营
金馬寺／金马寺
太平村／太平村
虹橋／虹桥
東部汽車站／东部汽车站
昆明東部バスターミナル
昆明長水国際空港
6号線
機場中心／机场中心
機場前／机场前
大板橋／大板桥
西苑／西苑
梁家河／梁家河
塘子巷／塘子巷
拓東体育館／拓东体育馆
環城南路／环城南路
エアポートバス2号線
眠山／眠山
西部汽車站／西部汽车站
昆明西部バスターミナル、エアポートバス5号B線
大漁路／大渔路
石咀／石咀
普坪村／普坪村
車家壁／车家壁
西山公園／西山公园
西山森林公園
3号線
昆明火車站／昆明火车站
昆明駅、エアポートバス2号B線、6号線
福徳／福德
日新路／日新路
巫家壩／巫家坝
エアポートバス2号A線
昌宏西路／昌宏西路
暁東村／晓东村
珥季路／珥季路
星耀路／星耀路
新亜洲体育城／新亚洲体育城
昆明南部バスターミナル
南部汽車站／南部汽车站
斗南／斗南
宜和路／宜和路
白龍潭／白龙潭
市級行政中心清風／市级行政中心清风
春融街／春融街
1号線支線
昆明南火車站／昆明南火车站
昆明南駅
駝峰街／驼峰街
聯大街／联大街
誼康南路／谊康南路
大学城／大学城
大学城南／大学城南
1号線
昆明軌道交通：U www.kmgdgs.com
1号線
2号線
3号線
6号線
未開業
乗り換え駅
2019年7月現在

中国国内の移動➡P.318　鉄道時刻表検索➡P.321

飛行機

市区の北東30kmに位置する昆明長水国際空港（KMG）を利用する。日中間運航便があり、国内線は主要都市、雲南省各地との間に運航便がある。

国際線 関西（14便）。

国内線 北京、上海、広州、成都など主要都市との間に運航便があるが、日本との乗り継ぎを考えると上海利用がおすすめ。

所要時間(目安) 上海浦東（PVG）／3時間5分　成都（CTU）／1時間30分　大理（DAL）／55分　麗江（LJG）／1時間10分　香格里拉（DIG）／1時間15分　景洪（JHG）／1時間

鉄道

成昆線、滬昆線、南昆線、内昆線、滬昆客運専線、泛亜鉄路東線の起終点である昆明駅を利用する。鉄道交通の要衝であり、アクセスはよい。

所要時間(目安)【昆明（km）】石林西（slx）／動車：40分　羅平（lp）／特快：3時間9分　大理（dl）／動車：1時間54分　建水（js）／城際：1時間48分　河口北（hkb）／快速：6時間9分　貴陽（gy）／直達：6時間28分　【昆明南（kmn）】石林西（slx）／動車：17分　貴陽北（gyb）／高鉄：1時間59分　成都東（cdd）／高鉄：5時間28分　重慶西（cqx）／高鉄：4時間7分　上海虹橋（shhq）／高鉄：11時間32分

バス

観光客はおもに郊外にある昆明東部バスターミナル、昆明西部バスターミナル、昆明南部バスターミナル、昆明北部バスターミナル、昆明西北部バスターミナルを利用するが、目的地によって発着するターミナルが異なるので注意が必要。また、移動には時間がかかるので余裕をもって行動すること。

所要時間(目安) 石林／1時間30分　羅平／4時間　大理／4時間30分　麗江／8時間　香格里拉／12時間　景洪／9時間　建水／4時間　元陽／7時間

Data

飛行機

昆明長水国際空港（昆明长水国际机场）
M P.151-B2　住 官渡区大板橋鎮長水村
☎ 総合案内＝96566　オ 始発便～最終便
休 なし　カ 不可　U www.kmcsia.com
[移動手段] エアポートバス／6路線あり。料金は一律25元。詳細→U www.kmcsia.com/airportPc_trafficGuide.action　タクシー（空港～東風広場）／100元、所要40分が目安　軌道交通／6号線「机场中心」
3ヵ月以内の航空券を販売。

中国東方航空雲南公司市場部
（中国东方航空公司云南公司市场部）
M P.154-C3　住 五華区崇仁街1号東方柏豊首座商務中心（招銀大廈）東楼21階　☎ 95530
オ 8:30～17:00　休 なし　カ 不可
[移動手段] タクシー（中国東方航空雲南公司市場部～東風広場）／8元、所要7分が目安　軌道交通／3号線「五一路」　路線バス／K13、10、82、116路「南屏街西口」
3ヵ月以内の航空券を販売。

鉄道

昆明駅（昆明火车站）
M P.153-D3　住 官渡区北京路1号
☎ 共通電話＝12306　オ 4:30～24:00
休 なし　カ 不可
[移動手段] タクシー（昆明駅～東風広場）／10元、所要12分が目安　軌道交通／1号線「昆明火车站」
28日以内の切符を販売。

昆明南駅（昆明火车南站）
M P.151-B3　住 呈貢区呉家営街道
☎ 共通電話＝12306　オ 5:00～23:45
休 なし　カ 不可
[移動手段] タクシー（昆明南駅～東風広場）／100元、所要50分が目安　軌道交通／1号線支線「昆明南火车站」
28日以内の切符を販売。高速鉄道の専用駅。

東郊路鉄道切符売り場（东郊路火车票售票处）
M P.155-F3　住 官渡区東郊路86号
☎ 63639888　オ 8:00～21:00　休 なし　カ 不可
[移動手段] タクシー（東郊路鉄道切符売り場～東風広場）／12元、所要15分が目安　路線バス／K1、74、105、213路「东站（东郊路）」
28日以内の切符を販売。手数料は1枚5元。

バス

昆明東部バスターミナル（昆明东部汽车客运站）
M P.153-F2　住 盤龍区東三環紅橋路、照青路交差点東北角　☎ 63833680　オ 6:00～21:20
休 なし　カ 不可
[移動手段] タクシー（昆明東部バスターミナル～東風広場）／25元、所要20分が目安　軌道交通／3、6号線「东部汽车站」　路線バス／K9、K17、K18、22、60、902、906路「东部公交枢纽站（东部客运站）」
7日以内の切符を販売。石林風景区（7:00～18:00の間満席を待って出発）、宜良（7:00～21:20の間10～15分に1便）、羅平（18便）など雲南省東部便がメイン。

●昆明西部バスターミナル（昆明西部汽车客运站）
Ⓜ P.152-A2 ㊟西山区益寧路18号
☎68182746 ㋔6:50～21:50
㊡なし ㋕不可
［移動手段］タクシー（昆明西部バスターミナル～東風広場）／30元、所要30分が目安 軌道交通／3号線「西部汽车站」 路線バス／C72、C143、80、82、148、153路「西部客运站（马街）」
7日以内の切符を販売。大理（8:00～16:00の間1時間に1便）、麗江（9:30、13:50発）、香格里拉（3便）、徳欽（1便）、騰衝（5便）など雲南省北部、西部便がメイン。

●昆明南部バスターミナル（昆明南部汽车客运站）
Ⓜ P.151-B3 ㊟官渡区彩雲北路商博街7号
☎67361683 ㋔6:40～22:00 ㊡なし ㋕不可
［移動手段］タクシー（昆明南部バスターミナル～東風広場）／45元、所要40分が目安 軌道交通／1号線「南部汽车站」 路線バス／C12、C13、103、149、154、162路「新螺蛳湾公交枢纽站」
7日以内の切符を販売。澄江（8:30～20:00の間満席を待って出発）、建水（7:30～20:30の間13便）、元陽（新街：3便）、景洪（12便）、勐臘（2便）、ルアンパバーン（18:30発）、ビエンチャン（18:00発）など雲南省南部便、国際便がメイン。

見どころ

古代の青銅器文明の豊富な展示

雲南省博物館／云南省博物馆 yúnnánshěng bówùguǎn

うんなんしょうはくぶつかん

オススメ度 ★★

市の南部に位置する雲南省立の総合博物館。赤茶色の重厚な外観で、建物の総面積は6万㎡。20万点以上の収蔵品があり、うち約1万点以上を展示している。

メインの展示室は2階と3階にある。2階の「遠古雲南」では、地球や生命、人類の誕生、発展の歴史について展示。隣の「青銅文明」では、滇池周辺の遺跡から出土した表現力豊かな青銅器が見られる。牛虎銅安という青銅のテーブルが有名だ。3階の「南詔大理国」では、金色に輝く銀背光金阿嵯耶観音立像を見落とさないように。

雲南省博物館
Ⓜ 地図外（P.153-E4下）
㊟官渡区広福路6393号
☎67286863
㋔9:00～17:00
※入場は閉館30分前まで
㊡月曜 ㊑無料
㋮C85、C143、K15、31、165、232路バス「官渡古镇（广福路）」
Ⓤ www.ynmuseum.org

きらびやかな金鑲紅藍宝石冠

滇池とつながる美しい公園

大観公園／大观公园 dàguān gōngyuán

だいかんこうえん

オススメ度 ★

滇池の北東岸にある公園。1690（清の康熙29）年、清初に造られた大観河に、雲南巡撫の王継文が涌月亭などの楼閣を沼地の中州に建造した。1696（清の康熙35）年には、中州の周囲を掘って池を造り、現在の姿となった。

公園の最大の見どころは近華浦の南側にある大観楼。クスノキで造られた3層の楼閣で、屋根は瑠璃瓦で葺かれている。創建当初は2層だったが、1828（清の道光8）年の改修工事で3層に造り替えられた。その後池の洪水で倒壊したが、1883（清の光緒9）年に再建された。楼閣入口の左右には、清代の詩人孫髯（そんぜん）が詠んだ長歌がかかっている。

楼外楼横の船着場から遊覧船が出ており、約1時間30分かけて滇池を周遊する。周遊の途中、西山森林公園や雲南民族村などで下船することも可能。

大観公園
Ⓜ P.152-C3
㊟西山区大観路284号
☎68242448
㋔大観公園7:00～19:00
※入場は閉門30分前まで
※春節、7～8月の暑期間灯展期間の金・土曜は7:00～22:00
大観楼8:30～17:00
㊡なし ㊑20元
㋮4、22、52、95、100、124路バス「大观楼」
Ⓤ www.kmdgpark.com

清代に建造された大観楼

インフォメーション
滇池遊覧船
㋔9:00～17:30
㊑片道＝40～80元
往復＝50～100元

昆明市内最大の仏教寺院

円通禅寺（えんつうぜんじ）／圆通禅寺　yuántōng chánsì

オススメ度 ★

南詔国異牟尋（いむじん）王の時代（中国の王朝では唐代）に建立された仏教寺院。円通山の麓にあり、1200年以上の歴史を誇る名刹。創建当初は補陀羅寺といい、1255年に破壊され、1301（元の大徳5）年の再建時に円通禅寺と改称された。現在では、地元の人に円通寺と呼ばれている。見どころは円通宝殿、八角亭、銅仏殿など。

一般的な仏教寺院では、南にある大門から北に位置するいちばん重要な建築物、大雄宝殿に向かって徐々に高くなっていくが、この寺院では逆に円通宝殿（大雄宝殿に相当）が境内のいちばん低い所に立っている。

円通禅寺
Ⓜ P.154-C1
住 五華区円通街42号
☎ 65193762
オ 8:00～17:00
休 なし
料 6元
交 ①軌道交通2号線「穿心鼓楼」
②4、59、83、100、129路バス「圆通山」

池の中に立つ八角亭

市民が集う、緑豊かな公園

翠湖公園（すいここうえん）／翠湖公园　cuìhú gōngyuán

オススメ度 ★

市区中心部にある小山、五華山（現在の省人民政府所在地一帯）の西側に位置する翠湖を中心とした緑豊かな公園。翠湖はもともと滇池とつながっていたが、池の水位低下にともない、現在の規模になった。公園は明代に雲南の鎮守沐英曽（もくえいそう）がここに別荘を建てたのが始まりといわれており、清代に王継文（大観公園を造営した人物）が整備を進め、以来、昆明の風光明媚な場所として知られるようになった。翠湖周辺にはカフェや茶館、レストランが建ち並び、喧騒から離れてひと息入れるのにおすすめのエリアとなっている。

翠湖公園
Ⓜ P.154-B2
住 五華区翠湖南路67号
☎ 65318808
オ 7:00～22:00
休 なし
料 無料
交 1、95、119、124路バス「青云街」。100、124、133、235路バス「翠湖东门」
U www.cuihugongyuan.com

ハスの花が美しい翠湖公園

ベトナムと雲南省を結んでいた鉄道の博物館

雲南鉄路博物館（うんなんてつろはくぶつかん）／云南铁路博物馆　yúnnán tiělù bówùguǎn

オススメ度 ★

20世紀初頭、ベトナムから中国西南部にかけて鉄道敷設権を得たフランスは、1910年に昆明とベトナムの港町ハイフォンとを結ぶ滇越（てんえつ）鉄道を開通させた。この鉄道は、1mのレール幅で造られた鉄道で、ベトナムやタイ、ミャンマーと同規格で、2002年頃までは、昆明北駅～河口駅（ベトナム国境の町）間に客車が運行されていた。

昆明北駅の施設を利用して一般公開されたのが雲南鉄路博物館で、貴重な鉄道資料や車両を展示している。また、車両区の一角に造られた車両展示館には、戦前に日本から運ばれた蒸気機関車をはじめ、歴史的な車両が保存されている。

昆明北駅にある雲南鉄路博物館

雲南鉄路博物館
Ⓜ P.155-D1
住 盤龍区北京路913号昆明北站内
☎ 66138610
オ 9:00～17:00
※入場は閉館1時間前まで
休 月・火曜
料 10元
交 ①軌道交通2号線「火车北站」
②3、23、61、71、85、105、236路バス「火车北站（北京路）」

南詔国時代のゆかりの仏塔

東寺塔・西寺塔／

とうじとう　せいじとう

东寺塔・西寺塔　dōngsìtǎ·xīsìtǎ

オススメ度 ★

昆明市内に残る、南詔国時代（未詳～902年）に建立された仏塔。西寺塔は、慧光寺（西寺とも呼ばれた）の主要な建築物として829（唐の宝暦3）年に建立された13層のれんが造りの仏塔で、高さは31m。1499（明の弘治12）年に地震で倒壊したが、5年後に再建された。その後、1983年にも再度修復されている。一方、東寺塔は常楽寺の境内に西寺塔と同じ年に建立された。創建当初は西寺塔とかなり違った外見だったようだが、1882（清の道光13）年の地震で倒壊した後、同じ形に再建され、高さは約40mとなった。

130年ほど前に再建された東寺塔

東寺塔（常楽寺塔）
Ⓜ P.154-C4
住 西山区書林街63号
☎ なし
オ 24時間
休 なし
料 無料
交 K2、148路バス「西寺塔」

西寺塔（慧光寺塔）
Ⓜ P.154-C4
住 西山区東寺街中段西側
☎ なし
オ 24時間
休 なし
料 無料
交 K2、148路バス「西寺塔」

郊外の見どころ

北郊外

梅の名所として知られる景勝地

黒龍潭公園／

こくりゅうたんこうえん

黑龙潭公园　hēilóngtán gōngyuán

オススメ度 ★ ★

市の北郊外17kmの龍泉山麓に位置する。静寂に包まれた池は、その神秘的な様子から黒い龍がすむと信じられ、黒龍潭と呼ばれるようになった。黒龍潭はふたつの池に分かれており、ひとつは非常に透明度が高く水が深緑に見える池で、もうひとつは黄色っぽく濁った池。ふたつの池はつながっているのだが、それぞれの池にすむ魚は決して隣の池に行くことがないと信じられている。

また、明清代に建立された道観（道教寺院）群がある。この道観は上観と下観に分かれている。上観は龍泉観といい、郭沫若が三異木と称した唐梅、宋柏、明茶がある。下観は黒龍宮といい、1394（明の洪武27）年に建立された興雲降雨の神を祀る道観が中心。

なお、園内には梅園もあり、早春（1月）には多くの人でにぎわう。付近には昆明植物園もあるので興味のある人は合わせて訪れるとよい。

郭沫若も訪れている龍泉観

龍がすむと信じられていた神秘的な池

黒龍潭公園
Ⓜ P.151-B2
住 盤龍区茨壩鎮藍桉路1号
☎ 65150910
オ 8:00～20:00
※入場は閉門2時間前まで
休 なし
料 15元
交 9、79、128路バス「黑龙潭」

歴史ある銅殿を中心とする広大な自然風景区

金殿名勝区（きんでんめいしょうく）／金殿名胜区　jīndiàn míngshèngqū

オススメ度 ★★

北東郊外の鳴鳳山中の道観群とその周囲に広がる自然風景区からなる。見どころは金殿と呼ばれる銅製の殿宇。現存する銅殿は、1671（清の康熙10）年に平西王呉三桂（ごさんけい）が建立したもので、高さ6.7m、幅7.8m、総重量250トンの純銅製。全国にある銅殿のなかでも精緻なことで知られる。

また山頂には鐘楼が立っており、中には15世紀前半（明の永楽年間）に製造された全国でも2番目に大きい鐘がつるされている。明清代には風光明媚な場所としてすでに世に知られていて、多くの文人がここを訪れて詩を詠んだ。

金殿名勝区
Ⓜ P.153-E1
住 盤龍区鳴鳳山穿金路
☎ 65018306
オ 7:30～18:30
休 なし
料 25元
交 10、50、69、71、147路バス「金殿车场」。47、57、142、146路バス「金殿（穿金路口）」

インフォメーション

ロープウエイ

隣接する世界園芸博覧園とはロープウエイで結ばれている。金殿に戻る特別な事情でもないかぎり、往復券を買う必要はない。世界園芸博物園の入場料は70元。世界園芸博物館、金殿名勝区、ロープウエイ共通券は130元。
Ⓜ P.153-F1
オ 8:00～17:00
休 なし
料 片道＝40元、往復＝60元

西郊外

龍門から見下ろす滇池の風景が美しい

西山森林公園（せいざんしんりんこうえん）／西山森林公园　xīshān sēnlín gōngyuán

オススメ度 ★★★　所要時間 3時間～1日

市の南西郊外15kmの所にある景勝エリア。西山は古来より滇中第一佳境（雲南中部で最も景色が美しい所）として有名。おもな見どころは、山頂の龍門景区にある石窟と道観、山中にある華亭寺と太華寺、それと山頂まで連なる遊歩道で結ばれたハイキングエリア。これらすべてを見て回るのであれば丸1日は必要だが、龍門景区だけならば3時間ほど。

龍門石窟は、楊父子と70余名の石工が22年かけて完成させたもので、精緻な彫り込みと色鮮やかな着色が特徴。ここの展望台から下を見下ろすと足がすくむほど切り立っている。道観は本来下から上がっていくものだが、リフトを利用して先に上の入口まで行き、そこから徐々に下りれば楽に見学できる。

華亭寺は龍門景区へ行く途中の山中にある仏教寺院で、900年以上の歴史をもつ。現存するものは1923年に虚雲大和尚が建てたもの。華亭寺からさらに進むと、西山で最大規模の寺院、太華寺がある。

断崖絶壁に造られた龍門石窟

西山森林公園
Ⓜ P.152-A4
住 西山区西郊外
☎ 68426668
オ 8:30～18:00
※入場券販売は閉園1時間前まで
休 なし
料 龍門景区＝30元
交 ①軌道交通3号線「西山公园」②6、51、94路バス「高峣」
※ともに下車後、西山森林公園の観光専用バスに乗り換え終点

インフォメーション

観光専用バス

「高峣」と龍門リフト乗り場を結ぶ（約5km）。
オ 8:30～18:00
料 片道＝12.5元

龍門リフト

観光専用バス終点と龍門の上の入口を結ぶ。
☎ 64311338
オ 8:30～17:30
料 片道＝25元、往復＝50元

雲南民族村
Ⓜ P.152-B4
住 西山区滇池路1310号
☎ 68279327
オ 10月8日～4月30日
8:30～18:00
5月1日～10月7日
8:30～21:30
※入場はともに閉門30分前まで
※5月1日～10月7日の19:20～21:30はジンポー族寨、アチャン族寨、ドヤン族寨の3ヵ所のみ開放。ここで篝火晩会を開催（悪天候時中止）
休 なし
料 90元
※5月1日～10月7日の期間、19:20～21:30のみの見学は40元（18:00以降に購入可能）
交 A1、24、44、73、94路バス「云南民族村」
U www.ynmzc.cc

インフォメーション

海埂ロープウエイ
雲南民族村と滇池対岸にある龍門リフト乗り場とを結ぶ。
☎ 64311338
オ 8:40～17:30
料 片道＝25元、往復＝50元

雲南民族博物館
Ⓜ P.152-B4
住 西山区滇池路1503号
☎ 64311385
オ 9:00～16:30
※入場は閉館30分前まで
休 月曜
料 無料
交 A1、24、44、73、94路バス「云南民族村」
U www.ynnmuseum.com

筇竹寺
Ⓜ P.152-A2
住 五華区玉案山
☎ 68181881
オ 7:00～18:30
休 なし
料 5元
交 ①黄土坡公交站（Ⓜ P.152-B2）からC61路バスで「筇竹寺」（4元、所要30分）
②昆明西部バスターミナルからC62路バスで「筇竹寺」（4元、所要30分）

表情が豊かな五百羅漢像

少数民族を紹介するテーマパーク

雲南民族村（うんなんみんぞくむら）／云南民族村 yúnnán mínzúcūn

オススメ度 ★★★　所要時間 3時間～1日

市区南西8km、滇池東岸にあるテーマパーク。雲南省に暮らす26の少数民族の風俗と生活に触れられる。民族ごとに伝統的家屋やシンボル的な建築物があり、それらを自由に見学できる。いくつかの村では歌や踊りなどのショーが開催されるので、上演時間をチェックして見にいこう。敷地は非常に広く、じっくり見れば、1日かかるだろう。

アチャン族の女性

少数民族の文化について理解を深める

雲南民族博物館（うんなんみんぞくはくぶつかん）／云南民族博物馆 yúnnán mínzú bówùguǎn

オススメ度 ★★

雲南民族村の向かいに位置する博物館。雲南少数民族社会形態、民族服飾の紡績技術と芸術、民族の祭事文化、民間楽器、民間生活用具などの展示室には各少数民族に関する収蔵品が系統立てて展示されている。一部の展示室を除き日本語による説明はないが、民族衣装や楽器、日用品など、見るだけでも楽しめる。雲南省の各地へ旅立つ前にこの博物館で知識を蓄えておくと、現地での理解がいっそう深まる。

ラフ族の民族衣装

生きているような表情の五百羅漢像

筇竹寺（きょうちくじ）／筇竹寺 qióngzhúsì

オススメ度 ★★

市の北西12km、玉案山の山腹にある。宋代（960～1279年）に、現在の雲南にあった大理国鄯闡府（びゃくせんふ）（現在の昆明）の役人を辞した高光、高智兄弟によって建立された雲南地方初の禅宗寺院。

この寺院で最も有名なのは極彩色の五百羅漢像。1883年から1890年にかけて、四川から黎広修とその弟子5人を招き、製作に当たらせた。五百羅漢像は壁に沿って3段に配置されていて、高さは上段が1m前後、中段と下段が1.2～1.4m。ひとつとして同じ姿のものはなく、驚くほど表情豊かだ。

東郊外

カルスト地形の奇観が広がる　世界遺産

石林風景名勝区／

せきりんふうけいめいしょうく

石林风景名胜区　shílín fēngjǐng míngshèngqū

オススメ度 ★★★　所要時間 3時間～

石林風景名勝区は、昆明から南東へ78kmの石林イ族自治県にある一大景勝地。2007年に中国南方カルスト群（雲南省石林、貴州省荔波、重慶市武隆）として、ユネスコの世界自然遺産に登録された。総面積は1100㎢余りで、そのうち約350㎢が保護エリアとなっている。石林のカルスト地形は、古生代後期の地殻変動により海が隆起して石灰質の岩面が地表に露出し、その後風雨による浸食や地震によって岩山が削られたことにより形成された。特に石柱がそそり立つ奇観が特徴。一般開放されているうちで代表的なのは石林風景区と乃古石林風景区、長湖風景区の3つ。

石林の2文字が彫られている石林勝景

望峰亭から見た大石林景区の眺め

石林風景区は観光客向けに整備されたエリアであり、景観が最も美しい所である。大石林景区、小石林景区、歩哨

石林風景区
Ⓜ P.151-B～C3
住 石林イ族自治県石林風景名勝区
☎ 入場券売り場＝67711278
ガイド＝67719006
インフォメーション＝67710137
オ 7:00～19:00
※入場券販売は閉門1時間前まで
休 なし
料 130元（石林カルスト地質博物館との共通券）
交 ①昆明東部バスターミナルから「石林风景区」行きで終点（7:00～18:00の間満席を待って出発。36元、所要1時間30分）
※「石林风景区游客接待中心」からの最終は19:00頃
②昆明駅または昆明南駅から動車で「石林西」（1日11便）。99路バスに乗り換えて「石林风景区游客接待中心」（6:30～19:00の間20～30分に1便。10元、所要50分）
Ⓤ www.chinastoneforest.com

インフォメーション

電動カート
入場券売り場（石林風景区游客中心）から景区入口の往復券のみ販売（片道4km）。
オ 7:00～19:00
休 なし
料 25元

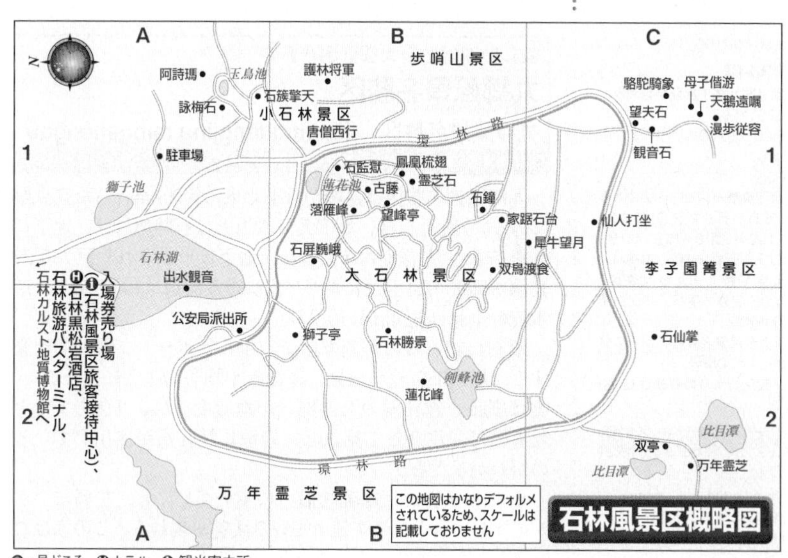

●見どころ　Ⓗホテル　ⓘ観光案内所

石林カルスト地質博物館
Ⓜ地図外（P.163-A1左）
㊟石林イ族自治県石林風景名勝区入口手前
☎67716666、67719366
㋔9:00～18:00
※入場は閉館30分前まで
㊡なし
㊕130元（石林風景区との共通券）
㊝電動カートで「石林喀斯特地质博物馆」
※石林風景区入口まで1km
Ⓤwww.ynslsdl.com

乃古石林風景区
ⓂP.151-C3
☎67717503
㋔8:00～17:00
㊡なし
㊕60元
㊝①石林風景区游客接待中心で乃古石林景区行き専用車に乗車する（10:00～16:00の間30分に1便。4元）
※「乃古石林景区」からの最終は17:00発
②石林游客中心で車を手配する。片道30～40元、所要15～20分

長湖風景区
ⓂP.151-C3
㊟石林イ族自治県長湖鎮維則村
☎67734210
㋔8:30～17:00
㊡なし
㊕10元
㊝石林游客中心で車をチャーターする。往復200～300元（待ち時間によって異なる）

九郷風景名勝区
ⓂP.151-C2
㊟宜良県九郷イ族回族自治郷
☎67511998
㋔8:00～18:00
㊡なし
㊕60元
㊝昆明東部バスターミナルから「宜良」行きで終点（7:00～21:20の 間10～15分 に1便。27元、所要1時間）。21路バスに乗り換え「九乡风景区」（30分間隔で運行。10元、所要1時間）
※「九乡风景名胜区」からの最終は17:30頃発
※「宜良」からの最終は19:00発

インフォメーション

リフト
遊歩道の終点から出口までのリフトがある。所要15分。
㋔8:00～18:00
㊕30元

奇妙な形の石柱が林立する小石林

山景区、李子園箐景区、万年霊芝景区の5つで構成されるが、時間がない場合は大石林景区を見て、あとは電動カートに乗って歩哨山景区、李子園箐景区、万年霊芝景区を眺め、最後に小石林景区を回ればよいだろう。このコースをさっと見るだけでも2時間ほどかかる。景区内の遊歩道は迷路のように張り巡らされているので、入場券売り場で石林風景区の地図を買うことをおすすめする。景区入口付近にカルスト地形および地質学全般について展示する石林カルスト地質博物館がある。

乃古石林風景区は石林風景区の北8kmにあり、両者を結ぶバスが運行している。「乃古（nǎigǔ）」とはサニ族の言葉で黒を意味し、黒みがかった色の石柱が特徴。一方、長湖風景区は石林風景区から南へ約25kmの所にある。中心となるのが長湖と呼ばれる、東西3km、南北300mの細長い湖。緑深い山奥にあるため、蔵湖という別名をもつ。

美しい渓谷と巨大鍾乳洞がある

九郷風景名勝区（きゅうごうふうけいめいしょうく）／九乡风景名胜区 jiǔxiāng fēngjǐng míngshèngqū

オススメ度 ★★★ 所要時間 3時間～

九郷風景名勝区は昆明から東北東に約90km行った宜良県にある。「地上石林、地下九郷（地上に石林あれば、地下に九郷あり）」と言われるように、地下に形成された巨大な鍾乳洞が観光の目玉だ。エリア内にある洞窟は100を超え、遊歩道の全長は約5kmに達する。

最初に訪れるのが蔭翠峡で、手こぎボートに乗って観光する（片道350m）。一見、普通の小峡谷のように見えるが、実は細長い鍾乳洞の天井部分が地殻変動により落ちてできたものだ。注意して見れば、岩壁に鍾乳石が露出しているのがわかるだろう。

ボート下船後、驚魂峡沿いに歩いていくと、左側に、水が凄まじい音を立てて流れている渓谷が現れる。この水はごう音とともに洞窟の中に流れ込み、やがて潜流となって地下

へと消えていく。順路に沿って進むと、大きなホールのような空間、雄獅大庁にたどり着く。ここにはみやげ物屋やトイレなどがある。雄獅大庁を出ると、右側に神女宮と呼ばれる洞窟がある。ここは日本でもよく見られるような典型的な鍾乳洞で、中には数多くの鍾乳石が上から垂れ下がっている。神女宮を出て、急な階段を下りていくと、今度は鍾乳洞内にできた棚田のようなものが見えてくる。これは、学術的にはリムストーンと呼ばれるもの。鍾乳石が水に溶けることにより、炭酸カルシウムを豊富に含んだ水が水たまりを作ると、へりの部分に炭酸カルシウムが結晶して堤防のような壁が形成される。やがて、棚田のように小さな池が階段状に重なり合っていく。ここにあるリムストーンは鍾乳洞内にあるものとして世界最大級といわれている。さらに進むと民族ショーが行われる広い空間、イ族寨に出る。

この後は洞窟内の急な階段を上がり、地下倒石林と呼ばれる石林の風景を上下逆さまにしたような景観や、鋭くとがった鍾乳石が多数垂れ下がっている様子がこうもりのように見える蝙蝠洞などを通っていく。最後に約300段の階段を上がり切ると地表に出る。ここからリフトに乗れば出口に着く。

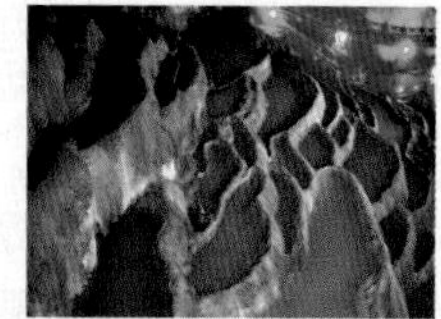

棚田のようなリムストーン

ライトアップされた鍾乳洞

ホテル

昆明中維翠湖賓館／昆明中维翠湖宾馆 kūnmíng zhōngwéi cuìhū bīnguǎn ★★★★★

翠湖公園の東側にある昆明最高級のホテル。市区中心部にあるが、周囲は緑に囲まれた静かな環境。最新の設備を備え、客室は落ち着いた雰囲気でリラックスできる。ビジネス客の利用も多い。

両替　ビジネスセンター　インターネット

M P.154-C2
住 五華区翠湖南路6号
☎ 65158888
FAX 65153286
S 998元
T 998元
サ なし
カ ADJMV
U www.zhongweihotels.com

昆明佳華広場酒店／昆明佳华广场酒店 kūnmíng jiāhuá guǎngchǎng jiǔdiàn ★★★★★

昆明駅の北550m。昆明最大級の国際会議場がありビジネス客の利用が多い。

両替　ビジネスセンター　インターネット

M P.155-E4　住 官渡区北京路157号　☎ 63562828　FAX 63561818　S 660～880元　T 660～880元　サ なし　カ ADJMV　U www.kaiwahplaza.com

グランドパーク昆明／昆明君乐酒店 kūnmíng jūnlè jiǔdiàn ★★★★★

翠湖公園の南側にある。ホテル最上階の回転レストランから見渡す景観が美しい。

両替　ビジネスセンター　インターネット

M P.154-B2　住 五華区洪化橋20号　☎ 65386688　FAX 65381189　S 520～670元　T 520～670元　サ なし　カ ADJMV　U www.parkhotelgroup.com

昆明飯店／昆明饭店 kūnmíng fàndiàn

1956年創業の老舗ホテル。市区中心部に位置しながらも4000㎡の大型庭園をもち、環境がよい。全室バスタブ付きなのでゆっくりと疲れを癒やせる。エアポートバス（6号線）の経由地で乗降車が可能。

両替　ビジネスセンター　インターネット

M P.155-E3
住 盤龍区東風東路52号
☎ 63162063
FAX 63138220
S 430元
T 380元
サ なし
カ ADJMV
U www.kmhotel.cn

ホテル

昆明錦江大酒店／昆明锦江大酒店 kūnmíng jǐnjiāng dàjiǔdiàn ★★★★

昆明駅の北450mと便利なロケーション。エアポートバス（2号線）の発着地点。

両替　ビジネスセンター　インターネット

M P.155-E4　住 官渡区北京路98号　☎63138888　FAX 63131910　S 452～628元　T 452～628元　サ なし　カ ADJMV　U www.jinjianghotels.com

昆明西驛酒店／昆明西驿酒店 kūnmíng xīyì jiǔdiàn ★★★★

翠湖公園の西500mに位置する。エアポートバス（1号線）の発着地点。

両替　ビジネスセンター　インターネット

M P.154-B2　住 五華区東風西路241号　☎65381999　FAX 65367196　S 576元　T 576元　サ なし　カ MV　U www.ynwestinn.com

V8商旅酒店／V8商旅酒店 shānglǚ jiǔdiàn ★★★

部屋は非常にきれいで快適。宿にはコピー機がないのでパスポートのコピーを用意しておくこと。

両替　ビジネスセンター　インターネット

M P.155-E4　住 官渡区環城南路和平村6号　☎63203888　FAX 63511898　S 238～308元　T 238～308元　サ なし　カ 不可

春城之星酒店 集豊店／春城之星酒店 集丰店 chūnchéngzhīxīng jiǔdiàn jífēngdiàn

客室は広くはないが合理的な設計。軌道交通2号線「穿心鼓楼」から徒歩5分。

両替　ビジネスセンター　インターネット

M P.155-D2　住 盤龍区北京路636号　☎66296666　FAX 66306449　S 168元　T 178元　サ なし　カ 不可

昆明傾城国際青年旅舎／昆明倾城国际青年旅舍 kūnmíng qīngchéng guójì qīngnián lǚshè

ドミトリーは女性用（6・8人部屋）と男性用（8・10人部屋）に分かれている。レンタサイクルのサービスあり。

両替　ビジネスセンター　インターネット

M P.154-C2　住 五華区華山西路92号　☎63378910　FAX なし　S 198～258元　T 228元　D 45～60元　サ なし　カ 不可　U www.ynhostels.com

昆明大脚氏国際青年旅舎／昆明大脚氏国际青年旅舍 kūnmíng dàjiǎoshì guójì qīngnián lǚshè

篆塘公園の南に位置するユースホステル。レンタサイクルのサービスあり。

両替　ビジネスセンター　インターネット

M P.154-A3　住 五華区篆塘路23号　☎64103777　FAX なし　S 188元　T 188元　D 50～55元　サ なし　カ 不可　U www.ynhostels.com

昆明花木藍客桟／昆明花木蓝客栈 kūnmíng huāmùlán kèzhàn

大観公園近くに位置するユースホステル。ドミトリーは女性専用。

両替　ビジネスセンター　インターネット

M P.152-C3　住 西山区西園路西華小区東区別墅8棟4号　☎携帯＝18468291870　FAX なし　S 178元　T 168～188元　D 40元（6人部屋）　サ なし　カ 不可

石林黒松岩酒店／石林黑松岩酒店 shílín hēisōngyán jiǔdiàn

石林風景区游客接待中心停車場内にある。石林風景区の入口から4km。

両替　ビジネスセンター　インターネット

M 地図外（P.163-A1左）　住 石林イ族自治県石林風景区　☎67710888　FAX 67710588　S 380元　T 280元　サ なし　カ 不可

グルメ

石屏会館／石屏会馆 shípíng huìguǎn

清代に建てられた古い建築物を改修したレストラン。趣のある個室でゆっくりと食事できるのが魅力。石屏名物の豆腐を焼いた"石屏烤豆腐"28元、鶏を蒸気で蒸しつつそのうま味を取り込んだ雲南名物スープ"云南气锅鸡"48～168元。夜は満席になることが多いので予約したほうが無難。

M P.154-B2　住 五華区翠湖南路中和巷24号　☎63627444　オ 11:00～14:30、17:00～20:30　休 なし　カ 不可

※星がグレーは申請中など正式認定ではありません

グルメ

しょううん び しょくじょう
祥雲美食城／祥云美食城　xiángyún měishíchéng

祥雲街と宝善街、鼎新街、南強街に囲まれた所にあるフードコート。雲南名物の米線やキノコ料理、タイ族料理などさまざまな料理を気軽に注文できる。昆明市民でいつもにぎわっており、価格もリーズナブル。

Ⓜ P.155-D3
住 五華区鼎新街4号
☎ なし
オ 9:30～21:00
※店舗によって異なる
休 なし
カ 不可

かん と こ ちん
官渡古鎮／官渡古镇　guāndù gǔzhèn

市区南部の宮渡区にある古い町並みが再開発されて、ショップやレストランの並ぶ観光地になっている。なかでも状元街には飲食店が軒を連ね、シャオチーも豊富で食べ歩きが楽しい。雲南省博物館のすぐ近くなので、博物館見学後などに立ち寄るとよい。

Ⓜ 地図外（P.153-E4下）
住 官渡区広福路官渡古鎮
☎ 67262799
オ 10:00～22:00
※店舗によって異なる
休 なし
カ 不可

ショップ

けいせい か ちょうじゅほう せ かい
景星花鳥珠宝世界／景星花鸟珠宝世界　jǐngxīng huāniǎo zhūbǎo shìjiè

昆明老街にある4階建てテナントビル。1階にはペット関連や釣り具、2階には翡翠をはじめとした天然石、3階には木彫りや民芸品、4階には書画や骨董品の店が多数入っている。雲南のおみやげを買うにはここが便利。

Ⓜ P.154-C3
住 五華区景星街中段
☎ なし
オ 9:00～19:00
※店舗によって異なる
休 なし
カ 不可

うんなんえいぞう
雲南映象／云南映象　yúnnán yìngxiàng

大理出身の中国を代表する舞踏家ヤン・リーピンのプロデュースによる、少数民族の歌と踊りのパフォーマンス。タイ族で有名なクジャクの舞も最後に演じられる。これまでに何度も日本公演を行い、高い評価を得ている。

Ⓜ P.154-B3
住 五華区東風西路132号雲南芸術劇院
☎ 63130033
オ 20:00～21:30
休 なし
料 丙席＝220元、乙席＝300元、甲席＝400元、VIP席＝520元
カ 不可

旅行会社

こんめいちゅうごくこくさいりょこうしゃ
昆明中国国際旅行社／昆明中国国际旅行社　kūnmíng zhōngguó guójì lǚxíngshè

日本部があり、電話でも日本語が通じる。日本語ガイドは1日400元、車のチャーター（市内）は1日600元。各種ツアー手配可能。料金は旅程作成時に確認すること。

Ⓜ P.155-E4
住 官渡区環城南路1118号603号室
☎ 日本部＝63555114
FAX 日本部＝63132332
オ 9:00～12:00、14:00～17:30
休 土・日曜、祝日
カ 不可
U www.kmcits.cn
✉ lixl02_km@cits.com.cn
※ lixlは英小文字、02は数字

雲南省 罗平（ルオピン） Luó Píng　市外局番●0874

羅平（らへい）

Luo Ping

菜の花の海とカルスト大地の奇観

春の菜の花畑（写真提供：于温鐸）

都市Data

羅平県
人口：61万人
面積：3116㎢
曲靖市管轄下の県

県公安局
（县公安局）
M 地図外（P.168-A2下）
住 九龍大道南段
☎ 8212320
オ 8:00～12:00、14:30～17:30
休 土・日曜、祝日
観光ビザの延長は不可

県人民医院
（县人民医院）
M P.168-A2
住 九龍大道32号
☎ 8228686
オ 24時間
休 なし

市内交通

【路線バス】 運行時間の目安は6:30～19:00、1元
【タクシー】 初乗り2.5km未満6元、以降1kmごとに1.6元加算。郊外へ行く場合は要交渉

インフォメーション

両替
羅平での外貨両替は不可。事前に多めに両替しておくこと。

概要と歩き方

雲南省東部に位置する羅平県は、貴州省、広西チワン族自治区と隣接している。省都の昆明と広東省広州市を結ぶ高速道路が開通したことから、そのルート上にある羅平も交通の便がよくなった。県内には漢族のほか、プイ族、チワン族、イ族、ミャオ族、回族などの少数民族が暮らしている。

羅平は、中国随一のアブラナの栽培地として知られ、毎年春には、「菜の花の海」と称される、カルスト地形に広がった菜の花畑をカメラに収めようと、中国をはじめ世界中から写真愛好家が訪れる。ほかにも、県の中心から東南部にかけて、九龍瀑布群風景区、多依河風景区、魯布革三峡風景区などの特殊な地質構造が造った大自然の見どころがある。羅平の観光スポットはいずれも季節によってその景観は大きく変わるが、菜の花が咲く季節である2～3月の間がベス

ホテル　銀行　旅行会社　学校　郵便局　病院　観光案内所　繁華街

※町の気象データ（→P.22）：「预报」>「云南」>「曲靖」>「罗平」>郷・鎮から選択

トシーズンといえる。

町の西を通る九龍大道沿いには、中級ホテルや中国料理店が並んでおり、繁華街の振興街には特産の蜂蜜を販売する専門店がいくつかある。

バスターミナルは町の東側、雲貴路沿いにあり、周囲には安宿、食堂、商店が集まっている。また、バスターミナルの出口横には羅平県旅游局散客旅游中心があるので、ここで最新の情報を確認できる。

金鶏峰からの春の眺め（写真提供：文萍）

Access 交通

中国国内の移動➡P.318　鉄道時刻表検索➡P.321

鉄道 南寧と昆明を結ぶ南昆線の羅平駅を利用する。幹線であるため、他都市からの移動は容易だが、他都市に移動する際には途中乗車となるため、指定券の購入は困難。

所要時間(目安) 【羅平（lp）】昆明（km）／快速：3時間46分　上海南（shn）／特快：35時間7分

バス 羅平バスターミナルを利用する。

所要時間(目安) 昆明／4時間　曲靖／3時間　興義／2時間

Data

鉄道

羅平駅（罗平火车站）

M 地図外（P.168-A1上）　住 九龍大道北段

☎ 共通電話=12306

オ 4:00～7:30、10:00～17:00、23:40～翌0:30

休 なし　カ 不可

［移動手段］タクシー（羅平駅～振興街）／10元、所要10分が目安　路線バス／1、5、7、8路「火车站」

28日以内の切符を販売。

羅平駅は小さなローカル駅

バス

羅平バスターミナル（罗平汽车客运站）

M P.168-B2　住 雲貴路547号　☎ 8212327

オ 6:30～17:30　休 なし　カ 不可

［移動手段］タクシー（バスターミナル～振興街）／6元、所要3分が目安　路線バス／3、5、7、8路「客运站」

3日以内の切符を販売。昆明（東部：7:00～12:00の間40分に1便、12:00～18:20の間1時間15分に1便）、曲靖（6:40～18:20の間30分に1便）、興義（7:20～18:20の間30分に1便）、乃格（多依河風景区経由：7:00～16:30の間満席を待って出発）

見どころ

カルスト地形と菜の花の海

金鶏峰・牛街螺蛳田／金鸡峰・牛街螺蛳田

きんけいほう　ぎゅうがいらしでん

jīnjīfēng niújiēluósītián

オススメ度 ★★★　所要時間 2時間～

羅平の名が中国全土に広まったのは、カルスト地形に広がる広大な菜の花畑の佳景。そのおもな撮影ポイントは、金

菜の花の咲く時期は霧に包まれることが多い（写真提供：李永光）

金鶏峰
Ⓜ P.143-E3
住 金鶏村
☎ 8212524（県旅游局）
オ 6:00〜20:00（霊儀寺）
休 なし
料 無料
交 ①タクシーをチャーターする。片道50元が目安
②羅平バスターミナルから「板桥」行きバスで「金鸡村路口」（6:00〜19:30の間満席を待って出発。5元、所要20分）

牛街螺螄田
Ⓜ P.143-E3
住 牛街郷
☎ 8212524（県旅游局）
オ 24時間
休 なし
料 無料
交 タクシーをチャーターする。片道50元が目安
※羅平バスターミナル付近から「牛街乡」行きバスがあるが、終点は集落中心部であり、見どころへは距離がある

九龍瀑布群風景区
Ⓜ P.143-E3
住 九龍鎮九龍河上流
☎ 8754101
オ 8:00〜日没
休 なし　料 65元
交 ①旅行会社等で車をチャーターする。金鶏峰・牛街螺螄田、九龍瀑布群風景区、多依河風景区、魯布革三峡風景区で500元が目安
②羅平バスターミナルから「板桥」行きバスで終点（6:00〜19:30の間満席を待って出発。8元、所要40分）。「九龙瀑布群」行き乗合ミニバンに乗り換えて終点（8:00〜、片道30元、往復50元、所要20分）
※「板桥」からの最終は19:30発

インフォメーション

ケーブルカー

入口近くと展望台とを結ぶ。所要約5分。
オ 8:00〜17:00
休 なし
料 片道＝30元、往復＝50元

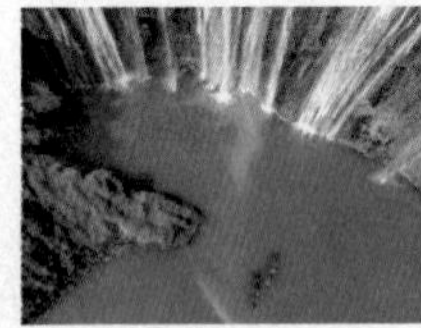
瀑布群最大の神龍瀑布（写真提供：貨文勝）

牛街螺螄田に咲く菜の花（写真提供：毛虹）

鶏峰と牛街。

金鶏峰は羅平の北東約11km、板橋へ向かう道沿いの左側にある小さな山。山腹の霊儀寺上方に展望台が設けられている。ここから見える景色は一面に広がる菜の花畑と、すり鉢を伏せたような円錐形の小山が地平線まで続くカルスト地形だ。東に大きく開けているため、開花時期には日の出とともにその景観を楽しむため、大勢の人が訪れる。

牛街は羅平の北にある小さな村で、展望台はこの村を抜けて、少し山を登った山腹の車道沿いある。ここから見下ろす山あいに開かれた螺螄田（タニシの田んぼ）と呼ばれる棚田は、美しい円形の幾何学模様をしており、稲の刈り入れのあとにはアブラナの種がまかれ、開花する春になると菜の花の棚田という珍しい景観を見ることができる。こちらは色と段差が夕日に映えるため、日没に合わせて訪れる人が多い。

中国六大瀑布のひとつ

九龍瀑布群風景区／九龙瀑布群风景区

きゅうりゅうばくふぐんふうけいく

jiŭlóng pùbùqún fēngjĭngqū

オススメ度 ★★★　所要時間 2時間〜

羅平から北東へ35km、九龍河上流にある10段に及ぶ瀑布群。それぞれの滝の高さや幅が変化に富み、中国六大瀑布のひとつに選ばれている。瀑布群のなかで最大の神龍瀑布は、高さ56m、幅112mになる。四季を通してさまざまな景観が楽しめるが、水量の多い6、7月がベストシーズン。この時期以外でも1年を通して水量が半分以下になることはない。川の両脇には遊歩道が設けられていてほとんどの滝を間近で見ることができる。入口から少し行った川の右側にあるケーブルカーに乗って展望台へ上ると、そこからは雄大な瀑布群の全景を見渡せる。時間に余裕があれば、下から1段ずつ滝を見ていき、そのあと展望台へ上がったほうがより楽しめる。

4kmの間に10の滝が連なる九龍瀑布群

プイ族が多く暮らす渓流

多依河風景区（たいがふうけいく）／多依河风景区　duōyīhé fēngjǐngqū

オススメ度 ★★

羅平から東南へ約40kmの所に位置する、50以上もの小さな滝が連なった渓流。川沿いに全長6kmの遊歩道が整備されており、川岸にはガジュマルや変化に富む渓流風景を見ることができる。遊歩道の中間地点あたりにさまざまな水車の展示がある。いちばん奥には大きな滝もあるので、途中で引き返すことのないように。

滝を眺める（写真提供：馬洪）

多依河風景区
M P.143-E3
住 魯布革鎮
☎ 8783128
オ 8:30～17:00
休 なし
料 入場料＝45元、川下り＝175元、電動カート＝往復45元
交 ①羅平バスターミナルから「乃格」行きバスで「多依河风景区」(7:00～16:30の間満席を待って出発。15元、所要1時間30分)
※「多依河风景区」からの最終は17:00頃通過
②旅行会社等で車をチャーターする。金鶏峰・牛街螺螄田、多依河風景区、九龍瀑布群風景区、魯布革三峡風景区で500元が目安

雲南省と貴州省に挟まれた渓谷

魯布革三峡風景区（ろふかくさんきょうふうけいく）／鲁布革三峡风景区 lǔbùgé sānxiá fēngjǐngqū

オススメ度 ★

多依河を上流へ進むと、魯布革発電所のダムがある。両岸が絶壁となっている渓谷の間を、全長約20kmにわたって貯水湖が延びており、遊覧船に乗ってその優美な風景を眺めることができる。ここから九龍瀑布群風景区へ抜けることができるので、羅平で車を1日チャーターして、多依河風景区、魯布革三峡風景区、九龍瀑布群風景区と見て回ると効率がよい。

魯布革三峡風景区
M P.143-E3
住 魯布革鎮
☎ 8215063
オ 8:00～17:30
休 なし
料 遊覧船＝100元
小型ボート＝120元
※遊覧船は11:00、14:00、16:20発、所要1時間30分
交 旅行会社等で車をチャーターする。金鶏峰・牛街螺螄田、魯布革三峡風景区、九龍瀑布群風景区、多依河風景区で500元が目安

ホテル

鑫源賓館（しんげんひんかん）／鑫源宾馆　xīnyuán bīnguǎn　★★★

レストラン、カラオケ、マッサージなど施設が充実。四川料理、雲南料理、広東料理を食べられる。

両替　ビジネスセンター　インターネット

M P.168-A1　住 文筆路中段　☎ 8227888　FAX 8227818　S 140元　T 100～140元　サ なし　カ 不可

中源酒店（ちゅうげんしゅてん）／中源酒店　zhōngyuán jiǔdiàn

4つ星相当ホテル。レストラン、マッサージなどを利用できる。繁華街までは遠い。

両替　ビジネスセンター　インターネット

M P.168-A1　住 九龍大道北段66号　☎ 8226666　FAX 8215666　S 368元　T 268元　サ なし　カ 不可

恒昇酒店（こうしょうしゅてん）／恒升酒店　héngshēng jiǔdiàn

雲貴路と文筆路のT字路付近にある4つ星相当ホテル。羅平バスターミナルから徒歩3分。

両替　ビジネスセンター　インターネット

M P.168-B2　住 文筆路98号　☎ 8225888　FAX 8225998　S 280元　T 280元　サ なし　カ 不可

旅行会社

魯布革風景区旅行社（ろふかくふうけいくりょこうしゃ）／鲁布革风景区旅行社　lǔbùgé fēngjǐngqū lǚxíngshè

金鶏峰・牛街螺螄田、九龍瀑布群風景区、多依河風景区、魯布革三峡風景区を回る場合の車1日チャーターは700元。

M P.168-A2　住 九龍大道中段中国農業銀行内2楼　☎ 携帯＝15924878278　オ 8:30～12:00、14:30～18:00　休 なし　カ 不可

ペー族が多く暮らす喜洲に立つ正義門

大理（だいり）

大理国を築いたペー族が多く住む町

都市Data

大理市
人口：61万人
面積：1468㎢
大理ペー族自治州の行政中心

■大理下関

州公安局外管処
（州公安局外管处）
Ⓜ P.174-A1
㊟下関鎮鶴慶路66号大理州公安局1階
☎2142149
㋔8:30～11:30、14:30～17:30
㊡土・日曜、祝日
観光ビザを最長30日間延長可能。手数料は160元

市第一人民医院
（市第一人民医院）
Ⓜ P.174-A3
㊟下関鎮泰安路36号
☎2124462
㋔24時間 ㊡なし

■大理古城

公安局古城派出所
（公安局古城派出所）
Ⓜ P.175-C3
㊟洪武路
☎2670178
㋔24時間
㊡なし
観光ビザの延長は不可

市第二人民医院
（市第二人民医院）
Ⓜ P.175-B2
㊟復興路580号
☎2670031
㋔24時間 ㊡なし

概要と歩き方

大理市は雲南省の西部に位置する大理ペー族自治州の中心都市。年間平均気温が約15℃と穏やかな気候だ。

大理はペー族の居住エリアで、彼らの伝統文化が色濃く残っている。ペー族は白色を最も貴い色としているため、衣装も白色をベースにしている。大理ではペー族の祭りが多く、陰暦の1月から9月の間に30以上もの祭りがある。

また、大理は風光明媚な所としても有名で、4000m級の峰が連なる蒼山と澄んだ水をたたえる洱海（じかい）を中心とした風景は、山水如画と称される。

大理を中心とするこのエリアは、古くから中国とインドを結ぶ交易路の要衝として発展を遂げてきたが、その本格的な歴史は、8世紀になって唐朝のあと押しを受けた蒙舎詔が6つの権力グループを統一して南詔（未詳～902年）という地方政権を樹立したことに始まる。そのあとを受けて建国された大理国（938～1253年）まで合わせると、500年もの間独自にこの地方を統治していた。

大理には、大理古城と下関というふたつの中心がある。大理古城は昔の中心地で、下関は現在の大理ペー族自治州の行政、経済、交通の中心地。大理古城は下関の北約14kmに位置し、見どころは大理古城のほうにあるので、下関に到着したら直接大理古城に向かうとよい。

五華楼の上から見た大理古城の景観

大理の見どころは、大理古城、洱海周辺、蒼山

	1月	2月	3月	4月	5月	6月	7月	8月	9月	10月	11月	12月
平均最高気温(℃)	15.5	16.8	19.7	22.4	25.1	24.8	24.6	24.4	23.4	21.0	18.2	15.9
平均最低気温(℃)	2.4	4.1	6.6	9.5	12.9	16.0	16.7	15.9	14.4	11.4	6.5	3.0
平均気温(℃)	8.7	10.2	12.9	15.6	18.8	20.8	20.6	20.3	18.8	16.4	12.3	9.2
平均降水量(mm)	16.0	27.0	32.0	23.0	64.0	176.0	179.0	219.0	158.0	113.0	34.0	14.0

※町の気象データ（→P.22）：「预报」＞「云南」＞「大理」＞市・県から選択

および近郊の県部に分かれている。近郊の県部を除けば、2～3日でおもな観光スポットは見ることができる。時間のない場合は、旅行会社の主催する観光ツアーに参加したり、タクシーを1日チャーターしたりすれば効率がよい。

藍の絞り染めは大理の特産品

大理観光の楽しみのひとつとして、ペー族の文化に触れることが挙げられる。ペー族舞踊を観賞して三道茶を飲み（舞踊もお茶も洱海の遊覧船や喜洲などで体験できる）、ペー族料理（素焼きの土鍋を使った料理が多い）に舌つづみを打つのが定番。みやげ物では大理石、藍の絞り染め（扎染）、銀のアクセサリー、お茶などがある。

市内交通

【路線バス】運行時間の目安は6:30～21:00、古城まで2元、下関鎮内1～1.5元

【タクシー】初乗り3km未満8元、3km以上1kmごとに2元加算。古城まではメーターは使用せず、60～80元、所要50分が目安

インフォメーション

大理下関～大理古城間の路線バス

4路：
美登大橋北（M P.174-A3）～
大理神野（M P.175-A2）

8路：
大理駅（M P.174-C3）～
六十医院（M P.175-B2）

三塔専線：
大理駅（M P.174-C3）～
崇聖寺三塔（M P.175-A1）

料 いずれも3元

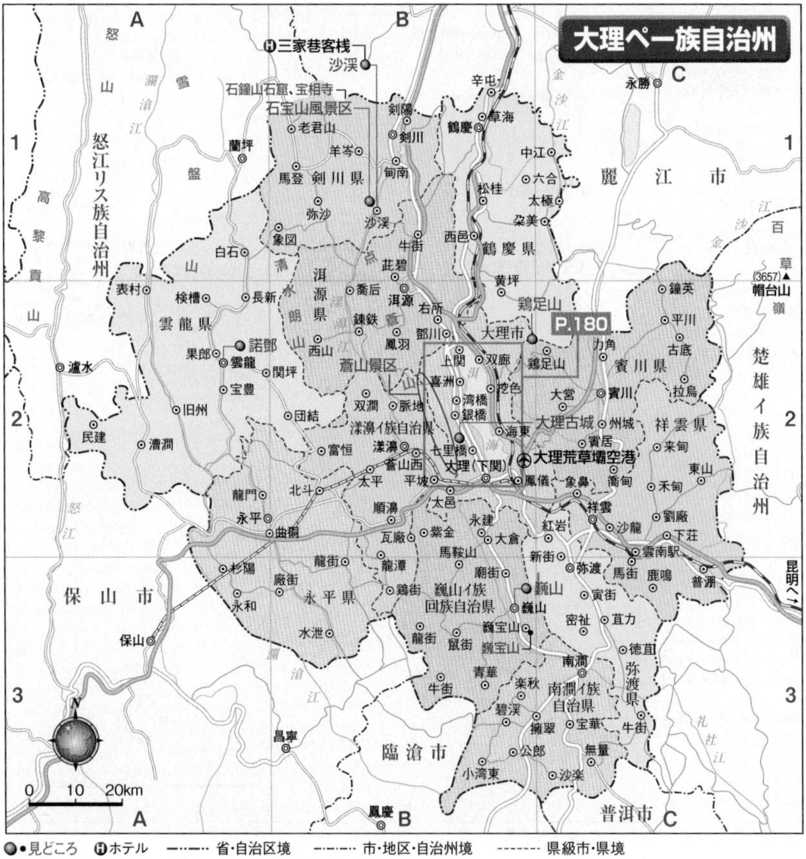

大理ペー族自治州

●● 見どころ　H ホテル　省・自治区境　市・地区・自治州境　県級市・県境
鉄道　鉄道建設中　高速道路

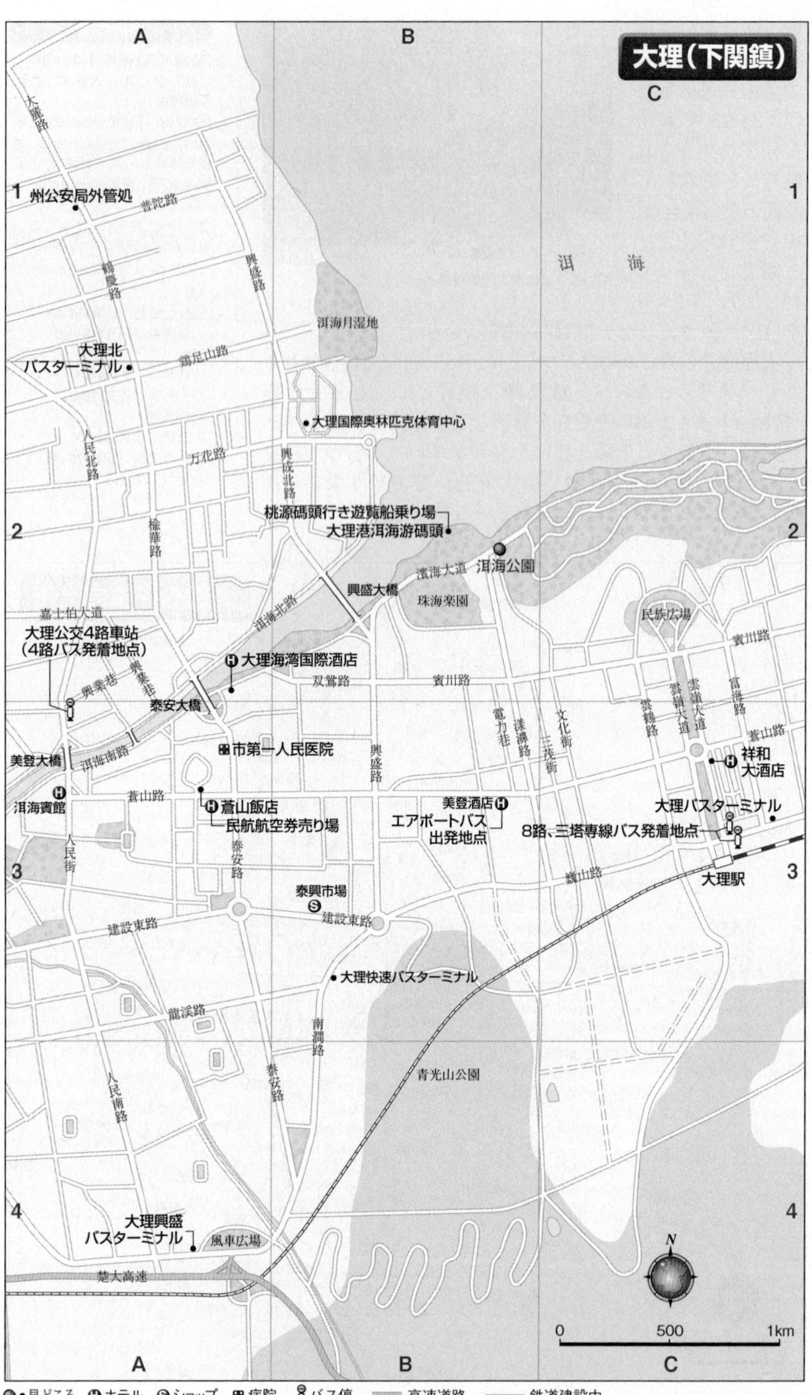

●•見どころ H ホテル S ショップ ⊞ 病院 バス停 高速道路 鉄道建設中

大理古城

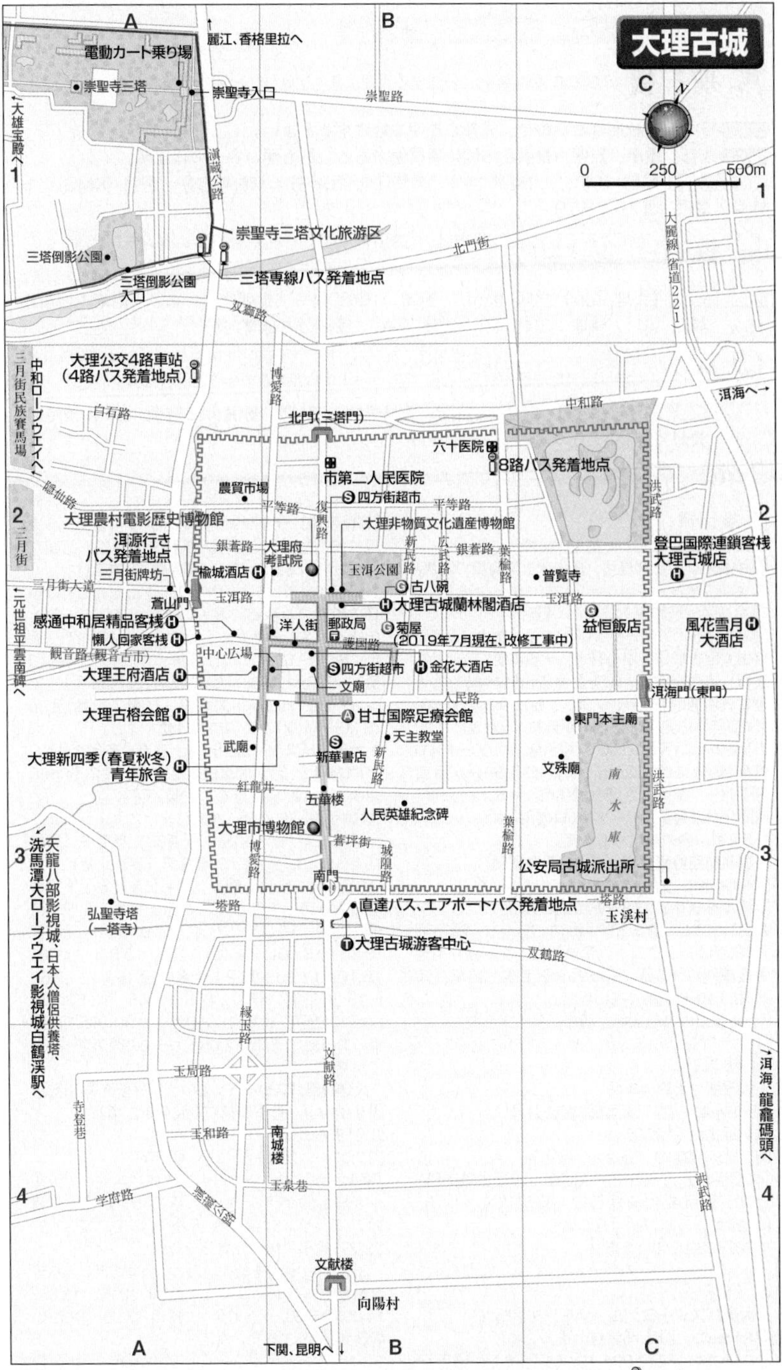

●見どころ Ⓗホテル Ⓖグルメ Ⓢショップ Ⓐアミューズメント 銀行 Ⓣ旅行会社 郵便局 病院 バス停
繁華街 城壁

Access 交通

中国国内の移動➡P.318　鉄道時刻表検索➡P.321

飛行機
下関鎮の東約13㎞に位置する大理荒草壩空港（DAL）を利用する。

国際線▶日中間運航便はないので、成都や昆明を経由するとよい。
国内線▶成都、重慶、昆明、景洪との間に運航便がある。最も便が多いのは昆明。
所要時間(目安) 成都（CTU）／1時間40分　重慶江北（CKG）／1時間45分　昆明（KMG）／1時間　景洪（JHG）／55分

鉄道
昆明と麗江を結ぶ路線にある大理駅を利用する。オンシーズンは利用者が激増するので切符の手配を早めにすること。

所要時間(目安)【大理（dl）】昆明（km）／動車：1時間54分　昆明南（kmn）／動車：2時間16分　麗江（lj）／快速：2時間4分　南寧（nn）／動車：6時間19分

バス
大理バスターミナル、大理北バスターミナル、大理興盛バスターミナルなどを利用するが、出発地や目的地によって発着ターミナルが異なるので注意が必要。

所要時間(目安) 昆明／5時間　麗江／4時間　香格里拉／8時間　景洪／15時間　剣川／2時間30分　雲龍／3時間30分　巍山／1時間30分

Data

飛行機

大理荒草壩空港（大理荒草坝机场）
M P.180-B3　住 機場路（鳳儀鎮と海東鎮の境界）
☎インフォメーション＝2428915
オ 始発便～最終便　休 なし　カ 不可
[移動手段] エアポートバス／空港→市内（大理駅経由大理古城游客中心行き）＝到着便に合わせて運行　市内→空港（①美登酒店 M P.174-B3　②大理古城游客中心）＝①7:00、7:30、9:30、11:00、15:30発。15元、所要45分が目安　②6:30～9:00の間30分に1便、10:00、11:00発、13:00～16:00の間1時間に1便。25元、所要1時間30分が目安　タクシー（空港～大理古城南門）／150元、所要1時間15分が目安　※メーターは使用しない
3ヵ月以内の航空券を販売。

民航航空券売り場（市内民航售票処）
M P.174-A3
住 下関鎮蒼山路118号蒼山飯店入口右
☎2315335　オ 8:30～18:30　休 なし　カ 不可
[移動手段] タクシー（民航航空券売り場～大理古城南門）／50元、所要35分が目安　路線バス／10、16、22路「苍山饭店」
3ヵ月以内の航空券を販売。

鉄道

大理駅（大理火车站）
M P.174-C3　住 下関鎮巍山路261号
☎共通電話＝12306
オ 3:50～翌0:10　休 なし　カ 不可
[移動手段] タクシー（大理駅～大理古城南門）／60元、所要40分が目安　路線バス／1、5、8、21路、三塔専線「火车站」
28日以内の切符を販売。

バス

大理バスターミナル（大理汽车客运站）
M P.174-C3　住 下関鎮巍山路372号
☎2310348　オ 7:00～19:00　休 なし　カ 不可
[移動手段] タクシー（大理バスターミナル～大理古城南門）／60元、所要40分が目安　路線バス／1、5、8、21路、三塔専線「火车站」
昆明と景洪は5日以内の切符を、それ以外は当日の切符のみ販売。おもに大理の東にある町とを結ぶバスが発着する。通称「东站」。昆明（西部：8:30～15:30の間1時間に1便）、景洪（2便）、挖色（7:50～18:00の間25分に1便）、賓川（7:15～19:00の間10分に1便）、鶏足山（8:00～11:00の間1時間に1便）など。

大理北バスターミナル（大理汽车客运北站）
M P.174-A2　住 下関鎮楡華路30号　☎2298568
オ 6:30～19:00　休 なし　カ 不可
[移動手段] タクシー（大理北バスターミナル～大理古城南門）／50元、所要30分が目安　路線バス／8、9、23路、三塔専線「客运北站」
3日以内の切符を販売。おもに麗江など大理の北にある町とを結ぶバスが発着する。昆明（西部：9:00、10:30、12:00、13:30発）、麗江（8:00～13:00は1時間に1便、13:50、14:40、15:10～17:10は30分に1便）、香格里拉（7:00～18:30の間11便）、剣川（6:45～18:50の間20分に1便）、蝴蝶泉（8:00～18:50の間満席を待って出発）、洱源（7:00～19:00の間満席を待って出発）など。

大理興盛バスターミナル（大理兴盛汽车客运站）
M P.174-A4　住 下関鎮南澗路風車広場西側
☎2125502
オ 7:00～20:00　休 なし　カ 不可
[移動手段] タクシー（大理興盛バスターミナル～大理古城南門）／60元、所要35分が目安　路線バス／2、21路「客运南站」、9、12、13、23路「风车广场（公交三分公司）」
3日以内の切符を販売。おもに大理の西にある町とを結ぶバスが発着する。昆明（12:20、13:30、14:00、15:20、17:30発）、巍山（7:00～18:30の間満席を待って出発）など。

大理古城の見どころ

かつての雲南地方の中心地

大理古城／大理古城　dàlǐ gǔchéng

だいりこじょう

オススメ度 ★★★　所要時間 3時間～

大理古城は下関の北14kmに位置する、779年南詔国の時代に建造された町。大理国の都として引き継がれたが、1253年元のフビライにより破壊された。その後100年以上の間放置されていたが、1382（明の洪武15）年に再建された。現在見られる大理古城の姿は明代のものを基本としている。古城はほぼ正方形をした全長約6kmの城壁に囲まれており、東西南北の城壁にはそれぞれ大きな城門がある。

北門と南門を結ぶ復興路を中心に、洋人街（護国路）、人民路、博愛路等にみやげ物屋が軒を連ねている。残念ながら古城内の商業化が進み、古い建物はあまり残っていないが、ほかの中国の町とは違ったペー族の文化は感じられる。

南門／南门（なんもん／nánmén）

南側の城壁にある城門でその上には2層の楼閣が建てられている。大理を代表する建築物で、その前で記念写真を撮る中国人旅行者の姿が1日中絶えない。現在の楼閣は1984年に再建されたもの。

大理古城の顔がこの南門

門を入ってすぐ西側に城壁へ上る階段がある。城楼にも入ることができ、その2階から眺める古城や蒼山の景色が美しい。

五華楼／五华楼（ごかろう／wǔhuálóu）

南門の北200mに位置する楼閣。865年、南詔国の時代に建造され、当時は高さ30m、周囲の全長2.5kmにも及ぶ大規模な建築物だった。その後の大理国の時代には政治、経済、文化の中心でもあった。しかし、大理国滅亡後は3度にわたり天災や戦禍の被害を受け、そのたびに修復されたが、かつてとは比べものにならないほど貧弱になってしまった。さらに文化大革命時にも破壊され、現存する楼閣は1998年に再建された新しいもの。

復興路にある五華楼

大理古城

Ⓜ P.173-B2、P.175

㊟ 大理市大理古城

※城門はいくつかあるが、南門が正門

古城の中心を東西に走る人民路

武成門（武廟内）

南門

Ⓜ P.175-B3

㊟ 大理古城南門

㋔ 外観24時間
大理銭幣陳列館8:30～17:30

㊡ なし

㊑ 外観、城壁＝無料、大理銭幣陳列館＝10元

㋙ 4路バス「大理南门」、三塔専線バス「一塔路口」、ともに徒歩10分

五華楼

Ⓜ P.175-B3

㊟ 大理古城復興路200号

㋔ 外観24時間

㊡ なし

㊑ 無料

㋙ 4路バス「红龙井」、徒歩8分。三塔専線バス「人民路口」、徒歩12分

大理非物質文化遺産博物館
ⓂP.175-B2
㊟大理古城玉洱路123号
☎2517128
㋔8:30～17:30
㊡なし
㊑10元
㊇4路、三塔専線バス「三月街口」、徒歩10分

天主教堂
ⓂP.175-B3
㊟大理古城新民路6号
㋔8:00～17:00
㊑無料
㊇4路、三塔専線バス「人民路口」、徒歩10分

崇聖寺三塔文化旅游区
ⓂP.175-A1
㊟滇蔵公路三塔公園
☎2666346
㋔5～10月7:00～19:00
11～4月7:30～18:30
※入場は閉門30分前まで
㊡なし
㊑75元
※三塔倒影公園入場料も含む
㊇三塔専線バス「崇圣寺三塔」
Ⓤwww.dalisanta.net

インフォメーション

電動カート

入口といちばん奥にある大雄宝殿とを結ぶ。
㋔7:30～18:00
㊡なし
㊑上り＝20元、下り＝15元

三塔倒影公園

水面に映る崇聖寺三塔の撮影ポイントとして知られる公園。崇聖寺南門から徒歩10分の所にある。
ⓂP.175-A1
㋔7:00～18:30
㊡なし
㊑崇聖寺三塔文化旅游区の入場料に含まれる

三塔倒影公園から見た崇聖寺三塔

大理非物質文化遺産博物館／大理非物质文化遗产博物馆

(だいりひぶっしつぶんかいさんはくぶつかん／dàlǐ fēiwùzhì wénhuà yíchǎn bówùguǎn)

清末に杜文秀（太平天国の乱の時期に大理を統治した人物）の討伐に功績のあった貴州提督蒋宗漢（雲南省鶴慶出身のイ族）を祀る蒋公祠を利用した博物館。

大理ペー族自治州内に残る、国家、省、自治州、県の4つのレベルで認定された無形の文化遺産の目録とその継承者を5つの展示スペースに分けて紹介している。その中心となるのは、大理の文化的中核であるペー族に伝わる神話や物語、伝統工芸、文化など。

大理非物質文化遺産博物館（蒋公祠）入口

天主教堂／天主教堂(てんしゅきょうどう／tiānzhǔ jiàotáng)

人民路と新民路の交差点から南に80mほど入った路地に位置するカトリック教会。1927（中華民国16）年に建てられ、1984年政府の援助のもと大規模な修復が行われた。

ペー族伝統建築様式とキリスト教文化が融合している独特な様子がおもしろい。また、装飾も細かく施されている。屋根に十字架がなければ教会とわからないことだろう。

独特な建築様式のカトリック教会

大理を象徴する古代建築物がある

崇聖寺三塔文化旅游区／崇圣寺三塔文化旅游区　chóngshèngsì sāntǎ wénhuà lǚyóuqū

すうせいじさんとうぶんかりょゆうく

オススメ度 ★★★　所要時間 3時間～

崇聖寺三塔は、大理古城の中心から北西に1.5kmほど行った所にある仏塔。崇聖寺は、唐の開元年間に建てられた仏教寺院で、唐宋時代には南詔国と大理国の王室の菩提寺となった由緒ある寺院だった。しかし、清代に戦禍と自然災害に遭い、三塔のみが残った。1994年に崇聖寺三塔文物保護管理所が設立されて整備が進められ、2002年から大理旅游集団に管理を移管。2005年には三塔の立つ西側の広大な敷地に新たに崇聖寺が再建され、三塔とその南側にある三塔倒影公園とを合わせて崇聖寺三塔文化旅游区として管理運営を行っている。

中央の塔は千尋塔とも呼ばれ、最下層の階高を高くし、上部各層を低くして、軒が密になるよう屋根を多層に積み上

三塔は大理のシンボル的な建築物

げた16層の方形密檐（みつえん）式れんが製仏塔で、高さは69.13m。南詔の勧豊佑時代（824〜859年）に建てられた。千尋塔の南北に立つふたつの小塔は、大理国期（12世紀頃）に建てられた10層の八角形密檐式れんが製仏塔で、高さは42.19m。1978年には国家規模の補修工事が行われ、その際に塔頂部分から多数の文化財が発見された。

崇聖寺は三塔の西側に位置し、蒼山の傾斜を利用して再建された広大な敷地の寺院。三塔倒影公園には池があり、その池に映る三塔の景色が美しい。

雨銅観音殿

新石器時代から現代芸術まで展示する総合博物館

大理市博物館（だいりしはくぶつかん）／大理市博物馆　dàlǐshì bówùguǎn

オススメ度 ★★

大理古城の南門近くにある大理市博物館は、杜文秀の総司令部であった元帥府を利用して造られたもの。1988年に補修、改修工事が行われ、大理市博物館として一般公開された。

大理国時代の石碑108基を集めた碑林や、大理で出土した貴重な文化財を陳列しており、大理国時代にペー族が彫った高さ1.6mの天王像が特に有名。

大理市博物館
Ⓜ P.175-B3
住 大理古城復興路111号
☎ 2670196、2661777
オ 9:00〜17:00
※入場は閉館30分前まで
休 月曜
料 無料
交 4路バス「红龙井」、徒歩8分。三塔専線バス「人民路口」、徒歩12分
U www.dlsbwg.com

歴史文物展庁

中国の古い農村映画に関する資料が豊富

大理農村電影歴史博物館（だいりのうそんでんえいれきしはくぶつかん）／大理农村电影历史博物馆　dàlǐ nóngcūn diànyǐng lìshǐ bówùguǎn

オススメ度 ★

2011年に大理電影院（映画館）を改造して開館した中国初の農村映画の博物館。1950年代以降の農村映画の歴史を写真やポスターなどを使って説明している。旧映画館ならではの映画撮影や映写機器の豊富な展示もある。

毎日館内と博物館前の広場で古い農村映画を上映している。博物館前の掲示板に上映する映画が掲載されているので、興味のある人はチェックするとよい。

大理農村電影歴史博物館
Ⓜ P.175-B2
住 大理古城復興路459号
☎ 2517681、2517352
オ 9:00〜22:00
休 なし
料 無料
交 4路、三塔専線バス「三月街口」

博物館外観

天龍八部影視城
Ⓜ P.180-A3
㊟ 大理古城三月街
☎ 2674428
㋔ 8:30～19:00
※入場は閉門1時間30分前
㊡ なし
㊕ 40元
※洗馬潭大ロープウエイの切符購入者は無料
㋙ ①タクシーで三月街牌坊から片道15～20元、所要10分が目安
②4路、三塔専線バス「三月街口」。入口まで上り道2.5km

インフォメーション

電動カート

入口と洗馬潭大ロープウエイ乗車地点とを結ぶ（800m）。
㋔ 8:00～18:30
㊡ なし
㊕ 片道15～20元

テレビドラマの大型セットを見学できる

天龍八部影視城／天龙八部影视城

てんりゅうはちぶえいしじょう

tiānlóng bābù yǐngshìchéng

オススメ度 ★

古城の西部1.5kmに位置するテーマパークで、2002年にテレビドラマ『天龍八部』を撮影するために建造された。『天龍八部』は、中国の有名な作家、金庸によって書かれた11世紀末の宋代を舞台にした歴史侠客小説。

再現された大理皇宮

総面積約51万㎡の園内には城壁、城門、皇宮、王府、大理街、女真部落、西夏城等の大型セットがある。セットといってもなかなか雰囲気があり、よく造られているので見て回るとおもしろい。

園内の北西奥には、明代に仏教を学びに来ていた4人の日本人僧侶の供養塔がある。明代初期、彼らは王朝内の権力闘争（胡惟庸（こいよう）の獄）に巻き込まれ、当時、辺境の地であった大理に流刑された。その後、明朝は海禁政策を実施し鎖国状態となってしまい、この4人は帰国できなくなりこの地で死を迎えた。彼らの死後、ペー族の人々は日本四僧塔と呼ぶ供養塔を建てて守り通してきてくれた。供養塔の前には、高倉健と映画監督チャン・イーモウの銘文もある。

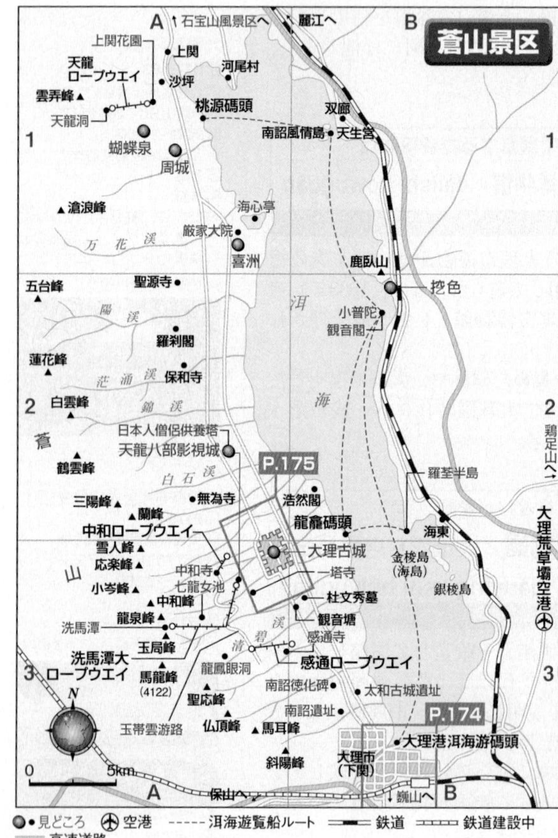

日本人僧侶の供養塔

大理古城外の見どころ

白い頂が神々しい

蒼山景区／苍山景区　cāngshān jǐngqū

そうざんけいく

オススメ度 ★★★　所要時間 4時間〜

南は大理市下関から北は洱源まで、洱海の西に連なる全長約42kmの山が蒼山。海抜3500m以上の峰が19あり、そのうち7つは海抜4000m以上（最高峰は海抜4122mの馬龍峰）。これら高峰の間からは雪解け水が流れ出ており、蒼山十八渓と呼ばれている。高峰を中心とした景勝エリアは蒼山景区に指定され、保護管理されている。

万年雪を頂く蒼山は、大理風花雪月四景のひとつとして古来より人々に愛されてきたが、なかでも天候の変化が激しく、刻々と姿を変える雲霞が有名。

展望台から見下ろした洗馬潭

洗馬潭／洗马潭（せんばたん／xǐmǎtán）

玉局峰と龍泉峰の間にある小さな池で標高は3920m。天龍八部影視城から洗馬潭大ロープウエイを利用して行くことができる。ロープウエイは長さが5555m、標高差が1648m。天気がよければ蒼山と洱海の壮大な景色が見られる。ロープウエイ下車地点から洗馬潭の上にある展望台（標高3966m）までゆっくり歩くと往復2時間ほど。ベストシーズンはシャクナゲをはじめとした高山植物の花が咲く5月中旬〜6月上旬。

玉帯雲游路／玉带云游路（ぎょくたいうんゆうろ／yùdàiyún yóulù）

標高約2600mの蒼山中腹を洱海を見ながら歩ける遊歩道。感通ロープウエイの終点（清碧渓）から中和寺までの10.5kmのほぼ平坦な道で、美しい渓谷や滝などを見ることができる。時間に余裕がなければ、ロープウエイに乗って往復してもよいし、三月街と中和寺の間を乗馬で引いてもらってもよい。ロープウエイを利用せず、麓から全行程すべて歩くこともできるが、たっぷり1日はかかるので、単独でのハイキングは避けたほうが無難。

玉帯雲游路からは洱海を見渡せる

蒼山景区
Ⓜ P.173-B2、P.180
住 蒼山景区
☎ 2670349
オ 5〜10月8:00〜18:00
　11〜4月8:30〜17:00
休 なし
料 35元
※各ロープウエイの切符売り場で購入

インフォメーション

蒼山のロープウエイ

感通ロープウエイ
大理古城の南部にある6人乗りゴンドラタイプ。
Ⓜ P.180-A〜B3
☎ 26833551
オ 8:30〜16:30
※上りは16:00まで
休 なし
料 片道＝50元、往復＝80元
交 4路バス、三塔専線「大理镇二中」。個人タクシーに乗り換える（2.5km）。15〜20元が目安

中和ロープウエイ
旧称蒼山ロープウエイ。三月街民族節賽馬場の西側と中和寺とを結ぶふたり乗りリフト。強風など天候不順になると即時運行停止となる。
Ⓜ P.180-A3
☎ 2513489、2670349
オ 8:30〜16:30
※上りは16:00まで
料 片道＝30元
交 4路、三塔専線バス「三月街口」。個人タクシーに乗り換える（1.5km）。10〜15元が目安

洗馬潭大ロープウエイ
影視城白鶴渓〜七龍女池〜洗馬潭を結ぶ8人乗りゴンドラ。
Ⓜ P.180-A3
☎ 5365006、5364980
オ 8:30〜14:30
料 全行程往復＝300元
※強風時は七龍女池までの運行で160元
影視城白鶴渓駅〜七龍女池駅＝片道80元
七龍女池駅〜洗馬潭駅往復＝140元
上り：七龍女池駅〜洗馬潭駅、下り：全行程＝220元
交 天龍八部影視城入口から電動カート（→P.180欄外インフォメーション）

七龍女池観光車
洗馬潭大ロープウエイの七龍女池駅と玉帯路七龍女池を結ぶ。
オ 9:30〜16:00　休 なし
料 片道＝30元、往復＝50元

喜洲
Ⓜ P.180-A1
住 喜洲鎮
☎ 喜洲游客中心＝2454009
オ 24時間 休 なし 料 無料
交 ①大理北バスターミナルから「蝴蝶泉」「洱源」行きバスで「喜洲」（蝴蝶泉行き8:00～18:50の間、洱源行き7:00～19:00の間、ともに満席を待って出発。8～9元、所要30分）
②大理古城西門から「洱源」行きバスに途中乗車して「喜洲镇路口」（6元、所要15分）。徒歩15分またはオート三輪（3～5元）
※「喜洲镇路口」からの最終は18:30頃発

厳家大院
Ⓜ P.180-A1
住 喜洲鎮四方街
☎ 2454198
オ 8:30～17:30
休 なし
料 25元

石宝山風景区
Ⓜ P.173-B1
住 剑川県沙溪鎮石宝山
☎ 4787029
オ 9:00～17:30
休 なし
料 45元
交 大理北バスターミナルから「剑川」行きバスで終点（6:45～18:50の間20分に1便。41元、所要3時間）。「沙溪」方面行き緑色のバン型ミニバンに乗り換え「石宝山路口」終点（13元、所要30分）。入口まで3km
※「沙溪」から「剑川」への最終は17:00頃発。「剑川」から「大理」への最終は18:00発

インフォメーション

景区内観光車

入口から2分ほど歩いた所が乗降地点。一般的順路は石鐘山石窟→宝相寺となっている。
オ 9:00～17:30の間30分に1便
料 片道＝20元（所要20分）
※距離があるので往復利用がおすすめ

ペー族の古い町並みを今に伝える

喜洲（きしゅう）／喜洲 xǐzhōu

オススメ度 ★★

喜洲は、大理古城から19km北に行った、洱海の西岸に位置するペー族の村。約1000年前、ここは南詔国の重要な軍事拠点だったが、その後も雲南における商業貿易の要衝として栄え、優秀な人材を輩出してきた。

ここ喜洲には白壁と青瓦の古いペー族の町並みが現在でも残っている。88軒残るペー族民居のなかでも、特に厳家大院、董家大院、楊家大院の3軒は保存状態が非常によく、明清時代の姿をそのまま残している。2階建ての母屋の両側に副屋を建て、母屋の正面に目隠し用の照壁を配した三方一照壁や、中央に中庭を設け、周囲四方に住居を配した四合五天井など、ペー族独自の建築様式は一見の価値がある。

ペー族伝統建築様式に西欧建築を一部取り入れた厳家大院では、民族衣装を着たペー族による歌や踊りを見たり、ペー族の伝統的作法にのっとった三道茶を楽しんだりすることができる。

喜洲には仏教や道教の寺院も多く、大慈寺、神都など、その数は50以上になる。規模は大きくはないが、地元の人が集まる素朴な寺院にはまた違ったおもしろさがある。

中庭から見た厳家大院

また、町なかには民家を改造した手頃な宿もあるので、時間が許せばここに泊まってみるのもよい。

南方シルクロードの敦煌とたたえられる石窟群

石宝山風景区（せきほうざんふうけいく）／石宝山风景区 shíbǎoshān fēngjǐngqū

オススメ度 ★★

石宝山風景区は大理の北西約110km、麗江の南西約90kmに位置する自然豊かな風景区。最高地点は3038m、低い所でも1920mあり、山深い自然と石鐘山石窟があることで有名。石宝山は、エリア内にあるふたつの名刹、石鐘寺と宝相寺から1字ずつ取って命名されたもので、エリア内のおもな見どころは2ヵ所ある。

石鐘寺とその上にある石窟群

まずは景区入口から約2km入った所にある宝

相寺、それとさらに7km進んだ所にある石鐘寺と獅子関およびその周辺の石窟群である。入口から石鐘寺までは舗装された道路で結ばれており、石鐘寺から獅子関は山の中の遊歩道となる。

入口から石鐘寺までは9kmもあるので、剣川もしくは沙渓からタクシーをチャーターして行ったほうが便利。

剣川～沙渓を結ぶ緑色のミニバン。フロントガラスに「剣川～石宝山～沙渓」とある

石鐘山石窟／石钟山石窟
（せきしょうざんせっくつ／shízhōngshān shíkū）

剣川石窟として有名なペー族の石窟群。石鐘寺、獅子関、沙登箐の3ヵ所に16窟136体の仏像が彫られているが、これらは南詔国前期から大理国前期（中国の歴史では唐から北宋にかけての時代）の間に造られたもので、標高約2500mと中国で最も高い所にある大規模石窟群である。彫られているものは仏像だけでなく、ペー族の神像、南詔国の王や官吏、剣川に生息する動物などバラエティに富んでいて、古代ペー族の文化が色濃く反映されている。

なかでも石鐘寺の背後にある石窟は、表情が繊細で美しい。特に胸に大きな穴の開いた甘露観音は一見の価値あり。また、女性器の形をした女陰石刻などがある。このほかにも石鐘寺の横には、保存状態はよくないが、岩に描かれた壁画もある。なお、石窟の撮影は禁止されているので注意が必要。

獅子関石窟群と沙登菁石窟群は2019年8月現在、一般公開されていない。

インフォメーション

ミニバン利用時の注意点

石宝山行き

剣川で乗車したとき、運転手に「石宝山に行きたい」と伝えれば30元で風景区入口まで行ってくれる。

沙渓行き

7人乗りで満席を待っての出発となる。沙渓発剣川行きの最終が7人集まらなかった場合、キャンルとなることもあるので、安全のため、遅くとも16:00までに「石宝山路口」に戻っておきたい。

チャーター

運転手と相談すればチャーターも可能。剣川と沙渓なら90元、石宝山路口から（運よく空車が通れば）なら80元が目安。

宝相寺／宝相寺（ほうそうじ／bǎoxiāngsì）

石宝山風景区で最も有名な仏教、道教寺院。北宋代の創建だが、現存する建物は清代に再建されたもので、天主殿、観音殿、大雄宝殿などの仏教寺院と玉皇閣という道教宮観で構成されている。下の駐車場から宝相寺まで、急な長い階段を10分ほど上っていかねばならない。山門をくぐると、正面の岩壁を削って造られた一風変わった構造が目に入る。

毎年陰暦の7月27～29日の3日間はここで石宝山歌会というペー族の祭りが開催され、近隣から集まった多くの人でにぎわう。宝相寺周辺には野生のサルが生息しており、ときどき、人にいたずらをするので気をつけよう。

石宝山景区山門。山門の横に入場券売り場がある

長い階段を上り切ると宝相寺の山門に着く

寺院は岩壁をうまく利用して造られている

沙渓
Ⓜ **P.173-B1**
㊟剣川県沙渓鎮
☎4721935
㋔古鎮24時間
興教寺8:30〜17:00
㊡なし
㊕古鎮＝無料
興教寺＝15元
㋙①剣川で車をチャーターする。片道120元が目安
②大理北バスターミナルから「剑川」行きで終点（6:45〜18:50の間20分に1便。41元、所要3時間）。「沙溪」行き緑色のミニバンに乗り換え終点（15元、所要50分）
※「沙溪」から「剑川」への最終は17:00頃発。「剑川」から「大理」への最終は18:00発

茶馬古道の名残をとどめる町並み

沙渓／沙溪　shāxī

さけい

オススメ度 ★ ★

茶馬古道はお茶をはじめとする物品と、チベットの特産品である馬や毛皮、漢方薬等とを交易するために使われた古通商路。インドやヨーロッパの品物も、チベットを経由し、この交易路を通して中国に入ってきた。沙渓の寺登街は、この茶馬古道の古い建築群が現在でも残っている貴重な存在。

おもな見どころは、寺登街の入口である東門、四方街に面して立つペー族が明代に建立した興教寺、その向かいにある大きく反った瓦屋根が特徴の三層楼と古戯台。古戯台では現在でも、陰暦の2月8日に白劇と呼ばれるペー族の伝統劇が演じられる。個人所有の欧陽大院はペー族伝統建築様式の古い屋敷で、かつて隊商たちが泊まっていた部屋も残っている。また、集落の横を流れる黒恵江には玉津橋という古い石橋が架かっている。

寺登街は観光客であふれる大理や麗江とは異なり、静かで趣のある古い建物が残る町。民家を改造したゲストハウスもあるので、1泊して石宝山と合わせて訪れるとよい。

寺登街南門

古劇台は沙渓を代表する建築物

洱海公園
Ⓜ **P.174-B2**
㊟下関鎮濱海大道
☎2449977
㋔24時間
㊡なし
㊕無料
㋙23路バス、三塔専線「兴盛大桥南」、徒歩10分

インフォメーション

洱海遊覧

3つの港から洱海遊覧船が出ている。基本的に片道。
①大理港洱海游碼頭（Ⓜ **P.174-B2**）発
桃源碼頭行き／142元。9:00、10:00出発、遊覧時間3時間
②桃源碼頭（Ⓜ **P.180-A1**）発
龍龕碼頭行き／142元。13:30、14:00、14:30出発、遊覧時間3時間
③龍龕碼頭（Ⓜ **P.180-B2**）発
片道：桃源碼頭行き／142元。10:00出発、遊覧時間3時間
往復：羅荃半島（上陸して観光）／140元。10:30、14:00発、遊覧時間2時間
※片道遊覧の料金には船代、洱海保護費、三道茶、小普陀・南詔風情島入場料が含まれる

湖のほとりから蒼山を望む

洱海公園／洱海公园　ěrhǎi gōngyuán

じかいこうえん

オススメ度 ★ ★

洱海の南端に位置し、下関の大理駅から北へ1㎞ほどの所にある。公園全体が小高い丘となっていて、丘の上からは洱海と蒼山を一度に眺めることができる。かつては南詔国王の鹿園であり、1975年に公園として整備され開園した。

また、公園内には大理港洱海游碼頭があり、ここから洱海を巡る遊覧船も出ている。船内では無料でペー族の三道茶を味わい民族舞踊を楽しむことができる。

大理港洱海游碼頭から出航する遊覧船

中国五大仏教名山のひとつ

鶏足山（けいそくざん）／鸡足山　jīzúshān

オススメ度 ★ ★

下関鎮の北東40kmにある仏教の名山。地元の仏教徒には、峨眉山、五台山、九華山、普陀山の四大仏教名山に続く聖山と捉えられており、山中には36の寺院と72の庵が建てられている。なかで特筆すべきは、頂上（3248m）に立つ明代創建の金頂寺。境内には高さ42mの楞厳塔がそびえるが、この塔の建設中に楞厳経が発見されたという伝説より、楞厳塔と呼ばれるようになった。

タクシーやバスで来た場合、まず、鶏足山游客中心で入場券を買い、再乗車して石鐘寺停車場まで行く。到着後、まず祝聖寺と牟尼庵を見学し、金頂寺に向かう。登山道は石畳や石段で整備されており、傾斜が急なことを除けば比較的登りやすいが、徒歩だと金頂寺まで4、5時間ほどかかる。時間に余裕がない人は、電動カートとロープウエイを利用することもできる。鶏足山は仏教の名山というだけでなく、その雲霧林も美しい。コケ類が枝から垂れ下がる森の中をゆっくりと歩いて森林浴を楽しむのもよい。

頂上にある金殿と楞厳塔

鶏足山
M P.173-B2
住 賓川県鶏足山鎮寺前村
☎ 7350488、7350030
オ 景区24時間
景区内の寺廟8:30～18:00
休 なし
料 55元
交 ①大理バスターミナルから「鸡足山」直達バスで終点「石钟寺停车场」（8:00～11:00の間1時間に1便。30元、所要2時間）
※「石钟寺停车场」からの戻りは10:00、11:00、13:00、14:00発
②大理古城游客中心で鶏足山1日ツアーに参加する。大理古城游客中心を8:00に出発し、17:30頃戻ってくる。298元（車代、入場料、ロープウエイ往復料金、電動カート往復料金が含まれる）、前日までに申し込みが必要

インフォメーション

引き馬
料 上り＝45元、下り＝25元
電動カート
祝聖寺とロープウエイ玉仏寺駅とを結ぶ。所要10分。
オ 8:30～17:30　休 なし
料 片道＝10元
ロープウエイ
玉仏寺と金頂寺とを結ぶ。所要5分。
オ 8:30～17:30　休 なし
料 上り＝45元、下り＝30元

南詔国の発祥地で、道教の聖地巍宝山がある町

巍山（ぎざん）／巍山　wēishān

オススメ度 ★ ★

巍山は下関鎮の南60kmに位置する南詔国発祥の地で、巍山イ族回族自治県の中心地。現存する古城は1389（明の洪武22）年に造られたもので600年以上の歴史があり、拱辰楼や文筆楼など数百年の歴史を誇る建築物が残っている。

巍山の南東14kmに巍宝山がある。道教の一派である全真教の聖山で、中国の13の道教名山のひとつに数えられる。山中には文昌宮や青霞観、長春洞など20以上の道観が建てられている。また、巍宝山は南詔国の始祖である細奴羅の故郷であり、細奴羅は死後、この山の守り神となったといわれている。

ひっそりとした山中に立つ文昌宮

巍山
M P.173-B3
住 巍山イ族回族自治県
交 大理興盛バスターミナルから「巍山」行きで終点（7:00～18:30の間満席を待って出発。15元、所要1時間30分）
※「巍山」からの最終は18:30発
※巍宝山に向かう場合は、徒歩20分ほど（オート三輪で5元）の所にある「粮贸宾馆」から「巍宝山」行き乗合タクシーに乗り換える

巍宝山
M P.173-B3
住 巍山イ族回族自治県南詔鎮
☎ 6369016
オ 8:00～17:30　休 なし
料 40元
交 大理古城游客中心で巍宝山1日ツアーに参加する。大理古城游客中心を8:30に出発し、17:30頃戻ってくる。248元（車代、入場料が含まれる）、前日までに申し込みが必要

諾鄧
Ⓜ P.173-A2
住 雲龍県諾鄧鎮諾鄧村
☎ 復甲流芳客桟＝5723466
オ 24時間　休 なし　料 無料
交 ①車をチャーターする。1日1000元が目安
②大理快速バスターミナル（Ⓜ P.174-B3）から「云龙」行きで終点（7:30〜16:30の間40〜50分に1便。43元、所要3時間）。雲龍バスターミナルの外でオート三輪に乗り換え「诺邓」（30元、所要20分。6km）
※「云龙」からの最終は16:30発

周城
Ⓜ P.180-A1
住 喜洲鎮周城村
オ 24時間　休 なし　料 無料
交 ①大理北バスターミナルから「蝴蝶泉」「洱源」行きで「周城」（蝴蝶泉行き8:00〜18:50の間、洱源行き7:00〜19:00の間、ともに満席を待って出発。8〜9元、所要1時間）
②大理古城西門から「洱源」行きバスに途中乗車して「周城路口」（8元、所要40分）、徒歩15分またはオート三輪（3〜5元）
※「周城路口」からの最終は18:30頃発

周城の細い路地

挖色
Ⓜ P.180-B2
住 挖色鎮
オ 24時間
休 なし
料 無料
交 大理バスターミナルから「挖色」行きで終点（8:00〜18:00の間20分に1便。11元、所要1時間）
※「挖色」からの最終は17:00発

1000年以上の歴史をもつ古鎮

諾鄧（だくとう）／诺邓　nuòdèng

オススメ度 ★★

下関鎮の北西約95kmの雲龍県に位置する。諾鄧はミャンマーへと続く茶馬古道沿いの古い村で、かつては製塩により栄えた。最古の記録では南詔国時代の書物に諾鄧が記載されている。そのため「千年ペー族村」とも呼ばれる。古い民家が山の斜面に連なり、なかでも文廟の前門をなす木造の牌坊、欞星門（りょうせいもん）は清代初頭に建造された貴重なもの。文廟敷地内にある玉皇閣の天井に描かれた絵も必見。村内には科挙試験に合格した進士の家や四合院など歴史的価値のある民家も少なくない。民宿が数軒あるので宿泊も可能。

山の斜面に建てられた民家群

藍の絞り染めで有名

周城（しゅうじょう）／周城　zhōu chéng

オススメ度 ★

大理古城の北23kmに位置するペー族の村。大理国の時代には、国王の花園があった場所で、周囲を柵で囲まれていたことから周城と呼ばれるようになった。周城の中心広場には、1895（清の光緒21）年に建てられた高さ8mの古戯台がある。

また、周城は絞り染めの産地としても有名で、町を散策すると、商売熱心なペー族の女性が声をかけてくる。家までついていくと絞り染めを作る工程を見学させてくれ、その場で気に入ったものを買うことができる。交渉次第では大理古城で買うよりも安い価格で買えるだろう。

洱海の夕焼けが美しい

挖色（わしき）／挖色　wāsè

オススメ度 ★

洱海の東岸に位置するペー族の村。この村では毎月、5と0の付く日に定期市が開かれる。売られるのは、日用品や農産物などで特に観光客向けではないが、ペー族の日常の生活を垣間見ることができてなかなか楽しい。

また、村の西側には洱海に浮かぶ石灰岩でできた小普陀がある。100㎡程度の小さな島で、2階建ての観音閣が立っている。この2階から眼下に眺める洱海の景観が美しい。

蝴蝶伝説の舞台となった泉

蝴蝶泉（こちょうせん）／蝴蝶泉　húdiéquán

オススメ度 ★

蝴蝶泉は周城の西側、蒼山の麓に位置する泉で、以前は無底潭と呼ばれていた。この蝴蝶泉には、愛し合っていた若い男女が領主に追われて泉の中に身を投じたら、泉の中から一対の七色に輝くチョウが現れ、それに続いて無数のチョウが次々に飛び出してきたという伝説がある。人々は彼らをしのぶために泉の名を蝴蝶泉と改め、毎年陰暦の4月15日には蝴蝶会という祭りを行うようになった。この時期には多くの蝶が泉に集まってくる。今日では公園として整備されて一般に開放されており、蝴蝶泉はそのいちばん奥にある。

清い水が湧き出てくる蝴蝶泉

蝴蝶泉
M P.180-A1
住 喜洲鎮周城村
☎ 2431433
オ 8:30〜18:00
※入場は閉門30分前まで
休 なし
料 40元
交 ①大理北バスターミナルから「蝴蝶泉」行きで終点（8:00〜18:00の間満席を待って出発。9元、所要1時間10分）
②大理古城西門から「洱源」行きバスに途中乗車して「蝴蝶泉」（8元、所要45分）
※「蝴蝶泉」からの最終は18:30頃発

ホテル

風花雪月大酒店（ふうかせつげつだいしゅてん）／风花雪月大酒店　fēnghuā xuěyuè dàjiǔdiàn　★★★★★

大理古城洱海門の外側に位置する5つ星ホテル。客室は中国風、洋風、畳を使った和風の3タイプ。プール、ジム、テニスコートなど施設も充実しているが、洋人街まで徒歩20分と遠いのが難点。

両替　ビジネスセンター　インターネット

M P.175-C2
住 大理古城玉洱路東段
☎ 2666666
FAX 2681555
S 555〜800元
T 550〜650元
サ なし
カ ADJMV
U www.flowershotel.com

大理海湾国際酒店（だいりかいわんこくさいしゅてん）／大理海湾国际酒店　dàlǐ hǎiwān guójì jiǔdiàn　★★★★

下関にある高級ホテル。客室から洱海の景色を見渡せる。スパ、プール、ジム、テニスコートなど施設も充実。24階にあるスカイラウンジからの眺めがよい。

両替　ビジネスセンター　インターネット

M P.174-A2
住 下関鎮洱河南路
☎ 3188888
FAX 3183555
S 818〜918元
T 768〜918元
サ なし　カ ADJMV
U www.grandbayviewhotel.com.cn

大理古城蘭林閣酒店（だいりこじょうらんりんかくしゅてん）／大理古城兰林阁酒店　dàlǐ gǔchéng lánlíngé jiǔdiàn　★★★★

ペー族の伝統建築様式で建てられた庭園式ホテルで、広い敷地に4つの庭園と宿泊棟、レストランなどがゆったりと配置されている。レストランではペー族料理を楽しめる。

両替　ビジネスセンター　インターネット

M P.175-B2
住 大理古城玉洱路96号
☎ 2666188
FAX 2666189
S 380〜480元
T 360〜460元
サ なし
カ JMV
U www.lanlinge.com

ホテル

祥和大酒店（しょうわだいしゅてん）／祥和大酒店　xiánghé dàjiǔdiàn　★★★★

下関の経済開発区に位置しており、大理駅や大理バスターミナルは徒歩圏内で便利。開業は2004年だが、設備は少々古い。

両替　ビジネスセンター　インターネット

Ⓜ P.174-C3
住 下関鎮雲嶺大道15号
☎ 2327888
FAX 2322860
Ⓢ 240～280元
Ⓣ 240～280元
サ なし
カ 不可

蒼山飯店（そうざんはんてん）／苍山饭店　cāngshān fàndiàn　★★★★

下関にある高級ホテル。客室は主楼と蒼山楼（3つ星）に分かれているので注意。

両替　ビジネスセンター　インターネット

Ⓜ P.174-A3　住 下関鎮蒼山路19号
☎ 2171666　FAX 2124741　Ⓢ 300～360元
Ⓣ 300～360元　サ なし　カ 不可

大理古榕会館（だいりこようかいかん）／大理古榕会馆　dàlǐ gǔróng huìguǎn

大理古城に位置する5つ星クラスのホテル。博愛路沿いの大きなボダイジュの木が目印。広い敷地にもかかわらず客室は61室。敷地の45％が緑で環境はすばらしい。

両替　ビジネスセンター　インターネット

Ⓜ P.175-A3
住 大理古城博愛路59号
☎ 2685999
FAX 3065068
Ⓢ 700元
Ⓣ 700元
サ なし
カ JMV
Ⓤ www.dlgrhotel.com

大理王府酒店（だいりおうふしゅてん）／大理王府酒店　dàlǐ wángfǔ jiǔdiàn

大理古城の博愛路に位置する。洋人街に徒歩1分と便利な立地。ペー族の伝統建築様式を用いた風情のあるホテル。フロントは階段を上がった2階にある。

両替　ビジネスセンター　インターネット

Ⓜ P.175-A2
住 大理古城博愛路79号
☎ 3156888
FAX 3156588
Ⓢ 468元
Ⓣ 468元
サ なし
カ 不可

感通中和居精品客桟（かんつうちゅうわきょせいひんきゃくさん）／感通中和居精品客栈　gǎntōng zhōnghéjū jīngpǐn kèzhàn

約100年前に建てられたペー族の伝統的建築物を改修した渉外ホテル。もとの雲上四季連鎖酒店から運営母体が変わった。

両替　ビジネスセンター　インターネット

Ⓜ P.175-A2
住 大理古城護国路31号
☎ 2680999
FAX 2681000
Ⓢ 260～320元
Ⓣ 260～320元
サ なし
カ 不可

三家巷客桟（さんかこうきゃくさん）／三家巷客栈　sānjiāxiàng kèzhàn

沙渓の古い民家を改修した家庭的な宿。オーナー家族はとても親切。

両替　ビジネスセンター　インターネット

Ⓜ P.173-B1　住 剣川県沙渓鎮寺登街62号
☎ 4722171　FAX なし　Ⓢ 128～158元
Ⓣ 128～158元　③ 128～158元　サ なし　カ 不可

ホテル

大理新四季(春夏秋冬)青年旅舎／大理新四季(春夏秋冬)青年旅舍 dàlǐ xīnsìjì chūnxiàqiūdōng qīngnián lǚshè

大理古城の博愛路と人民路の交差点付近にある。大理古城の繁華街に近く、非常に便利。ユースホステルタイプのリーズナブルな宿だが、国際ユースホステルの会員ではないので、公式ウェブサイトから予約はできない。

両替　ビジネスセンター　インターネット

- Ⓜ P.175-B3
- 住 大理古城人民路26号
- ☎ 2671668
- FAX なし
- Ⓢ 140元
- Ⓣ 120元
- Ⓓ 35元（6人部屋）
- サ なし
- カ 不可

登巴国際連鎖客桟 大理古城店／登巴国际连锁客栈 大理古城店 dēngbā guójì liánsuǒ kèzhàn dàlǐ gǔchéngdiàn

大理古城洱海門近くに立つペー族の民居を改築したホテル。周囲にはレストランも多く、8路バスの停留所「风花雪月」も近い。

両替　ビジネスセンター　インターネット

- Ⓜ P.175-C2
- 住 大理古城玉洱路360号
- ☎ 15750211037、15292175016（ともに携帯）
- Ⓢ 128～158元
- Ⓣ 128～158元
- サ なし
- カ 不可
- Ⓤ www.dengbahostel.com

グルメ

益恒飯店／益恒饭店 yìhéng fàndiàn

地元住民おすすめのペー族料理店。洱海の魚を土鍋で野菜と一緒に煮込んだ“砂锅鱼”45～65元、豚肉を梅で煮込んだ“雕梅扣肉”45元などがおすすめ。そのほかにも、ペー族の伝統乳製品を利用した料理など、珍しい郷土料理を楽しめる。

- Ⓜ P.175-C2
- 住 大理古城玉洱路下段388号
- ☎ 2663316
- オ 10:30～21:30
- 休 なし
- カ 不可

アミューズメント

甘士国際足療会館／甘士国际足疗会馆 gānshì guójì zúliáo huìguǎn

2006年開業の大理古城にあるマッサージ店。店の入口は博愛路に面している。フットマッサージは40分コースが58元、1時間コースが88元。

- Ⓜ P.175-B2
- 住 大理古城洋人街中心広場58号
- ☎ 2670771
- オ 12:00～翌0:30
- 休 なし
- カ 不可

旅行会社

大理古城游客中心／大理古城游客中心 dàlǐ gǔchéng yóukè zhōngxīn

大理観光に関する情報を提供すると同時に各見どころへの直達バスを運行しており、いくつかの路線を利用すると入場料などが安くなる。おもな運行路線は、崇聖寺三塔、巍山、鶏足山、洗馬潭ロープウエイ、感通ロープウエイなど1日ツアーもある。

- Ⓜ P.175-B3
- 住 大理古城一塔路42号（南門東側）
- ☎ 4008728177、2560706
- FAX なし
- オ 6:30～21:00
- 休 なし
- カ 不可
- Ⓤ www.dllyfw.com

麗江古城では多くの水路と石橋を目にする（万子橋）

雲南省 丽江（リージャン） Lì Jiāng　市外局番●0888

麗江（れいこう）

Li Jiang

玉龍雪山の麓に広がるナシ族の世界

成都
重慶市
重慶
四川省
貴陽
貴州省
麗江
昆明
雲南省

都市Data

麗江市
人口：119万人
面積：2万1219㎢
1区2県2自治県を管轄

市公安局外国人出入境管理処
（市公安局外国人出入境管理处）
Ⓜ**P.194-B2**
住古城区太和西路110号
☎5188437
オ8:30～11:30、14:30～17:30
休土・日曜、祝日
観光ビザを最長30日間延長可能。手数料は160元

市人民医院
（市人民医院）
Ⓜ**P.194-B1**
住古城区福慧路526号
☎5115615
オ24時間
休なし

市内交通

【路線バス】運行時間の目安は7:00～21:00、2元
【タクシー】初乗り3km未満8元、3km以上1kmごとに2元加算。

レトロな外観をした路線バス

概要と歩き方

麗江は昆明から約600km、大理から約200kmの所にある標高2400mの町で、2006年に日本でも公開された張芸謀（チャンイーモー）監督、高倉健主演の映画『単騎、千里を走る。』の舞台になった町である。

町の歴史は、雲南省北部を支配していた木氏一族が、南宋末（800年ほど前）に本拠地を白沙（→P.204）からこの地に移したことから始まり、以来清末までチベットと雲南を結ぶ交易路茶馬古道の要衝として栄えてきた。

木氏一族は町の整備を進め、石畳の道、道に沿って造られた清らかな水の流れる水路、その水路に架かる多くの石橋、豊かな水を汲むための井戸、これらが一体となって美しい町並みを造り出した。

また、町の周囲には玉龍雪山を代表とする美しい自然が広がり、両々相まって、古い時代から景勝地として人々に知られる存在であった。その代表格が明代の著名な地理学者である徐霞客（じょかかく）。彼は全国各地を歩き回ったが、この町を気に入って、何度か当時の町の支配者であった木氏を訪ねてきたという記録が残っている。

麗江古城南門広場

この麗江を造り上げたのは、現在もこの地に多く暮らす少数民族のナシ族。彼らは象形文字のひとつトンパ（东巴）文字を使い、独

	1月	2月	3月	4月	5月	6月	7月	8月	9月	10月	11月	12月
平均最高気温(℃)	3.6	14.7	17.3	20.1	23.2	23.3	23.1	22.7	21.5	19.6	16.8	14.4
平均最低気温(℃)	-0.3	1.8	4.5	7.7	11.0	13.9	14.6	13.7	12.3	8.8	3.1	0.0
平均気温(℃)	6.0	7.5	10.3	13.3	16.5	17.9	17.9	17.2	15.9	13.2	9.2	6.5
平均降水量(mm)	2.6	6.0	12.4	17.4	58.0	168.3	243.1	212.0	149.9	72.8	11.6	3.0

※町の気象データ（→P.22）:「预报」>「云南」>「丽江」>区・県から選択

自の文化と宗教（チベット仏教と関連がある）をもつ民族で、町の美しさと文化的背景が認められ、1997年にユネスコの世界文化遺産に登録された。

麗江は中国でも人気の観光地で、観光インフラはかなり整備された。町は香格里拉大道を中心とする新市街エリアと、獅子山以東の古城エリアのふたつの顔をもっている。

宿泊施設は両地区にあるが、おすすめは、やはり古城エリアだ。ナシ族の民家を改造したリーズナブルなホテル（ホテル名に「客桟」がついているケースが多いが、設備は比較的整っている）が多数あるし、何といっても古城の散策に都合がいい。古城内には四方街、木府、万古楼をはじめとする見どころが多くあり、また、束河古鎮、玉龍雪山などの郊外観光地へのアクセスにも便利だ。ナシ族風レストランや西洋料理レストランなども多く、食事にも困らない（ただし値段は高めだ）。

麗江に到着したら、まずは古城エリアの北の入口となる大水車を目指そう。古城内は路地が迷路のように入り組んでい

文昌宮から見た麗江古城の夜景

麗江でも古い歴史をもつ白沙の町並み

麗江市全図

●•見どころ　Ⓗホテル　Ⓐアミューズメント　省・自治区境　市・地区・自治州境　県級市・県境　鉄道　高速道路　空港

東河古鎮の入口に立つ牌坊

長江第一湾（石鼓鎮）

麗江古城には細い石畳の道が張り巡らされている

30年近く滞在し、麗江を研究した植物学者J.F.ロックが暮らした家（雪嵩村）

て、初めて訪れる場合は地図を持っていても道に迷う可能性が高い。その点、北側から入る場合は道が比較的わかりやすいので安心だ。ただし、古城内へのタクシーの乗り入れはできず、しかも路地は石畳となっているので、スーツケースを持ち運ぶ場合は、水車からあまり離れていない所に宿泊したほうがよい。

麗江バスターミナルは古城の南に位置する。古城にある水車までの距離は約2km。バスターミナルの前から出ている11路バスに乗車し、「古城口」または「丽江国际购物广场」で下車すればよい。タクシーだと古城水車まで15元くらい。新市街に宿泊する場合は、麗江バスターミナルから8路のバスに乗車すれば香格里拉大道を北に進んでいく。

7～8月は麗江の雨季に当たり、雨天が多い。雨具の準備を忘れずに。

郊外には美しい自然が広がる（玉龍雪山風景名勝区藍月谷玉液湖）

Access 交通

中国国内の移動➡P.318　鉄道時刻表検索➡P.321

飛行機

市区中心の南28kmに位置する麗江三義空港（LJG）を利用する。

国際線 日中間運航便はないので、乗り継ぎ可能な北京や上海、成都を利用するとよい。

国内線 北京、上海、成都、昆明など主要都市との間に運航便があるが、日本との乗り継ぎを考えると上海や成都の利用がおすすめ。

所要時間(目安) 北京首都（PEK）／3時間40分　上海浦東（PVG）／3時間45分　昆明（KMG）／1時間　成都（CTU）／1時間35分　重慶江北（CKG）／1時間45分　貴陽（KWE）／1時間30分

鉄道

広麗線の起終駅である麗江駅を利用する。麗江の鉄道駅は麗江駅と麗江東駅のふたつあるが、麗江東駅は貨物駅。オンシーズンは利用者が激増し、切符は入手困難となる。

所要時間(目安)【麗江（lj）】昆明（km）／動車：2時間58分　大理（dl）／快速：1時間52分

バス

市内にはバスターミナルがふたつあるが、旅行者がメインに利用するのは康仲路にある麗江バスターミナル。

所要時間(目安) 昆明／8時間　大理／4時間　香格里拉／4時間

Data

飛行機

麗江三義空港（丽江三义机场）

M P.191-B2　住 七河郷三義村　☎5173088

オ 始発便〜最終便　休 なし　カ 不可

［移動手段］エアポートバス（空港〜藍天賓館）／20元、所要50分が目安。空港→市内＝到着便に合わせて運行　市内→空港＝6:30〜22:00の間30分に1便　タクシー（空港〜藍天賓館）／120元、所要40分が目安

南郊外に位置する麗江三義空港

鉄道

麗江駅（丽江火车站）

M P.191-B2　住 玉龍県黄山鎮上吉村南口工業園区

☎共通電話＝12306　オ 6:30〜22:40

休 なし　カ 不可

［移動手段］タクシー（麗江駅〜麗江古城入口）／40元、所要30分が目安　路線バス／16路「丽江火车站」

28日以内の切符を販売。

独特な外観を備える麗江駅

麗江東駅市内切符売り場（丽江东站市内售票处）

M P.194-B1

住 古城区魚米河商業歩行街BW41層1号3号鋪面

☎5126992　オ 8:30〜19:30　休 なし　カ 不可

［移動手段］タクシー（麗江東駅市内切符売り場〜麗江古城入口）／8元、所要5分が目安　路線バス／3、8、9、20路「红太阳广场」

28日以内の切符を販売。手数料は1枚5元。

バス

麗江バスターミナル（丽江客运站）

M P.194-C2　住 古城区康仲路25号

魚米河商業歩行街に面している麗江東駅市内切符売り場

☎5122536　オ 6:30〜21:00　休 なし　カ 不可

［移動手段］タクシー（麗江バスターミナル〜麗江古城入口）／15元、所要15分が目安　路線バス／8、11、12、19路「客运站」

7日以内の切符を販売。昆明（西部：1便）、大理（北バスターミナル：8:00〜19:00の間30分に1便）、香格里拉（7:30〜17:10の間40分〜1時間に1便）など雲南省内便がメイン。

独特の外観をした麗江バスターミナル

麗江高速バスターミナル（丽江高快客运站）

M P.194-B1　住 古城区香格里拉大道925号

☎5169758、5120999

オ 7:00〜20:00　休 なし　カ 不可

［移動手段］タクシー（麗江高速バスターミナル〜麗江古城入口）／10元、所要10分が目安　路線バス／8、11、16路「高快客运站」

7日以内の切符を販売。瀘沽湖（3便。麗江バスターミナルを経由）、大理（北バスターミナル：5便）、香格里拉（6便）など雲南省内便がメイン。

麗江高速バスターミナル。看板には麗江らしく漢字の読みにトンパ文字が使われている

麗江
東河古鎮へ
A
B
C
麗江市博物館
象山東路
玉泉路
教育路
黒龍潭
五鳳楼
象山西路
喜洋羊餐館 花馬街店
五孔橋、得月楼
錦江之星 麗江玉龍雪山景観酒店
香格里拉大道
花馬街
「黒龍潭」
黒龍潭景区
安通路
民主路
トンパ文化研究所
玉福路
1
「紅太陽広場」
麗江高速バスターミナル
金泉大酒店
玉河走廊
東河古鎮行き 乗合タクシー乗車地点
人民広場
魚米河商業歩行街
雲南航空 麗江観光酒店
福星路
毛沢東像
エアポートバス発着地点
紅太陽広場
福慧路
藍天賓館
麗客隆超市
福星街
麗江東駅市内切符売り場
P.194下
福慧路
麗房商厦
緑韻假日飯店
麗江古城西門
麗江古城北門
古城エリア
麗江中国国際旅行社
市人民医院
麗江官房大酒店
七星旅游商貿街
「古城口」
新華街
東大街
中国銀行
七星街
西安路
6路バス「七星街」(東河古鎮行き)
金星街
五一街
裕安路
東
麗江金甲 総合批発交易市場
干
古城区工商局
香格里拉大道
金甲路
七一街
麗江実力大酒店
獅子山
河
2
麗江国際青年旅舎
石鼓行き乗合タクシー発着地点
金凱広場
金凱街
「白龍広場」
「麗江古城南門」
「民主路招商銀行」
「忠義市場」
長水路
長水路
祥和路
麗江旅游バスターミナル
祥和路
N
市公安局外国人 出入境管理処
太和西路
0
500m
麗江駅へ
麗江バスターミナル
康仲路
見どころ
ホテル
グルメ
ショップ
銀行
旅行会社
病院
玉龍雪山景区専用バス
バス停
繁華街
福慧路
玉緑路
麗江古城
麗江古城西門
玉龍橋
麗江古城北門
「古城口」
大水車
新義街
玉龍花園
3
鑁眠青舎
瀘沽湖へ
古月坊客桟
金虹路
喜洋羊餐館 古城店
文昌宮
積善巷
興仁上段
文智巷
東大街
東巴宮
興仁中段
納西古楽会
新義街
興仁下段
五一街
万方安和客桟
麗江電視台
新華街
五一街
民主路
小石橋
振興巷
ママ ナシ ゲストハウス
四方街
科貢坊
大石橋
王家荘基督教堂遺址
新華街黄山上段
王家荘巷
文治巷
百歳橋
東巴紙坊
崇仁巷
官門口
文華巷
金安路
4
獅子山公園
万子橋
万古楼
忠義坊
木府
官院巷
石牌坊
七一街
獅子山
興文巷
白馬龍潭寺
三眼井
忠義市場
光文街
麗江王府飯店
忠義巷
光碧巷
光義街
忠義巷
顧家土特産批発部
宝屋巷
0
250m
依古巷
南門広場
見どころ
ホテル
グルメ
ショップ
アミューズメント
玉龍雪山景区専用バス
バス停
繁華街

見どころ

世界文化遺産に登録された古い町並み　世界遺産

麗江古城(れいこうこじょう)／丽江古城　lìjiāng gǔchéng

オススメ度 ★★★　所要時間 5時間

麗江古城は麗江市街地にある民主路、長水路、祥和路、金虹路に囲まれたエリアに広がる古い町並みで、細く入り組んだ石畳の路地、清らかな水が流れる水路、明清代の古い木造建築などが残っていることで有名。広さは約3.8k㎡。1996年の地震でかなり被害を受けたが、1997年の世界文化遺産登録によって整備された。

南門の高所から見渡した麗江古城

麗江古城の北端にある大水車

しかし、中国人観光客の増大もあって、現在では商業化が著しく進み、古い町並みを残すものの、ある種のテーマパークのような雰囲気になってしまったのが少々残念。加えて、世界各地から観光客が押し寄せるため、人混みも尋常ではない。のんびりと歩きながら古い町並みを眺めるのであれば、束河古鎮（→P.200）の町外れか白沙（→P.204）に行くことをおすすめする。

古城には見どころもあるが、路地を歩いて雰囲気を楽しんだり、写真を撮ったり、ショッピングしたりするのが一般的。

四方街／四方街（しほうがい／sìfāngjiē）

麗江古城の中心部にある、四角形をした石畳の広場。ここから迷路のような路地が四方八方に延びている。この周囲にはレストラン、みやげ物屋などが集中しているため、昼夜を問わずたくさんの観光客でにぎわっている。

四方街の西側には科貢坊がある。もともと清代に造られたが、1994年に火災に遭い、現存するのはその後再建されたもの。

雨の日の四方街

麗江古城
Ⓜ P.194下
☎5111118、5111119
オ 古城24時間
主要な見どころ8:30～17:30
休 なし
料 古城保護費＝50元
※14日間有効
※2019年7月現在､黒龍潭景区や白沙壁画以外では、ほとんど古城保護費チケットはチェックされることがなく、購入しなくても問題はない
交 1､2､3､4､8､11路バス、玉龍雪山景区専用バス「古城口」
Ⓤ www.ljta.gov.cn

獅子山近くの古城エリアは坂道になっている

三眼井（白馬龍潭寺そば）

王家荘基督教堂遺址

四方街
Ⓜ P.194-B4

麗江古城は石畳と古民居が保護されている

木府／木府（もくふ／mùfǔ）

元、明、清の3つの王朝に22代470年にわたって麗江エリアの統治を委ねられた木氏が暮らした館。正式には土司木氏衙署という。

木氏は白沙を中心に勢力を築いたナシ族の豪族だったが、南宋末期に獅子山の東側に本拠地を移し、元朝以降の王朝とうまく付き合い、チベットとの交易（チベットから馬を、雲南からお茶を運んだ）で富を蓄えていった。

忠義坊は4本の石柱で造られた牌坊で木府の入口に当たる。議事庁は木氏が政務を執った場所で、万巻楼は曲阜の孔廟を参考にして建てられた書庫。護法殿は木氏の私事的な話し合いがもたれた場所で、光碧楼は接客に用いられた建物、玉音楼は歌舞を観賞した所、いちばん奥にあるのが道教の創始者とされる3人を祀った三清殿。現存する建物は、世界遺産申請時に修復、再建されたもの。

木府護法殿

獅子山公園／狮子山公园（ししざんこうえん／shīzǐshān gōngyuán）

新市街と古城の間に位置する小山、獅子山の上部が公園となっている。広さは約18万㎡で、頂上には5層の楼閣、万古楼がある。高さは33mで、古城地区では最も高い場所。楼閣の最上階からは、古城の家並みや木府を俯瞰することができ、天気がよければ、玉龍雪山も見られる。ただ、楼閣自体には、わざわざ観光するほどの意味はない。東側を木府と接し、境界にはそれぞれのチケット売り場があるので、獅子山公園から木府へ直接入場することができる。

そのほか

古城地区を南に流れる水路は黒龍潭に源を発する玉水河で、大水車のすぐ北に架かっている玉龍橋を越えると、東河、中河、西河の3本に分かれる。東大街から七一街沿いに流れる中河は玉水河の自然水系で、東河と西河は人工の水路。これらの水路には石橋が架かっており、代表的なものは、四方街と五一街に架かる大石橋と小石橋、大石橋の下流の百歳橋、万子橋など。

また、古城内には三眼井と呼ばれる古い井戸がいくつかある。三眼井は3つの階段状の水槽をもち、いちばん上は清らかな水で飲用として使われ、そこからあふれた水を貯めたふたつ目の水槽は野菜や食品を洗うのに使い、いちばん下の水槽は洗濯の際に使用する。

大石橋

木府
Ⓜ P.194-B4
住 古城区光義街49号
☎ 5181468
オ 8:30～19:00
※入場は閉門30分前まで
休 なし
料 40元

木府の東側に立つ忠義坊

木府万巻楼

獅子山公園
Ⓜ P.194-A4
住 古城区獅子山
☎ 5182712
オ 8:30～18:30
※入場は閉門30分前まで
休 なし
料 35元

古城エリアを見下ろすように立つ万古楼

玉龍橋
Ⓜ P.194-A3
大石橋
Ⓜ P.194-B4
小石橋
Ⓜ P.194-B3
百歳橋
Ⓜ P.194-B4
万子橋
Ⓜ P.194-B4
三眼井
Ⓜ P.194-A4

緑と水に囲まれた公園

黒龍潭景区（こくりゅうたんけいく）／黑龙潭景区　hēilóngtán jǐngqū

オススメ度 ★★

古城の北約1㎞に位置する公園で、池の水が玉のように碧いので玉泉公園とも呼ばれている。1737（清の乾隆2）年に玉泉龍王廟として造られたのが始まり。公園内の池、黒龍潭とトンパ教の聖地、香格里拉の白水台（→P.217）はつながっていて、白水台の水が枯れると黒龍潭も枯れるという伝説もある。天気のいい日には、池の水面に雪の帽子をかぶった玉龍雪山と青空が映り美しい。

このほか、1601（明の万暦29）年創建の五鳳楼と、彫刻が美しい3層の楼閣得月楼も見逃せない。池の南側にはトンパ文化研究所があり、トンパ文字教室が開設されている。1時間100元ほどでトンパ文字を教えてくれる。教えてもらう場合は、事前にきちんと金額を確認しておかないとあとでもめることもあるので注意しよう。また、研究所内にはナシ族の手すき紙の製造方法が展示されている。トンパ紙は毒をもつ木を原料としているため、何百年経っても虫食いの被害がなく保存できるという特性をもっている。

五孔橋と得月楼

黒龍潭景区
Ⓜ P.194-C1
㊟ 古城区民主路黒龍潭景区
☎ 5188041
㋔ 7:00～19:30
㊡ なし
㊅ 古城保護費＝50元
※チケットの提示は必須
㋙ 3、4、8、9路バス「黑龙潭」

黒龍潭景区入口

アップで見た得月楼

不思議なトンパ文字を堪能できる

麗江市博物館（れいこうしはくぶつかん）／丽江市博物馆　lìjiāngshì bówùguǎn

オススメ度 ★

黒龍潭景区の後門（北側）の向かい側に位置する。ナシ族の起源および特徴、彼らの文化、特に伝統的祭儀とトンパ文字に関する展示が充実している。

トンパ文字はトンパ教の経典に使われているナシ族固有の象形文字で、現在も使用されており、その形のユニークさが世界中の研究者から注目を浴びている。しかし、残念ながら現在ではトンパ文字を十分読み書きできる老東巴と呼ばれる人は10人もいないといわれている。

正面から見た麗江市博物館

麗江市博物館
Ⓜ P.194-C1
㊟ 古城区教育路
☎ 5180270
㋔ 9:00～17:00
※入場は閉館30分前まで
㊡ 第1・3月曜
㊅ 無料
㋙ 3、4、8、9路バス「黑龙潭」

ナシ族の民族衣装

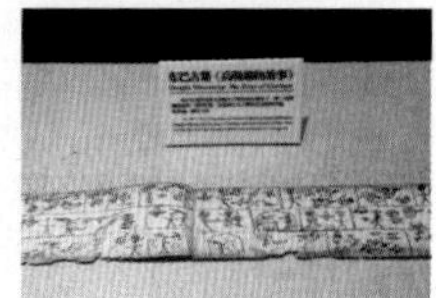
トンパ文字の展示物

玉龍雪山風景名勝区
Ⓜ P.191-B2
住 玉龍ナシ族自治県
☎ 入場券売り場＝5137677
玉龍雪山游客中心＝5131068
オ 入場24時間
入場券販売7:00〜15:30
休 なし
料 100元（当日有効。玉龍雪山風景名勝区）、205元（2日間有効、玉龍雪山風景名勝区のほか玉水寨、東巴国、玉柱擎天、東巴万神園、東巴王国、玉峰寺、白沙壁画）
※205元の入場券はおすすめしない
交 玉龍雪山景区専用バス（詳細→欄外インフォメーション）を利用する
②麗江市内でタクシーに乗る。片道110〜120元
※甘海子から先には進めない
Ⓤ www.lijiangtour.com

インフォメーション

玉龍雪山景区専用バス
市内と甘海子とを結ぶバスが運行されている。
路線：忠義市場〜白龍広場〜民主路招商銀行〜古城口〜紅太陽広場〜黒龍潭〜雪山索道チケット売り場〜東巴谷景区〜玉龍雪山（甘海子）
オ 7:00〜16:00の間30分に1便
※「玉龙雪山（甘海子）」からの最終は17:00発
休 なし　料 15元

観光専用バス
風景名勝区内の専用バスで、甘海子と氷川公園ロープウエイ、雲杉坪ロープウエイ、犛牛坪ロープウエイを結んでいる。何回でも乗車できる。
オ 7:00〜18:30
※利用者が多いため、18:00前までの利用をおすすめする
休 なし　料 20元

電動カート
藍月谷と雲杉坪では電動カートが運行されている。
料 藍月谷＝50元、雲杉坪＝20元、共通乗車券＝60元

郊外の見どころ

ナシ族が崇拝する神々の暮らす山

玉龍雪山風景名勝区／玉龙雪山风景名胜区
ぎょくりゅうせつざんふうけいめいしょうく
yùlóngxuěshān fēngjǐngmíngshèngqū

オススメ度 ★★★　所要時間 1日〜

氷川公園ロープウエイを降りた標高4506m地点。右側には4680m地点へと続く登山道が見える

麗江の北約15kmにある玉龍雪山を中心とした景勝地。おもな見どころは、ビジターセンターがあり、「印象・麗江」の野外劇場がある甘海子、玉龍雪山、藍月谷、雲杉坪、犛牛坪。このほかにも玉水寨、東巴谷などの新しくできた見どころもあるが、やはり雄大な自然景観にはかなわない。

観光する場合、まずは玉龍雪山景区専用バスやタクシーを利用して甘海子に向かう。ここで入場券やロープウエイのチケットなどを購入し、観光専用バスを使って各見どころへと移動する。

氷川公園ロープウエイを利用する場合は予約が必要（→下記インフォメーション参照）。

玉龍雪山／玉龙雪山
（ぎょくりゅうせつざん／yùlóng xuěshān）

麗江の北にそびえる山で、13の峰が南北35km、東西12kmのエリアに並ぶ。最高峰は扇子陡の5596m。

氷川公園の眺望

ナシ族にとっては、主神である三朶をはじめとする神々が暮らす聖なる山であり、雪を頂いた山の姿が、空を飛翔する銀色の龍に見えるということから玉龍雪山と呼

読者投稿　コラム　インフォメーション

氷川公園ロープウエイ

2019年7月現在、氷川公園ロープウエイはウィーチャット（微信）のプラットフォームを利用して予約することになっている。

外国人旅行者はこれを利用することができないため、氷川公園索道雪厨餐庁ビジターセンター（冰川公园索道雪厨餐厅游客中心）へ行って職員に予約方法がないことを伝え、職員に補助券（补票）を出してもらうしかない。1日1万人の人数制限があるため、遅くても10:00前までにビジターセンターに到着することをおすすめする（→P.208）。

なお、中国人の同伴者が見つかれば、メンバーに加えてもらえばよい。また、ホテルのフロントで相談してみるのもよいだろう。

ばれるようになった。ただ、雲や霧に覆われることが多く、その美しい姿をはっきりと目にできる季節はかぎられる。

甘海子から観光専用バスに乗って標高3356mの地点にあるロープウエイ麓駅で下車。ここから扇子陡直下の4506m地点までロープウエイに乗って行ける。ロープウエイは全長約3km（15分）を上っていくが、その途中、鋭く切り立った岩壁や雪を頂く峰々などすばらしい景観を堪能できる。

ロープウエイを降りるとそこが氷河を間近で見られる氷川公園で、さらに4680mの展望台まで登山道（木板の急な階段）が続いている。展望台までは40分ほどかかる。気温が低く、高地による体調変化も起こりやすいので注意すること。甘海子のビジターセンターでは酸素スプレーの販売や防寒コートの貸し出しがあるのでそれを利用するのもよい。

藍月谷／蓝月谷（らんげつこく／lányuègǔ）

以前は白水河と呼ばれていた。玉龍雪山ロープウエイ麓駅から北に進んでひと山越えた所にある青く澄んだ狭い川が流れる谷。この川を渡った所が雲杉坪と氂牛坪の分かれ道となっている。山から流れ出た水がここでは棚田のようになっており、それを背景にしてヤクと記念撮影する観光客であふれかえっている。甘海子から観光専用バスで10分。

白水台の景観（藍月谷）

雲杉坪／云杉坪（うんさんへい／yúnshānpíng）

玉龍雪山ロープウエイ麓駅から北に8km進んだ所にある総面積1km²の草原で、標高は3240m。ここからは玉龍雪山の東壁を見ることができる。観光専用バスの下車地点からロープウエイを利用すると10分ほどで上に着く。到着後、電動カートに乗車するか、森の中を通る板敷きの遊歩道を15分ほど歩くと、美しい草原の雲杉坪に着く。草原の周囲を囲むように遊歩道があり、30分ほどで1周できる。ベストシーズンは草原の緑が美しい6～7月。甘海子から観光専用バスで15分、藍月谷からは5分。

氂牛坪／牦牛坪（ぼうぎゅうへい／máoniúpíng）

氂牛坪は、黒水河の北岸に位置する平均標高3700m、総面積5.8km²の草原で、四季折々の美しい景観が楽しめる場所。周囲には板敷きの遊歩道が巡らされ、天気がよければ、玉龍雪山13峰すべてを見渡すことができる。氂牛坪ロープウエイは全長1200mで標高差320mを20分かけて上がる。

天候がよく玉龍雪山の山頂を見渡すのであれば、雲杉坪よりも氂牛坪のほうが草原も広く、景色も美しい。ただし、時期によっては観光客があまり多くないため、観光専用バスの本数も少ないので注意。甘海子から27km、所要50分。

玉龍雪山
Ⓜ P.191-B2

インフォメーション

氷川公園ロープウエイ

玉龍雪山に架かる大型のロープウエイ。1日1万人の制限あり。WeChatによる予約が必須（→P.198）。
オ 7:00～17:00
※上りは16:30まで
休 毎月20日（点検のため）
料 往復＝120元
※悪天候の場合、運休となることもある

藍月谷
Ⓜ P.191-B2

玉液湖から流れ落ちる滝（藍月谷）

雲杉坪
Ⓜ P.191-B2

雲杉坪の草原

インフォメーション

雲杉坪ロープウエイ
オ 7:00～16:30
※上りは16:00まで
休 なし
料 往復＝40元

氂牛坪
Ⓜ P.191-B2

インフォメーション

氂牛坪ロープウエイ
オ 7:00～15:30
※上りは15:00まで
休 なし
料 往復＝45元

氂牛坪のロープウエイ

農村風景と古い町並みの調和が美しい

世界遺産

東河古鎮（そくがこちん）／東河古镇　shùhé gǔzhèn

オススメ度 ★★★　所要時間 3時間～

麗江の北西4kmに位置するナシ族の古い村で、1997年麗江古城とともに世界文化遺産に登録された。かつては茶馬古道のなかでも重要な位置を占めていたこともあり、また、張（チャン）芸謀（イーモウ）監督、高倉健主演の『単騎、千里を走る。』はこの村を中心に撮影されたことでも有名。

東河古鎮の入口の門を通り抜け、煙柳路を道なりに進んでいくと四方聴音広場と呼ばれる広場に出る。傍らにあるステージでは毎日15:30から16:30の間、ナシ族やイ族、チベット族、ペー族の歌や踊りが演じられる。広場からさらに石畳の道を先へ進むと、青龍河と呼ばれる小川に出て、小川沿いに上流へ歩くとすぐに四方街に出る。ここが村の中心だ。四方街の西側には青龍河に架けられた大きな青龍橋がある。明の時代に建築された石橋で、長さは25m、幅は4.5mある。麗江地方内では最も古くて大きな石橋だ。ナシ族の言葉で「ジア橋」とも呼ばれ、泉から湧き出た水が集まってくる所という意味だ。その名前のとおり、すぐ上流に、清流が湧き出る、疏河龍潭と九鼎龍潭という泉がある。

四方街から北に向かう中和路には、麗江地方を支配していた木氏のかつての住居だった大覚宮と茶馬古道博物館がある。大覚宮は明代後期の建築物で、中の壁には仏教画が描かれている。現存する6つの壁画の特徴は、白沙の壁画とは違い、チベット仏教の影響が見られないことだ。また、茶馬古道博物館には、この地の歴史や文化に関する展示がある。

泉が湧き出る九鼎龍潭では、毎日13:00～17:00の間（途中休憩しながら）、ナシ族の老人たちによる民族音楽の演奏が行われる。麗江の「納西古楽会」では入場料が100元以上もするが、ここでは無料。演奏する老人たちは和やかな雰囲気で楽しみながら行っているので、気軽に楽しむことができる。19:30からは四方聴音広場で、たき火を囲んでナシ族の伝統的ダンスが始まる。なお、これらの催し物は変更されることも多いので、入場ゲート付近にある案内所で確認しておこう。

三聖宮

東河には宿も多数あるので、時間に余裕があればここに泊まってのんびりとナシ族の生活を垣間見るのもよいだろう。

東河古鎮

Ⓜ P.191-B2
住 東河古鎮
☎ 接待中心5174636
オ 24時間
休 なし
料 30元
※茶葉古道博物館を含む
交 ①6、11路バス「東河路口」。徒歩15分
※「東河古镇」からの最終は20:00頃発
②タクシーを利用する。片道25元が目安
U www.ljshuhe.com

東河古鎮四方街

東河古鎮の家並み

茶馬古道博物館

Ⓜ P.191-B2
住 東河古鎮中和路
☎ 5107797
オ 8:30～17:00
休 なし
料 30元
※東河古鎮入場料に含まれる

茶馬古道博物館の入口

高低差3000mにも及ぶ深い峡谷

虎跳峡（こちょうきょう）／虎跳峡　hŭtiàoxiá

オススメ度 ★★★　所要時間 3時間～

虎跳峡は、麗江の玉龍雪山と香格里拉の哈巴雪山の間を流れる金沙江沿いに延びる全長20km、高低差3000mの大峡谷。このエリアで金沙江の川幅が非常に狭くなっており、トラがこの峡谷を飛び越えたという伝説が名前の由来。最も狭い所は30mしかなく、川の流れが激しい。

虎跳峡は上流から順に上虎跳峡、中虎跳峡、下虎跳峡の3部分に分けられているが、一般に虎跳峡観光（ツアー旅行等）といえば、麗江側の上虎跳峡の観光を指すことが多い。しかし、景観が最も美しいのは、香格里拉側の中虎跳峡。ここでは峡谷が鋭く切り立っていて迫力がある。

上虎跳峡の麗江側では、大きめの駐車場に停車したあと、岩壁を削って造った道を2.5kmほど歩いて展望台に向かう（麗江段）。展望台は水面に近い場所に造られており、轟音で話し声は聞こえず、水しぶきを浴びるほど。同様な展望台が対岸の香格里拉側（香格里拉段）にもある。

また、虎跳峡はトレッキングコースとしても人気がある。香格里拉県虎跳峡鎮～本地湾～核桃園～麗江市大具郷を結ぶルートが有名だが、一般的には本地湾や核桃園まで歩き、車で長距離バスの出ている虎跳峡鎮に戻るコースを取ることが多い（1泊2日）。道中にはゲストハウスもあるので、宿泊も問題ない。トレッキングする場合は、現地の最新情報を確認し、十分な装備を用意し、ふたり以上のグループで行動することをおすすめする。

中虎跳峡を眼下に見下ろす

虎跳峡景区（香格里拉側）
- Ⓜ P.191-B2
- 住 香格里拉県虎跳峡鎮
- ☎ 5162893
- オ 8:30～16:00
- 休 なし
- 料 香格里拉段＝45元
- 交 麗江市内でタクシーをチャーターする。往復500元が目安
- ※2019年7月現在、麗江段は整備のため閉鎖。再開は未定

インフォメーション

長距離バスの利用

麗江バスターミナルから毎日2便出発している。

8:30発のバスは「上虎跳峡」行き。24元、所要2時間。麗江行きは15:00に出発。利用者は上虎跳峡～中虎跳峡（14km）を徒歩で行くため、多くは中虎跳峡に宿泊し、翌日麗江に戻る。

9:30発のバスは「中虎跳峡」行き。44元、所要2時間30分～3時間。麗江行きは15:30に出発。日帰り可能だが、時間に注意が必要。また、帰りの切符は早めに購入すること。

このほか、7:10～7:30の間にも麗江古城南門発（西門、北門経由）「中虎跳峡」行きが1便ある。往復110元。麗江行きは15:30に出発だが、上記より2時間ほど時間に余裕をもてる。予約が必要（☎携帯＝18760880888）。

雨季の注意点

麗江では6月から9月が雨季に当たり、雨が非常に多くなる。この時期には、落石や土砂崩れなどが発生することもある。そういった場合、入場禁止となる。

左側の山が玉龍雪山（麗江市）、右側が哈巴雪山（香格里拉県）

川岸から見た中虎跳峡

瀘沽湖国家風景名勝区
Ⓜ P.191-C1、P.202
住 寧蒗イ族自治県永寧郷
☎ 5882929
オ 24時間
休 なし
料 70元
交 麗江高速バスターミナルまたは麗江バスターミナルから「泸沽湖」行きで終点（8:30、9:30、14:30発。所要4時間30分～5時間）
※バスは同じ便。麗江高速バスターミナル始発で、麗江バスターミナルを経由する

インフォメーション

瀘沽湖からの移動

バスは瀘沽湖バスターミナルから出ている。当日の切符を購入するのは非常に難しいので、前日までに購入しておくこと。

瀘沽湖バスターミナル

Ⓜ P.202-A2
住 洛水村
オ 切符販売8:30～19:00
休 なし　カ 不可

3日以内の切符を販売。麗江行き9:00、10:00、14:30発。西昌（四川省）行き11:00発。バスは季節によって変更あり。

神秘的な湖の周辺に母系社会のモソ人が暮らす

瀘沽湖国家風景名勝区／泸沽湖国家风景名胜区　lúgūhú guójiā fēngjǐng míngshèngqū

ろここっかふうけいめいしょうく

オススメ度 ★★★　所要時間 4時間～

瀘沽湖は麗江から北へ200kmほど離れた、四川省にまたがる湖で、面積は約50km²、平均水深は45m、最深部は93mにも達する、中国で2番目に深い湖。湖の標高は2690mで、注目すべきは湖水の透明度（11m）にある。

瀘沽湖周辺にはナシ族の支系であるモソ人と呼ばれる人々が暮らしている。彼らは母系社会を保持しており、一家の主は年長の女性で、財産は母から娘へと受け継がれる。結婚形態はいわゆる妻問い婚で、男性が女性のもとに通うもの。彼らはチベット仏教を信仰しており、老人たちが手にマニ車を持ち、回しながら歩いている姿をよく見かける。湖周辺ではこういった彼らの文化の一部を見ることもできる。

瀘沽湖の見どころは、湖とその周囲に点在する集落だ。しかし、公共の交通機関は整備されていないので、乗合タクシーをチャーターするか、レンタサイクルでの移動になる。一般的なのは、洛水村から時計回りに里格村、小洛水村、尼賽村、大嘴村へと進むルート。帰りは行きと同じルートを通って戻ってきてもよいし、ボートに乗って戻ってきてもよい。のんびりと歩きながら、途中の里格村か小洛水村に1泊するのもおもしろい。いずれにしても瀘沽湖の魅力は、見る時間帯と場所が変わることによる、その景観の変化にある。できれば時間をかけてさまざまな角度から眺めてみることをおすすめする。

7～8月は雨季に当たるため、ほぼ毎日雨が降る。雨の中の散策はつらいし、篝火晩会も中止となってしまうので、この時期の訪問はできるだけ避けよう。

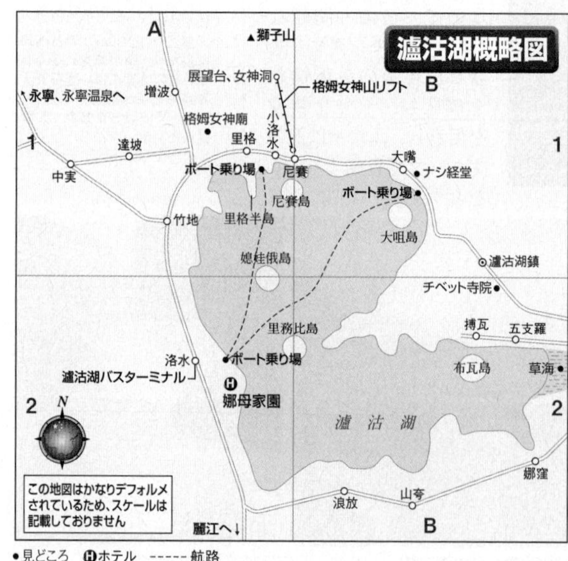

●見どころ　Ⓗホテル　------航路

洛水村周辺

瀘沽湖湖畔の村のなかでは、最も開発の進んでいる地区であり、瀘沽湖観光の中心地（近くに小洛水村があるため、地元の人は大洛水と呼び区別している）。宿を探すならこのエリアにするといいだろう。村のボート乗り場から手こぎボートで、湖に浮かぶ里務比

麗江から来る途中の展望台から見た瀘沽湖

島に渡ることもできる。島にはチベット仏教の寺がある。ボートの手配は宿の人に頼むとスムーズにいく。

また、毎晩村では地元のモソ人による歌や踊りのショーが上演されている。村内にはモソ人の生活文化を紹介する摩梭蔵家文化城があり無料で見学できる。

北部湖畔

洛水村から里格村まで10kmで、ここから眺める瀘沽湖の景色が最も美しいといわれている。村から湖に向かい小さな岬が突き出ており、そこには宿泊施設もある。

里格村からさらに東へ4km進むと尼賽村に着く。ここには、モソの人々が信仰する女神グム（格姆）がすむといわれる獅子山（主峰は標高3745m）へ上るリフトがあり、展望台(3450m）から湖を見下ろすことができる。また、展望台のすぐ近くには女神洞と呼ばれる洞窟もある。

尼賽村からさらに東へ4km進むと小洛水村に、さらに4km進むと大嘴村。ここはもう四川省になる。

里格村とその岬

インフォメーション

両替

瀘沽湖には外貨を人民元に両替できる銀行はないので、麗江で多めに両替しておくこと。

インフォメーション

手こぎボート

洛水村のボート乗り場から里務比島へボートが出ている。6人集まって出発。
料50元（往復）

篝火晩会

モソの人による歌と踊りのショー。大雨だと中止。
オ20:30～22:00　料30元

レンタサイクル

洛水村ではレンタサイクルを利用できる。1日30～50元が目安。デポジット（保証金）代わりにパスポートを預けなければならない。

瀘沽湖1周約60km。8時間が目安。

格姆女神山リフト

尼賽村と獅子山の展望台とを結ぶリフトが運営されている。基本的にはツアー客が利用する。
オ8:00～18:00
休なし　料110元（往復）
※女神洞の入場料含む

洛水村のレンタサイクル店に並ぶ自転車

道路から見下ろした里格村の眺め

四川省涼山イ族自治州塩源県瀘沽湖鎮にあるチベット寺院

白沙
MP.191-B2
住玉龍ナシ族自治県白沙郷玉峰寺路新商段
☎5137026
オ8:00～18:00
休なし
料白沙壁画＝20元
※古城保護費（50元）のチケット提示が必須
交6路バス「白沙乡人民政府（白沙壁画）」（1元、所要30分）
※「白沙乡人民政府（白沙壁画）」からの最終は18:30頃発
Uwww.ljshuhe.com

文昌閣

玉峰寺
MP.191-B2
住玉龍ナシ族自治県白沙郷玉峰寺路
☎5190164
オ8:00～18:00
休なし
料17元
交6路バス「玉峰寺」
※「玉峰寺」からの最終は18:30頃発

玉峰寺山門

壁画で有名なナシ族の村

白沙（はくさ）／白沙　báishā

オススメ度 ★ ★

白沙は、麗江から北へ12km、昔ながらの家屋が多く残る村。ここは、現在の麗江の町を築いた豪族木氏の本拠地であり、かつて政治や文化の中心地だった。

見どころは、木氏がナシ族、ペー族、チベット族、漢族の絵師に描かせた白沙壁画と呼ばれるもの。比較的保存状態のよいのは、瑠璃殿と大宝積宮に残る壁画だが、心ない観光客の手により傷を付けられている部分も多く残念。また、同じ敷地内には、木氏の歴史を紹介した展示室もあるので、興味のある人はのぞいてみよう。

壁画以外には町を散策するのがおすすめ。壁画の出口から駐車場まではみやげ物屋が並ぶが、周辺にはナシ族の普通の人たちが暮らす住居がある。古い建物もまだ残っているので、のんびりと散策しながらナシ族の日常生活に触れてみてもいいだろう。

白沙壁画を収蔵する大宝積宮

護法神柱

ツバキの木で知られるチベット寺院

玉峰寺（ぎょくほうじ）／玉峰寺　yùfēngsì

オススメ度 ★

白沙から3kmほど山のほうに進んだ所に玉峰寺がある。この寺院はチベット仏教寺院で、現存する建物は清の康熙年間（17世紀中期～18世紀前期）に再建されたもの。しかし、規模は小さく、普段は訪れるほどのものではないが、境内にある樹齢500年の万朶山茶樹と呼ばれるツバキの木が開花する時期（1～3月）には訪れる価値がある。また、ナシ族の重要な祭りである三朶節（さんだせつ）（陰暦2月8日）はここを中心に執り行われ、多くの人が訪れる。

なお、麗江市内から白沙まではサイクリングに最適なコースで、外国人観光客を中心にレンタサイクルで訪れる人も多いが、玉峰寺に行くには急な坂を上らなければならないので注意。

境内に残る椿の木「万朶山茶樹」

長江の大きなうねりを見下ろす

石鼓(せきこ)／石鼓 shígǔ

オススメ度 ★

石鼓は麗江の西50kmの所にある町で、チベットとの交易における中継地として栄えた所だ。この町の見どころは、金沙江（長江の上流）がV字形に大きくカーブする長江第一湾。その眺めは壮観だが、川沿いにある展望所からでは、川自体が大きいため、あまり実感できないだろう。

最良のポイントは、麗江から行った場合、石鼓鎮に着く手前300mの左側にある食堂兼宿泊施設、一湾飯店だ。この食堂の背後にある丘に15分くらいかけて登れば、眼下に長江第一湾の全景が広がる。ただし、この道は一湾飯店の私有地を通り抜けていくようになっているため、店のオーナーから入場料を要求される。このようなやり口には、あまり好感をもてないが、これが中国というところだろうか。この展望ポイントから眺める石鼓の町並みも美しい。

石鼓の川岸から長江第一湾をボートに乗って観光するのが中国人観光客に人気だが、ボートからは全体像が見えず、あまり意味がない。町の中心部の高台にある公園には、共産党軍が長征の過程で、ここから河を渡って北上したことを記念して建てられた記念碑や、チベット軍を撃退したことを記念して造られた古亭などがある。また、坂に造られた石鼓の町並みもおもしろい。古い民家もまだ残っているので散策してみるとよいだろう。

一湾飯店の裏の丘から見た長江第一湾

石鼓

Ⓜ P.191-A2

住 玉龍ナシ族自治県石鼓鎮

オ 24時間

休 なし

交 金凱広場（Ⓜ P.194-B2）から乗合タクシー（7:00～19:00の間7人集まって出発。20元、所要1時間30分）で終点

※「石鼓」からの最終は18:00頃発

インフォメーション

一湾飯店（撮影之家）

見晴らしポイントまでの私道通行料は、ひとり20元。店の主人は金額を高めに言うので注意。宿泊費は60～80元。

☎携帯＝13988819434

鉄虹橋

太鼓型の記念碑

巨大な岩の上に造られたナシ族の秘境

宝山石頭城(ほうざんせきとうじょう)／宝山石头城 bǎoshān shítóuchéng

オススメ度 ★

宝山石頭城は麗江から北へ約110km離れた、金沙江の切り立った峡谷沿いにある。ここはナシ族が比較的早く住み着いた地であり、1200年代後半には集落が営まれていた。村の立地は非常に特徴的で、金沙江沿いの大きな岩の上にへばりつくように形成されている。岩の高さは約200mあり、岩の上部の面積は約0.5㎢で、三方が絶壁となっている。唯一南側にある細い道が外界とを結んでおり、まるで頑強な城砦のような感じで、2019年8月現在でも秘境といえる場所。

宝山石頭城高台から見た全景

宝山石頭城

Ⓜ P.191-B1

住 玉龍ナシ族自治県宝山郷宝山石頭城

オ 24時間

料 無料

※玉龍雪山風景名勝区の入場券（→P.198）購入が必要。もし購入しないのであれば、さらに40kmほど迂回路を通らなければならない

交 車をチャーターする。往復800元が目安

※片道4時間～4時間30分はかかるので、早めの行動が必要

インフォメーション

石城第一家客桟

宝山石頭城にある宿。1泊80～120元。

☎携帯＝13628888772、13578371104

バンヤンツリー・麗江／丽江悦榕庄 lìjiāng yuèróngzhuāng ★★★★★

客室にはキングサイズのベッドをはじめ、豪華なアメニティが用意されており、極上のひとときを過ごせる。また、スパは完全なプライバシーが保たれており、精神と体にくつろぎを与えてくれる。特製スパ・アメニティや特産品を販売するバンヤンツリー・ギャラリーも併設。

両替　ビジネスセンター　インターネット

- M **P.191-B2**
- 住 東河古鎮悦榕路
- ☎ 5331111
- FAX 5332222
- S 1442～2054元
- T 1442～2054元
- サ なし
- カ ADJMV
- U www.banyantree.com/ja

麗江官房大酒店／丽江官房大酒店 lìjiāng guānfáng dàjiǔdiàn

麗江で最も高い建物で、北側の客室からは玉龍雪山を展望できる。23階には回転レストランがあり眺めがよい。空港へのエアポートバス発着地点がホテルの少し北にあり、徒歩で行ける。全室に加湿器が設置されている。

両替　ビジネスセンター　インターネット

- M **P.194-B1**
- 住 古城区香格里拉大道966号
- ☎ 5188888
- FAX 5181999
- S 430元
- T 298～328元
- サ なし
- カ ADJMV

麗江王府飯店／丽江王府饭店 lìjiāng wángfǔ fàndiàn

古城の南東部、かつて木氏の客人用の宿泊施設があった場所に建てられた5つ星相当の高級ホテル。ナシ族の建築様式を取り入れた造り。ホテルと古城南門との間に無料の電動カート送迎サービスがある。

両替　ビジネスセンター　インターネット

- M **P.194-C4**
- 住 古城区南門街依古巷9号
- ☎ 5189666
- FAX 5182929
- S 388～499元
- T 388～499元
- サ なし
- カ JMV
- U www.ljhotel.cn

雲南航空麗江観光酒店／云南航空丽江观光酒店 yúnnán hángkōng lìjiāng guānguāng jiǔdiàn

中国東方航空系列のホテルで中国東方航空の航空券があれば宿泊料金が半額。近くには麗江高速バスターミナルやエアポートバス発着地点、鉄道切符売り場などがある。古城には徒歩15分ほど。

両替　ビジネスセンター　インターネット

- M **P.194-B1**
- 住 古城区香格里拉大道910号
- ☎ 5160188
- FAX 5168088
- S 350元
- T 350元
- サ なし
- カ ADJMV

緑韻假日飯店／绿韵假日饭店 lǜyùn jiàrì fàndiàn

福慧路に位置する4つ星ホテル。新市街にあり古城まで徒歩10分ほど。客室は大通りに面していないので静か。宿泊料金は交渉によりディスカウントも可能。

両替　ビジネスセンター　インターネット

- M **P.194-B1**
- 住 古城区福慧路500号
- ☎ 6888888
- FAX 5151766
- S 360元
- T 360元
- サ なし
- カ 不可

 ※星がグレーは申請中など正式認定ではありません

万方安和客栈（まんほうあんわきゃくさん）／万方安和客栈 wànfāng ānhé kèzhàn

2009年に開業した渉外ホテル。古城内の北側に位置し、タクシーでもホテルの前まで乗りつけられる。ナシ族の伝統建築様式のホテルで、古城の四方街から少し離れているので静か。

両替　ビジネスセンター　インターネット

Ⓜ P.194-B3
住 古城区五一街興仁中段26-1号
☎ 17308886024（携帯）
FAX 5177838
Ⓢ 268～328元
Ⓣ 248～388元
サ なし
カ 不可

古月坊客栈（こげつぼうきゃくさん）／古月坊客栈 gŭyuèfáng kèzhàn

古城内の北寄りに位置し、大水車、四方街どちらも徒歩5分以内と便利な立地。少し奥まった所にあり、静かな環境。ナシ族民家を改修した旅館で、親切な家族が経営している。

両替　ビジネスセンター　インターネット

Ⓜ P.194-B3
住 古城区五一街興仁下段30号
☎ 5147988
FAX なし
Ⓢ 130～230元
Ⓣ 118～158元
サ なし
カ 不可

錦江之星 麗江玉龍雪山景観酒店（きんこうしせい れいこうぎょくりゅうせつざんけいかんしゅてん）／锦江之星 丽江玉龙雪山景观酒店 jĭnjiāngzhīxīng lìjiāng yùlóng xuěshān jĭngguān jiŭdiàn

「経済型」チェーンホテル。正式支店名は麗江高快客運站玉龍雪山景観酒店。客室の設備は簡素ながらひととおりのものは揃っている。麗江高速バスターミナルにも近く利便性は高い。

両替　ビジネスセンター　インターネット

Ⓜ P.194-A1
住 古城区香格里大道玉福路
☎ 5804888
FAX 5804777
Ⓢ 199～256元
Ⓣ 199～256元
サ なし
カ 不可
U www.jinjianginns.com

ママ ナシ ゲストハウス／妈妈纳西客栈 māmā nàxī kèzhàn

麗江古城の東部、万子橋の北東にある老舗ゲストハウス。あたたかいもてなしが人気で外国人の宿泊客が多い。ナシ族のママが作る夕食は宿泊客に人気。

両替　ビジネスセンター　インターネット

Ⓜ P.194-B4
住 古城区五一街王家荘巷78号
☎ 5337968
FAX なし
Ⓢ 128元
Ⓣ 128元
サ なし
カ 不可

好来屋客栈（こうらいおくきゃくさん）／好来屋客栈 hăoláiwū kèzhàn

束河古鎮にあるホテルで、チケット売り場から徒歩5分ほど。ホテルの前に水車があるのが目印。束河をゆっくりと散策したい人におすすめ。フットマッサージも併設している。

両替　ビジネスセンター　インターネット

Ⓜ P.191-B2
住 束河古鎮九鼎街42号
☎ 5158348
FAX なし
Ⓢ 118元
Ⓣ 118元
サ なし
カ 不可

ホテル

江湖客栈（こうこきゃくさん）／江湖客栈 jiānghú kèzhàn

東河古鎮のホテルで青龍河を渡った奥まった所にある。ナシ族の民家を明るい客室に改修した。

両替 ビジネスセンター インターネット

Ⓜ P.191-B2
㊟東河古鎮仁里路4号
☎15770492489（携帯）
FAXなし
Ⓢ150～240元
Ⓣ258元
㋚なし
㋕不可

麗江国際青年旅舎（れいこうこくさいせいねんりょしゃ）／丽江国际青年旅舍 lìjiāng guójì qīngnián lǚshè

麗江古城を囲む繁華街に位置するユースホステル。

両替 ビジネスセンター インターネット

Ⓜ P.194-B2 ㊟古城区民主路885号 ☎5100310
FAXなし Ⓢ148元 Ⓣ138元 Ⓓ40元（4～8人部屋）
㋚なし ㋕不可 Ⓤwww.yhachina.com

娜姆家園（なもかえん）／娜姆家园 nàmǔ jiāyuán

瀘沽湖の西岸洛水村に位置する、モソ人民居の民宿。7～8月は100元ほど高くなる。

両替 ビジネスセンター インターネット

Ⓜ P.202-A2 ㊟寧蒗イ族自治県永寧郷洛水村
☎15883482788（携帯） FAXなし Ⓢ198元 Ⓣ118～198元 ㋚なし ㋕不可

グルメ

喜洋羊餐館 古城店（きようようさんかん こじょうてん）／喜洋羊餐馆 古城店 xǐyángyáng cānguǎn gǔchéngdiàn

麗江で有名なレストラン。夜は店の前で民族衣装をまとった女性が歌や踊りを披露することで有名。現地で取れたきのこを使った“菌类炒菜” 68～188元などが人気。本店は花馬街店（Ⓜ P.194-C1）。

Ⓜ P.194-A3
㊟古城区民主路394号原国税局商鋪A-5号
☎5170788
㋔11:00～22:00
㊡なし
㋕不可

読者投稿　コラム　インフォメーション

玉龍雪山風景名勝区のロープウエイのチケットを買えない

氷川公園ロープウエイのチケット購入方法に対しての注意点です。

観光地のチケットに関して、中国ではオンライン予約・購入へと移行が進んでいるようです。このチケットもその方式が採用されており、WeChat（ウィーチャット。予約方法）とWeChat Pay（ウィーチャットペイ。支払い方法）が必要になります。話を聞くと、通常オンライン販売ですぐに完売してしまうとのこと（当日朝7:00から販売開始）。

その話をあらかじめ聞いていたものの、私はWeChatが使用できないため、早めに現地へ行き、チケットを買おうとしました。7:00前に到着し、チケット売り場が開くのを待っていました。しかし、7:00になっても窓口は開かず、その間にチケットはオンラインでどんどん売れていきました。7:30になったときにようやくチケット売り場のスタッフが現れましたが、買いたいと言うと、「もうオンライン分で売り切れです」とあっけないひと言。

このやり方だと、WeChatを使えない外国人にとってチケット購入は至難の業です！

幸い、補助券（补票）を購入することができ、なんとかロープウエイに乗ることはできましたが、もうちょっと外国人観光客のことも考えてほしいところです。

（奈良県　比屋根 悠亮　'19）

ショップ

顧家土特産批発部／顾家土特产批发部 gùjiā tǔtèchǎn pīfābù

古城南部の忠義市場にある乾燥キノコを主とした卸売店。乾燥させたマツタケやシイタケを売っている。大量に買う場合は価格交渉可能。乾マツタケは新鮮なマツタケが出回る6～7月が割高で、新物が乾燥加工され出荷される秋に価格が下がる。

Ⓜ P.194-B4
住 古城区忠義市場忠義巷184号
☎ 5130761
オ 8:00～21:00
休 なし
カ 不可

東巴紙坊／东巴纸坊 dōngbā zhǐfáng

ナシ族の伝統的手すき紙、「東巴紙」を利用した商品を販売している。トンパ文字の辞書、カレンダー、ノートなどの商品が並べられており、購入者にはトンパ文字で名前などを書いてくれるサービスあり。

Ⓜ P.194-B4
住 古城区新義街四方街64号
☎ 5112218
オ 11:00～22:00
休 なし
カ 不可

アミューズメント

印象・麗江／印象・丽江 yìnxiàng lìjiāng

玉龍雪山甘海子の特設スタジアムで上演される、中国を代表する映画監督張芸謀のプロデュースによる屋外民族舞踊パフォーマンス。玉龍雪山をバックに、16の村から選ばれた総勢400人以上の村人が歌と踊りを展開する。麗江市内でも7日以内の予約ができる。

Ⓜ P.191-B2
住 玉龍雪山風景名勝区甘海子
☎ 8888888
オ 11:00、12:40、14:50（1時間5分）
※観客数により公演回数が変わる
休 なし
料 VIP席＝346元、一般席＝280元
カ 不可

納西古楽会／纳西古乐会 nàxī gǔyuèhuì

古城内で毎晩開かれているナシ族の民族音楽コンサート。演奏よりもトークのほうが長いのが難点だが、中国人にはそのトークのおもしろさが受けている。中国語を理解できる人と民族音楽に興味のある人にはおすすめ。

Ⓜ P.194-B3
住 古城区東大街86号
☎ 5127971
オ 20:00～21:30
休 なし
料 A席＝160元
B席＝140元
C席＝120元
カ 不可

旅行会社

麗江中国国際旅行社／丽江中国国际旅行社 lìjiāng zhōngguó guójì lǚxíngshè

長距離バスの切符手配は1枚30元、鉄道切符の手配は1枚40元。ツアー旅行の手配にも対応する。日本語の対応も可。日本語ガイドは1日600元から。虎跳峡ツアー700元、宝山石頭城ツアー2000元。オフィスはスーパーマーケット「麗客隆」の4階。

Ⓜ P.194-B1
住 古城区香格里拉大道946号麗房商廈4階412室
☎ 日本部＝5160372、5160362
FAX 5158644
オ 9:00～12:00、14:30～17:30
休 土・日曜、祝日
カ 不可
U www.ljcits.cn
✉ puyan0825@sina.com

ライトアップされた亀山公園

雲南省 香格里拉（シアンガーリーラー） Xiāng Gé Lǐ Lā 市外局番●0887

香格里拉（シャングリラ）

雄大な自然に広がるチベット族の世界

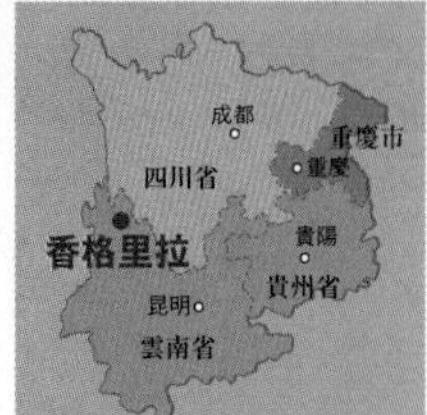

都市Data

香格里拉市
人口：15万人
面積：1万1613㎢
デチェンチベット族自治州の行政中心

州公安局外事科
（州公安局外事科）
Ⓜ**地図外（P.212-C4下）**
㊓康珠大道
☎8226834
㋔9:00～12:00、14:30～17:00
㊡土・日曜、祝日
観光ビザを最長30日間延長可能。手数料は160元

州人民医院
（州人民医院）
Ⓜ**P.212-A3**
㊓池慈卡街58号
☎8222022
㋔24時間
㊡なし
酸素吸入は1時間6元。ただし、ベッド代なども含め60～70元必要

市内交通

【路線バス】運行時間の目安は7:30～18:30、1元
【タクシー】町の中心部は昼一律10元、夜一律15元。郊外へ行く場合は要交渉

町を走る路線バス

概要と歩き方

香格里拉は昆明から約710km、雲南省の西北端にあるデチェンチベット族自治州の中心地（標高3276m）で、このエリアはチベット自治区および四川省と境界を接しており、古くからチベットの影響を強く受けてきた。この町から北西に進めばチベット自治区に入り（外国人の往来は制限されている）、北東に進めば四川省西部のチベット族居住区にいたる。

なお、チベット語での呼び名はギェルタン（漢字で噶丹と書く）。また、自治州の名であるデチェン（迪慶）はチベット語で吉祥如意の土地を意味する。

映画化された小説『失われた地平線』（ジェームズ・ヒルトン著）の舞台になった理想郷シャングリラはこのエリアがモデルであると地方政府が主張し、2002年に中甸という名前を改称して現在の香格里拉となった。また、2014年には「県」から「市」に昇格した。

自治州内には、雲南省最高峰の梅里雪山（標高6740m、チベット族はカワカルポまたはカワクボと呼ぶ）を中心に高峰が多く、平均海抜は3380m。これらの高峰の間をぬうように、金沙江と瀾滄江というふたつの大河が流れ、すばらしい景観を造り出している。その豊かな自然は、自治州の西を流れる怒江と合わせ、2003年ユネスコの世界自然遺産に登録された。

拉姆央措湖から見た松賛林寺全景

香格里拉の中心である建塘鎮は、中心鎮公堂を囲む旧市街（古城）とその北側にできた新市街に分

	1月	2月	3月	4月	5月	6月	7月	8月	9月	10月	11月	12月
平均最高気温(℃)	6.0	8.0	9.0	14.0	18.0	19.0	19.0	18.0	17.0	15.0	11.0	8.0
平均最低気温(℃)	-1.0	1.0	4.0	7.0	10.0	13.0	14.0	14.0	12.0	8.0	5.0	0.0
平均気温(℃)	2.0	4.0	6.0	10.0	14.0	16.0	16.0	15.0	14.0	11.0	7.0	4.0
平均降水量(mm)	4.0	14.0	21.0	27.0	27.0	91.0	157.0	160.0	72.0	38.0	8.0	5.0

※町の気象データ（→P.22）：「预报」>「云南」>「迪庆」>「香格里拉」>郷・鎮から選択

かれているが、約1.5km四方に収まるほど小さく、町なかの移動は路線バスと徒歩で問題はない。なお、香格里拉バスターミナルと古城は1路で結ばれている。おもな見どころは郊外にあるため、公共の交通機関だけでは移動に時間もかかるし不便を感じる。時間に余裕がない場合は、行き先を絞るか車をチャーターしたほうが便利。

宿泊するには、古城内か周辺のホテルが便利。中国でも人気のある観光地なので、ホテルは高級なものから安宿まで選択の幅は広い。香格里拉の名物として、マツタケ（7～8月）のほか、ヤクの干し肉（牦牛干巴）、バター茶（酥油茶）などがある。多くの物資や食料は麗江から運搬しているため、雲南省のなかでも物価が高い。

7月から8月にかけて香格裏拉は雨季を迎える。また、それ以外の時期でも天候が激変することも少なくないので、荷物にスペースがあれば雨具を入れておくとよい。

最後に注意点をひとつ。町は3000mを超える高地にあるので、高山病対策は十分に練ること。特に麗江を経ず昆明から直接飛行機で移動してきた場合は注意が必要。

ナパ海。雨量が増えると草原から湖に変わる

町の南西部に位置する迪慶香格里拉空港

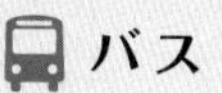

中国国内の移動➡P.318

飛行機

建塘鎮中心部の南西4kmに位置する迪慶香格里拉空港（DIG）を利用する。

国際線 日中間運航便はないので、乗り継ぎ可能な北京や広州、成都を利用するとよい。
国内線 昆明、成都、重慶、北京、広州、ラサなどとの間に運航便がある。
所要時間(目安) 昆明（KMG）／1時間25分　成都（CTU）／1時間15分　重慶江北（CKG）／1時間40分

バス

建塘鎮の北側に位置する香格里拉バスターミナルを利用する。バスは香格里拉における主要交通手段。ただし、天候（夏季は雨による土砂崩れ、冬は降雪）によって路線が運行停止となることも珍しくない。

所要時間(目安) 昆明／12時間　麗江／4時間　大理／8時間　徳欽／4時間　稲城／11時間

Data

飛行機

迪慶香格里拉空港（迪庆香格里拉机场）
Ⓜ P.214-B2　住 神鷹路　☎ 8229916
オ 始発便～最終便　休 なし　カ 不可
［移動手段］エアポートバス／2路線ともに5元、7:30～20:00の間20～25分に1便。機場大巴1線＝空港～旺池路～達娃路～長征路～天界神川大酒店～市旅投。機場大巴2線＝空港～旺池路～香巴拉大道～龍潭南路～龍鳳祥酒店～市旅投　タクシー（空港～古城）／30～40元、所要15～20分が目安
当日の航空券のみ販売。

同縁航空（同缘航空）
Ⓜ P.212-C3　住 龍潭北路14号　☎ 8234567
オ 8:30～19:30　休 なし　カ 不可
［移動手段］タクシー（同縁航空～古城）／8元、所要5分が目安　路線バス／14路「建塘小学」
3ヵ月以内の航空券を販売。

バス

香格里拉バスターミナル
（香格里拉汽车客运站）
Ⓜ P.212-B1　住 康定路23号　☎ 8223501
オ 6:30～19:00　休 なし　カ 不可
［移動手段］タクシー（バスターミナル～古城）／8元、所要10分が目安　路線バス／1、7路「汽车站」
3日以内の切符を販売。昆明（西部：4便）、麗江（7:20～18:00の間30～50分に1便）、大理（下関：7:00～11:30の　間30分に1便。12:15、13:00、15:00、18:30発）、徳欽（9:20、10:30、12:30、14:30発）、稲城（8:00発）など、県内便、雲南省北部の町とを結ぶ便がメイン。

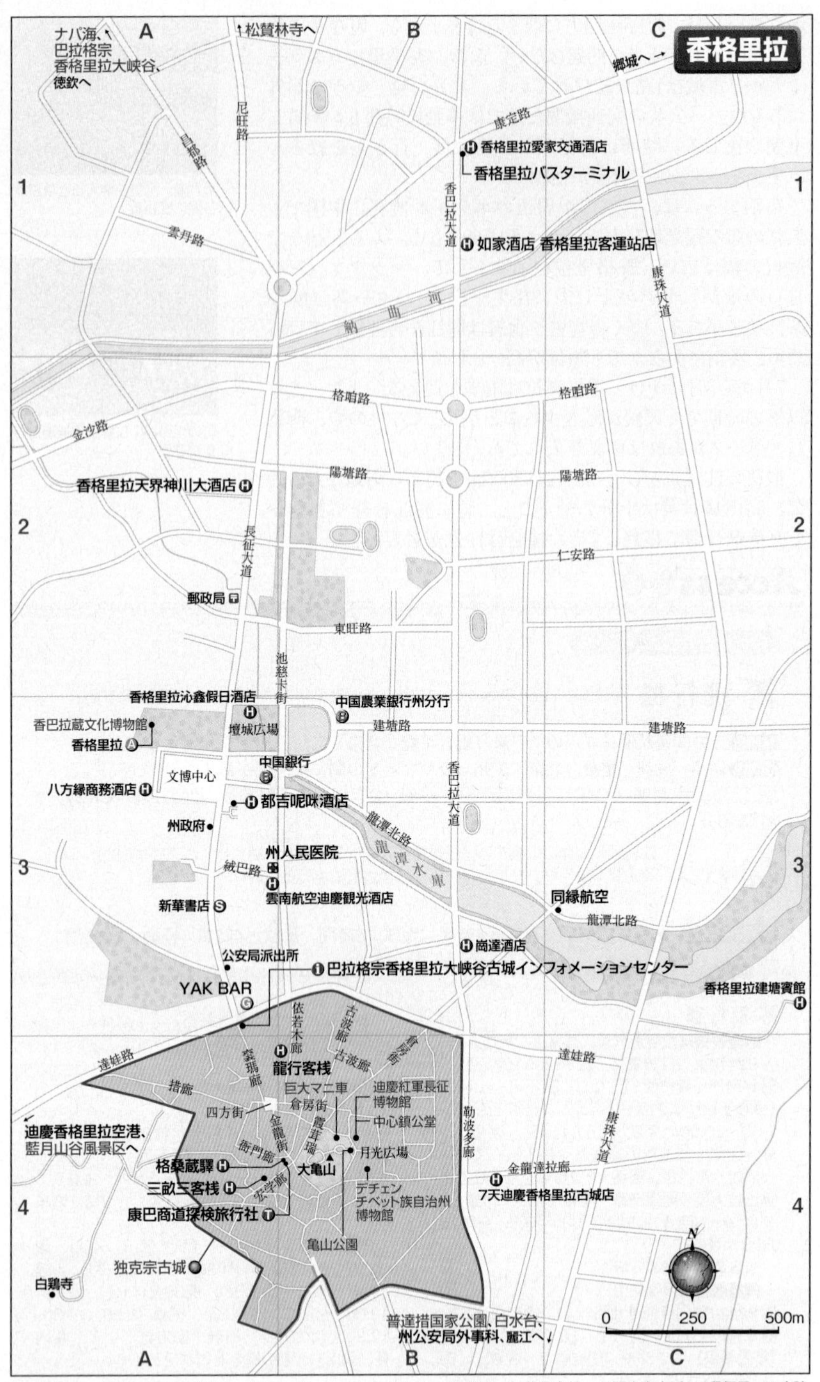

● 見どころ　Ⓗ ホテル　Ⓖ グルメ　Ⓢ ショップ　Ⓐ アミューズメント　Ⓑ 銀行　Ⓣ 旅行会社　ⓘ 観光案内所　〒 郵便局　⊞ 病院

見どころ

ポタラ宮にもたとえられるチベット仏教寺院

松賛林寺(しょうさんりんじ)／松赞林寺　sōngzànlínsì

オススメ度 ★★

市の中心部から北へ5km離れた丘陵地帯に位置する雲南省最大のチベット仏教寺院（チベット仏教最大宗派のゲルク派）。寺院のチベット名はソンツェンリン・ゴンパといい、その漢訳が松賛林寺で、帰化寺と呼ばれることもある。

寺院の創建は明代末期（17世紀初頭）だが、ダライ・ラマ5世の発願により1679～1681（清の康熙18～20）年に規模が拡大された。20世紀に入ると、文化大革命などで破壊されたが、現在も再建が続けられ、雲南のポタラ宮とも呼ばれる壮大な姿を取り戻しつつある。

再建が進められる過程で、入場ゲートが寺院から約1.5kmほど離れた地点に造られ、入場ゲートから寺院までをシャトルバスで接続するようになった。

毎年陰暦の11月29日には、格冬節（跳神節）と呼ばれる、仮面を着けて踊る踊りが奉納される。

松賛林寺
Ⓜ P.214-B2
㊟ 尼旺路3号
☎ 8229411
㋔ 8:00～18:30
※入場は閉門30分前まで
㊡ なし
㊫ 90元（シャトルバス代含む）
㋘ 3路バス「松赞林寺游客中心」
Ⓤ www.szljq.com
※3路バスは寺院門前の切符売り場に到着する。入場券購入後、松賛林寺行きシャトルバスに乗り換える（所要6分）。帰路はシャトルバス到着に合わせて3路バスが発車する

山門付近から見上げる松賛林寺

松賛林寺釈迦摩尼大殿

松賛林寺卓康参

チベット族が築いた古城

独克宗(ドクゾン)古城(こじょう)／独克宗古城　dúkèzōng gǔchéng

オススメ度 ★★

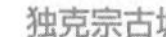

1000年以上の歴史をもつ香格里拉の古城、独克宗古城はハスの花の形をした、1k㎡にも満たないこぢんまりとしたエリア。独克宗とは、チベット語で月光城という意味で、この地のチベット族が家の壁を保護するため白い粘土を壁に塗り、その白壁が月の光に照らされ輝いて見えたことから名づけられたという。

大亀山の麓に立つ中心鎮公堂は、地元の人には蔵経院と呼ばれていて、1724（清の雍正2）年に建てられた。中心となる主楼はチベット式建築様式（屋根の宝塔）と中国式建築様式（反り返った屋根など）を折衷した3層の建築物で、中の壁には仏画が描かれている。また、ここに共

独克宗古城
Ⓜ P.212-A3～B4
㊟ 独克宗古城
㋔ 24時間
㊡ なし
㊫ 無料
㋘ 3路バス「古城」

亀山公園から見下ろした独克宗古城

迪慶紅軍長征博物館（中心鎮公堂）

正面から見た亀山公園

夜もにぎわいを見せる独克宗古城

亀山公園に立つ巨大マニ車

独克宗古城の北側入口に位置する巴拉克宗香格里拉大峡谷古城インフォメーションセンター（→P.215）

独克宗古城内に立つチベット式仏塔

産党の司令部がおかれたこともあり、主楼の隣で関連する展示物も参観できる。広場を挟んで向かい側にはデチェンチベット族自治州博物館があり、特に薬草等のチベット医学の展示がおもしろい。

大きなマニ車が目を引く亀山公園は、古城では最も高い所にあり、ここから古城を一望できる。入口から階段を上った所にあるのが朝陽楼で、この後ろに進むと、巨大なマニ車がある。日没後はライトアップされる。

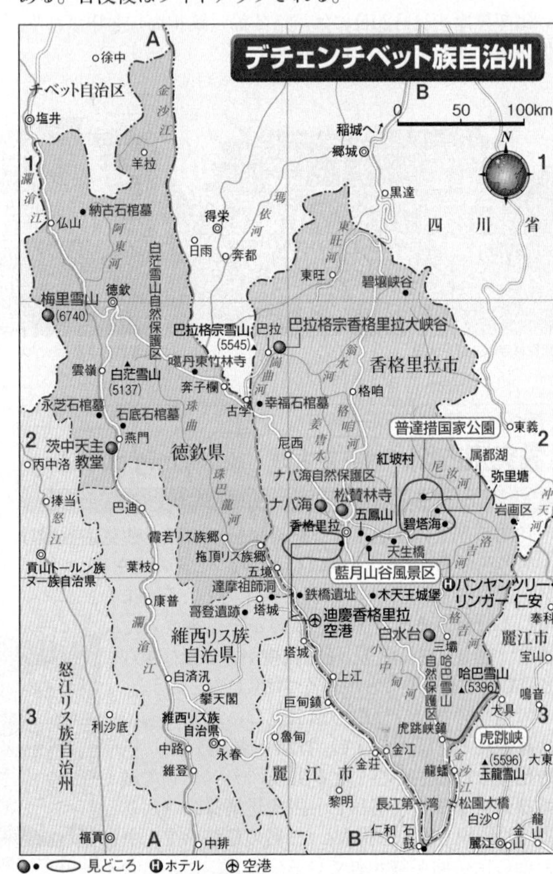

香格里拉最大の牧草地

ナパ海(かい)／纳帕海　nàpàhǎi

オススメ度 ★★

ナパ海は香格里拉の北西8kmに位置する、三方を山に囲まれた緑豊かな草原。春から夏にかけて雨量が増えると、山から流れ出た水が集まって湿原となり、一面緑に覆われる。この時期には多くのチベット族が放牧に訪れ、香格里拉最大の牧草地になる。この時期に訪れる観光客も多く、乗馬を楽しむこともできる。なお、ナパ海にはいくつかの私営の乗馬場や展望台などが点在しており、タクシーで行く場合は町から近い所、もしくは運転手のなじみの所に案内される。写真を撮る場合は尼西方面に少し行った地点にある展望台へ行ったほうがいいだろう。

町からナパ海に向かう途中で松賛林寺を見ることができる

夏になると草原が出現するナパ海

郊外の見どころ

天を仰ぐような自然の造った大峡谷

巴拉格宗香格里拉(バラクゾンシャングリラ)大峡谷(だいきょうこく)／巴拉格宗香格里拉大峡谷　bālāgézōng xiānggélǐlā dàxiágǔ

オススメ度 ★★★　所要時間 3時間

香格里拉から北西に約75km離れた、四川省に隣接する広さ176km²の大峡谷。金沙江の支流崗曲河が造り上げた峡谷で、その長さは154km、標高差は約3000mにも及ぶ。香格里拉県の最高峰である巴拉格宗雪山（5545m）もここにある。

エリア内には、香格里拉大峡谷、通天峡、巴拉村の3つの見どころがある。通天峡桟道は全長約700mで、幅20～30mの峡谷の両側には、高さ約300mの岩壁がほぼ直立している。こ

大峡谷をゴムボートで下る

切り立った岸壁に造られた桟道（香格里拉大峡谷）

ナパ海
M P.214-B2
住 建塘鎮北郊外
オ 24時間
※乗馬は8:00～18:00が目安
休 なし
料 外観見学＝無料
草原に入る＝40元
※乗馬は200～300元（時間や距離で決まる）
交 タクシーをチャーターする。乗馬ポイントまで片道40～50元が目安。湖を一周すると150～200元が目安

巴拉格宗香格里拉大峡谷
M P.214-A2
住 尼西郷巴拉
☎ 8288619
オ 8:00～17:00
休 なし
料 110元
※景区内観光バス＝60元
ボートによる川下り料金＝1人120元
交 ①古城のインフォメーションセンターから専用バスで終点。8:30～9:00の間1便。往復50元、所要1時間45分
※帰りのバスは17:30～18:00の間に出発。到着時に運転手に確認しておくとよい
※前日までに予約しておくこと
②車をチャーターする。往復500元が目安
U www.balagezong.com

インフォメーション

巴拉克宗香格里拉大峡谷古城インフォメーションセンター
M P.212-A4
住 古城停車場横
☎ 8229222
オ 5月～10月上旬
8:30～21:00
10月中旬～4月
8:30～19:30
休 なし

専用バス

峡谷内の観光

専用バスはガイドセンター（导游接待游客）に着く。ここでガイド（中国語のみ）同伴で景区内観光バスに乗り換え観光する。

観光バスは巴拉村、香格里拉大峡谷、通天峡の順に進む。各見どころでは十分な見学時間がある。見学が終了するとみんなで次の見どころへ移動、通天峡から景区入口に戻る。

周囲を山に囲まれた巴拉村の風景

氷河が削った自然の造形（通天峡桟道）

の峡谷は氷河の浸食作用により造り上げられた奇観。香格里拉大峡谷桟道は直立する峡谷の岩壁にプラットホームを渡して造った全長約2500mの遊歩道。遊歩道の終点からはゴムボートに乗り、河を下って戻ってこられる。宿泊施設や食堂がある公園ゲート（標高約2000m）からシャトルバスが各遊歩道の起点までを結んでいる。ゲートから通天峡桟道まで崗曲河沿いに上流へ4km、香格里拉大峡谷桟道へはさらに4km。

巴拉村は標高3000mのチベット族の集落。この村は1300年の歴史があり、現在でもチベット族が住んでいるが、周囲を高山に囲まれた厳しい環境。天気がよければここから巴拉格宗雪山を見ることができる。ベストシーズンは紅葉が美しい10月下旬から11月にかけて。

普達措国家公園
Ⓜ P.214-B2
住 普達措
☎ インフォメーション＝8232533
オ 4～10月7:30～19:00
11～3月8:30～19:00
※入場は閉園3時間前まで
休 なし
料 200元（入場料、シャトルバス代含む）
※碧塔海の遊覧船＝ひとり50元（夏季のみ蜀都湖で運航）
交 ①香格里拉バスターミナルから「普达措」行きで終点（15元、所要40分）
②タクシーをチャーターする。往復200元が目安
Ⓤ www.puda-cuo.com

インフォメーション

バスの運行時間
市内と普達措国家公園を結ぶバスは季節によって運行が変わるので注意。
①往路
夏季＝8:00、8:40、9:30、10:00発
冬季＝9:00、10:00発
②帰路
夏季＝14:30、15:30、16:30発
冬季＝15:00、16:00発
戻りもバスを利用する場合は下車時、運転手にその旨伝えると帰りの乗車カードを渡してくれる。出発時間は必ず確認すること。

四季折々の自然が美しい

普達措国家公園（プダツォこっかこうえん）／普达措国家公园
pǔdácuò guójiā gōngyuán

オススメ度 ★★

香格里拉から東に22km離れた、中国で最初の国立公園。総面積は1313k㎡と広いが、現在観光開発中で一般旅行者が行ける所はかぎられている。特に2017年9月以降は、自然保護の観点から観光客の訪問が許されるのは属都湖を中心としたエリアに制限されている。

公園ゲートから属都湖まではシャトルバスに乗って行く。属都湖は標高3500mを超える高山湖で、湖畔には2.7kmの木板を敷いた遊歩道が設置されている。左に湖と草原、右に針葉樹の原生林を見ながら歩いていく。4月から5月にかけては草原の緑、5月から7月にかけては咲き乱れる高山植物が美しい。

景区内に設けられた遊歩道

秋を迎えた属都湖の風景

晴れた日は遠くの高山を見渡せる

藍月山谷風景区／蓝月山谷风景区

らんげつさんこくふうけいく

lányuè shāngǔ fēngjǐngqū

オススメ度 ★★

香格里拉の南西、約7kmの所にある高山風景区。ここはロープウエイで石卡雪山（4449m）の山頂付近まで行き、そこから梅里雪山や玉龍雪山など周囲の雪山を見渡せるというのが売りだ。しかし、見られる時期はかぎられるというのが実情。ロープウエイは2基あり、どちらも長さは約2kmで、高度差も600m前後。所要12分ほど。

第1ロープウエイを降りると、そこは緑の草原が広がる標高約3800mの牧場で、ヤクが放牧されている。そこから第2ロープウエイに乗ると、高度が上がるにつれてしだいに針葉樹も少なくなり、森林限界を越えるのがわかる。終点には周囲の高山を見渡せる展望台があり、石卡雪山山頂への遊歩道が整備されている。5～7月には珍しい高山植物が咲いているので、天候に恵まれなくとも楽しむことができる。ここから4、5時間かけ、途中霊犀湖を通って、第1ロープウエイ終点まで下りる徒歩ルートもある。

山頂付近で周囲の雪山を見るのであれば、防寒着を持参したほうがよい。標高4000mを超す高地で、しかも風が強い。

石卡雪山へと続く遊歩道

藍月山谷風景区
Ⓜ**P.214-B2**
㊟石卡雪山
☎8232565、8228666
㋔8:00～18:30
※入場は閉門2時間30分前まで
㊡なし
㊮無料
※ロープウエイは往復160元（第1と第2の2区間分）
㊯香格里拉でタクシーに乗る。片道40～50元、所要20分が目安

6月にはシャクナゲの花が咲く

トンパ文化発祥の地

白水台／白水台　báishuǐtái

はくすいだい

オススメ度 ★★

香格里拉の南東約95kmの所にある白水台は、石灰質を多量に含む地下水が泉となって湧き出し、そこから流れ出る過程で徐々に結晶化しできあがった棚田状の台地。遠くから見てもその乳白色は目につく。総面積は約14万㎡で、四川省の黄龍（→P.93）のミニチュア版といったところ。独特の景観もさることながら、この地は、麗江を中心に香格里拉にも暮らすナシ族の精神的文化的支柱となっているトンパ教の聖地。陰暦の2月8日には、朝白水と呼ばれるナシ族の祭りがここで執り行われる。

見どころは道路からも比較的近く、歩いても1時間あれば見て回れるし、馬や輿で回ることもできる。

香格里拉からも日帰りできるが、ここに1泊して翌日麗江行きバスや車に乗り、虎跳峡（→P.201）に向かうのがおすすめ。このバスルートは雲南省のなかでも景色がよいルートとして知られる。哈巴雪山、玉龍雪山、虎跳峡の美しい眺めを堪能できる。

白水台
Ⓜ**P.214-B3**
㊟三壩郷白地村
☎8866105
㋔8:00～19:00
㊡なし
㊮30元
㊯①香格里拉バスターミナルから「三垻」行きで「白水台景区」（9:00発。25元、所要3時間～3時間30分）
※「白水台景区」からの戻りは14:15～14:30頃通過。同じバスが1日1往復するので、行きの下車時、運転手に帰路利用の旨伝えておくとよい
②四輪駆動車をチャーターする。往復400元が目安
※白水台から虎跳峡香格里拉段へはタクシーで300元が目安

高台から見た白水台全景

自然が造り出した棚田のような風景

ホテル

香格里拉天界神川大酒店（シャングリラてんかいしんせんだいしゅてん）／香格里拉天界神川大酒店 xiānggélǐlā tiānjiè shénchuān dàjiǔdiàn ★★★★★

香格里拉で唯一の5つ星ホテル。独克宗古城からは離れているが、チベット風の趣のある部屋が用意されているのが特徴。ホテルの中庭にはプールがあり屋内ガーデンとなっていて気温の低い日でも暖かい。

両替　ビジネスセンター　インターネット

M P.212-A2
住 長征大道165号
☎ 8228008
FAX 8223776
S 600元
T 380～480元
サ なし
カ ADJMV

バンヤンツリー・リンガー 仁安（じんあん）／香格里拉仁安悦榕庄 xiānggélǐlā rénān yuèróngzhuāng ★★★★★

市区南東郊外に位置する高級リゾート＆スパホテル。客室はチベット様式のスイートとロッジで、職人の手による木製ホットバスタブを備える。また、チベット伝統の考えを取り入れたスパ、チベット料理も提供するレストランなど施設も充実。

両替　ビジネスセンター　インターネット

M P.214-B2
住 紅坡村
☎ 8288822
FAX 8288911
S 1650～3750元
T 1650～3750元
サ なし
カ ADJMV
U www.banyantree.com/ja

都吉呢咪酒店（トジニミしゅてん）／都吉呢咪酒店 dūjí nǐmī jiǔdiàn

州政府近くに位置するチベット式のホテル。星なし涉外ホテルだが、設備は5つ星相当。ホテルの上部には立体マンダラがあり、宿泊客は8:00～12:00の間見学できる。

両替　ビジネスセンター　インターネット

M P.212-A3
住 長征大道32号
☎ 8886666
FAX 8876638
S 600元
T 500元
サ なし
カ 不可

龍行客桟（りゅうこうきゃくさん）／龙行客栈 lóngxíng kèzhàn

独克宗古城にあるゲストハウスでドミトリー併設。英語が通じ外国人のバックパッカーも多い。レンタサイクルもある。基本的に11月中旬～3月上旬は全面休業となる。

両替　ビジネスセンター　インターネット

M P.212-B4
住 北門社区依若木廊23号
☎ 8289250、携帯＝18908871600
FAX なし
S 110元
T 130元
サ なし
カ 不可

読者投稿　コラム　インフォメーション

香格里拉まで鉄道が延びる

2019年7月現在、麗江から香格里拉を結ぶ麗香鉄路を建設中だ。途中金沙江を越え、虎跳峡や小中甸を経由する全長約160kmの鉄道だが、その高低差はなんと1390mに達する。

現時点では、2020年に完成が予定されているが、完成後はチベット自治区へと延伸される計画らしい。

ホテル

格桑蔵驛(かくそうぞうえき)/格桑藏驿 gésāng zàngyì

2階テラスからは亀山公園の巨大マニ車が見える。 Uwww.kersangs.com

両替 ビジネスセンター インターネット

M P.212-B4 住倘門廊1号 ☎8223118、1398878193(携帯) FAXなし S180～260元 T180～260元 D50元(3人部屋) サなし カ不可

三畝三客桟(さんぽさんきゃくさん)/三亩三客栈 sānmǔsān kèzhàn

独克宗古城に位置するゲストハウス。日本人を含め、外国人の利用者も少なくない。オーナーの潘さんは広東省仏山市出身で英語と日本語が話せる。

両替 ビジネスセンター インターネット

M P.212-B4
住独克宗古城宏学廊6号
☎8296262、13378874500(携帯)
FAXなし
S68～128元
T158～238元
D40元(4～6人部屋)
サなし カ不可

如家酒店 香格里拉客運站店(じょかしゅてん シャングリラきゃくうんたんてん)/如家酒店 香格里拉客运站店 rújiā jiǔdiàn xiānggélǐlā kèyùnzhàndiàn

「経済型」チェーンホテル。設備は簡素ながらひととおりのものは揃っている。香格里拉バスターミナル付近に位置しており、長距離移動の際には便利。客室にエアコンはあるが、冬以外は使用できない。雨の日は少々寒い。

両替 ビジネスセンター インターネット

M P.212-B1
住香巴拉大道66号
☎8855999
FAX8896856
S129元
T129元
サなし
カ不可
Uwww.bthhotels.com

YAK BAR(ヤクバー)

古城駐車場の向かいにあるレストラン&バー。旅行情報も多く、レンタサイクルも行っている。韓国料理のほか、チベット料理、西洋料理、日本料理もある。7、8月のマツタケの取れる時期は、マツタケメニュー"日式烤松茸"がおすすめ。

M P.212-A3
住達娃路
☎8288665
オ9:00～21:00
休なし
カ不可

康巴商道探検旅行社(カムパしょうどうたんけんりょこうしゃ)/康巴商道探检旅行社 kāngbā shāngdào tànjiǎn lǚxíngshè

外国人専門の旅行会社で、おもな観光地ツアーの手配のほかに独自のトレッキングツアーを催行している。車のチャーター1日700～800元(普通車)、900～1000元(四輪駆動車)。チベットツアーも手配可能。日本語ガイドは1週間前までに要予約。このほか、2019年8月現在、この旅行会社では、併設するカフェ(オ10:00～18:00)で蔵文化体験館と協力してタンカ制作(100元)や革細工(100元)の講習会を開催している。興味のある人は要問い合わせ。

M P.212-B4
住独克宗古城宏学廊
☎8288648
FAX8288870
オ9:00～12:00、14:00～17:30
休土・日曜、祝日
カADJMV
✉shanshan2008@msn.cn(日本語可)
※会社に日本語のできる者はいないが、日本語のできる知り合いに翻訳を依頼して対応する

雲南省 徳钦（ダーチン） Dé Qīn　市外局番●0887

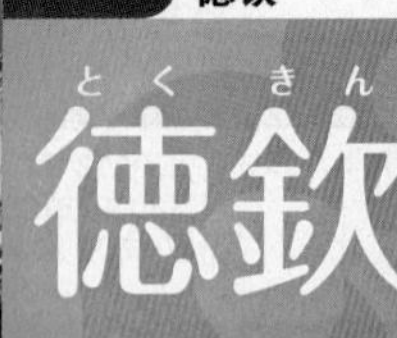

徳欽（とくきん）

聖なる山に見守られる町

梅里雪山の主峰カワクボ

都市Data

徳欽県
人口：6万人
面積：7596㎢
デチェンチベット族自治州管轄下の県

県公安局出入境管理科
(县公安局出入境管理科)
Ⓜ **地図外(P.222-B2下)**
㊟ 昇平鎮新区徳維公路
☎ 8412110、携帯＝13988777273
㋔ 8:30～12:00、14:30～17:30
㊡ 土・日曜、祝日
観光ビザの延長は不可

県人民医院
(县人民医院)
Ⓜ **地図外(P.222-B2下)**
㊟ 昇平鎮新区河香中路
☎ 8412120
㋔ 24時間　㊡ なし
酸素吸入1時間4元、ベッド使用料1時間9元。このほかに診察料などもかかる

市内交通

【タクシー】 昇平鎮内8元、新区まで10元。郊外までの料金目安は下記参照

インフォメーション

昇平鎮からのタクシー料金目安
西当＝片道200元、所要1時間30分
飛来寺＝片道40～50元、所要20分
霧濃頂（迎賓）＝片道40元、所要20分
香格里拉＝片道550～600元、所要3時間30分

概要と歩き方

徳欽は、香格里拉の北西約100kmの雲南省最北端に位置し、チベット自治区や四川省と境界を接する。

青蔵高原と横断山脈に抱かれ、高低差の激しい複雑な地形となっており、大河、高峰、峡谷、氷河など豊かな自然景観を造り出している。代表的なものとして、梅里雪山、瀾滄江、金沙江を挙げることができる。これらは怒江リス族自治州を流れる怒江と合わせ、2003年「雲南三江併流の保護地域群」として世界自然遺産に登録された。

徳欽は、古くからチベット文化圏に属し、雲南のお茶とチベットの馬を交易する、茶馬古道の中継地として発展してきた。現在でも県内に暮らす人々のうち80％をチベット族が占めている。また、チベット仏教をはじめとするチベット文化も多く残っており、梅里雪山はチベット族にとっての聖地で、崇拝の対象である。

拠点は谷間にある昇平鎮。低地に向かって町の開発が進んでおり、行政中心は南の新区に移動した。この町に見どころはないので、ほとんどの観光客はバスを降りたあと、より見どころに近い宿泊地（飛来寺、明永村など）へ移動していく。

迫力のある氷河（明永氷河）

ほとんどの見どころが自然景観のため、天候が気になるところ。5～10月が雨季に当たり、特に7～8月に雨が集中するので、この時期の訪問は可能なら避けたい。

	1月	2月	3月	4月	5月	6月	7月	8月	9月	10月	11月	12月
平均最高気温(℃)	3.5	3.9	6.7	9.8	14.2	16.6	17.4	17.2	15.7	12.4	8.3	5.3
平均最低気温(℃)	-6.5	-5.4	-2.8	0.1	4	7.6	8.9	8.5	6.9	2.6	-2.2	-5.1
平均気温(℃)	-1.5	-0.7	1.9	5	9.1	12.1	13.1	12.9	11.3	7.5	3	0.1
平均降水量(mm)	詳細データなし											

※町の気象データ(→P.22)：「预报」>「云南」>「迪庆」>「徳钦」>郷・鎮から選択

中国国内の移動➡P.318

バス

徳欽唯一の公共交通手段。デチェンチベット族自治州内便を中心に、そのほかに雲南省の中部以北の主要都市との間に便があるが、県内便は不定期便も多い。

所要時間(目安) 香格里拉／4時間　茨中天主教堂／2時間30分

Data

バス

徳欽バスターミナル（徳钦客运站）
M P.222-B1　住 昇平鎮南坪街　☎8413322
オ 6:00～18:00　休 なし　カ 不可

［移動手段］徒歩／5～15分

2日以内の切符を販売。昆明（西部：14:00発）、香格里拉（4便）、大理（下関：15:00発）、維西（8:00発）など。

1 2 香格里拉～徳欽間の風景。1 が白茫雪山、2 が金沙江　3 茨中天主教堂とブドウ畑　4 茨中天主教堂の内部　5 瀾滄江が湾曲する月亮湾

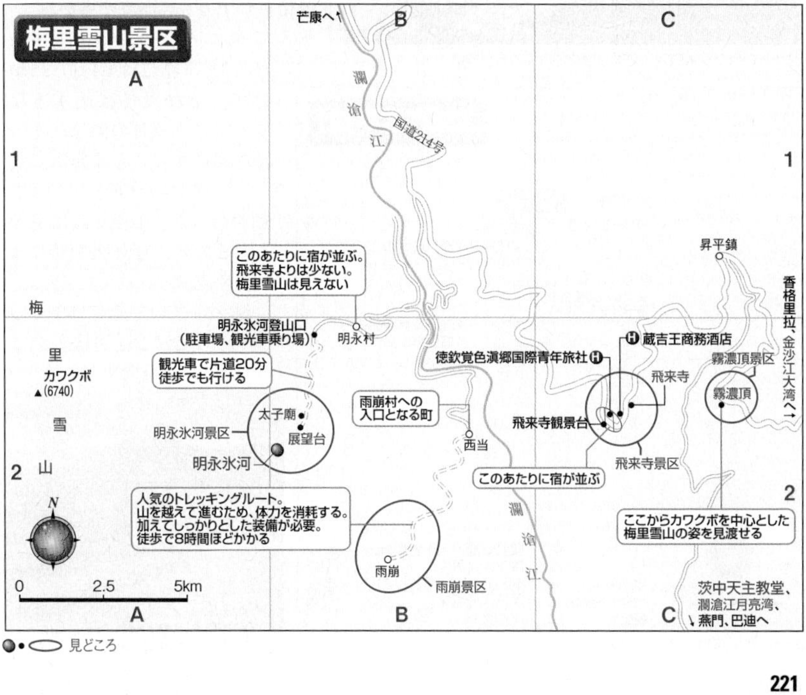

梅里雪山景区

芒康へ
瀾滄江
国道214号
このあたりに宿が並ぶ。飛来寺よりは少ない。梅里雪山は見えない
明永氷河登山口（駐車場、観光車乗り場）
明永村
観光車で片道20分 徒歩でも行ける
梅里雪山
カワクボ ▲(6740)
太子廟
展望台
明永氷河景区
明永氷河
雨崩村への入口となる町
西当
人気のトレッキングルート。山を越えて進むため、体力を消耗する。加えてしっかりとした装備が必要。徒歩で8時間ほどかかる
雨崩
雨崩景区
昇平鎮
蔵吉王商務酒店
徳欽覚色滇郷国際青年旅社
飛来寺
飛来寺観景台
飛来寺景区
このあたりに宿が並ぶ
霧濃頂景区
霧濃頂
香格里拉、金沙江大湾へ→
ここからカワクボを中心とした梅里雪山の姿を見渡せる
茨中天主教堂、瀾滄江月亮湾、燕門、巴迪へ
0　2.5　5km

●・⬭ 見どころ

見どころ

チベット仏教の守護神としてあがめられる山 世界遺産

梅里雪山（ばいりせつざん）／梅里雪山 méilǐ xuěshān

オススメ度 ★★★ 所要時間 半日～2日

梅里雪山
Ⓜ P.214-A2、P.221
住 梅里雪山景区
☎ 8412666
オ 6:30～18:00
※雨崩景区7:00～16:30
休 なし
料 飛来寺景区＝40元、霧濃頂景区＝40元、雨崩景区＝55元、金沙江大湾景区＝20元
交 それぞれタクシーをチャーターする

インフォメーション

チベット仏教四大神山
残りはチベット自治区のカンリンポチェ、四川省アニマチェン、青海省ガドチェウォ。

徳欽の西約10km、横断山脈の中段、怒江と瀾滄江の間にそびえるのが梅里雪山。標高6000m以上の山が13峰以上も並び、太子十三峰とも呼ばれる。山には氷河も多く、大きなものに明永、紐恰、斯恰などがあり、その周囲には貴重な動植物も多い。

主峰はチベット語で「白い雪山」を意味する、標高6740mのカワクボ（カワカルポ）。チベット仏教の一派であるカルマ・カギュ派の守護神であり、チベット族にとっても四大神山のひとつとして信仰の対象になっている。また、世界の登山者にとっても特別な存在で、いまだに登頂者を出していない未踏峰である。一般の観光客にとっても、その雄大な景観は魅力的。

梅里雪山を見晴らす場所としては、飛来寺、霧濃頂（迎賓台）などがある。特に飛来寺（昇平鎮中心の南西6km）には宿泊施設もあり、ここで1～2泊するのが定番となっている。ただし、撮影ポイントとしては、全景を収めやすい霧濃頂をすすめる専門家が多い。

ベストシーズンは10月中旬から5月（特に11～1月）にかけて。それ以外は雨季となり、特に7～8月の間は、その姿を目にすることは非常に難しい。撮影の時間としては早朝がベスト。午後からは逆光となるので、写真撮影時には注意が必要。

晴天の多い冬季には多くのチベット族が2週間ほどかけて梅里雪山を1周する。

神々しいカワクボの姿。夏季は雲に隠れることが多い

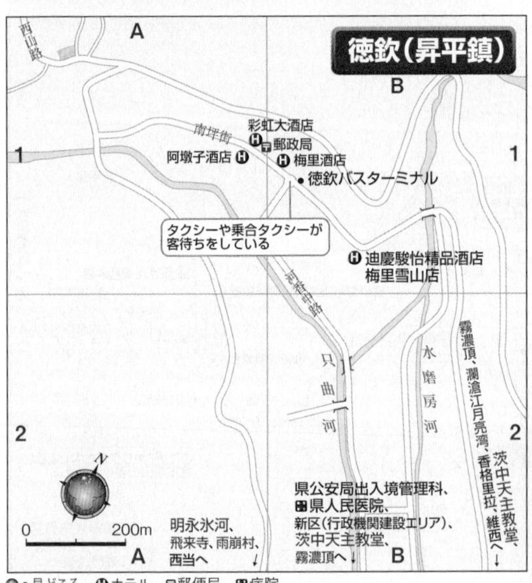

● 見どころ Ⓗ ホテル 〒 郵便局 ⊞ 病院

飛来寺の展望台は絶好のビューポイント

低緯度にある氷河

明永氷河（めいえいひょうが）／明永冰川 míngyǒng bīngchuān

オススメ度 ★★★　所要時間 半日～1日

明永氷河は昇平鎮から車で1時間30分ほどの所にある、梅里雪山で最も有名な氷河。低緯度にあるため、徳欽では夏の気温も高く、雨季には氷の溶けるスピードが一般の氷河より速くなり、そのぶん氷河の動きも速い。

3150mの地点には展望台が造られており、そこから見る氷河は迫力満点。天気がよければ、氷河の奥にカワクボを目にすることができる。登山口は2300mの地点にあり、展望台までは登山道（ダート道）を8kmほど登ることになるが、観光車を利用することもできる。

午後になると、完全に逆光となるため、午前中に展望台に到着するようにしたい。

麓にある明永村には、設備の整った宿泊施設もあるので、徳欽に着いたその日のうちに移動してもよいだろう。

明永氷河
Ⓜ P.221-B2
住 梅里雪山景区
☎ 携帯＝13988785009
オ 7:00～16:30　休 なし
料 明永氷河景区＝55元
交 タクシーをチャーターする。昇平鎮から往復200元、飛来寺景区から往復150元が目安
※明永村から太子廟まで片道徒歩2時間、太子廟から明永氷河まで往復1時間（撮影時間など含む）が目安

インフォメーション

明永氷河の観光車

明永氷河切符売り場～太子廟を結ぶ。片道所要20分。
オ 8:00～17:00
料 往復＝75元

瀾滄江沿いに立つ教会

茨中天主教堂（じちゅうてんしゅきょうどう）／茨中天主教堂 cízhōng tiānzhǔ jiàotáng

オススメ度 ★★

徳欽の南約53km、瀾滄江西岸に位置するカトリック教会。18世紀中期以降、キリスト教宣教師が相次いでデチェンに布教に訪れた。やがて、瀾滄江沿いの険しい道を伝い、茨中にやってきたフランス人神父が中心となって、1906年に造られたのが、この茨中天主教堂。

教会はバシリカ様式をもつ。鐘楼は創建当初3階建てだったが、後に中国式の4階部分が増築された。

宣教師たちは、キリスト教のほかに、ワイン醸造とブドウ栽培の技術もこの地に持ち込んだ。徳欽のいたるところでブドウ畑を目にすることができるし、収穫したブドウで醸造したワインを村内の売店や宿泊施設で買うこともできる。

茨中天主教堂は、このエリアのキリスト教における中心的な存在であり、日曜の午前中や平日の夜にはミサが行われ、日曜には特に多くの信者が集まる。教会は真剣な宗教活動の場なので、キリスト教徒以外が観光する際には、礼拝中の入室や写真撮影などについて、節度ある行動が必要。

茨中天主教堂
Ⓜ P.214-A2
住 燕門鎮茨中村
オ 8:00～12:00、14:30～18:00
休 なし
料 無料（寄付は受け付ける）
交 ①タクシーをチャーターする。往復400元が目安
②徳欽バスターミナルから「维西」行きで「茨中天主教堂」（毎日8:00、隔日12:00発。28元、所要2時間30分）。徒歩20分
※「茨中天主教堂」からの戻りは11:00頃と隔日で15:00頃
③徳欽バスターミナルから「茨中天主教堂」行きで終点（不定期15:00発。28元、所要2時間30分）
※「茨中天主教堂」からのバスは8:30頃発

正面から見た茨中天主教堂

ホテル

迪慶駿怡精品酒店 梅里雪山店（てきけいしゅんいせいしんしゅてん ばいりせつざんてん）／迪庆骏怡精品酒店 梅里雪山店 díqìng jùnyí jīngpǐn jiǔdiàn méilǐ xuěshāndiàn

建物と客室の装飾がチベット様式の美しいチェーン系ホテル。スタッフもチベット族。

両替　ビジネスセンター　インターネット

Ⓜ P.222-B1　住 昇平鎮墩和社区下街35号
☎ 8566777　FAX なし　S 150～240元
T 220～240元　サ なし　カ 不可

見どころ付近の宿泊施設

徳欽では、昇平鎮に宿泊するより見どころに近い所に宿泊する人が多い。それぞれの見どころの宿泊費の目安は次のとおり。飛来寺＝100～200元。直接梅里雪山が見られる所だと100元ほど加算。明永村＝50～100元。

シーサパンナ傣族園の水かけ祭り

景洪（けいこう）

タイ族の文化が色濃く残る

都市Data

景洪市
人口：41万人
面積：7133㎢
シーサンパンナタイ族自治州の行政中心

州公安局出入境管理処（州公安局出入境管理处）
Ⓜ P.225-B3
住 景徳路13号
☎ 2167059、2167266
オ 8:00〜11:30、14:30〜17:30
休 土・日曜、祝日
観光ビザを最長30日間延長可能。手数料は160元

州人民医院（州人民医院）
Ⓜ P.225-B2
住 嘎蘭南路4号
☎ 2123646
オ 24時間 休 なし

シーサパンナ嘎洒国際空港

市内交通

【路線バス】運行時間の目安は7:00〜21:00、2元
※運行間隔が非常に長く（1時間に1便など）、実用的ではない
【タクシー】初乗り2.5km未満8元、2.5km以上1kmごとに2元加算

概要と歩き方

シーサンパンナタイ族自治州は雲南省南西部にあり、ミャンマー、ラオスと接している。州の全人口のうちタイ族と漢族がそれぞれ30%ずつを占め、残りはハニ族、プーラン族、ヤオ族、ラフ族など10以上に及ぶ少数民族で構成される。

1507（明の隆慶4）年に現地の最高行政官である宣慰司（せんいし）がこの地方を12の地区に分轄した。タイ語で「12」のことを「シップソーン」、水田を測る単位であった「千の田」という意味の「パンナ」をつなげたシップソーンパンナに中国語の西双版納という漢字を当てた。以後「西双版纳（xīshuāng bǎnnà）」と呼ばれ、これが地名の由来となった。

シーサンパンナは全域が熱帯雨林気候に属し、雨季は5〜10月、乾季は11〜4月で、5月の連休頃が最も暑い。

シーサンパンナ各地を巡る場合、景洪を中心に東西南北に観光スポットが点在しており、景洪からバスを使って移動することになる。景洪市の東が勐臘県、西が勐海県。現在、主要都市への交通インフラはほぼ整い、以前は悪路が多く時間のかかった、ラオス、ミャンマー国境への道のりも楽に行けるようになった。景洪をはじめ、ほとんどのシーサンパンナの町は、街路樹としてヤシの木を植えている。

景洪の市街地は瀾滄江（メコン川の上流）の西側に広がっており、繁華街は孔雀湖を中心に小さく固まっている。景洪バスターミナルの南には民族工芸市場があり、少数民族の織物や民族衣装、小物といったものを売る民芸品店が軒を並べている。ミャンマーとの国境が近いこともあって、ミャンマー特産の翡翠を売る色黒のミャンマー人の姿もよく見かける。市街地側の瀾滄江沿いは整備されており、シーサンパンナ大橋のたもとから北西へ向かって遊歩道ができているので足を運んでみるのもいいだろう。

	1月	2月	3月	4月	5月	6月	7月	8月	9月	10月	11月	12月
平均最高気温(℃)	23.5	25.8	28.9	30.7	30.4	28.6	27.6	28.1	28.4	26.9	24.7	22.9
平均最低気温(℃)	6.1	6.5	9.0	13.0	17.4	20.0	20.2	19.9	18.9	16.7	12.3	8.1
平均気温(℃)	14.8	16.1	19.0	21.8	23.9	24.3	23.9	24.0	23.7	21.8	18.5	15.5
平均降水量(mm)	21.3	13.5	21.3	41.1	144.2	225.7	323.3	311.7	159.8	128.5	65.7	25.2

※町の気象データ（→P.22）：「预报」>「云南」>「西双版纳」>「景洪」

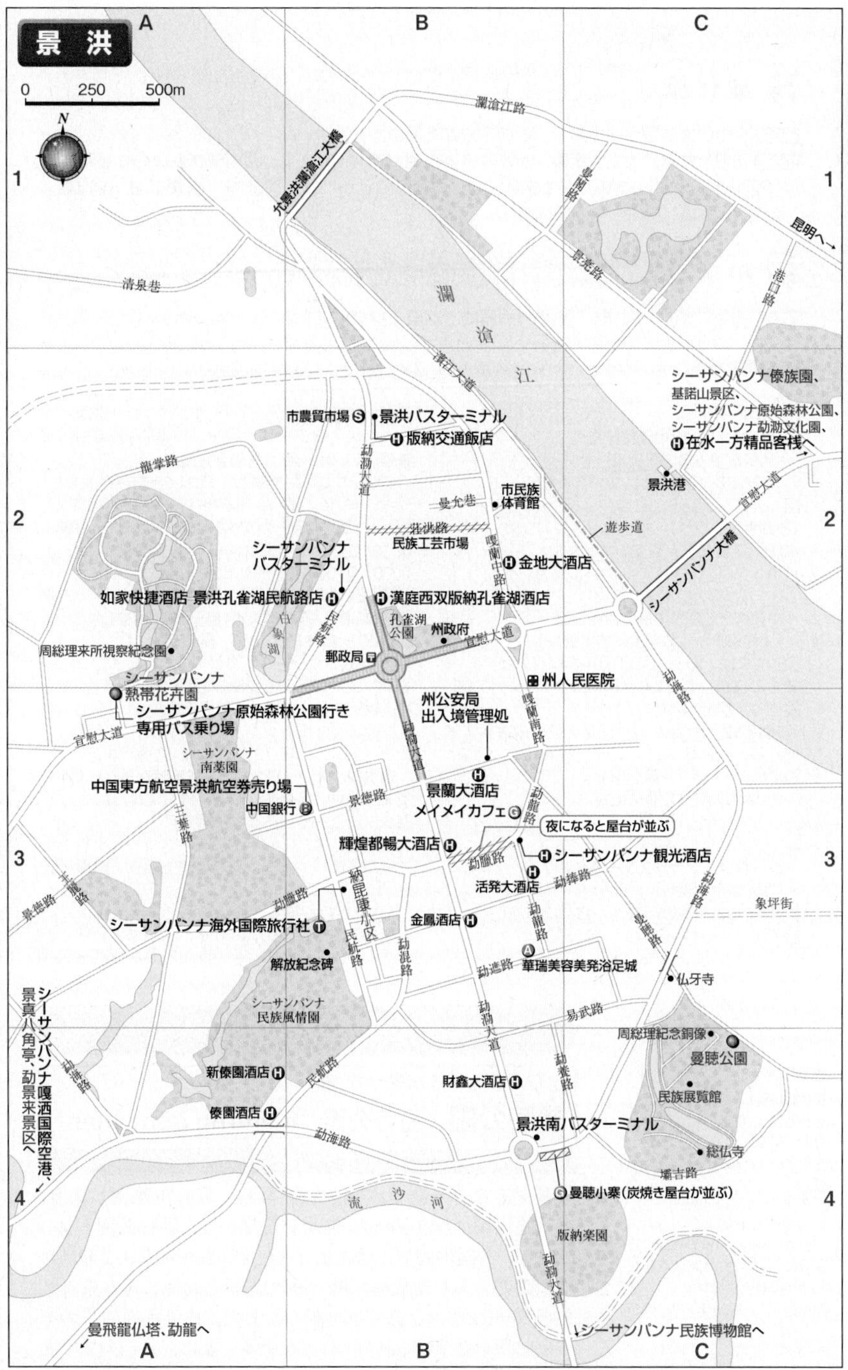
景洪
0 250 500m
N
A
B
C
1
2
3
4
瀾滄江路
允景洪瀾滄江大橋
曼景路
景蘭路
昆明へ→
港口路
清泉巷
瀾
滄
江
濱江大道
シーサンパンナ傣族園、
基諾山景区、
シーサンパンナ原始森林公園、
シーサンパンナ勐泐文化園、
在水一方精品客桟へ
市農貿市場
景洪バスターミナル
版納交通飯店
勐泐大道
龍掌路
曼允巷
市民族
体育館
景洪港
宣慰大道
遊歩道
莊洪路
民族工芸市場
嘎蘭中路
シーサンパンナ
バスターミナル
金地大酒店
シーサンパンナ大橋
如家快捷酒店 景洪孔雀湖民航路店
漢庭西双版納孔雀湖酒店
民航路
白象湖
孔雀湖
公園
州政府
周総理来所視察紀念園
郵政局
シーサンパンナ
熱帯花卉園
シーサンパンナ原始森林公園行き
専用バス乗り場
州人民医院
州公安局
出入境管理処
嘎蘭南路
勐海路
宣慰大道
シーサンパンナ
南薬園
中国東方航空景洪航空券売り場
景德路
景蘭大酒店
中国銀行
メイメイカフェ
勐龍路
夜になると屋台が並ぶ
三葉路
輝煌都暢大酒店
シーサンパンナ観光酒店
勐臘路
活発大酒店
勐捧路
勐海路
象坪街
景徳路
勐臘路
納昆康小区
シーサンパンナ海外国際旅行社
金鳳酒店
勐龍路
曼聴路
民航路
勐混路
解放紀念碑
勐遮路
華瑞美容美発浴足城
仏牙寺
シーサンパンナ
民族風情園
易武路
シーサンパンナ嘎洒国際空港、
景真八角亭、勐景来景区へ
勐泐大道
周総理紀念銅像
曼聴公園
勐海路
民航路
新傣園酒店
財鑫大酒店
勐養路
民族展覧館
傣園酒店
勐海路
景洪南バスターミナル
総仏寺
塔吉路
曼聴小寨（炭焼き屋台が並ぶ）
流沙河
版納薬園
勐泐大道
曼飛龍仏塔、勐龍へ
シーサンパンナ民族博物館へ
見どころ ホテル グルメ ショップ アミューズメント 銀行 旅行会社 郵便局 病院 繁華街

Access 交通

中国国内の移動➡P.318

飛行機

市区中心の南約5kmに位置するシーサンパンナ嘎洒国際空港（JHG）を利用する。ただし、運航路線は少ない。

国際線▶日中間運航便はないので、昆明や成都を経由するとよい。

国内線▶昆明や成都、北京、貴陽、上海などとの間に運航便がある。最も便が多いのは昆明。

所要時間(目安) 昆明（KMG）／1時間10分　成都（CTU）／1時間50分　重慶江北（CKG）／2時間　貴陽（KWE）／1時間35分

バス

景洪市内にはバスターミナルが3つある。州内はおもにシーサンパンナバスターミナルを利用する。ラオス行き国際バスもある（→P.287）。

所要時間(目安) 昆明／8時間　大理／14時間　勐臘／3時間

Data

飛行機

シーサンパンナ嘎洒国際空港
（西双版纳嘎洒国际机场）

M P.228-B2　住 嘎洒鎮　☎ 2159130
オ 始発便～最終便　休 なし　カ 不可
［移動手段］タクシー（空港～孔雀湖公園）／30～40元、所要15分が目安　※基本的にメーターは使用しない　路線バス／1路「机场路口」

3ヵ月以内の航空券を販売。

中国東方航空景洪航空券売り場
（中国东方航空公司景洪售票处）

M P.225-B3　住 民航路23号中国銀行大楼6階
☎ 2126999　オ 8:30～11:00、13:00～17:00
休 なし　カ 不可
［移動手段］タクシー（中国東方航空景洪航空券売り場～孔雀湖公園）／10元、所要10分が目安
路線バス／1路「民航售票处」

3ヵ月以内の航空券を販売。

バス

シーサンパンナバスターミナル
（西双版纳客运站）

M P.225-B2　住 民航路3号　☎ 2138567
オ 6:00～21:00　休 なし　カ 不可
［移動手段］タクシー（シーサンパンナバスターミナル～孔雀湖公園）／8元、所要5分が目安
路線バス／2、6路「版纳客运站」

5日以内の切符を販売。打洛（7:00～17:40の間20分に1便）、勐海（6:00～17:40の間20分に1便）、勐臘（6:00～17:30の間30分に1便）、基諾山（8:00～15:00の間満席を待って出発）、勐罕（7:00～19:00の間20分に1便）など。

景洪バスターミナル（景洪汽车客运站）

M P.225-B2　住 勐泐大道16号　☎ 2123171
オ 6:00～22:00　休 なし　カ 不可
［移動手段］タクシー（景洪バスターミナル～孔雀湖公園）／8元、所要5分が目安　路線バス／2路「农贸市场」。4路「天城大卖场」

5日以内の切符を販売。昆明（南部：5便）、成都（1便）、大理（2便）、勐臘（5便）など。

景洪南バスターミナル（景洪客运南站）

M P.225-B4　住 勐海路77号　☎ 2139137
オ 6:00～22:00　休 なし　カ 不可
［移動手段］タクシー（景洪南バスターミナル～孔雀湖公園）／10元、所要10分が目安　路線バス／4路「天顺超市」

5日以内の切符を販売。昆明（南部：10便）、勐龍（6:30～19:00の間20分に1便）など。

見どころ

クジャクもいる緑豊かな公園

曼聴公園（まんちょうこうえん）／曼听公园　màntīng gōngyuán

オススメ度 ★ ★

曼聴とはタイ語で霊魂を表す言葉。町の南東部にあり、総敷地面積は2万6600㎡、原生林を生かした森林公園となっている。公園内南側には総仏寺という寺院があり、このほかに大勐龍にある曼飛龍仏塔（→P.229）と勐海にある景真八角亭（→P.230）を原寸大で模したもの、1961年周恩来の来訪を記念したモニュメントなどがある。また、入口のすぐ北側には仏牙寺というタイ族が信仰する南方上座部仏教の寺院もある。

曼聴公園
M P.225-C4
住 曼聴路35号
☎ 2160296
オ 8:00～17:30
休 なし
料 8:00～17:30＝40元
18:30～21:30＝200～480元（飲食代含む）
※18:30～22:00の間は座席によって料金が異なる
交 4路バス「客运南站」。徒歩10分

シーサンパンナの総合博物館

シーサンパンナ民族博物館（みんぞくはくぶつかん）／

西双版纳民族博物馆　xīshuāngbǎnnà mínzú bówùguǎn

オススメ度 ★★

市の南郊外、勐泐大仏寺の東に位置する。2010年に完成し、総面積は1万6000㎡とかなり広い。少数民族以外にも、歴史や自然についても紹介する総合的博物館。

展示は大きく3つに分かれている。1階はシーサンパンナの歴史に関する展示で、古代から中国共産党による解放までの大まかな歴史が展示されている。2階はタイ族をはじめとした少数民族に関する展示室。民族衣装や生活用具、民族の文化などについて、民族ごとに展示されている。3階はシーサンパンナの自然生態に関する展示で、ゾウの骨格標本や動物の剥製、樹木標本などを見ることができる。

少数民族の展示が充実している

総仏寺は自治州の中心的寺院（→P.226）

シーサンパンナ民族博物館

Ⓜ **地図外（P.225-C4下）、P.228-B2**
㊟雨林大道
☎8930999
オ8:00～12:00、14:30～18:00
※入場は閉門30分前まで
休月曜
料無料
交4路バス「大佛寺」

ジンポー族の衣装の展示

市街地にある緑豊かな植物園

シーサンパンナ熱帯花卉園（ねったいかきえん）／

西双版纳热带花卉园　xīshuāngbǎnnà rèdàihuāhuìyuán

オススメ度 ★

町の西側にある熱帯植物園。もともとは、アブラヤシとゴムノキの栽培を研究するために設立された。300k㎡の敷地の中は自然豊かな公園のようになっていて、遊歩道を歩きながらさまざまな熱帯植物を見ることができる。普段飲んだり食べたりしているが、どのように木になるのかあまり知られていない、パパイヤやカカオの実などをぜひ見てみたい。

ゴム林の中には周総理来所視察紀念園がある。これは、1961年にここで行われた中国とビルマ（現在のミャンマー）の首脳会談を記念して造られたもの。

シーサンパンナ熱帯花卉園

Ⓜ **P.225-A2～3**
㊟宣慰大道99号
☎2147097
オ7:30～18:00
休なし
料40元
交2、6路バス「绿桥饭店」
Ⓤwww.xsbnrdhhy.com

インフォメーション

電動カート

園内の各見どころ間を電動カートが結んでいる。
オ8:00～18:00　休なし
料片道＝25元、往復＝40元

ラオスの国花プリメリア

郊外の見どころ

東エリア

タイ族の集落を生かしたテーマパーク

シーサンパンナ傣族園（タイぞくえん）／

西双版纳傣族园　xīshuāngbǎnnà dǎizúyuán

オススメ度 ★★★　所要時間 2時間～

ガンランバの南側に広がる5つのタイ族集落の外周を囲

園内の仏教寺院

シーサンパンナ傣族園
Ⓜ**P.228-B2**
住勐罕鎮　☎2415155
オ24時間
遊覧時間8:30～17:30
水かけ祭り13:30～14:00、15:30～16:00
民族舞踊14:20～15:20
休なし
料入場料＝45元、水かけ祭り体験＝50元
交シーサンパンナバスターミナルから「勐罕」行きで終点（7:00～19:00の間20分に1便。11元、所要1時間）
※「勐罕」からの最終は18:30発
Ⓤwww.yndzy.cn

インフォメーション

電動カート
入口と曼春満古仏寺、曼聴白塔、潑水広場とを結ぶ（距離は5km）。
オ8:40～17:40
休なし
料40元

い、人々の生活エリアをそのままテーマパークにした施設。園内ではタイ族の伝統的高床式住居が見られるほか、曼春満古仏寺や曼聴白塔といった歴史あるタイ族寺院もある。

潑水広場では毎日13:30と15:30から水かけ祭りショーが行われている。もちろん観光客も参加できるので衣装を借りるか、濡れてもいい服を持参して行こう。14:20からは潑水広場近くの歌舞劇場で民族舞踊が上演される。世界的に有名な舞踏家、ヤン・リーピンによって一躍有名になったタイ族王宮の伝統舞踊であるクジャクの舞も見ることができる。

集落にはタイ族料理レストランを経営している所や宿泊できる所などもある。細かく観察しながら散策するとおもしろい。朝に景洪を出発して、午前中にガンランバ風景区の朝市と村を散策すれば、午後には傣族園に来られる。そして、水かけ祭りショーを見るのがおすすめ。時間に余裕があれば、集落内の民家に泊まるのも興味深い体験だろう。

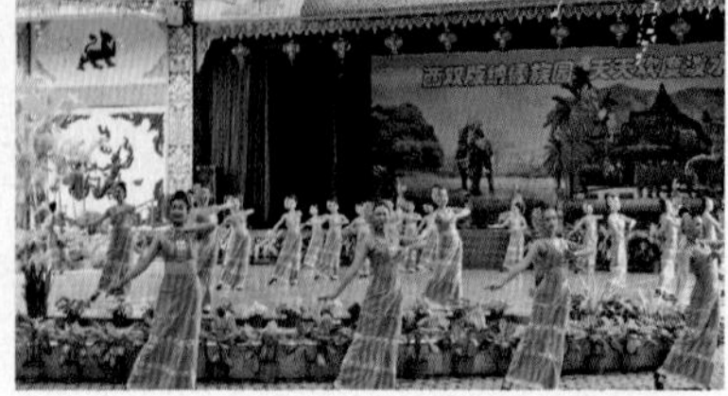

タイ族など少数民族の舞踊が観られる

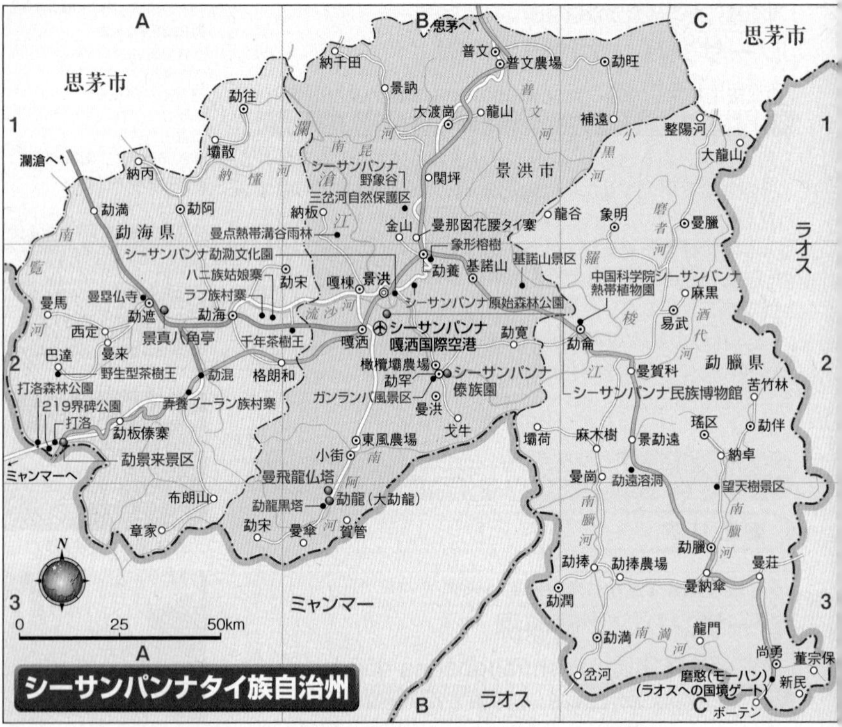

A
B
C
1
2
3
思茅へ
思茅市
瀾滄へ
納内
勐満
勐阿
勐海県
勐往
壩散
納千田
景訥
普文
普文農場
勐旺
大渡崗
龍山
補遠
整陽河
大龍山
シーサンパンナ野象谷
三岔河自然保護区
関坪
景洪市
納板
曼点熱帯溝谷雨林
金山
曼那囡花腰タイ寨
象形榕樹
龍谷
象明
曼臘
ラオス
シーサンパンナ勐泐文化園
ハニ族姑娘寨
ラフ族村寨
勐宋
嘎棟
景洪
勐養
基諾山
基諾山景区
中国科学院シーサンパンナ熱帯植物園
麻黒
易武
曼馬
曼壘仏寺
勐遮
勐海
西定
曼来
景真八角亭
千年茶樹王
嘎洒
シーサンパンナ原始森林公園
シーサンパンナ嘎洒国際空港
勐寛
勐侖
巴達
野生型茶樹王
勐混
格朗和
橄欖壩農場
勐罕
シーサンパンナ傣族園
曼賀科
勐臘県
打洛森林公園
219界碑公園
打洛
弄養プーラン族村寨
ガンランバ風景区
曼洪
シーサンパンナ民族博物館
苦竹林
勐板傣寨
勐景来景区
戈牛
壩荷
麻木樹
景勐遠
瑤区
勐伴
納卓
ミャンマーへ
東風農場
小街
曼飛龍仏塔
曼崗
勐遠溶洞
望天樹景区
布朗山
勐龍黒塔
勐龍（大勐龍）
勐宋
曼傘
賀管
章家
勐臘
勐捧
勐捧農場
曼納傘
曼荘
ミャンマー
勐潤
勐満
龍門
尚勇
董宗保
岔河
磨憨（モーハン）（ラオスへの国境ゲート）
新民
ボーテン
ラオス
0
25
50km
N
瀾滄江
流沙河
南覧河
納懂河
南阿河
南臘河
南満河
羅梭江
普文河
小黒河
磨者河
南昆河
酒代河
シーサンパンナタイ族自治州

●見どころ　空港　国境　自治州・市境界線　高速道路　幹線道

山の上にそびえるタイ族の代表的仏塔

曼飛龍仏塔（まんひりゅうぶっとう）／曼飞龙佛塔　mànfēilóng fótǎ

オススメ度 ★★

山頂にそびえ立つ曼飛龍の白塔

曼飛龍仏塔は、勐龍（大勐龍とも呼ばれる）から約2km離れた曼飛龍村の小山の頂に立つ仏塔で、塔の形や色から筍（しゅん）塔、白塔とも呼ばれている。シーサンパンナのシンボルともいえる建築物。1204年、インド僧によって設計され、タイ族の領主古巴南批（グバナンピ）によって創建されたと伝わる。

村の入口にある「勐飛龍」と書かれた門をくぐり、タイ族の高床式住居の集落が今も残る村を小山へ向かって進んでいくと（途中Y字路があるが、そこを右へ）200段近くある階段が山頂へ真っすぐ延びている。階段を上り山門をくぐると、そびえ立つ曼飛龍仏塔の姿が見えてくる。

仏塔は高さ16.29mの主塔を8つの小さな塔（高さ9.1m）が囲む、独特の形をしており、小さな塔の下部にはそれぞれ仏龕（がん）があって、仏像などが納められている。周囲には、6匹の龍が塔を囲むように配置されており、塔の左側には、金色に輝く銅製の仏像が立っている。

タイ族上座部仏教が深く根づく町

勐龍（もうりゅう）／勐龙　měnglóng

オススメ度 ★

曼飛龍仏塔の近くにあるタイ族の町。バス停は北側にあり、その前の商店街を道なりに進むと十字路に出る。そこを左に曲がって少し進むと右側に農貿市場がある。このあたりが勐龍の中心部。さらに100mほど進むと右側に大仏寺という寺院があり、大仏寺の右側にある傾斜の急なコンクリート道を上っていくその背後の小山の上に勐龍黒塔がある。勐龍黒塔は1204年に建てられたという高さ18mの仏塔。創建当初は黒っぽい色をしていたが、現在は金色に塗り替えられている。町は小さいので歩いて見て回れる。また、ここを起点として、賀管や曼傘といったミャンマー国境近くの山あいの村を訪ねてみるのもおもしろい。

曼飛龍仏塔
M P.228-B3
住 勐龍鎮曼飛龍村
オ 8:00～20:00
休 なし
料 40元
交 景洪南バスターミナルから「勐龙」行きで「曼飞龙」(6:30～19:00の間20分に1便。19元、所要1時間30分)。徒歩15分または電動カートで40元（往復）
※「曼飞龙」からの最終は18:30頃発

村の入口にあるこの門が目印

仏塔まではひたすらこの階段を上っていく

曼飛龍村の少数民族の民家

勐龍
M P.228-B3
住 勐龍鎮
交 景洪南バスターミナルから「勐龙」行きで終点（6:30～19:00の間20分に1便。19元、所要1時間30分）
※「勐龙」からの最終は18:30発

現在は金色に輝く勐龍黒塔

勐海県

タイ族が生み出した最高の仏教建築物

景真八角亭（けいしんはっかくてい）／景真八角亭 jǐngzhēn bājiǎotíng

オススメ度 ★★

勐海から西へ15km、景真山という小さな丘の上に立つ仏教建築物。建物が実際に八角形をしていることからこの名がついた。創建は1701年で、もともとは景真郷を治めた最初の統治者が南方上座部仏教の教えを説くために、高僧に従って建てたものとされている。

八角亭は高さ20m、31面32角の複雑な形をしている。亭の中には釈迦牟尼の銅像が置かれている。

1987年に大規模な修復を行った後、1988年には国の重要文化財に指定された。今でも若い僧が向かいに建てられた寺の一角で日々修行にいそしんでおり、寺院を囲む壁にぐるりと描かれた仏教の教えを説いた壁画も興味深い。

複雑な構造をしている八角亭

景真八角亭
Ⓜ P.228-A2
住 勐海県勐遮鎮景真寨
オ 日中
休 なし
料 10元
交 シーサンパンナバスターミナルから「勐遮」行きで「景真八角亭」（6:00～16:30の間16便。25元、所要1時間40分）
※「景真八角亭」からの最終は17:20頃発

寺の壁に描かれている仏教の教え

八角亭の周辺に建設された新しい寺院

ミャンマー国境近くのタイ族の村

勐景来景区（もうけいらいけいく）／勐景来景区 měngjǐnglái jǐngqū

オススメ度 ★

中国とミャンマーの国境の町、打洛の東3kmにある伝統的高床式住居が残るタイ族の村を中心とした景勝エリアで、文化保存のために村全体を囲い保護している。約100戸の高床式住居に500人ほどのタイ族が暮らしている。

村内にはシーサンパンナ最大規模の仏塔群があり、1082年タイ族の王によって建てられたという。その数は大小合わせると計101座あったという。現在、修復されているものはその一部だが、金色に輝き、空にそびえ立つさまは壮観だ。

仏塔の奥には、種をインドから運んできたとされる大きなボダイジュがある。村の中ではタイ族の人々が糸を紡いだり、竹細工を作ったりと、のどかに暮らしている。村の南側には打洛江が流れていて、日中には子供たちが川遊びをしている。

勐景来という村の名前は、タイ族の言葉で「勐」は村、「景来」は龍の影という意味をもつ。村の言い伝えによると、はるか昔、タイ族の王召樹屯（チャオシュトン）が金のシカを追ってこの地に足を踏み入れた際、かすかに龍の影を見たということから、ここに天子の再来を予感し、村を建てたといわれている。

勐景来景区
Ⓜ P.228-A2
住 勐海県打洛鎮勐景来景区
☎ 5566828、5566880
オ 8:30～17:00
休 なし
料 入場料＝50元
交 シーサンパンナバスターミナルから「打洛」行きで「勐景来路口」（7:00～17:40の間20分に1便。35元、所要3時間）。徒歩12分
※「打洛」からの最終は17:30頃発

黄金の仏塔が並ぶ

ホテル

景蘭大酒店（けいらんだいしゅてん）／景兰大酒店 jǐnglán dàjiǔdiàn ★★★★

正門の2頭のゾウが目印の豪華ホテル。屋外プール、バー、レストランと施設も充実。

両替　ビジネスセンター　インターネット

M P.225-B3　住 景徳路6号　☎2129999　FAX 2199198　S 260～350元　T 200元　サ なし　カ 不可　U jl.jinglanhotel.com

シーサンパンナ観光酒店（かんこうしゅてん）／西双版纳观光酒店 xīshuāngbǎnnà guānguāng jiǔdiàn ★★★★

ゆったりとした部屋で、全室にPCが設置されている。ホテル周辺はレストランが多い。

両替　ビジネスセンター　インターネット

M P.225-B3　住 勐龍路6号　☎2144888　FAX 2149666　S 420元　T 320元　サ なし　カ ADJMV　U www.gghotel.cn

輝煌都暢大酒店（きこうとちょうだいしゅてん）／辉煌都畅大酒店 huīhuáng dūchàng dàjiǔdiàn ★★★

マッサージ、サウナ、垢すりなどのスパ施設が併設されている。勐泐大道沿いと交通の便もよい。

両替　ビジネスセンター　インターネット

M P.225-B3　住 勐泐大道68号　☎2199999　FAX 2199111　S 268元　T 188～268元　サ なし　カ 不可

金地大酒店（きんちだいしゅてん）／金地大酒店 jīndì dàjiǔdiàn

スパやマッサージ、ジム、プール、バーなど館内の施設は充実。広東料理レストランもある。

両替　ビジネスセンター　インターネット

M P.225-B2　住 嘎蘭中路100号　☎2150888　FAX 2150999　S 200～460元　T 200～460元　サ なし　カ MV

漢庭西双版納孔雀湖酒店（かんていシーサンパンナくじゃくこしゅてん）／汉庭西双版纳孔雀湖酒店 hàntíng xīshuāngbǎnnà kǒngquèhú jiǔdiàn

「経済型」チェーンホテル。どこに行くにも便利。

両替　ビジネスセンター　インターネット

M P.225-B2　住 勐泐大道42号　☎2139198　FAX 2138968　S 149～199元　T 179～199元　サ なし　カ 不可　U www.huazhu.com

版納交通飯店（ばんなこうつうはんてん）／版纳交通饭店 bǎnnà jiāotōng fàndiàn

長距離バスや国際バスが発着する景洪バスターミナルの敷地内にある。早朝のバスに乗る際に便利。

両替　ビジネスセンター　インターネット

M P.225-B2　住 勐泐大道14号　☎2124005　FAX 2124005　S 98元　T 108元　3 138元　サ なし　カ 不可

如家快捷 景洪孔雀湖民航路店（じょかかいしょう けいこうくじゃくこみんこうろてん）／如家快捷 景洪孔雀湖民航路店 rújiā kuàijié jǐnghóng kǒngquèhú mínhánglùdiàn

「経済型」チェーンホテル。シーサンパンナバスターミナルの隣に位置し、バスでの移動に便利。

両替　ビジネスセンター　インターネット

M P.225-B2　住 民航路5号　☎2132888　FAX 2139638　S 129元　T 119～129元　サ なし　カ 不可　U www.bthhotels.com

在水一方精品客桟（ざいすいいちほうせいひんきゃくさん）／在水一方精品客栈 zàishuǐyìfāng jīngpǐn kèzhàn

タイ風の木造建築のゲストハウスで、近くに大金塔寺があり、静かで環境がいい。

両替　ビジネスセンター　インターネット

M 地図外（P.225-C2右）　住 告荘西双景景亮寨13棟　☎2292777　FAX なし　S 298～322元　T 129～298元　サ なし　カ 不可

グルメ

メイメイカフェ／美美咖啡馆 měiměi kāfēiguǎn

景洪の人気カフェ。パスタやピザなどの西洋料理メニューもあり、地元の人の利用も多い。おすすめは朝食セット。予算の目安はひとり50～60元。

M P.225-B3　住 勐龍路景蘭国際F幢 107-108号　☎2161221　オ 9:00～23:00　休 なし　カ 不可

旅行会社

シーサンパンナ海外国際旅行社（かいがいこくさいりょこうしゃ）／西双版纳海外国际旅行社 xīshuāngbǎnnà hǎiwài guójì lǚxíngshè

車のチャーターなどは応相談。日本語ガイドは1日500～600元で、電子メール（英語）で要予約。
✉bncits@hotmail.com

M P.225-B3　住 民航路46号納昆康小区16棟1単元402号　☎2129810　FAX 2125980　オ 9:00～12:00、15:00～18:00　休 土・日曜、祝日　カ 不可

建水小火車沿線の郷会橋駅

建水 Jian Shui

雲南南部にある古鎮

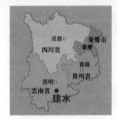

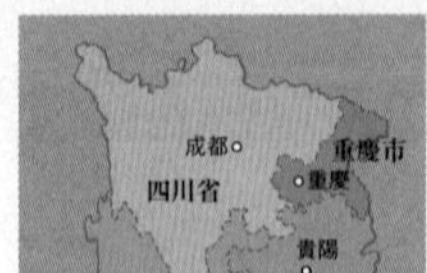

都市Data

建水県
人口：53万人
面積：3940㎢
紅河ハニ族イ族自治州管轄下の県

県公安局外管科
(县公安局外管科)
Ⓜ **P.234-B1**
㊟仁和路35号
☎7629097
㋔8:30～11:30、14:00～17:30
㊡土・日曜、祝日
観光ビザの延長は不可

州第二人民医院
(州第二人民医院)
Ⓜ **P.234-A2**
㊟永禎巷10号
☎7619120
㋔24時間
㊡なし

建水に数多く残る井戸のなかで最も有名な大板井

市内交通

【路線バス】運行時間の目安は6:30～21:00、1元
【タクシー】初乗り2km未満5元、2km以上1kmごとに1.8元加算

概要と歩き方

紅河ハニ族イ族自治州の中央に位置する建水は、元代以来、雲南南部の政治、軍事、経済、そして文化の中心地として栄えてきた古い町で、1000年以上の歴史をもつ。このような背景から、建水は雲南省南部の町としては、漢族の割合が高い町のひとつになっている。

古城といわれる建水の旧市街は臨安路を中心に広がっており、明代に建てられた朝陽楼をはじめ、中国で2番目の規模を誇る孔子廟である建水文廟、清代民居の朱家花園などの歴史的建造物が今も残っている。臨安路から路地へ入っていけば、いくつもの古民居が建ち並んでいる。

郊外に行くと、市街地以上に趣ある民居群を見ることができる。なかでも町の西側にある団山村には、清代に建てられた多くの建築物がほぼ完全な形で保存されている。市内から団山に行く途中には、清代建造の楼閣をもつ橋梁、双龍橋もあるので立ち寄ってみたい。

整備され、すっきりした翰林街

データはすべて蒙自のもの

	1月	2月	3月	4月	5月	6月	7月	8月	9月	10月	11月	12月
平均最高気温(℃)	18.7	21.2	25.2	28.0	28.6	27.9	27.6	27.2	26.4	24.0	21.3	18.8
平均最低気温(℃)	7.4	9.4	12.6	16.0	18.5	19.5	19.5	18.7	17.3	15.1	11.5	7.7
平均気温(℃)	12.1	14.2	17.6	20.9	22.6	22.9	22.9	22.3	21.0	18.8	15.6	12.3
平均降水量(mm)	10.4	16.7	28.1	44.6	101.0	129.0	165.5	175.1	94.5	51.2	44.2	14.0

※町の気象データ(→P.22)：「预报」>「云南」>「红河」>「建水」>郷・鎮から選択

Access 交通

中国国内の移動➡P.318　鉄道時刻表検索➡P.321

鉄道 昆明と河口を結ぶ泛亜鉄路東線が建水を経由する。利用客はまだあまり多くないので、切符の購入は難しくはない。

所要時間(目安)【建水（js）】昆明（km）／城際：1時間50分　河口北（hkb）／快速：2時間52分

バス 町には建水バスターミナルのほかに、郊外の町に向かうバスの乗り場がある。

所要時間(目安) 昆明／4時間　元陽南沙鎮／2時間30分　箇旧／1時間30分　河口／4時間30分

Data

鉄道

建水駅（建水火车站）

M **地図外（P.234-C1上）** 住 金鶏寨建水工業大道傍　☎ 共通電話＝12306　オ 7:50～20:35、14:30～15:40、18:00～19:40　休 なし　カ 不可

［移動手段］タクシー（建水駅～朱家花園）／30元、所要15分が目安　路線バス／919路「建水火车站」

28日以内の切符を販売。

バス

建水バスターミナル（建水汽车客运站）

M **P.234-C1**　住 迎暉路282号　☎ 7653539　オ 6:00～21:30　休 なし　カ 不可

［移動手段］タクシー（バスターミナル～朱家花園）／10元、所要5分が目安　路線バス／12、13、16、17、919路「建水汽车客运站」

昆明や河口などの長距離便は7日以内の切符を販売、それ以外の短距離便は当日の切符のみ販売。昆明（南部：7:00～21:30の間1時間に1便）、元陽（南沙鎮：6:30～18:30の間30分に1便）、元陽（新街鎮：11:30発）など。

見どころ

滇南の大観園と称される巨大邸宅

朱家花園（しゅかかえん）／朱家花园　zhūjiā huāyuán

オススメ度 ★★★　所要時間 1～2時間

朱家花園は建水古城のほぼ中心に位置する巨大な民居で、清代末期にこの地方で成功した商人、朱渭卿（しゅいきょう）とその弟によって建てられた。

面積は全体で2万㎡、家屋のみならず、東屋に蓮池、水上舞台、そして一族の祖先を祀る宗祠まで設けられている。典型的な中国南部の私家園林（プライベート庭園付きの豪邸）の形態をとどめており、その規模と細部の彫刻にいたるまで精巧に造られた美しい建築様式から、中国の長編小説『紅楼夢』（18世紀中頃の成立）に登場する巨大庭園にちなんで滇南の大観園とも称される。

かつての豪商の暮らしぶりがうかがえる（梅館）

朱家花園
M **P.234-B3**
住 翰林街16号
☎ 7667109
オ 8:00～22:00
※入場は閉園2時間前まで
休 なし
料 35元
交 13、15路バス「朱家花园路口」
U www.jszjhy.cn

扉に施された見事な装飾

池を前にした水上舞台

建水文廟
Ⓜ P.234-B3
住 臨安路268号
☎ 7661575
オ 8:00～18:00
休 なし
料 40元
交 13路バス「文庙」

廟内（先師殿）の孔子像

建水文廟の正面にある洙泗淵源坊

中国で2番目に大きな孔子廟

建水文廟（けんすいぶんびょう）／建水文庙　jiànshuǐ wénmiào

オススメ度 ★★

古城エリアにある孔子を祀る廟。創建は1285（元の至元22）年といわれ、建築水準や保存状態、規模などから山東省の曲阜にある孔子廟に次ぐものと評価されている。

洙泗淵源坊という巨大な牌坊がある文廟の正門から後門までの距離は約300m。門から入ると7つの部分に分けられているが、これは曲阜の孔廟のスタイルにならったもの。南北の中軸線に対して建物は対称に造られ、さらに東西も左右対称になるよう、多くの独立した建物が建てられている。

石と木で建てられた先師殿

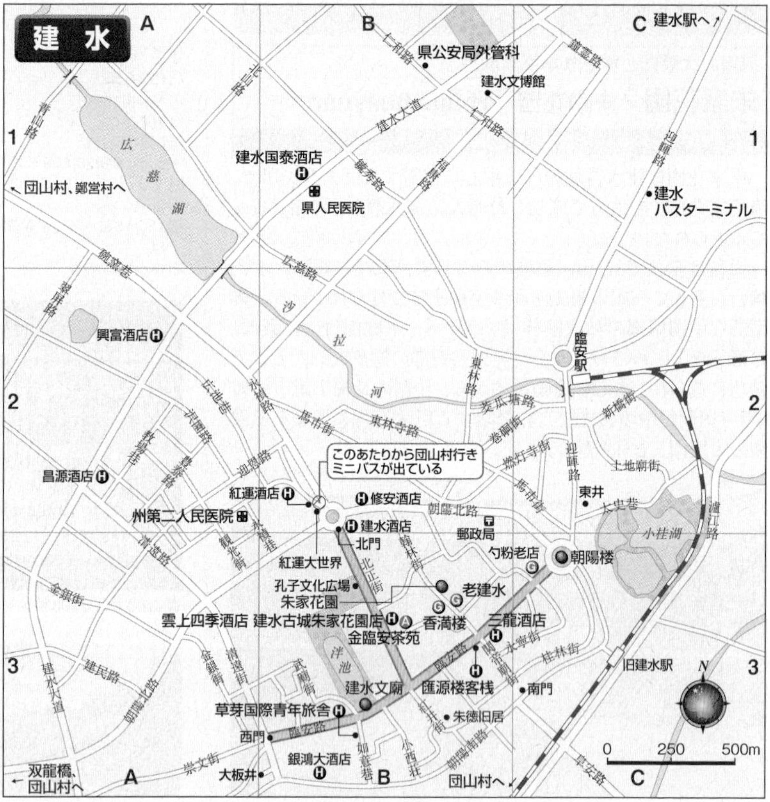

建水

A　B　C
1　2　3
建水駅へ
県公安局外管科
建水文博館
仁和路
鐘雲路
北山路
建水大道
青山路
広慈湖
建水国泰酒店
県人民医院
鐘秀路
福壽路
迎暉路
建水バスターミナル
団山村、鄭営村へ
翰墨巷
翠屏路
広慈路
沙拉河
興富酒店
臨安駅
東林路
広池巷
永清路
東林寺路
馬市街
菱瓜塘路
巻硐街
新橋街
洪園路
教場巷
燃灯寺街
迎暉路
土地廟街
このあたりから団山村行きミニバスが出ている
迎恩路
昌源酒店
紅運酒店
修安酒店
朝陽北路
東井
太史巷
州第二人民医院
建水酒店
郵政局
小桂湖
瀘江路
北門
紅運大世界
観光街
清遠路
翰林街
北正街
勺粉老店
朝陽楼
金銀街
孔子文化広場
朱家花園
老建水
香満楼
雲上四季酒店
建水古城朱家花園店
金臨安茶苑
三龍酒店
洋池
臨安路
東井
永寧街
桂林街
建民路
武廟街
匯源楼客桟
南門
旧建水駅
建水大道
朝陽北路
建水文廟
草芽国際青年旅舎
朱徳旧居
西門
臨安路
如意巷
小西莊
朝陽南路
阜安路
銀鴻大酒店
崇文街
大板井
双龍橋、団山村へ
団山村へ
0　250　500m

●見どころ　Ⓗホテル　Ⓖグルメ　Ⓐアミューズメント　Ⓑ銀行　〒郵便局　病院　繁華街

メインとなる建物は先師殿で、28本の柱、22個の石の土台が組み合わさってできており、これは歴史的建築のなかでも、石と木の柱を組み合わせた事例としては独特のもの。建物の左右の柱には石龍抱柱と題する石柱に龍が巻き付いたような彫刻がなされている。また、大殿の正面にある5つの扉には22枚の欄間のような精巧な木彫りが見られる。

先師殿で見られる銅鐸

建水のランドマークとしてそびえ立つ城門

朝陽楼（ちょうようろう）／朝阳楼　cháoyánglóu

オススメ度 ★

朝陽楼は建水古城の東門に当たる建築物。一見すると北京の天安門と似ているが、歴史的には朝陽楼の建立のほうが早く、1389（明の洪武22）年に完成している。

この城門の場所には、もともと唐代に造られた土塁があったが、1387（明の洪武20）年に明王朝が雲南地方を平定した後、この地に安衛城をおき、城楼を建てた。これが現在の朝陽楼である。城には東西南北の4つの城門があったが、残る3つは戦火によって焼失し、最近再建された。

神々しい朝陽楼の夜景

朝陽楼
Ⓜ P.234-C3
住 臨安路
☎ 7877939
オ 8:00～22:00
休 なし
料 15元
交 12、13、15、16、919路バス「东门」

朝陽楼の門の上からの眺め

畑の中に鎮座する石橋

双龍橋（そうりゅうきょう）／双龙桥　shuānglóngqiáo

オススメ度 ★

県城の西約5kmの所にある石橋で、その創建は清の乾隆期（1735～1796年）まで遡る。川を龍にたとえ、橋の真下で瀘江河と塌冲河の2本の川が合流することから双龍橋と呼ばれるようになった。創建当初はアーチが3つしかなかったが、徐々に川幅が広がったため、1839（清の道光19）年に14のアーチ部分が加えられた。この結果、アーチの合計が17となったことから、十七孔橋とも呼ばれ、北京の頤和園にある十七孔橋と類比される。

橋の全長は148m、川底から橋までの高さは9m。幅は初期の部分で3m、後に造られた部分で5mとかなり狭い。また、橋の上には3つの楼閣が立つが、中央部に位置する1898（清の光緒24）年に建立された三層の楼閣は、美しい瑠璃瓦で飾られた屋根をもつ。

双龍橋
Ⓜ P.143-D3
住 県城の西約5km
オ 24時間
休 なし
料 無料
交 紅運大世界から「黄龙寺」行きミニバスで「双龙桥」（7:00～20:00の間10分に1便、3元、所要15分）

美しいフォルムの双龍橋

郊外の見どころ

郊外に残る清代建築群

団山村（だんさんそん）／团山村 tuánshāncūn

オススメ度 ★★★　所要時間 1～2時間

建水県城の西13km、瀘江河の南岸にある団山村は、山と川に挟まれた狭い平地にある小村。村は明の洪武年間（およそ600年前）に江西省鄱陽県からの移民である張氏によって開かれ、現在でも村人の8割近くが張の姓をもつ。

彼ら張一族は、清代にスズ鉱山の開発やスズの販売などで成功を収め、巨万の富を得た。その財力をつぎ込み、張家花園をはじめ、三坊一照壁や四合五天井という形式の雲南省を代表する豪邸を幾棟も建設した。これら清末期の古建築物は、現在でも見事に保存されており、人々からは「建水の古民居博物館」と呼ばれている。

留苑の装飾が見事な大門

団山村
Ⓜ P.143-D3
住 西荘鎮団山村
☎ 7703059
オ 8:00～18:00
休 なし
料 35元
交 紅運大世界横のミニバス乗り場から「団山村」行きの黄色いミニバスで終点（8:00～18:00の間1時間に1便。5元、所要30分）
※「団山村」からの最終は18:00頃発

美しい池をもつ張家花園

読者投稿　コラム　インフォメーション

建水小火車に乗って団山村へ

箇碧石鉄道は、かつて箇旧（こきゅう）のスズを滇越鉄道の碧色寨（へきしょくさい）へ輸送するため計画された民営の鉄道。当初レール幅が炭坑用と同じ600mmの狭軌だったため「小火车（小鉄道）」と呼ばれた。建水～石屏間は1929年に着工し、1936年に開通。2010年に廃止されたが、2015年5月、一部の区間で観光列車として運行を再開した。それが建水小火車だ。

運行区間は、建水の臨安駅から団山駅までの約13km。途中、個人で行くのが面倒な郊外の見どころで停車するという。臨安駅へ行くと、夏休みとあって多くの家族連れがチケットを買うために並んでいた。

興奮してはしゃぐ乗客が車内に収まると、列車はゆっくりと走り出した。25分後に双龍橋駅に停車し、中国語のガイド付きでゆっくりと橋を見学（30分停車）。次の郷会橋駅は、古い駅舎がそのまま残され見応えがある（30分停車）。終点の団山駅では、村を散策したり昼食を取ったり思いおもいに過ごし、往復切符を持っている人は戻りの便の発車時刻までに列車へ。

帰りはどこにも停まらずに、疲れて居眠りする人々を乗せて、建水へ戻る。鉄道の歴史に思いをはせつつ、郊外の景色や見どころを楽しめる、いいことずくめの小列車だった。

●料金
硬座：120元、軟座：150元
※臨安駅～団山駅の往復料金。片道や特定区間のみの運賃設定もあり
●運行時間（所要1時間40分）
臨安駅発　9:00、14:30　団山駅発　13:00、17:50
※団山駅からの戻りはノンストップ。祝日は1日3往復になり、発着時間も変わるので注意
※朱家花園または建水文廟の入場券があれば乗車券はそれぞれ30元引き

黄色い牽引車が木造の客車を引く

ホテル

建水国泰酒店（けんすいこくたいしゅてん）／建水国泰酒店 jiànshuǐ guótài jiǔdiàn

3つ星クラスの設備をもつホテル。県人民医院の向かいにある。館内には中国料理レストランがある。

両替 ビジネスセンター インターネット

M P.234-B1 住 建水大道561号
☎ 7626999 FAX 7626688
S 258元 T 258元 サ なし カ 不可

三龍酒店（さんりゅうしゅてん）／三龙酒店 sānlóng jiǔdiàn

3つ星クラスの設備をもつホテル。建物は中国の伝統的なデザインを取り入れたモダンなもの。

両替 ビジネスセンター インターネット

M P.234-B3 住 臨安路67号
☎ 7877888 FAX なし S 139～199元
T 139～199元 サ なし カ 不可

雲上四季酒店 建水古城朱家花園店（うんじょうしきしゅてん けんすいこじょうしゅかかえんてん）／云上四季酒店 建水古城朱家花园店 yúnshàng sìjì jiǔdiàn jiànshuǐ gǔchéng zhūjiā huāyuándiàn

旧市街の中にある「経済型」チェーンホテル。建水文廟や朱家花園も徒歩圏内。U www.bthhotels.com

両替 ビジネスセンター インターネット

M P.234-B3
住 北正街84号 ☎ 3184777 FAX なし S 139～169元
T 159元 サ なし カ 不可

匯源楼客桟（かいげんろうきゃくさん）／汇源楼客栈 huìyuánlóu kèzhàn

臨安路に位置する古民居を改修した星なし渉外ホテル。建物は古い中国様式で雰囲気がいい。

両替 ビジネスセンター インターネット

M P.234-B3
住 臨安路関帝廟街65号
☎ 7658966
S 198元
T 198元
サ なし
カ 不可

草芽国際青年旅舎（そうがこくさいせいねんりょしゃ）／草芽国际青年旅舍 cǎoyá guójì qīngnián lǚshè

建水文廟近くにあるれんが造りのユースホステル。客室内はシンプルだがとてもきれい。

両替 ビジネスセンター インターネット

M P.234-B3 住 臨安路如意巷89号
☎ 7652451 FAX なし S 120元 T 120元
D 30～40元（4人、10人部屋） サ なし カ 不可

グルメ

香満楼（こうまんろう）／香满楼 xiāngmǎnlóu

翰林街にあるレストラン。地元料理を安価に提供している。草芽という建水特産の野菜とベーコンの炒め物"扒草芽"32元がおすすめ。

M P.234-B3
住 翰林街63号朱家花園傍 ☎ 7655655
オ 11:00～14:00、17:00～21:00 休 なし カ 不可

老建水（ろうけんすい）／老建水 lǎojiànshuǐ

建水名物の"焼豆腐（豆腐の炭火焼き）"の店。店内は大部分が土間で、奥にやや広い部屋がある。豆腐はひとつ0.5元。たれは「干（粉状）」か「湿（液状）」から選ぶが、「湿」がおすすめ。有名店とあって、いくつでも食べられそうなおいしさだ。米線などの麺類もある。

M P.234-B3
住 翰林街10-1
☎ 15912813114、13988008454（ともに携帯）
オ 8:00～22:30
休 なし
カ 不可

アミューズメント

金臨安茶苑（きんりんあんちゃえん）／金临安茶苑 jīnlín ānchá yuàn

建水に伝わる歌や踊りと、イ族やハニ族など少数民族のショーを楽しめる劇場。お茶とお菓子が付いている。

M P.234-B3 住 北正街106号 ☎ 7653670 オ ショー20:30～22:00 チケット販売8:30～22:00 休 なし
カ 不可 料 60～80元

雲南省 元阳（ユエンヤン） Yuán Yáng　市外局番●0873

元陽（げんよう）

Yuan Yang

世界遺産の中核となる高原の農村

市場を歩くハニ族女性

都市Data

元陽県
人口：44万人
面積：2292㎢
紅河ハニ族イ族自治州管轄下の県

県公安局（县公安局）
Ⓜ **地図外（P.238-A1上）**
㊟南沙鎮菱角塘
☎3032109、5642593
㋔8:30～11:30、14:30～17:00
㊡土・日曜、祝日
観光ビザの延長は不可

県民族医院（县民族医院）
Ⓜ **P.240-B1**
㊟新街鎮大田街
☎5623271
㋔24時間
㊡なし

市内交通

【タクシー】棚田に向かう場合にチャーターで利用
【ミニバン】棚田に向かう場合に利用。1乗車5～15元
【オート三輪】1乗車5元

オート三輪が多く走る

概要と歩き方

元陽は紅河ハニ族イ族自治州の南部に位置し、住民の大多数をハニ族とイ族が占める。この町は、哀牢山脈南麓に沿ってハニ族が造り上げた棚田（中国語で梯田）があることで知られている。棚田の分布は自治州の広範囲に及び、元陽県だけでも130㎢に達する。また、棚田は最高1800m地点まできつい山の傾斜に沿って造られている。棚田の歴史は1000年以上昔に遡るといわれるが、この効率的な土地利用方法と灌漑設備には驚嘆させられる。その価値が認められ、2013年6月には「紅河哈尼棚田群の文化的景観」として、世界文化遺産に登録された。

元陽には、役所や政府系機関が集まる南沙鎮と、棚田が広がる郊外の農村エリアの中心で観光の拠点となる新街鎮がある。棚田観光が目的ならば速やかに新街鎮へ向かおう。

ベストシーズンは棚田に水が張られる11～4月の間。また、2月は羅平（→P.168）の菜の花の開花時期に合わせたツアーが組まれ、多くの団体客やカメラ愛好家たちが訪れる。棚田観光用のおもな展望台は、新街鎮から5～30km離れた農村にあり、公共交通機関を使うと時間がかかる。1日ミニバンやタクシーをチャーターしたほうが効率がいい（→P.239欄外）。ホテルデータの宿泊料は5月のものだが、11月から春節にかけて高くなっていく（春節は3倍）。

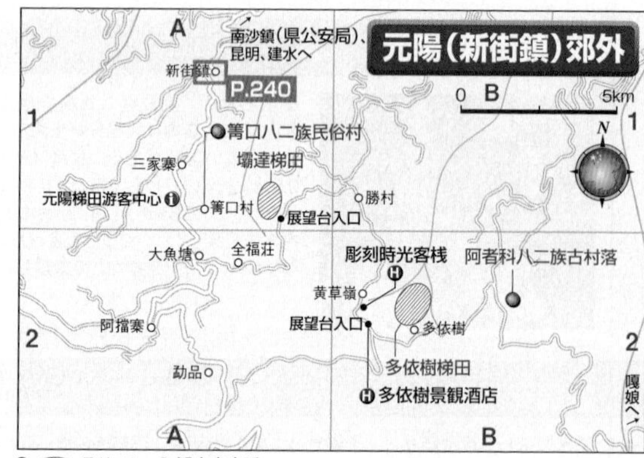

● ⬭ 見どころ　ℹ 観光案内所

※町の気象データ（→P.22）：「预报」＞「云南」＞「红河」＞「元阳」＞郷・鎮から選択

中国国内の移動➡P.318

バス

元陽唯一の公共交通手段。長距離区間を走るバスは行政の中心である南沙鎮がメインのアクセスポイントになっており、観光の起点ともいうべき新街鎮とを往来するバスの便は少ない。元陽を訪れる際には、事前にバスの終点を確認するとよい。

所要時間(目安) 昆明／7時間30分　元陽南沙鎮／1時間　建水／3時間30分　河口／4時間30分

Data

バス

●元陽新街バスターミナル（元阳新街客运站）

M P.240-A2　住 新街鎮　☎13619439875

オ 7:00～17:00　休 なし　カ 不可

［移動手段］徒歩（バスターミナル～新街鎮中心部）／5～10分

2日以内の切符を販売。紅河ハニ族イ族自治州内便がメイン。昆明（南部：3便）、建水（16:00発）、箇旧（8:10～12:10の間5～6便）、河口（7:30、10:00発）。南沙鎮行きは7:30～19:30の間満席を待って出発。

新街鎮にある小さなバスターミナル

見どころ

元陽最大規模の棚田　世界遺産

壩達梯田（はたつていでん）／坝达梯田　bàdá tītián

オススメ度 ★★★　所要時間 1～3時間

新街鎮から南に16km、多依樹への道路沿いにある駐車場から山道を徒歩で約200m進むと、断崖絶壁の上に展望台が設けられている。ここからの眺めは、元陽梯田でも有数の雄大なもので、幅3km、長さ5km、高低差約300mの山裾に見渡すかぎり棚田が広がっている。さらに奥へ進むと第2展望台があり、また違った角度からこの壮大な棚田を見ることができる。日没頃になると、棚田が広がっている山の向こうに沈む夕日を撮影しようと、多くのカメラマンが訪れる。

山の斜面に造られた無数の棚田。遠方に見えているのは箐口ハニ族民俗村

壩達梯田

M P.238-A1

住 壩達梯田　オ 24時間　休 なし

料 24時間有効＝70元

※多依樹梯田、箐口ハニ族民俗村との共通券。見どころの入場は各1回のみ

交 ①新街鎮から「胜村」行きミニバンで「坝达梯田」（15元、所要40分）

②車をチャーターする。料金等は下記参照

インフォメーション

元陽梯田游客中心

新街鎮から南に8kmの場所にあり、棚田に関する案内や展示、チケット販売を行う。新街鎮からは「胜村」「嘎娘」「攀枝花」行きのミニバンで5元、所要15分。

M P.238-A1

住 箐口

☎5620269、5768035

オ 6:00～21:00

U www.yyhntt.com

元陽の棚田観光

元陽の棚田を効率よく回るには車のチャーターがおすすめ。1日で壩達梯田と多依樹梯田、阿者科ハニ族古村落、箐口ハニ族民俗村を観光できる。

料 1日のチャーター料＝300～400元

朝日の撮影スポット

多依樹梯田（たいじゅていでん）／多依树梯田　duōyīshù tītián

世界遺産

オススメ度 ★★

新街鎮中心部の南東23km、中国各地のカメラ愛好家が訪れる朝日に輝く棚田撮影の絶好ポイント。夜明け前から棚田を望む展望台には多くの三脚が並ぶ。

ここから幅約5kmのエリアが見渡せ、山裾に沿って典型的な階段状の棚田が広がる風景が楽しめる。

展望台右の山裾には、少数民族が暮らす集落があり、磨茹房と呼ばれる、キノコのような形をした茅葺き屋根がのった住居を見ることができる。また、手前の勝村では、4日に1度市場が開かれ、近隣に住むハニ族やイ族がたくさん集まってくる。これは移動式マーケットで勝村の翌日は新街鎮で開かれる。

山をまるごと田んぼにした棚田

多依樹梯田
Ⓜ P.238-B2
住 多依樹梯田
オ 日の出〜18:00　休 なし
料 24時間有効＝70元
※壩達梯田、箐口ハニ族民俗村との共通券。見どころの入場は各1回のみ
交 ①新街鎮から「嘎娘」方面行きミニバンで「多依树梯田」(20元、所要1時間)
②車をチャーターする(→P.239欄外)
※日の出を見るには車をチャーターするしかない

勝村のマーケットで野菜を売り買いするハニ族

キノコ形の伝統家屋が並ぶ村

阿者科（アジャカ）ハニ族古村落（ぞくこそんらく）／阿者科哈尼族古村落　āzhěkē hānízú gǔcūnluò

オススメ度 ★

新街鎮中心部から南東へ30km離れたハニ族の集落で、この地区で最も古いキノコ形の伝統家屋が多く残っている。村は車道から2km離れており、住民はハニ族だけなので、中国語が通じない。この村の棚田では米とトウモロコシを栽培。ハニ族の昔ながらの暮らしを見ることができる。

「キノコの山」に似た住居は一般的に2階建てか3階建て

阿者科ハニ族古村落
Ⓜ P.238-B2
住 愛春村
オ 24時間
休 なし
料 30元
交 車をチャーターする（→P.239欄外）

荷を背負って村落を歩くハニ族の住民たち

ハニ族の住居の内部を見学できる

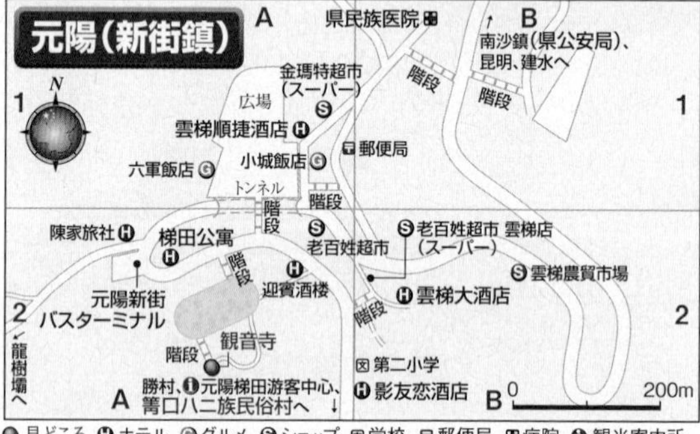

● 見どころ Ⓗ ホテル Ⓖ グルメ Ⓢ ショップ 図 学校 〒 郵便局 ⊞ 病院 ⓘ 観光案内所

棚田とハニ族の暮らしが見られる

箐口ハニ族民俗村／箐口哈尼族民俗村 qìngkǒu hānízú mínsúcūn

オススメ度 ★

新街鎮の約6km南にあるハニ族の村。人々は現代風の家屋に民族の伝統的な様式を取り込んだ磨菇房で暮らしており、自由に散策して見て回ることができる。村外れからは林や棚田の中を通る小道が延びており、大魚塘や全福荘などの別の村へ歩いて行くこともできる。

新しく建てられたハニ族の住宅

箐口ハニ族民俗村
M P.238-A1
住 箐口村
オ 8:00～18:00
休 なし
料 24時間有効＝70元
※壩達梯田、多依樹梯田との共通券。見どころの入場は各1回のみ
交 ①新街鎮から「胜村」「嘎娘」「攀枝花」方面行きミニバンで「箐口哈尼族民俗村」(5元、所要10分)。徒歩15分 ②車をチャーターする(→P.239欄外)

ホテル

雲梯大酒店／云梯大酒店 yúntī dàjiǔdiàn ★★★

新街鎮最高級のホテル。全室エアコンとバスタブを完備。地元料理も提供するレストランを併設。

両替 ビジネスセンター インターネット

M P.240-B2 住 新街鎮大田街
☎ 5624858 FAX 5623707 S 380元
T 280元 サ なし カ 不可

多依樹景観酒店／多依树景观酒店 duōyīshù jǐngguān jiǔdiàn

多依樹梯田の展望台の敷地内にある。宿泊費の価格差は大きいが、高い部屋からの見晴らしはよい。客室数は少ないので、よい部屋を希望する際は早めに申し込むこと。

両替 ビジネスセンター インターネット

M P.238-B2
住 多依樹景区観景台傍
☎ 携帯＝15087344077
FAX なし
S 980元
T 380～680元
サ なし
カ 不可

雲梯順捷酒店／云梯顺捷酒店 yúntī shùnjié jiǔdiàn

新街鎮の広場に面して立つ、雲梯大酒店系列の星なし渉外ホテル。部屋は清潔で快適に過ごせる。

両替 ビジネスセンター インターネット

M P.240-A1 住 新街鎮大田街
☎ 5621588、5623238 FAX なし
S 136元 T 136元 3 180元 サ なし カ 不可

彫刻時光客桟／雕刻时光客栈 diāokè shíguāng kèzhàn

多依樹梯田から徒歩約5分の黄草嶺にある。部屋はきれいで、多依樹方向の角部屋からは棚田も望める。

両替 ビジネスセンター インターネット

M P.238-B2 住 新街鎮勝村黄草嶺 ☎ 携帯＝15887734142、18787318282 FAX なし S 120元
T 200元 サ なし カ 不可 U www.dksgkz.com

梯田公寓／梯田公寓 tītián gōngyù

元陽新街バスターミナルの向かいに位置する星なし渉外ホテル。移動に便利なロケーション。

両替 ビジネスセンター インターネット

M P.240-A2
住 新街鎮大田街 ☎ 5622903 FAX なし
S 120元 T 100元 サ なし カ 不可

影友恋酒店／影友恋酒店 yǐngyǒuliàn jiǔdiàn

部屋は古びているがシーツはきれい。経営者の女性は英語を話せる。棚田観光の車の手配可。

両替 ビジネスセンター インターネット

M P.240-B2 住 新街鎮第二小学傍 ☎ 携帯＝15987374367 FAX なし S 80元 T 80元 D 40元
サ なし カ 不可 ✉ caihuimei2006@163.com

キャラバン隊が造った町、紅河県の馬幇古城を歩く

紅河ハニ族自治州紅河県を流れる紅河南岸の丘の上に、中世ヨーロッパのお城のような建物がある。これが東門楼と姚初民居で、これらを中核とする紅河特有の古民居群が馬幇古城と呼ばれる集落だ。
「馬幇」とは、キャラバン隊のことで、幹線道路や鉄道が未発達だった近代雲南省においては主要輸送手段であった。山岳地帯を輸送中に悪天候はもちろん、強盗、虎などの猛獣、毒蛇に遭うこともある非常に危険な仕事であったが、紅河のキャラバン隊は、ラオスやタイをはじめとする東南アジアに積極的に出て行った。そのため紅河は、「雲南省の華僑のふるさと」ともいわれている。その紅河キャラバン隊が故郷に建てたのが、中国と西洋をミックスした建築群である馬幇古城だ。彼らが東南アジアで目にした建築様式の影響を受けていることは想像に難くない。

馬幇古城がある迤薩鎮の周辺には、甲寅、桂東などの大梯田（棚田）が広がっている。厳しい環境の中で生きた紅河の人々の歴史に思いを馳せながら、紅河県を歩いてみよう！

（旅行ライター／浜井幸子）

2013年3月に「全国重点文物保護単位」になった姚初民居は、紅河県博物館になっている（2018年7月は内部には何もなかった）

姚初民居の中にある馬をつないでおく場所。ここは、まさに馬幇が築いた古城らしいところ

要塞のような東門楼と姚初民居は、1937年に建設が始まり、1944年に完成

東門楼と姚初民居に夕涼みにやってきた人々

左上：紅河一帯で食べられている地元産の赤米で作った米線　左中：馬幇客桟（紅河三棵樹街県委門口）は、馬幇を率いた羅正有氏の邸宅を利用した民宿　左下：道路沿いにあるのでいちばん行きやすい桂東梯田。紅河バスターミナルから「宝华」行きで「桂东梯田」　右上：甲寅のマーケットでは、イ族、タイ族、ハニ族のカラフルな民族衣装を見られる

Access

昆明発：昆明南部バスターミナル（→P.158）から「红河」行きで終点。12:25〜19:30の間3便。112元（19:30発は141元）、所要4時間

建水発：建水バスターミナル（→P.233）から「红河」行きで終点。7:00〜15:40の間6便。46元、所要3時間

雲南の名物料理が勢揃い！　篆新農貿市場に出かけよう！

昆明の中心部に近い篆新農貿市場は、果物、野菜、肉、何でも揃った大型市場だ。農貿市場というレトロな響きもいい！　日本人には聞き慣れない農貿市場とは、固定の場所で許可を受けた人が野菜、果物、豆腐、麺、肉など何でも売る市場を指す。1990年代前半は上海中心部にもあったが、発展とともに大都市の中心部からは消えていった。

しかし、昆明にはまだ残っている。昆明は地方都市だが雲南省の省都。しかも中心部にこんなに大きな農貿市場があるなんて、ちょっとびっくりだ。大観路から入ると真っ先に目に飛び込んでくるのは、マンゴー、さとうきび、ドラゴンフルーツなどの果物コーナー！

奥に進むと建物の2階がきのこコーナーになっていた。中国で雲南省はきのこの産地として知られている。ここでは不気味で食べるのが怖いようなきのこも見られた。

また、篆新農貿市場では、シーサンパンナのタイ族や大理の白族など、民族衣装を着たお店の人の姿も目につく。それらは雲南各地の名物料理のお店だ。名物料理は、店売りのみの所もあれば、食堂になっている所もある。会沢の黒山羊、石林のロバ肉、官渡の粑粑（バーバー）などの人気店には行列ができていた。近所の人たちが日常的にやってくる市場だが、旅行者が行っても楽しい。「旅の大きな楽しみは、その町の市場に行くこと」という人なら、この篆新農貿市場は楽しめること間違いなし！

（旅行ライター／浜井幸子）

篆新農貿市場の大観路に面した北門。新聞路に面した南門もある。入ってすぐの果物コーナーは、果物の宝庫雲南らしい

豆花米線は、ふわふわの豆花（豆腐）を載っけた米の麺。辣油ベースのたれとあえて食べる

篆新農貿市場でいちばん有名な豆花米線の食堂。とにかくお昼前は、いつもすごい行列

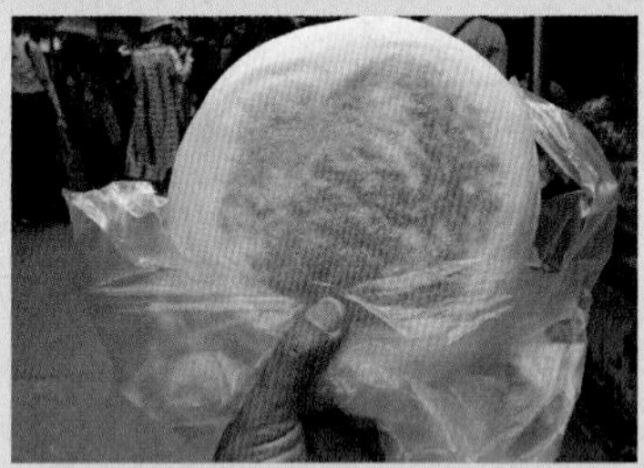
官渡区名物の粑粑。小麦粉で作ったふわふわパン

雲南各地から集められたきのこを目当てにお客がやってくる

篆新農貿市場
Ⓜ P.154-A3　㊟ 昆明市五華区新聞路
㊋ 軌道交通3号線「潘家湾」A出口から徒歩15分

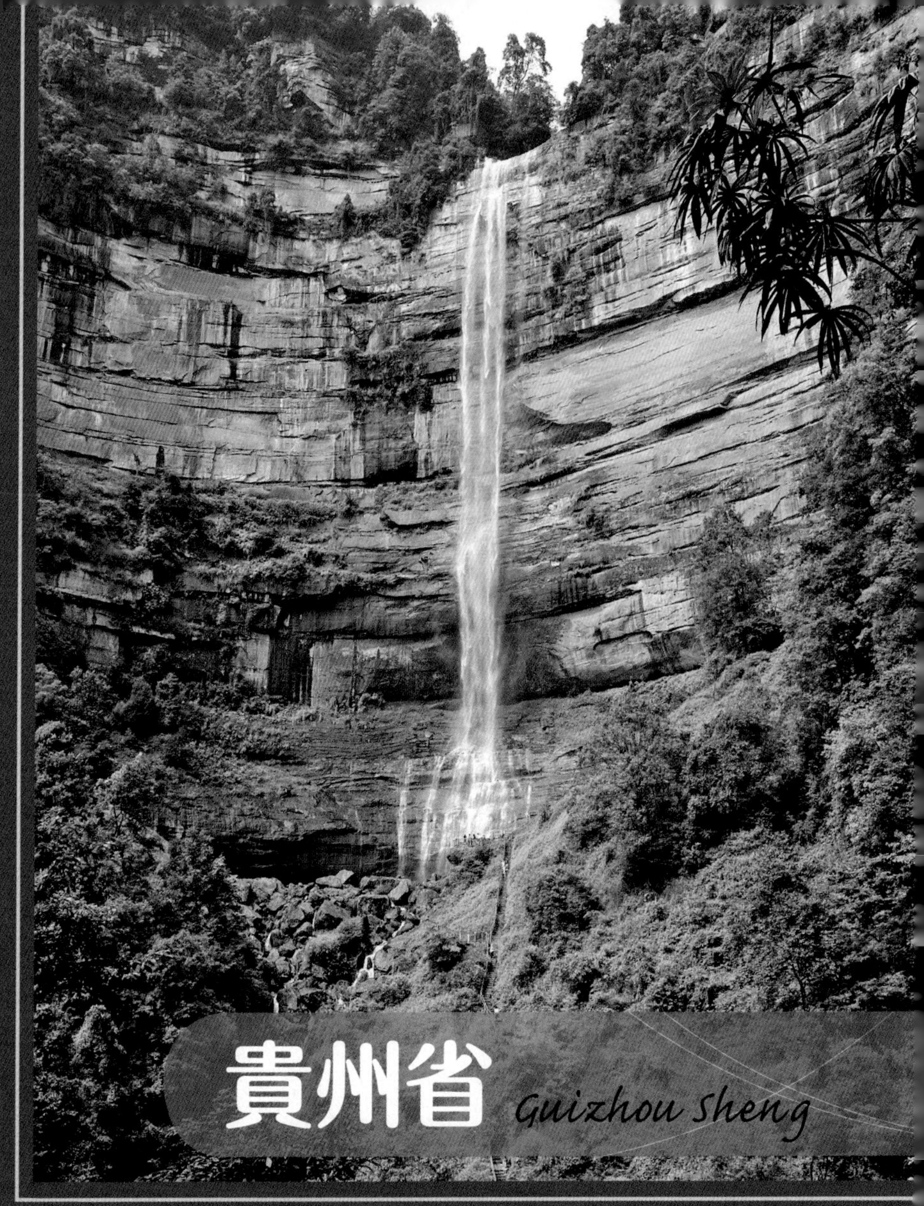

仏光岩の中央を流れ落ちる滝は高低差234mに達する（赤水市元厚鎮仏光岩景区）／単 侃明

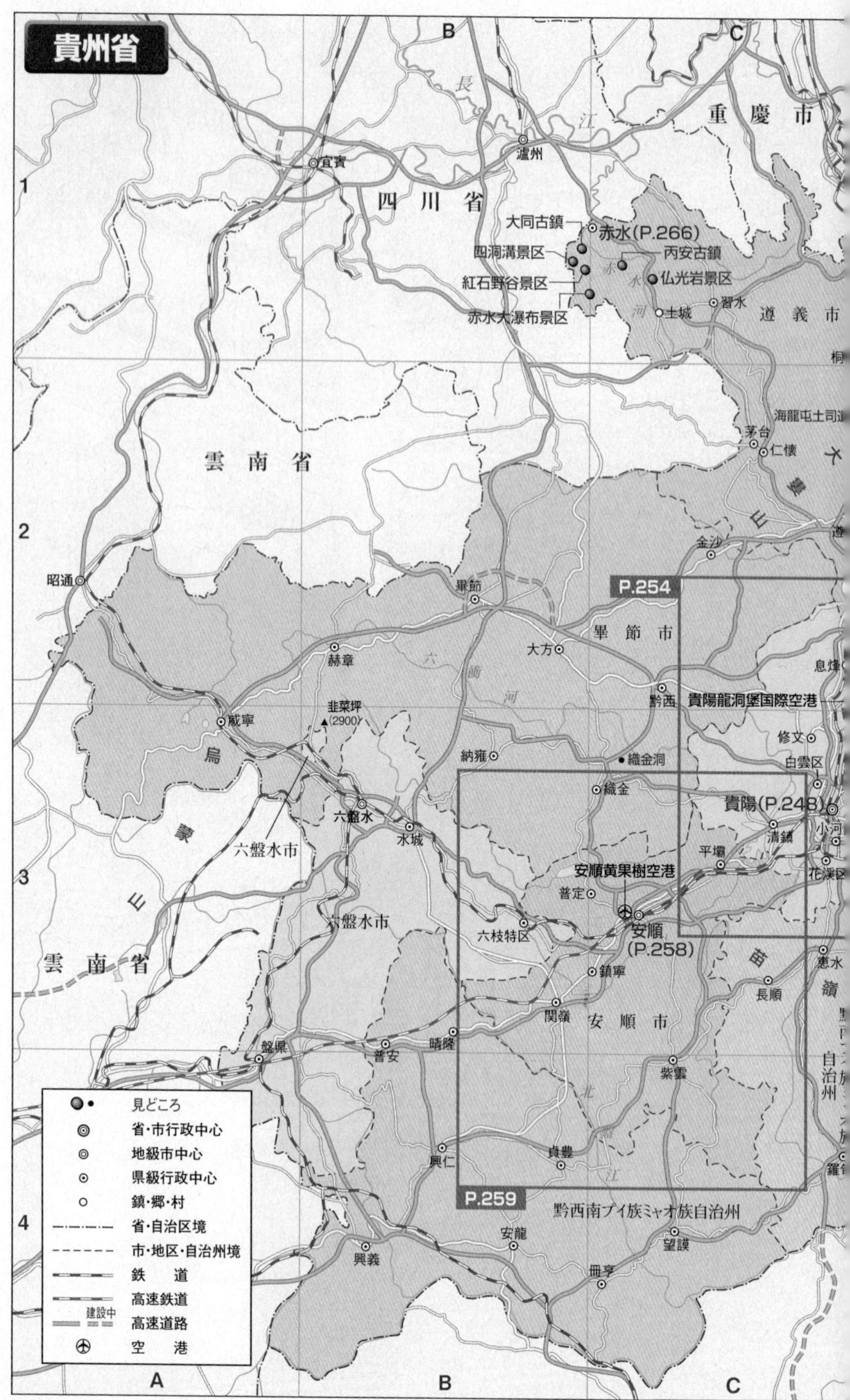
貴州省
重慶市
四川省
雲南省
雲南省
宜賓
瀘州
赤水(P.266)
大同古鎮
丙安古鎮
四洞溝景区
紅石野谷景区
赤水大瀑布景区
仏光岩景区
土城
習水
遵義市
海龍屯土司遺
茅台
仁懐
金沙
昭通
畢節
畢節市
大方
赫章
黔西
貴陽龍洞堡国際空港
修文
白雲区
威寧
韭菜坪
(2900)
納雍
織金洞
織金
貴陽(P.248)
清鎮
六盤水
水城
六盤水市
六盤水市
平壩
花溪区
安順黄果樹空港
普定
安順
(P.258)
六枝特区
鎮寧
関嶺
安順市
長順
恵水
盤県
普安
晴隆
紫雲
興仁
貞豊
黔西南プイ族ミャオ族自治州
安龍
望謨
興義
冊亨
P.254
P.259
見どころ
省・市行政中心
地級市中心
県級行政中心
鎮・郷・村
省・自治区境
市・地区・自治州境
鉄道
高速鉄道
建設中
高速道路
空港

貴州省マップ

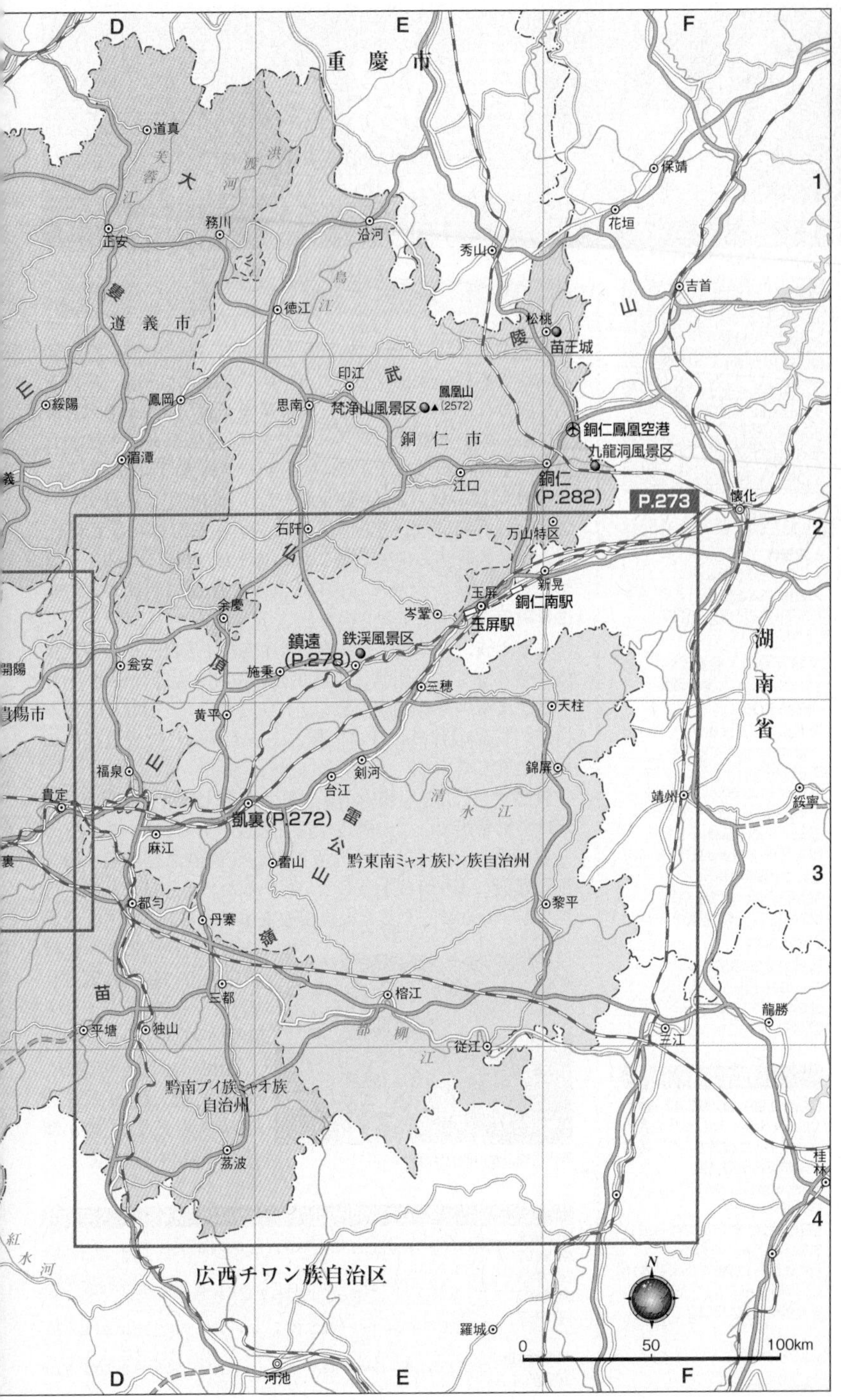

重慶市
遵義市
銅仁市
湖南省
広西チワン族自治区
黔東南ミャオ族トン族自治州
黔南プイ族ミャオ族自治州
道真
正安
務川
沿河
秀山
保靖
花垣
吉首
徳江
松桃
苗王城
印江
鳳凰山 (2572)
梵浄山風景区
思南
鳳岡
綏陽
湄潭
江口
銅仁鳳凰空港
九龍洞風景区
銅仁 (P.282)
P.273
懐化
石阡
万山特区
新晃
玉屏
銅仁南駅
玉屏駅
余慶
岑鞏
鎮遠 (P.278)
鉄渓風景区
施秉
甕安
三穂
天柱
黄平
福泉
剣河
台江
錦屏
貴定
凱裏 (P.272)
靖州
綏寧
麻江
雷山
黎平
都匀
丹寨
三都
榕江
龍勝
平塘
独山
従江
三江
荔波
桂林
羅城
河池
0 50 100km

郊外に広がる緑豊かな風景（天河潭風景区）

貴州省 贵阳（グイヤン） Guì Yáng　市外局番●0851

貴陽（きよう）

Gui Yang

雲貴高原の東端に位置する貴州の省都

都市Data

貴陽市
人口：375万人
面積：8035㎢
6区1県級市3県を管轄

市公安局出入境管理処
（市公安局出入境管理处）
Ⓜ P.251-G5
㊟ 観山湖区金誠街101号黔桂国際商務中心辦公楼2階
☎ 86797907
㋔ 9:00～12:00、13:30～17:00
㊡ 土・日曜、祝日
観光ビザを最長30日間延長可能。手数料は160元

貴州医科大学付属医院
（贵州医科大学附属医院）
Ⓜ P.250-C2
㊟ 雲岩区貴医街28号
☎ 86855119
㋔ 24時間
㊡ なし

市内交通

【軌道交通】2019年8月現在、1路線が営業。詳しくは公式ウェブサイトで確認を
貴陽市城市軌道交通
Ⓤ www.gyurt.com
路線図→P.252
【路線バス】運行時間の目安は6:30～22:00、1～2元
【タクシー】初乗り3km未満10元、以降1kmごとに1.8元加算。さらに燃油代1元加算

概要と歩き方

貴州省の省都である貴陽は、貴州省のほぼ中央に位置する。雲貴高原の東部にあり、市中心の標高は1100m、周囲を山に囲まれた坂の多い町だ。夏は晴天が少ないためさほど暑くなく、冬でも厳しい寒さにはならず、1年を通して気候は温暖。貴陽の町は木々が多いことから、林城の別名をもつ。

春秋戦国時代（紀元前8世紀～紀元前3世紀）にはすでにこの地に古牁牂（かそう）国、夜郎国などの独立国家が存在しており、その後も各時代の中央政権に組み込まれたり離れたりしてきた。貴陽の町が発展するのは、16世紀中頃に明朝がこの地に貴陽府を設置してからのことだ。

ミャオ族、プイ族、トン族、スイ族、イ族など17の少数民族が多く暮らす貴州省は少数民族の故郷とも呼ばれている。さすがに市内では民族衣装を着た人を見ることはほとんどないが、貴陽の郊外にはプイ族、ミャオ族などの少数民族の村が点在している。

貴陽はもともと規模の小さい町で中華北路から中華南路にかけて繁華街で、この周辺に商業施設が集中している。

車社会への移行にともなう深刻な交通渋滞と住宅や商業施設建設により町は手狭になっているため、急速に郊外へと拡大し、いたるところで大規模な工事が行われている。その結果、行政機関の一部は市区西部の観山湖区へ移転し、バスターミナルも郊外へ移された。

2018年12月、貴陽駅、貴陽北駅、観山湖区を結ぶ軌道交通1号線が開業し、便利になった。

青岩古鎮の定広門（南城門）

	1月	2月	3月	4月	5月	6月	7月	8月	9月	10月	11月	12月
平均最高気温(℃)	9.3	10.9	16.8	21.6	24.5	26.7	29.0	28.8	25.8	20.7	15.9	11.3
平均最低気温(℃)	2.4	3.4	7.7	12.3	16.0	18.7	20.7	19.9	17.2	12.9	8.6	4.0
平均気温(℃)	4.9	6.4	11.4	16.2	19.9	22.2	24.2	23.7	20.7	16.0	11.5	7.1
平均降水量(mm)	19.5	23.9	35.4	98.8	189.5	214.8	178.4	135.9	108.9	99.8	50.0	23.2

※町の気象データ（→P.22）：「预报」>「贵州」>「贵阳」>区・市・県から選択

中国国内の移動➡P.318　鉄道時刻表検索➡P.321

飛行機

市区南東約12kmに位置する貴陽龍洞堡国際空港（KWE）を利用する。国内線は主要都市との間に運航便があり、日中間運航便が1路線ある。

国際線 関西（2便）。

国内線 北京、上海、広州、成都、重慶など主要都市との間に運航便がある。

所要時間(目安) 成都(CTU)／1時間30分　重慶江北(CKG)／1時間5分　麗江(LJG)／1時間25分　景洪(JHG)／1時間35分　上海浦東(PVG)／2時間25分

鉄道

在来線である黔桂鉄路、滬昆鉄路、川黔鉄路の貴陽駅と、高速鉄道である貴広、長昆、渝貴、成貴、貴開城際の貴陽北駅、貴陽東駅を利用する。貴陽駅と貴陽北駅は軌道交通で結ばれており、移動は便利。

所要時間(目安) 【貴陽北(gyb)】安順西(asx)／高鉄：29分　凱裏南(kln)／高鉄：38分　銅仁(tr)／高鉄：1時間39分　成都東(cdd)／高鉄：3時間20分　重慶西(cqx)／高鉄：2時間1分　昆明南(kmn)／高鉄：2時間　【貴陽(gy)】安順(as)／快速：1時間9分　凱裏(kl)／直達：2時間20分　鎮遠(zy)／快速：3時間40分　成都東(cdd)／快速：7時間38分　【貴陽東(gyd)】凱裏南(kln)／高鉄:34分　成都東(cdd)／動車:3時間28分　重慶西(cqx)／動車:2時間4分

バス

金陽バスターミナルを利用する。市内中心部からの移動には時間がかかるので余裕をもって行動すること。凱裏、銅仁へは東部の貴陽龍洞堡バスターミナルを利用する。

所要時間(目安) 安順／1時間30分　黄果樹／2時間　赤水／5時間30分　凱裏／3時間　銅仁／5時間30分

Data

飛行機

貴陽龍洞堡国際空港（贵阳龙洞堡国际机场）
M P.254-B2　住 南明区機場路1号
☎ 総合案内＝96967　航空券売り場＝85499100
オ 始発便～最終便　休 なし　カ 不可
U www.gzairports.com
［移動手段］エアポートバス（循環線：空港→市南路→紀念塔→貴陽駅→貴州省民航貴陽航空券売り場→貴陽駅→紀念塔→市南路→空港）／10元、所要40分。空港→市内＝8:00～最終便まで30分に1便　市内→空港＝8:00～翌1:00の間30分に1便　タクシー（空港～噴水池）／50元、所要35分が目安　路線バス／216路「龙洞堡机场」※徒歩10分

3ヵ月以内の航空券を販売。

貴州省民航貴陽航空券売り場（贵州省民航贵阳售票处）
M P.250-C4　住 南明区遵義路55号
☎ 国内線＝85977777　国際線＝85985480
オ 国内線9:00～16:00　国際線8:30～17:00
休 なし　カ 不可
［移動手段］タクシー（航空券売り場～噴水池）／15元、所要15分が目安　路線バス／1、2、6、17、18、65路「展览馆」

3ヵ月以内の航空券を販売。エアポートバスの発着地点。

鉄道

貴陽北駅（贵阳火车北站）
M P.250-A1　住 観山湖区貴北大道東端
☎ 共通電話＝12306　オ 5:30～24:00
休 なし　カ 不可
［移動手段］タクシー／（貴陽北駅～噴水池）／25元、所要20分が目安　軌道交通／1号線「贵阳北站」

28日以内の切符を販売。

貴陽北駅は高速鉄道専用駅。軌道交通の完成で市内のアクセスは格段によくなった

貴陽東駅（贵阳高铁东站）
M P.254-B2　住 烏当区蘭海高速公路西側
☎ 共通電話＝12306　オ 7:20～21:30
休 なし　カ 不可
［移動手段］タクシー（貴陽東駅～噴水池）／55元、所要35分が目安　路線バス／B270、K271、272路「贵阳东站」

28日以内の切符を販売。

貴陽東駅は少数民族の建築様式を取り入れたような外観

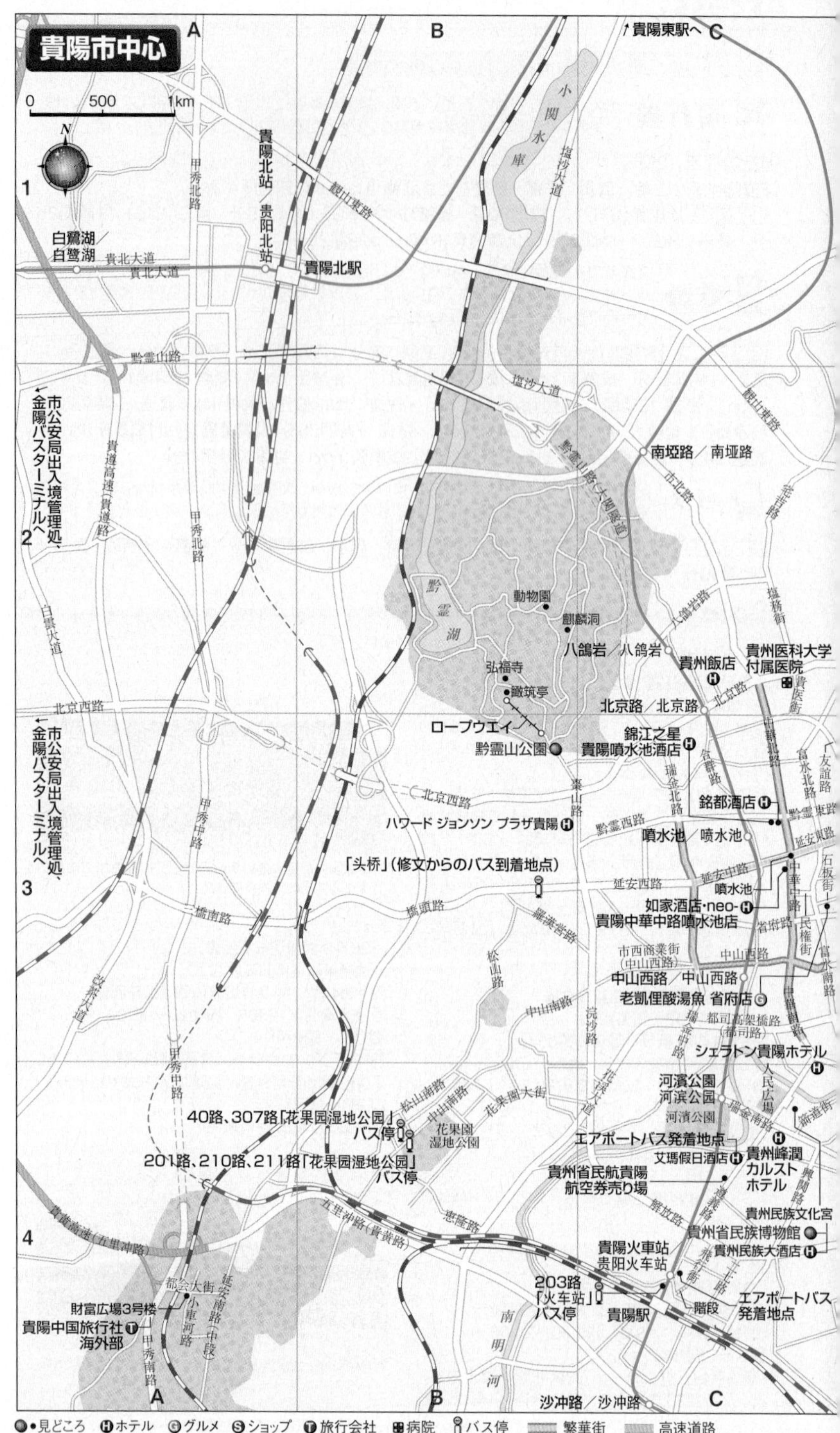

貴陽市中心
0 500 1km
N
A
B
C
1
2
3
4
貴陽東駅へ
小関水庫
塩沙大道
貴陽北站／贵阳北站
観山東路
甲秀北路
白鷺湖／白鹭湖
貴北大道
貴陽北駅
黔霊山路
市公安局出入境管理処、金陽バスターミナルへ
貴遵高速（貴遵路）
黔霊山路（大関隧道）
南垭路／南垭路
市北路
黔霊湖
動物園
麒麟洞
八鴿岩／八鸽岩
貴州飯店
貴州医科大学付属医院
弘福寺
瞰筑亭
ロープウエイ
黔霊山公園
北京路／北京路
錦江之星貴陽噴水池酒店
白雲大道
北京西路
甲秀中路
寨山路
銘都酒店
黔霊西路
黔霊東路
ハワード ジョンソン プラザ貴陽
噴水池／喷水池
「头桥」（修文からのバス到着地点）
延安西路
延安中路
延安東路
噴水池
如家酒店·neo·貴陽中華中路噴水池店
二橋南路
橋頭路
羅漢営路
松山路
市西商業街（中山西路）
中山西路
中山西路／中山西路
老凱俚酸湯魚 省府店
中山南路
浣沙路
都司高架橋路（都司路）
シェラトン貴陽ホテル
河濱公園／河滨公园
人民広場
松山南路
中山南路
花果園大街
40路、307路「花果園湿地公園」バス停
花果園湿地公園
201路、210路、211路「花果園湿地公園」バス停
エアポートバス発着地点
艾瑪假日酒店
貴州峰潤カルストホテル
貴州省民航貴陽航空券売り場
貴州民族文化宮
貴州省民族博物館
貴州民族大酒店
五里沖路（貴黄路）
貴黄高速（五里沖路）
恵隆路
解放路
遵義路
貴陽火車站／贵阳火车站
203路「火车站」バス停
貴陽駅
階段
エアポートバス発着地点
都会大街
財富広場3号楼
貴陽中国旅行社 海外部
小車河路
延安南路（中段）
甲秀南路
南明河
沙沖路／沙冲路
富水北路
友誼路
富水南路
中華北路
中華南路
石板街
民権街
省府路
瑞金北路
瑞金中路
瑞金南路
新華路
興関路
市府路
●見どころ H ホテル G グルメ S ショップ T 旅行会社 病院 バス停 繁華街 高速道路

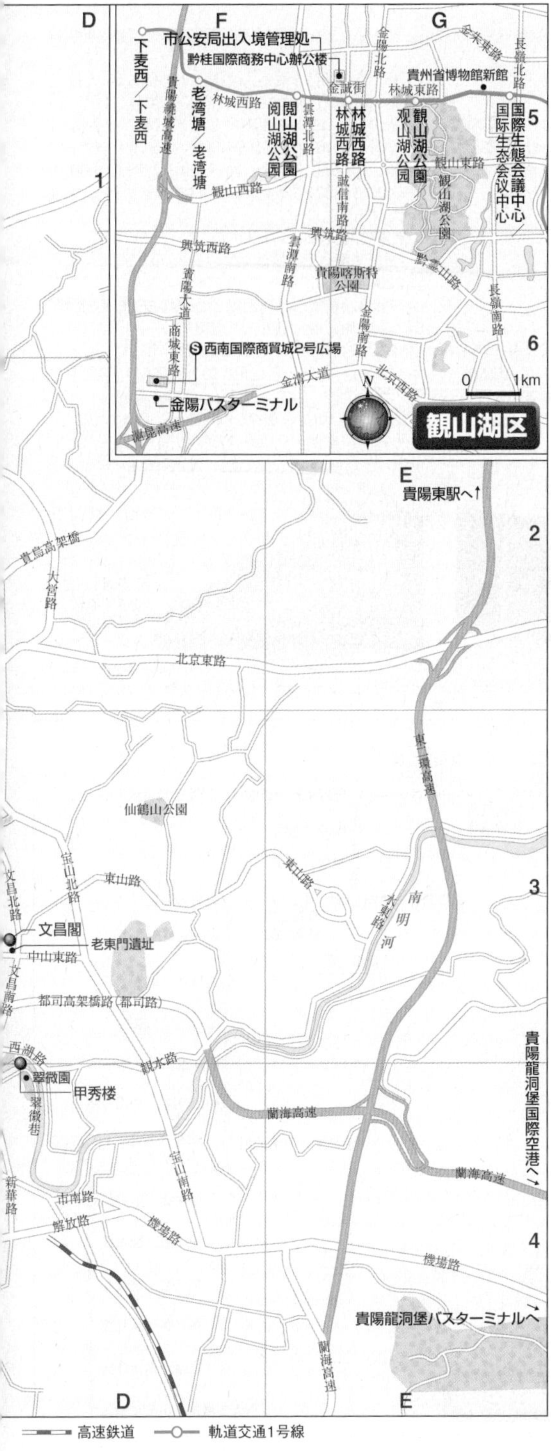

観山湖区

市公安局出入境管理処
黔桂国際商務中心辦公楼
貴州省博物館新館
下麦西／下麦西
老湾塘／老湾塘
閲山湖公園／阅山湖公园
林城西路／林城西路
観山湖公園／观山湖公园
国際生態会議中心／国际生态会议中心
金陽北路
金朱東路
長嶺北路
金誠街
林城東路
林城西路
貴陽繞城高速
雲潭北路
観山東路
観山西路
観山湖公園
誠信南路
興筑路
興筑西路
雲潭南路
黔霊山路
貴陽喀斯特公園
貴陽大道
長嶺南路
金陽南路
商城東路
西南国際商貿城2号広場
金清大道
北京西路
金陽バスターミナル
厦蓉高速
0　1km

貴陽東駅へ↑
貴烏高架橋
大営路
北京東路
東二環高速
仙鶴山公園
宝山北路
東山路
文昌北路
文昌閣
老東門遺址
中山東路
文昌南路
都司高架橋路(都司路)
東山路
水東路
南明河
西湖路
翠微園
甲秀楼
観水路
翠微巷
蘭海高速
貴陽龍洞堡国際空港へ↗
蘭海高速
宝山南路
新華路
市南路
解放路
機場路
機場路
貴陽龍洞堡バスターミナルへ↗
蘭海高速

高速鉄道　軌道交通1号線

甲秀楼（右奥）と牌坊（→P.253）

翠微園内の景観。甲秀楼と合わせて訪れるとよい

高台から見た文昌閣。周囲を高層ビルに囲まれている（→P.253）

貴州省民族博物館の外観（→P.254）

民族楽器をモチーフにしたモニュメント（人民広場）

市内からバスで1時間も離れれば豊かな緑が広がる（花渓国家城市湿地公園→P.255）

●貴陽駅（贵阳火车站）
M P.250-C4　住 南明区遵義路296号
☎共通電話=12306　オ 24時間　休 なし　カ 不可
［移動手段］タクシー（貴州駅～噴水池）／25元、所要25分が目安　軌道交通／1号線「贵阳站」
　28日以内の切符を販売。

バス

●金陽バスターミナル（金阳客车站）
M P.251-F6　住 観山湖区商城西路
☎82218000　オ 7:00～20:00
休 なし　カ 不可
［移動手段］タクシー（金陽バスターミナル～噴水池）／60元、所要45分が目安　路線バス／B224、28、208、219、229、観山3路「金阳客站」
　4日以内の切符を販売。「西站」と呼ばれることもある。修文（7:00～19:00の間20～30分に1便）、安順（7:00～19:00の間20～30分に1便）、黄果樹（8:00～12:40の間50分に1便）、赤水（9:00、11:00、16:00発）、織金（北バスターミナル：8:00～19:00の間30分に1便。9:00、11:40発は織金洞行き）など。

整備が進む西郊外に位置する金陽バスターミナル

●貴陽龍洞堡バスターミナル
（贵阳龙洞堡汽车客运站）
M P.254-A2
住 南明区小碧郷水壩村西南環路　☎85859089
オ 7:30～19:30　休 なし　カ 不可
［移動手段］タクシー（貴陽龍洞堡バスターミナル～噴水池）／55元、所要35分が目安　路線バス／46、229、240、262路「龙洞堡客站」
　3日以内の切符を販売。「东站」と呼ばれることもある。凱裏（9:00～17:20の間1時間～1時間20分に1便）、銅仁（1便）、茘波（6便）など。

空港近くに位置する貴陽龍洞堡バスターミナル

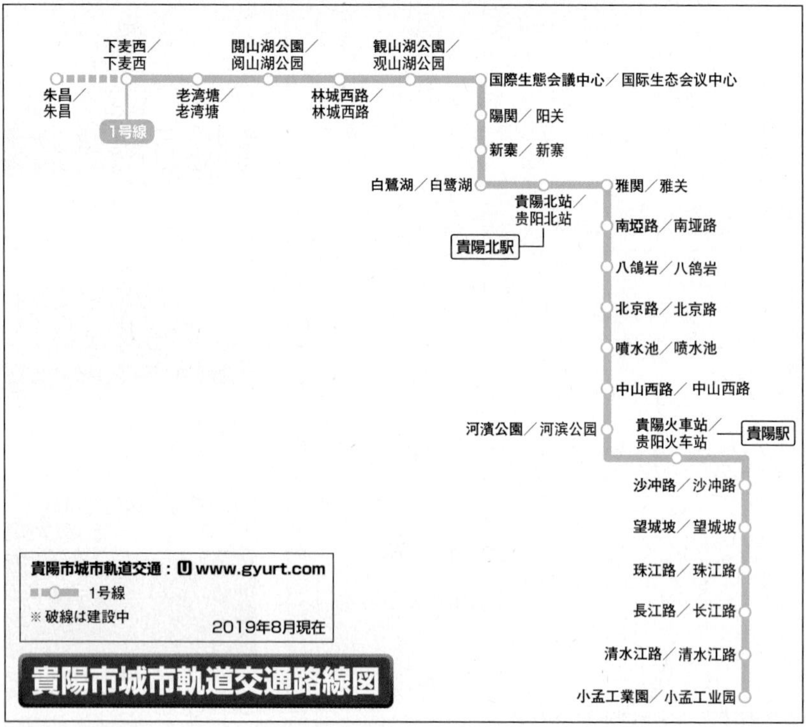

貴陽市城市軌道交通路線図

1号線：朱昌／朱昌（建設中）― 下麦西／下麦西 ― 老湾塘／老湾塘 ― 閲山湖公園／阅山湖公园 ― 林城西路／林城西路 ― 観山湖公園／观山湖公园 ― 国際生態会議中心／国际生态会议中心 ― 陽関／阳关 ― 新寨／新寨 ― 白鷺湖／白鹭湖 ― 貴陽北站／贵阳北站（貴陽北駅） ― 雅関／雅关 ― 南埡路／南垭路 ― 八鴿岩／八鸽岩 ― 北京路／北京路 ― 噴水池／喷水池 ― 中山西路／中山西路 ― 河濱公園／河滨公园 ― 貴陽火車站／贵阳火车站（貴陽駅） ― 沙冲路／沙冲路 ― 望城坡／望城坡 ― 珠江路／珠江路 ― 長江路／长江路 ― 清水江路／清水江路 ― 小孟工業園／小孟工业园

貴陽市城市軌道交通：U www.gyurt.com
1号線
※破線は建設中
2019年8月現在

見どころ

明代創建の美しい楼閣

甲秀楼（こうしゅうろう）／甲秀楼　jiǎxiùlóu

オススメ度 ★★

貴陽市の中央を東西に南明河が蛇行して流れているが、その川の中にある巨大な岩の上に立つ楼閣が甲秀楼。1598（明の万暦26）年に創建されたもので、貴陽のシンボル的存在となっている。創建当時は川岸に建てられたが幾度も兵火に見舞われ、再建されたときに岩の上へ移された。

建物は3層構造で、高さ約23m。内部には甲秀楼の模型や資料が展示されている。上階には陶製や木製の調度品に囲まれた部屋があり、3階から見渡す川の眺めがさわやか。

南明河の両岸と甲秀楼とは橋で結ばれているが、南岸には明代に創建された寺院と清代後期に整備された庭園で構成された翠微園があるので、合わせて訪れるとよい。

甲秀楼と並び貴陽を代表する歴史的建造物

文昌閣（ぶんしょうかく）／文昌阁　wénchānggé

オススメ度 ★

1609（明の万暦37）年、当時の東門月城の上に建てられた道教寺院で、学問の神とされる文昌帝君を祀っている。甲秀楼とともに中国の重要文化財に指定されている。東門城壁も再建されている（老東門遺址）。

清代に入ってたびたび修復されたが、大きな地震に見舞われても倒壊することはなかった主楼は、高さ20m、九角3層の独特な形状で、柱などは9の倍数になっている。

張学良が幽閉された麒麟洞のある

黔霊山公園（けんれいさんこうえん）／黔灵山公园　qiánlíngshān gōngyuán

オススメ度 ★

「黔南第一山」と称される黔霊山を中心とした自然公園で、原生林が残る場所として知られ、山中には野生のサルも生息している。南大門や東大門など4つの門があるが、市内からは南大門へのアクセスが便利。麓から九曲径と呼ばれる参道が山頂付近の弘福寺まで続いているが、ロープウエイを利用すれば時間が節約でき、終点には市内を見渡せる瞰筑亭（かんちくてい）がある。弘福寺周辺にはサルが多いため、食べ物を手に持つなどしないよう注意。

そのほか公園内には、国共内戦中に国民党の張学良や楊虎城が幽閉されていた麒麟洞という洞窟もある。弘福寺から貴陽市街とは反対の方角に山を下ると、静かな水をたたえる黔霊湖にいたる。ここから南大門へ抜けられるトンネルが通じており、山を登らなくとも戻ることができる。

甲秀楼
M P.251-D3～4
住 南明区西湖路翠微巷8号
☎ 85503811
オ 9:00～17:00
※楼閣内部への入場は16:30まで
休 月曜
料 無料
交 15、34、46、48、52、61路バス「甲秀楼」
U www.gyjxl.com

川中の巨石の上に建てられた甲秀楼

文昌閣
M P.251-D3
住 雲岩区文昌北路29号
オ 9:00～17:00
※楼閣内部への入場は16:30まで
休 月曜
料 無料
交 4、5、6、21、22、32、40、42路バス「中山东路」

庇のそりが何とも印象的な文昌閣

黔霊山公園
M P.250-B1～C3
住 雲岩区棗山路187号
☎ 86800840
オ 公園7:00～22:00
弘福寺9:00～17:00
休 なし
料 5元（弘福寺は別途2元）
交 1、2、10、12、16、22、23、41路バス「黔灵山公园」

インフォメーション

ロープウエイ
オ 9:00～17:00
休 なし
料 上り＝20元、下り＝15元、往復＝30元

弘福寺山門

民族文化の理解に役立つ

貴州省民族博物館（きしゅうしょうみんぞくはくぶつかん）／贵州省民族博物馆

guìzhōushěng mínzú bówùguǎn

オススメ度 ★

2009年に開館した民族文化を専門に展示する博物館。人民広場に面する貴州民族文化宮内にあり、3階部分が常設展示エリア。漢族、ミャオ族、プイ族、トン族、トゥチャ族、イ族、コーラオ族、スイ族など貴州省に住む民族について、古代から現在、そして未来までを総合的に展示している。

貴州省民族博物館

Ⓜ P.250-C4

住 南明区箭道街23号貴州民族文化宮2～3階

☎ 85831710

オ 9:30～17:00
※入場は閉館30分前まで

休 月曜

料 無料

交 ①軌道交通1号線「河滨公园」 ②1、2、15、20、21、218、306、308路バス「邮电大楼」

U www.gzsmzmuseum.cn

郊外の見どころ

600年前に造られた明王朝の軍事拠点

青岩古鎮（せいがんこちん）／青岩古镇　qīngyán gǔzhèn

オススメ度 ★★

市区の南30kmに位置する町。明の洪武年間（1368～1398年）に中国南西部を治めるために造られた軍事拠点のひとつ。城壁には青みを帯びた石が用いられているため、青岩古鎮と呼ばれるようになった。太平天国の乱の際には、石達開が6度も城を攻めたが落とせず大敗を喫したことから、難攻不落な城として名をはせた。面積は約3km²で、城内に9つの寺院、8つの道観、5つの楼閣など見どころも多い。

明清代の雰囲気を漂わせる町並みが残っており、のんびりと歩いて見学しながら名物料理の"卤猪脚（豚足の煮込み）"や"豆腐圆子（揚げ豆腐）"を味わうのもよい。

青岩古鎮

Ⓜ P.254-A2

住 花溪区青岩鎮

☎ 83200400

オ 古鎮24時間
古鎮内の見どころ
9:00～17:00

休 なし

料 古鎮入場料（古鎮市街、南城門、北城門、東城門、西城門、古鎮城壁）＝10元、共通券（古鎮入場料での見学以外に慈雲寺、趙以烱（ちょういけい）状元故居、周恩来父親曾住地、文昌閣、趙公専祠、万寿宮、龍泉寺、寿仏寺）＝80元

交 ①貴陽駅から203路バスで終点（6:30～21:00の間20～30分に1便。2元、所要1時間20分）
②花果園湿地公園（Ⓜ P.250-B4）から210路バスで終点（8:00～20:00の間20～30分に1便。2元、所要1時間40分）
※「青岩」からの最終は①②ともに20:00発
※青岩古鎮のバス発着地点は西門側なので帰りは出口に注意。また、往復ともにほぼ座席分の乗車となるので早めの行動が望ましい

U www.qingyanguzhen.com

古鎮は毎日多くの観光客でにぎわう

人の目を引く万寿宮の山門上部に施された装飾

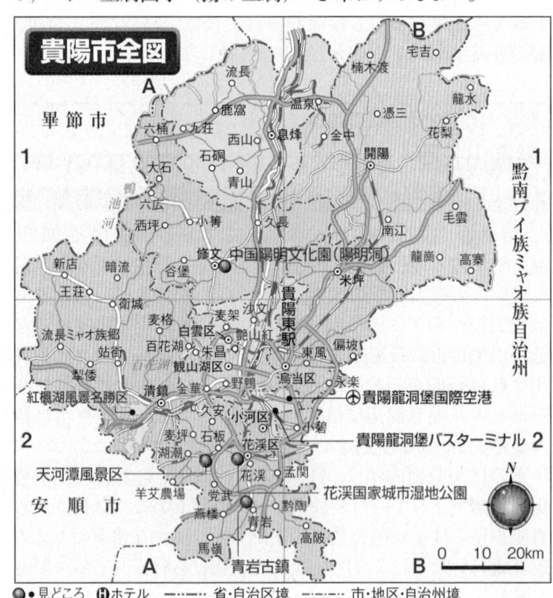

●見どころ Ⓗホテル ー・ー 省・自治区境 ー・・ー 市・地区・自治州境 …… 県級市・県境 ━ 鉄道 ━ 高速鉄道 ═ 高速道路 ✈ 空港

ミニ貴州と称されるカルスト地形を見られる

天河潭風景区／天河潭风景区

てんがたんふうけいく

tiānhétán fēngjǐngqū

オススメ度 ★

市の南西24km、花渓区中心部の西14kmに位置する。景区内には小さいながらも滝や鍾乳洞など、貴州ならではのカルスト地形の風景が凝縮されている。安順郊外にある黄果樹風景区や龍宮風景区へ行く時間のない人におすすめ。

ライトアップされた鍾乳洞

鍾乳洞の中には地下水流が流れていて、ボートに乗って見学する（約1.8km）。ボートを降りたら、今度は歩いて3層に連なった別の鍾乳洞を見て回る（約2km）。さまざまな形をした鍾乳石がライトアップされ幻想的。また、景区内には「臥龍灘」と呼ばれる、滝が重なり石灰質が蓄積してできた幅210mに及ぶ中国最大級の石灰化砂洲もある。

緑に囲まれた清らかな川の流れが美しい

花渓国家城市湿地公園／花溪国家城市湿地公园

かけいこっかじょうしっちこうえん

huāxī guójiā chéngshì shīdì gōngyuán

オススメ度 ★

市区の南17kmにある自然豊かな公園で、貴陽市民の憩いの場ともなっている。公園内には花渓河が流れ、石を置いた橋を渡り四季折々に咲く花を見ながら散策できる。周囲はカルスト地形特有の山々で貴州ならではの景色を見られる。

公園入口付近から青岩古鎮や天河潭風景区へのミニバスもあるので、貴陽に戻らずに直接行くことができる。

陽明学の祖を祀る祠堂

中国陽明文化園（陽明洞）／中国阳明文化园（阳明洞）

ちゅうごくようめいぶんかえん　ようめいどう

zhōngguó yángmíng wénhuàyuán

オススメ度 ★

明代の儒学者、思想家である王陽明（1472～1528年）を祀った祠堂を中心とする見どころ。市の北44km、周囲に田園が広がる非常にのどかな場所にある。政争に巻き込まれた王陽明は1508年、37歳のとき龍場（現在の修文県）の駅丞に降職させられた。言葉も習慣も異なる異民族の住むこの地で、3年ほど厳しい生活を送りながらも思索を続け「致良知」や「知行合一」を説いた。彼の死後、彼の業績をたたえるため龍岡書院が建てられた。現存する建物は再建されたもので、敷地内には著名文人たちの石碑が残されている。また、陽明園では、王陽明に関する資料を見ることができる。

天河潭風景区

M P.254-A2
住 花渓区石板鎮
☎ 4009009995、83308022
オ 3～11月8:30～17:00
12～2月9:00～16:00
休 なし
料 入場料＝10元、通し券（入場料、山水幕府、溶洞）＝50元、観光専用車＝15元（片道）
交 花果園湿地公園（M P.250-B4）から211路バスで終点（6:30～19:00の間20～30分に1便。2元、所要1時間40分）
※「天河潭」からの最終は19:00発
U www.gztht.com

花渓国家城市湿地公園

M P.254-A2
住 花渓区花渓鎮
☎ 湿地公園＝83851808
花渓公園＝88329218
オ 花渓国家城市湿地公園、花渓公園24時間
休 なし
料 無料
※花渓公園は8:30～18:00の間6元
交 ①貴陽駅から203路バスで「花渓」（6:30～21:00の間20～30分に1便。1元、所要1時間20分）
②花果園湿地公園（M P.250-B4）から201路バスで「花溪」（6:30～19:00の間20～30分に1便。2元、所要1時間20分）
※「花溪」からの最終は①②ともに21:00発

中国陽明文化園（陽明洞）

M P.254-A1
住 修文県城東格致路3号栖霞山
※現地では通称の龍崗山と呼ぶ
☎ 82320777
オ 8:30～18:30
※入場は閉門1時間10分前まで
休 なし
料 30元
交 金陽バスターミナルから「修文」行きで終点（7:00～19:00の間20～30分に1便。15.5元、所要1時間）。タクシーに乗り換える（片道5元が目安）
※「修文」からの最終は19:00発
※貴陽に戻るバスは「头桥」（M P.250-B3）に戻る便も多く、そちらが便利。希望者は切符購入時に「贵阳头桥」と伝えること
U www.zgymwhy.com

王陽明立像

ホテル

シェラトン貴陽ホテル／贵阳喜来登贵航酒店 guìyáng xǐláidēng guìháng jiǔdiàn ★★★★★

ドームを頂いた大理石造りの豪華な建物が目立っている。客室はいずれも広々としている。

両替 ビジネスセンター インターネット

Ⓜ P.250-C4 住南明区中華南路49号 ☎85888888 FAX85889999 Ⓢ880～1080元 Ⓣ770～970元 サ10%+6% カADJMV Ⓤwww.marriott.co.jp

貴州飯店／贵州饭店 guìzhōu fàndiàn ★★★★

繁華街の北に位置する1989年開業のホテル。政府要人や著名人の宿泊も多い。

両替 ビジネスセンター インターネット

Ⓜ P.250-C2 住雲岩区北京路66号 ☎86822888 FAX86824397 Ⓢ588～688元 Ⓣ588～688元 サなし カADJMV Ⓤwww.gzhicc.com.cn

貴州峰潤カルストホテル／贵州峰润喀斯特酒店 guìzhōu fēngrùn kāsītè jiǔdiàn ★★★★

人民広場の南に位置し、エアポートバス発着地点から400mと便利な立地。

両替 ビジネスセンター インターネット

Ⓜ P.250-C4 住南明区瑞金南路25号 ☎88196888 FAX88194880 Ⓢ448～548元 Ⓣ448～548元 サなし カJMV

銘都酒店／铭都酒店 míngdū jiǔdiàn

星はないが設備は4つ星相当。本格的な西洋料理や中国料理のレストランもある。

両替 ビジネスセンター インターネット

Ⓜ P.250-C3 住雲岩区中華北路21号 ☎88658618 FAX88658999 Ⓢ488～588元 Ⓣ488～588元 サなし カ不可

錦江之星 貴陽噴水池酒店／锦江之星 贵阳喷水池酒店 jǐnjiāng zhīxīng guìyáng pēnshuǐchí jiǔdiàn

「経済型」チェーンホテル。地下鉄駅から400mと便利。正式支店名は「贵阳喷水池商业中心地铁站酒店」。

両替 ビジネスセンター インターネット

Ⓜ P.250-C3 住雲岩区黔霊西路36号 ☎85911666 FAX86833056 Ⓢ275～322元 Ⓣ303～322元 サなし カ不可 Ⓤwww.jinjianginns.com

如家酒店・neo-貴陽中華中路噴水池店／如家酒店neo贵阳中华中路喷水池店 rújiā jiǔdiàn neo guìyáng zhōnghuá zhōnglù pēnshuǐchídiàn

中華中路に面する建物をくぐった奥に位置する。バス停がそばにあり、交通の便は非常によい。

両替 ビジネスセンター インターネット

Ⓜ P.250-C3 住雲岩区中華中路145号 ☎88617888 FAX88611668 Ⓢ219～249元 Ⓣ279元 サなし カ不可 Ⓤwww.bthhotels.com

グルメ

老凱俚酸湯魚 省府店／老凯俚酸汤鱼 省府店 lǎokǎilǐ suāntāngyú shěngfǔdiàn

ミャオ族などの料理をメインとするレストラン。魚を酸味の利いたスープで煮込んだ"酸汤鱼"(50～100元/500g。価格は魚の種類によって異なる)が人気。癖の少ないナマズが日本人向き。19:30～20:00の間には民族舞踊が上演される。支店多数あり。

Ⓜ P.250-C3
住雲岩区石板街55号
☎85843665
オ9:30～22:00
休なし
カ不可

旅行会社

貴陽中国旅行社海外部／贵阳中国旅行社海外部 guìyáng zhōngguó lǚxíngshè hǎiwàibù

電話でも日本語が通じる。日本語ガイド1日600元、車のチャーターは市内1日1000元、黄果樹風景区と天龍屯堡の1日ツアーは2400元（入場料、ガイド、車代、昼食込み）。空港の送迎は1回につき300元。

Ⓜ P.250-A4
住南明区延安南路中段財富広場3号楼21階2111号
☎85979761（日本語可）
FAX85979791（日本語可）
オ9:00～12:00、13:00～18:00
休土・日曜、祝日 カ不可
Ⓤwww.guizhouonline.com
✉guizhou@china.com（日本語可）

巨大な鍾乳洞、織金洞

織金洞（织金洞／zhījīndòng）は、貴陽の西90km、安順の北122km、畢節市織金県官寨郷に位置する鍾乳洞を中心とした景勝地。

織金県人民政府の肝いりで組織された調査隊によって1980年に発見され、1985年に一般公開されたもので以前は打鶏洞ともいった。

鍾乳洞は特に「地下天宮景区」と呼ばれており、その成立は50万年前と推測されている。長い時間をかけてカルスト地形を浸食して造り上げられた洞窟は、全長6.6km（未開発部も含めると推定では12.1km）、最も広い場所で幅175m、一般的な広さは60～100m、最大高低差150m、総面積は70万㎡にも及ぶ非常に巨大なもの。

また、洞窟内には方解石や石筍、石柱など多種多様な鍾乳石があり、その形や大きさには驚嘆させられる。中国のほかの鍾乳洞と同様、派手なライトアップがなされているが、スケールの大きさからか、さほどの違和感はない。徒歩で1時間30分～2時間、絶景をじっくりと観賞しよう。

Data：
Ⓜ**P.246-C3**　☎(0857)7812063　オ3～11月8:30～17:00、12～2月9:00～16:30　休なし　料3～11月＝110元、12～2月＝100元（電動カートは往復20元）　Ⓤwww.gzzjd.com

アクセス：
バス／貴陽（金陽バスターミナル→織金北バスターミナル）＝8:00～19:00の間30分に1便。47元、所要2時間（9:00、11:40発は織金洞行き）
安順（安順北バスターミナル→織金南バスターミナル）＝7:00～18:30の間30分に1便。32元、所要1時間30分
織金洞への移動／織金の各バスターミナル前から織金洞行きバスに乗車する。6:30～19:00の間20分に1便。南バスターミナル発で北バスターミナルを経由（所要20分）して織金洞に向かう。10元、所要35分。鉄道利用者はまず4路バスで織金北バスターミナルに行き乗り換える。
戻り／貴陽行き最終は18:00発、安順行き最終は18:30発

織金洞内に広がる圧巻の風景。とにかく広い地下空間には、鍾乳石の種類だけでなく琴の形をしたものや兜のようなもの、巨大クラゲのようなものまでさまざまな形状が見られる

貴州省 安顺 Ān Shùn **市外局番●0851**

安順

あんじゅん

奇観が広がる自然の宝庫

カルデラ地形の美しい景観（龍宮風景区龍字田）

都市Data

安順市
人口：286万人
面積：9269㎢
2区1県3自治県を管轄

市公安局出入境辩証大庁
（市公安局出入境办证大厅）
Ⓜ **地図外（P.260-A1左）**
住 西秀区北山路新公安大楼
☎ 33501516
才 9:00〜12:00、13:30〜17:00
休 土・日曜、祝日
観光ビザを最長30日間延長可能。手数料は160元

市人民医院
（市人民医院）
Ⓜ **地図外（P.260-C3右）**
住 西秀区黄果樹大街140号
☎ 33358522（救急）
才 24時間
休 なし

市内交通

【路線バス】 運行時間の目安は6:00〜21:00、1〜2元
【タクシー】 初乗り3km未満6元、3km以上1kmごとに1.5元加算
※安順西駅や安順東バスターミナルなど郊外に行く場合、メーターを使わないことが多いので注意

安順西駅（→P.261）

概要と歩き方

安順は貴陽の西100kmに位置する町。黔西（貴州省西部）エリアの交通の要衝として古くから栄え、「黔（貴州）之腹、滇（雲南）之喉、蜀粤（四川、広東）之唇歯」と称されてきた。人口の約40%が少数民族で、プイ族、ミャオ族、回族など20を超える民族が暮らしている。安順エリアの平均標高は約1400mと比較的高く、起伏に富んだ地形をしているため、川、滝、湖、洞窟、鍾乳洞がたくさんあることから岩溶博物館とも呼ばれている。

安順市内の見どころは文廟くらいで、おもな見どころは郊外に点在している。見どころ間の移動は不便であり、加えて個人でのアクセスが困難な所も少なくないので、効率的に見て回りたい人は、安順市内でタクシーをチャーターしたほうがよい。また、市内の旅行会社が催行する各種ツアーがあるので、これに参加するのもよい（ただし、中国語ができないと難しい）。黄果樹風景区や龍宮風景区へは貴陽からも日帰りツアーがある。

安順は伝統文化が息づく場所としても有名。「地戯之郷」と呼ばれるように400近くの伝統劇団があり、祝祭日に特徴的な地方劇が披露される。演ずる者は皆仮面を着けて踊る。特徴的な木製の仮面は安順で作られていて、みやげ物として人気がある。少数民族の女性が作った刺繍、ろうけつ染めなども評判がいい。

天龍屯堡では地方劇も楽しめる

	1月	2月	3月	4月	5月	6月	7月	8月	9月	10月	11月	12月
平均最高気温(℃)	9.3	10.9	16.8	21.6	24.5	26.7	29.0	28.8	25.8	20.7	15.9	11.3
平均最低気温(℃)	2.4	3.4	7.7	12.3	16.0	18.7	20.7	19.9	17.2	12.9	8.6	4.0
平均気温(℃)	4.9	6.4	11.4	16.2	19.9	22.2	24.2	23.7	20.7	16.0	11.5	7.1
平均降水量(mm)	19.5	23.9	35.4	98.8	189.5	214.8	178.4	135.9	108.9	99.8	50.0	23.2

※町の気象データ（→P.22）:「预报」>「贵州」>「安顺」>区・県から選択

Access 交通

中国国内の移動➡P.318　鉄道時刻表検索➡P.321

飛行機

市区中心の西6kmに位置する、安順黄果樹空港（AVA）を利用する。

国際線 日中間運航便はないので上海で乗り継ぐとよい。

国内線 上海や重慶などとの間に運航便がある。

所要時間(目安) 麗江（LJG）／1時間30分　景洪（JHG）／1時間25分　上海浦東（PVG）／2時間55分　海口（HAK）／1時間40分

鉄道

高速鉄道専用駅の安順西駅と在来線の安順駅を利用する。北京や上海などの大都市、西南各都市からの列車がある。

所要時間(目安) 【安順西(asx)】貴陽北(gyb)／高鉄:30分　凱裏南(kln)／高鉄:1時間12分　昆明南(kmn)／高鉄:1時間36分　重慶西(cqx)／高鉄:2時間41分　【安順(as)】貴陽(gy)／快速:1時間13分　凱裏(kl)／快速:4時間1分　織金(zj)／快速:1時間30分　昆明(km)／直達:6時間17分

バス

市内各地にあったバスターミナルは、高速道路インターチェンジ近くの安順東バスターミナルに統合されている。

所要時間(目安) 貴陽／1時間30分　黄果樹／1時間　龍宮／1時間

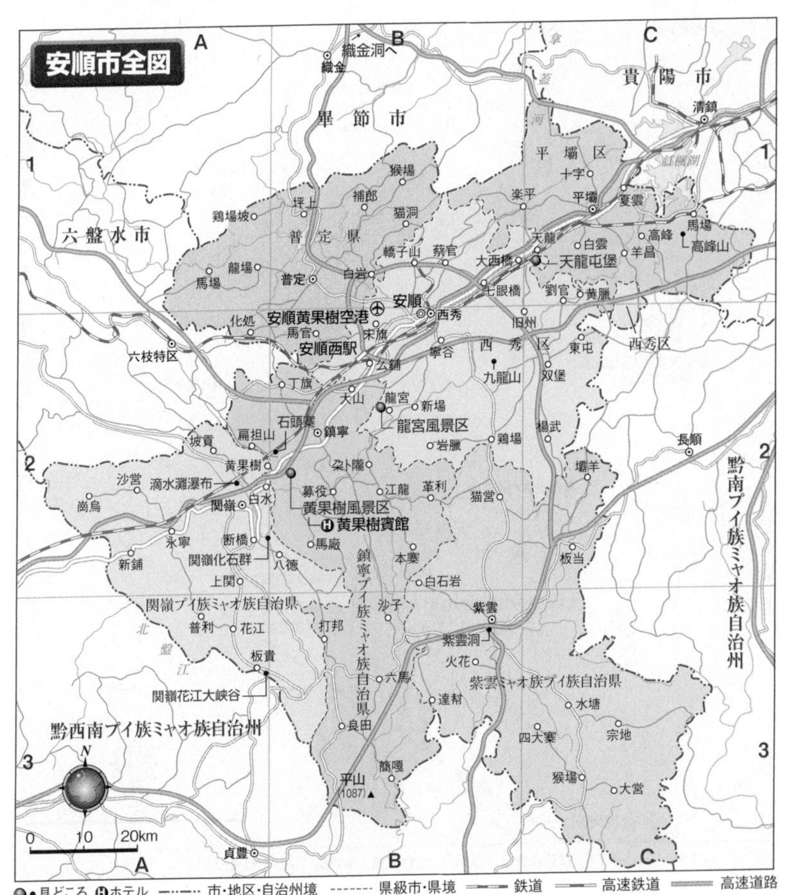

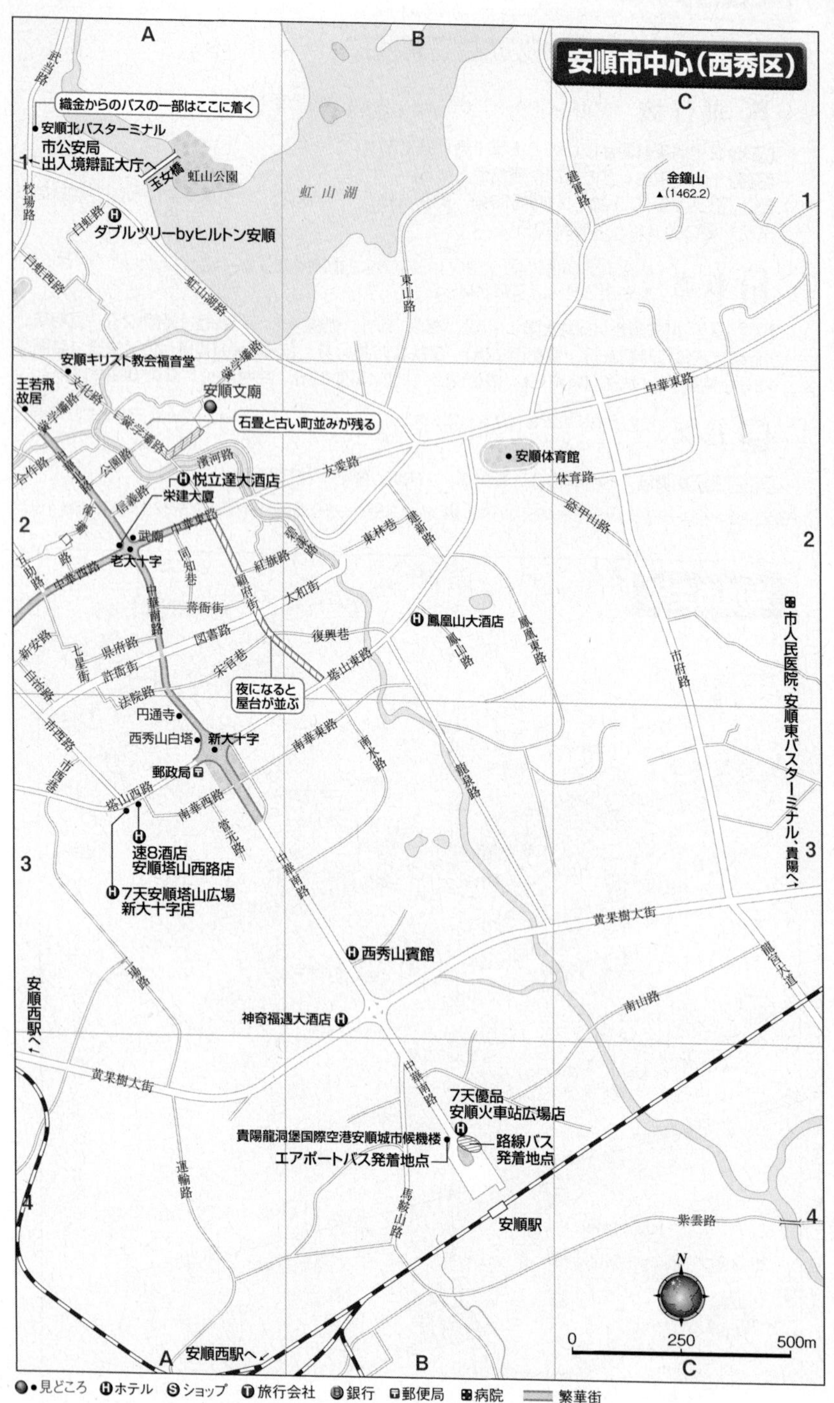

●●見どころ　Ⓗホテル　Ⓢショップ　Ⓣ旅行会社　Ⓑ銀行　郵便局　病院　繁華街

Data

飛行機

安順黄果樹空港（安顺黄果树机场）
Ⓜ **P.259-B1～2** 住西秀区双陽場
☎33383033
オ始発便～最終便 休なし カ不可
[移動手段] タクシー（空港～老大十字）／30～40元、所要20分が目安 路線バス／9路「黄果树机场」
　安順駅前の安順城市候機楼から貴陽龍洞堡国際空港とを結ぶエアポートバスが発着している。

鉄道

安順西駅（安顺火车西站）
Ⓜ **P.259-B2** 住西秀区幺鋪鎮富民路
☎共通電話＝12306 オ7:20～22:25
休なし カ不可
[移動手段] タクシー（安順西駅～老大十字）／30～40元、所要25分が目安 路線バス／8、19路「高铁西客运站」
　28日以内の切符を販売。

安順駅（安顺火车站）
Ⓜ **P.259-B4** 住西秀区中華南路1号
☎共通電話＝12306 オ24時間 休なし
カ不可
[移動手段] タクシー（安順駅～老大十字）／6元、所要8分が目安 路線バス／1、2、3、4、6、19路「火车站」
　28日以内の切符を販売。

バス

安順東バスターミナル（安顺客车东站）
Ⓜ **地図外（P.260-C3右）** 住西秀区新安大道
☎33222169 オ6:50～18:00
休なし カ不可
[移動手段] タクシー（バスターミナル～老大十字）／20～30元、所要20分が目安 路線バス／2、3、4、8、9、14、19路「客车东站」
　近距離は当日の切符のみ、遠距離は3日以内の切符を販売。貴陽（金陽：7:00～18:00の間40分に1便）、黄果樹（7:30～19:00の間30分に1便）、龍宮（8:30～16:30の間40分に1便）、楽平（8:10～17:40の間30分に1便）、織金（南バスターミナル：6便）など。

安順東バスターミナルは近郊観光地への重要なアクセスポイント

見どころ

明代創建の学府

安順文廟／安顺文庙 ānshùn wénmiào
あんじゅんぶんびょう

オススメ度 ★★

　1368（明の洪武元）年に創建された孔子廟で、安順府の学問所として使用されてきた。敷地内には30余りの建物が整然と並び、創建当時の面影をよく残している。本殿は大成殿で、中に孔子像が祀られている。
　この文廟は、精緻な彫刻が施された石板や石柱が多いことで有名。大成殿には飛翔する龍のレリーフが施された高さ5m、直径80cmの石柱が2本立っている。龍柱と呼ばれ、透かし彫りが非常に美しい。
　安順文廟の西側には石畳と古い町並みが残る。青果物を扱う屋台などがあり、市民の日常をうかがい知ることができるので、合わせて訪れるとよい。

高台から見た「泮池」。半月形の池だ

櫺正門

安順文廟
Ⓜ **P.260-A2**
住西秀区黉学壩路47号
☎33323106
オ8:30～18:30
※入場は閉門30分前まで
休なし
料10元
交3、8、9路バス「五小北」

安順文廟正門

柱に施された見事な龍

黄果樹風景区
Ⓜ**P.259-B2**
㊟鎮寧プイ族ミャオ族自治県
☎33592136
㋔入場券売り場：
3～11月7:00～17:00
12～2月7:30～17:00
観光用バス：
7:00～19:00
㊡なし
㊑3～11月＝160元
12～2月＝150元
※大瀑布景区（黄果樹瀑布）、陡坡塘景区、天星橋景区の共通券。2日間有効
※風景区内を走る観光専用バスは50元（2日間有効）。瀑布へのエスカレーターは片道30元、往復50元。天星橋ロープウエイは片道10元
㊂安順東バスターミナルから「黄果樹」行きで終点（7:30～19:00の間30分に1便。22元、所要1時間）
※貴陽の金陽バスターミナル（→P.252）からも便がある
※「黄果樹」からの最終は安順が19:30発（12～2月は18:30発）、貴陽が19:00発（12～2月は18:00）
Ⓤwww.hgscn.com

郊外の見どころ

アジア最大の大滝がある自然風景区

黄果樹風景区／黄果树风景区

こうかじゅふうけいく

huángguǒshù fēngjǐngqū

オススメ度 ★★★　所要時間 7時間～2日

安順市区の南西45km、貴陽から130kmの所にある景勝地で、白水河に架かる数多くの滝と、奇岩の景色で知られている。風景区内には多くの見どころがあるが、中心となるのは瀑布群（ギネスブックにも掲載されている）で、陡坡塘景区と大瀑布景区（黄果樹瀑布）の2エリア。徒歩や景区内専用のタクシーなどでも観光できるが、おすすめは観光専用バスの利用。

黄果樹風景区入場券売り場。購入後右手に進み観光専用バスに乗る

陡坡塘景区／陡坡塘景区

とうはとうけいく　dǒupōtáng jǐngqū

風景区入口の近くに位置する景勝エリア。その中核となるのが段瀑である陡坡塘瀑布。

高さは21mだが、滝口の幅は105mと黄果樹のなかでは最も広く、明代の著名な地理学者、旅行家であった徐霞客も『徐霞客游記』でその様子をたたえている。

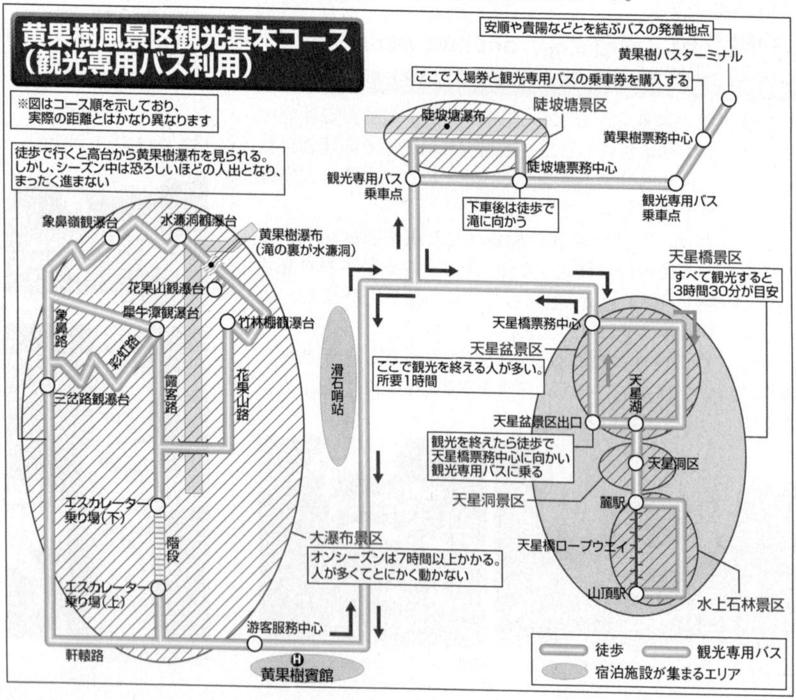

黄果樹風景区観光基本コース（観光専用バス利用）

※図はコース順を示しており、実際の距離とはかなり異なります

徒歩で行くと高台から黄果樹瀑布を見られる。しかし、シーズン中は恐ろしいほどの人出となり、まったく進まない

安順や貴陽などとを結ぶバスの発着地点
黄果樹バスターミナル
ここで入場券と観光専用バスの乗車券を購入する
陡坡塘景区
陡坡塘瀑布
黄果樹票務中心
観光専用バス乗車点
陡坡塘票務中心
観光専用バス乗車点
下車後は徒歩で滝に向かう
象鼻嶺観瀑台
水濂洞観瀑台
黄果樹瀑布（滝の裏が水濂洞）
花果山観瀑台
犀牛潭観瀑台
竹林棚観瀑台
象鼻路
彩虹路
霞客路
花果山路
三岔路観瀑台
滑石哨站
天星橋景区
すべて観光すると3時間30分が目安
天星橋票務中心
天星盆景区
ここで観光を終える人が多い。所要1時間
天星湖
天星盆景区出口
観光を終えたら徒歩で天星橋票務中心に向かい観光専用バスに乗る
天星洞区
天星洞景区
麗駅
天星橋ロープウエイ
山頂駅
水上石林景区
エスカレーター乗り場(下)
階段
エスカレーター乗り場(上)
大瀑布景区
オンシーズンは7時間以上かかる。人が多くてとにかく動かない
游客服務中心
軒轅路
黄果樹賓館
徒歩　観光専用バス
宿泊施設が集まるエリア

雨の多い夏は流れ落ちる水量も増す（陡坡塘瀑布）

オンシーズンは人であふれ返る。滝に近くなると道は細くなるため、人の流れに身を任せるしかない（大瀑布景区水濂洞付近）

大瀑布景区／大瀑布景区

だいばくふけいく　dàpùbù jǐngqū

陡坡塘瀑布の下流1kmに位置する黄果樹瀑布を中心とする景勝エリア。

黄果樹瀑布は高さ77.8m、滝口の広さは83.3m、滝の幅は101mというアジア最大の滝で、カルスト地形の浸食とヒマラヤの造山運動による亀裂などにより生まれた。下から見上げると、その大きさが実感され、雨量の多い夏季には水量が増えて、ごう音と水しぶきの迫力に圧倒される。

観光客は游客服務中心で車を降りた後、遊歩道をたどって川岸に下りていくが、シーズン中はすさまじい人出となり、遅々として進まなくなる。時間を節約するにはエスカレーターの利用は必須（人の少ない早朝は除く）。

大迫力の黄果樹瀑布

天星橋景区／天星桥景区

てんせいきょうけいく　tiānxīngqiáo jǐngqū

黄果樹瀑布の南約6kmの地点に広がる景勝エリアで、天星盆景区、天星洞景区、水上石林景区の3つで構成されている。前述したふたつとは異なり、岩と木、水が織りなす静かな景観を観賞する。夏休みや5月、10月の連休期間は多くの人が訪れ、さほど広くないエリアは動くこともままならない。時間がないようなら訪問リストから外してもよい。

景区では飛び石の上を歩く

天星洞も例に漏れず派手にライトアップされている

インフォメーション

実名分割入場の実施

2019年6月より、黄果樹風景区は入場を4つの時間帯に区切り、インターネットで入場券を予約、購入するシステムを採用することになった。

このシステムを外国人は利用できない（中国在住者は除く）ため、観光希望者は当日窓口で職員補助のもと購入するしかない。乗車時、各景区入場時にはパスポートチェックがあるので、忘れず携帯すること。

なお、4つの時間帯は7:00～10:00、10:00～12:00、13:00～14:30、14:30～17:00。

陡坡塘景区

オ 3～11月7:00～18:30
12～2月7:30～18:00

大瀑布景区

オ 3～11月7:00～18:30
12～2月7:30～18:00

インフォメーション

雨具の用意

黄果樹瀑布に近づく人は雨具の用意が望ましい。特にカメラを持っていく場合はカメラの防水に注意が必要。現地でもレインコートを購入できるが、素材はコンビニのレジ袋より薄くすぐ破れる。

風景区内を走る観光専用バス

天星橋景区

オ 3～11月7:00～18:00
12～2月7:30～17:30

龍宮風景区
ⓂP.259-B2
㊟西秀区龍宮鎮龍宮風景区
☎33661049
㋔3～10月8:30～18:30
11～2月9:00～17:30
※入場はともに16:00まで
※すべてを見て回ると3時間30分はかかるので、14:00（冬は12:00）までに入場することをおすすめする
㊡なし
㊑入場料＝150元（船代を含む）、観光エレベーター＝片道20元、往復35元、観光専用車＝20元（往復）
㊋安順東バスターミナルから「龙宫」行きで終点（8:30～16:30の間40分に1便。13元、所要1時間）
※「龙宫」からの最終は17:30発
Ⓤwww.china-longgong.com

久久屯平安鐘から見た景観

鍾乳洞を小舟で探検できる

龍宮風景区（りゅうぐうふうけいく）／龙宫风景区　lónggōng fēngjǐngqū

オススメ度 ★★

安順市内の南27kmにある風景区で、総面積60km²の広大なエリアを占める。景区中心入口と景区漩塘入口のふたつの出入口があり、景区中心入口（バスはここに発着）から入ると、鍾乳洞の中をごう音をたてて流れ落ちる龍門飛瀑が迎える。そこから斜面を上ってたどり着くのが、天池と呼ばれる池だ。手こぎのボートに乗ってこれを渡ると、鍾乳洞の入口が口を開けている。中もボートで往来することができ、龍宮観光のメインになっている。河は全長5kmに及び、水のある鍾乳洞としては中国一長いという。

鍾乳洞を抜けると遊歩道が続いており、玉龍洞や観音洞などの鍾乳洞がある。さらに進むと漩塘という池にいたる。周囲にはカルスト地形の山々が連なり、のどかな田園風景が広がる美しい場所だ。

漩塘に流れ込む通漩河をモーターボートで進むと、もうひとつの出入口である景区漩塘入口に着く。

龍門飛瀑に架かる橋

天龍屯堡
ⓂP.259-C1
㊟平壩区天龍鎮
☎34295548
㋔天龍屯堡24時間
天台山8:00～18:00
㊡なし
㊑天龍古鎮＝35元
天台山＝25元
※通し券もあるが割引はない
㊋安順東バスターミナルから「乐平」方面行きで「天龙屯堡」（8:10～17:40の間30分に1便。10元、所要50分）
※切符購入時は「天龙屯堡」と伝えればよい
※「天龙屯堡」からの最終は18:00頃通過

天台山に残る古い城壁

昔ながらの生活を送る漢族が暮らす村

天龍屯堡（てんりゅうとんぽ）／天龙屯堡　tiānlóng túnpù

オススメ度 ★★

明の洪武帝は中国を統一すると、西南地域の少数民族を治めるため、1381（明の洪武14）年、30万の軍隊を送った。その一部は屯田兵として貴州や雲南に残り村を造った。貴州省内には現在でも当時の屯田兵の村がいくつか残っている。なかでも天龍の村は明代の生活習慣を600年間にわたり保っている貴重な存在。

村民が着ている衣装は、一見少数民族のもののように見えるが、実は明代に漢族が着ていたもの。建築物にも特徴がある。もともと屯田兵の村だったため、外敵が攻めにくいように主要建築材料に石板を使用し、なおかつ道路を狭くして民家の外壁を防御壁代わりにした。また、地戯と呼ばれる伝統演劇があり、9:30～11:30、13:00～18:00の間1時間に1回上演される（5分ほど）。

壁にかかる「地戯」の仮面（演武堂）

ホテル

ダブルツリーbyヒルトン安順（あんじゅん）／安顺百灵希尔顿逸林酒店 ānshùn bǎilíng xīěrdùn yìlín jiǔdiàn ★★★★★

2019年8月現在、安順で最高級のホテル。虹山湖西岸の静謐な環境にある。

両替 ビジネスセンター インターネット

M P.260-A1 住 西秀区虹山湖路42号 ☎ 33669666 FAX 33669000 S 942～1042元 T 942～1042元 サ なし カ ADJMV U www.hilton.com

黄果樹賓館（こうかじゅひんかん）／黄果树宾馆 huángguǒshù bīnguǎn ★★★★★

黄果樹風景区内にある高級リゾートホテル。黄果樹瀑布の見える客室は予約したほうが無難。

両替 ビジネスセンター インターネット

M P.262 住 鎮寧プイ族ミャオ族自治県黄果樹風景区内 ☎ 33595888 FAX 33595999 S 958元 T 628元 サ なし カ ADJMV U jd.hgscn.com

西秀山賓館（せいしゅうざんひんかん）／西秀山宾馆 xīxiùshān bīnguǎn ★★★

安順駅にも歩いて行ける便利なロケーション。大通りに面した建物と中庭の奥にある建物に分かれている。客室は落ち着いた色彩でまとめられている。近くにはバス停があり、安順東バスターミナルに向かうにも便利。

両替 ビジネスセンター インターネット

M P.260-B3
住 西秀区中華南路63号
☎ 33337888
FAX 33337818
S 169～399元
T 179～299元
サ なし
カ 不可

悦立達大酒店（えつりつたつだいしゅてん）／悦立达大酒店 yuèlìdá dàjiǔdiàn ★★★

町の繁華街、老大十字に位置する22階建てのホテル。星なし渉外ホテルだが設備は3つ星相当。最上階のレストランからは安順市内を一望できる。西洋料理と中国料理を提供するレストランがあり、ジムなど施設も充実している。

両替 ビジネスセンター インターネット

M P.260-A2
住 西秀区老大十字栄建大廈
☎ 33335888
FAX 33244218
S 268元
T 268元
サ なし
カ 不可

7天優品 安順火車站広場店（しちてんゆうひん あんじゅんかしゃたんこうじょうてん）／7天优品 安顺火车站广场店 qītiān yōupǐn ānshùn huǒchēzhàn guǎngchǎngdiàn

「経済型」チェーンホテルのひとつ、7天連鎖酒店の上級ブランド。客室にはひととおりの物が揃っている。安順駅の北側に位置し、目の前が路線バスの起終点となっており、アクセスは非常によい。

両替 ビジネスセンター インターネット

M P.260-B4
住 西秀区中華南路121号
☎ 33232777
FAX なし
S 243～299元
T 288～343元
サ なし
カ 不可
U www.plateno.com

速8酒店 安順塔山西路店（そくはちしゅてん あんじゅんとうざんせいろてん）／速8酒店 安顺塔山西路店 sùbā jiǔdiàn ānshùn tǎshānxīlùdiàn

「経済型」チェーンホテル。町の中心に位置し、設備はひととおり揃っている。

両替 ビジネスセンター インターネット

M P.260-A3 住 西秀区塔山西路15号 ☎ 33767888 FAX なし S 208～228元 T 208～268元 サ なし カ 不可 U www.super8.com.cn

7天安順塔山広場新大十字店（しちてんあんじゅんとうざんこうじょうしんだいじゅうじてん）／7天安顺塔山广场新大十字店 qītiān ānshùn tǎshān guǎngchǎng xīndàshízìdiàn

「経済型」チェーンホテル。町の中心に位置し、リーズナブルだが、設備はひととおり揃っている。

両替 ビジネスセンター インターネット

M P.260-A3 住 西秀区塔山西路21号 ☎ 38189898 FAX なし S 121～132元 T 155元 サ なし カ 不可 U www.plateno.com

※星がグレーは申請中など正式認定ではありません

貴州省 赤水 Chì Shuǐ 市外局番●0851

赤水
せきすい

Chi Shui

世界遺産の赤水丹霞地形が広がるエリア

水量を増し、水飛沫を上げる赤水大瀑布

都市Data

赤水市
人口：31万人
面積：1801㎢
遵義市管轄下の県級市

市公安局出入境管理大隊
（市公安局出入境管理大队）
Ⓜ P.268-C2
住 瀑都大道赤水市人民政府政務大庁三楼公安局総合窓口
☎23300083
オ 9:00〜12:00、14:00〜17:00
休 土・日曜、祝日
観光ビザの延長は不可

市人民医院（市人民医院）
Ⓜ P.266-B1
住 公園路8号
☎22821168
オ 24時間
休 なし

市内交通

【路線バス】 運行時間の目安は7:00〜19:00、1元
【タクシー】 メーターを使わず交渉制が習慣。町の中心部なら6〜10元。タクシーをチャーターして赤水の見どころを回る場合、1日500元が目安。ただし、運転手は片道乗車を好むため、チャーターにはなかなか応じてくれない。片道運賃（目安）については、P.268を参照

概要と歩き方

貴州省北西部赤水河の下流に位置する赤水は、四川省と境界を接する町で、2010年に世界遺産に登録された「中国丹霞」の一部。赤水の丹霞地形を形成している堆積岩は、酸化鉄を多く含むため、鮮やかな赤色をしており、これが川に溶け出し、川の色が赤く染まっていることから赤水と呼ばれている。

赤水は、貴州高原が急激に沈下し四川盆地に続く部分にあるため、多くの峡谷や瀑布が存在する。3m以上の滝は4000ヵ所を超え、「中国の滝の都」と呼ばれている。なかでも赤水大瀑布は、長江流域で最大規模。

自然環境にも特徴があり、約2億年前のジュラ紀から残っているヘゴという絶滅危惧種の木生シダが群生し、さらに竹海と呼ばれるほど、多種多様な竹があることでも知られている。こうした特殊な地形と自然環境から

飲食店が集中する富貴金街

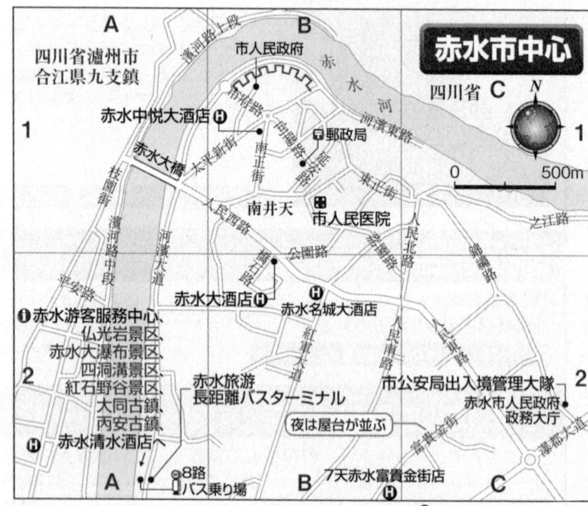

豆腐丸子（左）と包漿豆腐（右）は赤水を代表するシャオチー

なる赤水は観光名所に富み、風景区の総面積は赤水市全体の3分の1にもなる。

赤水は規模の小さい町だったが、世界遺産に登録されてからはここを訪れる観光客が急増しており、町は南へと広がっている。また、町なかにあったバスターミナルが閉鎖され、赤水旅游長距離バスターミナルに集約された。このため、車を使った旅でなければ、バスターミナル近くで宿を探したほうが便利となっている。

	1月	2月	3月	4月	5月	6月	7月	8月	9月	10月	11月	12月
平均最高気温(℃)	7.0	8.0	12.0	15.0	18.0	21.0	23.0	22.0	20.0	16.0	13.0	10.0
平均最低気温(℃)	-1.0	1.0	5.0	8.0	12.0	15.0	16.0	16.0	14.0	9.0	6.0	2.0
平均気温(℃)	3.0	4.0	8.0	11.0	15.0	18.0	19.0	19.0	17.0	12.0	9.0	6.0
平均降水量(mm)	（データなし）											

※町の気象データ(→P.22)：「预报」>「贵州」>「遵义」>「赤水」>街道･鎮･郷から選択

市民の足として利用される路線バス

町の中心部に立つモニュメント。赤水は共産党と国民党の間で戦闘が繰り広げられた地でもある

Access 交通

中国国内の移動➡P.318

バス 赤水旅游長距離バスターミナルを利用する。

所要時間(目安) 両河口／1時間　紅石野谷／50分　貴陽／5時間30分　重慶／4時間　成都／6時間　仏光岩景区／1時間

Data

赤水旅游長距離バスターミナル
（赤水旅游长途汽车客运站）

M P.266-A2　住 河濱大道中路84号　☎ 22880178
オ 6:00～17:30　休 なし　カ 不可
[移動手段] タクシー（赤水旅游長距離バスターミナル～市中心部）／6～8元、所要7分が目安
路線バス／5路「旅游车站」

近郊は当日の切符、それ以外は5日以内の切符を販売。貴陽（金陽：3便）、重慶（菜園壩、重慶北站南広場など：7便）、成都（新南門：4便）、仏光岩景区（習水、土城、元厚方面。6:30～17:00の間30～40分に1便）など。このほか、両河口（赤水大瀑布景区）、宝源、丙安古鎮などに向かうバスも出ている（詳細→P.268）。

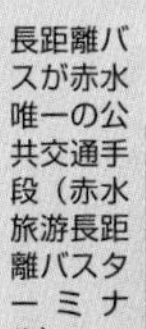

長距離バスが赤水唯一の公共交通手段（赤水旅游長距離バスターミナル）

赤水の各観光地までの移動方法

赤水では、長距離バス、景区直通車、タクシーを組み合わせてそれぞれの見どころにアクセスできる。下記内容を一読し、自分なりのパターンを考えてみよう。

(下記情報は2019年8月現在)

長距離バス

途中乗車は空席状況によって可能かどうかが決まるため、基本的には赤水を出発するバスの利用が望ましい。

❶**仏光岩景区**／土城、元厚方面に向かうバスに乗る。6:30～17:00の間30～40分に1便。15元、所要1時間。赤水行きの最終バスは仏光岩景区入口前を17:30頃通過。

❷**赤水大瀑布景区**／両河口行きバスに乗る。7:00～17:00の間1時間に1便。12元、所要1時間。赤水行きの最終バスは17:00発。乗車地点は景区入口から徒歩10分。

❸**紅石野谷景区、大同古鎮**／宝源方面に向かうバスに乗る。7:00～17:00の間1時間に1便。10元、所要40分。赤水行きの最終バスは17:15頃通過。

❹**丙安古鎮**／土城、元厚方面に向かうバスに乗る。7:00～18:00の間50分～1時間に1便。6元、所要50分。

景区直通車

赤水游客服務中心を中心に、見どころを結ぶ路線が3つ運行されている。オンシーズンは利用者も多いため、早めの行動を心がけよう。

❶**赤水游客服務中心～仏光岩景区**

片道30元、所要1時間20分。丙安古鎮を経由する。

- 赤水游客服務中心／7:00、8:00、9:00、10:30、11:30、13:30、14:50発
- 仏光岩景区／8:50、9:50、10:50、13:30、15:00、16:40、17:30発

赤奥に見えるのが赤水游客服務中心

❷**赤水游客服務中心～赤水大瀑布景区(燕子岩景区経由)**

片道20元、所要1時間。赤水大瀑布景区と燕子岩景区との間は所要10分。

- 赤水游客服務中心／7:00、8:00、9:00、10:30、11:30、13:30、14:30発
- 赤水大瀑布景区／8:30、9:30、10:30、13:30、15:00、16:30、17:30発

❸**仏光岩景区～赤水大瀑布景区**

片道30元、所要1時間20分。

- 仏光岩景区／12:30、15:20発
- 赤水大瀑布景区／12:30、14:30発

赤水游客服務中心

Ⓜ**地図外(P.266-A2下)**

住 復興鎮長江新村378県道長江半島酒店傍

☎22863700

交 ①タクシーに乗車する。20元、所要15分が目安

②市中医医院から7路バスで「客接待中心」。6:50～18:50の間、20分に1便。3元、所要17分

旅游直通車

☎携帯＝18385089911

タクシー

赤水の運転手はチャーターを嫌い、片道の利用客を好むようだ。市中心部を走る台数が多いだろうから、基本的には赤水出発時に利用することになる。

❶**仏光岩景区**／120元、所要1時間10分
❷**赤水大瀑布景区**／80元、所要50分
❸**四洞溝景区**／60元、所要30分
❹**紅石野谷景区**／60元、所要30分
❺**大同古鎮**／30元、所要15分
❻**丙安古鎮**／50元、所要25分

※片道乗車時の運賃、所要時間(市中心部からの目安)

景区直通車

見どころ

世界遺産

世界遺産の丹霞地形を見られる

仏光岩景区（ぶっこうがんけいく）／佛光岩景区　fóguāngyán jǐngqū

オススメ度 ★★★　所要時間 2〜5時間

大婁山は、貴州省北部に北東から南西に延びる山脈で、その北麓は雲貴高原から四川盆地にかけて急激に沈み込んでいる。仏光岩景区（五柱峰景区とも呼ばれる）はこのエリアに位置する景勝地で、2010年に「中国丹霞」の一部として世界自然遺産に登録された「赤水国家級風景名勝区」の中核。

地形は原生代に長い時間をかけて川や湖の底に蓄積してできた赤い岩盤が、造山運動による隆起や風雨による浸食作用によって地表に現れたもので、城壁や柱状などさまざまな形状がある。丹霞地形としては中国最大級の広さ。また、周囲にはヘゴやシダなどが生えており、独特の風景を生み出している。

見どころの中心は半円形に削れた仏光岩。弧状の絶壁は長さ1km、高さ300mに及ぶ。その中央部には細く流れ落ちる滝があり、各所に設置された展望台から眺望を楽しめる。午前中は逆光となるので、写真撮影は午後（16:00頃がベスト）が望ましい。このほかに、5つの奇峰が並ぶ五柱峰などもあり、遊歩道で散策できる。

展望台から見た仏光岩。晴天時の午前中は逆光となる

仏光岩景区
Ⓜ P.246-C1
住 元厚鎮
☎ 携帯＝13985200669
オ 8:00〜19:00
※入場は閉門2時間前まで
休 なし
料 85元
交 P.268インフォメーション参照

インフォメーション

電動カート

入場券売り場と入場口とを結ぶ電動カートがある。この区間はダラダラとした登り道で徒歩だと片道30〜40分ほどかかる。時間を節約したい場合はおすすめ。
料 片道＝15元、往復＝25元

景区内で見られる丹霞地形は赤色の堆積岩が隆起したもの

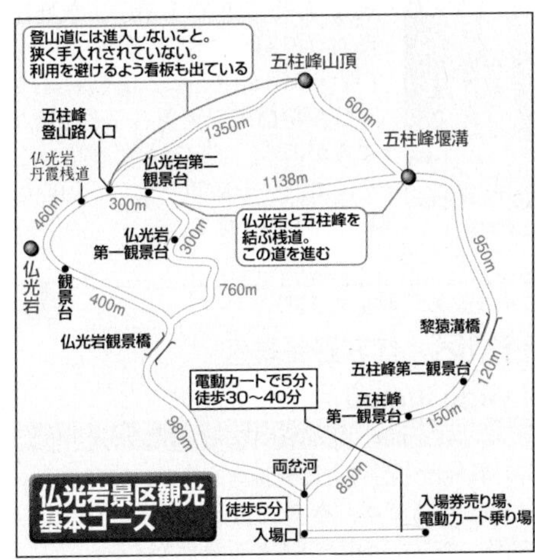

下から見上げる五柱峰

仏光岩景区入口

赤水大瀑布景区
Ⓜ P.246-B～C1
㊟ 両河口郷赤水大瀑布景区
☎ 22021260
㋔ 8:00～17:00
㊔ 80元
㊋ P.268インフォメーション参照

インフォメーション

電動カート
入場口と赤水大瀑布とを結ぶ電動カートがある（途中、美人梳瀑布にも停車）。時間を節約したい場合はおすすめ。
㊔ 片道＝10元

赤水大瀑布エレベーター
㊔ 1回20元

四洞溝景区
Ⓜ P.246-B1
㊟ 大同鎮郊外
☎ 22911044
㋔ 8:00～19:00
※入場は閉門2時間前まで
㊔ 75元
㊋ 赤水旅游長距離バスターミナルの道向かいから8路バスに乗って終点「大同」（3元、所要20分）。下車後、8路延長線に乗り換え終点「四洞沟」（2元、所要15分）
※8路バス延長線スケジュールは次のとおり。大同＝8:05、9:15、10:25、11:35、12:45、13:55、15:15、16:25、17:35発。四洞溝＝7:30、8:40、9:50、11:00、12:10、13:20、14:40、15:50、17:00、18:00発
※赤水への最終は19:30発

インフォメーション

電動カート
景区内には電動カートがある。全長3km。
㊔ 片道＝20元、往復＝30元

紅石野谷景区
Ⓜ P.246-B1
㊟ 大同鎮郊外
☎ 22880001、22911202
㋔ 8:00～17:00 ㊡ なし
㊔ 入場料＝60元、川下り＝120元、竹海すべり台＝30元
㊋ P.268インフォメーション参照

赤水最大の滝がある景勝エリア　世界遺産

赤水大瀑布景区（せきすいだいばくふけいく）／赤水大瀑布景区
chìshuǐ dàpùbù jǐngqū

オススメ度 ★★★　所要時間 2～5時間

赤水市南部を流れる、赤水河支流の風渓河の上流域に位置する景勝エリアで十丈洞景区とも呼ばれる。市中心部（市中街道）からは南に40km。仏光岩景区と同様、造山運動による隆起や風雨による浸食作用によって生まれた丹霞地形として、世界自然遺産「中国丹霞」に登録された。見どころは風渓河沿いにある緑豊かな自然で、中国の丹霞地形では最大の滝である赤水大瀑布がその中心となる。

赤水大瀑布は高さ76m、幅80mの規模を誇る滝。雨量の増える夏季には迫力ある姿が見られる。滝壺から上がる水しぶきは激しくかなり遠くまで飛び散るため、雨具の用意をおすすめする。その下流約2kmには高さ18.5m、幅75.6mの美人梳（びじんそ）瀑布（ばくふ）（中洞瀑布とも呼ばれる）がある。景区は川に沿って造られた車道と遊歩道を利用して観光する。

間近で見る滝は大迫力！

もうひとつの滝の名所

四洞溝景区（しどうこうけいく）／四洞沟景区
sìdònggōu jǐngqū

オススメ度 ★★

高さ60mの白龍潭瀑布

市中心部の南17kmに位置する景勝エリア。大同河の支流である閔渓河（びんけいが）沿いに並ぶ水簾洞瀑布（一洞）、月亮潭瀑布（二洞）、飛蛙崖瀑布（三洞）、白龍潭瀑布（四洞）の4つの滝を中心に、清代に建てられた功徳碑や老鷹石などの見どころがある。景区は高低差も少なく、川沿いを散策しながら周囲の風景を観賞できる。

赤水観光の粋を集めた景勝エリア　世界遺産

紅石野谷景区（こうせきやこくけいく）／红石野谷景区
hóngshí yěgǔ jǐngqū

オススメ度 ★★

市中心部の南16kmの所にある景勝エリアで、95％が木々に覆われている。ここでは、赤水観光の4つの特色である、丹霞地形、竹林、ヘゴ、瀑布をまとめて堪能できる。

なかでもおすすめなのは壁画石刻長廊。これは、長さ約200m、高さ40mの絶壁に風雨の浸食によって生まれた18mの裂け目。

また、エリア内には農民が暮らすことが許されており、規模は小さいが、山の斜面に造られた棚田や素朴な農村風景も堪能できる。

迎賓瀑。他所の滝と比べるといささか迫力に欠ける

自然と調和した山あいの村

大同古鎮（だいどうこちん）／大同古镇　dàtóng gǔzhèn

オススメ度 ★

大同古鎮は市区の南6km、大同河のほとりにある静かな村。古来より水運の要衝として知られ、多くの船舶が赤水河を経由して長江に入り、重慶や上海へと向かっていた。しかし、輸送量は20世紀前期をピークに減少し、埠頭は閉鎖された。現在では、村人たちの釣り場として利用されるのみ。

石畳の古い町並み

大同古鎮
ⓂP.246-B1
㊟大同鎮　㋔24時間　㊡なし
㊕10元
㊋P.270「四洞溝景区」を参照

貴州四大古鎮のひとつ

丙安古鎮（へいあんこちん）／丙安古镇　bǐngān gǔzhèn

オススメ度 ★

赤水河沿いに残る古鎮。古くから四川産の塩の集積地として栄え、集落には明清時代の古建築が多く残る。また、1935年には長征中の中国共産党紅一方面軍と四川軍閥が戦った「四渡赤水」の舞台にもなった。

対岸から見た村の姿

丙安古鎮
ⓂP.246-C1
㊟丙安鎮
㋔7:30～19:00
㊡なし
㊋P.268インフォメーション参照

幹線道と村を結ぶ吊り橋

ホテル

赤水中悦大酒店（せきすいちゅうえつだいしゅてん）／赤水中悦大酒店　chìshuǐ zhōngyuè dàjiǔdiàn ★★★★

4つ星ホテル。ホテル内にレストランはあるが、ホテル周辺にも多くのレストランがあり、非常に便利。

両替　ビジネスセンター　インターネット

ⓂP.266-B1　㊟南正街22号
☎22823888　FAX22860289　Ⓢ388元
Ⓣ268～328元　㋚なし　㋕不可

赤水大酒店（せきすいだいしゅてん）／赤水大酒店　chìshuǐ dàjiǔdiàn

メインストリートである人民西路沿いに位置するリーズナブルなホテル。星なし渉外だが設備は2つ星相当。

両替　ビジネスセンター　インターネット

ⓂP.266-B2　㊟人民西路281号
☎22881566　FAXなし　Ⓢ188元
Ⓣ188元　㋚なし　㋕不可

赤水清水酒店（せきすいせいすいしゅてん）／赤水清水酒店　chìshuǐ qīngshuǐ jiǔdiàn

赤水河沿いに立つホテル。赤水旅游長距離バスターミナルにも近い。

両替　ビジネスセンター　インターネット

Ⓜ地図外（P.266-A2下）　㊟河濱大道402号江景1号
☎22025333　FAX22889107　Ⓢ228～248元
Ⓣ228～248元　㋚なし　㋕不可

貴州省 凱里（カイリー） Kǎi Lǐ　市外局番●0855

凱裏（がいり）

Kai Li

郊外には少数民族の村が点在する

ミャオ族による民族歌舞ショー（西江千戸ミャオ寨）

都市Data

凱裏市
人口：55万人
面積：1570㎢
黔東南ミャオ族トン族自治州管轄下の県級市

州公安局出入境管理処
（州公安局出入境管理处）
Ⓜ P.274-B4
㊟大十字街道博南路5号荷香居小区凱裏市政府政務服務中心
☎8512131、8512130
㋔9:00～12:00、13:00～17:00
㊡土・日曜、祝日
観光ビザを最長30日間延長可能。手数料は160元

州人民医院（州人民医院）
Ⓜ P.274-B3
㊟大十字街道韶山南路31号
☎8218790
㋔24時間
㊡なし

市内交通

【路線バス】運行時間の目安は6:30～22:00、1～2元。凱裏南駅に向かう16、21路バスは4元
【タクシー】初乗り2km未満6元、2km以上1kmごとに1.6元加算。市外は要交渉。また、市内では同一方向に向かう乗客を同乗させることも珍しくないので、気にしないように（料金はそれぞれ支払う）

概要と歩き方

凱裏市は、黔東南ミャオ族トン族自治州の州都。少数民族が7割余りを占め、そのうちミャオ族が約40%、トン族が約30%で、ほかにはプイ族、ヤオ族、チワン族、スイ族などの民族が暮らしている。自治州の中央を苗嶺山脈が走っていて、全体に山深く起伏が激しい。春節や春、秋には多くの民族の祭りが開かれる。ミャオ族の「姉妹飯」や「跳花節」の祭りには、中国内から多くの人が集まる。

市内の見どころは、州民族博物館や金曜と土曜に開かれる民族衣装マーケットくらいで、観光のメインは自治州内に点在する少数民族の村。雷山県の西江千戸ミャオ寨や黎平県の肇興（トン族）を除き、そのほとんどはあまり観光開発されておらず、昔ながらの素朴な暮らしが残っている。そういった村は、アクセスの不便な村も多く、事前に情報を収集することが必要。短期間で効率的に回るには、貴陽や凱裏の旅行会社に相談し、車とガイドを手配してもらったほうがよいだろう。旅費を節約して村々を訪ねたい場合は、榕江や従江、黎平などの拠点となる町へ行き、そこからローカルバスやタクシーを利用したりすればよい。ただし、簡単な中国語会話能力が必要となる。

凱裏という町の名称は、もともとミャオ族の言葉で「開墾した所」という意味。その呼び名を聞いた漢族が「凱裏」という漢字を当てたという。凱裏以外の地名も、少数民族の呼び名の当て字が多いらしい。凱裏は州都といっても比較的小さな町だ。州民族

市民でにぎわう東門街

	1月	2月	3月	4月	5月	6月	7月	8月	9月	10月	11月	12月
平均最高気温(℃)	12.0	14.0	19.0	24.0	28.0	31.0	33.0	33.0	30.0	25.0	20.0	15.0
平均最低気温(℃)	5.0	6.0	10.0	15.0	16.0	22.0	23.0	23.0	20.0	16.0	11.0	6.0
平均気温(℃)	8.0	9.0	14.0	19.0	23.0	26.0	28.0	28.0	25.0	20.0	15.0	10.0
平均降水量(mm)	10.0	20.0	40.0	90.0	180.0	210.0	190.0	130.0	120.0	100.0	40.0	20.0

※町の気象データ（→P.22）：「预报」>「贵州」>「黔东南」>「凯里」>郷・鎮から選択

博物館から北に延びている韶山南路、韶山北路がメインストリート。繁華街は大十字周辺で、この周辺にホテルが多い。凱裏バスターミナルの北の東門街は老街とも呼ばれ、毎週日曜日には市が立ち周辺の村から出てきた人々でにぎわう。

1 村の入口では歓迎の酒が振る舞われる（西江→P.276） 2 村は山の斜面に沿って造られている

古い駅舎の凱裏駅（→P.275）

凱裏南駅は高速鉄道の専用駅（→P.275）

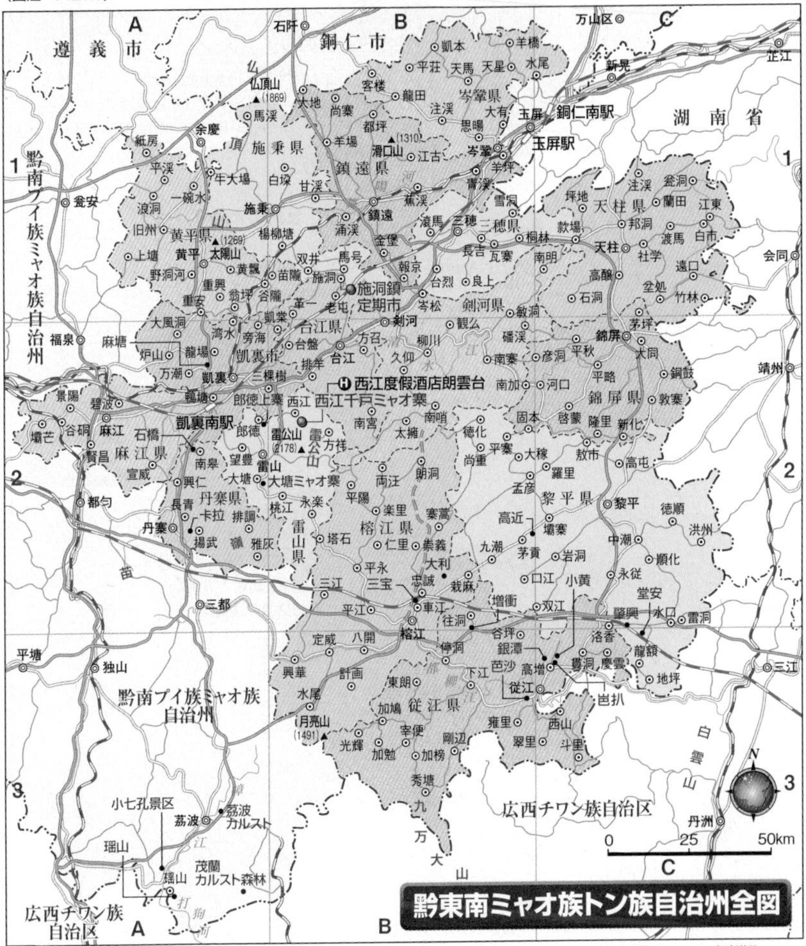

黔東南ミャオ族トン族自治州全図

●• 見どころ　省･自治区境　市･地区･自治州境　県級市･県境　鉄道　高速鉄道　高速道路

0　25　50km

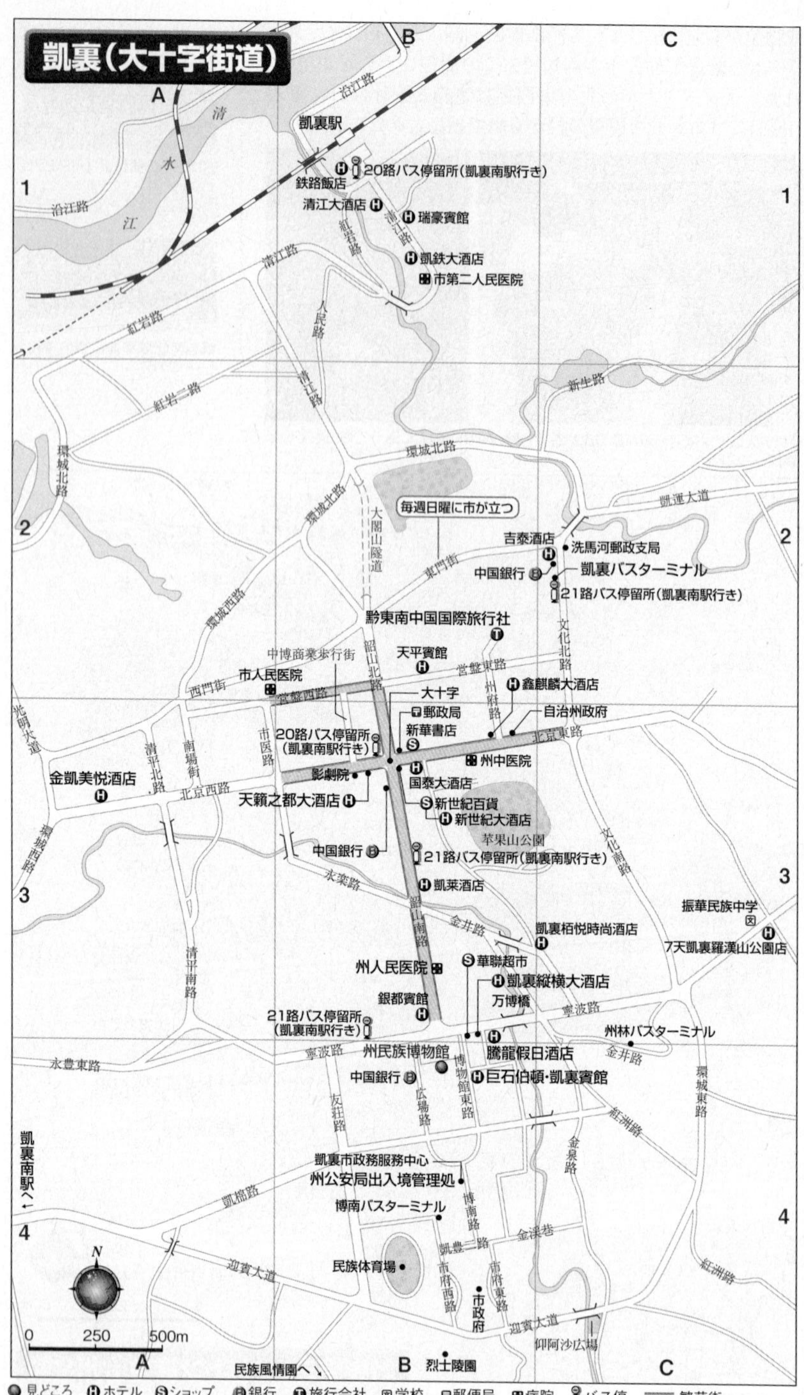

凱裏（大十字街道）
A
B
C
1
2
3
4
沿江路
清水江
凱裏駅
20路バス停留所（凱裏南駅行き）
鉄路飯店
清江大酒店
瑞豪賓館
紅岩路
清江路
凱鉄大酒店
市第二人民医院
人民路
紅岩二路
新生路
環城北路
毎週日曜に市が立つ
大閣山隧道
凱運大道
吉泰酒店
洗馬河郵政支局
中国銀行
凱裏バスターミナル
21路バス停留所（凱裏南駅行き）
東門街
環城西路
黔東南中国国際旅行社
文化北路
中博商業歩行街
韶山北路
天平賓館
営盤東路
市人民医院
西門街
営盤西路
大十字
州府路
鑫麒麟大酒店
郵政局
自治州政府
光明大道
清平北路
南場街
市医路
20路バス停留所（凱裏南駅行き）
新華書店
北京東路
州中医院
金凱美悦酒店
影劇院
国泰大酒店
北京西路
天籟之都大酒店
新世紀百貨
新世紀大酒店
苹果山公園
文化南路
中国銀行
21路バス停留所（凱裏南駅行き）
永樂路
凱莱酒店
韶山南路
金井路
凱裏栢悦時尚酒店
振華民族中学
7天凱裏羅漢山公園店
清平南路
州人民医院
華聯超市
凱裏縦横大酒店
銀都賓館
万博橋
寧波路
21路バス停留所（凱裏南駅行き）
州林バスターミナル
金井路
永豊東路
寧波路
州民族博物館
騰龍假日酒店
中国銀行
巨石伯頓・凱裏賓館
環城東路
友誼路
広場路
博物館東路
紅洲路
金泉路
凱裏市政務服務中心
州公安局出入境管理処
凱裏南駅へ
凱橋路
博南バスターミナル
博南路
金渓巷
凱豊二路
民族体育場
迎賓大道
市府西路
市府東路
市政府
紅洲路
迎賓大道
0 250 500m
仰阿沙広場
烈士陵園
民族風情園へ

● 見どころ　Ⓗ ホテル　Ⓢ ショップ　Ⓑ 銀行　Ⓣ 旅行会社　⊗ 学校　〒 郵便局　⊞ 病院　バス停　繁華街

Access 交通

中国国内の移動➡P.318　鉄道時刻表検索➡P.321

鉄道

上海から昆明へ向かう滬昆線上にある凱裏駅（停車する列車は多く便利）と高速鉄道専用の凱裏南駅があるが、ともに始発列車はない。

所要時間(目安)【凱裏(kl)】貴陽(gy)／直達：2時間20分　安順(as)／直達：3時間58分　鎮遠(zy)／快速：1時間14分　成都(cd)／快速：19時間37分　重慶西(cqx)／快速：8時間24分　【凱裏南(kln)】貴陽北(gyb)／高鉄：34分　安順西(asx)／高鉄：1時間12分　成都東(cdd)／高鉄：4時間20分　重慶西(cqx)／高鉄：2時間47分　昆明南(kmn)／高鉄：2時間43分

バス

貴陽とを結ぶ路線が多い。旅行者がおもに使うのは凱裏バスターミナル。

所要時間(目安) 貴陽／3時間　鎮遠／3時間　西江／1時間20分　従江／5時間　銅仁／4時間

Data

鉄道

凱裏駅（凱里火车站）
M P.274-B1　住 大十字街道清江路88号
☎ 共通電話＝12306　オ 24時間
休 なし　カ 不可
[移動手段] タクシー（凱裏駅～天籟之都大酒店）／10元、所要10分が目安　路線バス／1、2路「火车站」
28日以内の切符を販売。

凱裏南駅（凱里火车南站）
M P.273-A2　住 鴨塘鎮金匯大道
☎ 共通電話＝12306
オ 7:00～22:00
休 なし　カ 不可
[移動手段] タクシー（凱裏南駅～天籟之都大酒店）／50元、所要30分が目安　路線バス／20、21路「凯里高铁南站」
28日以内の切符を販売。市中心部の南西約15kmに位置する。

バス

凱裏バスターミナル（凯里客运站）
M P.274-C2　住 大十字街道文化北路25号
☎ 8239739　オ 6:00～19:30
休 なし　カ 不可
[移動手段] タクシー（凱裏バスターミナル～天籟之都大酒店）／8元、所要8分が目安　路線バス／1、6、8、9、12路「凯运司客车站」
3日以内の切符を販売。貴陽（龍洞堡バスターミナル：8:00～14:25の間25～35分に1便、15:30、15:55、17:00、17:25発）、西江（7:50～17:40の間40～50分に1便）、郎徳（5便）、鎮遠（7便）、施洞（7便）、従江（7便）、黎平（8便）、銅仁（2便）など。

見どころ

少数民族の暮らしがよくわかる

州民族博物館／州民族博物馆

しゅうみんぞくはくぶつかん

zhōumínzú bówùguǎn

オススメ度 ★★

韶山南路の突き当たりにある3階建ての建物が州民族博物館。自治州内に住むミャオ族やトン族をはじめとした少数民族関連の展示が豊富。凱裏近郊に点在する少数民族の暮らす村を訪ねる前に見学しておくと、その後の理解に非常に役立つ。

博物館はミャオ族とトン族の建築様式を模した屋根をもつ

州民族博物館
M P.274-B4
住 大十字街道広場路5号
☎ 8068089
オ 9:00～17:00
※入場は閉館30分前まで
休 月曜
料 無料
交 7、16路バス「万博东」。1、2、5、6、12、16、18路バス「万博西」

館内にはショップも併設

西江千戸ミャオ寨
Ⓜ **P.273-B2**
住 雷山県西江鎮
☎3348511、3348829
オ 24時間　休 なし
料 90元
※風景区内観光車は20元（4回まで乗車可能）
交 凱裏バスターミナルから「西江」行きで終点（7:50～17:40の 間40～50分 に1便。16元、所要1時間20分）
※「西江」からの最終は17:20発
Ⓤ www.xjqhmz.com

入口で入場者を迎える長裙ミャオ族の女性

村を訪れる観光客は多い

施洞鎮定期市
Ⓜ **P.273-B1**
住 台江県施洞鎮　☎ なし
オ 6:00～12:00　料 無料
交 凱裏バスターミナルから「施洞」行きで終点（8:00、9:20、10:20、12:00、12:50、13:30、15:20発。22元、所要2時間30分）
※「施洞」からの最終は16:00発。できるだけ15:30までに乗り場に戻ったほうがよい

郊外の見どころ

中国最大のミャオ族の村

西江千戸ミャオ寨／西江千户苗寨
xījiāng qiānhù miáozhài

オススメ度 ★★★　所要時間 3時間～1日

西江千戸ミャオ寨は雷山県北部に位置し、凱裏市からは約20km。長裙ミャオ族（西江式ミャオ族）が居住する村で、山の斜面を覆うように建てられた高床式木造建築群が必見。名前が示すように、村内の民家は1288戸を数え、人口は6000人近い。その99%がミャオ族。2008年には凱裏から西江にいたる新しい道路が完成し、それに合わせ大規模な観光開発が進み、現在では団体観光客が多数訪れるようになった。

おもな見どころは、ミャオ族の歴史や文化などを展示している西江ミャオ族博物館、先祖伝来の銅鼓を保管し祭事を執り行う「鼓蔵頭」の家、村の農業指導者的役割を担う「活路頭」の家など。川沿いのエリアは商業化が進んでいるが、集落の上のほうは本来の民家が残り落ち着いた雰囲気を保っている。集落の向かい側の高台には展望台があり、そこから眺める村の全景が美しい。北入口では10:30～12:00と16:00～17:30の間、入場者に歓迎の酒を振る舞うパフォーマンスが、広場では11:30～12:10と17:00～17:40の間、民族舞踊ショーが行われる。また、毎年6月には喫新節が、9～10月にかけて苗年の祭りが行われる(いずれも陰暦)。

高台から見渡した村の全景

ミャオ族の手工芸品が売られている

施洞鎮定期市／施洞镇集市　shīdòngzhèn jíshì

オススメ度 ★★

刺繍の型紙はデザインも切り抜きもすべて手作り

施洞鎮は凱裏市の北東49km、台江県北部に位置し、ミャオ族の伝統文化が色濃く残っている地方として有名。定期市は6日に1回で陰暦の丑と未の日に開かれる。凱裏へのバスが発着する通りから清水江のほうに少し下ったあたりから露店が建ち並ぶ。なかでも銀の装飾品、民族衣装の刺繍用型紙、衣装の背面上部に縫い込む飾りなどが目を引く。なお、施洞は姉妹飯（陰暦3月15日）、喫新節、龍船節（陰暦5月23～25日）等のミャオ族の祭りでも有名。

ホテル

金凱美悦酒店／金凯美悦酒店 jīnkǎi měiyuè jiǔdiàn ★★★★

北京西路にある大きなホテルで、近代的な外観が印象的。客室は清潔で快適に過ごせる。

両替 ビジネスセンター インターネット

M P.274-A3
住 大十字街道北京西路70号
☎ 8276688
FAX 8278288
S 368元
T 368元
サ なし
カ 不可

騰龍假日酒店／腾龙假日酒店 ténglóng jiàrì jiǔdiàn

凱裏有数の高級高層ホテル。州民族博物館に近く、周辺にはレストランも多い。

両替 ビジネスセンター インターネット

M P.274-B3
住 大十字街道寧波路8号 ☎ 8066666 FAX 8066888
S 282元～ T 329元～ サ なし カ ADJMV

凱裏縦横大酒店／凯里纵横大酒店 kǎilǐ zònghéng dàjiǔdiàn

星はないが、設備は4つ星クラスで凱裏でも有数の高級ホテル。中国料理と西洋料理を提供するレストランを備える。州民族博物館に近く、周辺にはレストランも多い。

両替 ビジネスセンター インターネット

M P.274-B3
住 大十字街道寧波路5号
☎ 8698888
FAX 8698288
S 368～418元
T 368～418元
サ なし
カ 不可

巨石伯頓・凱裏賓館／巨石白顿・凯里宾馆 jùshí báidùn kǎilǐ bīnguǎn

州民族博物館の東側にある老舗ホテル。トン族伝統の建築様式による外観が目を引く。

両替 ビジネスセンター インターネット

M P.274-B4
住 大十字街道広場路3号 ☎ 8066100 FAX なし
S 288元 T 288元 サ なし カ 不可

天籟之都大酒店／天籁之都大酒店 tiānlài zhīdū dàjiǔdiàn

大十字と呼ばれる、繁華街中心部の交差点西側にある。ロビーにはミャオ族風の装飾が施されている。

両替 ビジネスセンター インターネット

M P.274-B3
住 大十字街道北京西路3号 ☎ 2216666 FAX 2190888
S 248～268元 T 228～248元 サ なし カ 不可

西江度假酒店朗雲台／西江度假酒店朗云台 xījiāng dùjià jiǔdiàn lǎngyúntái

西江千戸ミャオ寨にあるホテル。客室はミャオ族伝統建築風で落ち着いた雰囲気が漂う。

両替 ビジネスセンター インターネット

M P.273-B2 住 雷山県西江鎮西江千戸ミャオ寨游方街8号
☎ 3219999 FAX 3219997 S 299～699元
T 299～699元 サ なし カ 不可

旅行会社

黔東南中国国際旅行社／黔东南中国国际旅行社 qiándōngnán zhōngguó guójì lǚxíngshè

日本語を話せるスタッフがおり、電話でも気軽に連絡できる。日本語ガイドは1日400元から。電話やファクスで相談すれば、日程と旅行代金の見積もりを出してくれる。少数民族関連の旅行手配を得意としており、少数民族村への観光や伝統生活体験、祭礼観覧などの手配が可能。

M P.274-B2
住 大十字街道営盤東路53号
☎ 8222099（日本語可）
FAX 8222099（日本語可）
オ 9:00～17:30
休 土・日曜、祝日
カ 不可
✉ bangdongxiong@163.com

※星がグレーは申請中など正式認定ではありません

貴州省 镇远（ジェンユエン） Zhèn Yuǎn　市外局番●0855

鎮遠（ちんえん）

Zhen Yuan

㵲陽河河畔の静かな古鎮

ライトアップされた祝聖橋と雲沢天章亭

都市Data

鎮遠県
人口：27万人
面積：1878㎢
黔東南ミャオ族トン族自治州管轄下の県

県公安局
（县公安局）
Ⓜ **地図外（P.280-A1左）**
㊐ 㵲陽鎮共和街北
☎ 5710100
㋔ 8:30～12:00、14:00～17:30
㊡ 土・日曜、祝日
観光ビザの延長は不可

県人民医院
（县人民医院）
Ⓜ **P.280-A2**
㊐ 㵲陽鎮和平街13号
☎ 5722721
㋔ 24時間
㊡ なし

市内交通

【路線バス】 運行時間の目安は6:30～22:00、2元。観光には1路バスが便利

【タクシー】 初乗り2km未満5元、2km以上1.6kmごとに1元加算

町なかを走る路線バス

概要と歩き方

鎮遠は沅水（げんすい）の支流である㵲陽河のほとりにある古い町。紀元前277（秦の昭王30）年に秦がこの地に県城を設置してからは、貴州・雲南両省につながる交通の要衝として歴代の王朝に重視されてきた。このような背景もあり、町には長い歴史をもつ仏閣や古民居が密集している。また、人口の約半数はミャオ族やトン族など少数民族で、彼らの多くは近隣の山中に点在する村に暮らしている。

鎮遠の繁華街は川沿いの興隆街で、ホテルやレストランが集中し、週末になると多くの観光客でにぎわう。夜になると、町は美しくライトアップされ、提灯をともした屋形船が㵲陽河を行き交う。新大橋のたもとに並ぶ鍋料理屋では、㵲陽河で取れた角角魚と呼ばれる角の生えたナマズを使った酸湯魚という鍋料理を楽しむことができる。

興隆街の北側一帯は、入り組んだ狭い石畳の路地で明・清代に建てられた古民居が多く残っている。ここを抜けて石屏山風景区へ行け、山の上からは㵲陽河沿いに開けた鎮遠の町並みを一望できる。

町の北側にある石屏山から見た町の様子

※データは凱裏のもの

	1月	2月	3月	4月	5月	6月	7月	8月	9月	10月	11月	12月
平均最高気温(℃)	12.0	14.0	19.0	24.0	28.0	31.0	33.0	33.0	30.0	25.0	20.0	15.0
平均最低気温(℃)	5.0	6.0	10.0	15.0	16.0	22.0	23.0	23.0	20.0	16.0	11.0	6.0
平均気温(℃)	8.0	9.0	14.0	19.0	23.0	26.0	28.0	28.0	25.0	20.0	15.0	10.0
平均降水量(mm)	10.0	20.0	40.0	90.0	180.0	210.0	190.0	130.0	120.0	100.0	40.0	20.0

※町の気象データ（→P.22）：「预报」＞「贵州」＞「黔东南」＞「镇远」＞郷・鎮から選択

Access 交通

中国国内の移動➡P.318　鉄道時刻表検索➡P.321

鉄道 上海から昆明へ向かう滬昆線上にあり停車する列車は多い。しかしながら、始発列車がないので、長距離移動の際は、まず貴陽に移動するとよい。

所要時間(目安)【鎮遠（zy）】貴陽（gy）／快速：3時間47分　安順（as）／快速：5時間26分　凱裏（kl）／快速：1時間12分　昆明（km）／快速：13時間2分

バス 鎮遠駅向かいにある鎮遠バスターミナルを利用する。

所要時間(目安) 凱裏／2時間30分　銅仁／2時間30分

Data

鉄道

鎮遠駅（镇远火车站）
M 地図外（P.280-A2下）　住 㵲陽鎮西秀街
☎ 共通電話＝12306　オ 6:00～15:30、17:30～19:30、22:10～24:00　休 なし　カ 不可
[移動手段] タクシー（鎮遠駅～祝聖橋）／10元、所要10分が目安　路線バス／1、3路「火车站」
28日以内の切符を販売。

バス

鎮遠バスターミナル（镇远汽车站）
M 地図外（P.280-A2下）　住 㵲陽鎮西秀街
☎ 5715553　オ 6:00～17:00　休 なし　カ 不可
[移動手段] タクシー（バスターミナル～祝聖橋）／10元、所要10分が目安　路線バス／1、3路「火车站」
5日以内の切符を販売。凱裏(5便)、銅仁(1便)。

見どころ

鎮遠を代表する建築群

青龍洞（せいりゅうどう）／青龙洞　qīnglóngdòng

オススメ度 ★★★　所要時間 30分～2時間

青龍洞とは、中心部の東側に位置する中和山と祝聖橋との間にある古建築群。明確な創建年は不詳だが、明の洪武年間（1368～1398年）にはすでにかなりの規模になっていたことが史料からうかがえる。

山に沿って大小40余りの建物があるが、特徴的なのが「三教合一」、つまり仏教、道教、儒教の寺院廟がひとつの場所にまとめて建てられていること。また、トン族建築の模型や木の彫刻などを展示した博物館などもある。

上部にあるお堂からは、深緑色の㵲陽河沿いに古民居が建ち並ぶ鎮遠の町の様子を見下ろすことができる。

青龍洞
M P.280-C1
住 㵲陽鎮中和山上
☎ 5730878
オ 8:00～17:00　休 なし
料 60元
交 ①1路バス「祝圣桥」
②町なかから徒歩で行ける
※青龍洞への入場は万寿宮からとなるが、チケット売り場は、祝聖橋を青龍洞側へ渡ったすぐ左にある

青龍洞の古建築群。夜にはライトアップされる

明清時代の民家が建ち並ぶ

鎮遠古民居群（ちんえんこみんきょぐん）／镇远古民居群　zhènyuǎn gǔmínjūqún

オススメ度 ★★★　所要時間 1～2時間

鎮遠の町並みと㵲陽河を見下ろすようにたたずむ石屏山。その南斜面は地元の人々が暮らすエリアで、数百年前に建てられた民家が建ち並ぶ。興隆街から㵲陽河を背にして石屏山のほうへ歩いて行けば、どこからでもそこへ行くことができる。

さらに、古民居が建ち並ぶ路地を西側へ進み、山の斜面に造られた石段を上っていくと、青獅洞や紫皇閣、四宮殿な

鎮遠古民居群
M P.280-B1
住 㵲陽鎮四方井古街
オ 24時間　休 なし　料 無料
交 ①1路バス「四方井」
②町なかから徒歩で行ける

どの建物があり、その奥が石屏山風景区になっている。

散策だけでも十分楽しい

在華日本人反戦同盟和平村の活動拠点

和平村（わへいむら）／和平村 hépíngcūn

オススメ度 ★★

1940年代、日中戦争における日本人捕虜兵士約600名が収容されていた旧跡。ここには反戦作家である鹿地亘、池田幸子夫妻らによる在華日本人反戦同盟和平村という反戦活動の拠点があったため、和平村と呼ばれるようになった。

当時の捕虜たちの記憶から再建された収容所は、博物館になっており、反戦の活動内容などが展示されている。

和平村
Ⓜ P.280-A2
住 㵲陽鎮和平街
☎ 5726502
オ 8:30〜17:30
※入場は閉門30分前まで
休 なし
料 無料
交 2、5、8路バス「和平村」

礼堂内部。捕虜収容にも使用された

清流の流れる美しい渓谷

鉄渓風景区（てつけいふうけいく）／铁溪风景区 tiěxī fēngjǐngqū

オススメ度 ★

鎮遠の北約9kmに位置する広大な面積をもつ風景区。そびえる奇峰の合間を清流が流れ、龍潭という地底から水が湧き出ている小さな池まで遊歩道が造られている。

鉄渓は清代の伝奇小説『儒林外史』に登場する場所。「龍神嫁妹」という話の舞台なので、小説を読んでから訪れるといっそう興味が増す。

鉄渓風景区
Ⓜ P.247-E2
住 㵲陽鎮北郊外
☎ 5726502
オ 8:30〜17:00
休 なし　料 50元
交 ①7路バス「龙池景区」
②タクシーを利用する。片道35元、所要20分が目安

神秘的な色をした龍潭

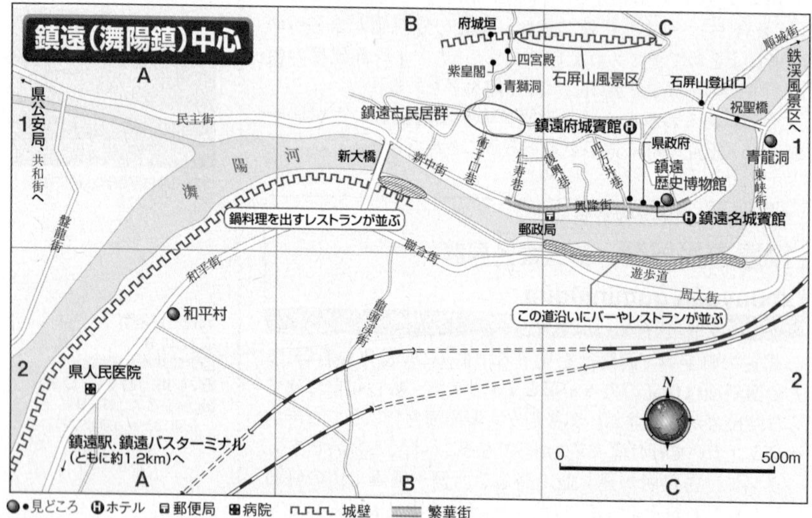

潕陽河と町並みを一望できる

石屏山風景区／石屏山风景区

せきへいさんふうけいく

shípíngshān fēngjǐngqū

オススメ度 ★

山頂に延びる府城垣

祝聖橋の近くにある急な石段を30分ほど上ると、石屏山の頂に鎮遠の町と㵲陽河の美しい眺めを見られる展望台があり、万里の長城のミニチュア版といった感じの城壁が現れる。これは府城垣と呼ばれ、明の正徳年間（1506～1521年）に建造されたもの。

城壁を過ぎて、のどかな山道をしばらく進み、石段を下っていけば、もうひとつの入口、四宮殿へとたどり着く。ここにも展望台が設けられており、鎮遠の町を見渡せる。

石屏山風景区
Ⓜ P.280-B～C1
㊟ 㵲陽鎮北
☎ なし
㋔ 8:00～21:00
㊡ なし
㊕ 30元
㊋ 1路バス「祝圣桥」

石屏山と鎮遠古鎮の町並み

鎮遠の歴史と文化がわかる

鎮遠歴史博物館／镇远历史博物馆

ちんえんれきしはくぶつかん

zhènyuǎn lìshǐ bówùguǎn

オススメ度 ★

鎮遠歴史博物館入口

豪商の家を利用した博物館。昔の㵲陽河やそこで暮らす人々の生活の様子など、鎮遠の歴史と文化をパネル写真を使って紹介している。時間に余裕があれば訪れてみよう。

鎮遠歴史博物館
Ⓜ P.280-C1
㊟ 㵲陽鎮興隆街
☎ 5726502
㋔ 8:30～17:30
※入場は閉館30分前まで
㊡ なし
㊕ 無料
㊋ 1路バス「四方井」

㵲陽河に映える町並み

ホテル

鎮遠府城賓館／镇远府城宾馆 zhènyuǎn fǔchéng bīnguǎn ★★★

ちんえんふじょうひんかん

団体旅行客の利用が多いホテル。新館と旧館とがあり、新館のほうが設備がよい。

両替　ビジネスセンター　インターネット

Ⓜ P.280-C1　㊟ 㵲陽鎮興隆街県政府西側
☎ 5711888　FAX なし　Ⓢ 388～468元
Ⓣ 388～468元　㋚ なし　㋕ 不可

鎮遠名城賓館／镇远名城宾馆 zhènyuǎn míngchéng bīnguǎn ★★★

ちんえんめいじょうひんかん

㵲陽河に近く、川側の部屋からはその眺望を楽しめる。

両替　ビジネスセンター　インターネット

Ⓜ P.280-C1　㊟ 㵲陽鎮興隆街県政府東側
☎ 5720888　FAX 5726018　Ⓢ 368～488元
Ⓣ 368～488元　㋚ なし　㋕ 不可

鎮遠の宿泊事情

鎮遠は中国で人気のある観光地であり、興隆街には多くの宿泊施設がある。オンシーズン中の宿泊料金は120～200元が目安だが、宿の立地条件によって変わってくる。一般的には㵲陽河に近くなると高くなり、さらに祝聖橋に近づくとさらに高くなる。

山頂に立つ蘑菇石（梵浄山蘑菇石宝岩景区）

貴州省 铜仁 Tóng Rén　市外局番●0856

銅仁

原生林に囲まれ少数民族が暮すエリア

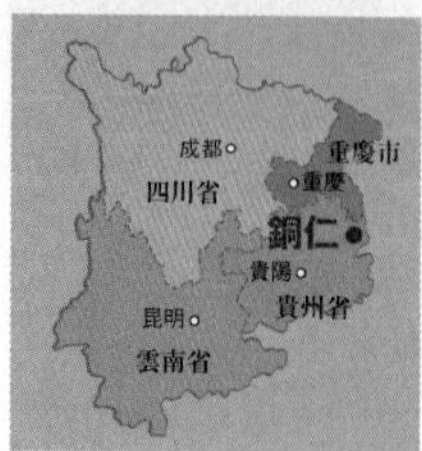

都市Data

銅仁市
人口：426万人
面積：1万8002㎢
2区4県4自治県を管轄

市公安局出入境管理処
（市公安局出入境管理处）
Ⓜ **地図外（P.284-B1右）**
住 碧江区濱江大道睿力国際酒店傍
☎ 5935330
オ 9:00～12:00、14:00～17:00
休 土・日曜、祝日
観光ビザを最長30日間延長可能。手数料は160元

市第一人民医院
（市第一人民医院）
Ⓜ **地図外（P.284-B1上）**
住 碧江区川硐鎮桃源大道120号
☎ 8169381
オ 24時間
休 なし

概要と歩き方

銅仁は貴州省の北東部に位置し、北部は重慶市、東部は湖南省と接している。市全体に原生林が広がり、キンシコウやレッサーパンダといった珍しい野生動物が生息している。中国でも特別に貴重な自然保護エリアだ。

山中には少数民族の村が点在し、ミャオ族、トン族、トゥチャ族、コーラオ族、イ族、プイ族、回族など29の民族が昔ながらの生活を送っている。なかでもミャオ族、トン族、トゥチャ族の人口が多い。銅仁の見どころの大部分は彼らが住む山深いエリアにあるため、アクセスは不便で、距離のわりにはとても時間がかかる。保護区内は自由に観光できないので、旅行会社でガイドを頼んで一緒に行くか、旅行会社主催のツアーに参加するのが基本。日本語のガイドはいないので、日本人の個人旅行客は貴陽や凱裏からツアーを組んで訪れるケースが多い。

銅仁の町は小さいので、中心部ならすべて徒歩での移動が可能。錦江が南北に流れ、その東岸が繁華街で、レストランやショップは民主路に集中している。東岸と西岸は西門橋で結ばれている。

	1月	2月	3月	4月	5月	6月	7月	8月	9月	10月	11月	12月
平均最高気温(℃)	12.0	14.0	19.0	24.0	28.0	31.0	33.0	33.0	30.0	25.0	20.0	15.0
平均最低気温(℃)	5.0	6.0	10.0	15.0	16.0	22.0	23.0	23.0	20.0	16.0	11.0	6.0
平均気温(℃)	8.0	9.0	14.0	19.0	23.0	26.0	28.0	28.0	25.0	20.0	15.0	10.0
平均降水量(mm)	10.0	20.0	40.0	90.0	180.0	210.0	190.0	130.0	120.0	100.0	40.0	20.0

※町の気象データ（→P.22）：「预报」>「贵州」>「铜仁」>区・県から選択

Access 交通

中国国内の移動➡P.318　鉄道時刻表検索➡P.321

飛行機

市区北約20kmに位置する銅仁鳳凰空港（TEN）を利用する。国内線は貴陽へは毎日運航しているが、それ以外は週4便程度で、季節によっては休航する。

国際線 日中間運航便はないので、上海などを経由するとよい。
国内線 昆明のほか、北京、上海などに運航便がある。
所要時間(目安) 昆明(KMG)／1時間25分　上海浦東(PVG)／2時間15分　北京南苑(NAY)／2時間30分

鉄道

滬昆客運専線の銅仁南駅（高速鉄道専用）、貴陽、昆明方面に向かう湘黔線の玉屏駅、重慶、成都方面に向かう渝懐線の銅仁駅などを利用する。

所要時間(目安) 【銅仁南(trn)】貴陽北(gyb)／高鉄：1時間8分　安順西(asb)／高鉄：1時間44分　凱裏南(kln)／高鉄：35分　昆明南(kmn)／高鉄：3時間29分　成都東(cdd)／高鉄：5時間20分　重慶西(cqx)／高鉄：3時間34分　【銅仁(tr)】貴陽北(gyb)／高鉄：1時間40分　凱裏南(kln)／高鉄：1時間1分　成都東(cdd)／快速：11時間58分　重慶北(cqb)／快速：7時間　武隆(wl)／快速：4時間57分　【玉屏(yp)】貴陽(gy)／直達：4時間23分　安順(as)／快速：6時間23分　凱裏(kl)／直達：2時間　昆明(km)／直達：11時間37分

バス

おもなバスターミナルは3つある。他都市との移動には銅仁バスターミナル、近郊の町との移動には環北バスターミナルや銅仁旅游バスターミナルを利用する。

所要時間(目安) 玉屏／1時間20分　江口／1時間10分　貴陽／6時間　凱裏／4時間

Data

飛行機

銅仁鳳凰空港（铜仁凤凰机场）
M P.247-F2
住 大興鎮　☎ 5938066　オ 始発便～最終便
休 なし　カ 不可　U trfhairport.com
[移動手段] エアポートバス（空港～銅仁バスターミナル）／15元、所要40分。空港→市内＝到着便に合わせて運行　市内→空港＝7:30、8:30、12:30、13:30、19:00発　タクシー（空港～西門橋）／100元、所要35分が目安
3ヵ月以内の航空券を販売。

鉄道

銅仁南駅（铜仁火车南站）
M P.273-C1　住 玉屏トン族自治県大龍鎮
☎ 共通電話＝12306　オ 7:35～21:40
休 なし　カ 不可
[移動手段] タクシー（銅仁南駅～西門橋）／150元、所要1時間30分が目安　バス（銅仁南駅～銅仁バスターミナル）／7:30～18:20の間30分～1時間に1便。28元、所要1時間10分が目安
28日以内の切符を販売。

玉屏駅（玉屏火车站）
M P.273-B1　住 玉屏トン族自治県平渓鎮舞陽村
☎ 共通電話＝12306　オ 6:30～23:20　休 なし
カ 不可
[移動手段] タクシー（玉屏駅～西門橋）／150元、所要1時間が目安　バス（玉屏バスターミナル～銅仁バスターミナル）／6:50～18:20の間30～40分に1便。25元、所要1時間20分　※玉屏駅と玉屏バスターミナルの間は徒歩6分
28日以内の切符を販売。

銅仁駅（铜仁火车站）
M P.284-B1　住 碧江区清水大道
☎ 共通電話＝12306　オ 24時間
休 なし　カ 不可
[移動手段] タクシー（銅仁駅～西門橋）／10元、所要10分が目安　路線バス／2、4、9路「火车站」
2日以内の切符を販売。

市内鉄道切符売り場
（铜仁火车站市内售票处）
M P.284-B2　住 碧江区錦江北路3号銅仁源豊商務大酒店傍　☎ なし　オ 8:00～20:00
休 なし　カ 不可
[移動手段] タクシー（市内鉄道切符売り場～西門橋）／5元、所要5分が目安　路線バス／1、3、5、6、7路「河滨公园」
28日以内の切符を販売。手数料は1枚5元。

バス

銅仁バスターミナル（铜仁客车站）
M P.284-A2　住 碧江区錦江南路
☎ 5257466　オ 6:00～20:00
休 なし　カ 不可
[移動手段] タクシー（銅仁バスターミナル～西門橋／10元、所要15分が目安　路線バス／2、4、9路「客车站」
貴陽行きは2日以内の切符を、それ以外は当日の切符のみ販売。玉屏（7:00～18:00の間1時間に1便）、江口（7:00～18:00の間30分に1便）、貴陽（龍洞堡バスターミナル：1便）、凱裏（2便）、鎮遠（1便）など。

環北バスターミナル（环北客运站）
M P.284-B1　住 碧江区国道201号
☎ 5268567　オ 6:30～18:00　休 なし　カ 不可
[移動手段] タクシー（環北バスターミナル～西門橋）／10元、所要10分が目安　路線バス／2、4、9路「火车站」
当日の切符のみ販売。漾頭（九龍洞行き。7:00～16:00の間30分に1便）、苗王城路口（8:00～17:00の間30分に1便）など。

銅仁旅游バスターミナル（铜仁旅游客运站）
M P.284-B1　住 碧江区東太大道　☎ 5204672
オ 6:30～18:00　休 なし　カ 不可
[移動手段] タクシー（銅仁旅游バスターミナル～西門橋）／8元、所要10分が目安　路線バス／2、4、9路「火车站」
当日の切符のみ販売。「客运北站」とも呼ばれる。鳳凰（4便）、梵浄山（7:30発。夏季は2～3便増便）など。

銅仁旅游バスターミナルは梵浄山便の発着地点

市内交通

【路線バス】 運行時間の目安は6:30〜21:00、2〜3元

【タクシー】 初乗り2.5km未満7元、2.5km以上1kmごとに1元加算。ただし、メーターはあまり使用せず、中心部では5元が目安。少々遠い所だと要交渉となる。また、市内では同一方向に向かう乗客を同乗させることも珍しくないので、気にしないように（料金はそれぞれ支払う）

梵浄山風景区

Ⓜ P.247-E2

住 梵浄山風景区

☎ 6720000

オ 8:00〜18:00

※入山券販売は15:00まで

休 なし

料 100元

交 銅仁旅游バスターミナルから「梵浄山」行きで終点（山門。7:30〜18:00の間30分に1便、5元、所要1時間40分）

※「梵浄山」からの最終は18:00発

U www.fjsfjq.com

インフォメーション

風景区内の乗り物

観光専用バス

山門とロープウエイ麓駅（9.5km）とを結ぶ。片道25分（徒歩だと3時間）。出発して3分ほどの所にある龍泉禅寺（無料）に観光のためしばらく停車するので、先に出発するバスに乗り換えてもよい。

オ 8:00〜18:00の間20分に1便

休 なし

料 20元（往復）

ロープウエイ

麓駅と山頂駅とを30分で結ぶ。

オ 3〜11月8:00〜18:00（上りは17:30）、12〜2月8:00〜17:30（上りは17:00）

休 なし

料 片道＝90元、往復＝160元

金頂へ続く急峻な登山道

見どころ

貴州の自然を満喫できる

梵浄山風景区／梵净山风景区

ぼんじょうざんふうけいく

fànjìngshān fēngjǐngqū

オススメ度 ★★★　所要時間 1日

梵浄山は雲貴高原の東端部に位置する山岳地帯。貴州省から湖南省にかけて連なる武陵山脈の最高部に当たり、最高峰は海抜2572mの鳳凰山。このエリアは数千年前からその姿を変えておらず、古代の原生林の姿を今に伝えている。

梵浄山は印江、江口、松桃の3県をまたいでそびえる。一般的な観光ルートは次のとおり。銅仁で梵浄山行きのバスに乗って山門に向かい、入山券購入後、観光専用バスに乗車してロープウエイ乗り場に行き、山頂を目指す。ロープウエイの区間には登山道（8000段以上）もあるが、健康な人でも5時間30分はかかるので、片道だけでもロープウエイ利用が必要。

天橋（紅雲金頂景区）

山頂部にはいくつもの岩峰がそびえ、四方に遊歩道が延びており、東西南北それぞれの風景を堪能できる。なかでもおすすめは紅雲金頂景区の金頂と蘑菇石宝岩景区の蘑菇石。

●見どころ　Ⓗホテル　病院　バス停　繁華街

金頂で最も高い岩峰は新金頂で、下からほぼ垂直に20mほど登る。最上部に着くと仙人橋と呼ばれる石橋があるが、梵浄山ではここからの景色が最も美しいとされている。

金頂にはホテルとレストランがあり宿泊が可能。ここで日の出を拝んでから帰る人も多い。

梵浄山の登山道はすべて石段だが、標識が少ないので、登山する場合は、ガイドと一緒に歩くようにしよう。

大規模な鍾乳洞

九龍洞風景区（きゅうりゅうどうふうけいく）／九龙洞风景区

jiǔlóngdòng fēngjǐngqū

オススメ度 ★ ★

カラフルにライトアップされた鍾乳洞

市区の東17kmに位置する風景区。中心は観音山中腹にある九龍洞という鍾乳洞。全長5kmで、中国でも最大級。中に大小7つの穴があり、最大の穴は広さが100㎡もある。地下には川が流れ滝もある。洞窟の中はガイドについて観光する。懐中電灯で奇岩を照らしながら説明をしてくれる。穴は巨大なドームのよう。七色にライトアップされていてとても幻想的だ。

伝統文化を披露してくれる村

苗王城（びょうおうじょう）／苗王城　miáowángchéng

オススメ度 ★ ★

明代のミャオ族城塞址。銅仁の北約25kmに位置する。

この地域に暮らすミャオ族の祖先は、16世紀に明の正規軍を打ち負かし、面積4k㎡余りの王城を築いて明朝に対抗した。そのため明朝は南方長城という城壁を造ってミャオ族軍との境とした。建築物の大部分は民国時代に破壊されたが、城門や城壁などかなりのものが再建されている。

九龍洞風景区
Ⓜ P.247-F2
住 漾頭鎮馬龍渓観音山
☎ 携帯=18085678813(英語可)
オ 9:00～18:00
※入場は閉門1時間30分前まで
休 なし　料 70元
交 環北バスターミナルから「漾头」行きで「九龙洞游客中心」。下車後チケットを買い、観光専用車に乗り換え九龍洞風景区に向かう
※「九龙洞」からの最終は16:00頃発
②銅仁でタクシーに乗る。片道50分、100元が目安
U www.jldlyw.com

インフォメーション

九龍洞観光

九龍洞観光はガイド（中国語）の先導に従い鍾乳洞に入る決まりになっている。9:00～17:00の間45分間隔で出発。観光時間は1時間10～20分。

苗王城
Ⓜ P.247-F1
住 松桃ミャオ族自治県苗王城
☎ 2338494
オ 24時間　休 なし　料 100元
交 ①環北バスターミナルから「苗王城」方面に向かう20路バス（Ⓜ P.284-B1）で「大兴政府」。「松桃」行きに乗り換えて「苗王城路口」。景区まで4kmあり、徒歩1時間だが、9:00～17:00の間観光専用車が運行されている。片道20元
※「苗王城路口牌坊」からの最終は18:00頃発
②銅仁でタクシーに乗る。片道50分、150元が目安

政治の中心地であった苗王府

ホテル

銅仁君逸凱悦酒店（どうじんくんいつがいえつしゅてん）／铜仁君逸凯悦酒店　tóngrén jūnyì kǎiyuè jiǔdiàn ★★★★

中国料理レストラン、スパなどの施設がある。アクセスは非常によい。

両替　ビジネスセンター　インターネット

Ⓜ P.284-A2　住 碧江区共青路41号
☎ 5251111　FAX 5285858　S 248～278元
T 248～278元　サ なし　カ 不可

銅仁源豊商務大酒店（どうじんげんほうしょうむだいしゅてん）／铜仁源丰商务大酒店　tóngrén yuánfēng shāngwù dàjiǔdiàn ★★★

銅仁有数の規模を誇る、銅仁市の中心部に位置するビジネス客向けのホテル。

両替　ビジネスセンター　インターネット

Ⓜ P.284-B2　住 碧江区錦江北路3号
☎ 5222222　FAX 5232388　S 148～218元
T 198～238元　サ なし　カ 不可

※星がグレーは申請中など正式認定ではありません

隣国への国境越え（2019年8月現在）

中国からラオスへ

中国とラオスとの間には複数の国境ゲートがあるが、2019年8月現在外国人に開放されている地点は、中国側・磨憨（モーハン）とラオス側・ボーテン（磨丁）とを結ぶルートなど。

昆明と景洪、それと勐臘から国際バスが運行されている。国際バスは、国境でバスを降りて各自で出入国手続きを済ませ、また同じバスに乗り込むという方法。ラオス入国後に、新たにバスを探す必要もないので時間と手間が省けて便利。

■磨憨経由のアクセス

❶昆明から国際バスを利用

昆明南部バスターミナル（→P.158）から、ラオスのビエンチャン行き、ルアンパバーン行き、フエサイ行きが運行されている。

- ▶ビエンチャン（万象）／18:00発。587元、所要36時間
- ▶ルアンパバーン（琅勃拉邦）／18:30発。398元、所要24時間
- ▶フエサイ（会晒）／19:00発、380元、所要18時間
- ▶ルアンナムター（南塔）／フエサイ行きに乗って途中下車。300元、所要12時間
- ▶ウドムサイ（勐赛）／ルアンパバーン行きに乗って途中下車。367元、所要14時間

どの便も、翌朝に中国側の国境である磨憨に到着し、各自で中国の出国手続きを行うことになる。長時間のバス移動となるので、いつどこでバスが故障しても困らないように、十分な水と食料を持って乗り込んだほうがよい。

ルアンパバーン行き国際バス

❷景洪から国際バスを利用

景洪バスターミナルから、ラオス各地に向かうバスがある。

ただ路線のほとんどが、ラオス出発後中国に連絡が入り、それでようやく中国出発スケジュールが決定するので、次の出発スケジュールは参考にとどめること。

- ▶フエサイ（会晒）／6:50発（週3～4便）。168元、所要12時間
- ▶ルアンナムター（南塔）／10:40発。118元、所要5時間
- ▶ウドムサイ（勐赛）／7:10発。123元、所要7時間

❸磨憨から国際バスを利用

勐憨バスターミナルからもラオス各地に向かう国際バスが出ている。なお、勐臘バスターミナルからラオスに向かうバスは国境近くの小さな町に向かう便のみ。外国人旅行者が利用する価値はない。

【運賃】

- ▶ビエンチャン（万象）／8:30発。260元、所要25時間
- ▶ルアンパバーン（琅勃拉邦）／8:30発。150元、所要13時間
- ▶フエサイ（会晒）／8:40発。100元、所要8時間
- ▶ルアンナムター（南塔）／フエサイ行きに乗って途中下車。35元、所要1時間30分
- ▶ウドムサイ（勐赛）／ルアンパバーン行きに乗って途中下車。80元、所要5時間

■中国出国手続き

磨憨の国境管理事務所は、磨憨バスターミナルから500mほど離れた所にあり、電動カートが利用できる（ひとり15～20元、所要10分）。

出国手続きは、国境管理事務所に入り、出国カードに必要事項を書いて（またはパスポート自動読み取り機を利用する）、パスポートを添えて係官に渡すだけでよい。8:30～21:30の間外国人の出入国業務を行っている。

中国側の国境管理事務所

■国境を越える

出国手続きを済ませたら、中国の検問所を通り、ラオス側まで行くことになるが、その距離は400m。国際バスを利用した場合は、この間も同じバスに乗って移動できる。

■ラオス入国手続きおよびビザ

ボーテンでの入国手続きは、係官から入国カードをもらい記入して渡せばよい。日本人は、15日間以内の滞在はビザが免除されているので、ビザ手続きは不要。旅行期間が15日を超える場合は、国境管理事務所で30日間の観光ビザを取得できる。必要な書類は、写真2枚と残存有効期間が6ヵ月以上のパスポート。手数料はUS$32、または相当額の人民元。ビザ取得後、入国手続きとなる。

■ラオス入国後

ラオスへの入国手続きを済ませたら、国際バスの乗客は、また同じバスに乗って移動を続ければよい。個人で越えた場合は、近くの町ルアンナムターやウドムサイを目指そう。そこにはゲストハウスや銀行がある。車で1時間以上かかるが、ボーテンから出発するバスはないので注意。国境からルアンナムターまで、タクシーをチャーターした場合200元が目安（65km）。割高になるので国際バスの利用をおすすめする。

この建物の後方にラオスの国境管理事務所がある

ボーテンの国境管理事務所

■国境での両替

中国側は、磨憨バスターミナルから国境管理事務所までの間に両替商がいくつかある。ラオス側は、国境管理事務所周辺に両替する場所はないので、ルアンナムターなどの町に着いてから銀行またはマーケットで両替をすればよい。ラオス北部の多くの店では、人民元を受け取ってくれる（ただし、レートは悪い）。

中国からベトナムへ

2019年8月、現在外国人に開放されている中国雲南省とベトナムとの国境ゲートは、中国側・河口とベトナム側・ラオカイ（老街）を結ぶ地点のみ。

河口北駅

■河口へのアクセス

❶昆明から鉄道を利用

昆明駅から河口北駅行きが運行されている。

▶河口北（河口北）／15:03発。54.5元～、所要6時間53分

※最新の時刻表はU www.12306.cnで確認するとよい（利用法→P.321）

❷昆明からバスを利用

昆明東部バスターミナル（→P.157）から蒙自行きバスに乗り、その後バスを乗り換えて河口に行く。切符購入時に河口に行きたい旨を告げると、通しの切符を販売してくれる。

▶蒙自（蒙自）／8:30、10:10、11:25、13:15発。155元、所要6時間30分（いずれも河口までの通し）

■中国出国手続き

河口北駅から河口の国境管理事務所へミニバスで15分、バスターミナルからは10分。出国手続きは、国境管理事務所の2階で出国カードに必要事項を書いて（またはパスポート自動

紅河と南渓川の合流地点に架けられた橋の両側にお互いの国境管理事務所がある

読み取り機を利用して)、パスポートを添えて係官に渡すだけ。中国側国境は8:00～23:00の間業務を行っている。

■国境を越える

国境管理事務所を出たら、中越大橋という長さ約200mの橋を徒歩で渡る。こちら側が中国で、向こう側がベトナムだ。検問所はそれぞれの橋のたもとにある。

■ベトナム入国手続きおよびビザ

ラオカイでの入国手続きは、パスポートを提示するだけ。入国カードはない。日本人はベトナム出国の航空券を持っていれば、15日以内の滞在であればビザが免除される。それ以外はビザが必要。なお、河口、ラオカイでビザの取得はできない。

■ラオカイからの移動

ハノイへ向かう場合は、鉄道とバスのふたとおりの方法がある。鉄道の場合、ラオカイからハノイまで所要9～11時間。バスの場合、ハノイまで所要約5時間。ラオカイ駅から300mほど離れた川沿いのバスターミナルから出ている。国境から駅またはバスターミナルまで2km。サパへ行く場合は、ラオカイ駅前の広場からバスが出る。ミニバスもここを通る。所要1時間。

両替は国境管理事務所周辺にある銀行、または国境の橋の上にいる両替商からできる。

中国からミャンマーへ

2019年8月現在、雲南省西部の端麗からミャンマーへの陸路が開放されているが、日本人の出入国は不可。

昆明にある各国領事館

ラオス人民民主共和国駐昆明総領事館

Ⓜ **P.153-E4**
住 昆明市官渡区彩雲北路6800号
☎ (0871)67334522
オ 9:00～11:30、14:00～16:00
休 土・日曜、中国とラオスの祝日

15日以内の滞在はビザ不要。滞在延長手続きはラオス入国後に申請する。ここでは申請を受理しない。

ベトナム社会主義共和国駐昆明総領事館

Ⓜ **P.155-E4** 住 昆明市官渡区北京路155号付1号紅塔大廈5階507号
☎ (0871)63522669
オ 9:00～11:30、14:00～16:30
休 土・日曜、中国とベトナムの祝日

15日以内の滞在はビザ免除。

ミャンマー連邦共和国駐昆明総領事館

Ⓜ **P.153-E4** 住 昆明市官渡区迎賓路99号
☎ (0871)68162804、68162818
オ 9:00～12:00、13:00～17:00
休 土・日曜、中国とミャンマーの祝日

2019年8月現在、日本人は30日以内の滞在はビザ免除。

関係各国在日大使館・領事館

❶ラオス

15日以内の滞在はビザ不要だが、16日以上の滞在は該当するビザが必要。ビザは個人でも取得可能。

ラオス人民民主共和国大使館

住 〒106-0031　東京都港区西麻布3-3-22
☎ (03)5411-2291(代表)、2292
U www.laoembassytokyo.com

ラオス情報文化観光省観光部

U www.lao.jp

❷ベトナム

15日以内の滞在はビザ不要だが、16日以上の滞在には該当するビザが必要。ビザは個人でも取得可能で、オンラインビザ申請も可能。

ベトナム社会主義共和国大使館

住 〒151-0062
東京都渋谷区元代々木町50-11
☎ (03)3466-3311
U www.vnembassy-jp.org

❸ミャンマー

渡航目的に合致したビザが必要となる。

※日本パスポート所持者に対して、2020年9月末まで、一定の条件を満たせば、観光ビザ免除措置がとられている(それ以降については不明)。滞在許可日数は30日間まで。

ミャンマー連邦共和国大使館

住 〒140-0001　東京都品川区北品川4-8-26
☎ (03)3441-9291
U www.myanmar-embassy-tokyo.net

あなたの旅の体験談をお送りください

地球の歩き方　投稿　検索

『地球の歩き方』は、たくさんの旅行者から
ご協力をいただいて、改訂版や新刊を制作しています。
あなたの旅の体験や貴重な情報を、これから旅に出る人たちに分けてあげてください。
なお、お送りいただいたご投稿がガイドブックに掲載された場合は、
初回掲載本を１冊プレゼントします！

ご投稿は次の３つから！

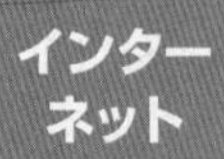

URL www.arukikata.co.jp/guidebook/toukou.html
画像も送れるカンタン「投稿フォーム」
※「地球の歩き方　投稿」で検索してもすぐに見つかります

郵　便

〒160-0023　東京都新宿区西新宿 6-15-1
セントラルパークタワー・ラ・トゥール新宿 705
株式会社地球の歩き方メディアパートナーズ
「地球の歩き方」サービスデスク「○○○○編」投稿係

ファクス

(03)6258-0421

郵便とファクスの場合

次の情報をお忘れなくお書き添えください！　①ご住所　②氏名　③年齢　④ご職業　⑤お電話番号　⑥ E-mail アドレス　⑦対象となるガイドブックのタイトルと年度　⑧ご投稿掲載時のペンネーム　⑨今回のご旅行時期　⑩「地球の歩き方メールマガジン」配信希望の有無　⑪地球の歩き方グループ各社からの DM 送付希望の有無

ご投稿にあたってのお願い

★ご投稿は、次のような《テーマ》に分けてお書きください。

《新発見》ガイドブック未掲載のレストラン、ホテル、ショップなどの情報
《旅の提案》未掲載の町や見どころ、新しいルートや楽しみ方などの情報
《アドバイス》旅先で工夫したこと、注意したいこと、トラブル体験など
《訂正・反論》掲載されている記事・データの追加修正や更新、異論・反論など
※記入例：「○○編 201X 年度版△△ページ掲載の□□ホテルが移転していました……」

★データはできるだけ正確に。

ホテルやレストランなどの情報は、名称、住所、電話番号、アクセスなどを正確にお書きください。
ウェブサイトの URL や地図などは画像でご投稿いただくのもおすすめです。

★ご自身の体験をお寄せください。

雑誌やインターネット上の情報などの丸写しはせず、実際の体験に基づいた具体的な情報をお待ちしています。

ご確認ください

※採用されたご投稿は、必ずしも該当タイトルに掲載されるわけではありません。関連他タイトルへの掲載もありえます。
※例えば「新しい市内交通パスが発売されている」など、すでに編集部で取材・調査を終えているものと同内容のご投稿をいただいた場合は、ご投稿を採用したとはみなされず掲載本をプレゼントできないケースがあります。
※当社は個人情報を第三者に提供いたしません。また、ご記入いただきましたご自身の情報については、ご投稿内容の確認や掲載本の送付などの用途以外には使用いたしません。
※ご投稿の採用の可否についてのお問い合わせはご遠慮ください。
※原稿は原文を尊重しますが、スペースなどの関係で編集部でリライトする場合があります。
※従来の、巻末に綴じ込んだ「現地最新情報・ご投稿用紙」は廃止させていただきました。

旅の準備と技術

愛らしいパンダのマナー告知(四川省成都市成都パンダ繁育研究基地)／オフィス カラムス

旅の準備に取りかかる

日本で情報収集

中国観光代表処

中国の観光に関する情報提供を行っているのが中国観光代表処。ウェブサイトも開設している（大阪駐在事務所のみ）ので、まずはアクセスしてみよう。ただし、定期的に情報を更新しているわけではないので、あくまでも基礎的情報として考えるようにしよう。

また、2019年7月現在、東京と大阪に事務所があり、中国旅行に関する資料などを閲覧することが可能で、中国各地の観光に関するパンフレットも自由に持ち帰ることができる。近くに行ったときに利用してみよう。

※オープン中でも担当者不在で対応できない場合があるようです。念のため、訪問前の確認をおすすめします

中国駐東京観光代表処

住 〒105-0001
東京都港区虎ノ門2-5-2 エアチャイナビル8階

☎ (03)3591-8686 FAX (03)3591-6886

オ 9:30～12:00、13:30～17:30

休 土・日曜、日中両国の祝日

交 東京メトロ銀座線「虎ノ門」

中国駐大阪観光代表処

住 〒556-0017
大阪府大阪市浪速区湊町 1-4-1 OCATビル4階

☎ (06)6635-3280 FAX (06)6635-3281

オ 10:00～13:00、14:00～18:00

休 土・日曜、日本の祝日

U www.cnta-osaka.jp

交 JR関西本線「JR難波」、近鉄難波線、阪神なんば線「大阪難波」、南海電鉄「なんば」、大阪メトロ御堂筋線、四つ橋線、千日前線「なんば」

本を利用する

中国に関する書籍は硬い学術書からエッセイまでいろんなジャンルのものが数多く出版されている。時間の許すかぎりガイドブック以外の書籍などで情報を収集しよう。

【中国専門書店】

内山書店

住 〒101-0051 東京都千代田区神田神保町1-15

☎ (03)3294-0671 FAX (03)3294-0417

オ 火～土曜10:00～19:00 日曜11:00～18:00

休 月曜、祝日、年末年始

U www.uchiyama-shoten.co.jp

東方書店

住 〒101-0051 東京都千代田区神田神保町1-3

☎ (03)3294-1001(代表) FAX (03)3294-1003

オ 月～土曜10:00～19:00
日曜、祝日12:00～18:00

休 年末年始、一部祝日（未定）

U www.toho-shoten.co.jp

大阪に関西支社（店舗併設）がある。

住 〒564-0063 大阪府吹田市江坂町2-6-1

☎ (06)6337-4760(代表) FAX (06)6337-4762

オ 10:00～17:30 休 土・日曜、祝日

亜東書店

住 〒101-0054
東京都台東区上野7-11-13 弥彦ビル1階

☎(03)5811-1980　FAX(03)5811-1981
オ10:00～17:30　休土・日曜、祝日
U www.ato-shoten.co.jp
名古屋に支店がある。
住〒466-0825　愛知県名古屋市昭和区八事本町100-32 八事ビル1階
☎(052)836-2880　FAX(052)836-2883
オ10:00～18:00　休土・日曜、祝日
上記のほか、無店舗のインターネット中国語書店として下記のようなショップがある。

中国書店
U www.cbshop.net

書虫
U www.frelax.com/sc

【図書館】

公益財団法人日本交通公社　「旅の図書館」
住〒107-0062　東京都港区南青山2-7-29 日本交通公社ビル
☎(03)5770-8380　オ10:30～17:00
休土・日曜、毎月第4水曜、年末年始、その他
U www.jtb.or.jp/library　※蔵書検索可能
観光の研究や実務に役立つ専門図書館。約6万冊の蔵書があり、国内外の観光地について深く知りたい人におすすめ。地図やパンフレットの配布は行っておらず、旅行の相談や問い合わせも受け付けていないが、資料の閲覧やコピー（有料）は可能。

海外安全情報

海外旅行の安全に関する情報収集は非常に大切なことだ。中国は特に危険な国ではないが、場所や時期によっては治安が不安定になることもある。このため、中国やその周辺国への旅行を計画するときには、インターネットや旅行会社で安全情報を確認したほうがよい。
外務省の領事サービスセンター（海外安全担当班）では、各国の日本大使館、領事館を中心に、治安状況、日本人が被害者となった事例、感染症の有無などに関する情報を収集し、ウェブサイトなどで告知している。

外務省領事局 領事サービスセンター
住〒100-8919　東京都千代田区霞が関2-2-1
☎(03)5501-8162(直通)

外務省 海外安全ホームページ
U www.anzen.mofa.go.jp
※外務省の「海外安全情報」は、「十分注意してください」「不要不急の渡航は止めてください」「渡航は止めてください（渡航中止勧告）」「退避してください。渡航は止めてください（退避勧告）」の4段階に区分されている

インターネットを利用する

「地球の歩き方」ホームページをはじめ、旅行会社などが開設するウェブサイトで情報収集するのも手だ。

「地球の歩き方」ホームページ
U www.arukikata.co.jp

渡航先で最新の安全情報を確認できる「たびレジ」に登録しよう

外務省提供の「たびレジ」は、旅程や滞在先、連絡先を登録するだけで、渡航先の最新安全情報を無料で受け取ることのできる海外旅行登録システム。メール配信先には本人以外も登録できるので、同じ情報を家族などとも共有できる。
またこの登録内容は、万一大規模な事件や事故、災害が発生した場合に滞在先の在外公館が行う安否確認や必要な支援に生かされる。安全対策として、出発前にぜひ登録しよう。
U www.ezairyu.mofa.go.jp/tabireg

インターネットの翻訳サービス

たどり着いたウェブサイトが外国語だったとき、インターネット上の翻訳サービスを利用すれば、完璧な翻訳とはいかないが、内容を理解する手助けにはなる。

excite.翻訳（中国語）
U www.excite.co.jp/world/chinese

weblio日中中日辞典
U cjjc.weblio.jp

Google翻訳
U translate.google.co.jp

Infoseek楽天マルチ翻訳
U translation.infoseek.ne.jp

Bing翻訳
U www.bing.com/translator

旅のプランニング

西南エリアの旅行は時間がかかる

西南エリア旅行の計画を立てる際は、1都市3～4日で考えるとよいが、山中の少数民族の村を訪ねる場合や鉄道やバスを主体にする場合は、移動時間としてさらに1都市プラス2日程度確保しておいたほうがよい。

旅のルート作り

入国地点を決める

2019年7月現在、日本側23空港、中国側37空港（香港、マカオを含む）の間に定期便が運航されており、西南エリアへは、成田・関西・中部（名古屋）～成都、成田・関西～重慶、関西～昆明、関西～貴陽といった路線がある。しかし、便数や乗り継ぎを考えると、上海から入るのが便利。

プランニング例

❶パンダに会いに行く（5日間）

《成都（→都江堰、青城山→成都）》

パンダを専用に飼育する施設が市中心部に1ヵ所、西郊外に2ヵ所存在する成都が目的地。すべてを巡ることも可能だし、飼育体験を受け付けている施設もある（都江堰パンダ研究センター）。空いた時間に四川料理や伝統芸能鑑賞を入れると旅はより充実！

❷三国志と三峡下り（7～10日間）

《成都→重慶→武漢》

成都にある蜀の史跡を巡ったあと、重慶から船に乗って長江の絶景を堪能するルート。訪れる史跡の数によって所要日数は変わってくる。

※三国志関連の史跡についてはP.67～71参照

❸少数民族の祭りを巡る旅（1～2週間）

《昆明→祭り開催地／貴陽→祭り開催地》

西南エリアには多くの民族が暮らしており、タイ族の水かけ祭り、イ族の火把節、ペー族の三月街、ミャオ族の姉妹飯節などさまざまな民族の祭りがある。祭りでは各民族の衣装や歌舞を楽しむことができるが、事前に開催日の確認が必須。

少数民族の多いエリアは雲南省と貴州省。大阪から昆明と貴陽に運航便があるが、それ以外は上海経由がおすすめ。

❹世界遺産訪問の旅（1～2週間）

《成都⇔都江堰、青城山、黄龍／重慶⇔武隆、大足／貴陽⇔赤水》

2019年7月現在、四川省、重慶市、雲南省、貴州省には世界遺産が18ヵ所ある。それぞれは離れていたり、観光に要する時間がかかったりして1回の旅行ですべてを訪れるのは難しい。そこでエリアやテーマを絞り、飛行機のイン・アウトを決定するとよい。

※2019年7月現在、九寨溝は天災のため閉鎖

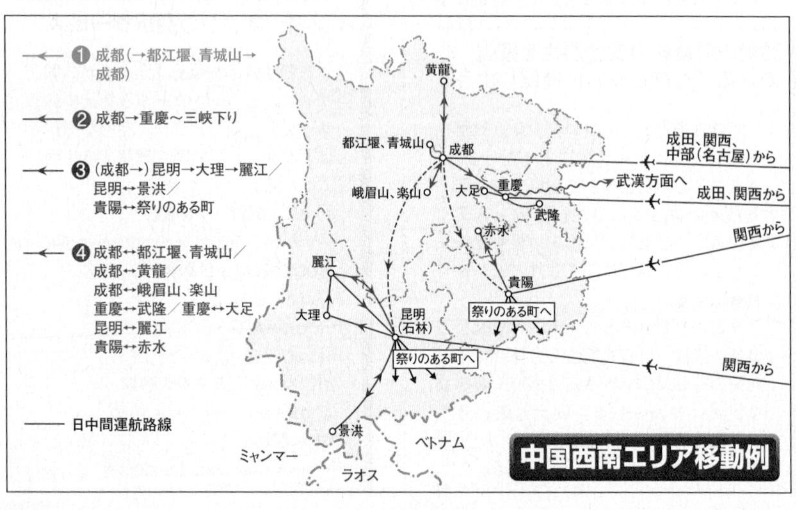

中国西南エリア移動例

旅の予算

旅のスタイルで予算は決まる

中国では経済発展にともない物価も上昇している。さらに中国旅行者の多様化によって宿泊施設なども充実し、格安旅行から高級ホテルを利用した豪華旅行まで可能になった。

現地での1日当たりの費用は、豪華旅行で約5万円、一般旅行で約2万円、格安旅行で約8000円を目安とすればよい。

旅行予算の内訳

❶日本での旅行準備

旅行出発前に準備するものや事柄として、パスポートの取得、日中間の交通費（飛行機）、ビザの取得（該当者のみ）、海外旅行保険などがあり、それぞれに費用が発生する。必要項目については、下表「旅行予算の内訳」に示した参照ページに目安を挙げているので、参考にしてほしい。

❷宿泊費

部屋代は基本的にひと部屋当たりの料金なので、ふたりで泊まれば、ひとり当たりの宿泊費は半分で済む。

1泊の目安としては、地方都市のドミトリー利用で1泊50元、ツインルームで星なし渉外ホテルが200元～、3つ星ホテルが250元、外資系5つ星で1000元～といったところだ。

また、季節や曜日によって料金は変動するので、旅行を計画する際には、予約サイトなどで必ず最新の料金を確認してほしい。

❸食費

❷同様に、どういったグレードの旅行をするのかで変わってくる。下町の人たちが利用する食堂クラスなら1食20元くらいで済むし、高級料理や魚料理を食べようと思ったら、1食数百元は覚悟しなければならない。

せっかく中国を旅するのに、毎日安い食堂で食事を取るのは残念なことだ。だから、1度くらいは有名なレストランで名物料理を食べられるよう、予算を確保しておこう。

なお、中国料理は基本的に大人数で食べることを前提にしているので、人数を集めて食事に行けば、ひとり当たりの食費は安くなる。

❹観光に必要な費用

入場料については一般的には20～100元だが、世界遺産である黄龍など1ヵ所で200元（日本円で約3400円）以上する所もあるので、予算に制限がある場合は事前によく考えておくこと。ただし、年配者（60ないし65歳以上）は、パスポートなど年齢を証明できる証明書を提示すれば、何かしらの割引を受けられることもある。また、学生料金などが設定されている所もあるので、学生はできるだけ学生証も持参するとよいだろう。

このほか、交通費も無視できない。公共交通機関のない所へは車をチャーターするしかないが、1台で1日1000元が目安となる。

❺都市間の移動費用

手軽なのは長距離バス。豪華バスを利用して500km100元が目安。利用に際しては、安全の面から寝台バスなど夜間走る路線は避けたほうがよい。

旅行者の利用が最も多いのは列車。利用間際の寝台券や高速鉄道の乗車券の入手は難しくなっている。Trip.comなどを利用し日本で予約しておくことをおすすめする。（→P.319）。

中・長距離の移動には飛行機がおすすめ。格安航空券もあり、区間や時期によっては1等寝台と変わらない料金のチケットもある。

●旅行予算の内訳

	旅行前		旅行中
★	空港や港までの交通費	★	食費→レストラン項目
★	日中間の交通費（往復航空券）→P.306	★	交通費（市内・都市間） ※鉄道切符は日本でも手配可能→P.319
★	パスポート（すでに所持していれば不要。残存有効期限に注意）→P.298	★	観光費用→各都市の見どころ項目
★	宿泊費（ホテル予約サイト利用）→ホテル項目 ※現地での手配も可能	☆	おみやげ
☆	ビザ（15日以内の旅行は不要）→P.298		
☆	Wi-Fiルーターのレンタル→P.333		
☆	海外旅行保険→P.305		
☆	衣類など旅行に携帯するもの		

★＝誰でも必要　☆＝それぞれの都合で必要

気候と旅の服装・道具

各地域の気候と旅のシーズン

大まかには、雲南省北部から四川省西部にかけての3000mを超える高山地帯、雲南省中央部から貴州省にかけての雲貴高原、成都から重慶にかけての盆地地帯、雲南省南部の低地地帯に分けることができる。

本書掲載の町の気象データについては、掲載ページに記載（データのない町もある）してあるので、特に平均最高気温と平均最低気温を参考にして旅の準備を整えよう。

気候

❶高山地帯

雲南省北部から四川省西部にかけてのエリア。ここはヒマラヤ山脈の東端に位置し、横断山脈（雲南省）や大雪山脈（四川省）など多くの山脈が南北に延びており、全体の標高が高い。夏でも寒暖差が大きく、加えて雨も多く降り、防寒具や雨具の準備が必須。冬は晴れの日が多くなり、気温は氷点下に下がる。万全の防寒具と乾燥を防ぐクリームなどの準備が必要。

また、比較的長い距離を歩く観光地も多いので、疲れにくく滑りにくい靴を用意していこう（できるだけ履き慣れたもの）。

このエリアは3000mを超える場所も多い。高山病（→P.325）に関する情報について、事前に目を通し、心配な人は薬などを入手しておくとよい。

旅のシーズン：4月～11月下旬。それ以外は雪などで行けない場所もある。

❷雲貴高原

雲貴高原とは、雲南省中央部から貴州省にかけて広がる高原（昆明=1891m、貴陽=1071m）。このエリアの気候の特徴としては、1年を通して温暖なこと。確かに冬は防寒具が必要だが、山間部を除き、雪の降ることは少なく、服装は東京や大阪の冬と同じもので問題はない。

なお、貴州は重慶同様1年を通して曇りの日が多い所だ。少数民族など人物の撮影には工夫が必要となる。

旅のシーズン：1年を通して行けるが、おすすめは春～秋。

❸盆地地帯

成都から重慶にかけて広がるのが四川盆地。成都が506m、重慶が351mと西南エリアでは標高が低く高山病の心配は不要。しかし、夏はとても蒸し暑く、特に重慶は中国三大かまど（火のそばにいるくらい熱いということ。残るふたつは南京と武漢）と称されるほど。水分補給に気を配り、無理な行動は避けるようにしたい。また、空気があまりよくないので、のど飴などを持っていくとよい。

服装は東京や大阪と同じでかまわない。また、天候は1年を通して曇りの日が多い。

旅のシーズン：1年を通して行けるが、冬は避けたほうが無難。夏は雨が多い。

❹低地地帯

雲南省南部に広がるエリア。1年を通して高温多湿で、町の周囲には原生林が広がる所が多い（徐々に少なくなってはいるが……）。

気候は、4月中旬から10月にかけての雨季と10月下旬から4月上旬にかけての乾季に分かれており、タイ族の祭りである水かけ祭りの頃がちょうど季節の変わり目となっている。

雨季には雨具と虫よけやかゆみ止めの薬を持っていったほうがよい（荷物に余裕があるなら、蚊取り線香なども）。

また、12月から3月にかけては、夜半から昼頃まで濃い霧が立ち込める日が多く、そんなときは霧が晴れるまでフリースジャケットなどの上着が必要となる。ただし、いったん霧が晴れるとTシャツだけで十分なほど気温は上がる。

旅のシーズン：おすすめは10月下旬から4月上旬にかけての乾季。

服装と道具

日本の季節に準じたものを用意すれば問題ない。また、よほど辺鄙な町でなければ、ほとんどのものは手に入るので、衣類など現地で調達することも可能になっている。

短期間で1、2都市を回る旅行であれば、日本国内で必要なものを揃え、スーツケースで行くとよいし、多くの町を旅するつもりなら、リュックに必要最少限のものを詰め、不足分を現地で買い足していくスタイルがよい。

●荷物チェックリスト　◎＝必需品　○＝あると便利　△＝特定の人・時期・エリアに必要

	品名	必要度	準備	荷造り	備考
貴重品	パスポート（→P.298）	◎			残存有効期間を必ずチェックすること
	航空券・乗船券（→P.306）	◎			名前、出発日時、発着空港の確認を！
	現金（→P.302）	◎			旅行中はしっかり保管・管理しよう！
	クレジットカード（→P.304）	◎			ホテルチェックイン時のデポジットとして利用可能。ICカードは暗証番号を忘れずに！
	海外旅行保険（→P.305）	○			万一のときのために加入しておくと心強い
	顔写真（4.5×3.5cm）	○			撮影6ヵ月以内（カラー写真が望ましい）のもの。各種書類申請時に必要
	戸籍抄本（→P.327）	△			パスポート紛失時に必須。発行6ヵ月以内のもの
	パスポートと航空券・乗船券のコピー	◎			オリジナルとは違う所に入れて保管すること
	緊急連絡先を控えたメモ	◎			いざというときに慌てないように
衣類	下着／くつ下	◎			使い捨てでもかまわないものなら、帰国時に荷物は減る
	一般衣類	◎			着慣れた楽なものを。現地でも購入できる
	何か羽織るもの	○			夏でも必要。クーラーは半端ではない
	防寒具	△			冬はダウンジャケットなど保温性の高い服は必須
日用品	石鹸／シャンプー／歯ブラシ	○			現地でも入手できるが、使い慣れたものがいい人は
	つめ切り	△			長期旅行なら必須。ただし、機内持ち込み不可。託送荷物に入れること
	タオル／手ぬぐい	○			3つ星以上のホテルならほぼ置いてある
	ティッシュ／トイレットペーパー	○			品質は日本で販売されているものが圧倒的によい
雑貨	化粧品／薬品／生理用品	○			自分に合ったものを用意しておいたほうが安心
	ファスナー付き1ℓの透明ビニール袋	◎			化粧水や目薬などを機内に持ち込むなら必須
	100mℓまでの液体を入れる容器	◎			小分けした液体は上記の袋に入れれば機内に持ち込める
	洗剤／洗濯ひも／洗濯ばさみ	○			長期旅行では、持参衣類を少なくするためにも必要
	予備のめがね／コンタクト	△			念のため、必要な人は準備していこう
	サングラス／日焼け止め／帽子	○			夏は日差しが強いので、外出時にはあったほうがよい
	南京錠／ワイヤー錠	◎			自分の荷物は自分で守ろう！
	ビーチサンダル	○			部屋履きやシャワールームで重宝する
	ビニール袋	○			洗濯物や汚れ物を入れるなど、あれこれ使える
	傘／カッパ	○			現地でも入手可能
	予備の乾電池	△			現地で入手可能、すぐ交換して使うにはあると便利
	携帯やデジカメの充電器、変換プラグ	△			充電できなければ電子機器はじゃまな荷物
	Wi-Fiルーター（レンタル）	△			日本で使用しているスマートフォンでアプリ利用を考えている人は必須！
	モバイルバッテリー（→P.316）	△			リチウムイオン電池は扱いに注意
	シェーバー	△			電池式か、充電式なら海外対応のものを！
	ガイドブック／地図	◎			今読んでいるこの本を置いていかないで！
	メモ帳／筆記用具	○			旅の記録にはもちろん、筆談でも活躍！
	カメラ	◎			ほこりの多い中国ではレンズ交換は危険！
	懐中電灯	△			石窟など暗い観光地で役立つ
	目覚まし時計	△			安宿には備え付けの目覚まし時計はなし
	裁縫道具	△			長期旅行なら。機内には持ち込めないので、託送荷物に！

パスポートとビザ

パスポートの取得

パスポートには5年間有効と10年間有効の2種類があり、どちらも有効期間中なら何回でも渡航できる数次旅券。渡航先や目的にも制限がない。ただし、20歳未満の人は5年間有効のものしか申請できない。サイズは12.5cm×8.8cmと胸のポケットに入る大きさ。発給手数料は5年用が1万1000円、10年用が1万6000円（受領時に指定の印紙で支払う）。

パスポートの申請は、基本的に住民票がある都道府県の旅券課で行うが、学生、単身赴任者などで住民登録が現住所ではなく、実家の住所のままという場合、現在住んでいる所で申請できる居所申請という制度がある。また、申請書のオリジナルに本人のサインがあれば代理申請も可能。旅行会社や行政書士に戸籍、写真などの必要書類を送付すると、手数料5000～1万円程度で代行してくれる（受領は代理不可）。

なお、中国の観光ビザ取得には、パスポートの残存有効期間が重要となる（→P.300）ので、有効期間が残り少ない人は早めに更新手続きをしよう。

10年用

5年用

パスポートの申請書類

❶一般旅券発給申請書（1通）

外務省公式ウェブサイトからダウンロードすることもできる。

Ⓤwww.mofa.go.jp/mofaj/toko/passport/download/top.html

❷写真（1枚）（タテ4.5cm×ヨコ3.5cm）

❸戸籍謄本（抄本）（1通）

更新申請では不要。代わりに現に有効なパスポートを提出。

都道府県パスポートセンターでパスポートを申請する場合、原則として住民票が不要。詳しくは外務省のウェブサイトで確認すること。

❹身元確認のための証明書

運転免許証など写真付きの証明書を1点、または写真のない保険証や年金手帳などと社員証や学生証を組み合わせて持参する。

❺（未成年者のみ）保護者の同意サインまたは同意書

パスポート申請先都道府県ホームページへのリンク（外務省）

Ⓤwww.mofa.go.jp/mofaj/toko/passport/pass_6.html

東京都の担当窓口

●東京都生活文化局都民生活部旅券課

㊟〒160-0023　東京都新宿区西新宿2-8-1
東京都庁都民広場地下1階

☎案内センター＝(03)5908-0400

Ⓤwww.seikatubunka.metro.tokyo.jp/passport

大阪府の担当窓口

●大阪府パスポートセンター

㊟〒540-0008　大阪府大阪市中央区大手前3-1-43　大阪府庁新別館南館地下1階

☎(06)6944-6626

Ⓤwww.pref.osaka.jp/passport

パスポートに関する注意

国際民間航空機関（ICAO）の決定により、2015年11月25日以降、機械読取式でない旅券（パスポート）は原則として使用できない。日本では1992年11月以降、機械読取式となっているが、2014年3月19日以前に旅券の身分事項に変更があった人はICチップに反映されておらず、国によっては国際標準外と判断される可能性もあるので注意が必要。

外務省による関連通達

Ⓤwww.mofa.go.jp/mofaj

※検索キーワードに「パスポート　機械読取式」

パスポートの受領

パスポートは通常、申請後6～10日後に発給される。受領の際は必ず本人が、受理票、発給手数料を持って窓口に取りにいく。

ビザの取得

ノービザ

中国政府は日本国籍者に対し、15日以内の滞在についてはビザを免除しているが、16日以上の滞在はビザの取得が必要。ノービザ入国については、ほかにも注意事項があるので、下の囲みコラムを読んで理解しておこう。

観光ビザの取得

渡航目的によってビザの種類が異なるが、

ノービザ入国時の注意点

注意点

❶パスポート（一般旅券）を持ち、商用、観光、親族訪問、トランジットの目的で中国に入国する日本国籍者は入国日から15日以内の滞在の場合、ビザは免除。ただし、入国地点は、必ず外国人の通過が許可された出入国（出入境）ポイントであること。

❷ノービザで入国する際、入国審査（イミグレーション）で復路航空券の提出は不要。

注意：中国の入国審査処では、場合によっては「復路航空券の提出を求めることもある」と言っていたので、15日以内に日本に帰国、または第三国に出国する航空券を購入しておくことが望ましい。

❸有効なパスポートを所持していること。

注意：領事部は「ノービザ入国の場合、所持している帰国のための航空券に記載されている日付よりもパスポートの失効日があとであること」としている。しかし、有効期間が帰国日の翌日までのパスポートを持って上海浦東国際空港で入国審査を受けた際、別室に呼ばれ、関係部署への確認の結果、ようやく入国が許されたという事例もある。

また、パスポートの残存有効期間が6ヵ月を切る乗客については、搭乗手続きをほかの乗客と区別する航空会社もあるようだし、旅行会社でも「6ヵ月プラス中国滞在日数が必要」という所もある。

以上を考慮すると、残存有効期間が6ヵ月を切ったパスポートを所持している人は、パスポートの更新を行っておいたほうが無難。

❹登山やバイク、乗用車を持ち込み運転するなど特殊な観光をする場合およびチベット自治区を訪問する場合は、必ずビザの取得が必要。

※チベット自治区滞在を含め、中国滞在が15日以内の場合、ノービザでかつチベット自治区滞在のための書類が正式に発行された事例もある

❺15日以内の滞在予定で中国に入国したが、何らかの事情で15日を超える滞在となってしまう場合は、現地の公安局の出入境管理部門でビザを申請しなければならない。なお、滞在許可期間を超過した者は、公安機関と入国審査で規定に基づく処罰が与えられることになるので注意が必要。

注意：いくつかの町の公安局出入境管理部門に確認したところ、「原則としてノービザ入国者に対して、中国入国後にビザを発給することはない」という回答もあった。実際には、発給されたという情報も確認できたが、15日間目いっぱい滞在する予定の人は、念のため中国入国前に滞在目的に合ったビザを取得したほうが無難。

そのほかの注意

中国に10日間滞在したあと、いったん香港に出て、再び中国に入国して日本に帰国する予定だったが、航空券に記載されていた日本出国日と帰国日までの日数が15日を超えていたため、そのとき利用した某航空会社では、内規によってノービザでの搭乗を拒否され、仕方なくノーマルチケットを購入することになった（ただし、使用したのは最初に購入したほうで、ノーマルチケットは帰国後に払い戻してもらえた）。

これは、中国入国を拒否されて強制送還などになった場合、その費用を航空会社が負担しなければならないという事態を航空会社が回避するための手段と考えることができる。上記のようなルートの旅行を計画している人は、航空券購入時に正直に事情を説明し、可能かどうか確認しておこう。

記事は2019年7月現在の状況に基づいて作成した。旅行計画時や出発前には、最新の状況を確認すること。

（地球の歩き方編集室）

2019年7月現在、観光目的で入国する者に発給されるのは観光ビザ（Lビザ）で、中国滞在が許可されるのは30日間。

観光ビザの申請については、中国大使館、各総領事館で規定が異なる。さらに、ビザの発給については、当該国の大使館、総領事館に決定権があるため、突然必要書類等が変更になることもある。

2019年7月現在、中国のビザ申請は審査が非常に厳格になっている。必要書類が不備なく揃っていないと受理してもらえないので注意。

必要書類

2019年7月現在、観光ビザの申請に必要な書類は次の5点。

❶パスポート原本およびその写し

※余白2ページ以上、残存有効期限6ヵ月以上

❷6ヵ月以内に撮影したカラー証明写真1枚

※サイズはタテ4.8cm×ヨコ3.3cm（背景は白）

※注意事項はP.300右段囲み記事

❸中華人民共和国査証申請表

※Ⓤwww.visaforchina.orgからダウンロード可能

❹航空券またはeチケット控えのコピー

❺下記のいずれか

・ホテル手配確認書

・中国国内機関発行の招聘状（FAX、写し可）

※東京・名古屋は旅行会社で代理申請の場合、英文不可。大阪は個人申請・代理申請ともに英文不可

・中国在住者発行の招聘状（FAX、写し可）と発行者の身分証明書両面コピーおよびパスポート（中国人）または中国滞在証明の

写真に関する規定

2019年7月現在、申請に必要な写真について、サイズや背景以外にも非常に厳格な規定がある。規定以外の写真だと申請を受け付けてもらえないので注意が必要。詳細は下記ウェブサイトで確認できる。

中国ビザ申請サービスセンター

Ⓤwww.visaforchina.org

※カーソルを日本国旗に移動させ、Tokyo and Nagoya/Osakaから選択＞メニューバー「基本情報」＞「お知らせ」＞「ビザ申請の際提出する写真について」

中国ビザ申請サービスセンターの開設

2016年10月より、混雑緩和と待ち時間短縮などを目的に、「中国ビザ申請サービスセンター（中国签证申请服务中心）」へ関連業務が委託されている。

該当するのは、東京の中国大使館領事部、大阪と名古屋の中華人民共和国総領事館各管轄区における一般旅券所持者で、個人による申請が可能。また、旅行会社での代理申請も可能だが、指定業者のみの取り扱いとなっている。

諸費用は、ビザ申請料のほかに手数料が必要となる。料金や所要日数は要問い合わせ。なお、一般旅券所持者に対する香港特別行政区とマカオ特別行政区の査証についても対応している。

■中国ビザ申請サービスセンター

（中国签证申请服务中心）

Ⓤwww.visaforchina.org

■東京ビザ申請サービスセンター

住〒105-0001　東京都港区虎ノ門4-1-17 神谷町プライムプレイス8階

☎(03)6432-2066　FAX(03)6432-0550

オビザ申請＝9:00～15:00

ビザ受領＝9:00～16:00

休土・日曜、祝日

■大阪ビザ申請サービスセンター

住〒541-0059　大阪府大阪市中央区博労町3-3-7 ビル博丈9階

☎(03)6432-2066　FAX(03)6432-0550

オビザ申請＝9:00～15:00

ビザ受領＝9:00～16:00

休土・日曜、祝日

■名古屋ビザ申請サービスセンター

住愛知県名古屋市中区錦1-5-11名古屋伊藤忠ビル4階413号室

☎(03)6432-2066　FAX(052)228-0129

オビザ申請＝9:00～15:00

ビザ受領＝9:00～16:00

休土・日曜、祝日

写し（外国人）
※東京・名古屋は旅行会社で代理申請の場合、英文不可。大阪は個人申請・代理申請ともに英文不可

観光ビザ以外の場合は、下記囲み記事で紹介した「中国ビザ申請サービスセンター」のウェブサイトで確認したり、旅行会社に問い合わせたりするとよい。特に写真については規定外のものだと申請を受け付けてくれないので注意が必要。

在日中国大使館・総領事館

中華人民共和国在日本国大使館（領事部）
管轄区：東京都、神奈川県、千葉県、埼玉県、長野県、山梨県、静岡県、群馬県、栃木県、茨城県
※ビザ申請、問い合わせはP.300囲み記事参照
住 〒106-0046　東京都港区元麻布3-4-33
休 土・日曜、日中両国の祝日
U www.china-embassy.or.jp/jpn

在大阪中華人民共和国総領事館
管轄区：大阪府、京都府、兵庫県、奈良県、和歌山県、滋賀県、愛媛県、徳島県、高知県、香川県、広島県、島根県、岡山県、鳥取県
※ビザ申請、問い合わせはP.300囲み記事参照
住 〒550-0004　大阪府大阪市西区靭本町3-9-2
休 土・日曜、日中両国の祝日
U osaka.china-consulate.org/jpn

在福岡中華人民共和国総領事館
管轄区：福岡県、佐賀県、大分県、熊本県、鹿児島県、宮崎県、沖縄県、山口県
※観光ビザは個人申請可能
住 〒810-0065　福岡県福岡市中央区地行浜1-3-3
☎ (092)752-0085
休 土・日曜、日中両国の祝日
U www.chn-consulate-fukuoka.or.jp/jpn

在長崎中華人民共和国総領事館
管轄区：長崎県
※個人申請可能
住 〒852-8114　長崎県長崎市橋口町10-35
☎ (095)849-3311
休 土・日曜、日中両国の祝日
U nagasaki.china-consulate.org/jpn

在札幌中華人民共和国総領事館
管轄区：北海道、青森県、秋田県、岩手県
※個人申請可能
住 〒064-0913
北海道札幌市中央区南十三条西23-5-1
☎ (011)563-5563
休 土・日曜、日中両国の祝日
U sapporo.china-consulate.org/jpn

在名古屋中華人民共和国総領事館
管轄区：愛知県、岐阜県、福井県、富山県、石川県、三重県
※ビザ申請、問い合わせはP.300囲み記事参照
住 〒461-0005
愛知県名古屋市東区東桜2-8-37
休 土・日曜、日中両国の祝日
U nagoya.china-consulate.org/jpn

在新潟中華人民共和国総領事館
管轄区：新潟県、福島県、山形県、宮城県
※個人申請可能
住 〒951-8104
新潟県新潟市中央区西大畑町5220-18
☎ (025)228-8899
休 土・日曜、日中両国の祝日
U niigata.china-consulate.org/jpn

余った外貨を手軽に交換

2017年2月より、外国の紙幣や硬貨を空港で電子マネーなどに交換できる機械が羽田空港に設置されている。

交換レートはあまりよくないが、銀行で両替してもらえない小額紙幣や硬貨を交換できること、操作が簡単で時間もかからないことなど利点も多い。

また、中国のモバイル決済のひとつWeChat Pay（微信支付）へのチャージも可能だが、2019年8月現在、受け取り前にWeChat Payのアカウント解説と実名認証完了が必須条件となっているので注意。

サービスの詳細や設置場所は公式ウェブサイトで確認できる。

ポケットチェンジ（Pocket Change）
U www.pocket-change.jp/ja

周辺国のビザ

本書で紹介している中国のエリアと国境を接している国のビザに関しては、P.287のインフォメーションを参考にするとよい。

通貨・両替・カード

中国の通貨

中国の通貨は人民元（人民幣、中国元ともいう）といい、アルファベットではRMBと表記する。中国国内の指定銀行では外貨の両替業務を扱っている。もちろん日本円との両替も可能で、2019年8月2日現在のレートは1元≒15.9円。

中国銀行の当日レート（中国語・英語）
Ⓤwww.boc.cn/sourcedb/whpj
※「牌价选择」から「日元」を選択し、「现钞买入价」（中国銀行が日本円現金を買うときのレート）をチェックする

日本で人民元を入手する

人民元への両替が可能なスポット

日本国内で人民元への外貨両替を扱うスポットは増えている。

中国国内で人民元に両替するのに比べ、換金レートが悪い、換金可能な金融機関が都市部に集中している、取引額に制限があるなどの不便な点もある。しかし、2019年8月現在、中国国内で旅行者が両替する際に生じる手間暇を考えると、現実的な手段といえる。

【おもな外貨両替取り扱い銀行】
SMBC信託銀行 PRESTIA EXCHANGE
Ⓤwww.smbctb.co.jp/gaika_ryougae
みずほ銀行
Ⓤwww.mizuhobank.co.jp/tenpoinfo/gaika_ryogae/index.html
三菱UFJ銀行
Ⓤwww.bk.mufg.jp/tsukau/kaigai/senmon
【外貨両替専門店】
トラベレックスジャパン
☎(03)3568-1061 Ⓤwww.travelex.jp
東京クレジットサービス ワールドカレンシーショップ
Ⓤwww.tokyo-card.co.jp/wcs/

【空港】
成田国際空港
Ⓤwww.narita-airport.jp
「空港で過ごす」＞「サービス施設」＞「銀行/両替所」
羽田空港国際線旅客ターミナル
Ⓤwww.haneda-airport.jp/inter
「国際線フライト情報」内の「銀行・外貨両替」をクリック
関西国際空港
Ⓤwww.kansai-airport.or.jp
バーメニューから「便利なサービス」＞「お金・両替・保険」＞「外貨両替所」
中部国際空港セントレア
Ⓤwww.centrair.jp
「サービス・施設案内」＞「外貨両替・お金・保険」＞「外貨両替所」

そのほかの両替ポイント

金券ショップのなかには人民元に両替できる所もある。店舗はかぎられるだろうが、お店の人に聞いてみるとよい。合法的なものなので心配は無用。

●お金の持っていき方

おすすめ度	方法		
★★	クレジットカードを利用する（買い物およびキャッシング）	メリット	現金の管理が不要。場合によっては、キャッシングでも現金両替よりレートがよい
		デメリット	使用できる場所に制限がある。スキミングや架空請求などに注意が必要
★★	海外専用プリペイドカードやデビットカードを利用する（買い物およびATMでの人民元引き出し）	メリット	口座残高以上は使えないので予算管理に便利
		デメリット	都市部以外では使用できる場所が制限される
★★	日本国内で両替し、人民元をあらかじめ入手する	メリット	現地到着後、すぐに行動できる。また、旅行者が両替する際に生じる手間暇を考えると、現実的な手段といえる。
		デメリット	両替レートが悪い
★	日本円やUSドル、ユーロなどの現金を持参し、中国で両替する	メリット	日本での両替よりレートがよい。日本円の場合、両替しなかったぶんは帰国後そのまま使える
		デメリット	中国到着後、すぐに両替が必要。盗難に備える必要がある

※短期旅行なら人民元現金とクレジットカード持参がいちばん便利

中国で人民元に両替する

両替の手順と注意点

2019年8月現在、中国国内の銀行では、原則として当該銀行に口座を開設している者に対して外貨両替に応じている。口座のない者は専用の書類にパスポート番号、中国での知人の電話番号、中国の携帯電話番号、携帯電話番号のない者はマイナンバーや健康保険番号など日本の個人識別番号をひとつ記載する必要があり、非常に煩雑。

銀行の窓口で現金またはT/C（トラベラーズチェック）を人民元に両替する場合は、備え付けの用紙に必要事項を記入し、お金とパスポートと一緒に窓口に出す。

お金を受け取ったら、その場で金額を確認し、紙幣に損傷があれば、交換してもらおう。いったんその場を離れてしまうと、金額が合わないなどの苦情には一切応じてくれないので注意しよう。

お金と一緒に受け取る両替証明書は、再両替するときに必要となる。

デビットカード

デビットカードを活用しよう

使用方法はクレジットカードと同じだが、支払いは後払いではなく、発行銀行の預金口座から「即時引き落とし」が原則。口座残高以上は使えないので、予算管理にも便利。ATMで現地通貨の引き出しも可能。

JCBデビットカード

Ⓤ www.jcb.jp/products/jcbdebit

Visaデビットカード

Ⓤ www.visa.co.jp/pay-with-visa/find-a-card/debit-cards.html

銀聯カード

「銀聯カード」とは、中国国内外で利用できるプリペイドタイプのマネーカード。2009年からは、日本国内でも発行されている。

中国銀聯のサイトによれば、全世界での加盟店数は、2019年8月現在、5100万を超え、多くの国と地域で取り扱い可能となっている。中国本土はもとより、香港やマカオでもカードの取り扱いのあるほぼすべての店舗で銀聯カードを使用でき、また銀聯マークのあるATMで人民元などの現地通貨現金の引き出しも可能（ただし不可のカードや引き出し手数料が必要となる場合もある）。カードの種類により提供されるサービスも異なる。

中国銀聯

Ⓤ www.unionpayintl.com

中国銀行銀聯デビットカード

Ⓤ www.bankofchina.com/jp/jp

※トップページ「個人向け業務」＞「カード」の中の「銀聯デビットカード」

海外専用プリペイドカード

外貨両替の手間や不安を解消してくれる便利なカードにひとつ。多くの通貨で日本国内での外貨両替よりレートがよく、カード作成時に審査がない。出発前にコンビニATMなどでチャージ（入金）した円の残高範囲内で、渡航先のATMから現地通貨を引き出したり、ショッピングに使えたりする。別途各種手数料がかかる心配はない。

2019年8月現在、おもに下記のようなカードが発行されている。

・クレディセゾン発行
「NEO MONEY　ネオ・マネー」
・アクセスプリペイドジャパン発行
「CASH PASSPORT キャッシュパスポート」
・アプラス発行
「GAICA　ガイカ」
・マネーパートナーズ発行
「Manepa Card　マネパカード」

●両替のお得度（左ほどおトク。ただし、あくまでも目安）

市中の中国銀行		市中の一般銀行		ホテル		空港の中国銀行		空港の民営両替所		日本での両替
基本レートでの両替が可能。1元以下の端数も受け取れる	＞	中国銀行のレートに若干の手数料が上乗せされるケースが多い	＞	1元以下の端数は切り捨てられるのが一般的	＞	市中の支店とレートは同じだが、空港によっては他店より高い手数料が必要になることも	＞	到着出口にある両替所は、中国銀行に比べて基本レートが悪いうえ、1回につき50〜60元の手数料が必要	＞	銀行と両替所ではレートが異なる。両替所で大量に両替すればやや有利になることもある

三井住友銀聯カード

Ⓤ www.smbc-card.com/mem/addcard/ginren.jsp

三井住友カードが発行する銀聯ブランドのクレジットカード。

※使用時、申し込み時に設定した4桁の暗証番号の前に00を付けて6桁として入力し、サインもする。暗証番号を忘れると使えない

カードを利用する

クレジットカード

中国でもクレジットカードを利用できる場所は増えている。中級以上のホテルでは、チェックインの際にクレジットカードをデポジット（保証金）代わりに使え、とても便利。

カードが使える所では必ず使えるといっていいのが、VISAとMasterCard。JCBも使える所が増えている。その次が、アメリカン・エキスプレス。ダイナースはまだまだ使える所が少ない。また、カード利用可の表示があっても国際カードが使えない店も多い。

国際キャッシュカード

国際キャッシュカードとは、日本で金融機関に預けた日本円を旅行先のATMなどから現地通貨で引き出せるカードのことで、中国でも中国銀行などのATMで利用できる。

メガバンクなど複数の銀行が発行しているが、それぞれに使用条件が異なるので、ウェブサイトなどで相違を比較、確認して申し込むとよい。

クレジットカードでのキャッシング

日本円現金を中国で人民元に両替する場合、空港の両替所では50元前後の手数料が必要だったり、レート自体が悪かったりする。市中の銀行では口座をもたない旅行者の外貨両替は面倒（→P.303）。また、2019年8月現在、中国非居住者の銀行口座開設は原則不可。

だが、海外でのキャッシングが可能なクレジットカードを持っていれば、キャッシング後になるべく早く繰り上げ返済することで利息を少なくし、銀行両替と同程度の実質レートで人民元を手に入れることができる。空港や町なかには大手銀行のATMがたくさんあり、24時間利用可能なものも多い（使い方→P.21）。繰り上げ返済方法はカード会社によって異なり、電話やネットで手続きができるものもある。ただ、海外キャッシングの繰り上げ返済ができないカードもあるので、事前によく調べておくこと。支払いに振込手数料の不要なネットバンキングを利用すれば、たいへんお得だ。

クレジットカードの紛失、盗難

大至急、カード発行金融機関に連絡し、無効化すること。万一の場合に備え、カード裏面の発行金融機関、緊急連絡先を控えておこう。現地警察に届け出て、紛失、盗難届証明書を発行してもらっておくと、帰国後の再発行手続きがスムーズ。

ICカードは暗証番号に注意

ICカード（ICチップ付きのクレジットカード）で支払う際には、サインではなくPIN（暗証番号）が必要。この番号を忘れるとカードを使用できなくなるので、日本出発前にしっかりと確認し、忘れないようにしよう。

カード払いは通貨とレートに注意！

海外でクレジットカードを使った際、カード決済が現地通貨ではなく日本円というケースが増えている。日本円換算でのカード決済自体は違法ではないのだが、不利な為替レートが設定されていることもあるので注意しよう。また、支払い時に「日本円払いにしますか？」とお店の人に言われる場合もあれば、何も言われず日本円換算になっている場合もあるので、サインをする前に必ずレシートに記載された通貨を確認しよう。

人民元が余ったら

人民元の持ち出し制限

海外に持ち出すことのできる人民元の限度

額は2万元（2019年8月5日現在のレートで約32万円）となっているので、注意が必要。

人民元を外貨に両替する

余った人民元は、国際空港にある銀行（中国銀行など）で再両替することができる（レートは悪い）。余らせないよう使い切るか、訪中予定のある人は次回用にそのまま持っているのがよいだろう。また、日本国内の外貨両替スポット（トラベレックスなど）でも人民元を日本円に両替できるが、換金レートはさらに悪い。

再両替時の注意

両替する人民元、両替証明書とパスポートを銀行の窓口に提出する。あとは係員が書類に記入して、外貨と端数の人民元（少額）を手渡してくれる（順番待ちのときは番号札を渡される）。手続きには時間がかかるので、早めに窓口に行くこと。

人民元から外貨への両替は、提出する両替証明書に記載された金額が上限となるので、滞在中、いちばん多く両替したときの両替証明書を保管しておくようにしよう。なお、有効期限は両替日より24ヵ月。

中国のお金

【紙幣】

100元

50元

【硬貨】

1元

1角

このほか、5角、5分、2分、1分がある。1～5分硬貨は銀行での両替時に受け取るくらい

【旧紙幣（第四套）】

1元

5角

1987年以降発行された旧紙幣（第四套）も使用可能だが、1角、2角、5角札以外ほとんど目にすることはない。旧紙幣のピン札を入手できたら記念にするとよい。もちろん使用することもできる

海外旅行保険

保険の種類と加入タイプ

海外でけがをしたり病気にかかったりした場合、治療費や入院費はかなり高いうえ、言葉の面でも心細いものだ。こういったトラブルを避けるために海外旅行保険への加入がおすすめ。

保険の種類と加入タイプは、大別すると、補償内容を組み合わせた「セット型」保険と自分で補償内容を選択する「オーダーメイド型」保険がある。出発前日までに申し込めば、自宅から空港までのトラブルもカバーされる。

ネットで申し込む海外旅行保険

体調を崩したり、カメラを盗まれたり、さまざまなアクシデントの可能性がある海外旅行。こうしたときに頼りになるのが海外旅行保険。

「地球の歩き方」ホームページで海外旅行保険に加入できる。24時間いつでも加入できて、旅行出発当日でも申し込み可能。詳しくは「地球の歩き方」ホームページで。

U www.arukikata.co.jp/hoken

渡航手段の手配

飛行機と航空券

2019年8月現在、日本の24空港と中国の38空港（香港とマカオを含む）との間に定期便が運航されている。

中国西南エリア最大の空港である成都双流国際空港

西南エリアは直行便が増えた

出発地点と目的地の間を直接結ぶ直行便と、出発地点と目的地の間に中継地が入る経由便があるが、訪日旅行者の増加もあって、直行便が増えている。

航空券の種類

航空券にはいろいろな種類があり、条件によって同じルートであっても料金が異なる。

国際線の航空券は、大きく正規航空券、ペックス航空券、格安航空券の3つに分けることができる。運賃は、正規の航空券が最も高く、その次にペックスの航空券、そして最も安いのが格安航空券となる。

正規航空券

ノーマルチケットと呼ばれる正規航空券は航空会社お墨付きのチケット。格安航空券の数倍の値段だが、

❶一般の旅行会社や航空会社で購入できて、その場で座席の有無がわかる

❷発券から1年間有効で、出発日や帰国日を自由に変更できる

eチケット

「eチケット」とは電子航空券の別名で、航空券を各航空会社が電子的に保管することによって、空港で航空券を提示することなく、搭乗券を受け取ることのできるサービス。このサービスを利用すれば、紙の航空券は不要で、eメールやファクス、郵便などで送ってもらった「eチケット」の控えを空港に持参するだけでよい。

申し込み時にクレジットカード番号やパスポート番号を通知する必要があること、中国入国審査時には帰国便の「eチケット」控えを所持するなどの注意も必要だが、❶出発直前でも条件が整えば申し込みが可能、❷航空券の盗難や紛失などの心配が不要（「eチケット」控えを再発行するだけでよい）といったメリットがある。

「eチケット」には航空券の控えのほかに旅程表が添付されていることも多い。万一パスポートを紛失した際には、この旅程表を提出すると手続きがスムーズに進むので、こちらもプリントアウトして持っていこう。

日本で発券されたeチケット控え。PCにPDF形式で保存できるものもある

eチケットと一緒に送られてくる旅程表もなるべく持っていくとよい

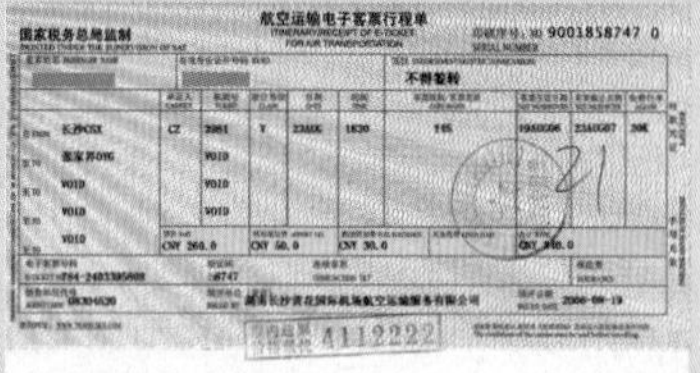

航空运输电子客票行程单

国家税务总局监制

中国のeチケット領収書。忘れずに空港へ持っていこう

❸途中の都市に降りることができる（Y2には制限あり）
❹利用便を変更することができる
などのメリットがある。

出発日が変更になったときや現地で病気になり予定を変更して早めに帰国したい場合には、この航空券が役に立つ。また、帰国便が欠航になっても別の航空会社の便に簡単に乗り換えられる。

多様化する格安航空券

ペックス航空券

ペックス航空券とは各航空会社が個人向けに直接販売する正規割引航空券。正規航空券より安いぶんだけ制限もある。詳しい条件は各航空会社の公式ウェブサイトでチェックできる。

格安航空券

「ディスカウントチケット」とも呼ばれる。旅行会社でのみ取り扱われている。格安航空券にはさまざまな制約があるので、購入前に必ず確認すること。

シーズナリティ

中国への飛行機は、観光シーズンである4月から10月までが高く、オフシーズンである11月から3月までが安い。ただし、年末年始やゴールデンウイーク、お盆の時期は例外で、正規航空券と大きく変わらない。

また、訪日観光客の増加にともない、1～2月の春節や9～10月の中秋節、国慶節といった中国の連休時期や日本の花見の時期、紅葉の時期などに料金が高騰する傾向が目立つ。

そのほかの注意点

2019年8月現在、航空会社は規定の運賃に燃油特別付加運賃を別立てで加えて航空券を販売している。この燃油特別付加運賃は、原油を仕入れた時点の原油価格を考慮して決定されるため、金額が変わることがある。航空券購入の前には、このあたりのこともしっかり確認する必要がある。

フェリー

中国と日本の間には定期船が運航されている。便数がかぎられる、港から目的地までの移動が大変などのマイナス面もあるが、旅費を安く上げるために利用する旅行者も多い。

国際観光旅客税

2019年1月7日より日本を出国するすべての人に、出国1回につき1000円の国際観光旅客税がかかるようになった。支払いは原則として航空券代に上乗せされる。

ウェブ(オンライン)チェックイン

公式ウェブサイトからチェックイン手続きを行える「ウェブ（オンラインと呼ぶ会社もある）チェックイン」サービスを提供している航空会社がある。

事前に、搭乗する航空会社のウェブサイトにアクセスしてチェックインを済ませておけば空港での手続きが簡単で済む。時間節約のためと、オーバーブッキングに巻き込まれないためにも利用できる場合は利用したほうがよい。

詳細は各航空会社の公式ウェブサイトで確認を。

ANAのオンラインチェックイン画面。予約番号、航空券番号、マイレージの会員番号のいずれかを用意し、そのひとつと姓名を入力する

新鑒真（大阪・神戸⇔上海）

【日本側問い合わせ先】
日中国際フェリー株式会社
住 〒550-0013
大阪府大阪市西区新町1-8-6 三愛ビル2階
☎(06)6536-6541 FAX(06)6536-6542
U www.shinganjin.com

蘇州號（大阪⇔上海）

【日本側問い合わせ先】
上海フェリー株式会社
住 〒541-0058 大阪府大阪市中央区南久宝寺町4-1-2 御堂筋ダイビル5階
☎(06)6243-6345 FAX(06)6243-6308
U www.shanghai-ferry.co.jp
✉pax@shanghai-ferry.co.jp

日本を出国する

出国する

時間帯や時期によっては空港アクセスや空港内が非常に混雑する場合がある。混雑に加え、テロ対策などでチェックインや出国審査に予想外の時間がかかるケースも生じている。空港には出発2時間前には到着し、早めにチェックインや出国審査を済ませておくことをおすすめする。出国の手順については下記の表を参照。

機内への液体物持ち込みは原則禁止

テロ対策のため、100mℓを超える液体物の空港保税区域（出国審査後のエリア）および機内への持ち込みは日中各空港ともに禁止となっている。つまり、出国審査前に一般エリアの売店で購入した飲み物や化粧品類は持ち込めないということ。出国後に免税店で購入した酒や化粧品などは持ち込みが可能。

100mℓ以下の医薬品などは透明ビニール袋に入れるなどして持ち込めるが、制限があるので詳細は事前に空港や各航空会社に問い合わせをすること。

※液体物にはレトルトカレーや漬物、味噌類など水分の多い反固形物も含まれる

高価な外国製品は出国前に申告が必要

高級時計や宝飾品、ブランドバッグなど高価な外国製品を持っていく人は、出国前に税関で所定の用紙に記入するとともに、現物を提示する。無申告のまま出国すると、現に身につけているものであっても、海外で購入したと見なされ、課税の対象になってしまうことがある。

●飛行機で日本を出国するときの手順

1　チェックイン

空港に着いたらチェックインカウンターへ。航空券かプリントアウトしたeチケット控えまたはバウチャーとパスポートを提示して手続きを行い、搭乗券（ボーディングパス）を受け取る。託送荷物はここで預けて引換証（バゲージクレームタグ）をもらう

リチウム／リチウムイオン電池は預けられない（→P.316）。機内持ち込み手荷物の重量や個数の制限が厳しくなっているので、事前に確認しておくとよい

※空港へは出発2時間前までに。荷物検査に時間がかかるので、ぎりぎりだと搭乗できない場合もある。手続き締め切りは通常出発1時間前（航空会社や空港により異なる）

※ウェブチェックインを導入している航空会社の場合、当日の手続きが簡単になるので、ウェブチェックインをしておいたほうがよい

⬇

2　安全検査

機内持ち込み手荷物の検査とボディチェック。ナイフや先のとがった工具は機内持ち込み不可（発見時は任意廃棄）なのであらかじめ預けておくこと。また、液体物やリチウム／リチウムイオン電池の機内持ち込みには制限がある。詳細は利用する航空会社へ！

3　税関申告（該当者のみ）

高価な外国製品（時計や貴金属、ブランド品など）を身につけているときは、あらかじめ税関に申告しておく。申告しないと帰国時に海外で新たに購入したものと見なされて課税されてしまう。申告が必要かどうかは出国審査の前に税関カウンターにて問い合わせを！

⬇

4　出国審査（イミグレーション）

パスポートを提示し出国スタンプを押してもらう。カバーは外しておく。出国審査場では写真撮影と携帯電話の使用は禁止

※2019年8月現在、成田、羽田、中部、関西、福岡、那覇で本格的に顔認証ゲートが導入され、出国スタンプの省略など、出国審査がスピーディになった（新千歳は2019年11月導入予定）。登録は不要

⬇

5　免税品ショッピング

出国審査が終わったあとは免税エリア。旅行中に吸うたばこなどはここで購入。おみやげや本なども消費税免税なのでおトク。中国入国の際の免税範囲は酒1.5ℓと紙巻きたばこ400本まで（→P.309）

⬇

6　搭乗

搭乗券に記載されたゲートから搭乗。通常、搭乗開始は出発30分前から。遅くとも搭乗時刻15分前にはゲート前にいよう

※成田国際空港第2ターミナルや関西国際空港は免税店のあるエリアとゲートはかなり離れているので、時間に遅れないように注意

中国に入国する

中国の入国手続き

直行便の場合

中国に入国する際には、着陸の1時間くらい前に、機内で中国の入国／出国カード（一体型または切り離したもの）や税関申告書（該当者のみ）などの書類が配られるので、提出が必要なものを到着までに記入しておく（記入例→P.312〜314）。

到着すると検疫カウンターがあるので、必要があれば出入境健康申告カードを提出し、体に変調があったら申し出る。2019年8月現在、出入境健康申告カードの提出は不要となっているので、体調に異常がなければ、そのまま通過。

2018年から中国に入国する際、入国審査において個人生体認識情報が採取されることになっている。まずは機械による指紋採取。設置場所や機械は空港によって異なるが、入国審査窓口の前が多い。

成都双流国際空港での入国審査は、窓口の係官にパスポートと入国カードを手渡し、窓

託送荷物の受け取りを待つ乗客（成都双流国際空港）

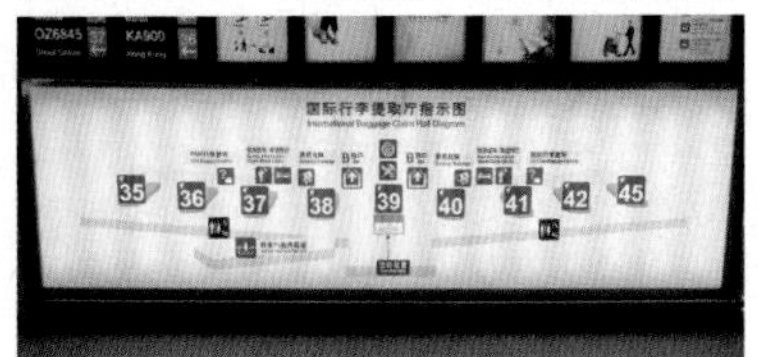

ターンテーブルの位置標示（北京首都国際空港）

●中国入出国の際の免税範囲など

品物	内容
現金	外国通貨でUSドル換算US$5000、人民元で2万元までは申告不要。これを超える場合は要申告
物品	贈答品などとして中国国内に残す物品で人民元換算2000元を超えるもの（中国在住者は申告不要）
酒・たばこ・香水	酒類（アルコール度数12%を超えるもの）1.5ℓまで 紙巻きたばこ400本、葉巻100本、刻みたばこ500gまで（日本入国時には注意が必要→P.316表） 香水については個人で使用する範囲ならば申告不要
※輸出入禁止品 ○は入国時 ●は出国時	○●あらゆる種類の武器、模造武器、弾薬、爆発物 ○●偽造貨幣、偽造有価証券 ○●中国の政治、経済、文化、道徳に対して有害な印刷物、フィルム、写真、音楽レコード、映画フィルム、テープ・CD（オーディオおよびビデオ）、コンピューター用ストレージ機器 ○●あらゆる猛毒類 ○●アヘン、モルヒネ、ヘロイン、大麻および習慣性麻酔薬や向精神性薬品 ○　新鮮な果物、ナス科野菜、生きた動物（ペットとしての犬猫は除外）、動物標本、動植物病原体、害虫および有害生物、動物の死体、土壌、遺伝子組み換え有機体組織およびその標本、動植物の疫病が発生・流行している国や地域と関連のある動植物およびその標本やそのほかの検疫物 ○　人畜の健康に障害を及ぼす物品、流行性疾病が流行しているエリアから運ばれてきた食品や薬品およびその他の物品 ●国家機密をともなった原稿、印刷物、フィルム、写真、音楽レコード、映画フィルム、テープ・CD（オーディオおよびビデオ）、コンピューター用ストレージ機器 ●貴重文化財および輸出を禁止された遺物 ●絶滅を危惧される動植物および希少動植物（それらの標本も含まれる）、またそれらの種子や生殖物質

※中国では外国人による無許可の測量行為が法で禁止されているため、測量用GPS機器は持ち込まないほうが無難
※文化財の無断持ち出しは禁止。具体的には、1911年以前に生産・制作された文化財はすべて禁止、1949年以前に生産・制作された歴史的・芸術的・科学的価値のあるものは原則禁止、1966年以前に生産・制作された少数民族の代表的文化財はすべて禁止。化石はすべて禁止。詳細を掲載していた中国政府網（Ⓤwww.gov.cn）から関連文章が削除されたため、インターネットで「文物出境审核标准」と入力して検索するとよい

経由便利用の場合、掲示や職員の指示に従って移動しよう（北京首都国際空港）

口手前にある機械のアナウンスに従って指紋の採取（2回目以降は確認）を行う。問題がなければ、質問されることもなく、パスポートに入国スタンプが押され返却される。

入国審査が終了したら、次は託送荷物の受け取りだ。自分が乗った飛行機の便名と搭乗地が表示されているターンテーブルに向かい、自分の荷物が出てくるのを待つ。中国では、出てくるまでにけっこう時間がかかるので、気長に待とう。なお、託送荷物のない人はそのまま税関申告に向かう。

自分の託送荷物を受け取ったら、次は税関申告。申告する物品がある人は、入出国旅客荷物物品申告書（→P.314）に必要事項を記入し、税関に提出しなければならない。

税関申告では該当する列に並ばなければならないので注意しよう。

申告不要な人は、緑色の⬢が目印である「NOTHING TO DECLARE」の列、申告が必要な人は、赤色の■が目印の「GOODS TO DECLARE」の列に並べばよい。

これらの手続きが完了したら、出口に向かう。そこで荷物とバゲージクレームタグの照合が行われるのだが、ノーチェックのことが多い。

日本からの運航便がある国際空港では、出口の手前や税関を出たロビーに外貨を人民元に両替できる銀行や外貨ショップがある所が多いので、人民元を持っていない人はここで両替しよう。ただし、外貨ショップは銀行よりレートが悪く、手数料として50～60元を取られる（→P.303）。

経由便の場合

西南エリアに向かう運航便には経由便もあるが、入国手続きは最初に着陸する北京や上海などで行うので注意。

入国手続きは、直行便の場合と同じだが、次のような流れになる。

飛行機を降りた所でプラカードなどを持った職員が出迎え、トランジット・ボーディングパスを渡してくれる。全員が集まったところで、職員が誘導してくれるので、そのあとに続いて移動して入国審査を受ける。それが終わったら、トランジット乗客専用の待合室に移動し、準備ができるまでそこで待機する。その後、アナウンスに従い、再び飛行機に乗り込む。税関申告は最終目的地で手続きを行い、該当者はそこで入出国旅客荷物物品申告書を提出する。

●入国の流れ

1 検疫

通常は体温センサー設置の通路を通るだけ。新型インフルエンザ流行などの場合、「出入境健康申告カード」（→P.313）の記入、提出が義務づけられる。
※2019年8月現在、提出不要

↓

2 入国審査（イミグレーション）

必要書類を持って自分が該当する審査窓口に並ぶ。順番が来るまで白線を越えないこと。なお、経由便利用者は指示に従い、最終目的地に向かう

必要書類=中国の入国カード（→P.312）、パスポート

審査窓口=中国人、外国人、外交官・乗務員に分かれるが、日本人観光客は「外国人」窓口に並ぶ
※2018年5月から入国時の指紋採取と顔画像登録が施行された。対象は満14歳から70歳までの外国人。入国審査場近辺に専用端末があり、自分で指紋登録を行う

↓

3 荷物の受け取り

フライトナンバーと出発地が表示されたターンテーブルで自分の荷物が出てくるのを待つ。万一、荷物の破損や紛失といった事故が発生したら、速やかに係員に申し出ること

↓

4 税関検査

託送荷物を受け取ったら、税関検査場所に移動する。免税範囲を超えた場合や申告が必要なもの（→P.309、314）は申告書に記入し、係官に提出してスタンプをもらう
必要書類=該当者は入出国旅客荷物物品申告書（→P.314）

↓

5 出口に向かう

出口の前でバゲージクレームタグと託送荷物に貼られたシールの番号をまれにチェックされる場合もあるので、バゲージクレームタグの半券をすぐ取り出せるようにしておこう

中国国内線に乗り換える場合は、出発ロビーに移動して再びチェックインを行い、搭乗手続きを行う。到着便と乗り換え便で少なくとも2時間は空けるようにしたい

いよいよ中国の空港に到着。次は入国審査

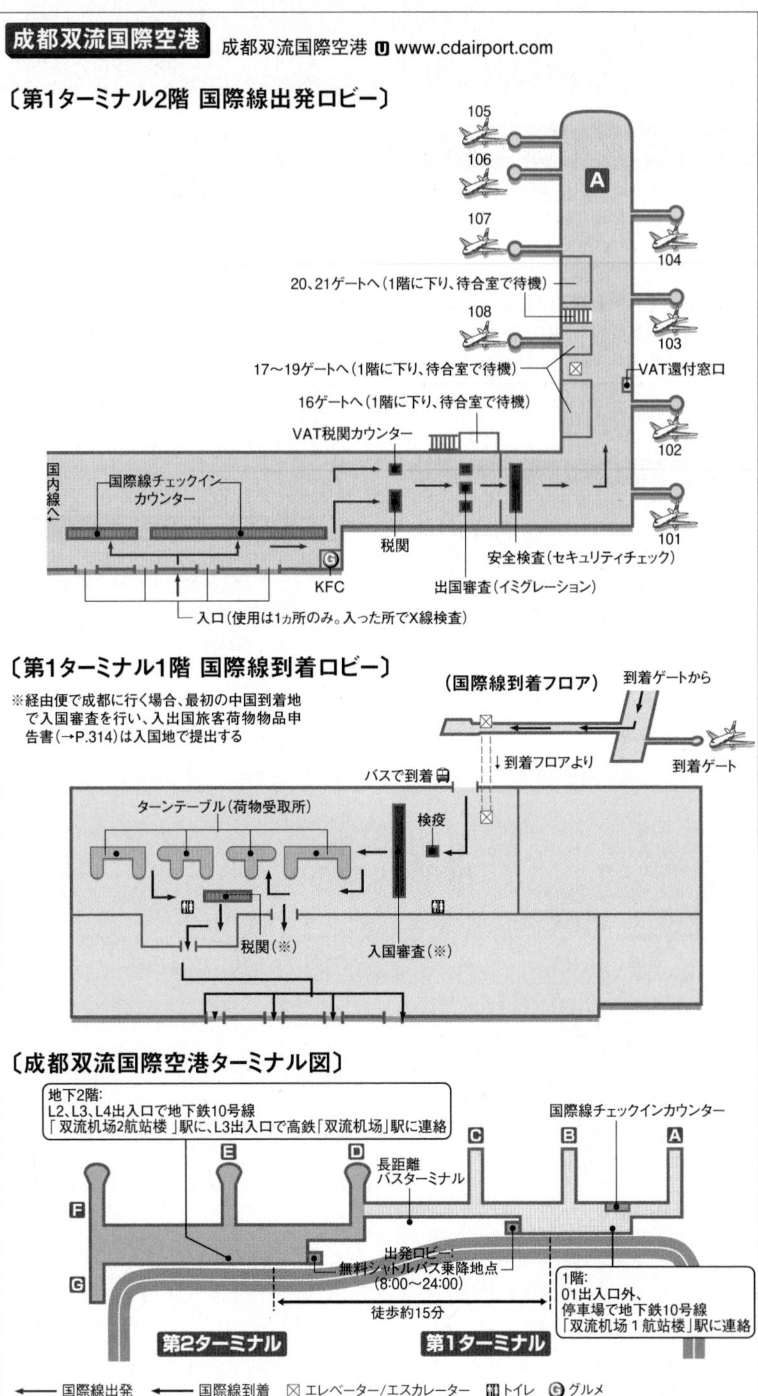
成都双流国際空港
成都双流国際空港 U www.cdairport.com
〔第1ターミナル2階 国際線出発ロビー〕
105
106
A
107
104
20、21ゲートへ（1階に下り、待合室で待機）
108
103
17～19ゲートへ（1階に下り、待合室で待機）
VAT還付窓口
16ゲートへ（1階に下り、待合室で待機）
102
VAT税関カウンター
国内線へ
国際線チェックインカウンター
101
税関
安全検査（セキュリティチェック）
KFC
出国審査（イミグレーション）
入口（使用は1ヵ所のみ。入った所でX線検査）
〔第1ターミナル1階 国際線到着ロビー〕
※経由便で成都に行く場合、最初の中国到着地で入国審査を行い、入出国旅客荷物物品申告書（→P.314）は入国地で提出する
（国際線到着フロア）
到着ゲートから
到着ゲート
到着フロアより
バスで到着
ターンテーブル（荷物受取所）
検疫
税関（※）
入国審査（※）
〔成都双流国際空港ターミナル図〕
地下2階:
L2、L3、L4出入口で地下鉄10号線
「双流机场2航站楼」駅に、L3出入口で高鉄「双流机场」駅に連絡
国際線チェックインカウンター
C
B
A
E
D
長距離
バスターミナル
F
G
出発ロビー：
無料シャトルバス乗降地点
（8:00～24:00）
徒歩約15分
1階:
01出入口外、
停車場で地下鉄10号線
「双流机场１航站楼」駅に連絡
第2ターミナル
第1ターミナル
国際線出発
国際線到着
エレベーター/エスカレーター
トイレ
グルメ

入出国書類の記入例

入出国に必要な書類

中国に入国する際は、基本的に入国カードと出国カードが一体となった外国人入国／出国カードを提出すればよい。

2019年8月現在、入国カードと出国カードが切り離されて入国審査の前に置かれている所が多い（機内配布のものは一体型もあり）。

このほか、税関に申告する物品（→P.309）がある人は、入出国旅客荷物物品申告書を提出しなければならないので注意。

入国／出国カード

入国／出国カードにつき、日本人は名前をはじめ、すべての項目をローマ字（英文）で記入しなければならないことに注意したい。

したがって、本人サイン以外は漢字や仮名で記入してはならない。

入出国書類は係官の目の前で記入する必要はない。航空券購入時やツアー申し込み後、さらには機内や船内などで事前に書類を入手できるので、暇な時間に記入しておけば、入出国や申告時にスムーズだ。事前に入手できない場合は入国審査や税関検査台の前に置いてあるので、その場で記入する。

中华人民共和国签证
CHINESE VISA
B2821019
Sample

ビザナンバーはここに記されている

健康申告書類

2019年8月現在は提出不要だが、新型インフルエンザの流行時などには「出入境健康申告カード」の提出が義務化される。中国滞在中の住所と電話番号はホテルのものでよい。

●入国カード

※一体型の場合もある

外国人入境卡
ARRIVAL CARD
请交边防检查官员查验
For Immigration clearence

姓 Family name: CHIKYU（名字をローマ字で）
名 Given names: AYUMI（名前をローマ字で）
国籍 Nationality: JAPAN（国籍を英語で）
护照号码 Passport No.: MP0123456（パスポートナンバー）
在华住址 Intended Address in China: BEIJING HOTEL（宿泊予定ホテル名を英語で）
男 Male ☐ 女 Female ☑（男女にチェック）
出生日期 Date of birth 年Year 月Month 日Day: 1 9 8 7 1 0 1 5（生年月日を西暦で）
签证号码 Visa No.: B7654321（ビザナンバー（ノービザ入国時記入不要））
签证签发地 Place of Visa Issuance: TOKYO, JAPAN（ビザ発給地（ノービザ入国時記入不要））
航班号/船名/车次 Flight No./Ship's name/Train No.: NH947（入国のフライトナンバーや船名、列車番号を英語で）

入境事由（只能填写一项）Purpose of visit (one only)
会议/商务 Conference/Business ☐　访问 Visit ☐　观光/休闲 Sightseeing/in leisure ☑
探亲访友 Visiting friends or relatives ☐　就业 Employment ☐　学习 Study ☐
返回常住地 Return home ☐　定居 Settle down ☐　其他 others ☐
（入国の目的。観光の人は「Sightseeing/in leisure」にチェック）

以上申明真实准确。
I hereby declare that the statement given above is true and accurate.

签名 Signature: 地球　歩（パスポートと同じサイン）

出入境健康申告カードの記入項目

1. 中国入国後7日以内の日程と連絡先（ホテル名）、旅行継続の場合のフライトナンバーと搭乗日
2. 7日以内に中国出国の場合は出国予定日と目的国およびフライトナンバー
3. 過去7日以内に滞在した国と都市
4. 過去7日以内のインフルエンザ患者との接触の有無
5. 発熱、咳、のど痛、筋肉・関節痛、鼻づまり、頭痛、下痢、嘔吐、鼻水、呼吸困難、だるさ、その他の症状の有無

HEALTH DECLARATION FORM ON ENTRY/EXIT
Entry-Exit Inspection and Quarantine of the P.R.China

According to the FRONTIER HEALTH AND QUARANTINE LAW OF THE PEOPLE'S REPUBLIC OF CHINA, for your and others' health, please fill in the form truly and completely. False information of intent will be followed with legal consequences.

Name_____ Sex: ☐Male ☐Female
Date of Birth_____ Nationality/Region_____
Passport No._____ The destination_____
Flight(boat/ train/bus)No._____ Seat No._____

1. The itinerary of the next 7 days in China_____
Vechile of your next trip, Flight(boat/ train/bus)No._____ Date_____
Contact address of the next 7 days in China._____
Contact telephone number (Residential or Business or Mobile or Hotel)_____
Contact information for the person who will best know where you are for the next 7days, in case of emergency or to provide critical health information to you, please provide the name of a close personal contact or a work contact. This must NOT be you.
Name_____ Telephone No._____
2. If you leave China in 7 days, please fill in the Departure Date ___/___(mm/dd)
The destination country_____, Flight(boat/ train/bus)No._____
3. Please describe the countries and cities(towns) where you stayed within the last 7 days?
4. Have you had close contact with patients of flu or person with flu-like symptoms within the last 7 days? Yes ☐ No ☐
5. If you have the symptoms and diseases Please mark with "√" in the corresponding "☐"
☐Fever ☐Cough ☐Sore throat ☐Muscle and joint pain ☐Stuffy nose
☐Headache ☐Diarrhoea ☐Vomiting ☐Runny nose ☐Breath difficulty ☐Fatigue
☐Other symptoms_____

I declare that all the information given in this form is true and correct.
Signature of passenger_____ Date:_____

Temperature (for quarantine official only):_____℃
Signature of quarantine official:_____

※申告カードには名前、性別、生年月日、国籍、パスポートナンバー、目的地、フライトナンバー、座席番号と上の項目を英語で記入し、末尾にサインと日付を入れる

入出国旅客荷物物品申告書

中国入出国時の税関において申告する物品のない人は、申告書の記入・提出は不要。ただし、申告する物品のある人は、申告書に記入し、提出する。

中国入国時の注意

中国での入国審査時に本書を発見され、没収されるなどのトラブルが発生しています。

没収は空路ではなく陸路の国境で起きることが多く、理由はそのときその場の審査官によりさまざまです。おもに中国側の政治的立場に基づく何かしらの事由を理由として述べられるようですが、本書には直接、あるいは何ら関係がないことであっても咎められる事例が報告されています。

話し合いで解決できる余地は一切ありません。したがってトラブルをできるだけ避けるために、入出国手続きの際には本書を目に触れない所へしまっておくことをおすすめします。書類の記入例などは、当該ページをコピーしたり、切り取ったりして書類記入時の参考にするよう対処してください。ただし、2019年5月には、チベット自治区の陸路国境でX線検査の書籍チェックで本書が没収されたという報告があり、この場合の対処は難しいといえます。万一トラブルが発生した際には、管轄する在重慶総領事館（→P.326）にご連絡ください。

●出国カード

※一体型の場合もある

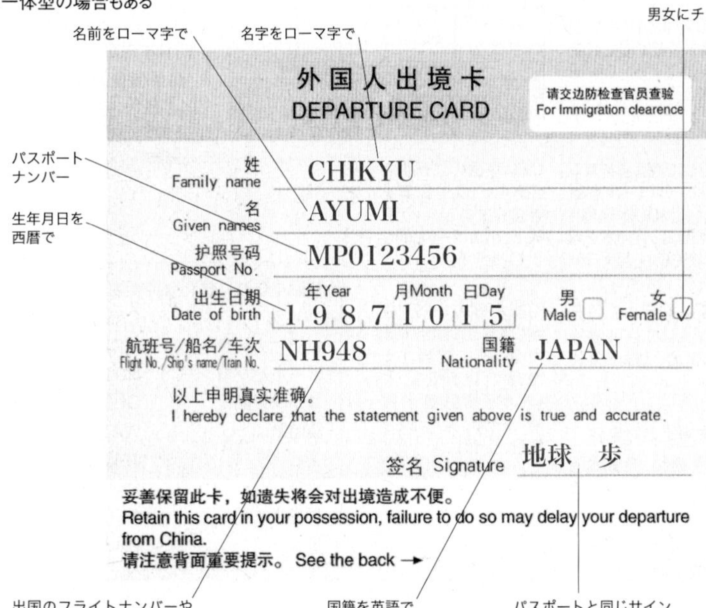

外国人出境卡
DEPARTURE CARD

请交边防检查官员查验
For Immigration clearence

姓 Family name: CHIKYU
名 Given names: AYUMI
护照号码 Passport No.: MP0123456
出生日期 Date of birth: 年Year 1987 月Month 10 日Day 15
男 Male ☐ 女 Female ☑
航班号/船名/车次 Flight No./Ship's name/Train No.: NH948
国籍 Nationality: JAPAN

以上申明真实准确。
I hereby declare that the statement given above is true and accurate.

签名 Signature: 地球 歩

妥善保留此卡，如遗失将会对出境造成不便。
Retain this card in your possession, failure to do so may delay your departure from China.
请注意背面重要提示。 See the back →

●中華人民共和国税関　入出国旅客荷物物品申告書

※申告が必要な人のみ記入して、提出する

名字(Surname)、名前(Given Name)をローマ字で。男女にチェック(男性はMale、女性はFemale)

生年月日(年／月／日の順)を西暦で。国籍を英語で

パスポートナンバー

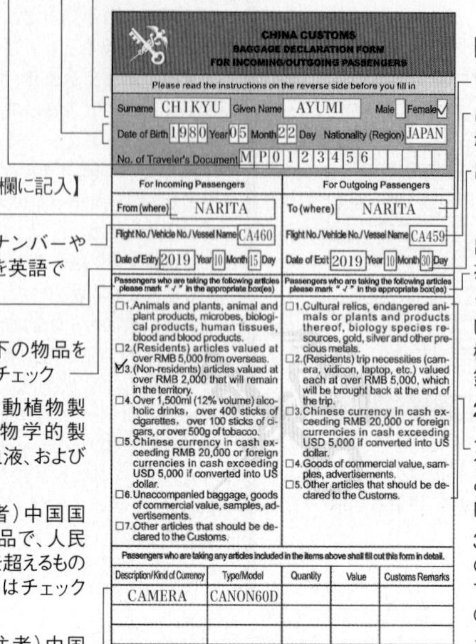

CHINA CUSTOMS
BAGGAGE DECLARATION FORM
FOR INCOMING/OUTGOING PASSENGERS

Please read the instructions on the reverse side before you fill in

Surname CHIKYU　Given Name AYUMI　Male □　Female ✓

Date of Birth 1980 Year 05 Month 22 Day　Nationality (Region) JAPAN

No. of Traveler's Document MP0123456

For Incoming Passengers	For Outgoing Passengers
From (where) NARITA	To (where) NARITA
Flight No./Vehicle No./Vessel Name CA460	Flight No./Vehicle No./Vessel Name CA459
Date of Entry 2019 Year 10 Month 15 Day	Date of Exit 2019 Year 10 Month 30 Day
Passengers who are taking the following articles please mark "√" in the appropriate box(es)	Passengers who are taking the following articles please mark "√" in the appropriate box(es)
□1. Animals and plants, animal and plant products, microbes, biological products, human tissues, blood and blood products. □2. (Residents) articles valued at over RMB 5,000 from overseas. ✓3. (Non-residents) articles valued at over RMB 2,000 that will remain in the territory. □4. Over 1,500ml (12% volume) alcoholic drinks, over 400 sticks of cigarettes, over 100 sticks of cigars, or over 500g of tobacco. □5. Chinese currency in cash exceeding RMB 20,000 or foreign currencies in cash exceeding USD 5,000 if converted into US dollar. □6. Unaccompanied baggage, goods of commercial value, samples, advertisements. □7. Other articles that should be declared to the Customs.	□1. Cultural relics, endangered animals or plants and products thereof, biology species resources, gold, silver and other precious metals. □2. (Residents) trip necessities (camera, vidicon, laptop, etc.) valued each at over RMB 5,000, which will be brought back at the end of the trip. □3. Chinese currency in cash exceeding RMB 20,000 or foreign currencies in cash exceeding USD 5,000 if converted into US dollar. □4. Goods of commercial value, samples, advertisements. □5. Other articles that should be declared to the Customs.

Passengers who are taking any articles included in the items above shall fill out this form in detail.

Description/Kind of Currency	Type/Model	Quantity	Value	Customs Remarks
CAMERA	CANON60D			

I HAVE READ THE INSTRUCTIONS ON THE REVERSE SIDE OF THIS FORM AND DECLARE THAT THE INFORMATION GIVEN ON THIS FORM IS TRUE.

PASSENGER'S SIGNATURE 地球　歩

【出国の場合は右欄に記入】

目的地

出国のフライトナンバーや船名、列車番号を英語で

出国年月日

出国に際し、以下の物品を持ち出す場合はチェック

1. 文化的遺物、絶滅に瀕した動植物およびそれらの標本、生物学的資源、金、銀、その他の貴金属

2. (中国居住者)ひとつが人民元換算5000元を超えるカメラ、ビデオ、ノートPCなどの旅行必需品で、中国国内に持ち帰るもの

3. 2万元を超える人民元の現金、またはUSドル換算でUS$5000を超える外貨の現金

※トラベラーズチェック(T/C)は本規定の対象外

4. 商業価値のある物品、サンプル、広告品

5. その他の税関に申告すべき物品

【入国の場合は左欄に記入】

出発地点

入国のフライトナンバーや船名、列車番号を英語で

入国年月日

入国に際し、以下の物品を持ち込む場合はチェック

1. 動物、植物、動植物製品、微生物、生物学的製品、人体組織、血液、および血液製剤

2. (中国居住者)中国国外で取得した物品で、人民元換算5000元を超えるもの(中国非居住者はチェック不要)

3. (中国非居住者)中国国内に残す予定の物品(贈り物などとして)で、人民元換算2000元を超えるもの(中国居住者はチェック不要)

4. 1500mℓを超えるアルコール飲料(アルコール度数12%以上)、400本を超える紙巻きたばこ、100本を超える葉巻、500gを超える刻みたばこ

5. 2万元を超える人民元の現金、またはUSドル換算でUS$5000を超える外貨の現金

※トラベラーズチェック(T/C)は本規定の対象外

6. 別送手荷物、商業価値のある物品、サンプル、広告品

7. その他の税関に申告すべき物品

「私は裏面の注意書きを読んだうえで真実を申告します」という意味で、パスポートと同じサインをする

上記左欄の1〜7、右欄の1〜5に該当する場合、表に該当する物品の詳細を記入(左から物品名／貨幣の種類、型番など、数量、金額)

税関申告時に便利な英語物品名

カメラ	CAMERA
ビデオカメラ	VIDEO CAMERA
ノートパソコン	NOTE PC
ゴルフ用品	GOLF ARTICLE
腕時計	WATCH
宝石	JEWEL
酒類	LIQUOR
紙巻きたばこ	CIGARETTE
現金	CASH

中国を出国する

帰国時の諸手続き

リコンファーム

リコンファームとは飛行機の予約の再確認のことだが、今では必要なケースは少ない。

リコンファームをする場合は、航空会社のカウンターを訪れてその場で処理してもらうのがいちばん確実だが、電話で頼むのが一般的。

●中国からの輸出禁止品

中華人民共和国持ち出し禁止物品範囲内の物品（→P.309表の輸出禁止品）
内容が国家機密にかかわる原稿、印刷物、フィルム、写真、レコード、映画、録音テープ、ビデオテープ、CD、VCD、DVD、Blu-ray、コンピューター用の各種メディアおよび物品
文化遺産およびその他輸出禁止品（→P.309）
絶滅の危機に瀕している希少動植物（標本含む）およびその種子、繁殖材料

航空券の変更

オープンチケットや帰国日などを変更できる航空券を購入した人は、帰国日がわかった時点で早めに手続きを行おう。手続きは電話で可能だが、不安な人は直接窓口に行って処理するとよい。

中国出国時の注意点

空港への移動

チェックインは出発時間の1時間前までに終了しなければならないので、出発時間の2時間前には空港に到着しておこう。ホテルでタクシーの予約ができるなら、前日の夜にでもフロントに依頼しておくとよい。

●飛行機で中国を出国するときの手順（成都双流国際空港の例。空港により順序の異なることがある）

※2019年8月現在、空港では厳格に手続きを進めているため出国審査を終えるまでかなりの時間がかかる

1 空港へ向かう

少なくとも出発予定の2時間前には空港に到着しておくこと。成都の空港では、国際線は第1ターミナルにある。チェックイン締め切りは通常出発1時間前。また、タクシーを利用する場合は、前もってホテルのフロントで手配しておくこと。雨の日などは道端で流しのタクシーをつかまえるのは難しい

↓

2 チェックイン

空港に着いたらチェックインカウンターへ。航空券かプリントアウトしたeチケット控えまたはバウチャーとパスポートを提示して手続きを行い、搭乗券（ボーディングパス）を受け取る。託送荷物はここで預けて引換証（バゲージクレームタグ）をもらう。無料で預けられる荷物の個数や重量は航空会社で異なるので事前に確認しておくこと。超過した場合は、各社の規定に従って超過料金を支払う。VAT還付を受ける品物を託送する場合は、チェックインの前に税関事務所で手続きをする。空港やターミナルによって税関申告や出国審査の場所が離れているケースも。早めの行動を取るように

※リチウム／リチウムイオン電池は託送荷物の中に入れないように（→P.316）

※ウェブチェックインを導入している航空会社の場合、当日の手続きが簡単になるので、ウェブチェックインしておいたほうがよい

↓

3 出国手続きを行うフロアに向かう

↓

4 検疫

基本的に機械による検温チェックのみ。素通りするだけでよい

↓

5 税関申告（該当者のみ）

該当者は、入出国旅客荷物物品申告書（記入例→P.314）に必要事項を記入し、税関職員に提出する

↓

6 出国審査（イミグレーション）

係官にパスポート、搭乗券（ボーディングパス）、出国カード（記入例→P.313）を提出し、パスポートに出国スタンプを押してもらう。あらかじめ出国カードを持っていない場合は、審査カウンターの前で出国カードを取り、記入する。出国時には、通常質問されることはない

↓

7 安全検査（セキュリティチェック）

ペットボトル飲料やライター、刃物（工具類を含む）はこの先持ち込めない。モバイルバッテリーなどリチウム／リチウムイオン電池の機内持込には制限があるので注意（→P.316）。テロ対策から検査は厳重でかなり時間がかかる

↓

8 免税ショッピング

免税店では、人民元、外貨ともに使用可能。ただ、免税店の品揃えは他国に比べ見劣りする。また、中国製品は市内より高い。VAT還付（→P.330）カウンター（還付金受け取りカウンター）はこの免税フロアにあることが多い

↓

9 搭乗

買い物などに気を取られ、搭乗時間（通常出発の30分前）に遅れる人もいる。少なくとも出発45分前には指定されたゲートの前にいるようにしよう。広大な空港の場合は特に注意が必要。空港によっては電動カートなどがある所も

持ち込み制限、リチウム／リチウムイオン電池（モバイルバッテリー）

中国民用航空総局（CAAC）の通達によって、中国でも機内への液体物持ち込みに制限が加えられている。その内容は日本と同じで、次のとおり。
①すべての液体物は100mℓ以下の容器に入れる。液体物には、歯磨きやヘアジェル、レトルトカレーや味噌なども含まれる。
②①の容器をすべてファスナー付きの透明プラスチック袋に入れる。サイズは最大20×20cm。
③機内に持ち込めるのは②の袋ひとつのみ。

このほか、2019年8月現在、携帯電話やカメラ、PC、モバイルバッテリーなどの電源として使用されているリチウム／リチウムイオン電池を託送荷物に入れることは禁止されている。荷物を預ける前に手荷物に移しておくこと。

なお、また、ワット時定格量（Wh）によって個数制限が設けられているので注意。詳細は各航空会社に確認を。

出国時の諸注意

中国にももちろん輸出禁止品や持ち出し制限（→P.309、315）があり、日本には持ち込みが制限・禁止されている物品（→P.317）があるので、事前に知っておこう。

中国入国時に税関で申告する物品があった人は、そのときに受け取った申告書を提出して手続きを行う。

飛行機で出国する

航空会社によりターミナルが分かれている空港もあるので、事前に航空会社などで確認しておこう。また、大都市の空港はかなり広いので、チェックインを終えて搭乗券（ボーディングパス）を入手したら、まずは搭乗ゲートを確認すること。うっかり間違えると、乗り遅れてしまう恐れがある。

経由便で中国を出国する場合、出国手続きは中国の最終出発地で行うので注意（例えば、重慶→上海→成田という経由便では、出国手続きは上海で行う）。

日本へ帰国する

入国手続き

飛行機、船ともに手続きはほぼ同じ。最初に検疫があるが、中国の場合は基本的に申告不要（伝染性の疾病が発生した場合は別。また、体調が異常なときは健康相談室へ）。パスポートを提示して帰国のスタンプをもらったあとターンテーブルから自分の荷物を受け取り税関検査台に進む。免税範囲内なら緑色、超えている、あるいはわからない場合は赤色の検査台で検査を受ける。

検査台では「携帯品・別送品申告書」1部を係官に提出する（おみやげやオーダーメイド品などを現地から郵送した人は2部提出）。免税範囲や輸入禁止品は右の表やP.317を参照。

帰国した気の緩みから到着ロビーでの荷物の盗難が相次いでいるので注意。

税関公式ウェブサイト
U www.customs.go.jp

●日本帰国の際の免税範囲

品名	数量または価格	備考
酒類	3本	1本760mℓ程度のもの
たばこ	紙巻きのみ：400本 葉巻のみ：100本 その他：500g	※免税数量は、それぞれの種類のたばこのみを購入した場合の数量であり、複数の種類のたばこを購入した場合の免税数量ではない ※「加熱式たばこ」の免税数量は、紙巻きたばこ400本に相当する数量
香水	2オンス	1オンスは約28mℓ
1品目の海外市価が1万円以下の品物	全量	下記の免税枠20万円に含めなくてよい
その他	海外市価の合計が20万円以内のもの	品物の合計額が20万円を超える場合、20万円分を免税とし、残りの品物に課税する。どれを課税品とするかなどは税関が指示してくれる

※2021年10月1日から紙巻きたばこ200本、葉巻50本、加熱式たばこ個装等10個、その他のたばこ250gとなる
※www.custom.go.jp/kaigairyoko/chigarette_leaflet_j.pdf

●日本への持ち込みが禁止されているもの

品名	備考
麻薬、向精神薬、大麻、アヘン、けしがら、覚醒剤およびアヘン吸煙具	大麻種子（麻の実）も規制対象
けん銃、小銃、機関銃、砲、これらの銃砲弾およびけん銃部品	
爆発物、火薬類	ダイナマイトなど
「化学兵器の禁止および特定物質の規制等に関する法律」第2条第3項に規定する特定物質	化学兵器の原材料となる物質
「感染症の予防および感染症の患者に対する医療に関する法律」第6条第20項に規定する一種病原体および同条第21項に規定する二種病原体等	痘そうウイルス、ペスト菌や炭疽菌など
貨幣、紙幣、銀行券、印紙、郵便切手または有価証券の偽造品、変造品、模造品および偽造カード（生カードを含む）	偽造金貨や偽札など
公安または風俗を害すべき書籍、図画、彫刻物その他物品	わいせつ雑誌、わいせつDVDなど
児童ポルノ	
特許権、実用新案権、意匠権、商標権、著作権、著作隣接権、回路配置利用権または育成者権を侵害する物品	不正コピーDVDや不正コピーソフトなど
「不正競争防止法」第2条第1項第1号から第3号までに掲げる行為を組成する物品	偽ブランド品など
「植物検疫法」や「家畜伝染病予防法」において輸入が禁止されているもの	詳細については、最寄りの動物検疫所、検疫所に問い合わせ。特定外来生物については、環境省自然環境局野生生物課に問い合わせ

●日本への持ち込みが規制されているもの

品名	備考
ワシントン条約により輸入が制限されている動植物やその製品	ワニ、蛇、リクガメ、象牙、じゃ香、サボテンなど（漢方薬などの加工品、製品も規制の対象となる）
事前に検疫確認が必要な生きた動植物、肉製品（ソーセージやジャーキー類含む）、野菜、果物、切り花、米など	植物：税関検査の前に検疫カウンターでの確認が必要 動物：動物検疫所ウェブサイトで渡航前に確認を！ U www.maff.go.jp/aqs
猟銃、空気銃、刀剣（刃渡り15cm以上）など	公安委員会の所持許可を受けるなど所定の手続きが必要
医薬品、化粧品	医薬品および医薬部外品：2ヵ月分以内、外用剤：1品目24個以内、化粧品：1品目24個以内、医療器具：1セット（家庭用のみ）
輸入貿易管理令で規制され、経済産業大臣の輸入割当や承認が必要なもの	1000枚を超える大量の海苔など

●携帯品・別送品申告書（別送品がある場合は2部提出）

（A面）

日本国税関
税関様式C第5360号

携帯品・別送品申告書

下記及び裏面の事項について記入し、税関職員へ提出してください。
家族が同時に検査を受ける場合は、代表者が1枚提出してください。

搭乗機（船）名		出発地	
入国日	年　月　日		
氏名	フリガナ		
現住所（日本での滞在先）			
	電話（　）		
職業			
生年月日	年　月　日		
旅券番号（パスポート番号）			
同伴家族	20歳以上　名	6歳以上20歳未満　名	6歳未満　名

※ 以下の質問について、該当する□に"✓"でチェックしてください。

1. 下記に掲げるものを持っていますか？　はい　いいえ
① 麻薬、銃砲、爆発物等の日本への持込みが禁止又は制限されているもの（B面1．及び2．を参照）
② 金地金又は金製品
③ 免税範囲（B面3．を参照）を超える購入品・お土産品・贈答品など
④ 商業貨物・商品サンプル
⑤ 他人から預かったもの
＊上記のいずれかで「はい」を選択した方は、B面に入国時に携帯して持ち込むものを記入してください。

2. 100万円相当額を超える現金、有価証券又は1kgを超える貴金属などを持っていますか？　はい　いいえ
＊「はい」を選択した方は、別途「支払手段等の携帯輸出・輸入申告書」を提出してください。

3. 別送品　入国の際に携帯せず、郵送などの方法により別に送った荷物（引越荷物を含む。）がありますか？
はい（　個）　いいえ
＊「はい」を選択した方は、入国時に携帯して持ち込むものをB面に記入したこの申告書を2部、税関に提出して、税関の確認を受けてください。（入国後6か月以内に輸入するものに限る。）
確認を受けた申告書は、別送品を通関する際に必要となります。

《注意事項》
海外又は日本出国時及び到着時に免税店で購入したもの、預かってきたものなど日本に持ち込む携帯品・別送品については、法令に基づき、税関に申告し、必要な検査を受ける必要があります。申告漏れ、偽りの申告などの不正な行為がある場合は、処罰されることがあります。

この申告書に記載したとおりである旨申告します。

署名

（B面）

※入国時に携帯して持ち込むものについて、下記の表に記入してください。（A面の1．及び3．ですべて「いいえ」を選択した方は記入する必要はありません。）
（注）「その他の品名」欄は、個人的使用に供する購入品等に限り、1品目毎の海外市価の合計額が1万円以下のものは記入不要です。また、別送品も記入不要です。

酒類			本	＊税関記入欄
たばこ	紙巻		本	
	加熱式		箱	
	葉巻		本	
	その他		グラム	
香水			オンス	

その他の品名	数量	価格

＊税関記入欄　円

1．日本への持込みが禁止されている主なもの
① 麻薬、向精神薬、大麻、あへん、覚醒剤、MDMA、指定薬物など
② 拳銃等の銃砲、これらの銃砲弾や拳銃部品
③ 爆発物、火薬類、化学兵器原材料、炭疽菌等の病原体など
④ 貨幣・紙幣・有価証券・クレジットカードなどの偽造品など
⑤ わいせつ雑誌、わいせつDVD、児童ポルノなど
⑥ 偽ブランド品、海賊版などの知的財産侵害物品

2．日本への持込みが制限されている主なもの
① 猟銃、空気銃及び日本刀などの刀剣類
② ワシントン条約により輸入が制限されている動植物及びその製品（ワニ・ヘビ・リクガメ・象牙・じゃ香・サボテンなど）
③ 事前に検疫確認が必要な生きた動植物、肉製品（ソーセージ・ジャーキー類を含む。）、野菜、果物、米など
＊ 事前に動物・植物検疫カウンターでの確認が必要です。

3．免税範囲（一人あたり。乗組員を除く。）
・酒類3本（760mlを1本と換算する。）
・紙巻たばこ400本（外国製、日本製の区分なし。）
＊ 20歳未満の方は酒類とたばこの免税範囲はありません。
・海外市価の合計額が20万円の範囲に納まる品物（入国者の個人的使用に供するものに限る。）
＊ 海外市価とは、外国における通常の小売価格（購入価格）です。
＊ 1個で20万円を超える品物の場合は、その全額に課税されます。
＊ 6歳未満のお子様は、おもちゃなど子供本人が使用するもの以外は免税になりません。

携帯品・別送品申告書の記載に御協力頂きありがとうございました。日本に入国（帰国）されるすべての方は、法令に基づき、この申告書を税関に提出していただく必要があります。引き続き税関検査への御協力をよろしくお願いします。

※土が付いてない野菜、切り花などは持ち込みが可能。その際は、税関検査前に植物検疫カウンターで現物を見せて検査を受ける

※肉類は基本的に持ち込みができないが、常温保存が可能な缶詰、レトルトパウチ加工（真空パックとは異なる）のものは持ち込み可能。ジャーキー類やハム、ソーセージなど（金華ハム、調理済み北京ダックなど含む）は上記加工品以外は不可
町なかや空港で売っているハムや北京ダックはほとんど持ち込めないと考えてよい

※2019年4月から肉製品の違法持ち込みに対する対応が厳格化されている。任意放棄の有無にかかわらず輸入申告なしの肉製品が発見された場合は罰則の対象となるほか、パスポートや搭乗券の情報を記録するため、検査に時間を要する結果となる

※日本薬局方の生薬として記載されているものは日本では薬品の扱いとなるので量に注意。例えば桂皮やナツメなど

中国国内の移動

飛行機を利用する

航空券の購入

中国もオンライン化が進み、端末のある航空券売り場なら現地以外のフライトも手配できるようになり、旅行の手配が楽になった。

町なかの航空券売り場などではディスカウントチケットも扱うようになっている。ただし、キャンセル時の払い戻し（基本的に購入場所のみ）などでトラブルが発生することもあるので、よく考えてから購入すること。

購入時には、パスポートを持参し、購入書に必要事項を記入する必要があるので、お金と合わせ忘れないように持っていくこと。なお、国内線でもリコンファームが必要となる場合もあるので注意。

搭乗手順

国内線の利用方法は基本的に次のとおり。

❶1時間前までには空港に行く

チェックインカウンターのオープン時間は、空港によって異なるが、出発時間の45分前まで。手続きを始めて飛行機に乗り込むまでに30分は必要だから、出発時間の1時間前には空港に到着しておくとよい。空港がある町では、航空券売り場などからエアポートバスが出ていることが多いので、これを利用すると安くて便利。

❷空港に到着する

係員にパスポートと航空券を見せる。空港によっては入口横に託送荷物のX線検査がある所もある。

❸チェックインする

自分が乗るフライトナンバーが表示されたチェックインカウンターに並ぶ。順番が来たらパスポートと航空券を係員に手渡し、搭乗券を発券してもらう。

国内線チェックインカウンター（成都双流国際空港第2ターミナル）

託送荷物には引換証（バゲージクレームタグ）を付けてもらい、控えの半券を受け取る。航空券に貼られることもある。荷物が規定重量を超えた場合は指定のカウンターで超過料金を支払う（重量については利用航空会社のウェブサイトで確認）。

多くの空港では、自動チェックインできる機械を設置しているので、利用すると時間を短縮できる。

使用法は、フライト情報が記載されたものを取り出し、パスポートを読み込ませて情報を入力するだけ。すぐに搭乗券が発券される。近くに係員がいるので、わからなければ尋ねるとよい。

託送荷物のある人は、自動チェックイン専用の託送荷物受付デスクがあるので、そちらに向かう。

❹待合室へ行く

待合室に入る前に安全検査を受ける。まずはカウンターで係官にパスポート、搭乗券を手渡す。係官は内容をチェックしたあと、搭乗券に確認済みのスタンプを押して、パスポート、搭乗券を返してくれる。次に手荷物検査とボディチェックがある。手荷物はX線検査機に通し、本人は危険なものを身につけていないかどうかチェックされる。PCは手荷物から出して、単独でX線検査を通すこと。

❺飛行機に搭乗する

出発時刻の30分くらい前になると搭乗手続きが始まるので、搭乗券に書かれてあるゲート（搭乗口）に並ぶ。自分の順番が来たら、係員に搭乗券を渡し、搭乗券の半券を受け取る。ゲートから直接搭乗できる場合もあれば、飛行機がある場所までシャトルバスに乗るか歩いて行き、タラップを上がって搭乗することもある。

機内でのルールは日本と同じ。中国の国内線は空港内も機内も禁煙。機内では飲み物や食事が提供される。

❻目的地に着いたら

飛行機が目的地に着陸したら、託送荷物の受け取り場所を目指す。荷物を受け取ったら、出口に向かう。

空港によっては出口で荷物チェックをする所もある。このときは、バゲージクレームタグの半券を提示し、間違いなく自分の荷物であることを証明しよう。

鉄道を利用する

おもな列車の種類

高速鉄道の開業や新型車両の導入にともない、列車の種類も多様化している。種別は列車番号の頭文字で区別。

D＝動車／dòngchē

時速200キロ以上で走る高速列車「CRH」などを含む動力分散型列車。長距離列車も増えており、一部には寝台列車もある。

C＝城際／chéngjì

高速列車「CRH」を使った都市間列車。

G＝高鉄／gāotiě

CRHでも時速300キロ運転をする最高速タイプの列車。運営区間は急増している。

貴陽駅のホームに停車する高鉄列車

Z＝直達／zhídá

25T型という客車で運行される特快列車。料金は特快と同じ。

T＝特快／tèkuài

昔からある標準的な特急列車。昼行も夜行もあり、高速化が進んでいる。

K＝快速／kuàisù

特快よりも停車駅が多く、地方路線をカバーする運行が多い。設備は見劣りする。

L＝臨時／línshí

繁忙期に運行される臨時列車。速度や設備は快速に準じる場合が多い。

Y＝旅游／lǚyóu

主として観光用に運行される列車。設備や運行形態は地域により多様。

頭文字なし＝普通／pǔtōng

ローカル線で運行されている普通列車。列車番号1001～5998は普通旅客快車（普快）、6001～8998は普通旅客慢車（慢車）。

高速鉄道の座席種類

1等（一等）／yīděng

日本でいうグリーン車。片側2列で座席はゆったりしている。在来線の軟座に相当する。

2等（二等）／èrděng

日本でいう普通車。片側2列＋3列で、座席間隔は日本の新幹線普通車とほぼ同様。

商務（商务）／shāngwù

主として一部路線のG（高鉄）列車に設定。1等より上級で、飛行機のビジネスクラス並みの豪華シート。

特等・観光（特等・观光）／tèděng・guānguāng

路線により呼び方が異なるが、前面展望可能な車両を使用した一部の列車の先頭車と最後尾車にある展望席。座席は1等と同じ。

在来線の座席種類

等級は「軟（グリーン車相当）」と「硬（普通車相当）」に、種別は「座（座席）」「臥（寝台）」にそれぞれ大別できる。

※在来線でも一部は「1等」「2等」と呼称

軟臥（软卧）／ruǎnwò

4人1室のコンパートメント式寝台車。片側にベッドが2段あり、廊下とはドアで仕切られている（寝台カーテンはない）。1列車当たりの席が少なく、切符の入手は比較的困難。

高包（高包）／gāobāo

一部の列車に連結される最高級寝台車。ふたり1室のコンパートメント式。

軟座（软座）／ruǎnzuò

比較的短距離の列車に連結されているグリーン座席車に相当する車両。席は片側2列でゆったりとした配置。

硬臥（硬卧）／yìngwò

上・中・下段がある普通寝台車。廊下との仕切りはなくベッドも硬いが、長距離列車では人気が高く切符の入手は困難。

硬座（硬座）／yìngzuò

片側2列＋3列の普通座席車。硬いシートで長距離移動にはかなりこたえる。

切符の購入方法

所在地以外の町から発車する列車の切符も

パスポートが必要

一部列車を除き、鉄道切符の購入に際しては、身分証明書（パスポート）の提示が必要。代理購入の際は、代理人（旅行会社や友人）に証明書コピーを送付して依頼する。駅での外国人の切符購入は窓口のみ可能で、自動券売機は2019年8月現在非対応。

Trip.comで鉄道切符を予約した際にスマートフォンに届く予約確認書。窓口でパスポートと一緒にこれを出せば切符を受け取れる。多数予約をした場合でも、それぞれの予約確認書を提示すれば1回ですべての切符を受領できる（市中の窓口は1枚ごとに手数料が必要）

「磁介质车票」と呼ばれる磁気処理された乗車券

購入可能（一部不可）。旅程が決まったら、早めに購入することが重要。切符の購入方法には次の方法がある。

❶日本で予約する

Trip.comを利用すれば日本で切符の予約ができる。予約が完了すれば番号をもらえるので、出力やスマートフォンに保存したものを、駅や町なかの切符売り場で見せれば、切符を受け取ることができる（パスポートが必須）。なお、後者を利用する場合、1枚5元の手数料がかかる。

❷旅行会社に依頼する

1枚につき20～50元の手数料が必要。また、購入に身分証明書が必要となって以降、手続きを扱わない旅行会社も増えている。

❸一般窓口で購入する

駅や市内に鉄道切符売り場があるので、そこで購入できる（後者は要手数料）。切符売り場は本書の各都市『ACCESS』のデータ項を参照したり、中国鉄路12306（→P.321）の『客票代售点査詢』で確認したりすればよい。

バスを利用する

小さな町まで網羅するバス

バスの路線は長短織り交ぜ、中国全土を網の目のように覆っているので、かなり小さな町まで行くことができる。特に鉄道の敷設が進んでいない中国西南エリアでは、主要な交通手段となっている。

バスの特徴

中国のバスのなかには、超長距離を走るものもあるが、バス利用のメリットは、5時間以内（目安は300～400km）の移動。

鉄道だと列に並んで切符を購入しなければならないし、途中駅から乗車した場合、まず座席は確保できない。これがバスだと、切符は当日でも購入できる。そのほか、鉄道よりはるかに路線や便数が多いこともメリットとして挙げられる。

もちろん欠点もある。最大の欠点は安全面の軽視だ。運転手はとにかくスピードを出す。夜間の移動や長距離の移動にはできるだけ利用しないなどの注意が必要だろう。

バスターミナル

バスターミナルは、町の中心部にある場合が多く、都市部では方面別に2、3ヵ所以上に分かれている所もある。

切符はバスターミナル内の切符売り場で2、3日前から（近郊は当日券が多い）販売されているので、「その便に乗らなければ」という人は前日までに購入しておくとよい。

なお、やりとりは基本的に中国語なので、言葉に不安のある人は、行き先・日時・枚数などを紙に書いて販売員に渡せばよい。

鉄道切符の購入と同様に、窓口で身分証明書の提示を求められることが増えているので、バス切符の購入時にも忘れずにパスポートを持っていくこと。

ほとんどの町では乗車券はコンピューター発券

バスの乗り方

20分前までにバスターミナルに行き、入口で荷物のチェックを受け、待合室に入る。出発の10分ほど前から検札が始まるので、それを終えたら自分の乗るバスに向かい、荷物を積み込む。

なお、切符を当日購入しようと考えている場合は、少し早めにバスターミナルに向かうとよい。

インターネットで中国の鉄道検索

中国鉄路の公式ウェブサイト「中国鉄路12306」には、切符購入、余剰切符検索、列車時刻表検索、切符予約時間検索、運行状況検索、切符販売地点検索などのメニューが用意されており、関連する営業規則（中国語）なども掲載されている。

2018年のサイトリニューアルでトップページから列車検索をできるようになり便利になったが、切符の購入や変更、払い戻し、そのほか会員登録の手続きは中国の銀行口座をもたない外国人旅行客には原則対応していない。

中国鉄路12306（中国铁路客12306）
Ⓤwww.12306.cn

「车票」メニュー

トップページ左にあるウインドウで列車の検索とリアルタイムの残席数を検索できる。左端から「车票」タブをクリックして、直接詳細ページにアクセスしてもよい。

まず、上部の「单程（片道）」「往返（往復）」「接续换乘（乗り換え）」「退改签（払い戻しと変更）」のタブで希望を選び、「出发地（出発地点）」「到达地（到着地）」「出发日期（出発日）」を入力し、「查询（検索）」をクリックすると、指定日・指定区間の列車が一覧で表示される。中国では乗り換えをしないで目的地に到達する列車を利用するのが一般的なので、よほどの小駅や複雑な経路を利用しないかぎりは片道か往復の検索で希望の列車が見つかるはず。

この際、乗車駅と降車駅は、中国語の発音記号であるピンイン（拼音）の頭文字順に一覧が出てくるので、そこから選択すればよい。また、ピンインの頭文字1字の入力でも検索可能。その場合、「成都东／chéng dū dōng」であれば、「cdd」と入力する。

トップページから検索する場合、出発地や到着地にカーソルを合わせるだけで主要な駅が表示されるので、それをクリックしてもよい。また、「成都」とだけ入力すると、成都駅や成都東駅、成都西駅、成都南駅などを発車する列車も表示される。駅を絞り込みたいときや、列車を絞り込みたいときは表示された一覧の上部にある列車種別や駅のチェックボックスの希望部分にチェックを入れて再検索する。

残席は数字で表示され、売り切れの場合は「无（無）」と表示される。「有」の表示は残席が100以上の場合、「候补（候補）」はキャンセル待ちのことだが、申し込みには事前支払いが必要。数字や文字をクリックすると下に運賃が表示される。「折」という表示が出ることがあるが、これは割引運賃のこと。左端の「车次」をクリックすると、その列車の全停車駅と発着時刻および停車時分が表示される。

外国人は原則として切符の購入はできない

「鉄路12306」上で切符を購入するには下記の条件があり、観光で訪れる外国人が事前に公式ウェブサイトで切符を押さえておくことは非常に困難。

▶切符のネット購入に必要な条件

①決済手段はデビットタイプの銀聯カードもしくは中国内指定銀行のキャッシュカードのみ（国際クレジットカードは不可）
②予約後に決済しないと予約は無効（支払わずに予約だけするのは不可能）
③事前にAlipay（アリペイ／支付宝）などの中国のオンライン決済システムへの登録や、公式サイトへの個人情報登録が必要（すべて中国語）

日本での切符予約方法

出発前に日本から中国の鉄道切符を買っておきたい場合は、民間オンライン旅行会社のTrip.comを利用するとよい。列車の検索と国際クレジットカード決済による支払いができる（手数料あり）。切符は予約受理番号が記載されたメールをプリントアウトして駅の窓口や市内切符売り場に持参し、パスポートを提示して受け取るか、中国内の指定場所（ホテルなど）に宅配を依頼する（有料）。

Trip.com
Ⓤjp.trip.com

（記事内容は2019年8月現在）

鉄道利用時の注意とヒント

列車内への持ち込み禁止品目が増加

2016年1月に法令が改正され、高速鉄道および在来線への持ち込み禁止物品が増加した。特にナイフについては果物の皮をむくような小型のものも持ち込み禁止（駅に入るときの安全検査で任意放棄）となるので注意。おもな禁止品は下記のとおり。

- 中華包丁やアーミーナイフ、食事用ナイフなどの刃物類、護身具、モデルガン
- 3個以上のライター
- 120mℓを超えるスプレー缶
- ドリアンや臭豆腐など臭いのきつい物品類
- 盲導犬を除くすべての生き物

高速鉄道の切符購入時に便利なメモ

駅の窓口で切符を買うときには、中国語の心得がある程度あっても間違い防止のために筆談で頼むのが確実だ。下のような筆談メモを作っておくと便利。

「火車票代售处」を利用しよう

外国人は公式サイトで切符を買うことが困難なうえ、駅でも身分証明書の関係で自動券売機を使用できない。そのため窓口に並ぶ必要があるが、昔より改善されたとはいえ窓口は混雑していて希望を細かく伝えることは難しい。町なかには「火車票代售处」と呼ばれる切符販売委託所があり、駅の窓口よりもすいている場合が多い。1枚につき5元の手数料がかかるが、利用する価値はある。「火車票代售处」の場所は下記の中国鉄路公式サイトから検索できる。トップページ左袖の“客票代售点查询”をクリックする。購入時はパスポートかパスポートのコピーの提示が必須。

Ⓤwww.12306.cn

※関連記事→P.321

ネットで切符を予約するには

→P.321
「日本での切符予約方法」

小規模な「火車票代售处」はキオスクのような窓口

切符購入時の筆談メモ

※中国語が話せない人は下記のように手帳や紙に書き、パスポートと一緒に窓口に差し出すとよい。また、移動の大部分を鉄道と考えている人はひな形をつくり、コピーしていくとよい

乗車希望日　曜日（→P.338）　列車番号

11月15日（星期五）　G2963次

※列車番号がわからないときは出発時刻を記入。間違いを避けるため24時間表記がおすすめ

乗車駅（都市）と出発時刻　降車駅（都市）と到着時刻　種類or等級　枚数

贵阳北（8:00）→ 昆明南（11:00）　1等　1张

※駅名、種類や等級、枚数は簡体字で記入。また、出発時間や到着時間の希望があれば、それを加えてもよい

※簡体字がわからない人は本書掲載の都市のヘッダ部や「旅の技術と準備」P.319～320を参照するとよい

□靠窗（窓側）　□靠通道（通路側）　□一人座　□二人座　□三人座
□最早一班车次（いちばん早い次の列車）
□若无二等座时、一等座也可（2等席がない場合は1等席でも可）

※希望があれば□にチェックする

市内交通

空港と市街地の間の移動

エアポートバスで市内へ

運航便の少ない地方空港を除き、多くの空港は市内とエアポートバスで結ばれている。これが手頃な価格で利用できる移動手段。

空港から市内に向かうバスは、1階の到着ロビー出口付近が乗り場になっていることが多い。場所がわからないときは空港の職員に尋ねよう。切符は空港内のカウンターで売っている所と乗車して車掌から購入する所がある。同一市内なら10～30元程度。

タクシーで市内へ

タクシー乗り場は空港の到着ロビーの前にあるので、トラブルを防ぐためにも必ずこういった乗り場で乗車すること。

アプリを利用した配車サービスが中国では盛んだが、空港のロビーで客引きをしているのは白タクの可能性が高いので関わり合いにならないように。

タクシーがらみのトラブルで最も多いのが、空港から市内へのタクシーだ。初めてその町に着いた人も多いからだろうが、相場の5～10倍もの料金を平気でふっかけてくる運転手がいる。空港の出口で声をかけてくる運転手は、ほとんどがこういった手合いだから、絶対に無視すること。

空港と市内の間の料金相場がわからない場合は、空港の職員やホテルの従業員に尋ねれば、だいたいの料金がわかる。

各都市のアクセス欄にも料金の目安を記載しているので、参考にしてほしい。とにかく、タクシーにボられないためにも、相場を確認してから乗車するようにしたい。

タクシー料金の目安確認

スマートフォンを中国でも利用できるようなら、「百度地図」（→P.16）をダウンロードしておくとよい。出発地点と到達地点を入力すれば、タクシー料金の目安を確認できる機能もある。

空港へのアクセス

エアポートバスで市内から空港へ行く場合、市内でいちばん大きな航空券売り場から出発することが多いが、都市によって異なるので、航空券購入時に確認すること。

出発時間に関しては、便数の多い都市では20～30分おきにバスが出ている。しかし、地方の小さな空港だと、エアポートバスはないか、フライトに合わせての運行となっているので、自分が利用するバスの出発時刻を知っておく必要がある。これも航空券購入時に確認しておこう。

このほか、都市部では、宿泊客へのサービスとして空港行きのシャトルバスを無料で運行している高級ホテルもある。こういったサービスは前日の夜までに予約を入れる必要があるので、利用希望者はフロントで忘れずに予約しておくとよい。

町なかの交通機関

タクシー

日本人旅行者が中国を旅行するとき、タクシーは町なかの移動や近郊の観光に最も便利な乗り物であることは間違いない。初乗り料金が5～10元（距離は3km程度）、それ以降も1kmにつき数元加算されていく程度。

低速運行や停車時間が一定時間に達すると、料金が加算され、片道利用の場合、一定距離を超えると割増料金になる。また、夜間料金（都市にもよるが、23:00～翌6:00が目安。50%増し）も設定されている。

このほか、いくつかの町ではメーター料金のほかに、燃油代が加算されることもある。

注意すべき点は、料金に関するトラブルが少なくないこと。小さな町だと、メーターを利用せず、最初に話し合いで決める所もあるので、必ず乗車前に交渉すること。言葉に自

タクシーで最も多いのが中型車タイプ

路線番号や運行区間はフロントガラス上部に表示されている

信がなければ、ノートにでも書いてもらうとよいかもしれない。

トラブル発生時には、運転手の名前（運転席や助手席の前に表示してある）や車のナンバーを控えておくと後々の処理が楽になる。

路線バス

町なかで安く、利用しやすい交通機関といえば路線バスだ。成都などの大都市だと、100近い路線があり、直行するバスがなくても、うまく乗り継げばおもだった所には行くことができる。

路線バスの多くはワンマンバスなので、乗車前に小銭の準備が必要。市内から郊外に向かうバスは、距離によって料金が変わる路線が多いので、車掌が同乗していることが多い。車掌がいればおつりはもらえる。

そのほかの交通機関

地下鉄

中国で導入が進む地下鉄（軌道交通と呼ぶ町もある）だが、西南エリアでは成都、重慶、昆明、貴陽で営業しており、今後も新規路線が計画されている。

地下鉄のいちばんのメリットは移動時間が読めること。時間のかぎられた旅行では重宝する移動手段。

交通系ICカード

中国では公共交通機関に共通利用できる交通系ICカードの導入が進んでいる。小銭の準備が不要、割引運賃適用などのメリットがある。都市間での相互利用はできない。

体調管理

体調管理に注意を払おう

無理な行動は控えよう

日本と中国の時差は1時間。ヨーロッパなどの旅行と比較すると、時差に悩まされることもなく、到着後すぐに行動することができる。しかし、脂っこい食事や乾燥した気候など日本での生活と異なる面も少なくなく、長期間の旅行では、その積み重ねでストレスや疲労がたまる。

常備薬を持参しよう

もし病気になってしまっても、風邪や下痢程度のことが多いので、日本から常備薬を持っていくとよい。中国でも漢方以外に一般的な西洋薬も町なかの薬局で購入することができるが、言葉の問題で店員に症状をうまく説明できないとか、現地の薬が自分の体に合わないということも考えられる。薬は飲み慣れたものが安心だ。いざというときのために、頭痛薬、風邪薬、下痢止め、抗生物質、絆創膏などを携帯することをおすすめする。

こまめに水分補給をしよう

旅行中は水分が不足しがち。特に中国の夏は長く厳しいので、エリアを問わず注意が必要だ。したがって、お茶を飲むなり、果物を摂取するなりして、意識的に水分の補給を図るとよい。現地の人は水道水を平気で飲んでいるが、日本で生活する人がこの水を飲んだら、かなりの確率で下痢になってしまう。生水の摂取は避けること。

注意したい病気

風邪以外にも、次のような病気には注意するとよいだろう。

下痢

気候や食べ物が合わず下痢になる人は多いが、市販の下痢止めの薬でたいてい治る。細菌性の下痢もあるが、こちらは便が水のような状態になり、嘔吐、発熱などの症状が出る。下痢がひどい場合はすぐ病院に行こう。

肝炎

中国でよくかかる肝炎は、初めは風邪のような症状で黄疸が出る。1ヵ月ほど入院して安静にしていれば回復するが、無理をすると命にかかわるので、黄疸症状が出たら病院で医師の診断を受けること。

狂犬病

中国でも基本的に届け出や、犬は狂犬病の予防接種が義務づけられているが、無届けのペットが多く、ほとんどが予防接種を行っておらず、狂犬病が発生している。旅行中はむやみに犬猫に接触しないように心がけ、心配な人は日本で予防接種をしておくとよい。

高山病

高山病は標高1800～2500mを超える高地に行ったとき、気圧や酸素濃度の低下によって人体に生じるさまざまな症状（低酸素症）の総称。具体的には、吐き気や頭痛、手足のむくみなどの症状が見られる。

症状が現れたときは無理をせず、できるだけ早く病院に行く、あるいは下山する、などの対処を取るとよい。

四川省西部および雲南省北部に旅行する人は注意が必要。

病気になったら

ホテルの従業員に相談する

病状が悪化し、薬では対処できなくなったら病院に行くしかない。しかし、見知らぬ土地で病院を探し、診察してもらうのは心配なものだ。そういったときには、ホテルのフロントに相談するとよい。

外国人の多く暮らす大都市には、外国人に対応できる病院は少なくないので、連れて行ってもらうとよい。言葉に不安があるなら、フロントで旅行会社などに日本語ガイドを手配してもらうという手もある。

なお、4つ星以上のホテルであれば、ホテル内に提携した医師がいるケースが多く、そういった医師のほとんどは英語ができる。

病院での手続き

受診の流れ

❶受付で症状を説明し、診察の申し込み（挂号）を行う。このとき、「内科」や「外科」など診察を希望する部門ごとに診察料を前払いすることになっている

❷指示された診察室（诊室）に入って診察を受ける。ただし、ほとんどの医師は中国語（よくて英語）しか話せない

❸医師に処方箋（注射や点滴、検査などを含む）を書いてもらい、薬局や検査室に行く（それぞれの過程で会計所に行って精算する）

❹入院が必要なら、入院手続きを行う

病院に行く際には、パスポートとある程度の現金が必要なので忘れないように。

また、海外旅行保険に加入し、帰国後精算する予定の人は、診断書（できれば英語）や領収書をもらっておくこと。

感染症情報と予防接種

海外渡航者のための感染症情報

厚生労働省のウェブサイトに「海外で健康に過ごすために」のページがある。海外渡航者に向けて、健康面の注意や予防接種などに関する情報が掲載されている。

厚生労働省
「海外で健康に過ごすために」
U www.forth.go.jp

予防接種

日本では、検疫所などで予防接種を受けることが可能（要予約）。基本的に長期旅行者以外は不要。

厚生労働省
「予防接種実施機関検索」
U www.forth.go.jp/moreinfo/vaccination.html

おもな検疫所

東京検疫所
☎検疫衛生課＝(03)3599-1515
オ 予約・問い合わせ（祝日、年末年始を除く）
月～金曜9:00～12:00、13:00～17:00
U www.forth.go.jp/keneki/tokyo

大阪検疫所
☎予防接種＝(06)6571-3522
オ 予約・問い合わせ（祝日、年末年始を除く）
月～金曜10:00～12:00、13:00～16:00
U www.forth.go.jp/keneki/osaka

名古屋検疫所中部空港検疫所支所
※黄熱病予防接種のみ
☎0569-38-8205
予約専用＝(0569)38-8205
オ 予約（祝日、年末年始を除く）
月～金曜9:00～17:00
U www.forth.go.jp/keneki/nagoya

安全対策

中国の治安状況

トラブルに遭ったら公安局へ行く

盗難や事故に遭ったときは、まず公安局（中国の警察）へ行くこと。外国人専門に対応する部門は、外事科や外国人管理処などと呼ばれることが多い。盗難に遭った場合は、こういった部門に行って、盗難証明書（または紛失証明書）を発行してもらう。

届け出を出しても、盗まれたり落としたりしたものが戻ってくることはまずないし、捜査をしてくれることもないが、もし、海外旅行保険などで携行品損害補償をカバーしていれば、あとで保険会社にこれらの証明書を提出し、保険金を請求することができる。

なお、調書は中国語で書かなければならないので、中国語ができない人は、中国語を話せる日本人か日本語の通訳（旅行会社などに

パスポート関連の注意

パスポートをなくしたら

現地の公安局に届け出て盗難（または紛失、焼失）証明書を発行してもらい、次に日本総領事館に出向き諸手続きを行う。旅行を続けたい場合は「一般旅券の新規発給」（❶❷）、すぐに日本へ帰国する場合は「帰国のための渡航書」（❶❸）をそれぞれ申請する。なお、旅券の顔写真があるページと航空券や日程表のコピーがあると手続きが早い。コピーは原本とは別の場所に保管しておくとよい。

❶盗難、紛失、焼失届け出／紛失一般旅券等届出書1通、公安局の発行した証明書または消防署等の発行した罹災証明書、写真（タテ4.5cm×ヨコ3.5cm）1枚、その他参考となる書類（運転免許証など）

❷新規旅券発給申請（❶と同時に行う）／一般旅券発給申請書1通、戸籍謄本または抄本1通、写真（タテ4.5cm×ヨコ3.5cm）1枚

❸帰国のための渡航書申請（❶と同時に行う）／渡航書発給申請書1通、戸籍謄本または抄本1通（これらの代わりに日本国籍を証明できる書類でも可。例えば運転免許証等）、日程確認書類（旅行会社にもらった日程表または帰りの航空券）、写真1枚

※詳細は総領事館で確認すること

※手数料は10年用旅券1000元（申請可能年齢は20歳以上）、5年用旅券690元（12歳未満は375元）、帰国のための渡航書155元

Ⓤ www.cn.emb-japan.go.jp/consular_j/passport-5_j.htm

※申請書類を受領した後、当該地の公安局で出入境管理部門（各都市の欄外データ参照）に行き、中国ビザを再取得する必要がある

パスポートのコピーを忘れずに！

パスポートの再発行や「帰国のための渡航書」作成のために必要となる、公安局が発行する証明書「护照报失证明」について、北京市公安局関連部門が下記4点の揃っていない申請は受理しないことを明言している。

必要書類：❶本人写真　❷护照报案证明（事案発生証明。派出所で発行）　❸パスポートのコピー　❹臨時宿泊登記

このうち、❸は紛失・盗難パスポートのコピーなので、事件発生後の提出は不可能。

在中国日本国大使館は上記案件について、公式ウェブサイトに2018年8月24日付で、「【日本大使館からのお願い】中国に渡航・滞在する方は『パスポートのコピー』のご準備を！」という文章を掲載している。そこでは対策として、旅行前にⒶパスポートの人定事項ページ（顔写真のあるページ）のコピーとⒷスマートフォンなどを使用した当該ページの撮影を推奨している。また、同時に旅行に際してはパスポート原本とⒶⒷを分けて保管することも推奨している。

通知は北京に関するものだが、他地域でも状況は同様であると考えられることから、旅行前には、大使館の公式ウェブサイトに目を通し、パスポートのコピー（紙面および画像データ）を忘れずに行うこと。

依頼する）と一緒に行くこと。これは公安局に日本語のできる職員が少ないため。

詐欺

日本語で話しかけられて、親切にしてもらい、その後レストランなどに連れて行かれて、法外な料金を請求されたというケースもあるので、日本語でなれなれしく話しかけられた際には、十分注意すること。

盗難・紛失時の対処法

素早く手続きを進める

携行品・お金の盗難や紛失はよく発生する旅行中のトラブルだ。トラブルに巻き込まれるとたいへんなショックを受けるが、損害を軽く抑えるためにも迅速な対応が必要。

盗難や紛失などのトラブルに見舞われたら、すぐに行動できるよう、旅行出発前に連絡先などをまとめておくとよい。

まず、現地の公安局に届け出て、盗難（または紛失）証明書を発行してもらう。証明書をすぐにもらえない場合は、届け出日時、公安局の住所、電話番号、警察官名、受付番号などをメモしておくとよい。

航空券

eチケットは紛失する心配がないので安心。「eチケット控え」を紛失した場合も無料で再発行できる。当日忘れてもパスポートなどの公的書類で本人確認ができれば搭乗可能。

紙片の航空券を紛失した際は、基本的に代替え航空券の購入が必要。詳細は利用航空会社に確認すること。

クレジットカード

クレジットカードを盗難・紛失した場合、カードの悪用を防ぐためにも発行会社に大至急連絡を入れること。カード裏面の発行会社名と緊急連絡先をメモし、財布とは別に保管しておこう。

携行品

海外旅行保険の補償を付けておけば、旅行中に盗難・破損・火災などで損害を受けた場合、各保険会社の規定に従って保険金を受け取ることができる。被害に遭った場合、指定された連絡先に電話をして、どのような行動を取ればよいのか確認しよう。

保険金は、基本的に日本に帰国してからの申請・受け取りとなることが多いので、現地の関連部署が発行する書類（盗難の場合は公安局の盗難証明書）を入手しておくこと。

中国にあるおもな日本領事館

在重慶日本国総領事館

M P.117-E2　住 重慶市渝中区鄒容路68号重慶大都会商廈37階

☎(023)63733585　FAX(023)63733589

U www.chongqing.cn.emb-japan.go.jp/index_j.htm

管轄区は四川省、重慶市、雲南省、貴州省。日本領事館に行く際は、原則としてパスポートなど本人確認書類が必要

※出発前に「たびレジ」への登録をおすすめします→P.293

ビザの延長

滞在を延長する

日本で取得した観光ビザ（Lビザ）の有効期間は30日間。中国では、これらを原則的に1回だけ延長することができる。2回目のビザ延長は病気で動きが取れないとか、お金を盗まれて知人からの送金を待たなければならない、などの特別な理由が必要。

延長を申請した期間について滞在費が十分かどうかを、申請時に担当官が確認することもある。公安局の規定では、その目安を1日US$100相当の所持金としている。所持金は現金やT/Cなどで外貨、人民元のいずれでもかまわない。

ビザ延長の申請は市や自治州などの行政機関がおかれている比較的規模の大きな町の公安局（まれに行政サービス機関）で行う。

外国人を管理している部門に行くと申請用紙が置いてあるので、必要事項を記入して、パスポートと手数料160元、写真、場所によっては宿泊証明書を提出する。その際、それ以降の旅行スケジュールを質問されることもある。

取得には当日～5業務日（土・日曜、祝日は含まず）が必要となるので、時間に余裕をみて行動しよう。なお、早過ぎる申請は受け付けてもらえないこともある。

ホテルの手配と利用

ホテルを予約する

予約サイトを利用する

中国のホテルもインターネットの予約サイトを利用して手軽に手配できるようになった。この方法なら、中国語や英語ができなくてもほとんど問題はない。ときおり行われるキャンペーンなどでホテルが提示している正規料金よりかなり安く手配できることもある。

中国のホテル

ホテルの予約をする前に中国のホテルについて理解しておこう。といっても、日本のホテルとまったく違うというわけではないので、予習程度に読んでもらえればよい。

おすすめホテル

中国各地に増えているのが、「経済型連鎖酒店」というタイプのホテル。都市部でも150～300元というお手頃価格。

部屋の中がシンプルかつ機能的に造られているのが特徴。具体的には、シャワー（バスタブはない）、インターネット回線、エアコン、テレビなどの設備がある。また、相対的に立地条件もかなりよい。ただし、チェーンホテルの支店のなかには外国人が宿泊できない所もあるので要注意。

首旅如家（ホテルブランド「如家酒店」など）
U www.bthhotels.com
錦江之星
U www.jinjianginns.com
華住酒店集団（ホテルブランド「漢庭」など）
U www.huazhu.com
鉑涛旅行（ホテルブランド「7天酒店」など）
U www.plateno.com

サービスチャージと諸税

正規の部屋代以外に、高級ホテルでは10～15%のサービスチャージが加算されることがある。サービスチャージのかかるホテルでは、ホテル内のレストランなどいろいろなものに加算されることが多い。また、一部の地方では、「都市建設税」などの税金が付加される場合もある。

チップは不要

中国ではチップは不要。ホテルでも渡す必要はないし、高級ホテルではその代わりに前述のサービスチャージを支払っている。感謝の気持ちであげたいと思ったときに数十元渡せば、それで十分。

部屋代はシーズンで変動する

中国でもホテル料金は季節によって変動する。基本的に4～10月がオンシーズンで、11～3月がオフシーズンとなっている。

ホテルに宿泊する

チェックイン

一般的なホテルでは、14:00以降にチェックインし、12:00までにチェックアウトする規則になっているが、早朝や夜中でもチェックインはできる。チェックインのときはまず、チェックインカードに必要事項を記入する。記入が終わったら、支払い方法を決める。

カードの場合はクレジットカードを係員に渡して有効かどうかを確認してもらう。現金払いの場合は、デポジット（保証金）を要求される。カードの利用できないホテルでは必ずデポジットが必要になるので、人民元は多めに用意しておいたほうがよい。

チェックアウト

原則として、チェックアウトは12:00までにしなければならないが、ほとんどのホテルでは荷物を預かってくれるので、列車などの出発時間が午後のときは、フロントに荷物を預けておくと便利。

その際は「我要寄存行李,可以吗？（wǒ yào jìcún xínglǐ, kěyǐ ma)」と伝えればよい。係員が引換券を渡してくれる（そうでない場合もある）ので、なくさないようにしっかり保管しておくこと。

なお、精算書の内容は必ず確認すること。チェックインのときにデポジットを払った人は、預かり証を提示して差額を支払うか余りを返金してもらう。クレジットカードの人は、金額を確認してサインする。

食事・買い物

食事

食事は中国旅行の楽しみ

中国を旅行する際の楽しみのひとつが、本場の中国料理を食べることだろう。広大な国土と多民族で構成される中国では、それぞれの地方に独特の料理がある。西南エリアの料理は、中国四大料理の筆頭に挙げられる四川料理。

注文の仕方

注文方法が2種類ある。ひとつは席に座ってオーダーする方法。もうひとつはあらかじめ食券を買っておいて、それをテーブルで渡す方法だ。一般から高級のレストランが前者、食堂レベルのレストランや飲茶（ヤムチャ）などでは後者のことが多い。

お金の支払いなど

テーブルオーダー式のレストランでは、食べ終わったあとに料金を支払う。

完全に食べ終わるか食べ終わりそうなときに店員を呼んで、精算してほしいと言う。「请结账（qǐng jié zhàng）」とか「买单（mǎi dān）」（ともに「お勘定」の意味）と言えばよい。中国語ができないなら、紙に書いて渡せば理解してくれる。

領収書がほしい場合はこの時点で頼む。「我要发票（wǒ yào fā piào）」（領収書がほしいのですが）と言えばよい。

中国にはチップの習慣はないし、高級店では、ホテルでなくても10％程度のサービスチャージを取られることも多いので、おつりはすべて受け取ってかまわない。

買い物

買い物のルール

商品チェックは念入りに

中国では、同じ商品だからといってどれも同じ品質だと思ってはいけない。だから買いたいものが決まったら、なるべくたくさんの商品を出してもらって、歪んでいないかどうか、穴は開いていないか、ちゃんと閉まるかなど細かくチェックする必要がある。

値切るのは鉄則

値札が貼っていないものは値切る。これが中国で買い物をするときの鉄則だ。

特に相手が外国人となると、相場の何十倍もの料金を売り手が提示するのは当たり前だから、値切りに値切って買うようにしたい。あせりは禁物。じっくりと腰をすえて交渉するのがコツ。

財布に大金を入れない

大都市に住む中流以上の人を除けば、中国の人はあまり財布を持たない。小銭はポケットに入れ、大きなお金はかばんの中にしまっておき、必要なときにそこから出して支払う。

こういった事情だから、財布の中に100元札を何枚も入れたまま人混みの中に出かけるのは、防犯上避けたほうがよい。財布にはちょっと使うぶん（多くても200～300元程度）だけ入れておくようにしよう。

クレジットカードを使う

外国人が立ち寄るような店ならば、ほとんどの所でMasterCard、VISA、JCB、アメリカン・エキスプレスのカードが使える。カードを使えば、大金を持ち歩く必要がなくとても便利だ。カードの使い方は日本とまったく同じ。注意が必要なのは手続きのとき。偽造カードを作られないように、手続きは必ず目の前でやってもらうようにする。複写に失敗したら用紙はきちんと破ってもらう、金額欄の数字が合っているかどうか確認するなどの作業が必要。

コピー商品の購入は厳禁！

中国をはじめとする海外ではコピー商品問題が深刻化している。旅行先では、有名ブランドのロゴやデザイン、キャラクターなどを模倣した偽ブランド品や、ゲームや音楽ソフトを違法に複製した「コピー商品」を、絶対に購入しないように。

これらの品物を持って帰国すると、空港の税関で没収されるだけでなく、場合によっては損害賠償請求を受けることも。「知らなかった」では済まされないのだ。

（地球の歩き方編集室）

読者投稿 / コラム / インフォメーション

北京市、上海市、四川省などでVATの一部還付が可能

中国ではVAT（付加価値税）として、日本の消費税に当たる「増値税」があり、最大17%の税率（内税方式）。この一部（実質9%）を出国者に還付する制度が開始された。中国入国後183日未満の旅行者が、購入から90日以内に手続きした場合が対象で条件は次のとおり。

❶「退税商店　TAX FREE」の表示がある対象店舗で、1日につき同一店舗で500元以上の買い物をする。金額は合算して500元以上でかまわない。

❷購入時にパスポートを提示し、「离境退税申请单（出国時税還付申請票）」と専用の機械で発行された「増值税普通发票（専用領収書）」を発行してもらう。一般の領収書とは異なるので注意。

退税商店
TAX FREE

指定店はこの看板が目印

❸成都双流国際空港では、第1ターミナルの国際線チェックインカウンターと税関の間にある窓口（离境退税海关核验）でパスポートと上記2種類の書類および商品現物を提示し確認印をもらう。商品現物の提示が必要な点に注意。

❹空港内の免税エリアにある窓口で書類を提示し、人民元または外貨現金で還付を受ける。1万元（約17万円）以上の還付を受ける場合は銀行振り込みとなるが、観光客で対象となる者は少ないだろう。成都双流国際空港の受取窓口は国際線102ゲートの横にある。飛行機によっては待合室が1階となる場合もある（17～21ゲート利用）ので注意。

成都税関
U chengdu.customs.gov.cn

中国の通信事情

郵便

中国の郵便事情

中国と日本とは距離が近いこともあり、手紙が5～10日間、航空小包が7～10日間、船便が1～2ヵ月で届く。郵政局（中国の郵便局）やポストはどんな町に行ってもあるから、手紙や小包（一部国際郵便業務を扱わない所もある）はいつでも出すことができる。

中国郵政集団公司
U www.chinapost.com.cn

手紙とはがき

手紙に関しては特別な規則はない。切手を貼って表に「Air Mail」または「航空信」と書き、投函すればよい。住所は頭に「日本国」と漢字で書けば、あとは日本語でかまわない。

速く送りたい場合は、EMS（International Express Mail Services。日本の「国際スピード郵便」に相当）が便利。数日で日本へ着く。小さな郵政局では扱っていない場合がある。

中国郵政速递物流（EMS）
U www.ems.com.cn

国際小包・別送品

国際小包は国際郵便業務を扱う郵政局から送ることができる。航空便の料金は、1kgまで124.2元。それ以上は、重さに応じて加算される（→P.331表）。

航空便以外には、割安な船便もあるが、日本に届くのは1～2ヵ月後。また、両者の間を取ったようなSAL便というサービスもあるので、係員に尋ねてみよう。国際小包の場合、郵便料金のほかにも、税関料（1件につき5元）、保険手続き料（1件につき3元）、保険料（200元ごとに3元）などが加算される。

日本に送る場合は、郵政局内の税関で検査を受けなければならない。封をせずに郵政局へ持っていき、申込書に送り先や内容物を記入し、荷物を詰めた状態で担当官に見せたあとに封をする。検査といっても、簡単に済むことが多い。箱に宛名を書かなければならないので、油性のフェルトペンを持っていくと

よい。ボールペンでは少々不便。

なお、漢方薬、国外持ち出し禁止の書籍、証明書のない美術工芸品などは、国外に送れないので注意。このほかCDやDVDなども送れないことがある。

旅行中に記念品などを日本に送った場合は、別送品の手続きが必要となる（→P.317）。

●郵便料金（2019年8月現在）

※中国郵政集団公司の公式ウェブサイト（→P.330）で最新料金を確認できる

日本への航空便料金

項目	重さなど	料金
はがき	1枚	5.0元
封書	20g以下	5.0元
	20gを超える10gごとに	1.0元加算
小型包装物（2kgまで）	100g以下	30.0元
	100gを超える100gごとに	27.0元加算
小包（上記以上）（30kgまで）	1kg以下	124.2元
	1kgを超える1kgごとに	29.6元加算

日本へのEMS料金

項目	重さなど	料金
書類	500g以下	115.0元
	500gを超える500gごとに	40.0元加算
物品	500g以下	180.0元
	500gを超える500gごとに	40.0元加算

中国国内郵便料金

項目	重さなど	料金
はがき	1枚	0.8元
封書	市内20g以下	0.8元
	20gを超える20gごとに	1.2元加算
	市外20g以下	1.2元
	20gを超える20gごとに	2.0元加算

中国国内の特快専遞便（Domestic EMS）料金

重さなど	料金
500g以下	20.0元
500gを超える500gごとに	1区（500km以内）：4.0元加算
	2区（500kmを超え、1000km以内）：6.0元加算
	3区（1000kmを超え、1500km以内）：9.0元加算
	4区（1500kmを超え、2000km以内）：10.0元を加算
	5区（2000kmを超える）：17.0元加算

国際電話

ホテルからかける

客室からの国際電話のかけ方はホテルによって異なるので、不明な点があったら客室に置いてあるサービス案内を読んだり、フロントに問い合わせるなどして、しっかり確認しよう。

ただし、ホテルからかける国際電話は通話料が高くつく。

電話ボックスからかける

ICカード式やIPカード式の電話機があるが、数は減っている。ICカードはホテルのフロントや郵政局などで売っており、20元、50元、100元、200元などの種類がある。カード式の電話は、日本のカード式公衆電話と同じように使える。IPカード式電話はインターネットを使った通話サービス。料金は安いが、必要な暗証番号の桁数がとても多い。

●ICカード式電話のかけ方

1 カードを購入する

郵政局や町角の売店などで購入可能。金額は使用頻度を考えて購入すること。IPカードと間違えないこと！

↓

2 ICカード式電話の表示を探す

郵政局などにあるが、携帯電話の普及で少なくなっている

↓

3 受話器を取りカードを差し込む

カードを差し込むとき、シールの貼ってあるほうが上なので注意

↓

4 番号をプッシュする

まず「00」をプッシュする

↓

次に国番号（日本にかけるなら「81」）をプッシュする

↓

次に相手先の市外局番と携帯電話の最初の「0」を取った番号（「03-1234-5678」にかけるなら「3-1234-5678」）をプッシュする

↓

5 電話を終える

受話器を置くと自動的にカードが出てくる機種もあるが、ボタンを押してカードを取り出す機種もある。取り忘れのないように！

国際電話のかけ方（中国から日本）

日本の電話会社でも中国から簡単に日本へ電話できる下記のサービスを扱っている。

日本語オペレーターに申し込むコレクトコール

中国からの日本語オペレーター利用の電話。支払いはクレジットカードかコレクトコール。

●アクセス番号

▼KDDI→ジャパンダイレクト

☎108-2811（おもに上海、広州など南部から）

国際クレジットカード通話

クレジットカードの番号を入力してかけることのできる国際電話。日本語の音声ガイダンスに従って、操作すればよい。

●アクセス番号

▼KDDI→スーパージャパンダイレクト
☎108-2810(おもに上海、広州など南部から)

●通話手順

1	アクセス番号を入力。
	⬇
2	クレジットカードの番号+「#」を入力
	⬇
3	暗証番号+「#」を入力
	⬇
4	相手の電話番号を市外局番から入力し、+「#」を入力

プリペイドカードで通話する

国際電話プリペイドカードを利用する通話も便利だ。カードは日本出国前にコンビニや成田などの国際空港であらかじめ購入できる。アクセス番号をダイヤルし、日本語の音声ガイダンスに従って操作する。

▼KDDI→スーパーワールドカード
※利用法についてはKDDIまで問い合わせを

国際電話のかけ方（日本から中国）

●通話手順

1	《国際電話会社の番号》 （下記参照）
	+
2	《国際電話識別番号　010》
	+
3	《国番号》 （中国は86）
	+
4	《相手先の電話番号》 （市外局番と携帯電話の最初の0を取る）

●国際電話会社の電話番号

国際電話会社名	電話番号
KDDI※1	001
NTTコミュニケーションズ※1	0033
ソフトバンク※1	0061
au（携帯）※2	005345
NTTドコモ（携帯）※3	009130
ソフトバンク（携帯）※4	0046

※1「マイライン」の国際区分に登録している場合は不要。詳細はⓊwww.myline.org
※2 auは005345をダイヤルしなくてもかけられる
※3 NTTドコモはWORLD WINGに事前登録が必要。009130をダイヤルしなくてもかけられる
※4 ソフトバンクは0046をダイヤルしなくてもかけられる
※　携帯電話の3キャリアは「0」を長押しして「+」を表示し、続けて国番号からダイヤルしてもかけられる

●日本での国際電話の問い合わせ先

通信会社名	電話番号とURL
KDDI	☎0057(無料) Ⓤwww.kddi.com
NTTコミュニケーションズ	☎0120-506506(無料) Ⓤwww.ntt.com
ソフトバンク	☎0120-03-0061(無料) Ⓤwww.softbank.jp
au(携帯)	☎0077-7-111(無料) Ⓤwww.au.kddi.com
NTTドコモ(携帯)	☎0120-800-000(無料) Ⓤwww.nttdocomo.co.jp
ソフトバンク(携帯)	☎157(ソフトバンクの携帯から無料) Ⓤmb.softbank.jp/mb

国内電話

ホテルからかける

ホテルの部屋からかけるときには、外線番号をプッシュして、つながったら相手の電話番号をプッシュする。

電話ボックスからかける

数は減ってきたが、ICカード式やIPカード式の電話ボックスがある。

携帯電話

中国で携帯電話を使う場合、自分の携帯電話を持参して国際ローミングサービスを利用する、あるいは中国で使える携帯電話をレンタルする方法がある。

国際ローミングサービスについては、各社でデータ定額サービスを導入しており、1日300～1500円程度で利用可能。使用に際しては事前にアプリをダウンロードするなどの手続きが必要。

ほかには、モバイルWi-Fiルーターを日本の出発空港でレンタルする方法がある。定額料金なので、現地でのネット利用に便利。ただし、規制により中国で使えないFacebookやLINEなどを使いたい場合はオプションでVPN付きを申し込む必要がある（→P.334）。

※日本でSIMフリーの機種を使用している人は、中国でSIMカ

400の番号で始まる電話番号について

中国には頭3桁に400が付く10桁の電話番号が存在する。これは企業が顧客にサービスを提供するための電話番号で、発信者は市内通話料のみを負担すればよい仕組み。固定電話・携帯電話ともに利用可能。なお、サービスを利用できるのはチベット自治区、香港、マカオを除く中国国内限定。

ードを購入して差し替えれば、中国の料金で通話やメール、ウェブ閲覧などが可能。ただし、中国のインターネット規制は受ける。また、中国最大手の中国移動通信（チャイナモバイル）は特殊な周波数を使用しているため、日本のスマートフォンではSIMを挿しても正常な通信ができないケースがある。iPhoneは6s以降ならほぼ対応しているが、アンドロイドについては自分のスマートフォンが対応しているか事前の確認が必要。中国聯通（チャイナユニコム）については、その必要はない

携帯電話を紛失した際の、中国からの連絡先

（利用停止の手続き。全社24時間対応）

au

・00（国際電話識別番号）+81+3+6670-6944※1

NTTドコモ

・00（国際電話識別番号）+81+3+6832-6600※2

ソフトバンク

・00（国際電話識別番号）+81+92+687+0025※3

※1 auの携帯から無料、一般電話からは有料
※2 NTTドコモの携帯から無料、一般電話からは有料
※3ソフトバンクの携帯から無料、一般電話からは有料

インターネット

インターネット規正

中国には独自のシステムによるインターネット規制がある。日本で一般的なFacebookやTwitter、LINEなどのSNSがそのままでは使えない、Google検索ができないなどの不便がある（→P.334）。

ウェブメール

ユーザーIDとパスワードを持っていれば、ネットカフェやホテルなどで簡単に利用することができる。ただし、日本で広く普及しているGmailは規制のため中国国内ではVPNを使うなどしないとアクセスできない（→P.334）。

Yahoo! JAPAN

U mail.yahoo.co.jp

Yahoo! JAPANのウェブサイトにアクセス後、「メールアドレスを取得」をクリックして新規登録を行う（無料）。

自分が使っているアドレスを利用する

現在、会社や個人使用しているアドレスを海外で利用することもできる。

INFORMATION

中国でスマホ、ネットを使うには

まずは、ホテルなどのネットサービス（有料または無料）、Wi-Fiスポット（インターネットアクセスポイント。無料）を活用する方法がある。中国では、主要ホテルや町なかにWi-Fiスポットがあるので、宿泊ホテルでの利用可否やどこにWi-Fiスポットがあるかなどの情報を事前にネットなどで調べておくとよいだろう。ただしWi-Fiスポットでは、通信速度が不安定だったり、繋がらない場合があったり、利用できる場所が限定されたりするというデメリットもある。ストレスなくスマホやネットを使おうとするなら、以下のような方法も検討したい。

☆各携帯電話会社の「パケット定額」

1日当たりの料金が定額となるもので、NTTドコモなど各社がサービスを提供している。

いつも利用しているスマホを利用できる。また、海外旅行期間を通しではなく、任意の1日だけ決められたデータ通信量を利用することのできるサービスもあるので、ほかの通信手段がない場合の緊急用としても利用できる。なお、「パケット定額」の対象外となる国や地域があり、そうした場所でのデータ通信は、費用が高額となる場合があるので、注意が必要だ。

☆海外用モバイルWi-Fi ルーターをレンタル

中国で利用できる「Wi-Fiルーター」をレンタルする方法がある。定額料金で利用できるもので、「グローバルWiFi（【URL】https://townwifi.com/）」など各社が提供している。Wi-Fiルーターとは、現地でもスマホやタブレット、PCなどでネットを利用するための機器のことをいい、事前に予約しておいて、空港などで受け取る。利用料金が安く、ルーター1台で複数の機器と接続できる（同行者とシェアできる）ほか、いつでもどこでも、移動しながらでも快適にネットを利用できるとして、利用者が増えている。

ルーターは空港などで受け取る

ほかにも、いろいろな方法があるので、詳しい情報は「地球の歩き方」ホームページで確認してほしい。
【URL】http://www.arukikata.co.jp/net/

中国のインターネット規制とWi-Fiの注意点

中国では「金盾」と呼ばれる国家プロジェクトのインターネット規制により、インターネットの制限や検閲が広範囲に、しかも厳格に実施されている。日本や諸外国で何の不自由もなく使えているサービスが中国に入国したとたん使えなくなり、特にビジネスの場合は非常に困ることになるので要注意だ。

そのままでは使えないサービス

2019年8月現在、下記のような日本でなじみの多くのサービス（いずれも代表例）が中国では遮断され、利用できない。また、一部のブログサービスや、香港・台湾系のニュースサイトも同様。

【SNS】
・Twitter（ツイッター）
・Facebook（フェイスブック）
・Instagram（インスタグラム）
・LINE（ライン）　・Pixiv（ピクシブ）
【検索サイト】
・Google（グーグル）
・Yahoo! JAPAN（ヤフージャパン）
【動画サイト】
・YouTube（ユーチューブ）　・ニコニコ動画
・Netflix（ネットフリックス）
【メールサービス】
・Gmail
【その他】
・Googleマップ
・Dropbox（ドロップボックス）
・Flicker（フリッカー）　・5ちゃんねる
・Messenger（メッセンジャー）
・Wikipedia（ウィキペディア）
・Amazon.co.jp（アマゾンジャパン）

Wi-Fiルーターの借用時はVPNを付けよう

日本でWi-Fiルーターを借りて中国で使おうとする人が増えているが、対策をしないと上記のようなサービスにはつながらない。ホテルなどのWi-Fi経由で接続する場合も同じだ。旅行中に使い慣れたSNSなどを使えないのでは不便なので、レンタルルーター各社ではオプションで有料VPNサービスを用意している。VPNを介せば中国の規制を受けずに各種サービスを使えるので、ストレスを感じたくないなら追加して損はない。無料のVPNサービスもあるにはあるが、規制とのいたちごっこでつながらないことも多い。

特にビジネスの場合は事前対策を

ビジネス渡航では、VPNなどの知識がない人は金盾の影響を受けるサービスを使わないことが自衛策。特に、Gmailを常用している人は、日本の送り手が中国にいる受信者にメールが届いているかどうかを確認する方法がないので要注意。Googleマップの代わりには、中国独自の「百度地図」を普段から使って慣れておくとよい（→P.16）。

中国のWi-Fiと携帯電話事情

中国ではあらゆる層にスマートフォンが普及している。ショップやレストランではAlipay（アリペイ／支付宝）やWechat Pay（ウィーチャットペイ／微信支付）という決済サービスを使いキャッシュレス。タクシーを呼ぶときも、出前サービスやネット通販もアプリで注文・決済するのが常識だ。とはいえ、こうしたアプリはアカウントは作れても、中国国内の銀行口座とひもづけしないと原則利用できないものがほとんど。つまり、観光旅行の外国人は気軽に利用できない。

無料Wi-Fiスポットは各所にある。レストランやカフェなどではWi-Fiサービスがないほうが珍しいくらい。パスワードは店内掲示してあったり、レシートに記載されていたり、スタッフに聞く方式だったりとさまざま。

日本で使っているスマートフォンを中国で使う場合、Wi-Fi経由ではなく、中国の携帯電話会社とローミングしてデータ通信することも可能。この場合は金盾の影響は受けない。ただし、事前に定額コースに申し込んでおかないと高額な通信料が発生する。海外で自動ローミングする設定になっていないかどうか、渡航前にチェックしておこう。

中国で使える旅行者用SIM

SIMフリーのスマートフォンを持っていれば、中国で有効なSIMに差し替えてデータ通信できる。ただし、中国では空港で短期旅行者用に販売しているSIMはなく、通信会社でパスポートを提示して契約する必要があるうえ、金盾の影響を受ける。

一方、香港で販売されている中国大陸でも使えるSIM（「跨境王」など）や、タイの旅行者用SIM「SIM2FLY」の中国用をネット通販で購入すれば金盾の影響を受けずにデータ通信が可能。

中国語を使おう！

中国に行ったからには、中国の人たちと中国語で話したい！　町で、お店で、ホテルで、電車で、まずは「你好（ニイハオ）！/ Nǐhǎo」（こんにちは！）から始めてみよう。

中国の標準語「普通话」

標準語は作られた言葉

広大な国土をもち、56の民族が暮らす中国では、地域や民族によって異なる方言・言語が使われている。

92%を占める漢族の言葉だけでも、北方方言（北京を中心とするエリアや東北地方の方言）、上海語（上海を中心とする昔の「呉」の方言）、広東語（広東省を中心としたエリアの方言）、福建語（福建省方言）など大きく7つに分けられる。これらの方言は、別の言語といっていいほど異なり、互いにコミュニケーションを図ることができない。

このため、作られたのが、中国の標準語である「普通话（pǔtōnghuà）」。これは北方方言を中心に作られた言葉で、テレビやラジオ、また学校など公共の場所で使われており、中国どこへ行っても通用する言葉である。

中国語の基礎

文の構造

中国語は格変化や時制による動詞の変化はないし、日本語のような動詞の活用もなく、比較的学びやすい言語といえる。

例えば、「我去北京（wǒ qù běi jīng）」（私は北京へ行く）を過去形にする場合、「昨天（zuó tiān）」（昨日）などを付けて、「昨天我去北京（zuó tiān wǒ qù běi jīng）」とすれば、「私はきのう北京へ行った」という意味になる。

乱暴な言い方をすれば、中国語で大切なのは語順とそれぞれの言葉の組み合わせ方だ。たとえ文法の知識がなくても、基本となる文型と単語を知っていれば簡単な文は作れる。この特徴をうまく利用すれば、会話ができなくても筆談で中国人とコミュニケーションすることも可能だ。

中国語の発音

「中国語の発音は難しい」とよくいわれる。確かに、母音だけでも単母音と複合母音の2種類があり、子音には息を強く吐き出す「有気音」（p、t、q、c）や、舌を反らせて丸める「そり舌音（巻舌音）」（zh、ch、sh）など、日本語には存在しない発音もある。

しかし、前に述べたように、中国は広く方言も多いため、正確な「標準語」の発音をしている人は、実際のところ少数派である。

特に前述した「そり舌音（巻舌音）」は、南方の中国人にとっても発音が難しく、'zi'、'ci' 'si' と発音されることが多い。

日本人は正確な発音ができないと話したがらないが、しり込みせず、とにかく中国人に話しかけてみよう。

表音記号「ピンイン」

中国語の発音をアルファベットで表記したものがピンイン（拼音）だ。しかし、同じアルファベットでも、日本語のローマ字綴りとは発音が異なるものが多くある（例：si＝口を左右に伸ばして「スー」と発音する）ので注意が必要だ。

このピンインをしっかり理解すれば、中国語学習のスピードが飛躍的に速くなる。

●母音

①単母音

【a】：日本語の「ア」に近いが、口をより大きく開ける。

【o】：日本語の「オ」に近いが、口を丸く大きく開ける。

【e】：口を軽く開け、「エ」の口の形でのどに力を入れて「オ」を発音する。

【i】：日本語の「イ」に近いが、口を左右に強く引いて発音する。

【u】：日本語の「ウ」より口をすぼめて丸く突き出す。ろうそくを吹き消すイメージで。

【ü】：口をすぼめて「ウ」の口で「イ」。口笛を吹くときの口の形に近い。

※【ü】が子音【j】【q】【x】と組み合わされるときは【ju】【qu】【xu】と表記される

②複合母音（二重母音）

ふたつの音をスムーズに続けて発音する。

【ai】【ei】【ao】【ou】：前の母音を強く発音する。

【ia】【ie】【ua】【uo】【üe】：後ろの母音を強く発音する。

※二重母音の中の【e】は日本語の「エ」に近い音になる

③複合母音（三重母音）

3つの音をスムーズに続けて発音する。

【iao】【iou】【uai】【uei】：真ん中の母音を強く発音する。

④複合母音(鼻母音)

【an】【ian】【uan】【üan】【en】【in】【uen】【ün】:[-n]の鼻母音。舌先を上の歯茎の裏に付けたまま息を鼻に通す。日本語「案内(an' nai)」の「n」の発音。

※【ian】は「イアン」ではなく「イエン」と発音する

【ang】【iang】【uang】【eng】【ueng】【ing】【ong】【iong】:[-ng]の鼻母音。舌先はどこにも付けず、 舌の奥を盛り上げた状態で息を鼻に通す。日本語「案外(an' gai)」「n' g」の発音に近い

※【eng】は「エン」より「オン」に近い発音になる

●子音(+母音)

「有気音」と「無気音」に注意が必要。

「有気音」は子音を発音したあと、ためた息を一気に強く吐き出して母音を発音する。

「無気音」は子音を発音したあと、続いて静かに母音に移る。下には無気音とそれに対応する有気音をセットで挙げてある。

例えば【bo】と【po】の場合、口の形は同じで、息の吐き出し方が異なる。

【bo】(無気音):日本語の「ボ」と「ポ」の中間の音。息をゆっくり出す。

【po】(有気音):日本語の「ポ」を強くはっきり勢いよく出す。息は一気に吐き出す。

【fo】:下唇を軽く噛んで「フォ」。

【mo】:日本語の「モ」に近い。

【de】(無気音):「ド」と「ト」の中間の音。息をゆっくり出す。

【te】(有気音):日本語の「ト」を強くはっきり勢いよく出す。息は一気に吐き出す。

【ne】:日本語の「ヌ」に近い。

【le】:日本語の「ル」に近い。

【ji】(無気音):日本語の「ジ」と「チ」の中間音。息をゆっくり出す。

【qi】(有気音):日本語の「チ」を強くはっきり勢いよく出す。息は一気に吐き出す。

【xi】:日本語の「シ」に近い。口を左右に強く引いて発音。

【ge】(無気音):日本語の「グ」と「ク」の中間音。息をゆっくり出す。

【ke】(有気音):日本語の「ク」を強くはっきり勢いよく出す。息は一気に吐き出す。

【he】:日本語の「フ」に近い。のどの奥から発音する。

【zi】(無気音):日本語の「ズ」と「ツ」の中間音。息をゆっくり出す。口は左右に引く。

【ci】(有気音):日本語の「ツ」を強くはっきり勢いよく出す。息は一気に吐き出す。口は左右に引く。

【si】:日本語の「ス」に近い。口は左右に引く。

【zhi】(無気音):舌を上に反らし、上あごの前の部分に当てて「ヂ」。息をゆっくり出す。

【chi】(有気音):舌を上に反らし、上あごの前の部分に当てて「チ」を強くはっきり勢いよく発音。

【shi】:舌を上に反らし、上あごの前の部分に当てて「シ」。

【ri】:舌を上に反らし、上あごの前の部分に当てて「リ」。

声調(四声)

中国語の漢字には、それぞれ発音とともに4つの音の高低(イントネーション)がある。これは「声調」と呼ばれ、4つのパターンは「四声」と呼ばれている。

この「声調(四声)」は中国語の特徴で、日本人にはけっこう難しいものだ。

第一声:(ā)高く平らに伸ばす

第二声:(á)低い音から一気に高い音に上げる

第三声:(ǎ)低い音を保ち、最後は少し高く上げる

第四声:(à)高い音から一気に低い音へ下げる

軽　声:(a)軽く短く発音する

■注意

後ろに来る単語の声調によって、変わってくる例外的なものがあるので注意しよう。

①「一」の発音は単独では「yī」(一声)だが、後ろに一、二、三声が続くときは四声「yì」に、後ろが四声のときは二声「yí」になる。

例:一天「yì tiān」、一次「yí cì」

②「不」の発音は通常四声「bù」だが、後ろに四声が続くときは二声「bú」になる。

例:不好「bù hǎo」、不是「bú shì」

③三声+三声のとき、前の三声は二声になる。

例:你好　表記上は「nǐ hǎo」→発音時には「ní hǎo」となる。

簡体字と繁体字

現在、中国大陸では簡略化された「簡体字(简体字)」という漢字が使われている。これは識字率向上のため、1964年に公布された「簡化字総表」に基づくもの。現在日本で使われている漢字とは形が異なるものも多いので注意が必要。

なお、香港やマカオ、台湾などでは「繁体字」という漢字が使われている。こちらは1716年(清代)に完成した「康熙字典」を基本としており、日本の旧字体と共通するものが多い。

例: 日本語→亜/簡体字→亚/繁体字→亞
日本語→読/簡体字→读/繁体字→讀
日本語→対/簡体字→对/繁体字→對

単語を覚えよう

中国を旅行する際に中国語が必要となる場面は多い。「中国語は全然わからない……」という人もいると思うが、そんな人の力強い味方とな

るのが、日中両国で使われる「漢字」。もちろん、中国で使われている漢字と日本で使われている漢字には意味や形の違いがあるが、書いて見せれば、思ったより多くのことが通じる。ここからは中国語の基本的な文型と単語をピックアップしており、それらを組み合わせて使うことによって文が作れるようになっている。

発音が難しいといわれる中国語だが、筆談なら意外に簡単に中国人とコミュニケーションを取れるかもしれない。

声調と有気音がポイント

中国語で会話するとき、声調と有気音に留意すると、相手に通じやすくなる。語頭の声調は特に正確に発音しよう。有気音は日本語にはないので、これも意図的にはっきり息を吐き出すこと。反り舌音は中国人でも南方の人はできないのでそれほど気にしなくてよい。

基本単語

■名詞

①人称代名詞

私：我（ウォー）wǒ	あなた（敬語）：您（ニン）nín	彼女ら：她们（ターメン）tā men
私たち：我们（ウォーメン）wǒmen	彼：他（ター）tā	それ：它（ター）tā
あなた：你（ニー）nǐ	彼女：她（ター）tā	それら：它们（ターメン）tā men
あなたたち：你们（ニーメン）nǐ men	彼ら：他们（ターメン）tā men	誰：谁（シェイ）shéi

②代名詞

これ：这（ジャー）zhè ※1	何：什么（シェン モ）shén me	どこ：哪里（ナー リ）nǎ lǐ
それ/あれ：那（ナー）nà ※2	ここ：这里（ジャー リ）zhè li	
どれ：哪（ナー）nǎ ※3	そこ/あそこ：那里（ナー リ）nà lǐ	

※1 会話では「这个（ジェイガ）／zhèige」がよく使われる
※2 会話では「那个（ネイガ）／nèige」がよく使われる
※3 会話では「哪个（ネイガ）／něige」がよく使われる

③数

0：零（リン）líng	5：五（ウー）wǔ	10：十（シー）shí	102：一百零二（イーバイリンアル）yì bǎi líng èr
1：一（イー）yī	6：六（リウ）liù	11：十一（シーイー）shí yī	110：一百一十（イーバイイーシー）yì bǎi yì shí
2：二（アール）èr ※4	7：七（チー）qī	12：十二（シーアル）shí èr	111：一百一十一（イーバイイーシーイー）yì bǎi yì shí yī
3：三（サン）sān	8：八（バー）bā	100：一百（イーバイ）yì bǎi	112：一百一十二（イーバイイーシーアル）yì bǎi yì shí èr
4：四（スー）sì	9：九（ジウ）jiǔ	101：一百零一（イーバイリンイー）yì bǎi líng yī	1000：一千（イーチエン）yì qiān

1001：一千零一（イーチエンリンイー）yì qiān líng yī	1010：一千零一十（イーチエンリンイーシー）yì qiān líng yì shí	1100：一千一百（イーチエンイーバイ）yì qiān yì bǎi
1002：一千零二（イーチエンリンアル）yì qiān líng èr	1011：一千零一十一（イーチエンリンイーシーイー）yì qiān líng yì shí yī	10000：一万（イーワン）yí wàn

※4 「两（リァン）／liǎng」後ろに助数詞が付くとき　例　两个（リァンガ）：liǎng ge

④時間

- 今日：今天（ジンティエン）jīn tiān
- 明日：明天（ミンティエン）míng tiān
- あさって：后天（ホウティエン）hòu tiān
- 昨日：昨天（ズオティエン）zuó tiān
- おととい：前天（チエンティエン）qián tiān
- 3月1日（書き言葉）：三月一日（サン ユエ イー リー）sān yuè yī rì
- 3月1日（口語）：三月一号（サン ユエ イー ハオ）sān yuè yī hào
- 今週：这个星期（ジェイ ガ シンチー）zhèi ge xīng qī
- 来週：下个星期（シア ガ シンチー）xià ge xīng qī
- 先週：上个星期（シャン ガ シンチー）shàng ge xīng qī
- 今月：这个月（ジェイ ガ ユエ）zhèi ge yuè
- 来月：下个月（シア ガ ユエ）xià ge yuè
- 先月：上个月（シャン ガ ユエ）shàng ge yuè
- 今年：今年（ジンニエン）jīn nián
- 来年：明年（ミンニエン）míng nián
- 去年：去年（チューニエン）qù nián
- 朝：早晨（ザオチェン）zǎo chén
- 夜：晚上（ワンシャン）wǎn shang
- 午前：上午（シャンウー）shàng wǔ
- 午後：下午（シアウー）xià wǔ
- お昼：中午（ジョンウー）zhōng wǔ
- 今：现在（シエンザイ）xiàn zài
- 3時：三点（サンディエン）sān diǎn
- 5時半：五点半（ウーディエンバン）wǔ diǎn bàn
- 7時15分：七点一刻（チーディエンイーカー）qī diǎn yí kè
- 9時40分：九点四十分（ジウディエンスーシーフェン）jiǔ diǎn sì shí fēn
- 月曜日：星期一（シンチーイー）xīng qī yī
- 火曜日：星期二（シンチーアル）xīng qī èr
- 水曜日：星期三（シンチーサン）xīng qī sān
- 木曜日：星期四（シンチースー）xīng qī sì
- 金曜日：星期五（シンチーウー）xīng qī wǔ
- 土曜日：星期六（シンチーリウ）xīng qī liù
- 日曜日：星期天（日）（シンチーティエン　リー）xīng qī tiān rì
- 1日：一天（イーティエン）yì tiān
- 1週間：一个星期（イー ガ シンチー）yí ge xīng qī
- 1ヵ月：一个月（イー ガ ユエ）yí ge yuè
- 1年：一年（イーニエン）yì nián
- 1時間：一个小时（イー ガ シアオシー）yí ge xiǎoshí
- 30分：半个小时（バン ガ シアオシー）bàn ge xiaǒshí
- 2時間半：两个半小时（リァン ガ バンシアオシー）liǎng gè bàn xiǎo shí
- 15分：一刻钟（イー カ ジョン）yí kè zhōng
- 1分：一分钟（イーフェンジョン）yì fēn zhōng

⑤単位

- 個（何を数えるときにも使える）：个（ガ）gè
- 斤（1斤=500g）：斤（ジン）jīn
- 公斤（1公斤=1kg）：公斤（ゴンジン）gōng jīn
- 両（10両=1斤）：两（リャン）liǎng
- km：公里（ゴンリー）gōng lǐ
- m：米（ミー）mǐ
- cm：厘米（リーミー）lí mǐ
- 尺（1/3m）：尺（チー）chǐ
- 寸（0.1尺）：寸（ツン）cùn

⑥通貨単位

中国の通貨単位は「元（yuán）」、補助単位は「角（jiǎo）」、「分（fēn）」。しかし、口語では元を「块（kuài）」、角を「毛（máo）」と言うので注意。

- 書き言葉：3元4角：三元四角（サンユエンスージアオ）sān yuán sì jiǎo
- 口語：3元4角：三块四毛（サンクアイスーマオ）sān kuài sì máo

⑦方向・方角

東：东边（ドンビエン）dōng biān	右：右边（ヨウビエン）yòu biān	前：前边（チェンビエン）qián biān
西：西边（シービエン）xī biān	左：左边（ズオビエン）zuǒ biān	後ろ：后边（ホウビエン）hòu biān
南：南边（ナンビエン）nán biān	上：上面（シャンミエン）shàng miàn	右へ（左へ）曲がる：
北：北边（ベイビエン）běi biān	下：下面（シアミエン）xià miàn	往右（左）拐（ワンヨウ ズオ グアイ）wǎng yòu zuǒ guǎi

⑧交通

優等座席（鉄道）：软座（ルアンズオ）ruǎn zuò	車：汽车（チーチャー）qì chē	長距離バスターミナル：长途汽车站（チャントゥーチーチャージャン）cháng tú qì chē zhàn
普通座席（鉄道）：硬座（インズオ）yìng zuò	地下鉄：地铁（ディーティエ）dì tiě	埠頭：码头（マートウ）mǎ tóu
優等寝台（鉄道）：软卧（ルアンウォー）ruǎn wò	エアポートバス：机场大巴（ジーチャンダーバー）jī chǎng dà bā	切符：票（ピャオ）piào
普通寝台（鉄道）：硬卧（インウォー）yìng wò	飛行機：飞机（フェイジー）fēi jī	航空券：机票（ジーピャオ）jī piào
バス：公共汽车（ゴンゴンチーチャー）gōng gòng qì chē／巴士（バーシー）bā shì	空港：机场（ジーチャン）jī chǎng	列車切符：火车票（フオチャーピャオ）huǒ chē piào
長距離バス：长途汽车（チャントゥーチーチャー）cháng tú qì chē	鉄道駅：火车站（フオチャージャン）huǒ chē zhàn	乗車券：车票（チャーピャオ）chē piào
タクシー：出租车（チューズーチャー）chū zū chē／的士（ディーシー）dì shi	バス停・バスターミナル：车站（チャージャン）chē zhàn	切符売り場：售票处（ショウピャオチュー）shòu piào chù

⑨レストラン

レストラン：餐厅（ツァンティン）cān tīng	スープ：汤（タン）tāng	ミネラルウオーター：矿泉水（クアンチュアンシュイ）kuàng quán shuǐ
メニュー：菜单（ツァイダン）cài dān	水餃子：饺子（ジャオ ズ）jiǎo zi	箸：筷子（クアイ ズ）kuài zi
中国料理：中国菜（ジョングオツァイ）zhōng guó cài	肉まん：包子（バオ ズ）bāo zi	スプーン（さじ）：汤匙（タンチー）tāng chí（勺子（シャオ ズ）sháo zi）
日本料理：日本菜（リーベンツァイ）rì běncài	チャーハン：炒饭（チャオファン）chǎo fàn	コップ：杯子（ベイ ズ）bēi zi
料理：菜（ツァイ）cài	ビール：啤酒（ピージウ）pí jiǔ	お皿：盘子（パン ズ）pán zi
ご飯：米饭（ミーファン）mǐfàn	お茶：茶水（チャーシュイ）chá shuǐ	紙ナプキン：餐巾纸（ツァンジンジー）cānjīn zhǐ

⑩ホテル

シングル：单人间（ダンレンジエン）dān rén jiān（房（ファン）fáng）	フロント：大堂（ダータン）dà táng	バスタオル：浴巾（ユウジン）yù jīn
ツイン：双人间（シュアンレンジエン）shuāng rén jiān（房（ファン）fáng）	ビジネスセンター：商务中心（シャンウージョンシン）shāng wù zhōng xīn	歯ブラシ：牙刷（ヤーシュア）yá shuā
ドミトリー：多人间（ドゥオレンジエン）duō rén jiān（房（ファン）fáng）	石鹸：香皂（シアンザオ）xiāng zào	スリッパ：拖鞋（トゥオシエ）tuō xié
部屋：房间（ファンジエン）fáng jiān	タオル：毛巾（マオジン）máo jīn	毛布：毛毯（マオタン）máo tǎn

■形容詞

よい：好 hǎo（ハオ）	遅い（時間）：晚 wǎn（ワン）	黄色い：黄 huáng（ファン）
大きい：大 dà（ダー）	高い（値段）：贵 guì（グイ）	緑の：绿 lǜ（リュー）
小さい：小 xiǎo（シアオ）	高い（高さ）：高 gāo（ガオ）	白い：白 bái（バイ）
多い：多 duō（ドゥオ）	安い：便宜 pián yi（ピエンイー）	黒い：黑 hēi（ヘイ）
少ない：少 shǎo（シャオ）	近い：近 jìn（ジン）	甘い：甜 tián（ティエン）
早い：早 zǎo（ザオ）	遠い：远 yuǎn（ユエン）	辛い：辣 là（ラー）
速い：快 kuài（クアイ）	赤い：红 hóng（ホン）	塩辛い：咸 xián（シエン）
遅い（速さ）：慢 màn（マン）	青い：蓝 lán（ラン）	脂っこい：油腻 yóu nì（ヨウニー）

■動詞

行く：去 qù（チュー）	飲む：喝 hē（ハー）	泊まる：住 zhù（ジュー）
歩く：走 zǒu（ゾウ）	買う：买 mǎi（マイ）	使う：用 yòng（ヨン）
乗る：坐 zuò（ズオ）	見る：看 kàn（カン）	換える：换 huàn（ファン）
食べる：吃 chī（チー）	言う・話す：说 shuō（シュオー）	欲しい：要 yào（ヤオ）

基本文型

■判断文「A是B」（AはBです）

①肯定文

我是日本人。（ウォーシー リー ベン レン / wǒ shì rì běn rén）　私は日本人です。

②疑問文（2パターンあり。Ⓐのほうが楽）

ⒶA是B吗？

你是学生吗？（ニー シー シュエション マ / nǐ shì xué shēng ma）　あなたは学生ですか?

ⒷA是不是B？

你是不是学生？（ニー シー ブー シー シュエション / nǐ shì bu shì xué shēng）　あなたは学生ですか?

③否定文

ウォーブー シーシュエション
我不是学生。
wǒ bú shì xué shēng

私は学生ではありません。

■動詞文

①肯定文

ウォーチュー シー ショウジエン
我去洗手间。
wǒ qù xǐ shǒu jiān

私はトイレへ行きます。

②疑問文（2パターンあり。Ⓐのほうが楽）

Ⓐ文末に「吗」を付ける

ニーチュー シー ショウジエン マ
你去洗手间吗？
nǐ qù xǐ shǒu jiān ma

あなたはトイレへ行きますか？

Ⓑ動詞＋「不」＋動詞

ニーチュー ブ チューシー ショウジエン
你去不去洗手间？
nǐ qù bu qù xǐ shǒu jiān

あなたはトイレへ行きますか？

③否定文

ウォーブーチューシー ショウジエン
我不去洗手间。
wǒ bú qù xǐ shǒu jiān

私はトイレへ行きません。

■形容詞文（「很」＋形容詞）

「很」自体は「大変」という意味の単語だが、形容詞と一緒に使われる肯定文では、一般的にあまり意味をもたない。

①肯定文

ジェイ ガ バオ ヘン グイ
这个包很贵。
zhè gè bāo hěn guì

このかばんは高いです。

②疑問文(2パターンあり。いずれも「很」は不要となるので注意。Ⓐのほうが楽)

Ⓐ文末に「吗」を付ける

ジェイ ガ バオ グイ マ
这个包贵吗？
zhè gè bāo guì ma

このかばんは高いですか？

Ⓑ形容詞＋「不」＋形容詞

ジェイ ガ バオ グイ ブ グイ
这个包贵不贵？
zhè ge bāo guì bu guì

このかばんは高いですか？

③否定文（「很」は不要となるので注意）

ジェイ ガ バオ ブー グイ
这个包不贵。
zhè ge bāo bú guì

このかばんは高くありません。

■有（います／あります）

①肯定文（人or場所）＋「有」＋物

ボー ウー グアン リー ヨウ シー ショウジエン
博物馆里有洗手间。 博物館（の中）にトイレがあります。
bó wù guǎn lǐ yǒu xǐ shǒu jiān

※「里」は「～の中」を意味する。例：房间里（fáng jiān lǐ）→「部屋の中」 包里（bāo lǐ）→「かばんの中」

②疑問文（2パターンあり。Ⓐのほうが楽）

Ⓐ人（場所）＋「有」＋物＋「吗」？

ボー ウー グアン リー ヨウ シー ショウジエン マ
博物馆里有洗手间吗？ 博物館（の中）にトイレがありますか?
bó wù guǎn lǐ yǒu xǐ shǒu jiān ma

Ⓑ人（場所）＋「有没有」＋物？

ボー ウー グアン リー ヨウ メイ ヨウ シー ショウジエン
博物馆里有没有洗手间？ 博物館（の中）にトイレがありますか?
bó wù guǎn lǐ yǒu méi yǒu xǐ shǒu jiān

③否定文

ボー ウー グアン リー メイ ヨウ シー ショウジエン
博物馆里没有洗手间。 博物館（の中）にトイレはありません。
bó wù guǎn lǐ méi yǒu xǐ shǒu jiān

※「有（yǒu）」と「在(zài)」
「有」に似た表現として「在」があるが、このふたつには使い方の違いがある。「有」は[場所＋有＋物]という語順になり、この「物」は不特定の物となる。一方、「在」は[物＋在＋場所]という語順になり、この「物」は特定の物となる。
例：北京有机场。（北京には空港があります）=この文の「机场」は一般的な「空港」の意味
　　北京机场在那里。（北京空港はあそこにあります）=この文の「机场」は「北京机场」という特定の「空港」の意味

■疑問詞疑問文

中国語の疑問文の仕組みは簡単。わからない箇所を疑問詞に置き換えるだけだ。語順は変わらない。

①何：什么（shén me）

ジャー シー シェン モ
这是什么？ これは何ですか?
zhè shì shén me

②いつ：什么时候（shén me shí hòu）

シェン モ シー ホウ チュー チョンドゥー
什么时候去成都？ いつ成都へ行きますか?
shén me shí hòu qù chéng dū

③何時：几点（jǐ diǎn）

チャオ シー ジー ディエン カイ メン
超市几点开门？ スーパーは何時に開きますか?
chāo shì jǐ diǎn kāi mén

④どこ：哪里（nà lǐ）

シーショウジエンザイナーリ
洗手间在哪里？
xǐ shǒu jiān zài nǎ lǐ
トイレはどこですか？

⑤誰：谁（shéi）

ターシーシェイ
他是谁？
tā shì shéi
彼は誰ですか？

⑥どのように：怎么（zěn me）

ゴンアンジューゼンモゾウ
公安局怎么走？
gōng ān jú zěn me zǒu
公安局へはどうやって行きますか？

⑦なぜ：为什么（wèi shén me）

ウェイシェンモジェイガツァンティンレンヘンドゥオ
为什么这个餐厅人很多？
wèi shén me zhèi ge cān tīng rén hěn duō
どうしてこのレストランはこんなに人が多いんですか？

文を作ってみよう！

私は病院へ行きます。
ウォーチューイーユエン
我去医院。
wǒ qù yī yuàn

この動詞文をもとに、応用文を作ってみよう。決まった場所に言葉を入れていけばOK。

▼応用文

明日私は友達と一緒にバスで病院へ行きます。

ミンティエンウォーゲンポンヨウズオゴンゴンチーチャーチューイーユエン
明天我跟朋友坐公共汽车去医院。
míng tiān wǒ gēn péng yǒu zuò gōng gòng qì chē qù yī yuàn
①明天　②跟朋友　③坐公共汽车

①
時間を表す語（「今天」「上午」「明天下午」「后天早晨」「星期一」など）。
入れ替え語彙→P.338「④時間」

②
～と一緒：「跟（gēn）」＋人称代名詞や人名。
入れ替え語彙→P.337「①人称代名詞」

③
～で：「坐（zuò）」＋乗り物。ただし、タクシーは「打车（dǎ chē）」となる。また「歩いて」は、「走路（zǒu lù）」。入れ替え語彙→P.339「⑧交通」

このようにいろいろな単語を基本の文に入れていけば、複雑な文が作れる。なお、配置される場所は単語の種類によって決まっているので注意が必要。興味のある人は書店で中国語学習書を購入して勉強しよう！

シチュエーション別
基本会話

■あいさつなど

ニイ ハオ　ザオ シャン ハオ　ワン シャン ハオ
你好。／早上好。／晚上好。
nǐ hǎo　zǎo shàng hǎo　wǎn shàng hǎo
こんにちは。／おはよう。／こんばんは。

シエ シエ
谢谢。
xiè xie
ありがとう。

ブー カー チ
不客气。
bú kè qi
どういたしまして。

ザイ ジエン
再见。
zài jiàn
さようなら。

ドゥイ ブ チー
对不起。
duì bu qǐ
すみません。（謝罪など）

ブー ハオ イー ス
不好意思。
bù hǎo yì si
すみません。（慰労など）

■基本会話

シー　ブー シー
是。／不是。
shì　bú shì
はい。／いいえ。

ドゥイ　ブー ドゥイ
对。／不对。
duì　bú duì
そうです。／違います。

カー イー　ブー カー イー
可以。／不可以。
kě yǐ　bù kě yǐ
いいです（許可）。／だめです（不許可）。

ミン バイ ラ　ブー ミン バイ
明白了。／不明白。
míng bai le　bù míng bai
わかりました。／わかりません。

ジー ダオ　ブー ジー ダオ
知道。／不知道。
zhī dào　bù zhī dào
知っています。／知りません。

チン ウェン
请问。
qǐng wèn
お尋ねしますが。

チン シエ イー シア
请写一下。
qǐng xiě yí xià
書いてください。

チン ザイ シュオー イー ビエン
请再说一遍。
qǐng zài shuō yí biàn
もう一度言ってください。

チン マン ディ アル シュオー
请慢点儿说。
qǐng màn diǎnr shuō
ゆっくり話してください。

チン ドン イー シア
请等一下。
qǐng děng yí xià
待ってください。

■自己紹介

ウォー シン ティエン ジョン
我姓田中。
wǒ xìng tián zhōng
田中と申します。

ウォー シー リー ベン レン
我是日本人。
wǒ shì rì běn rén
私は日本人です。